Kulturstudien

Claus Altmayer

Kulturstudien

Eine Einführung für das Fach Deutsch als Fremd- und Zweitsprache

 J.B. METZLER

Claus Altmayer
Herder-Institut, Universität Leipzig
Leipzig, Deutschland

ISBN 978-3-476-02656-9   ISBN 978-3-476-05546-0 (eBook)
https://doi.org/10.1007/978-3-476-05546-0

Die Deutsche Nationalbibliothek verzeichnet diese Publikation in der Deutschen Nationalbibliografie; detaillierte bibliografische Daten sind im Internet über http://dnb.d-nb.de abrufbar.

© Springer-Verlag GmbH Deutschland, ein Teil von Springer Nature 2023
Das Werk einschließlich aller seiner Teile ist urheberrechtlich geschützt. Jede Verwertung, die nicht ausdrücklich vom Urheberrechtsgesetz zugelassen ist, bedarf der vorherigen Zustimmung des Verlags. Das gilt insbesondere für Vervielfältigungen, Bearbeitungen, Übersetzungen, Mikroverfilmungen und die Einspeicherung und Verarbeitung in elektronischen Systemen.
Die Wiedergabe von allgemein beschreibenden Bezeichnungen, Marken, Unternehmensnamen etc. in diesem Werk bedeutet nicht, dass diese frei durch jedermann benutzt werden dürfen. Die Berechtigung zur Benutzung unterliegt, auch ohne gesonderten Hinweis hierzu, den Regeln des Markenrechts. Die Rechte des jeweiligen Zeicheninhabers sind zu beachten.
Der Verlag, die Autoren und die Herausgeber gehen davon aus, dass die Angaben und Informationen in diesem Werk zum Zeitpunkt der Veröffentlichung vollständig und korrekt sind. Weder der Verlag, noch die Autoren oder die Herausgeber übernehmen, ausdrücklich oder implizit, Gewähr für den Inhalt des Werkes, etwaige Fehler oder Äußerungen.

Umschlagabbildung: © Keith Corrigan/Alamy/Alamy Stock Photos/mauritius images

Planung/Lektorat: Ferdinand Pöhlmann
J.B. Metzler ist ein Imprint der eingetragenen Gesellschaft Springer-Verlag GmbH, DE und ist ein Teil von Springer Nature.
Die Anschrift der Gesellschaft ist: Heidelberger Platz 3, 14197 Berlin, Germany

Vorwort

Die vorliegende Einführung in den Wissenschaftsbereich Kulturstudien im Fach Deutsch als Fremd- und Zweitsprache ist das Resultat intensiver Auseinandersetzung mit Fragen, die uns beim Lehren und Lernen des Deutschen als Fremd- oder Zweitsprache und insbesondere bei der Vermittlung kultureller Aspekte schon seit vielen Jahren beschäftigen: Welche Rolle kommt solchen kulturellen Aspekten beim Lehren und Lernen von Sprachen zu und wozu brauchen wir sie? Was genau meinen wir, wenn wir in diesem Zusammenhang von ‚Kultur', von ‚kulturellen Aspekten' oder von ‚kulturellem Lernen' sprechen? Ist ‚Kultur' überhaupt ein seriöser wissenschaftlicher Begriff und wenn ja, wie kann man ihn fassen und wie kann man das ‚Kulturelle' genauer beschreiben?

Damit sind nur einige der Fragen benannt, die in diesem Buch gestellt und so weit beantwortet werden sollen, wie es auf dem derzeitigen Stand der Fachdiskussion möglich ist. Es geht darum, die Problemstellungen, die Begriffe und Konzepte, aber auch die bislang vorliegenden theoretischen und praktischen Lösungsansätze der Kulturstudien als Wissenschaftsbereich innerhalb des Fachs Deutsch als Fremd- und Zweitsprache insgesamt einführend darzustellen und zu begründen. Das Buch wendet sich primär an Studierende des Fachs Deutsch als Fremd- und Zweitsprache, aber natürlich auch an Lehrende in der Praxis, an Wissenschaftler*innen und Fachvertreter*innen sowie auch allgemein an ein an Fragen der Kultur und der Kulturvermittlung interessiertes Publikum.

Hervorgegangen ist die vorliegende Einführung aus Vorlesungen, die ich in den vergangenen Jahren in jedem Sommersemester im Rahmen des Studienangebots des Herder-Instituts der Universität Leipzig halten durfte. Auch die zahlreichen Diskussionen über praktische, theoretische und wissenschaftliche Grundsatz- und Detailfragen, wie sie in vielen anderen Lehrveranstaltungen und insbesondere in unserem freitäglichen Kulturwissenschaftlichen Kolloquium stattgefunden haben, haben ihre Spuren hinterlassen, ohne dass ich deren Ort genauer angeben könnte. Den Studierenden und Doktorand*innen des Herder-Instituts, die sich daran beteiligt haben, sei daher an dieser Stelle für ihre Beiträge und Anregungen ebenso gedankt wie für ihr kritisches Nachfragen. Ohne einen solchen Austausch auf Augenhöhe wäre es ein anderes und sicher kein besseres Buch geworden.

Danken möchte ich auch den Kolleg*innen am Herder-Institut für ihre Offenheit gegenüber den ja immer etwas ‚anderen' und manchmal sicher auch irritierenden Themen und Forschungsansätzen der Kulturstudien. Es bleibt zu hoffen, dass die vorliegende Einführung dazu beitragen kann, den Dialog zwischen den verschiedenen Wissenschaftsbereichen unseres Fachs weiter zu stärken und zu fördern.

Große Dankbarkeit schulde ich meinen ehemaligen und aktuellen Mitarbeiter*innen am Herder-Institut, ohne deren Unterstützung in vielen Bereichen ein Projekt wie das vorliegende Buch nicht zustande gekommen wäre. Namentlich genannt seien Michael Dobstadt, Christine Magosch, Caro Nast, Renate Riedner, Carmen Schier, Siegfried Steinmann, Julia Wolbergs und Rebecca Zabel. Auch wenn einige von euch mittlerweile andere Wege eingeschlagen haben und mit vielem auch nicht einverstanden sein werden – es ist ein bisschen auch euer Buch!

Ein ganz besonderer Dank gilt meinen beiden musikalischen Mitstreiter*innen Silvia Dahmen und Michael Seyfarth. Unsere wöchentlichen Bemühungen um ein Mindestmaß an Harmonie zwischen Phonetik, Didaktik und Kulturstudien, deren öffentliche Sicht- und Hörbarmachung leider immer wieder durch pandemische Krisen verhindert worden ist, haben mich in schwierigen Zeiten motiviert, dran zu bleiben. Gutes Essen, fachlicher, wenn auch nicht immer ganz ernsthafter Austausch und Musik – was könnte besser veranschaulichen, wie wichtig Kultur in unser aller Leben ist?

Bleibt zu hoffen, dass diese Einführung ihre Leser finden und dazu beitragen wird, den nach wie vor unklaren und unsicheren Status der Kulturstudien als wissenschaftliches Teilgebiet unseres Fachs zu stärken und zu stabilisieren. Viele Fragen mussten offen bleiben, aber vielleicht zeichnet es gute Wissenschaft ja viel mehr aus, die richtigen Fragen zu stellen, als fertige Antworten zu liefern.

Leipzig   Claus Altmayer
12. August 2022

Inhaltsverzeichnis

1	**'Kulturstudien' – eine vorläufige Begriffsbestimmung**............	1
1.1	Kultur im Kontext von Deutsch als Fremd- und Zweitsprache.....	1
1.2	'Kulturstudien' – die kulturwissenschaftliche Komponente des Fachs Deutsch als Fremd- und Zweitsprache	8
1.3	Kulturstudien als praxisbezogene Forschung	11
	Literatur...	13
2	**Grundbegriffe der Kulturstudien**	15
2.1	'Landeskunde'...	15
	2.1.1 Zur Geschichte der 'Landeskunde'	16
	2.1.2 Konzepte und Ansätze der 'Landeskunde'...............	18
	2.1.3 Probleme und Herausforderungen: Landeskunde im Globalisierungskontext..........................	23
2.2	'Interkulturalität'	27
	2.2.1 'Interkulturalität' in den Fremdsprachenwissenschaften....	28
	2.2.2 Zur Kritik von Interkulturalität	29
	2.2.3 Vorläufiges Fazit.................................	34
2.3	'Kultur'	35
	2.3.1 Zur Begriffsgeschichte von 'Kultur'	38
	2.3.2 Eine Typologie von Kulturbegriffen	45
2.4	'Kulturelle Deutungsmuster'	56
	2.4.1 Soziologie als 'Kulturwissenschaft'....................	58
	2.4.2 'Deutungsmuster' im soziologischen Kontext.............	60
	2.4.3 Deutungsmuster im 'Diskurs'	66
	2.4.4 'Deutungsmuster' und 'Diskurs' aus der Perspektive der Kulturstudien	71
	2.4.5 Zur Systematik und Typologie von 'kulturellen Deutungsmustern'	76
	Literatur..	79

3 Inhalte der Kulturstudien: Kulturthemen – Diskurse – Deutungsmuster 85
3.1 Kulturthema ‚Zugehörigkeit': Kategoriale Deutungsmuster 86
3.1.1 Zugehörigkeit und kategoriale Deutungsmuster: Zur Einführung. 86
3.1.2 ‚Zugehörigkeit' als Thema der Kultur- und Sozialwissenschaften 88
3.1.3 Kategorien der Zugehörigkeit im Kontext des Faches Deutsch als Fremd- und Zweitsprache: Die Perspektive der Kulturstudien 103
3.1.4 Was oder wer ist ‚Deutsch' – und wer nicht? Deutungsmuster ethnisch-nationaler Zugehörigkeit und Nicht-Zugehörigkeit 107
3.1.5 Kulturthema ‚Zugehörigkeit': Fazit und Ausblick. 136
3.2 Kulturthema ‚Zeit': Chronologische Deutungsmuster. 139
3.2.1 Zeit als Gegenstand der Kulturstudien. Zur Einführung 139
3.2.2 ‚Zeit' als Thema der Geistes- und Sozialwissenschaften. ... 141
3.2.3 ‚Zeit' im Kontext von Deutsch als Fremd- und Zweitsprache: Die Perspektive der Kulturstudien 158
3.2.4 Deutungsmuster der Alltagszeit: ‚Sonntag' als Beispiel 163
3.2.5 Deutungsmuster der historischen Zeit: ‚1989': ‚Wende', ‚friedliche Revolution' und ‚Wiedervereinigung' als ‚mnemologisches Deutungsmuster' und ‚Erinnerungsort' 181
3.2.6 Kulturthema ‚Zeit': Fazit und Ausblick 205
3.3 Kulturthema ‚Raum': Topologische Deutungsmuster 206
3.3.1 Raum als Gegenstand der Kulturstudien. Zur Einführung 206
3.3.2 ‚Raum' als Thema der Geistes- und Sozialwissenschaften 207
3.3.3 ‚Raum' im Kontext von Deutsch als Fremd- und Zweitsprache: Die Perspektive der Kulturstudien 229
3.3.4 Topologische Deutungsmuster: ‚Mitteldeutschland' als Beispiel. 234
3.3.5 Kulturthema ‚Raum': Fazit und Ausblick 257
3.4 Kulturthema ‚Werte': Axiologische Deutungsmuster 259
3.4.1 Werte als axiologische Deutungsmuster: Zur Einführung 259
3.4.2 ‚Werte' als Thema der Wissenschaft 262
3.4.3 Werte als Deutungsmuster: Die Perspektive der Kulturstudien 270
3.4.4 Beispiel: ‚Menschenwürde' 275
3.4.5 Fazit 292
Literatur. 293

4 Kulturbezogenes Lernen im Kontext des Deutschen als Fremd- und Zweitsprache ... 307
4.1 Kulturbezogenes Lernen im Kontext aktueller lern- und bildungstheoretischer Ansätze ... 309
4.2 Zielorientierungen kulturbezogenen Lernens ... 316
4.2.1 Kultur vs. Kompetenzorientierung: Die Quadratur des Kreises? ... 316
4.2.2 ‚Interkulturelle Kompetenz' ... 318
4.2.3 ‚Diskursfähigkeit' ... 325
4.3 Kulturbezogenes Lernen in der Praxis ... 341
4.3.1 Wertevermittlung in Orientierungskursen ... 341
4.3.2 Das Thema ‚Sonntag' in der diskursiven Landeskunde ... 347
4.4 Fazit und Ausblick ... 350
Literatur ... 352

5 Forschungsperspektiven der Kulturstudien ... 357
5.1 Diskurs- und deutungsmusteranalytische Forschung ... 359
5.2 Empirische Forschung zum kulturbezogenen Lernen ... 365
5.3 Forschung zu Lernmedien für kulturbezogenes Lernen ... 373
5.4 Ausblick ... 377
Literatur ... 378

Abbildungsnachweise ... 383

'Kulturstudien' – eine vorläufige Begriffsbestimmung

1

In diesem einleitenden Kapitel soll erläutert werden, was sich hinter der Bezeichnung ‚Kulturstudien' verbirgt und wie sich eben diese ‚Kulturstudien' innerhalb des Faches Deutsch als Fremd- und Zweitsprache verorten lassen, das sich, wie der Name schon besagt, ja vor allem mit Sprache beschäftigt. Dabei wird es unvermeidlich sein, gelegentlich einige Begriffe und Theorieansätze zu erwähnen, die dann erst in späteren Kapiteln, vor allem in Kap. 2, ausführlicher erläutert werden. Vor allem aber soll es darum gehen zu begründen, warum wir im Fach Deutsch als Fremd- und Zweitsprache so etwas wie Kulturstudien, d. h. eine wissenschaftliche Beschäftigung mit Fragen der ‚Kultur', überhaupt brauchen und welches besondere Interesse unser Fach an solchen Fragen hat. Von hier aus wird sich dann – hoffentlich – auch eine erste Antwort auf die Frage ergeben, was wir unter ‚Kulturstudien' verstehen wollen.

1.1 Kultur im Kontext von Deutsch als Fremd- und Zweitsprache

Die Bezeichnung ‚Deutsch als Fremd- und Zweitsprache' als Name für eine wissenschaftliche Disziplin ist sicherlich nicht sehr glücklich gewählt, zum einen, weil darin der Anspruch, tatsächlich eine eigenständige Wissenschaft zu sein, nicht explizit erhoben wird, zum anderen aber auch, weil sie immer wieder Anlass gibt zu Missverständnissen und Verwechslungen zwischen eben dieser wissenschaftlichen Disziplin und der gängigen Praxis des Lehrens und Lernens des Deutschen als Fremd- oder Zweitsprache. Um dieses Missverständnis von vornherein auszuräumen, sei gesagt, dass sich die Bezeichnung ‚Deutsch als Fremd- und Zweitsprache' im Rahmen dieser Einführung grundsätzlich auf die wissenschaftliche Disziplin dieses Namens bezieht, die sich an vielen Universitäten und Hochschulen im deutschsprachigen Raum seit den 1960er und 1970er Jahren etabliert hat und die sich in wissenschaftlicher Form mit der erwähnten Praxis des Lehrens und Lernens von Deutsch als Fremd- und Zweitsprache beschäftigt (vgl. dazu Altmayer et al. 2021: S. 4–10).

Von hier aus ergeben sich schnell einige Themen und Aspekte, die man spontan und ohne längeres Nachdenken und Begründen als selbstverständliche und unverzichtbare Teilbereiche des Faches anerkennen wird. Dazu gehören beispielsweise Fragen nach dem ‚natürlichen' oder dem ‚gesteuerten' Erwerb von Sprachen, sei es als Erst- oder Muttersprachen oder sei es eben als Zweit- oder Fremdsprachen. Auch alle Fragen nach den förderlichen oder auch weniger förderlichen Bedingungen, unter denen das Lernen oder Erwerben von Sprachen stattfindet, gehören dazu, ebenfalls die Frage, an welchen Zielsetzungen sich der Spracherwerb und der Sprachunterricht orientieren oder orientieren sollten und welche Formen und Methoden der Vermittlung im Unterricht für einen erfolgreichen Lernprozess geeignet sind und welche vielleicht nicht.

Aber selbstverständlich gehört auch und vielleicht sogar an allererster Stelle die Sprache selbst dazu: Wer eine Sprache lernen möchte, muss die Regeln beherrschen, die in ihr gelten und die wir im Allgemeinen als die Grammatik der betreffenden Sprache bezeichnen, aber er muss auch über ein ausreichendes Maß an Wörtern verfügen, um sich in der betreffenden Sprache ausdrücken und bewegen zu können, und er muss sicherlich auch ein Gespür dafür entwickeln, welche Ausdrucksweisen in welcher Situation angemessen sind und welche vielleicht weniger. Wenn sich das wissenschaftliche Fach Deutsch als Fremd- und Zweitsprache also, wie oben gesagt, als Wissenschaft begreift, deren Gegenstand das Lehren und Lernen des Deutschen als Fremd- oder Zweitsprache ist, dann gehören die Beschäftigung mit der Sprache selbst und den Prozessen ihres Erwerbs, also eine eher weit gefasste sprachwissenschaftliche oder linguistische Komponente, und die Beschäftigung mit Zielsetzungen und Vermittlungsmethoden, also der Bereich der Didaktik und Methodik, ohne jeden Zweifel zu diesem Fach.

Aber Kulturstudien? Wenn wir davon ausgehen, dass auch sie eine unverzichtbare Teilkomponente des Fachs darstellen, dann müssten wir uns nach dieser Logik darauf stützen, dass das Lehren und Lernen einer Sprache als Fremd- oder Zweitsprache mit kulturellen Aspekten so eng verbunden ist, dass dies eine eigene wissenschaftliche Reflexion und Forschung sinnvoll und notwendig macht. Welche Rolle also spielt die Kultur beim Erlernen einer Sprache?

Sprache und Kultur: Auf diese Frage findet man in der einschlägigen Literatur immer wieder eine ebenso dezidierte wie letztlich völlig unklar bleibende Antwort: Sprache und Kultur, so heißt es immer wieder, bilden eine unauflösbare Einheit, deswegen seien das Erlernen einer Sprache und das Erlernen von ‚Kultur' – in welchem Sinn dieses komplexen Begriffs auch immer – untrennbar miteinander verbunden. „Da Sprache", so hieß es in einer viel gelesenen Einführung in das Fach Deutsch als Fremdsprache aus den 1990er Jahren, „nicht ohne Inhalte gelernt werden kann, ist jeder FU [d.i. Fremdsprachenunterricht, CA] von Anfang an zugleich auch Kultur- und Landeskunde" (Rösler 1994: S. 64). In einer 2013 in dritter Auflage herausgekommenen einführenden Darstellung zu Fremdsprachenerwerb und Fremdsprachendidaktik heißt es dagegen etwas konkreter:

1.1 Kultur im Kontext von Deutsch als Fremd- und Zweitsprache

> „Sprache und Kultur gehören untrennbar zusammen. Sprache erwächst aus kulturellen Gegebenheiten und ist gleichzeitig daran beteiligt, sie zu schaffen. Mit Sprache benennen wir die für uns wichtigen Elemente und Perspektiven der Welt und erzeugen so mentale Bilder, die den weiteren Sprachenerwerb und Gebrauch von Sprachen bestimmen" (Roche 2013: S. 282).

Und bei der amerikanischen Fremdsprachendidaktikerin Claire Kramsch, die sich auf grundlegendere Weise mit dem fraglichen Zusammenhang auseinandergesetzt hat, liest es sich auch nicht völlig anders:

> „Language is the principal means whereby we conduct our social lives. When it is used in contexts of communication, it is bound up with culture in multiple and complex ways" (Kramsch 1998: S. 3).

Gerne beruft man sich für die Frage nach dem vermeintlich untrennbaren Zusammenhang zwischen Sprache und Kultur auf ältere Positionen, etwa auf die deutsche Tradition, die bei diesem Thema vor allem mit Namen wie Johann Gottfried Herder oder Wilhelm von Humboldt verbunden ist. Die Sprache, so heißt es beispielsweise bei Humboldt, sei „gleichsam die äußerliche Erscheinung des Geistes der Völker; ihre Sprache ist ihr Geist und ihr Geist ihre Sprache, man kann sich beide nie identisch genug denken" (Humboldt 2010: S. 414–415). Gerade vor dem hier sichtbar werdenden Hintergrund, dass bei Herder ebenso wie bei Humboldt tatsächlich gar nicht von ‚Kultur', sondern von ‚Völkern' oder ‚Nationen' und deren ‚Denkarten' oder ‚Geisteseigentümlichkeiten' die Rede ist, weil beide noch einen völlig anderen Begriff von ‚Kultur' hatten als wir heute, drängt sich bei dem viel beschworenen Zusammenhang zwischen Sprache und Kultur die Frage auf, was genau dabei jeweils unter ‚Sprache' und was unter ‚Kultur' verstanden wird und ob die meist unreflektiert und selbstverständlich unterstellte Annahme, dass beide Begriffe, wie eben bei Herder oder Humboldt, irgendwie mit ‚Völkern' oder ‚Nationen' und mit deren angeblichen ‚Geisteseigentümlichkeiten' zu tun haben, überhaupt gerechtfertigt ist. Dem soll hier allerdings nicht weiter nachgegangen werden, dazu wird an späterer Stelle noch Gelegenheit sein (vgl. dazu auch Altmayer 2015; Zabel 2021).

Zwischenfazit: Halten wir vorläufig fest: Das bloß abstrakte und theoretische Beschwören einer letztlich wenig konkret werdenden und zudem auf schwammigen Begriffen beruhenden Einheit von Sprache und Kultur reicht nicht aus, um damit allein die Notwendigkeit der Kulturstudien als Komponente des Fachs Deutsch als Fremd- und Zweitsprache zu legitimieren. Stattdessen soll daher im Folgenden an einigen konkreten Beispielen aus unterschiedlichen Bereichen der Praxis des Lehrens und Lernens von Deutsch als Fremd- und Zweitsprache veranschaulicht werden, in welcher Weise sich in einem noch zu bestimmenden Sinn ‚kulturelle' Fragen aus eben dieser Praxis tatsächlich ergeben, dass mithin eine wissenschaftliche Beschäftigung mit dem Lehren und Lernen von Sprache im Allgemeinen und des Deutschen im Besonderen ohne eine wissenschaftliche Beschäftigung mit Kultur, wie sie von den Kulturstudien ja angestrebt wird, nicht auskommt.

Beispiel 1: Das erste Beispiel stammt aus einem neueren Lehrwerk für Deutsch als Fremdsprache mit dem Titel *DaF leicht,* das 2014 im Klett-Verlag erschienen ist und das sich laut Lehrerhandbuch als „handlungsorientiertes Anfängerlehrwerk für Erwachsene" versteht (Jentges/Sokolowski/Schwarz 2015: S. 4). In der Lektion 4 des Bandes A 1.1, also noch ziemlich am Anfang des angenommenen Lernprozesses, geht es um Zeitangaben im Deutschen (vgl. Jentges et al. 2014: S. 48–51). Es werden einfache Sätze im Präsens Aktiv formuliert, die angeben, wer was wann macht; die Kursteilnehmer/innen sollen hier lernen, typische und wiederkehrende Aktivitäten zu bestimmten Tageszeiten und an bestimmten Wochentagen in einfacher Form zu verbalisieren. Im Teil B der Lektion wird dies noch ein wenig erweitert, indem es jetzt zusätzlich darum gehen soll, mit Hilfe geeigneter Modalverben auch zu sagen, wer was wann (nicht) tun will, kann oder muss. Als Kontext wird dabei ein bestimmter Wochentag herangezogen, bei dem sich diese Frage, wie von den Lehrwerkautorinnen zumindest implizit unterstellt, besonders gut in den Alltag und die Lebenserfahrung der Lernenden und ihrer Umgebung (in Deutschland bzw. im deutschsprachigen Raum) integrieren lässt: der Sonntag. Anhand einer aufgelockert präsentierten Bilderstrecke werden ‚typische' Sonntagsaktivitäten dargestellt und jeweils mit dem passenden sprachlichen Material auch benannt: „spazieren gehen", „Kaffee trinken", „einen Krimi im Fernsehen sehen", „lange schlafen". Hinzu kommen weitere Aktivitäten, von denen man in einem kleinen Text über die Erfahrungen eines amerikanischen Studenten in Heidelberg erfährt, dass sie an Sonntagen in Deutschland eher nicht möglich sind: „Musik machen", „einkaufen", „Flaschen wegwerfen" (ebd.: S. 52–53).

Hier wird deutlich, dass der Erwerb der sprachlichen Mittel im engeren Sinn (Modalverben, Zeitangaben usw.) in einem Rahmen stattfindet, der diesen sprachlichen Mitteln überhaupt erst ihre Bedeutung gibt und von dem angenommen wird, dass die Lernenden ihn aufgrund der ihnen verfügbaren Vorannahmen von dem, was ‚Sonntag' bedeutet, auch selbst herstellen können. Dass sich dies keineswegs so von selbst versteht, wie es auf den beiden Lehrwerkseiten zunächst den Anschein hat, ist auch den Lehrwerkautorinnen bewusst, denn sowohl bei den in rotem Druck zu Beginn der Lektion angegebenen Lehrzielen (vgl. ebd.: S. 47) als auch in den etwas ausführlicheren Erläuterungen im Lehrerhandbuch (vgl. Jentges/Sokolowski/Schwarz 2015: S. 39) wird als „landeskundliches Lehrziel" „der Sonntag in D-A-CH", also in Deutschland (D), in Österreich (A) und in der Schweiz (CH), explizit benannt.

Interessant an diesem Beispiel ist vor allem folgendes: Sprache hat immer mit sozialem Handeln zu tun, das in einer von den Handelnden immer schon gedeuteten Situation stattfindet. Diese Deutungen aber lassen sich nicht aus den Regeln einer Sprache und auch nicht aus den Wörtern und ihrer lexikalischen Bedeutung allein ableiten, sie ergeben sich vielmehr durch den Rückgriff auf vorhandene Wissensressourcen wie in unserem Beispiel auf die Erwartungen, die wir mit ‚Sonntag' verbinden und die die kulturellen Rahmenbedingungen ausmachen, innerhalb derer das Lehren und Lernen von Sprachen stattfindet. Und sollten diese nicht in ähnlicher Weise zum Gegenstand von Forschung, aber auch von

Unterricht werden wie die Frage, ob Lernende in der Lage sind, richtige Sätze mit Zeitangaben zu bilden? (s. Abschn. 3.2.4).

Beispiel 2: Das zweite Beispiel, mit dem der Zusammenhang zwischen Sprache und Kultur veranschaulicht werden soll, stammt nicht, wie das erste, aus der unmittelbaren Praxis des Lehrens und Lernens von Deutsch als Fremd- und Zweitsprache, sondern aus der politischen und medialen Auseinandersetzung mit dieser Praxis. Konkret geht es um einen Bericht über die so genannten Integrationskurse des Bundesamts für Migration und Flüchtlinge, der am 19. Januar 2016 im Rahmen der Fernsehsendung *Report München* vom Bayrischen Rundfunk (BR) ausgestrahlt worden ist (vgl. Bayrischer Rundfunk 2016). Allgemeiner Hintergrund des Berichts ist zunächst die so genannte Flüchtlingskrise im Allgemeinen, d. h. der im Sommer und Herbst 2015 erfolgte teilweise unkontrollierte Zuzug einer großen Zahl von Flüchtlingen und die dadurch ausgelöste politische Auseinandersetzung.

Der speziellere Hintergrund ist aber auch der deutliche Bruch in dieser Auseinandersetzung, der seit Anfang des Jahres 2016 spürbar wurde und der durch Medienberichte über sexuelle Übergriffe ‚nordafrikanisch', ‚arabisch' oder ‚orientalisch' aussehender Männer auf deutsche Frauen in der Silvesternacht in Köln ausgelöst wurde. Die im Sommer und Herbst 2015 noch dominierende Stimmung des Willkommenheißens der Geflüchteten in Deutschland veränderte sich von da an merklich in die Richtung einer notwendigen Begrenzung der Zuwanderung und eines kritischen Fragens nach der ‚Integrierbarkeit' und der ‚Integrationsfähigkeit' der neu zugewanderten Menschen, insbesondere dann, wenn es sich um Menschen mit einem arabisch-muslimischen Hintergrund handelte. Konkreter Anlass des Berichts waren die später tatsächlich realisierten Planungen von Bund und Ländern, die bestehenden Angebote an Integrationskursen für Zugewanderte auszubauen und vor allem auch für Geflüchtete mit anerkanntem Asylstatus oder guter Bleibeperspektive zu öffnen.

Vor diesem Hintergrund fragt nun der Bericht kritisch nach, was in diesen Integrationskursen passiert, er legt dabei den Schwerpunkt allerdings nicht, wie es dem Konzept der Integrationskurse eigentlich entsprechen würde, auf die im engeren Sinne *sprachlichen* Anteile, sondern fragt vor allem danach, welche Art der „Wertevermittlung" hier stattfinde, es geht also um die *kulturelle* Funktion der Integrationskurse. Die Zugewanderten sollen, so heißt es in der Anmoderation, und darin seien sich auch alle einig, „unsere Werte akzeptieren". Konkret dargestellt wird die Problematik am Beispiel der Gleichberechtigung von Mann und Frau als einem in Deutschland allgemein anerkannten Grundwert mit Verfassungsrang, der aber in den Herkunftsländern der Flüchtlinge wie etwa im Iran gerade nicht akzeptiert werde; ausführlich wird von einem aus Syrien stammenden Mann berichtet, der auch im Rahmen von Integrationskursen dagegen Stimmung gemacht habe, auch Beispiele für den Umgang mit der arabisch-muslimischen „Macho-Kultur" werden im Bericht thematisiert. Gegen Ende des Berichts kommt dann ein als „Integrations-Experte" eingeführter Mitarbeiter der Arbeiterwohlfahrt in Duisburg zu Wort, der explizit nach dem Sinn von Integrationskursen im Hinblick auf die zuvor geforderte Wertevermittlung fragt:

„Die Frage, die sich auch kaum jemand stellt ist, was eigentlich kommt bei unseren Integrationskursen im Ergebnis hinten denn raus? Und benutzen wir auch die richtigen Methoden um die Ziele zu erreichen. All diese Fragestellungen sind bisher eigentlich unbeantwortet geblieben" (ebd.).

Auch bei diesem Beispiel soll es nicht darum gehen, ob die politische Sachlage angemessen beschrieben wird, ob hier möglicherweise ein allzu pauschales Bild von ‚der' arabisch-muslimischen ‚Macho-Kultur' gezeichnet und damit bestehende Ressentiments, Vorurteile und Stereotype bedient werden. Unabhängig davon nämlich ist die Frage, inwiefern die Integrationskurse zu Integration beitragen, und inwiefern dies auch etwas mit Wertevermittlung zu tun hat, ja durchaus eine berechtigte und sinnvolle Frage, die sich sicher nicht nur an die Politik oder an das für die konzeptionelle Gestaltung der Kurse zuständige Bundesamt richtet, sondern selbstverständlich auch an die Wissenschaft, also auch an das Fach Deutsch als Fremd- und Zweitsprache. Wenn wir aber vorläufig und im Vorgriff auf Späteres (s. Abschn. 3.4) einmal die Frage der ‚Wertevermittlung' als eine kulturelle Angelegenheit betrachten: Wo aber könnte eine solche Frage auf wissenschaftlichen Wegen beantwortet werden, wenn nicht in einem Teilbereich des Faches, der ja gerade die Zuständigkeit für die kulturellen Aspekte des Deutschlernens für sich in Anspruch nimmt?

Beispiel 3: Das dritte Beispiel stammt nun wieder aus der konkreten Praxis, nämlich aus einem Bericht über Erfahrungen aus dem Deutsch als Fremdsprache-Unterricht in Jordanien, in dem ausführlich spontane Äußerungen fortgeschrittener jordanischer Deutschlernender auf Hochschulniveau zum Thema ‚Holocaust' zitiert werden. Daraus seien drei Beispiele angeführt (alle Zitate aus Mering 2013: S. 184–185; vgl. dazu auch Altmayer 2018: S. 75–76):

(1) „Wenn ich Hitler sehe, dann sehe ich Deutschland [...], dann erinnere ich mich nach Deutschland und was in den Weltkriegen passiert ist. Aber so schlimm finde ich Hitler eigentlich nicht, wie alle denken, ehrlich gesagt. Weil die sagen immer, wie schlimm er ist. Aber so schlimm ist er nicht. Was jetzt die Juden machen in Palästina, ist viel schlimmer."

(2) „Für mich ich glaube nicht, dass Holocaust war real, und, ja, ich denke nicht. Und ob es war real, Realität, die Israelische macht für uns mehr als das."

(3) „Also, viele Informationen weiß ich eigentlich nicht über Holocaust. Aber ich weiß, dass viele Menschen dort gebrannt wurden, oder? Und ja, es war ein bisschen schlimm. Aber ich meine, was die Juden jetzt sagen, dass sie halt, ich glaube, die bekommen noch Geld von Deutschland usw., also ich finde, dass sie es nicht mehr bekommen sollen, weil das war ja damals und das ist Vergangenheit und also die Deutschen jetzt, die haben damit nichts zu tun. Ich mein, das war früher und früher ist früher. Und wir sind jetzt in Zukunft usw., in der Gegenwart, und ich glaub, das muss jetzt nicht mehr sein. Und was die machen in Palästina usw., ist viel schlimmer, als Holocaust."

Äußerungen wie diese geben sicherlich Anlass zu vielfältigem Nachdenken, insbesondere darüber, was in einem Deutschunterricht, der solche Ergebnisse hervorbringt, eigentlich schief gelaufen sein muss. Aber darum soll und kann es hier natürlich nicht gehen, wohl aber drängt sich die Frage auf, an welchen Zielsetzungen sich der Deutsch als Fremdsprache-Unterricht orientiert, sei dies nun faktisch oder auch normativ gemeint. Geht es ‚nur' um die Beherrschung eines breiten Wortschatzes und grammatischer Regeln? Wenn es das ist, haben die jordanischen Studierenden, deren Äußerungen oben zitiert wurden, offenbar durchaus, wenn auch nicht in gleichem Maß, gute Erfolge zu verzeichnen. Aber wenn wir davon ausgehen, dass das Deutschlernen die Lernenden vielleicht auch dazu befähigen soll, sich in deutschsprachige Diskurse einzubringen und sich daran passiv und aktiv zu beteiligen, dann liegt eher ein Problem vor. Dabei soll der durchaus auch vorhandene strafrechtliche Aspekt der Holocaust-Leugnung gar nicht weiter bemüht werden, aber dass jemand mit solchen Positionen zu dem hochsensiblen Thema Holocaust in deutschsprachigen Diskursen zum Thema auf gewisse Schwierigkeiten stoßen könnte, ist auch unabhängig von der strafrechtlichen Seite evident.

Muss also der Deutschunterricht, ob in Jordanien oder in ganz anderen Teilen der Welt, nicht doch mehr vermitteln als nur Wortschatz und Grammatik oder auch die Fähigkeit, Alltagssituationen kommunikativ angemessen zu bewältigen? Gehören nicht doch auch bestimmte inhaltliche, um nicht zu sagen: kulturelle Aspekte mit dazu? Nun könnte man einwenden: Die gibt's ja schon längst, auch in Jordanien werden Fächer wie ‚Landeskunde' unterrichtet, in denen ja genau das gemacht wird. Aber führen diese Kurse eigentlich zu den Ergebnissen, zu denen sie führen sollen? Die zitierten Äußerungen legen doch gewisse Zweifel nahe, aber so genau wissen wir das bisher nicht, jedenfalls haben wir dazu bisher keine ausreichende und belastbare wissenschaftliche Expertise. Aber wo sollte die auch herkommen, wenn nicht aus einem Fach wie den Kulturstudien, das sich ja mit genau solchen Fragen und Problemstellungen auseinandersetzt?

Das Problem ‚Landeskunde': Die genannten Beispiele kulturbezogener Problemstellungen sollen vor allem eines sichtbar machen: Die Notwendigkeit einer wissenschaftlichen Beschäftigung mit den kulturellen Aspekten des Deutschen als Fremd- und Zweitsprache leitet sich nicht so sehr aus einer angeblichen Einheit von Sprache und Kultur ab, sondern vor allem aus den Herausforderungen, die sich in der Praxis des Lehrens und Lernens von Deutsch als Fremd- und Zweitsprache ergeben. Nun haben aber einige der Beispiele auch gezeigt, dass diese Praxis selbst ja längst auf die Herausforderungen reagiert hat, indem sie beispielsweise ‚landeskundliche' Themen und Zielsetzungen immer schon auf die Agenda gesetzt hat. Allerdings dürfte gerade das, was wir unter der gängigen Bezeichnung ‚Landeskunde' kennen, doch eher ein Teil des Problems als dessen Lösung sein, denn sie leistet ja das gerade nicht, was etwa an den Beispielen sich als notwendig herausgestellt hat: Wissenschaftlichkeit.

Die ‚Landeskunde', von der im nächsten Kapitel noch ausführlicher die Rede sein wird, wurde innerhalb der deutschsprachigen Fremdsprachendidaktiken inklusive des Faches Deutsch als Fremd- und Zweitsprache immer vor allem als praxisbezogenes Anwendungsfach verstanden, das die historischen, politischen, sozialen, geographischen oder (alltags)kulturellen Aspekte des betreffenden ‚Landes' bzw. Sprachraums für die Zwecke des Fremdsprachenunterrichts aufbereitet, das seine Begrifflichkeit und seine Theorien und Inhalte aber von den jeweils als zuständig angesehenen wissenschaftlichen Fachdisziplinen bezieht, also etwa aus den Geschichts- oder Sozialwissenschaften, der Geographie usw., das aber selbst über keine eigene wissenschaftlich-disziplinäre Fachidentität verfügt. Anders gesagt: Was der Landeskunde traditionellerweise fehlt, ist eine eigene wissenschaftliche Basis, von der her sie ihre eigene Praxis legitimieren und begründen könnte. Daran haben auch die vielfältigen Vorstöße etwa der deutschsprachigen Romanistik in den 1970er und 1980er Jahren, die Landeskunde durch eine stärkere Anbindung an die erwähnten ‚Bezugsdisziplinen', insbesondere an die Sozialwissenschaften, zu verwissenschaftlichen und zu einer eigenständigen ‚Landeswissenschaft' weiter zu entwickeln, letztlich nichts ändern können, nicht zuletzt weil sie durchweg einem traditionell positivistischen Wissenschaftsverständnis verpflichtet waren (vgl. dazu Altmayer 2004: S. 15–28).

‚**Kulturstudien' als Zäsur:** Die Rede von ‚Kulturstudien' markiert in diesem Zusammenhang eine deutliche Zäsur insofern, als damit der Anspruch erhoben wird, die bisher im Rahmen verschiedener Konzepte von ‚Landeskunde' als reine Praxis betriebenen kulturellen Aspekte des Lehrens und Lernens von Deutsch als Fremd- und Zweitsprache nunmehr tatsächlich auf eine neue wissenschaftliche Basis zu stellen und sie als eigenständigen wissenschaftlichen Teilbereich des Faches Deutsch als Fremd- und Zweitsprache neu zu begründen. Dieser Anspruch leitet sich zum einen von einem veränderten und weitaus grundlegender reflektierten Verständnis von Wissenschaftlichkeit ab, von dem noch die Rede sein wird. Zum zweiten aber gründet er auch auf Veränderungen, die sich innerhalb des etablierten Systems der Geistes- und Sozialwissenschaften seit der Epochenschwelle von 1989/90 vollzogen haben und für die ein Begriff geradezu paradigmatische Relevanz gewonnen hat: der Begriff ‚Kulturwissenschaft'. Die ‚Kulturstudien', so können wir als vorläufiges Resümee festhalten, verstehen sich als kulturwissenschaftliche Teilkomponente und als dritte Säule, neben Linguistik und Didaktik/Methodik, des wissenschaftlichen Fachs Deutsch als Fremd- und Zweitsprache.

1.2 ‚Kulturstudien' – die kulturwissenschaftliche Komponente des Fachs Deutsch als Fremd- und Zweitsprache

Das Selbstverständnis der Kulturstudien als kulturwissenschaftliche Komponente des Faches Deutsch als Fremd- und Zweitsprache mag auf den ersten Blick möglicherweise insofern etwas irritierend anmuten, als damit ja auf einen Begriff rekurriert wird, der im deutschsprachigen Wissenschaftsdiskurs spätestens seit der Epochenwende von 1989/90 eine geradezu beispiellose Karriere gemacht hat, dadurch aber zugleich auch zu einem bloßen Modewort verkommen ist, dessen klare Konturen und dessen Trennschärfe schon lange nicht mehr auszumachen sind: gemeint ist der Begriff ‚Kulturwissenschaft' bzw. dessen adjektivische Derivation ‚kulturwissenschaftlich'. Denn tatsächlich wird man, wenn man auch nur einen eher flüchtigen Begriff in einschlägige Publikationen wirft, die diesen

1.2 ,Kulturstudien' – die kulturwissenschaftliche Komponente ...

Begriff für sich in Anspruch nehmen, schnell den Eindruck eines undurchschaubaren begrifflichen Durcheinanders und zudem einer ausgeprägten Tendenz zu theoretischen Spielereien und thematischer Beliebigkeit gewinnen. So wechselt der Sprachgebrauch beispielsweise immer wieder von der singularischen (,Kulturwissenschaft') zur pluralischen Form (,Kulturwissenschaften'), ohne dass die dem jeweiligen Sprachgebrauch zugrunde liegende Logik immer klar erkennbar wäre. Hinzu kommt, dass offenbar weder über die Gegenstände noch über einschlägige disziplinäre Referenztheorien oder Forschungsmethoden der ,Kulturwissenschaft(en)' auch nur ansatzweise Klarheit besteht, und insbesondere ihre Stellung innerhalb der etablierten Disziplinen der Geistes- und Sozialwissenschaften ist bis heute weitgehend ungeklärt.

Um gleichwohl das Potenzial der kulturwissenschaftlichen ,Wende' innerhalb der Geistes- und Sozialwissenschaften für unser Thema fruchtbar zu machen, will ich versuchen, Schneisen in den begrifflichen Dschungel zu schlagen und so etwas mehr Licht in die kulturwissenschaftliche Verwirrung zu bringen. Dies lässt sich zweifellos dadurch am ehesten erreichen, dass man unterschiedliche Bedeutungsvarianten des Ausdrucks ,Kulturwissenschaft' bzw. ,Kulturwissenschaften' differenziert und nicht zuletzt auch in ihrer relativen Eigenständigkeit und Inkompatibilität gelten lässt. Demnach lassen sich grob die folgenden drei Bedeutungsvarianten voneinander abgrenzen, die sich im Hinblick auf unser Thema in unterschiedlicher Weise fruchtbar machen lassen (vgl. dazu auch Nünning/Nünning 2003: S. 5; Altmayer 2014: S. 61–62):

1. **,Kulturwissenschaften' im Plural:** Im pluralischen Sinn von ,Kulturwissenschaften' wird der Begriff meist als neue und modernere Sammelbezeichnung für diejenigen Disziplinen gebraucht, die traditionell als ,Geisteswissenschaften' oder ,Humanwissenschaften' (*humanities*) bekannt sind. Diese Begriffsverwendung hat sich im deutschen Sprachraum spätestens seit der Denkschrift *Geisteswissenschaften heute* (vgl. Frühwald et al. 1991) eingebürgert, die den ,Geisteswissenschaften' insgesamt eine neue kulturwissenschaftliche Neuorientierung verordnen wollte, um damit zum einen der zunehmenden Differenzierung und Spezialisierung in diesem Feld entgegenzuwirken und zum anderen den Stellenwert und die gesellschaftliche Relevanz eines spezifischen wissenschaftlichen Zugangs zur „kulturelle[n] Form der Welt" (ebd.: S. 41) neu zu begründen. Unabhängig von der Frage, ob es sich dabei um ein berechtigtes Anliegen handelt oder nicht, haben wir es hier also mit einem extrem weiten Verständnis von ,Kulturwissenschaft' zu tun, das aufgrund dieser Weite im Hinblick auf unser Thema, die Legitimation einer spezifisch kulturwissenschaftlichen Teilkomponente von Deutsch als Fremd- und Zweitsprache, keine hilfreiche Orientierung bietet.

2. **,Kulturwissenschaft' im Singular:** In seiner singularischen Variante bezeichnet der Begriff ,Kulturwissenschaft' zum zweiten und dazu geradezu im Gegenteil eine sich als völlig eigenständig auffassende neue wissenschaftliche Disziplin, die sich seit den 1980er und 1990er Jahren an Universitäten im deutschsprachigen Raum in Form von Studiengängen, Lehrstühlen und Instituten etabliert hat. Ein Blick in vergleichende Übersichten des bestehenden Studienangebots

(vgl. Böhme/Matussek/Müller 2000: S. 210–230) zeigt allerdings, dass die vorhandenen Konzepte außerordentlich heterogen sind und die entsprechenden Fachvertreter – der gemeinsamen Bezeichnung ungeachtet – sich wohl kaum auf ein gemeinsames Verständnis der Gegenstände, Forschungsmethoden und Erkenntnisinteressen der Disziplin ‚Kulturwissenschaft' werden einigen können. Hinzu kommt, dass es sich in den meisten Fällen eher um eine neue Kombination durchaus traditioneller Inhalte aus Gebieten wie Literaturwissenschaft, Philosophie, Ethnologie, Soziologie, Medienwissenschaft usw. handelt, bei denen das integrative Element ebenso wenig erkennbar ist wie das spezifisch Neue, das die Einrichtung entsprechender neuer Institute und Studiengänge erst legitimieren könnte. Worin, so fragt man sich, besteht eigentlich die disziplinäre Identität des Faches, die die Rede von einer ‚Kulturwissenschaft' im Singular rechtfertigen würde?

3. **‚Kulturwissenschaft' als neue übergreifende Forschungsperspektive:** Nach der dritten Variante von ‚Kulturwissenschaft' bezieht sich dieser Begriff nicht auf eine eigenständige (Teil-)Disziplin, sondern auf eine spezifische inhaltliche und methodische Neukonzeption innerhalb verschiedener Disziplinen der Humanwissenschaften, die – im Sinne des so genannten *cultural turn* – nicht mehr die vermeintlich objektiven und strukturellen, sondern insbesondere die ideellen und symbolischen Dimensionen menschlichen Handelns ins Zentrum ihres wissenschaftlichen Interesses stellen. ‚Kulturwissenschaft' in diesem Sinn bezieht sich demnach nicht auf bestimmte einzelne Disziplinen, sondern meint eine die Disziplinen übergreifende Perspektive auf menschliches Handeln im sozialen Kontext, die Sinnsysteme, symbolische Codes und interpretative Schemata zu ihrem bevorzugten Gegenstand macht (vgl. Reckwitz 2000: S. 16).

Wenn hier also davon die Rede ist, dass sich die ‚Kulturstudien' als kulturwissenschaftliche Komponente des Faches Deutsch als Fremd- und Zweitsprache begreifen, dann bezieht sich dies vor allem auf diese dritte Variante des Begriffs, wonach wir es in der kulturwissenschaftlichen Forschung nicht mit einer objektiv bestehenden und beschreibbaren äußeren Welt und Wirklichkeit, sondern vor allem mit symbolischen Ordnungen und Sinnzuschreibungen und Prozessen eines diskursiven Aushandelns von Bedeutung zu tun haben. In Bezug auf die Themen und Gegenstände, mit denen die Kulturstudien es üblicherweise zu tun haben, ergibt sich daraus eine deutliche Verschiebung der Perspektive, etwa auch gegenüber der herkömmlichen ‚Landeskunde': Während diese ja ihre Gegenstände, also etwa die deutsche Geschichte, die Entwicklung unterschiedlicher Lebensformen, die Spezifika der Bundesländer usw., als objektiv und an sich existierend annimmt, gehen wir in den Kulturstudien davon aus, dass uns die Themen und Gegenstände nur in Form von symbolischen Handlungen, also in Sprache, Bildern und anderen Bedeutungssystemen zugänglich sind. Nicht die vermeintlich objektive ‚Wirklichkeit' also ist das, worum es geht, sondern die unabschließbaren, immer wieder neu ausgehandelten und auch potenziell kontroversen Deutungen dieser Wirklichkeit, die wir in symbolischen Handlungen, in Texten, Gesprächen, Bildern, Diskursen usw. vornehmen.

Wir kommen auf diesen für die Kulturstudien elementar wichtigen und zentralen Aspekt dessen, was genau mit dieser kulturwissenschaftlichen Perspektive gemeint ist, noch ausführlicher zurück. Für den Augenblick mögen die bisherigen Erläuterungen genügen, sie sollen ja nur deutlich machen, dass mit dem Ausdruck ‚Kulturstudien' keineswegs nur eine neue Bezeichnung für ein ansonsten sehr traditionelles Fach wie ‚Landeskunde' gefunden ist, sondern dass es sich um einen grundlegenden Wechsel der fachlichen und inhaltlichen Perspektive handelt, aus dem sich auch vielfältige Folgen sowohl für die praktischen Zwecke wie auch für die Zwecke der Forschung in diesem Bereich ergeben.

1.3 Kulturstudien als praxisbezogene Forschung

Das bisher erläuterte Selbstverständnis der Kulturstudien als einer eigenständigen kulturwissenschaftlichen Komponente des Faches Deutsch als Fremd- und Zweitsprache beruht also, so können wir zunächst festhalten, zum einen auf der gegenüber bisherigen Konzepten völlig neuen, nämlich eben kulturwissenschaftlichen Perspektive, von der aus die Kulturstudien an ihre Themen, Gegenstände und Fragestellungen herangehen. Es beruht zum zweiten aber auch auf einem spezifischen Verständnis von Wissenschaft und Wissenschaftlichkeit (vgl. dazu und zum Folgenden Altmayer 2004: S. 32–33; Altmayer 2018; Fornoff 2021: S. 321–322). Dass die auch bisher schon und immer wieder angestellten Versuche, das praktische Anwendungsfach ‚Landesunde' zu einer eigenen Wissenschaft aufzuwerten, sämtlich gescheitert sind, liegt ja vor allem daran, dass man ihre Wissenschaftlichkeit durchweg und ausschließlich von den Gegenständen her begründen wollte, mit denen die Landeskunde sich beschäftigt. Diese Gegenstände aber, seien es nun die Geschichte, die Gesellschaft, die Wirtschaft oder die Geographie eines Landes, sind aber in aller Regel im Rahmen der Wissenschaftssystematik bereits an andere Disziplinen vergeben, weshalb nach dieser Logik die Notwendigkeit einer eigenen Wissenschaft ‚Landeskunde' nicht zu bestehen scheint.

Gegenstands- vs. interessenbezogenes Wissenschaftsverständnis: Eine etwas genauere und gründlichere Reflexion über diese Zusammenhänge zeigt aber schnell, dass wir es hier mit einem sehr vereinfachten, ja geradezu naiven Verständnis dessen zu tun haben, was Wissenschaft ist und wie sich wissenschaftliche Disziplinen konstituieren. Tatsächlich sind es ja keineswegs primär die Gegenstände, die eine wissenschaftliche Disziplin erst zu einer solchen machen. Warum, so fragt man sich, gibt es beispielsweise zwar eine Psychologie, die sich mit der menschlichen Seele, eine Humanmedizin, die sich mit dem menschlichen Körper und seinen Krankheiten, und eine Soziologie, die sich mit dem menschlichen Zusammenleben beschäftigt, aber keine Menschenwissenschaft, die sich mit dem Gegenstand ‚Mensch' insgesamt beschäftigt, obwohl es diesen Gegenstand doch zweifellos gibt? Und warum sprechen wir, von Vorgängern in der ersten Hälfte des 20. Jahrhunderts einmal abgesehen, erst seit gut 20 Jahren von einer eigenen

Disziplin ‚Kulturwissenschaft', obwohl es deren Gegenstand ‚Kultur' – was immer man im Einzelnen auch darunter verstehen mag – doch zweifellos schon immer gegeben hat?

Die genannten Beispiele zeigen zweierlei: Die Gegenstände, mit denen sich jeweils bestimmte wissenschaftliche Disziplinen beschäftigen, liegen nicht einfach a priori und objektiv vor und warten auf die für sie zuständige Wissenschaft, sondern beruhen auf Abstraktionen und Unterscheidungen, mit denen wir uns die Welt zurechtlegen, deuten und einteilen. Und welche dieser Gegenstände nun zu Gegenständen wissenschaftlicher Erforschung werden, das hängt nicht von den Gegenständen selbst ab, sondern vor allem davon, was uns unter bestimmten sich ändernden historischen und sozialen Bedingungen an diesen Gegenständen jeweils interessiert und welchen Beitrag zur Lösung bestimmter Probleme wir uns von ihrer Erforschung erhoffen.

‚**Erkenntnisleitende Interessen**': In der neueren Wissenschaftstheorie ist der hier angedeutete Zusammenhang zwischen wissenschaftlicher Erkenntnis und erkenntnisleitendem Interesse bekanntlich von Jürgen Habermas schon in den 1960er Jahren herausgestellt und theoretisch begründet worden. Im Gegensatz zum positivistischen Wissenschaftsmodell, das wissenschaftliches Arbeiten als eine zweckfreie Suche nach der ‚Wahrheit' begreift, bleibt Wissenschaft für Habermas in die Zusammenhänge der sozialen Praxis eingebettet und insofern auch an die sich aus dieser sozialen Praxis ergebenden erkenntnisleitenden Interessen gebunden (vgl. Habermas 1969; Habermas 1973). Was an den Positionen von Habermas für unsere Zwecke interessant ist, ist aber weniger die von ihm vorgeschlagene Wissenschaftssystematik, sondern vor allem die grundsätzliche Umkehr von Theorie und Praxis, die er vornimmt: Wissenschaft findet nicht zunächst im luftleeren Raum der ‚reinen' Theorie statt und wird erst anschließend auf Praxis ‚angewandt', Wissenschaft ist vielmehr immer schon an Praxis gebunden. Die aus (sozialen) Handlungszusammenhängen heraus sich ergebenden Interessen konstituieren Gegenstände wie Methoden wissenschaftlicher Tätigkeit. Wissenschaften legitimieren sich demnach nicht von ihrem Gegenstand her, den sie möglichst ‚objektiv' und ‚wertfrei' zu erforschen versuchen, um dann allenfalls nachträglich nach Möglichkeiten einer praktischen Anwendung der erzielten Forschungsergebnisse zu fragen, sondern umgekehrt: Die an soziale Handlungszusammenhänge gebundenen Interessen und die sich aus der Lebenspraxis heraus ergebenden Fragen und Problemstellungen konstituieren Gegenstände und Forschungsmethoden der wissenschaftlichen Disziplinen.

Auf unsere Frage nach den Kulturstudien angewandt heißt dies: Was mit ‚Kulturstudien' gemeint ist, kann nicht primär vom Gegenstand, also etwa den Gegenständen der herkömmlichen Landeskunde, sondern muss von dem jeweiligen erkenntnisleitenden Interesse an diesem Gegenstand her definiert werden. Nicht um die Frage, mit welchen Gegenständen sich die Kulturstudien beschäftigen, muss es also an erster Stelle gehen, sondern darum, warum diese Beschäftigung überhaupt wichtig und interessant ist, welche Fragen sie beantworten und welche Probleme sie lösen soll.

Wissenschaftliches Selbstverständnis der Kulturstudien: Daraus ergeben sich für unser Thema, nämlich die Frage nach Gegenstand, Methode und Aufgabenstellung der Kulturstudien des Faches Deutsch als Fremd- und Zweitsprache, weitreichende Konsequenzen. Sie können ihre Gegenstände und ihre Forschungsmethoden nicht vorab theoretisch festlegen, sondern müssen diese aus ihren praxisbezogenen Erkenntnisinteressen herleiten. Wichtig ist also: Die Kulturstudien erforschen nicht etwa ‚die' Kultur der deutschsprachigen Länder und suchen anschließend nach Konsequenzen für die landeskundlichen Lehr- und Lernprozesse, sondern umgekehrt: Das Interesse des Faches Deutsch als Fremd- und Zweitsprache an der Förderung kulturbezogener Lehr- und Lernprozesse entscheidet letztlich über Was und Wie der kulturwissenschaftlichen Teilkomponente dieses Faches, eben der Kulturstudien. Das Verständnis dessen, was Kulturstudien sind, was sie ausmacht, womit sie sich beschäftigen und mit Hilfe welcher Methoden sie dies tun, setzt also eine grundlegende Reflexion darüber voraus, wozu wir Kulturstudien im Kontext von Deutsch als Fremd- und Zweitsprache überhaupt benötigen, welche (praktischen) Problemstellungen ihr zugrunde liegen und auf welche Herausforderungen sie Antworten zu geben versuchen.

Die oben angeführten Beispiele für kulturbezogene Fragestellungen, die sich aus unterschiedlichen Bereichen der Praxis des Lehrens und Lernens des Deutschen als Fremd- und Zweitsprache ergeben, haben schon gezeigt, dass diese Praxis in der Tat in vielfältiger Weise Probleme und Herausforderungen enthält, die spezifisch kulturwissenschaftlicher Zugänge und kulturwissenschaftlich begründeter Lösungswege bedürfen. Wie diese aussehen können, soll im folgenden Kapitel ausführlicher entfaltet werden.

Literatur

Altmayer, Claus (2004): Kultur als Hypertext. Zu Theorie und Praxis der Kulturwissenschaft im Fach Deutsch als Fremdsprache. München.

Altmayer, Claus (2014): Kulturwissenschaft – eine neue Perspektive für die internationale Germanistik? In: Verbum et Lingua. Didactica, Lengua y Cultura 2/3, 58–77. Online: http://verbumetlingua.cucsh.udg.mx/digital/03; 16.06.2022.

Altmayer, Claus (2015): Sprache/Kultur – Kultur/Sprache. Annäherungen an einen komplexen Zusammenhang aus der Sicht der Kulturstudien im Fach Deutsch als Fremd- und Zweitsprache. In: Michael Dobstadt/Christian Fandrych/Renate Riedner (Hg.): Linguistik und Kulturwissenschaft. Zu ihrem Verhältnis aus der Perspektive des Faches Deutsch als Fremd- und Zweitsprache und anderer Disziplinen. Frankfurt a. M., 17–36.

Altmayer, Claus (2018): Wissenschaft und Praxis. Zur Rolle normativer Grundsatzfragen im wissenschaftlichen Selbstverständnis des Faches Deutsch als Fremd- und Zweitsprache. In: İnci Dirim/Anke Wegener (Hg.): Normative Grundlagen und reflexive Verortungen im Feld DaF/DaZ. Leverkusen, 67–86.

Altmayer, Claus/Biebighäuser, Katrin/Haberzettl, Stefanie et al. (2021): Das Fach Deutsch als Fremd- und Zweitsprache als wissenschaftliche Disziplin. In: Altmayer, Claus/Katrin Biebighäuser/Stefanie Haberzettl et al. (Hg.): Handbuch Deutsch als Fremd- und Zweitsprache. Kontexte – Themen – Methoden. Berlin, 3–22.

Bayrischer Rundfunk (2016): Integration in Deutschland. Wie können Kurse für Flüchtlinge gelingen? Online: https://www.br.de/mediathek/video/integration-in-deutschland-wie-koennen-kurse-fuer-fluechtlinge-gelingen-av:5a3c623d0b641e00186e7dea; 15.06.2022.

Böhme, Hartmut/Matussek Peter/Müller, Lothar (2000): Orientierung Kulturwissenschaft. Was sie kann, was sie will. Reinbek bei Hamburg.

Fornoff, Roger (2021): Forschungsansätze der Kulturstudien im Fach Deutsch als Fremd- und Zweitsprache. In: Altmayer, Claus/Katrin Biebighäuser/Stefanie Haberzettl et al. (Hg.): Handbuch Deutsch als Fremd- und Zweitsprache. Kontexte – Themen – Methoden. Berlin, 321–339.

Frühwald, Wolfgang/Jauß Hans-Robert/Kosellek Reinhart et al. (1991): Geisteswissenschaften heute. Eine Denkschrift. Frankfurt a. M.

Habermas, Jürgen (1969): Erkenntnis und Interesse. In: Jürgen Habermas: Technik und Wissenschaft als ‚Ideologie'. Frankfurt a. M., 146–168.

Habermas, Jürgen (1973): Erkenntnis und Interesse. Mit einem neuen Nachwort. Frankfurt a.M.

Humboldt, Wilhelm von (2010): Ueber die Verschiedenheit des menschlichen Sprachbaues und ihren Einfluss auf die geistige Entwicklung des Menschengeschlechts. In: Wilhelm von Humboldt: Werke in fünf Bänden. Hg. von Andreas Flitner und Klaus Giel. Studienausgabe. Band III: Schriften zur Sprachphilosophie. Darmstadt, 368–756.

Jentges, Sabine/Körner Elke/Lundquist-Mog, Angelika et al. (2014): DaF leicht A 1.1. Kurs- und Übungsbuch mit DVD-ROM. Stuttgart.

Jentges, Sabine/Sokolowski, Kathrin/Schwarz, Eveline (2015): DaF leicht A 1. Lehrerhandbuch. Stuttgart.

Kramsch, Claire (1998): Language and Culture. Oxford.

Mering, Isabell (2013): Im Spannungsfeld zwischen Vorurteil und Wissenslücken. Zur Rezeption des Holocaust im landeskundlichen DaF-Unterricht in Jordanien. In: Ernest W.B. Hess-Lüttich/Aleya Khattab/Siegfried Steinmann (Hg.): Zwischen Ritual und Tabu. Interaktionsschemata interkultureller Kommunikation in Sprache und Literatur. Frankfurt a. M., 179–197.

Nünning, Vera/Nünning, Ansgar (2003): Kulturwissenschaften. Eine multiperspektivische Einführung in einen interdisziplinären Diskussionszusammenhang. In: Ansgar Nünning/Vera Nünning (Hg.): Konzepte der Kulturwissenschaften. Stuttgart, 1–18.

Reckwitz, Andreas (2000): Transformation der Kulturtheorien. Zur Entwicklung eines Theorieprogramms. Weilerswist.

Roche, Jörg. (^{3}2013): Fremdsprachenerwerb – Fremdsprachendidaktik. Tübingen/Basel.

Rösler, Dietmar (1994): Deutsch als Fremdsprache. Stuttgart/Weimar.

Zabel, Rebecca (2021): Sprache und Kultur. In: Altmayer, Claus/Katrin Biebighäuser/Stefanie Haberzettl et al. (Hg.): Handbuch Deutsch als Fremd- und Zweitsprache. Kontexte – Themen – Methoden. Berlin, 340–357.

Grundbegriffe der Kulturstudien

2

Dieses Kapitel setzt sich mit einigen wichtigen Grundbegriffen auseinander, die im Rahmen der Kulturstudien eine Rolle spielen. Dabei handelt es sich zum einen um solche Begriffe, die, wie beispielsweise ‚Landeskunde' oder ‚Interkulturalität', schon auf eine längere Tradition innerhalb des Faches Deutsch als Fremd- und Zweitsprache zurückblicken und die daher für die Entwicklung der Kulturstudien wichtig sind, weil diese sich vor allem über eine intensive kritische Auseinandersetzung mit solchen Konzepten herausgebildet haben. Zum anderen aber geht es um solche Begriffe und Theorieansätze, die in den Kulturstudien selbst besonders relevant sind, weil sie deren Gegenstand und deren spezifische Perspektive auf ihren Gegenstand deutlich machen, zuallererst natürlich um den Kernbegriff der Kulturstudien, nämlich ‚Kultur'. Darüber hinaus aber soll ein weiterer Begriff ausführlich diskutiert werden, der wie kein zweiter die spezifische Sichtweise der Kulturstudien auf Kultur zum Ausdruck bringt, der Begriff ‚Deutungsmuster'; in diesem Zusammenhang wird dann mit ‚Diskurs' ein weiterer Begriff eingeführt und diskutiert, der den Anschluss der Kulturstudien an aktuelle kulturwissenschaftliche Forschungsansätze herstellt und mit dessen Hilfe die im vorigen Kapitel entwickelte Sicht auf den Zusammenhang zwischen Sprache und Kultur greifbar und handhabbar wird. Das Kapitel möchte klar machen, was genau sich hinter der Fachbezeichnung ‚Kulturstudien' verbirgt, warum wir heute lieber von ‚Kulturstudien' und nicht mehr von ‚Landeskunde' sprechen und was wir eigentlich genau tun, wenn wir uns im Fach Deutsch als Fremd- und Zweitsprache mit ‚Kultur' beschäftigen.

2.1 ‚Landeskunde'

Die im vorigen Kapitel thematisierten Zusammenhänge zwischen der Sprache und den im weitesten Sinn sozialen Kontexten, in denen sie verwendet wird, wurden in den Fremdsprachendidaktiken immer schon gesehen und in Curricula,

Lernmaterialien, Unterrichtspraxis und Lehrerausbildung auch immer schon, wenn auch mit jeweils sehr unterschiedlicher Gewichtung, berücksichtigt. Innerhalb der deutschsprachigen Tradition des Nachdenkens, Schreibens und Sprechens über das Lehren und Lernen von Fremdsprachen hat sich dafür seit langem der Begriff der ‚Landeskunde' eingebürgert. Dabei ist hier zu bedenken, dass es in dem besagten deutschsprachigen Diskurs der Fremdsprachendidaktik zunächst nicht um das Lehren und Lernen des Deutschen als Fremd- oder Zweitsprache ging, sondern um die innerhalb des deutschen Schulsystems vorrangig unterrichteten lebenden Sprachen, d. h. zuallererst um Englisch und Französisch, daneben und mit einem gewissen Abstand auch um Spanisch, Italienisch und Russisch, in jüngster Zeit schließlich auch um Chinesisch oder Türkisch. Es waren insbesondere die Didaktiken des Englischen und Französischen, die die Diskussion über den Begriff der ‚Landeskunde' bzw. seine früheren Entsprechungen vorangetrieben haben und von denen aus der Begriff dann auch ins Fach Deutsch als Fremd- und Zweitsprache eingegangen ist, wo er sich, wie ein Blick in einschlägige Einführungen und Handbücher schnell verrät (vgl. z. B. Krumm et al. 2010: S. 1411–1529; Rösler 2012: S. 195–223), bis heute gehalten hat.

2.1.1 Zur Geschichte der ‚Landeskunde'

Die andauernde fremdsprachendidaktische Diskussion über Begriff, Stellenwert, Inhalte und Zielsetzungen des ‚landeskundlichen' Anteils des Lehrens und Lernens von Fremd- bzw. Zweitsprachen ist so alt wie die Diskussion über das Lehren und Lernen moderner Sprachen selbst. Sie geht auf die neusprachliche Reformbewegung am Ende des 19. Jahrhunderts zurück, die eine Abkehr des Unterrichts lebender Sprachen vom Modell des Latein- oder Griechischunterrichts und von der damit einhergehenden Grammatik-Übersetzungsmethode forderte und darauf hinwies, dass das Erlernen einer Sprache zuallererst bedeutet, sich in dieser Sprache insbesondere mündlich verständigen zu können. Im Zusammenhang damit wurde die Einbeziehung eines umfassenden Wissens über die jeweiligen Zielsprachenländer gefordert, das zunächst als ‚Realienkunde' bezeichnet wurde, wofür es aber weder ein klares Konzept noch einen Konsens in Bezug auf die auszuwählenden und zu unterrichtenden Inhalte gab (vgl. Hüllen 2005: S. 108). Insbesondere der umfassende enzyklopädische Anspruch des geforderten Wissens war allerdings von Anfang an umstritten und führte nach dem Ersten Weltkrieg zu einer weitgehenden Ablösung der positivistischen ‚Realienkunde' durch die stärker strukturorientierte ‚Kulturkunde', die in den 1920er Jahren innerhalb der Fremdsprachendidaktiken und -philologien breit diskutiert wurde.

‚**Kulturkunde**': Dabei markiert der Begriff der ‚Kulturkunde' weit mehr als nur eine vorübergehende Mode innerhalb der Fremdsprachendidaktiken, vielmehr handelt es sich um eine umfassende und teilweise auch sehr ins Grundsätzliche gehende Geistesströmung der 1920er Jahre, die die Wissenschaften ebenso erfasste wie die Bildungspolitik. Hintergrund war die sich seit Ende des 19. Jahrhunderts immer deutlicher durchsetzende Kritik am zeitgenössischen

2.1 ‚Landeskunde'   17

Positivismus, der Wissenschaftlichkeit mit dem Sammeln von Daten und Fakten gleichsetzte. Dem hielt die ‚kulturkundliche Bewegung' den seinerzeit modernen Begriff der ‚Struktur' entgegen: Die Herstellung von Sinn und Zusammenhang und die Beschäftigung mit dem ‚Wesen' ihrer Gegenstände sei die Aufgabe geisteswissenschaftlicher, nicht zuletzt philologischer Betätigung ebenso wie der höheren Bildung. Vor allem die preußische Schulreform von 1924 hat zur Durchsetzung des kulturkundlichen Prinzips in einschlägigen Fächern entscheidend beigetragen. In den für die curriculare Umsetzung der Reform maßgeblichen *Richtlinien für die Lehrpläne der höheren Schulen Preußens* hieß es in Bezug auf die zukünftigen Aufgaben des Fremdsprachenunterrichts:

> „Der neusprachliche Unterricht an den höheren Schulen erstrebt das Ziel, die Schüler aufgrund einer allseitig gefestigten Sprachkenntnis durch das Schrifttum einzuführen in die Kultur- und Geisteswelt der fremden Völker. [I]nsbesondere soll [der Schüler] durch den Vergleich des fremden mit dem deutschen Wesen zu einem vertieften Verständnis für die Eigenart seines Volkes geführt werden" (zit. nach Hüllen 2005: S. 118).

Der hier geforderten Besinnung auf „Wesen" und „Eigenart" des eigenen „Volkes" als Zielsetzung einer fremdsprachlichen Bildung wurde von fremdsprachenphilologischer wie von pädagogischer Seite teilweise auch energisch widersprochen, es blieben aber letztlich Einzelstimmen, die die Gefahr einer bruchlosen Instrumentalisierung der ‚Kulturkunde' für die Volkstumsideologie des Nationalsozialismus und ihre Umdeutung zu einer ‚Volkstums-' oder ‚Wesenskunde' letztlich nicht abwenden konnten. Jetzt trat die Kategorie der ‚Rasse' an die Stelle der ‚Kultur', und das ‚Fremdartige' und Unvereinbare in der Beschäftigung mit ‚fremden Völkern' wurde in den Vordergrund gerückt (vgl. Raddatz 1978: S. 47; zur Anglistik bzw. ‚Englandkunde' und Romanistik und romanischer Kulturkunde in der Zeit des Nationalsozialismus vgl. Hausmann 2011: S. 581–595 bzw. 595–611).

Von der ‚Kulturkunde' zur ‚Landeskunde' nach 1945: Der bildungspolitische Diskurs über die Rolle der Fremdsprachen und des Fremdsprachenunterrichts nach 1945 war zunächst von dem Bemühen um Kontinuität und dem Versuch geprägt, an die Traditionen des humanistischen Bildungsideals und der Kulturkunde von vor 1933 bruchlos anzuknüpfen und dabei die nationalsozialistischen Auswüchse nur als bedauerlichen Betriebsunfall zu deuten; immer noch also sollte etwa der Französischunterricht sich am Ziel orientieren, das französische ‚Wesen' und den französischen ‚Volkscharakter' kennenzulernen, nur dass dieses Ziel jetzt den höheren Prinzipien von Humanismus und Völkerverständigung untergeordnet wurde (vgl. dazu Melde 1987: S. 5–16).

Erst mit dem im Lauf der 1960er Jahre einsetzenden Legitimationsverlust des herkömmlichen humanistischen Bildungsideals und dem Aufkommen eines stärker pragmatisch-kommunikationsorientierten Verständnisses vom Fremdsprachenlernen setzte sich allmählich auch der aus der Geographie entnommene Begriff der ‚Landeskunde' durch. Es ist bis heute nicht ganz klar, auf welche Weise und mit welcher Motivation dieser Begriff seinen Weg aus der Geographie in die Fremdsprachendidaktiken gefunden hat; man darf aber annehmen, dass die erwähnte ideologische Umdeutung des Begriffs ‚Kulturkunde' und seine Instrumentalisierung durch die nationalsozialistische Bildungspolitik sowie insbesondere die Suche nach einem vermeintlich neutralen Begriff dabei eine wichtige Rolle gespielt haben. An die Stelle ideologisch belasteter Begriffe wie ‚Volkstum', ‚Wesen' oder ‚Struktur' traten in der ‚Landeskunde' nunmehr scheinbar ‚objektive' Kategorien wie ‚Land', ‚Raum' oder ‚Territorium'.

Die Übertragung eines stark auf räumlich-territoriale Aspekte abzielenden und keinerlei Sprachbezug aufweisenden geographischen Begriffs wie ‚Landeskunde' in die Fremdsprachendidaktiken hat in den folgenden Jahren und Jahrzehnten zu erheblichen Verwerfungen bei der Suche nach einer klaren Orientierung für diesen insbesondere nach der kommunikativen Wende der Fremdsprachendidaktik wichtiger werdenden Bereich geführt. Tatsächlich haben es die Fremdsprachendidaktiken nicht geschafft, dem Begriff ein klares und konkretes fremdsprachendidaktisches Profil zu verleihen, und auch im Fach Deutsch als Fremdsprache, das den Begriff früh und weitgehend ohne konzeptionelle Reflexion übernommen hat, ist dies bis heute nicht gelungen, vielmehr stehen hier eine Vielzahl unterschiedlicher und weitgehend untereinander völlig inkompatibler Ideen und Konzepte mehr oder weniger berührungslos nebeneinander. Die Klage über die Unklarheit und Unabschließbarkeit von ‚Landeskunde' ist bis heute ein unverzichtbarer Bestandteil des Fachdiskurses, nicht nur, aber eben auch und insbesondere im Fach Deutsch als Fremd- und Zweitsprache.

2.1.2 Konzepte und Ansätze der ‚Landeskunde'

Uwe Koreik hat in einer Überblicksdarstellung über den Stand der Diskussion zum Thema ‚Landeskunde' zu Recht darauf hingewiesen, dass wir es bei dieser Diskussion mit mehreren Ebenen zu tun haben, auf die wir uns mit der Rede von ‚Landeskunde' beziehen und die deutlich voneinander zu unterscheiden seien:

- die Ebene des eigentlichen Sprach- oder eben Landeskundeunterrichts,
- die Ebene der Ausbildung von Lehrkräften in Studium oder Weiterbildung und
- die Ebene der Forschung bzw. des fachlich-disziplinären Zuschnitts der entsprechenden Wissenschaften (vgl. Koreik 2011: S. 582).

Von der Forschungsebene, die zumindest indirekt auch die Ebene von Studium und Ausbildung umfasst, war im ersten Kapitel schon die Rede, und darauf wird auch noch zurückzukommen sein. Wenn wir uns für den Augenblick einmal nur auf die didaktisch-methodische Ebene des Unterrichts konzentrieren, die ja auch Fragen nach Lehr- und Lernzielen, Curricula oder Lernmaterialien umfasst, dann stellt sich hier die vergleichsweise konkrete Frage, an welchen grundlegenden und übergeordneten Prinzipien und Zielsetzungen sich ein landeskundlicher Unterricht im Kontext von Deutsch als Fremd- und Zweitsprache orientiert oder orientieren sollte und welche unterschiedlichen Zugänge sich dabei unterscheiden lassen. Hier hat sich die von Andreas Pauldrach zu Beginn der 1990er Jahre vorgeschlagene

Differenzierung in einen kognitiv-faktischen, einen kommunikativen und einen interkulturellen Ansatz von Landeskunde zunächst weitgehend durchgesetzt (vgl. Pauldrach 1992; vgl. Schweiger 2021: S. 359–364).

Kognitiv-faktische Landeskunde: Beim kognitiven oder faktischen Ansatz haben wir es mit dem ‚klassischen' Verständnis dessen zu tun, was ‚Landeskunde' vor allem ist: nämlich die Vermittlung von einschlägigem Wissen über verschiedene Aspekte, die das ‚Land' der Zielsprache ausmachen: Geschichte, Geographie, Politik, Sozialstruktur, Bevölkerungsentwicklung, Bildungswesen usw. Diese Auffassung ist immer noch weit verbreitet, vor allem an vielen Universitäten außerhalb des deutschsprachigen Raums wird bis heute häufig noch nach diesem Modell unterrichtet, und auch landeskundliche Lernmaterialien orientieren sich sehr deutlich an dieser Auffassung von ‚Landeskunde'. Gleichwohl sind immer wieder auch gewichtige kritische Einwände gegen dieses Modell erhoben worden: Es frage nicht danach, wozu die Lernenden all das Wissen über die verschiedenen Aspekte des ‚Landes' tatsächlich benötigen, es führe nur zu kurzfristigem Auswendiglernen von Daten und Fakten, aber nicht zu wirklichem Verstehen, es sei insgesamt zu wenig lernerorientiert und es führe zu einer künstlichen und nicht sinnvollen Trennung zwischen sprachlichem und eben landeskundlichem Lernen.

Kommunikative Landeskunde: Der zweite große Ansatz greift diese Kritik teilweise auf, indem er zwar auch Wissen vermitteln möchte, dies aber in den regulären Sprachunterricht integriert und zudem auch nur solches Wissen auswählt, von dem wir annehmen können, dass es für die Verwendung der Sprache in Alltagssituationen wichtig ist. Der fachliche Hintergrund dieses Grundverständnisses von Landeskunde ist die so genannte kommunikative Didaktik, die das Erlernen einer Sprache nicht mehr als Lernen von Wörtern und grammatischen Regeln begreift, sondern als Bewältigung kommunikativer Alltagssituationen: einkaufen, im Café etwas bestellen, nach dem Weg fragen, sich über etwas beschweren, eine Diskussion führen usw. Landeskundliche Informationen kommen dabei immer dann ins Spiel, wenn die Bewältigung solcher Situationen davon abhängt, dass ich über ein bestimmtes Hintergrundwissen verfüge. Wenn ich ins Restaurant gehe, um etwas zu essen, muss ich wissen, ob ich platziert werde, wie eine Speisekarte aussieht und vielleicht auch, was die Preise auf der Speisekarte aussagen; wenn ich zum Arzt gehe, sollte ich wissen, wie das Gesundheitssystem in etwa funktioniert usw. – diese Art von recht spezifischem Wissen über alltägliche Situationen also steht in einer sich als ‚kommunikativ' begreifenden Landeskunde im Vordergrund.

Interkulturelle Landeskunde: Allerdings hat sich dieses Verständnis von Landeskunde nie wirklich durchgesetzt, vielleicht auch, weil es schon sehr bald nach seinen ersten Anfängen zu einem etwas anderen Konzept weiterentwickelt worden ist, das seit etwa den 1980er Jahren als ‚interkulturelle Landeskunde' bekannt und sehr einflussreich geworden ist. Der Grundgedanke ist hier, dass die kommunikativen Alltagssituationen, die wir mit Hilfe der Sprache bewältigen, eben häufig im Land der Zielsprache anders funktionieren als in den Ländern, aus denen die Lernenden des Deutschen als Fremdsprache kommen oder in denen sie leben, also sagen wir beispielsweise in China, in Brasilien oder in Nigeria. Hier stehen also die kulturellen Unterschiede zwischen den Ländern und Sprachen im Mittelpunkt, der Sinn der interkulturellen Landeskunde besteht dann vor allem darin, die Lernenden mit den Spezifika der ‚fremden Kultur' und deren Unterschieden zu ihrer ‚eigenen Kultur' vertraut zu machen und sie generell für solche Unterschiede und den Umgang mit der ‚fremden Kultur' zu sensibilisieren. Aufgabe der Landeskunde, so hieß es beispielsweise in den *ABCD-Thesen zur Rolle der Landeskunde im Deutschunterricht* von 1990, sei „nicht die Information, sondern Sensibilisierung sowie die Entwicklung von Fähigkeiten, Strategien und Fertigkeiten im Umgang mit fremden Kulturen" (ABCD-Thesen 1990: S. 60). Und eine fast identische Formulierung zur Beschreibung der interkulturellen Landeskunde findet sich auch wieder in dem entsprechenden Artikel im Handbuch *Deutsch als Fremd- und Zweitsprache* aus dem Jahr 2010. Einem „interkulturell ausgerichteten Fremdsprachenunterricht", so heißt es da, gehe es nicht so sehr um Wissens- oder Informationsvermittlung, sondern „vor allem um die Entwicklung von Fähigkeiten, Strategien und Fertigkeiten im Umgang mit fremden Kulturen und Gesellschaften" (Zeuner 2010: S. 1472).

Die Rede von ‚eigener' und ‚fremder Kultur', von ‚interkulturellem Verstehen', ‚interkultureller Kompetenz' oder eben ‚interkultureller Landeskunde' gehört seit vielen Jahren zum begrifflichen Grundbestand der Fremdsprachendidaktiken und auch des Faches Deutsch als Fremd- und Zweitsprache. Diese Ausdrücke bringen die scheinbar so selbstverständliche Erfahrung zum Ausdruck, dass das Alltagsleben, die Handlungsweisen oder die Denk- und Wahrnehmungsgewohnheiten der Menschen nicht überall auf der Welt gleich sind, dass es vielmehr Unterschiede gibt und dass man sich gerade beim Erlernen und bei der Verwendung einer fremden Sprache dieser Unterschiede bewusst sein sollte, will man nicht immer wieder Missverständnisse erzeugen und in die berühmten kulturellen ‚Fettnäpfchen' treten. Die Beispiele dafür kennen wir mittlerweile alle sehr gut, weil sie in der einschlägigen Literatur immer wieder genannt werden: dass in Deutschland und Österreich erwartet werde, dass man zu einer Einladung pünktlich kommt, wohingegen man in Ländern des Mittelmeerraums oder in Lateinamerika mindestens eine halbe Stunde später komme; dass man in China keine offene Kritik formuliere, um das ‚Gesicht' des anderen nicht zu verletzen; dass Kopfschütteln in Indien oder Bulgarien als Zustimmung verstanden werde usw. Wir alle kennen solche Beispiele, die belegen sollen, dass die Kommunikation über sprachliche und eben ‚kulturelle Grenzen' hinweg schwieriger und fehleranfälliger ist als die Kommunikation innerhalb der ‚eigenen' sprachlichen und kulturellen Grenzen. Wie realistisch und wie sinnvoll solche Beispiele für angeblich ‚kulturelle Unterschiede' und die damit angeblich einhergehenden ‚Missverständnisse' tatsächlich sind, ist zuletzt auch sehr kritisch diskutiert worden; darauf wird im Abschnitt ‚Interkulturalität' weiter unten in diesem Kapitel noch zurückzukommen sein.

DACH-Landeskunde: Neben den erwähnten drei ‚klassischen Ansätzen' der Landeskunde hat sich seit Anfang der 1990er Jahre ein zusätzliches Konzept im DaF-Diskurs etabliert, das Elemente aus allen drei Ansätzen aufgreift, sich aber dennoch nicht mit diesen gleichsetzen lässt, weil es zusätzliche Aspekte ins Spiel

2.1 ‚Landeskunde'

bringt: die so genannte ‚DACH'-Landeskunde. Dieses Konzept verdankt seine Entstehung weitaus mehr bildungs- und sprachenpolitischen als im engeren Sinn didaktischen oder wissenschaftlichen Motiven. Hervorgegangen ist es letztlich aus der in den 1980er Jahren begonnenen Zusammenarbeit zwischen Vertretern der für die Vermittlung des Deutschen als Fremdsprache zuständigen Institutionen aus den damals noch bestehenden beiden deutschen Staaten, aus Österreich und aus der Schweiz, die ihren ersten sichtbaren Ausdruck in den 1990 veröffentlichten *ABCD-Thesen zur Rolle der Landeskunde im Deutschunterricht* fand. Das ursprünglich auf vier deutschsprachige Länder gemünzte Akronym ‚ABCD' wurde nach dem Abschied der DDR aus der Geschichte in ‚DACH' umgetauft, die grundsätzliche Haltung aber blieb dieselbe. Der gesamte deutschsprachige Raum in seiner sprachlichen und kulturellen Vielfalt müsse in den Deutschunterricht einbezogen werden: „Im Deutschunterricht und daher auch in Lehrwerken und Zusatzmaterialien müssen Informationen über den ganzen deutschsprachigen Raum berücksichtigt werden […]" (ABCD-Thesen 1990: S. 60).

Dies wurde zunächst in sicherlich recht einseitiger Weise so verstanden, dass es nicht nur um eine im engeren und nationalen Sinn deutsche, sondern auch um eine österreichische und eine schweizerische Landeskunde gehen müsse, was dann etwa in einschlägigen Lehrwerken meist in einem additiven Nebeneinander der Landeskunden Deutschlands, Österreichs und der Schweiz seinen Ausdruck fand (so z. B. Matecki 2000).

Erst ab Mitte/Ende der 1990er Jahre kam es zu einer zumindest ansatzweisen Weiterentwicklung der DACH-Landeskunde auf konzeptioneller Ebene, die über die bloße Erweiterung des Gegenstandsbereichs der Landeskunde um weitere Länder, in denen Deutsch gesprochen wird, hinausgeht (vgl. Hackl/Langner/Simon-Pelanda 1998; Fischer/Frischherz/Noke 2010). Das DACH-Prinzip wird jetzt zu einem integrativen Konzept präzisiert und weiterentwickelt, das vor allem die regionale Vielfalt des deutschsprachigen Raums betont und auf so genannte ‚generative' Themen setzt. Dies sind Themen, bei denen die Lernenden auf ihre eigene Lebens- und Erfahrungswelt zurückgreifen können, die aber auch die Einbeziehung unterschiedlicher Perspektiven zulassen und gerade dadurch die „kulturelle Vielfalt des deutschsprachigen Raums erfahrbar machen" (Langner 2011: S. 266). Beispiele für solche generativen Themen sind etwa ‚Grenze' oder ‚Identitäten', die beide zu unterschiedlichen Zeiten im Zentrum von Lehrerfortbildungsangeboten zur DACH-Landeskunde gestanden haben (vgl. Schweiger 2021: S. 367–368).

So berechtigt die im Rahmen der DACH-Diskussion erhobene Forderung nach einer gleichberechtigten Einbeziehung des gesamten deutschsprachigen Raums in seiner sprachlichen und kulturellen Vielfalt in den DaF-Unterricht zweifellos ist, es bleiben Zweifel, inwieweit diese ja vor allem politisch motivierte Forderung einen eigenen landeskundlichen Ansatz rechtfertigt. Tatsächlich ist es in den seit Anfang der 1990er Jahre immer wieder episodisch aufflammenden und deutlich mehr von Fachverbänden als von wissenschaftlicher Seite initiierten und getragenen Diskussionen (vgl. Demmig/Hägi/Schweiger 2013; Shafer/Middeke/Hägi-Mead et al. 2020) bislang nicht gelungen, ein wirklich überzeugendes Modell einer DACH-Landeskunde zu entwickeln, das den erwähnten

Grundgedanken einer gleichberechtigten Einbeziehung des gesamten deutschsprachigen Raums didaktisch-methodisch wie unterrichtspraktisch umsetzt und zugleich an aktuelle wissenschaftliche Positionen im Fach anschlussfähig wäre. Hinzu kommt, dass die vielbeschworene sprachliche und kulturelle Vielfalt, die in diesem Zusammenhang als Argument für das DACH-Konzept ins Spiel gebracht wird, meist auf die Vielfalt der beteiligten Nationalstaaten und Nationalkulturen reduziert, die Vielfalt und Heterogenität innerhalb der Nationalstaaten dabei aber leicht übersehen wird (vgl. dazu Altmayer 2013: S. 24–25; Bohunovsky/Altmayer 2020).

Die Diskussion um die ‚Landeskunde': Pendel, Fortschritt oder Stagnation? In einem grundlegenden Handbuchartikel zur Entwicklung und aktuellen Situation der Landeskunde im Kontext von Deutsch als Fremdsprache aus dem Jahr 2001 wird die Diskussion zu diesem Teilbereich des Fachs als fortwährende Pendelbewegung dargestellt:

> „Die ‚Landeskunde-Diskussion' könnte man seit ihren Anfängen als Abfolge exklusiv behaupteter Ansätze kennzeichnen, als ‚Pendelschwungbewegungen' von realistischen zu idealistischen Zielen, von anwendbarem Wissen zu individueller Bildung, von Fertigkeiten zu Fähigkeiten, von pädagogisch zu politisch legitimierten oder gesetzten Zielen – und vice versa" (Simon-Pelanda 2001: S. 48).

Diesem Bild vom permanent hin und her schwingenden Pendel hat Uwe Koreik in seinem Vortrag auf der Leipziger FaDaF-Tagung 2011 energisch widersprochen: Die mit dem Bild einhergehende Implikation, dass das Pendel der Landeskundediskussion immer wieder an einem Tiefpunkt ankomme und somit keinerlei fortschreitende Entwicklung erkennbar sei, könne so nicht (mehr) gelten (vgl. Koreik 2011: S. 582). Anstelle der Pendelbewegung favorisiert er in seinem (gemeinsam mit Jan-Paul Pietzuch verfassten) Handbuchartikel von 2010 deswegen auch eher die lineare Erzählung eines wie immer mäandernden, aber doch auch zielstrebigen Modernisierungsprozesses, der von der Realien- und Kulturkunde über die kognitiv-faktische und kommunikative bis zur interkulturellen Landeskunde reiche, „die zur Jahrtausendwende den Status quo markiert" (Koreik/Pietzuch 2010: S. 1444). Als vorläufiger Endpunkt dieser Entwicklung gelten die etwa um die Jahrtausendwende einsetzenden Überlegungen zu einer kulturwissenschaftlichen Landeskunde (vgl. ebd.: S. 1444–1445; 1449).

Sieht man vorläufig und aus Gründen, von denen noch die Rede sein wird, von der zuletzt erwähnten ‚kulturwissenschaftlichen' Landeskunde als dem vermeintlichen Gipfelpunkt der aktuellen Landeskundediskussion ab, dann drängt sich für die Beschreibung dieser Diskussion ein ganz anderes Bild jenseits von Pendelbewegung und linearer Fortschrittserzählung auf: das Bild der Stagnation. Natürlich wäre es ungerecht zu sagen, dass in den letzten Jahren und Jahrzehnten nichts mehr passiert wäre in Sachen ‚Landeskunde'; tatsächlich sind ja eine Reihe durchaus interessanter Publikationen zu verzeichnen, die z. B. eine so genannte ‚integrative Landeskunde' in die Debatte eingebracht haben (so z. B. schon Mog/Althaus 1992; Holzäpfel 2000; Li 2007, 2011). Dabei handelt es sich aber entweder nur um den Versuch, die an der Erforschung der landeskundlichen Gegenstände beteiligten Wissenschaftsdisziplinen unter dem Etikett einer ‚integrativen Landeskunde' miteinander ins Gespräch zu bringen, oder es geht um Vorschläge für eine stärkere Einbindung landeskundlicher Aspekte in den Sprachunterricht. Alle hier einschlägigen Publikationen orientieren sich mehr oder weniger explizit an einem der oben erwähnten landeskundlichen Grundansätze, wobei die ‚interkulturelle' Landeskunde in aller Regel klar priorisiert wird. Eine irgendwie innovative Perspektive oder einen wirklich grundlegend neuen konzeptionellen Gedanken zum Thema Landeskunde findet man hier allerdings nicht. Gerade an der interkulturellen Landeskunde als dem vermeintlich aktuellsten Konzept kann man das Problem, von dem hier die Rede ist, gut sichtbar machen: Sie geht auf Ideen zurück, die sich bereits seit Mitte der 1980er Jahre im Fach Deutsch als Fremdsprache verbreitet haben, und an ihren theoretisch-konzeptionellen Grundlagen hat sich bis heute nichts Wesentliches verändert (s. dazu Abschn. 2.2).

Angesichts dieser etwas deprimierenden Diagnose stellt sich aber die Frage, ob die Grundkonzepte, von denen wir in der Diskussion über die ‚Landeskunde' offenbar bis heute ausgehen und die sich seit mittlerweile über 30 Jahren nicht mehr weiterentwickelt haben, zu einer gegenüber den 1980er Jahren dramatisch veränderten Welt im dritten Jahrzehnt des 21. Jahrhunderts noch passen und ob es hier nicht vielmehr einer fundamentalen Neubesinnung bedarf. Anders gesagt: Ist die herkömmliche ‚Landeskunde' überhaupt noch zeitgemäß?

Diese Frage möchte ich im Folgenden dadurch zu beantworten versuchen, dass ich die aus meiner Sicht für unseren Kontext wichtigsten gesellschaftlichen und kulturellen Entwicklungen nachzuzeichnen versuche, die die Welt des 21. Jahrhunderts kennzeichnen und die in den einschlägigen historischen oder sozialwissenschaftlichen Zeitdiagnosen meist unter Zuhilfenahme des Begriffs der ‚Globalisierung' thematisiert und beschrieben werden (vgl. dazu und zum Folgenden auch Altmayer 2017).

2.1.3 Probleme und Herausforderungen: Landeskunde im Globalisierungskontext

Konnte der Begriff der ‚Globalisierung' noch vor einiger Zeit als „das Buzzword der 90er Jahre" bezeichnet werden (Breidenbach/Zukrigl 2000: S. 9), so scheint es darum zuletzt doch etwas ruhiger geworden zu sein. Gleichwohl hat die Rede von der ‚Globalisierung' als der Signatur des mit der Jahreszahl 1989 markierten neuen Zeitalters bis heute offenbar wenig an Attraktivität eingebüßt. Dennoch kommt in der sachlicher gewordenen Debatte gelegentlich die Frage auf, ob es sich bei ‚Globalisierung' überhaupt um eine analytische Kategorie oder nicht vielmehr um einen politischen Kampfbegriff handelt, der lange Zeit vor allem dazu gedient hat, neoliberale Positionen in nationalen und transnationalen wirtschafts- und sozialpolitischen Diskursen salonfähig zu machen und weltweit als maßgebliche ökonomische Doktrin durchzusetzen. Angesichts der vergleichsweise großen Bedeutung, die dem Begriff der ‚Globalisierung' schon in den 1980er

Jahren im Kontext des Managements multinational agierender Unternehmen zukam (vgl. Bach 2013: S. 129–155), scheint tatsächlich einiges für eine solche Lesart zu sprechen. Auf der anderen Seite gibt es aber spätestens seit Anfang der 1990er Jahre auch einige sehr ernst zu nehmende Bemühungen von Sozialwissenschaftlern wie Anthony Giddens, Roland Robertson oder Ulrich Beck, den Begriff der ‚Globalisierung' als Bezeichnung für grundlegende Veränderungen der sozialen, politischen, ökonomischen und kulturellen Rahmenbedingungen im wissenschaftlichen Diskurs zu etablieren, mit denen wir es seit der Epochenwende von 1989 überall auf der Welt zu tun haben. Ulrich Beck (vgl. Beck 1998: S. 26–29) macht hier einen begrifflichen Unterschied zwischen

1. ‚Globalität' als die Tatsache, dass wir faktisch längst in einer Weltgesellschaft leben,
2. ‚Globalismus' als „Ideologie" von „Weltmarktherrschaft" und „Neoliberalismus" (ebd.: S. 26) und
3. der eigentlichen ‚Globalisierung' als der „Prozesse, in deren Folge die Nationalstaaten und ihre Souveränität durch transnationale Akteure, ihre Machtchancen, Orientierungen, Identitäten und Netzwerke unterlaufen und querverbunden werden" (ebd.: S. 28–29).

Ähnlich haben es auch Scherrer/Kunze in ihrer 2011 erschienenen einführenden Darstellung beschrieben: Im allgemeinsten Sinn, so heißt es da, werde mit ‚Globalisierung' „ein Prozess des Bedeutungsschwunds nationaler Grenzen für menschliche Aktivitäten bezeichnet, der mit einem Bedeutungsgewinn für globale Bezugspunkte einhergeht" (Scherrer/Kunze 2011: S. 12). Etwas spezifischer auf die hier genannten menschlichen Aktivitäten bezogen wird in anderen Publikationen der Fokus vor allem auf die damit einhergehenden sozialen Interaktionen zwischen Menschen und deren zunehmende globale Vernetzung gelegt. Unter ‚Globalisierung' versteht man hier also „den Aufbau, die Verdichtung und die zunehmende Bedeutung weltweiter Vernetzung" (Osterhammel/Petersson 2012: S. 24), was den Begriff zum einen sehr stark dynamisiert, ihn aber zum anderen auch stärker historisiert und etwa auch den modernen Nationalstaat nur als vorübergehende Erscheinung in einem sich über Jahrhunderte erstreckenden Prozess zunehmender globaler Vernetzung und Verdichtung sozialer Beziehungen zwischen Menschen erscheinen lässt.

Erscheinungsformen globaler Vernetzung: Wie immer man nun im Einzelnen den Globalisierungsbegriff definiert, in der einschlägigen Literatur besteht Einigkeit darin, dass dieser Prozess der zunehmenden und sich verdichtenden globalen Vernetzung sich auf nahezu alle Bereiche des menschlichen Lebens in unterschiedlicher, teilweise geradezu dramatischer Weise auswirkt. Die ökonomischen Entwicklungen wie die Entstehung von Weltmärkten, die Bedeutung globaler Finanztransaktionen (mit teilweise fatalen Folgen), die Liberalisierung des Welthandels, die Vereinheitlichung von Konsumgewohnheiten oder die zunehmende und von niemandem mehr kontrollierbare Macht international agierender Konzerne; die politischen Folgen wie der Machtverlust von Nationalstaaten und demokratisch legitimierter Regierungen zugunsten übernational agierender politischer Akteure wie der EU oder neuartiger dezentraler imperialer Machtstrukturen (vgl. Hardt/Negri 2000); eine sich entwickelnde globale Zivilgesellschaft, aber andererseits auch die sozialen Verwerfungen, die mit der anhaltenden weltweiten Arbeits- und Fluchtmigration oder mit der weiter auseinander klaffenden Schere zwischen Arm und Reich im Weltmaßstab oder innerhalb einzelner Länder und Regionen einhergehen – all diese ökonomischen, politischen und sozialen Aspekte, die mit ‚Globalisierung' verbunden sind und die in der einschlägigen Literatur auch teilweise sehr kontrovers diskutiert werden, seien immerhin kurz genannt. Etwas intensiver eingehen möchte ich hingegen auf den ja ebenfalls in der Literatur lebhaft diskutierten Aspekt der *kulturellen* Globalisierung, weil sich von hier aus am deutlichsten die aktuellen Herausforderungen sichtbar machen lassen, vor denen wir heute stehen und auf die wir auch im Kontext der ‚Landeskunde' eine Antwort finden müssen.

Kulturelle Globalisierung: Die Rede von der ‚kulturellen Globalisierung' macht in aller Regel von einem sehr weiten Verständnis von ‚Kultur' Gebrauch, das Alltagsgewohnheiten und Praktiken wie Essen und Trinken, Medienkonsum, die Nutzung von Kommunikations- und Informationstechnologien ebenso umfasst wie die Symbolwelten und Deutungsangebote von Literatur, Kunst, Filmen oder Musik, wie sie in einem engeren und herkömmlicheren Verständnis von ‚Kultur' vor allem thematisiert werden. Als Kontrastfolie zu einer in diesem Sinn kulturellen Globalisierung gilt dabei die Auffassung, dass Menschen ihre alltäglichen Lebensgewohnheiten und Praktiken ebenso wie ihre Weltdeutungen aus ihrer näheren Umgebung beziehen, die wir im Kontext moderner Sozialisationstheorien als vorrangig nationalstaatlich organisiert begreifen. In diesem Kontext gilt ‚Kultur' auch in dem erwähnten weiteren Sinn demnach als eine Kategorie, die sich vor allem innerhalb nationaler Grenzen bewegt und innerhalb nationaler Traditionen beschreiben lässt.

Dieses Verständnis von ‚Kultur' wird nun durch die Prozesse einer kulturellen Globalisierung in vielerlei Hinsicht nachhaltig erschüttert. Moderne Informations- und Kommunikationstechnologien führen dazu, dass nahezu jede Information in Echtzeit ihren Weg an jeden Ort dieser Welt findet und dass wir immer und überall für die Kommunikation mit Menschen irgendwo auf der Welt erreichbar sind; wir bewegen uns selbst als Touristen, als Studierende, als Flüchtlinge oder Arbeitsmigranten, als Mitarbeiter internationaler Unternehmen, als Wissenschaftler, als Weltenbummler oder als was auch immer permanent rund um den Globus und nehmen von überall her Informationen, Erfahrungen oder Beziehungen zu anderen Menschen mit; wir begegnen Menschen aus anderen Teilen der Welt in unserer eigenen unmittelbaren lokalen Umgebung; wir rezipieren Filme, Musik, Online-Angebote aus aller Herren Länder und in allen denkbaren Sprachen, wir posten Nachrichten, Videos oder Bilder auf sozialen Netzwerken, die von überall her zugänglich sind; wir essen wie selbstverständlich Burger, Falafel oder Sushi, wir trinken ayurvedischen Chai oder caffè latte aus Pappbechern – kurz: wir leben in unserem Alltag in einer Welt, die ihren Sinn längst nicht mehr ausschließlich über unsere ‚eigenen' nationalen oder lokalen Traditionen bezieht, sondern offen geworden ist für die kulturellen Einflüsse von überall her.

Landeskunde und Globalisierung: Inwiefern nun ergeben sich aus den skizzierten Entwicklungen Herausforderungen für die Landeskunde im Kontext von Deutsch als Fremd- und Zweitsprache? In der Einleitung zu dem von ihm herausgegebenen kleinen Sammelband *Generation Global* aus dem Jahr 2007 beschreibt der deutsche Soziologe Ulrich Beck, einer der weltweit bedeutendsten Theoretiker der Globalisierung, in welcher Weise sich durch die Globalisierung sein Weltbild verändert habe. Dieses ursprüngliche Weltbild beschreibt er wie folgt:

> „Sie [die Welt, CA] erschien uns allen, trotz vielerlei Durcheinanders, relativ geordnet wie eine Landschaft mit Hügeln und Wäldern, nahen und fernen Kontinenten und Menschen. Und in dieser Welt hatte letztlich jeder seinen Platz. Da gab es [...] Chinesen, die nach China, Schwarze, die nach Afrika, Polen, die nach Polen, Deutsche, die nach Deutschland, Brasilianer, die nach Brasilien gehörten usw. Da kamen sie her, da waren sie verwurzelt, dahin konnte man sie notfalls zurückschicken. Auch wenn man nicht viel von den ‚Fremden' wußte, so war doch klar, daß man sie an diesen geographischen Orten besuchen konnte. Es erschien relativ einfach von Gesellschaft zu Gesellschaft zu reisen, über alle Sprachbarrieren hinweg miteinander zu kommunizieren und sich zu verstehen. Denn letztlich sind alle Menschen gleich" (Beck 2007: S. 7).

Diese Welt aber, so heißt es weiter, sei „durch und durch fragwürdig geworden", durch die neuen Kommunikationsformen sei das Entfernte „nahe gerückt" (ebd.), jeder sei jedes anderen Nachbar, die Komplexität der Welt und ihrer Gegensätze werde „in ihrer unerträglichen Unverständlichkeit" (ebd.: S. 8) bewusst, und dadurch verliere auch das beschriebene geordnete Weltbild mehr und mehr an Plausibilität:

> „Weder existiert die Welt noch, in der jede Kultur, jede ethnische Gruppe und dementsprechend auch religiöse Glaubens- und Autoritätssysteme ihren exklusiven geographischen Ort haben, noch lassen sich diese Kulturen, Nationen, Religionen gegeneinander abschotten und abschließen. Wir leben in einer zugewiesenen Nachbarschaft aller mit allen [...]" (ebd.).

An anderer Stelle spricht Beck in diesem Zusammenhang von der „Container-Theorie der Gesellschaft", deren Kennzeichen vor allem darin bestehe, dass Gesellschaften prinzipiell als nationalstaatlich geordnet und territorial gegeneinander abgegrenzt aufgefasst, alles zwischen die nationalstaatlichen Ordnungskategorien fallende aber ausgeschlossen werde (vgl. Beck 1998: S. 49–55). In den Sozialwissenschaften herrsche immer noch der „methodologische Nationalismus" vor, eben der „auf den Binnenraum des Nationalstaats begrenzte Blick" (Beck/Beck-Gernsheim 2007: S. 236). Stattdessen sei im Rahmen einer neuen Soziologie der Globalisierung eine „kosmopolitische Perspektive" notwendig, „die die Gleichzeitigkeit und das Wechselverhältnis von nationalen und internationalen, lokalen und globalen Bedingungen, Einflüssen und Entwicklungen ins Zentrum stellt" (ebd).

Methodischer Nationalismus in der Landeskunde: Wendet man dieses begriffliche und theoretische Instrumentarium auf unser Thema an, die Landeskunde im Kontext von Deutsch als Fremd- und Zweitsprache, dann ergibt sich schnell die Diagnose, dass wir es auch hier mit einem herkömmlichen methodologischen Nationalismus zu tun haben, der sämtliche Phänomene, mit denen die Landeskunde sich beschäftigt, von vornherein im Rahmen nationalstaatlicher und territorial gegliederter Ordnungskategorien begreift. Ganz gleich, um welchen konkreten Gegenstand von Landeskunde es geht, sei es die Politik, sei es die Geographie oder sei es die Kultur, immer wird der betreffende Gegenstand auf die Einheit des Nationalstaats bezogen und demnach eben als ‚deutsche' Politik, Geographie oder Kultur perspektiviert. Daran ändert sich auch durch die Einbeziehung des plurizentrischen Blicks im Rahmen der DACH-Landeskunde prinzipiell nichts, denn Plurizentrik wird hier in der Regel verstanden als die Ergänzung einer auf Deutschland bezogenen Landeskunde durch die Schweizer und österreichische Landeskunde und verbleibt damit auch wieder innerhalb der nationalstaatlichen Ordnungskategorien.

Die herkömmliche Landeskunde, so können wir im Sinne eines vorläufigen Fazits unsere Ausführungen zusammenfassen, ist nicht nur begrifflich, sondern vor allem auch konzeptionell überholt. Auf die oben unter dem Stichwort der ‚kulturellen Globalisierung' skizzierten dramatischen Veränderungen und Verwerfungen, die die Welt des 21. Jahrhunderts und damit auch die Welt unserer Lerner prägen, vermag sie auf der Basis des ihr eigenen ‚methodologischen Nationalismus' keine angemessene Antwort mehr zu geben, weder auf konzeptionell-theoretischer noch auf der Ebene von Curricula, Lernmaterialien und Unterrichtspraxis. Was wir im Fach Deutsch als Fremd- und Zweitsprache brauchen, ist nicht ein neuer ‚Ansatz' von ‚Landeskunde', mag dieser nun als ‚kulturwissenschaftlich', ‚diskursiv' oder wie auch immer bezeichnet werden, was wir brauchen, ist die Verabschiedung der ‚Landeskunde' durch einen grundlegenden Paradigmenwechsel.

2.2 ‚Interkulturalität'

Gegen die oben formulierte Kritik an der herkömmlichen ‚Landeskunde' könnte man einwenden, dass das alles doch nicht neu ist, dass damit doch längst offene Türen eingerannt werden und dass doch der für das Fremdsprachenlernen so wichtige Zusammenhang zwischen Sprache und Kultur heute nicht mehr unter der Bezeichnung ‚Landeskunde', sondern unter Bezeichnungen wie ‚interkulturelles Lernen', ‚interkulturelle Kompetenz' oder ‚interkulturelle Kommunikation' verhandelt wird. Dieser Einwand ist nicht falsch, denn tatsächlich gehören die angesprochenen Begriffe seit längerer Zeit zum Grundbestand der Fremdsprachendidaktiken und auch des Fachs Deutsch als Fremd- und Zweitsprache. Ist damit die Forderung nach einem grundlegenden Paradigmenwechsel, der den Herausforderungen der kulturellen Globalisierung gerecht wird, insofern hinfällig, weil dieser Wechsel mit der Einbeziehung einer ‚interkulturellen' Perspektive in den fremdsprachenwissenschaftlichen Diskurs möglicherweise längst vollzogen ist? Auf diese Frage möchte der folgende Abschnitt eine Antwort geben. Vorweg sei gesagt, dass diese Antwort negativ ausfallen wird: Die gängige Rede vom ‚Interkulturellen' und die damit einhergehenden Grundannahmen über Kultur, kulturelle Prägungen und kulturelle Unterschiede sind, so wird sich zeigen, nicht die Lösung, sondern eher ein Teil des Problems (vgl. zum Folgenden Altmayer 2021).

Die etwas abstrakte Bezeichnung ‚Interkulturalität', mit der dieser Abschnitt überschrieben ist, ist innerhalb des Fachdiskurses von Deutsch als Fremd- und Zweitsprache nicht sehr verbreitet. Sie wurde hier gewählt, weil damit eine übergreifende Perspektive auf verschiedene Bereiche und Teilaspekte des Fremdsprachenlernens benannt wird, die spezielleren Begriffen wie ‚interkulturelles Lernen', ‚interkulturelle Kompetenz' oder ‚interkulturelle Landeskunde' gemeinsam ist und die es daher auch erlaubt, diese Teilaspekte im Zusammenhang mit den ihnen gemeinsamen (kultur-)theoretischen Prämissen darzustellen und zu diskutieren. Demnach haben wir es bei ‚Interkulturalität' mit einem übergreifenden Paradigma zu tun, d. h. mit einem komplexen Set an theoretischen und praktischen Grundannahmen darüber, wie das Zusammenleben und die Interaktion von Menschen funktionieren und mit welchen Problemen wir insbesondere bei der Interaktion von Menschen mit unterschiedlichen ‚kulturellen' Orientierungen konfrontiert sind. In diesem Sinn ist die Rede vom ‚Interkulturellen' mittlerweile in zahlreichen Wissenschaftsdisziplinen, aber längst auch in der Politik, in den Medien und im Alltag angekommen.

2.2.1 ‚Interkulturalität' in den Fremdsprachenwissenschaften

Wie, wo und wann sich das Paradigma der Interkulturalität herausgebildet, aus welchen fachlichen Zusammenhängen es stammt und wie es sich in den verschiedenen wissenschaftlichen und praktischen Kontexten verbreitet und durchgesetzt hat, wurde an anderer Stelle bereits ausführlich dargestellt (vgl. Altmayer 2021: S. 376–383); dies muss hier nicht wiederholt werden. **‚Interkulturelles Lernen':** Innerhalb der Fremdsprachenwissenschaften im amtlich deutschsprachigen Raum wurde die Interkulturalitätsperspektive zunächst vor allem im Fach Deutsch als Fremd- und Zweitsprache vorangetrieben. Bereits seit Mitte der 1980er Jahre sind Lehrwerke für Deutsch mit einer spezifisch interkulturellen Grundausrichtung entstanden (*Sichtwechsel*, 1984 bzw. 1995; *Sprachbrücke*, 1987). Dabei stand hier wie bald auch in anderen Fremdsprachendidaktiken zunächst der aus der Pädagogik entlehnte Begriff des ‚interkulturellen Lernens' im Vordergrund (vgl. Bausch/Christ/Krumm 1994), der den Fremdsprachenunterricht vor allem als Begegnung mit der ‚fremden Kultur' auf der Basis der ‚eigenen' verstand und an Lernzielen wie dem „Aushalten von Verschiedenheit", der „Bereitschaft zur Infragestellung eigener Normen" oder der „Sensibilisierung für andere Sprach- und Verhaltensformen" ausrichtete (Krumm 1995: S. 158; Krumm 1994: S. 118). Damit sollte der Fremdsprachenunterricht zugleich einen umfassenderen Bildungsanspruch zurückgewinnen, der im Zuge der nicht selten als Banalisierung verstandenen kommunikativen Wende verlorenzugehen drohte (vgl. ebd.: S. 159; Küster 2003). Dieses über das Fremdsprachenlernen im engeren Sinn hinausgehende Verständnis von interkulturellem Lernen stieß aber auch auf grundsätzliche Kritik, weil es der Fremdsprachenvermittlung allgemeinpädagogische, humanistische und sozio-affektive Lernziele überstülpe und darüber das eigentliche Ziel, nämlich das Erlernen der Sprache, vernachlässige (vgl. Edmondson/House 1998: S. 178).

Als ein übergreifendes Prinzip des Fremdsprachenunterrichts konnte sich der Begriff des ‚interkulturellen Lernens' weder auf theoretischer noch auf praktischer Ebene wirklich durchsetzen. Maßgeblichen Einfluss hatte die Diskussion aber im Bereich der herkömmlichen ‚Landeskunde', die sich, wie oben bereits angesprochen, konzeptionell von einem bloßen Faktenvermittlungsfach zur ‚interkulturellen Landeskunde' wandelte und sich nunmehr an Lernzielen wie ‚transnationale Kommunikationsfähigkeit' oder der Fähigkeit zum Umgang mit kultureller Verschiedenheit orientierte. Die Aufgabe einer so verstandenen ‚interkulturellen' Landeskunde sei „nicht die Information, sondern Sensibilisierung sowie die Entwicklung von Fähigkeiten, Strategien und Fertigkeiten im Umgang mit fremden Kulturen" (ABCD-Thesen 1990: S. 60).

Interkulturelle Kompetenz: Der seit der Jahrtausendwende in den Fremdsprachendidaktiken wie im gesamten Bildungsbereich beobachtbare Wandel von der Inhalts- zur Kompetenzorientierung hat in der Diskussion um Interkulturalität dazu geführt, dass der Begriff der ‚interkulturellen Kompetenz' deutlich in den Vordergrund getreten ist und die eher an Lerninhalten oder Lernprozessen orientierten Begriffe wie ‚interkulturelles Lernen', ‚Fremdverstehen' oder ‚interkulturelle Kommunikationsfähigkeit' abgelöst hat. Dabei ist es bis heute nicht völlig überzeugend gelungen, ‚interkulturelle Kompetenz' so zu definieren, dass damit zum einen die Fallen der kulturalistischen Stereotypisierung umgangen werden und zum anderen sich auch tatsächlich handhabbare Orientierungen für die Curriculumplanung, Lernmaterialgestaltung oder Unterrichtsplanung ableiten lassen. Am ehesten kommt diesem Anspruch noch das mehrdimensionale Modell von Michael Byram nahe, das bereits in den 1990er Jahren entwickelt wurde und breit rezipiert worden ist. Nach diesem Modell lässt sich ‚interkulturelle Kompetenz' als ein Miteinander kognitiver (‚knowledge', ‚savoirs'), affektiver (‚attitudes', ‚savoir être') und handlungsbezogener (‚skills', ‚savoir comprendre', ‚savoir apprendre', ‚savoir faire') Teilfähigkeiten auffassen (vgl. Byram 1997). Darüber hinaus wurde mit dem Teillernziel ‚kritische Kulturbewusstheit' (‚ciritcal cultural awareness', ‚savoir s'engager') noch eine übergreifende und im weitesten Sinne politische Komponente hinzugefügt, mit der der Bildungsanspruch eines interkulturell orientierten Fremdsprachenunterrichts nachdrücklich untermauert werden sollte (vgl. Byram 2009; s. auch Abschn. 4.2).

2.2.2 Zur Kritik von Interkulturalität

Die Herausbildung einer übergreifenden interkulturellen Perspektive auf das Fremdsprachenlernen war von Anfang an auch von kritischen Stimmen begleitet.

Dabei ging es zunächst aber um eher nachrangige Probleme wie etwa die vermeintlichen Gefahren einer „Landeskundisierung" des Interkulturellen (vgl. Rösler 1993: S. 99) oder einer Überfrachtung des Fremdsprachenunterricht mit allgemeinen und affektiven Bildungszielen zulasten des eigentlichen Sprachlernens (vgl. Edmondson/House 1998; Hu 1999). Das zweifellos gravierendste Problem der Interkulturalität besteht aber darin, dass ihr ein in der Regel unreflektiert bleibendes Alltagsverständnis von ‚Kultur' zugrunde liegt, das der tatsächlichen Komplexität der Sache wohl noch nie gerecht wurde, das aber im Kontext sich zunehmend globalisierender, fragmentierender und digitalisierender Gesellschaften, mit denen wir, wie oben gesehen, heute ja zu tun haben, wohl endgültig jede Anschlussfähigkeit eingebüßt hat.

Bis heute wird im Kontext von Interkulturalitätsdiskursen davon ausgegangen, dass sich ‚Kultur' auf bestimmte Gemeinsamkeiten im Verhalten, Denken, Wahrnehmen oder Bewerten bezieht, die Menschen als Angehörige sozialer Gruppen oder Kollektive gemeinsam haben, und dass dabei der nationalen und/oder ethnischen Gruppenzugehörigkeit ein deutlicher Vorrang vor anderen Formen menschlicher Vergesellschaftung zukommt. Wenn in den fraglichen Kontexten von ‚interkulturellem Vergleich', ‚interkultureller Kommunikation' oder ‚interkulturellem Verstehen' die Rede ist, dann bezieht sich dies in der Regel ja nicht auf Vergleiche, Kommunikationsprozesse oder Interaktionen zwischen Männern und Frauen, zwischen Akademikern und Hilfsarbeitern oder zwischen Katholiken und Protestanten. Vielmehr geht es ausschließlich um die Interaktion zwischen Angehörigen unterschiedlicher national und/oder ethnisch definierter Gruppen, also z. B. Deutsche, Franzosen, Chinesen und Brasilianer oder auch Sorben, Zulus und Angehörige der ‚First Nation'. Es wird dabei meist ohne explizite Begründung nicht nur angenommen, dass es sich bei Nationen bzw. Ethnien um Gruppenzugehörigkeiten handelt, die gegenüber anderen Zugehörigkeiten besonders ausgewiesen sind, darüber hinaus wird auch angenommen, dass diese Form der Gruppenzugehörigkeit eine besondere Homogenität nach innen und zugleich eine besondere Abschließbarkeit nach außen markiert, die auch die Annahme einer besonderen Schwierigkeit und Störungsanfälligkeit der Interaktion mit Angehörigen anderer national-ethnisch definierter Gruppen begründet.

Unangemessene Verkürzungen: Viel ist in den letzten Jahren dazu gesagt worden, dass ein so stark simplifizierendes und unangemessen homogenisierendes Verständnis von ‚Kultur' für wissenschaftliche Zwecke weitgehend überholt und unbrauchbar ist (vgl. u. a. Altmayer 2006a: S. 45–50; Guest 2006; Haas 2009: S. 110–154). Oben wurde schon angemerkt, dass man Länder wie Deutschland mit ca. 80 Mio. oder gar China mit über einer Milliarde Menschen nicht als homogene Gebilde ansehen kann, denen irgendein ‚kulturelles Wesen' zugrunde liegt, wie man es im Rahmen der Kulturkunde der 1920er Jahre formuliert hat. Die Welt ist ja, wie wir gesehen haben, im 20. und 21. Jahrhundert nicht nur kleiner geworden, weil wir in immer kürzerer Zeit in alle Weltregionen reisen können, wir können uns auch ohne Zeitverzögerung mit Menschen überall auf der Welt verständigen und bekommen Informationen von überall her. Natürlich gibt es auch in der Zeit der Globalisierung noch erhebliche Unterschiede zwischen den verschiedenen

Lebens-, Denk- und Wahrnehmungsweisen der Menschen, diese lassen sich aber nicht mehr so einfach mit bestimmten ‚Ländern' in eins setzen, weil die Grenzen der Länder ja längst durchlässig geworden sind nicht nur für konkrete Menschen und ihre Schicksale, sondern auch und vielleicht sogar noch mehr für das, was an Bildern, Informationen, Denkweisen, Lebensformen, Vorbildern, Geschichten, Gefühlen, Erinnerungen und Deutungsangeboten anderswo entstanden ist. Menschen wachsen heute nicht mehr in der geschlossenen Welt ihrer Herkunftsregion oder ihres Nationalstaats auf, sie sind vielmehr gerade über die modernen elektronischen Medien, aber auch über Reisemöglichkeiten und die völlig normal gewordene Begegnung mit Menschen aus anderen Regionen, anderen Ländern und anderen Kontinenten Einflüssen ausgesetzt, die sich mit den bisherigen Kategorien von ‚eigener' und ‚fremder Kultur' ebenso wenig erklären und erfassen lassen wie mit den herkömmlichen Konzepten von Interkulturalität.

Hinzu kommt, dass die Annahme bestimmter Gemeinsamkeiten im Wahrnehmen, Fühlen, Denken und Handeln von Menschen einer gemeinsamen ethnisch-nationalen Herkunft sich bis heute nicht auf eine stabile, überzeugende und methodisch abgesicherte empirische Evidenz stützen kann. Vielmehr arbeitet der Diskurs meist mit konkreten Beispielen für vermeintlich nationalkulturelle Prägungen von Menschen, die zwar durchaus eine gewisse intuitive Überzeugungskraft besitzen. Einige solche Beispiele wurden ja oben im Zusammenhang mit der ‚interkulturellen Landeskunde' schon genannt, erinnert sei hier exemplarisch nur an die angeblich ‚direkte' Art der in Deutschland ‚üblichen' Kommunikation, die anderswo als unhöflich und gesichtsverletzend wahrgenommen werde.

Was alle diese Beispiele aber miteinander gemeinsam haben: Sie kommen nicht über den Status des Beispiels hinaus und lassen sich daher auch nicht auf einer grundsätzlicheren theoretischen Ebene verallgemeinern oder systematisieren, weshalb sich der Eindruck, dass es sich letztlich vielleicht doch nur um eine Ansammlung mehr oder weniger elaboriert formulierter stereotypischer Pauschalisierungen handelt, nicht leicht von der Hand weisen lässt. Was diesem Eindruck allenfalls entgegentreten könnte, wäre empirische Evidenz, d. h. der mittels einschlägiger Forschungsmethoden vollzogene Beleg, dass solche nationalkulturellen Gemeinsamkeiten und Unterschiede sich tatsächlich empirisch nachweisen lassen. Einen solchen überzeugenden und methodisch einwandfreien Nachweis aber sucht man bis heute vergeblich.

Vielleicht wird man an dieser Stelle einwenden, dass sich doch Wissenschaftler wie Geert Hofstede oder Alexander Thomas, von denen oben schon die Rede war und auf die sich die Vertreter der Interkulturalitätsperspektive in den Fremdsprachendidaktiken gerne berufen, durchaus um eine empirische Absicherung ihrer Aussagen über nationale Kulturen bemüht haben, und das soll auch keineswegs bestritten werden. Ob es sich dabei aber um eine tatsächlich überzeugende und methodisch saubere empirische Absicherung handelt, ist genau besehen jedoch höchst zweifelhaft.

‚Kulturdimensionen' (Hofstede): Schauen wir uns dazu zunächst kurz die Arbeitsweise von Hofstede an, wie sie u. a. aus seinem wichtigsten Buch

Culture's Consequences aus dem Jahr 1980 (eine zweite überarbeitete Auflage erschien 2001) hervorgeht. Auf der Grundlage großer Datenmengen, die bei Mitarbeitern des international agierenden Konzerns IBM – ursprünglich für andere Zwecke – erhoben worden waren, unterscheidet Hofstede anfangs vier, später fünf ‚Dimensionen', die einen (quantitativen) Vergleich zwischen (nationalen) ‚Kulturen' ermöglichen sollen: Machtdistanz, Individualismus vs. Kollektivismus, das Verhältnis von ‚maskulinen' und ‚femininen' Wertorientierungen, die Frage des Zulassens bzw. Vermeidens von Unsicherheiten und die Orientierung an kurz- oder längerfristigen Zielsetzungen (vgl. Hofstede 2001: S. 24–34; Hofstede/Hofstede 2011: S. 28–32). Für alle diese Dimensionen errechnet er auf der Grundlage von insgesamt 116.000 Fragebögen jeweils Zahlenwerte für die an der Befragung beteiligten Nationen, die für sich selbst nichts aussagen, sondern nur im Vergleich miteinander bestimmte Grundorientierungen innerhalb der betreffenden nationalen Kultur anzeigen. Wenn also beispielsweise in der Dimension ‚Machtdistanz' Österreich mit 11 den geringsten und Malaysia mit 104 den höchsten Wert aufweisen (vgl. Hofstede 2001: S. 500), dann besagt dies nur, dass Hierarchien in Österreich eher flach ausfallen und das Verhältnis zwischen ‚oben' und ‚unten' in Politik, Gesellschaft und Wirtschaft offenbar stärker durch Offenheit und Durchlässigkeit geprägt ist, wohingegen in Ländern wie Malaysia das Gegenteil der Fall zu sein scheint. Auch Deutschland weist hier mit 35 einen zwar gegenüber Österreich deutlich höheren Wert auf, der aber mit den Werten traditionell als liberal und offen geltender Länder wie Schweden (31), Großbritannien (35) oder Niederlande (38) etwa auf derselben Ebene liegt. Die „mentale Programmierung", die für Hofstede die ‚Kultur' ausmacht (vgl. Hofstede/Hofstede 2011: S. 3), scheint bei Deutschen wie Österreichern also der Ausbildung unterwürfiger und obrigkeitsstaatlicher Mentalitäten eher entgegenzuwirken.

Die Vorgehensweise von Hofstede besteht also, kurz gesagt, darin, dass er auf der Basis von Befragungen der Mitarbeiter eines internationalen Konzerns zu allgemeinen Aussagen über die Angehörigen ganzer national-ethnischer Kollektive kommt, und spätestens hier stößt das Verfahren auf schwerwiegende methodische Bedenken. Zum einen kann man durchaus begründet bezweifeln, ob sich kulturelle Orientierungen, wie Hofstede sie ja mit seinen fünf Kulturdimensionen erfassen will, tatsächlich in Form von Zahlen quantifizieren und vergleichen lassen und ob damit nicht schon eine unzulässige Vereinfachung und Verallgemeinerung einhergeht; „Kulturen", so drückt Klaus P. Hansen es aus, „lassen sich nicht numerisch zur Strecke bringen" (Hansen 2000: S. 284). Bei weitem schwerer wiegt aber der Einwand, dass sich aus der von Hofstede gewählten Stichprobe, nämlich IBM-Mitarbeitern, nicht auf die kulturellen Orientierungen ganzer Nationen schließen lässt, schon gar nicht mit der unreflektierten Selbstverständlichkeit, in der dies bei Hofstede geschieht. Was aus seinen Daten hervorgeht, sind allenfalls Aussagen über Mitarbeiter bestimmter international agierender Firmen, keinesfalls aber lassen sich dadurch valide Aussagen über die deutsche oder irgendeine andere ‚Kultur' im Sinne einer ‚mentalen Programmierung' ableiten. Genau besehen belegt Hofstede also keinesfalls die Annahme, dass der national-ethnischen Ebene

2.2 ,Interkulturalität'

menschlicher Vergesellschaftung gegenüber anderen sozialen Gruppenzugehörigkeiten (wie z. B. die Zugehörigkeit zur Gruppe der IBM-Mitarbeiter) eine besondere Bedeutung zukommt, vielmehr liegt diese Annahme der empirischen Versuchsanordnung von vornherein zugrunde. Insofern wird man Hansens vernichtendem Urteil, Hofstedes Buch *Culture's Consequences* sei „für die moderne Kulturwissenschaft eine Katastrophe" (Hansen 2000: S. 285), eine gewisse Berechtigung, nicht zuletzt im Hinblick auf die breite Rezeption, die sein Ansatz erfahren hat, nicht absprechen können.

,**Kulturstandards' (Thomas):** Noch gravierender stellt sich das Problem im Kontext des oben ebenfalls bereits erwähnten Kulturstandard-Ansatzes des deutschen Psychologen Alexander Thomas dar. Bei ,Kulturstandards' handelt es sich laut Thomas um „Arten des Wahrnehmens, Denkens, Wertens und Handelns, die von der Mehrzahl der Mitglieder einer bestimmten Kultur für sich und andere als normal, typisch und verbindlich angesehen werden" (Thomas 2005: S. 25). ,Kultur' wird hier also zunächst als soziale Gruppe gefasst, denen Menschen als ,Mitglieder' angehören, ohne dass klar würde, worin ,Mitgliedschaft' sich genau konstituiert. Dass es sich dabei vorrangig um nationale Gruppen handelt, ergibt sich nicht nur aus dem weiteren Kontext des Kulturstandard-Ansatzes, es wird auch explizit gesagt, wenn es etwa an anderer Stelle heißt, Kultur sei „ein für eine Nation, Sprach- respektive Kultureinheit gültiges und sinnstiftendes Orientierungssystem" (ebd.: S. 24).

Es wird hier also ohne Weiteres angenommen, dass die ,Mitglieder' einer nationalen ,Kultur' über gemeinsame, wenigstens aber mehrheitlich geteilte „Arten des Wahrnehmens, Denkens, Wertens und Handelns" verfügen, die der (gemeinsamen) Orientierung und Sinnstiftung dienen. Beispiele, wie sie in vielen Veröffentlichungen zu den ,Kulturstandards' verschiedener ,Kulturen' aufgelistet und den Mitarbeitern internationaler Firmen und Organisationen in interkulturellen Trainings auch gerne zur Beachtung anempfohlen werden, sind zahlreich und vielfältig; so gelten beispielsweise „Sachorientierung", die „Wertschätzung von Strukturen und Regeln" oder „Zeitplanung" als „deutsche Kulturstandards" (Schroll-Machl 2003: S. 74–76; vgl. auch Schroll-Machl 2013: S. 47–67; 69–91; 121–138), wohingegen es sich z. B. bei Gruppen-, Familien- und Beziehungsorientierung oder auch bei dem Aspekt des ,Gesichtwahrens' um typisch asiatische, in diesem Fall vietnamesische Kulturstandards handele (vgl. Alshut/Nespethal/Thomas 2015: S. 21–31; 33–43; 59–73; 87–97).

Fragt man nach der empirischen Evidenz, auf die solche Aussagen sich stützen, erfährt man, dass sie auf die Eindrücke von „Menschen aus verschiedenen Nationen" zurückgehen, die danach befragt wurden, „was ihnen im Umgang mit Deutschen besonders auffällt, welche Schwierigkeiten sie immer wieder hatten, Deutsche in ihrem Verhalten und in ihren Reaktionen in bestimmten Situationen zu verstehen und was für sie den Umgang mit Deutschen schwierig gemacht hat" (Thomas 2005: S. 25). Daraus ergebe sich über die Aussagen von Menschen ganz verschiedener nationaler Herkunft „eine hohe Übereinstimmung in einer ganzen Reihe von verhaltensrelevanten Merkmalen, die man als deutsche Kulturstandards bezeichnen kann" (ebd.: S. 25–26). ,Kulturstandards', so zeigt sich hier, ergeben sich aus dem, wie andere die Angehörigen einer bestimmten nationalen Kultur wahrnehmen und was sie bei diesen als besonders auffällig und problematisch empfinden. Die Möglichkeit, dass mit dieser Methode von den Befragten lediglich unreflektierte stereotypische Bilder erfragt und reproduziert werden, die dann nur unter dem Etikett ‚Kulturstandards' mit einer pseudowissenschaftlichen Gloriole versehen werden, wird bei Thomas und anderen Vertretern des Kulturstandard-Konzepts an keiner Stelle erwähnt oder gar reflektiert. Aber genau dies geschieht hier, und erst die den Befragten gemeinsame Abrufung hergebrachter und bekanntlich international verbreiteter Stereotype von den so ‚sachorientierten', ‚direkten' und ‚unhöflichen' Deutschen stellt die Übereinstimmung in den erfragten Aussagen überhaupt her. Das heißt: Die Art der Befragung setzt das Ergebnis schon voraus. Mit seriöser sozialwissenschaftlicher Forschung aber hat das wenig zu tun. Die Rede von ‚Kulturstandards' erweist sich so schon bei einer eher flüchtigen Diskussion ihrer empirischen Basis als weitgehend unbrauchbar und unseriös.

Alternativen zur ‚Interkulturalität': Vor allem solche kritischen Überprüfungen der kulturtheoretischen und empirischen Basis von Interkulturalität haben in den letzten Jahren dazu geführt, dass die Konzepte des ‚Interkulturellen', die ein Neben- und Miteinander zweier oder mehrerer klar unterscheidbarer ‚Kulturen' voraussetzen, immer mehr in Frage gestellt, aber auch weiterentwickelt worden sind. Auch innerhalb der Fremdsprachendidaktiken ist die Kritik nicht ungehört geblieben und hat auch hier eine Reihe interessanter und vielversprechender Weiterentwicklungen des Interkulturalitäts-Ansatzes hervorgebracht, deren tatsächliches wissenschaftliches und didaktisches Potenzial allerdings noch nicht abschließend beurteilt werden kann. Zum einen spielen derzeit Begriffe wie ‚Hybridität', ‚Third Space' oder ‚Transkulturalität', die die Simplifizierungen des bisherigen Interkulturalitätsdenkens überwinden wollen und der realen Heterogenität und Komplexität der globalisierten Welt gerecht zu werden versuchen, auch innerhalb der Fremdsprachendidaktik eine zunehmende Rolle (vgl. z. B. Freitag-Hild 2010). Und zum anderen und in engem Zusammenhang damit werden aktuelle und weltweit diskutierte kulturwissenschaftliche Theorieansätze wie die Cultural Studies, die Postcolonial Studies oder die Diskursforschung derzeit in der Fremdsprachendidaktik rezipiert und haben innovative Ansätze eines an Zielen wie ‚global citizenship', ‚symbolic competence' oder ‚Diskursfähigkeit' orientierten ‚kulturellen Lernens' hervorgebracht, die auch für die Kulturstudien im Kontext von Deutsch als Fremd- und Zweitsprache relevant und anschlussfähig sind (vgl. u. a. Altmayer 2004, 2006a; Hallet 2001, 2008; Kramsch 2009; Risager 2007, 2009). Auf einige dieser Ansätze wird im 4. Kapitel im Zusammenhang mit dem Begriff des ‚kulturbezogenen Lernens' noch zurückzukommen sein.

2.2.3 Vorläufiges Fazit

Wenn wir das bisher Gesagte kurz rekapitulieren, dann können wir sagen: Die Begriffe und Konzepte, mit deren Hilfe wir bisher die kulturellen Aspekte des Lehrens und Lernens des Deutschen als Fremd- und Zweitsprache, aber auch anderer Sprachen, zu beschreiben versucht haben, sind im Kontext der globalisierten Welt fragwürdig geworden. Das gilt für die ‚Landeskunde' mit ihrer Annahme, dass eine Sprache einen sozusagen natürlichen Bezug zu einem ‚Land', einem Territorium, einem Staat oder auch mehreren Staaten aufweise und dass dies durch entsprechende Information der Lernenden über das Land im Unterricht berücksichtigt werden muss; und das gilt auch für interkulturelle Ansätze, die den Fokus vom ‚Land' auf die ‚Kultur' verschoben haben, die aber ‚Kultur' bislang noch meist unreflektiert mit Nation oder Ethnie gleichsetzen, damit aber der tatsächlichen Komplexität, mit der wir es gerade unter den Bedingungen der kulturellen Globalisierung zu tun haben, nicht mehr gerecht werden. Hergebrachte Begrifflichkeiten wie eben ‚Land', ‚Nation', ‚Kultur', mit denen wir bisher auch in den Fremdsprachendidaktiken gerne operiert haben, ohne darüber immer so genau Rechenschaft abzulegen, haben in den letzten Jahren ihre Brauchbarkeit als Beschreibungen von ‚Realitäten' eingebüßt und sind hochgradig fragwürdig geworden. Wie also können wir überhaupt noch auf wissenschaftlicher Ebene seriös über die uns interessierenden Fragen des Zusammenhangs von Sprache und Kultur und über die daraus sich möglicherweise ergebenden Folgen für das Lehren und Lernen von Sprachen sprechen, wenn nicht nur unsere hergebrachten Begriffe, sondern auch die theoretischen Grundannahmen, von denen wir immer ausgegangen sind, nicht mehr gelten, weil sie mehr Probleme hervorbringen als sie zu lösen imstande sind? Welche Begriffe und welche theoretischen Grundannahmen stehen noch zur Verfügung, um unser Nachdenken über die angesprochenen Fragen auf eine neue Grundlage zu stellen?

Dies soll im Folgenden das Thema sein. Es wird sich zeigen, dass wir an manchen Stellen viel tiefer graben müssen, als wir das im Rahmen unseres Faches, etwa in den Diskussionen über Landeskunde und Interkulturalität, bisher getan haben. Am Anfang dieses Grabens aber muss die gründliche Auseinandersetzung mit einem Begriff stehen, der die ganze Zeit schon ständig präsent gewesen ist, weil er wie selbstverständlich unser Thema beherrscht, der aber, genau besehen, alles andere als selbstverständlich ist: der Begriff ‚Kultur'.

2.3   ‚Kultur'

Sehr häufig war in den Ausführungen dieses und auch des vorangehenden ersten Kapitels dieser Einführung schon von ‚Kultur' die Rede. So hieß es beispielsweise ganz zu Beginn, dass Sprache und Kultur untrennbar zusammenhängen und dass das Erlernen einer Sprache deswegen immer auch mit dem Lernen kultureller Aspekte einhergehe. Und wenn von einer deswegen notwendigen kulturwissenschaftlichen Teilkomponente des Fachs Deutsch als Fremd- und Zweitsprache gesprochen bzw. geschrieben wurde, die wir ‚Kulturstudien' nennen, dann steckt ja auch in dieser Fachbezeichnung das Wort ‚Kultur'. Auch in diesem zweiten Kapitel war schon mehrfach von ‚Kultur' die Rede, etwa wenn gesagt wurde, die ‚interkulturelle Landeskunde' habe die Lernenden für die Spezifika der ‚fremden Kultur' zu sensibilisieren, oder wenn auf die Rahmenbedingungen einer ‚kulturellen Globalisierung' hingewiesen wurde; und nicht zuletzt enthält ja auch der Begriff der ‚Interkulturalität' die Wortkomponente ‚Kultur' und macht davon einen wie selbstverständlich daherkommenden Gebrauch.

Vieldeutigkeit und Unklarheit des Begriffs ‚Kultur': Fragt man nach, was damit eigentlich genau gemeint ist und worin das Gemeinsame besteht, das die Verwendung des Wortes oder Wortbestandteils ‚Kultur' auch in Alltagskontexten rechtfertigt, gerät man allerdings recht schnell in eine gewisse Verlegenheit. Meinen wir wirklich dasselbe, wenn wir davon sprechen, dass wir gerne ins Theater oder ins Konzert gehen, weil wir uns schließlich für ‚Kultur' interessieren, wenn wir sagen, dass jemand aus einer ‚fremden Kultur' kommt, wenn wir jemanden als sehr ‚kultiviert' loben oder als ‚unkultiviert' beschimpfen oder wenn wir den vermeintlichen Mangel an ‚politischer Kultur' in den öffentlichen Auseinandersetzungen beklagen? Verbergen sich nicht hinter der gemeinsamen Wortform auf der sprachlichen Oberfläche tatsächlich doch sehr heterogene Bedeutungen, die offenbar nicht mehr viel miteinander zu tun haben? Wenn das aber so ist, eignet sich dann ein so schillernder und offensichtlich vieldeutiger Begriff wie ‚Kultur' überhaupt dafür, den bevorzugten Gegenstand einer wissenschaftlichen Teildisziplin wie eben die ‚Kulturstudien' zu benennen? Und haben wir es hier überhaupt mit einem wissenschaftlichen Begriff zu tun oder nicht eher mit einer alltagssprachlichen Kategorie, deren wissenschaftliches Potenzial doch sehr begrenzt ist?

Erweitert man ein wenig die Perspektive und stellt die Frage, welche Rolle der Begriff ‚Kultur' im Kontext des Faches Deutsch als Fremd- und Zweitsprache spielt und welche Bedeutung ihm dabei zugeschrieben wird, kommt man zu einem interessanten Resultat. Zum einen nämlich ist nahezu überall von ‚Kultur' die Rede, und nach wie vor gilt der untrennbare Zusammenhang von Sprache und Kultur und von sprachlichem und kulturbezogenem Lernen als eine der Standardannahmen im Fach; davon war ja im ersten Kapitel schon ausführlich die Rede. Wir können also durchaus sagen, dass ‚Kultur' neben ‚Sprache', ‚Lernen' und einigen anderen Begriffen zu den Kern- oder Schlüsselbegriffen des Fachs gehört. Auf der anderen Seite findet aber eine wirkliche Auseinandersetzung mit dem Begriff auf einem der Sache und dem Stand der Forschung angemessenen Niveau kaum statt. Das hat sicher zum einen damit zu tun, dass theoretisch-begriffliche Reflexion und Präzision generell nicht zu den Stärken des sich ja nach wie vor als praxisorientiert verstehenden Fachs gehören; zum anderen kann es aber auch daran liegen, dass man sich in einem Bedeutungskorridor eingerichtet hat, der den Kulturbegriff grundsätzlich innerhalb des Interkulturalitätsparadigmas verortet, und so lange der damit verbundene Grundkonsens nicht in Frage gestellt ist, besteht offenbar auch kein Bedarf an einer grundsätzlicheren Reflexion und Explikation dessen, was mit dem Begriff ‚Kultur' eigentlich genau gemeint ist – und was vielleicht auch nicht.

Kulturbegriffe im Fach Deutsch als Fremd- und Zweitsprache: Einige der vorliegenden Arbeiten, die dann doch einmal versuchen, den Begriff genauer

2.3 ‚Kultur'

zu erläutern, bestätigen diesen Befund insofern, als sie offenkundig von dem Bemühen inspiriert sind, die Annahmen des Interkulturalitätsparadigmas gegen die immer deutlicher vernehmbare Kritik zu verteidigen und aufrecht zu erhalten. So differenziert etwa Barkowski (2001) zwar einerseits vier verschiedene Kulturkonzepte, die von der klassischen Auffassung von ‚Kulturen' als monolithische und abgeschlossene Blöcke bis zur grundlegenden Infragestellung der Sinnhaftigkeit des Kulturbegriffs reichen. Die letztere von Barkowski gleichwohl als „Kulturkonzept 4" und als „individuell und anti-kulturalistisch" bezeichnete Position stelle „radikal in Frage, ob es überhaupt noch Sinn macht, Begegnungen von Menschen und Eigenschaften von Gesellschaften mit Hilfe kultureller Parametrisierung erfassen und interpretieren zu wollen" (Barkowski 2001: S. 302). Im weiteren Verlauf seines Papiers kommt Barkowski darauf aber nicht mehr zurück, die zitierte Kritik an der herkömmlichen Rolle von ‚Kultur' im Rahmen des Interkulturalitätsparadigmas bleibt unkommentiert stehen, wird weder bestätigt noch begründet zurückgewiesen, und an die Stelle einer hier eigentlich erforderlichen theoretisch-begrifflichen Argumentation treten mehr oder weniger beliebig ausgewählte Beispiele ‚interkultureller Begegnungen', die zeigen sollen, dass „interkulturelles Lernen" „machbar" sei und „gelingen" könne (ebd.: S. 310–311). Man dürfe, so Barkowski an anderer Stelle, „das Kind ‚Kultur' nicht im Bade von mainstream-Orientierungen wie Individualisierung und Globalisierung" ertränken (zitiert nach Skiba 2007: S. 91).

Im Gegensatz zu Barkowski kommt die Kritik am herkömmlich ‚interkulturellen' Kulturverständnis bei Skiba (2007) zwar etwas ausführlicher zu Wort, wird aber auch nicht wirklich in ihrer ganzen Radikalität reflektiert. Stattdessen schlägt Skiba im Anschluss an die Typologie von Kulturbegriffen nach Reckwitz, auf die noch zurückzukommen sein wird, vor, in den unterschiedlichen praktischen Kontexten des Faches Deutsch als Fremdsprache nicht von einem einheitlichen und verbindlichen Kulturkonzept auszugehen, sondern „je nach Lernort und Adressatengruppe komplementäre Kulturkonzepte zur Grundlage pädagogischen Handelns zu machen" (ebd.: S. 100), also je nach Lehr-Lern-Situation mal von einem ‚totalitätsorientierten', mal von einem ‚differenzierungstheoretischen' Kulturkonzept (in der Begrifflichkeit nach Reckwitz) und im Hinblick auf empirische Forschungsprojekte eher von „kulturelle[n] Überschneidungen und Vermischungen" auszugehen.

Die Überlegungen von Skiba belegen zum einen die oben formulierte Diagnose, wonach Präzision und Gründlichkeit theoretisch-begrifflicher Reflexion nicht zu den Stärken des Faches Deutsch als Fremd- und Zweitsprache gehören, und sie sind in mancher Hinsicht auch bezeichnend für den Umgang des Fachs mit seinen eigenen Schlüsselbegriffen. Deren Relevanz wird vor allem im Hinblick auf die (unterrichts-)praktischen Interessen und allenfalls in zweiter Linie im Hinblick auf die wissenschaftlichen Interessen des Fachs gesehen. Wissenschaft aber braucht, zumindest bei wichtigen Kernbegriffen wie z. B. ‚Kultur', begriffliche Klarheit und Präzision, das beliebige Nebeneinander verschiedener und miteinander völlig inkompatibler Bedeutungen ist daher weder sinnvoll noch praktikabel, im Gegenteil, es ist mit seriösem wissenschaftlichem Arbeiten völlig unvereinbar.

Ein weiterer Aspekt kommt hinzu: Einerseits greift Skiba zwar die Reckwitzsche Typologie von Kulturbegriffen auf, indem er beispielsweise zwischen dem ‚totalitätsorientierten' (Kultur im Sinn von Nationalkulturen) und dem ‚differenzierungstheoretischen' (Kultur im Sinn von Kunst, Literatur, Musik usw.) Verständnis unterscheidet, den von Reckwitz als eigentlich allein tragfähig und zukunftsweisend eingeschätzten ‚wissens- und bedeutungsorientierten' Kulturbegriff, mit dem tatsächlich völlig neue und das herkömmliche Interkulturalitätsparadigma hinter sich lassende Perspektiven eröffnet würden (vgl. Reckwitz 2000: S. 84–90), ignoriert er aber vollkommen. Auch hier ist also sehr deutlich das Bemühen spürbar, die Grenzen des Interkulturalitätsparadigmas möglichst nicht grundsätzlich anzutasten oder gar zu überschreiten.

Paradigmenwechsel: Nun haben unsere Ausführungen zur Landeskunde und zum Interkulturalitätsparadigma oben aber deutlich gemacht, dass wir im Rahmen der Kulturstudien tatsächlich einen grundlegenden Paradigmenwechsel benötigen, dass wir uns also von den bisher geltenden Annahmen vom Interkulturellen verabschieden und neue Konzepte entwickeln müssen, wenn wir den veränderten Lebensbedingungen in globalisierten Migrationsgesellschaften noch gerecht werden wollen. Das aber heißt vor allem: Wir brauchen eine weitaus gründlichere Auseinandersetzung mit dem Kernbegriff der Kulturstudien, als sie bisher in unserem Fach üblich war, und wir brauchen ein völlig neues und anderes Verständnis von ‚Kultur', wenn wir an diesem Begriff weiterhin festhalten wollen. Diese Auseinandersetzung soll in den folgenden Abschnitten zumindest in Grundzügen geleistet werden, kann aber auch auf Vorarbeiten zurückgreifen (vgl. Altmayer 1997, 2010). Dabei wird es zunächst um eine historisch-genetische Perspektive gehen, d. h. wir werden im Anschluss an die ja vorhandene begriffsgeschichtliche Forschung zeigen, wo der Begriff ‚Kultur' herkommt und wie er sich in groben Zügen in den letzten 2000 Jahren entwickelt hat. Im Anschluss daran werden wir eine systematische Typologie verschiedener Grundbedeutungen von ‚Kultur' vorstellen und uns mit den einzelnen Varianten kritisch auseinandersetzen. Am Ende werden wir das den Kulturstudien zugrunde liegende ‚wissens- und bedeutungsorientierte' Verständnis von ‚Kultur' so weit erläutern, wie es für die Belange dieser Einführung sinnvoll und notwendig ist.

2.3.1 Zur Begriffsgeschichte von ‚Kultur'

Zum Stand der Forschung: Die Entstehung und historische Entwicklung des Begriffs ‚Kultur' und seines Nachbarbegriffs ‚Zivilisation' ist sowohl im deutschen Sprachraum wie international recht gut erforscht. Wir können uns also für die folgende kurze Zusammenfassung der wichtigsten Entwicklungen auf die vorhandenen Forschungsarbeiten stützen, wobei neben schon älteren Arbeiten (vgl. u. a. Niedermann 1941; Pflaum 1967) vor allem die grundlegende und sehr detaillierte Darstellung von Jörg Fisch im Handbuch *Geschichtliche Grundbegriffe* eine nützliche Quelle darstellt (vgl. Fisch 1992). Allerdings ist allen genannten Darstellungen eine gewisse Tendenz gemeinsam, sich in der Fülle des vorhandenen historischen Materials zu verlieren, so dass große Linien der begriffsgeschichtlichen Entwicklung nur noch schwer auszumachen sind. Deswegen greifen wir hier auch gerne auf die etwas vereinfachende und griffige, aber deswegen nicht weniger angemessene Systematisierung von Hubertus Busche (2000; 2018) zurück, der die unterschiedlichen historischen Bedeutungsvarianten bzw. Begriffstraditionen von ‚Kultur' mit den Formeln „Kultur, die man betreibt", „Kultur, die man hat", „Kultur, die man schaffen kann" und „Kultur, in der man lebt" auf den Punkt bringt (Busche 2000: S. 70–90; 2018: S. 4–24). Da die beiden zuerst genannten Bedeutungen aber sowohl historisch als auch systematisch sehr eng zusammen hängen, sollen sie auch im Zusammenhang beschrieben werden.

2.3.1.1 „Kultur, die man betreibt" und „Kultur, die man hat". Kultur als Bearbeitung und Entwicklung natürlicher Anlagen

Lateinischer Ursprung: Der etymologische Ursprung unseres heutigen Wortes ‚Kultur' liegt im Lateinischen und damit in der römischen Antike. Es geht auf das lateinische Verb *colere* zurück, das so viel bedeutet wie ‚pflegen', ‚bebauen' oder ‚bearbeiten' und sich zunächst vor allem auf den landwirtschaftlichen Kontext bezieht. Damit sind wir auch schon bei der ursprünglichen und ältesten Grundbedeutung von ‚Kultur', nämlich Bearbeitung und Pflege des natürlich vorhandenen Bodens und der darauf wachsenden Pflanzen durch den Menschen mit dem Ziel, bessere Ergebnisse zu erzielen. Wer ‚Kultur' in diesem sehr elementaren Sinn betreibt, findet sich nicht mit dem ab, was die Natur von sich aus anbietet, sondern versucht, dies durch sein Eingreifen zu verändern und zu verbessern, eben zu ‚kultivieren', wie wir heute vielleicht sagen würden. Dieses zunächst auf die Landwirtschaft begrenzte ‚Kultivieren' wurde aber schon bald auf andere Bereiche übertragen, insbesondere auf den Menschen selbst, und hier zunächst auf die Pflege und Bearbeitung des menschlichen Körpers, dann aber vor allem auch auf den Geist. Philosophie betreiben, so hieß es bei Cicero, sei „cultura animi" (zit. nach Busche 2000: S. 71), also Pflege der Seele oder einfach ‚Bildung'.

Zwei Teilbedeutungen: Gerade wenn man diesen Aspekt von ‚Bildung' an dieser Stelle mit ins Spiel bringt, wird deutlich, dass sich hier zwei verschiedene Teilbedeutungen differenzieren lassen, die aber sehr eng zusammenhängen und die Busche zum einen als „Kultur, die man betreibt" und zum anderen als „Kultur, die man hat" unterschieden hat: zum einen nämlich meint ‚Kultur' ja den Prozess, die Betätigung des Menschen zur Pflege von Körper und Geist, Kultur ist also etwas, das man „betreibt"; nennen wir dies die Bedeutung (1a). Zum anderen aber, und das wird vor allem im geistigen Bereich besonders greifbar, hat dieser Prozess ja im besten Fall auch ein Ergebnis und führt zu einem geänderten Zustand, d. h. der Mensch ist gepflegt (körperlich) bzw. ‚gebildet' (geistig); ‚Kultur' bezieht sich nun in der Bedeutung (1b) eben auch auf diesen Zustand, Kultur ist also auch etwas, „das man hat" oder zumindest haben kann. Beide Teilaspekte dieser ersten und ältesten Bedeutungsvariante von ‚Kultur' kennen wir auch heute noch, etwa wenn wir davon sprechen, dass jemand ‚kultiviert' sei (darin sind sowohl der Prozess des Sich-Kultivierens als auch der Zustand des Kultiviert-Seins enthalten), dass jemand ‚Esskultur' habe usw. Auch die älteste Bedeutungsvariante, wonach dieses ‚Kultivieren' sich ja zunächst vor allem auf landwirtschaftliche Kontexte bezog, kennen wir heute noch, etwa wenn wir von ‚Monokultur' sprechen und damit meinen, dass nur eine einzige Pflanzenart auf einer Ackerfläche angebaut wird.

Ausdehnung und Verzeitlichung von ‚Kultur' im Zeitalter der Aufklärung: Für die weitere Entwicklung ist nun zunächst charakteristisch, dass mit dem Aufstieg des Christentums in der Spätantike diese antike Vorstellung zunächst verloren ging, im gesamten Mittelalter spielte der Begriff ‚Kultur' so gut wie keine Rolle. Erst in der Renaissance und der damit einhergehenden Rückbesinnung auf antike Traditionen änderte sich dies, aber vor allem kam es seit dem 17. Jahrhundert, also während der Epoche, die wir heute als ‚Aufklärung' bezeichnen, zu einer geradezu explosionsartigen Ausdehnung der Verwendung des Wortes ‚Kultur' in den zu dieser Zeit zahlreich erscheinenden Schriften in lateinischer, aber auch in deutscher oder in einer anderen der verschiedenen europäischen ‚Volkssprachen', die sich ja in der Zwischenzeit herausgebildet hatten, vor allem im Französischen, aber auch im Italienischen, im Englischen oder im Spanischen.

Aber das Wort ‚Kultur' wurde jetzt nicht einfach nur häufig verwendet, es bekam auch eine völlig neue und stark ausgedehnte Bedeutung. Zwar blieb der Kern dieser Bedeutung erhalten, nämlich Pflege, Bearbeitung und Höherentwicklung des von Natur aus Vorhandenen durch den Menschen, dieses wurde jetzt aber auf nahezu alle Lebensbereiche verallgemeinert und bekam zudem eine zeitliche Dimension. ‚Kultur' bezeichnet jetzt vor allem den Prozess des sich immer weiter und höher Entwickelns in allen Bereichen des Lebens, in den Formen des Zusammenlebens, in der Kleidung, beim Essen, in der Wirtschaft, in der Politik, in Literatur, Kunst, Musik oder Philosophie, in der Technologie, in den Wissenschaften – überall. ‚Kultur' in diesem Sinn wird also zu einer sprachlichen Sigle für die gerade in der Zeit der Aufklärung so populäre Vorstellung, dass sich das menschliche Leben und seine äußeren Bedingungen in einem unaufhaltsamen Fortschrittsprozess zum immer Besseren und Schöneren befinde. Wenn also beispielsweise der später vor allem als Lexikograph hervorgetretene deutsche Aufklärer Johann Christoph Adelung im Jahr 1782 ein Buch mit dem Titel *Versuch einer Geschichte der Cultur des menschlichen Geschlechts* herausbrachte, dann ging es nach zeitgenössischem Verständnis darin weder um eine Geschichte der schönen Künste noch um eine Geschichte der unterschiedlichen menschlichen Lebensweisen, sondern darum, wie sich der Mensch im Verlauf der Geschichte in allen Lebensbereichen von seinem reinen Naturzustand entfernt und zum Höheren entwickelt hat:

> „Cultur ist mir der Uebergang aus dem mehr sinnlichen und thierischen Zustande in enger verschlungene Verbindungen des gesellschaftlichen Lebens. Der ganz sinnliche, folglich ganz thierische Zustand, der wahre Stand der Natur ist Abwesenheit aller Cultur [...]" (Adelung 1782, unpaginierte Vorrede).

Auch in diesem neuzeitlich deutlich ausgeweiteten Sinn bezeichnet ‚Kultur' aber nicht nur den Prozess der allgemeinen Höherentwicklung, sondern auch den Zustand des Höherentwickeltseins, den bestimmte Gesellschaften gegenüber anderen für sich in Anspruch nahmen und nehmen. ‚Kultur' und – noch deutlicher – ihr Nachbarbegriff ‚Zivilisation' bezeichnen somit immer auch den Anspruch der europäischen Lebensform, als ‚kultiviert' bzw. ‚zivilisiert' zu gelten und damit anderen, also außereuropäischen Gesellschaften und den dort lebenden ‚Wilden' überlegen zu sein; beide Begriffe konnten daher immer auch dazu genutzt werden, die seit dem 16. Jahrhundert übliche Praxis der Eroberung, Unterdrückung und Ausbeutung der außereuropäischen Welt durch die europäischen Mächte zu legitimieren; darauf wird noch zurück zu kommen sein.

2.3.1.2 „Kultur, die man schaffen kann": ‚Kultur' vs. ‚Zivilisation'

Anfängliche Bedeutungsgleichheit: Wie gerade angedeutet, hat sich in der europäischen Geschichte seit der Neuzeit neben ‚Kultur' ein zweiter, etymologisch auf völlig andere Wurzeln zurückgehender Begriff herausgebildet, der über mehrere Jahrhunderte hinweg und in allen europäischen Sprachen mit derselben Bedeutung aufgeladen wurde wie der Begriff ‚Kultur': ‚Zivilisation'. Der Begriff geht auf das lateinische Wort *civis* zurück, das so viel wie ‚Bürger', also Stadt- oder (römischer) Staatsbürger meint und damit – anders als ‚Kultur' – von vornherein einem politischen Kontext entstammt. Im Gegensatz zu früher üblichen Annahmen (vgl. z. B. Elias 1980, 3–6) geht die begriffsgeschichtliche Forschung heute allgemein davon aus, dass ‚Kultur' zwar im deutschen Sprachraum immer schon weiter verbreitet war als der Nachbarbegriff ‚Zivilisation', der wiederum im Englischen und insbesondere im Französischen häufiger Verwendung fand als ‚Kultur', dass aber gleichwohl beide Begriffe in allen Sprachen inhaltlich weitgehend deckungsgleich waren und „ein gemeineuropäisches Selbstbewußtsein und Überlegenheitsgefühl" zum Ausdruck brachten, das sich vor allem auf den erreichten Stand des ‚Fortschritts' in allen Lebensbereichen stützte (vgl. Fisch 1992: S. 681).

Auseinanderentwicklung der Bedeutungen von ‚Kultur' und ‚Zivilisation': Schon seit Ende des 18. Jahrhunderts sind aber dann zunächst vor allem im deutschen Sprachraum Tendenzen erkennbar, beide Begriffe auseinander zu dividieren, ‚Zivilisation' dem Bereich des öffentlichen Lebens, der Politik, der Wirtschaft und der Technologie zuzuordnen und ‚Kultur' auf die ‚inneren Werte' der Bildung und insbesondere auf Kunst und Wissenschaft einzugrenzen. Am Ende des 19. und zu Beginn des 20. Jahrhunderts, insbesondere im Kontext des Ersten Weltkriegs, wird dies gar zu einem scharfen Gegensatz mit nationaler Bedeutung aufgeladen. ‚Kultur' soll jetzt für die vermeintlich deutsche Orientierung an inneren Werten und Bildung, ‚Zivilisation' hingegen für die westliche, namentlich französische Bevorzugung des Äußerlichen, der gesitteten Umgangsformen und des gesellschaftlichen Lebens, der Politik, der Ökonomie und der Technik stehen (vgl. Pflaum 1967; Fisch 1992: S. 746–752; Bollenbeck 1994: S. 268–277; Altmayer 2010: S. 1404–1405).

,Hochkultur' und ,erweiterter Kulturbegriff': Unabhängig von dieser politischen Instrumentalisierung und nationalen Zuspitzung hat sich das Verständnis von ,Kultur' als Ausdruck des ,Schönen', ,Wahren' und ,Guten', das sich vor allem in den Werken der Kunst, der Literatur und Musik manifestiert, bis heute gehalten. Kultur in diesem Sinn ist also in der begrifflichen Logik von Hubertus Busche etwas, „das man schaffen kann" und das ursprünglich mit dem elitären ästhetischen Geltungsanspruch der so genannten ,Hochkultur' eng verknüpft war. Vor allem im Kontext der auswärtigen Kulturpolitik der 1970er Jahre wurde dieser elitäre Anspruch allerdings deutlich und nachhaltig in Frage gestellt und ein so genannter ,erweiterter Kulturbegriff' etabliert, der zwar nicht unumstritten geblieben ist, der sich aber heute auch außerhalb der auswärtigen Kulturpolitik weitgehend durchgesetzt hat (vgl. Altmayer 2004: S. 78–82; Kretzenbacher 1992). Kultur in diesem Sinn bezieht sich also zwar nach wie vor in erster Linie auf Kunst, legt dabei aber einen weiten Begriff von künstlerischem Schaffen zugrunde, der die Werke von Goethe oder Beethoven ebenso umfasst wie Comics, Poetry Slams oder Popmusik und der sich zudem auch nicht nur auf die Werke selbst, sondern auch auf die Institutionen und Prozesse ihrer Distribuierung bezieht, also beispielsweise Theater, Konzerte oder Eventagenturen.

2.3.1.3 „Kultur, in der man lebt": Kultur als Lebensform

Pluralisierung: Die beiden bislang angesprochenen Traditionen des Kulturbegriffs haben bei aller Unterschiedlichkeit doch eines gemeinsam: ,Kultur' ist grundsätzlich ein singularischer Begriff, der uns heute so geläufige Plural verschiedener ,Kulturen' ist innerhalb dieser Begriffstradition zunächst nicht mitgedacht. Besonders gut veranschaulichen kann man dies an der zuerst genannten Tradition von ,Kultur' im Sinne einer ,kultivierten', also in besonderer Weise entwickelten Lebensform. ,Kultur' in diesem Sinn kann man haben oder nicht haben, ja, man kann sie auch in unterschiedlichem Maß haben, aber die so ausgezeichnete Lebensform bleibt doch immer eine ganz bestimmte und nur diese. Andere Lebensformen gelten dann als mehr oder weniger ,kultiviert' bzw. ,zivilisiert' und sie werden an einem mehr oder weniger feststehenden Maßstab gemessen, den eben die ,kultivierten' bzw. ,zivilisierten' Gesellschaften Europas definieren. Gesellschaften bzw. Lebensformen, die diesem Maßstab nicht entsprechen, gelten dann als ,wild' oder ,primitiv', Formulierungen, die immer schon den abwertenden Gegensatz zu ,Kultur' bzw. ,Zivilisation' zum Ausdruck brachten. Die gleichberechtigte Pluralisierung unterschiedlicher Lebensformen und ihre wertfreie Wahrnehmung als unterschiedliche ,Kulturen' ist dieser Begriffstradition zunächst völlig fremd und tritt begriffsgeschichtlich erst im späten 19. Jahrhundert überhaupt erstmals auf. Wirklich durchgesetzt hat sich diese Pluralisierung von ,Kultur' zu ,Kulturen' allerdings erst in der zweiten Hälfte des 20. Jahrhunderts.

Einen ersten und mittlerweile schon als ,klassisch' geltenden Ausdruck fand der pluralisch und wertfrei gedachte Kulturbegriff in dem 1871 erstmals erschienenen Buch *Primitive Culture* des britischen Ethnologen bzw. Anthropologen Edward B. Tyler. Bemerkenswert ist schon der Titel des Buches. Wir haben

2.3 ‚Kultur'

ja gerade gesehen, dass der herkömmliche singularische und wertende Begriff von Kultur eine bestimmte ‚hochentwickelte' Lebensform meinte, wie sie sich in Europa herausgebildet hatte und die als ‚kultiviert' bzw. ‚zivilisiert' galt. Lebensformen, die diesen Ansprüchen nicht entsprechen, wurden im Gegensatz dazu dann als ‚primitiv' abgetan, ‚Kultur' und ‚primitiv' galten also als Gegensatz, als zwei Pole auf der Entwicklungsskala. Wenn Tyler mit dem Titel seines Buches ‚primitiv' und ‚Kultur' zusammen denkt, stellt dies einen völligen Bruch mit den bisherigen Gepflogenheiten insofern dar, als er ‚Kultur' nicht mehr den europäischen Gesellschaften vorbehält, sondern auf alle Gesellschaften und explizit auch auf so genannte ‚primitive', verallgemeinert. ‚Kultur' wird damit etwas, das menschliche Gesellschaften per se besitzen, und nicht nur ganz bestimmte Gesellschaften. Dies bestätigt dann auch die berühmte Definition des Begriffs bei Tyler:

> „Culture or Civilization, taken in its wide ethnographic sense, is that complex whole which includes knowledge, belief, art, morals, law, custom, and any other capabilities and habits acquired by man as a member of society" (zit. nach Fisch 1992: S. 757).

Zum ersten fällt an dieser Definition die Selbstverständlichkeit auf, mit der noch gegen Ende des 19. Jahrhunderts die Begriffe ‚Kultur' und ‚Zivilisation' offenbar als völlig synonym angesehen wurden, von einer Entgegensetzung, wie sie dann vor allem in Deutschland im 20. Jahrhundert wirksam wurde, sind wir hier noch weit entfernt. Zum zweiten und vor allem aber besteht die Bedeutung dieser Definition darin, dass sie die verschiedenen Teilaspekte, die ‚Kultur' ausmachen, also Wissen, Glaube, Kunst, Moral, Recht usw., als etwas ansieht, das nicht nur bestimmte Gesellschaften auszeichnet, sondern zum Menschen als gesellschaftliches Wesen („man as a member of society") generell dazu gehört. Jede menschliche Form der Vergesellschaftung (und sei sie noch so ‚primitiv', könnte man dazu denken) verfügt über spezifische Ausprägungen all der Dimensionen des Gesellschaftlichen, die genannt werden, und diese Ausprägungen machen ihre spezifische ‚Kultur' aus. Damit wird die europäische ‚Kultur' in ihrem Alleinvertretungsanspruch in Frage gestellt, die ‚europäische' Lebensform ist nicht mehr identisch mit ‚Kultur' (bzw. ‚Zivilisation'), sie ist nur noch eine Erscheinungsform von ‚Kultur' unter vielen. ‚Kultur' wird relativiert und pluralisiert, an die Stelle der einen maßgeblichen (europäischen) Kultur treten jetzt viele ‚Kulturen'.

Tyler, ein Vertreter der so genannten *armchair anthropology*, hat die Sprengkraft seiner Definition selbst wohl gar nicht erkannt, zumal er die darin zum Ausdruck kommende Relativierung und Pluralisierung des Kulturbegriffs in seinen weiteren Ausführungen auch dadurch wieder zurücknimmt, dass er alle ‚Kulturen' dann doch wieder am europäischen Maßstab messen will (vgl. dazu Fisch 1992: S. 758). Dennoch liegt hier der Kern eines pluralischen und prinzipiell wertfreien Begriffs von ‚Kultur', der diesen lange Zeit hochideologischen Kampfbegriff erstmals als wissenschaftliche Kategorie auszeichnete und verwendbar machte.

Allerdings dauerte es noch bis in die 1940er Jahre, bis dieses pluralische und wertfreie Verständnis von ‚Kultur' sich tatsächlich als analytische Kategorie in der Wissenschaft nachhaltig etablieren konnte, den Weg aus dem engeren Kontext der Ethnologie bzw. Kulturanthropologie in andere gesellschaftswissenschaftliche Disziplinen fand und auf andere, auch auf moderne Industriegesellschaften angewandt wurde. Der politische und wissenschaftsgeschichtliche Zusammenhang, in dem dies seinen Anfang nahm, war die amerikanische (Kultur-)Anthropologie der Schule von Franz Boas an der Columbia University in New York.

‚Kulturen' in der amerikanischen Kulturanthropologie der Boas-Schule: Der aus dem deutschen Minden stammende Franz Boas lehrte von 1899 bis 1936 an der Columbia University in New York und war aufgrund seiner Herkunft auch mit deutschen und europäischen Denktraditionen vertraut. Boas setzte sich zeitlebens kritisch mit der in der amerikanischen Anthropologie weit verbreiteten Auffassung von ‚höheren' und ‚niederen' menschlichen ‚Rassen' und mit dem damit einhergehenden biologistischen Determinismus und Evolutionismus auseinander und griff zu diesem Zweck auf den pluralischen und relativistischen Begriff ‚Kultur' zurück, wie er ihn u. a. bei Tyler vorfand (vgl. die Beiträge in Pöhl/Tilg 2009 und Schmuhl 2009). Nach seiner Auffassung sind menschliches Verhalten oder Handeln und dessen Unterschiedlichkeit daher nicht, wie der rassistisch-biologistische Mainstream annahm, durch vermeintlich biologische Faktoren wie ‚Rassen', sondern allein aufgrund der verschiedenen kulturellen Traditionen erklärbar, aus denen Menschen kommen und auf die sie sich berufen. Dabei bleiben Boas und seine Schüler/innen allerdings dem grundsätzlich deterministischen Denken verhaftet, übertragen dieses jetzt lediglich von der biologischen auf die kulturelle Ebene. Die bei Boas selbst angelegten kulturrelativistischen und kulturdeterministischen Positionen wurden von seinen Schüler/innen wie Melville Herskovits, Margret Mead und vor allem Ruth Benedict weiterentwickelt und in Feldforschungsarbeiten etwa zu den amerikanischen Ureinwohnern auch empirisch unterlegt.

Bei der genannten pluralischen Bedeutungsvariante von ‚Kultur(en)' haben wir es zweifellos mit einer Tradition zu tun, die bis heute eine herausragende Rolle in der Wissenschaft, aber auch in der Alltagssprache spielt und die immer dann aktiviert wird, wenn wir beispielsweise von der deutschen, der russischen oder der japanischen ‚Kultur' sprechen, wenn wir unsere Lernenden mit der ‚fremden Kultur' vertraut machen wollen oder wenn wir uns Gedanken über die Tücken der ‚interkulturellen Kommunikation' machen. Man sieht schon an diesen Beispielen, dass die im späten 19. Jahrhundert entstandene relativistische und pluralische, meist auf nationale oder ethnische Gruppen bezogene Auffassung von ‚Kultur' heute zum selbstverständlichen Inventar der Alltags- wie der Wissenschaftssprache geworden ist und insbesondere zu den wichtigsten kulturtheoretischen Referenzen des Interkulturalitätsparadigmas gehört.

Vorläufiges Fazit: Wenn man in der außerordentlich reichhaltigen Quellenlage zur Begriffsgeschichte von ‚Kultur' einige besonders wichtige und einflussreiche Entwicklungslinien ausmachen möchte, dann lassen sich vor allem drei sehr deutlich voneinander abweichende Bedeutungstraditionen unterscheiden:

1. In der ältesten Tradition bezeichnet ‚Kultur' die Pflege und Bearbeitung des natürlich Vorhandenen durch den Menschen und im übertragenen Sinn dann auch eine menschliche Lebensform, die alle Lebensbereiche in besonderer Weise der Pflege und Bearbeitung unterzogen hat und die daraus einen Überlegenheitsanspruch gegenüber anderen Lebensformen ableitet.
2. Die zweite Bedeutung differenziert zwischen ‚Kultur' und ‚Zivilisation' und schränkt ‚Kultur' auf den Bereich von Kunst, Literatur, Musik usw. ein.
3. Die dritte Bedeutung bezieht ‚Kultur' auf menschliche Großgruppen wie Nationen oder Ethnien und ordnet diesen bestimmte gemeinsame Eigenschaften und Gewohnheiten zu, die das Denken und Handeln der den betreffenden Gruppen zugerechneten Individuen maßgeblich prägen.

Begriffsgeschichte vs. Begriffssystematik: Alle drei hier vorläufig differenzierten Bedeutungstraditionen von ‚Kultur' sind auch im heutigen Sprachgebrauch noch lebendig, und nicht zuletzt aus diesem Grund müssen sich an die bisher rein deskriptive Darstellung der begriffsgeschichtlichen Entwicklung Überlegungen zu der Frage anschließen, inwiefern die genannten Bedeutungsvarianten von ‚Kultur' für die wissenschaftlichen Zwecke der Kulturstudien im Fach Deutsch als Fremd- und Zweitsprache anschlussfähig sind. Zu diesem Zweck soll im Folgenden die Perspektive von der Begriffs*geschichte* auf die Begriffs*systematik* verschoben werden, d. h., es soll um die Frage gehen, welche der im aktuellen wissenschaftlichen, medialen oder alltäglichen Sprachgebrauch gängigen Bedeutungen von ‚Kultur' für die Zwecke der Kulturstudien verwendbar sind, aber auch welche nicht und warum nicht. Dabei greifen wir auf eine Typologie verschiedener aktuell vorhandener Kulturbegriffe zurück, die der Soziologe Andreas Reckwitz vor einigen Jahren vorgelegt hat (vgl. Reckwitz 2000: S. 64–90) und die hier – im Anschluss an Altmayer 2010 – ein wenig abgewandelt werden soll.

2.3.2 Eine Typologie von Kulturbegriffen

In seinem umfangreichen Buch über die *Transformation der Kulturtheorien* rekonstruiert Andreas Reckwitz den seit etwa den 1960er Jahren zu beobachtenden Prozess einer grundlegenden Umorientierung der sozialwissenschaftlichen Theoriebildung, den er – unter Verwendung eines mittlerweile in den Sozial- und Geisteswissenschaften weit verbreiteten Ausdrucks – als *cultural turn* bzw. eben als „Transformation der Kulturtheorien" beschreibt. Dabei meint der Ausdruck ‚Kulturtheorien' genau besehen nicht eigentlich, wie man zunächst meinen könnte, theoretische Zugänge zum Gegenstand ‚Kultur', sondern Sozialtheorien verschiedener Disziplinen, die zur Erklärung sozialer Phänomene auf kulturelle Faktoren zurückgreifen, die also beispielsweise soziales Handeln von Menschen nicht mit Hilfe vermeintlich allgemeiner Gesetzmäßigkeiten zu erklären, sondern unter Rückgriff auf symbolische Formen und Denkmuster der Handelnden selbst zu verstehen versuchen. Das fachliche Erkenntnisinteresse bleibt also ein sozialwissenschaftliches, mit dem Begriff der ‚Kulturtheorien' wird aber „eine übergreifende Theorieperspektive für die Sozialwissenschaften als Kulturwissenschaften" formuliert (Reckwitz 2000: S. 49). Um nun diesen explizit als *kulturwissenschaftlich* bezeichneten Zugang der als ‚Kulturtheorien' rekonstruierten Sozialtheorien als solchen sichtbar machen zu können, setzt Reckwitz sich zu Beginn seiner Darstellung sehr ausführlich mit dem Kulturbegriff auseinander und entwickelt eine Typologie der „für die Sozialtheorie relevanten Verwendungsweisen" des Begriffs ‚Kultur' mit dem Ziel „zu bestimmen, welcher Kulturbegriff in den modernen Kulturtheorien verwendet wird" (ebd.: S. 64).

Vier Bedeutungen von Kultur: Reckwitz unterscheidet dabei in idealtypischer Weise vier verschiedene Begriffsbedeutungen, die er mit Hilfe einer für Nicht-Soziologen nicht immer intuitiv nachvollziehbaren Begrifflichkeit als ‚normativen', ‚totalitätsorientierten', ‚differenzierungstheoretischen' sowie ‚bedeutungs- und wissensorientierten' Kulturbegriff bezeichnet.

An diese außerordentlich hilfreiche Typologie soll im Folgenden angeknüpft werden, allerdings sollen dabei sowohl einige der Bezeichnungen für die jeweilige Begriffsbedeutung als auch die Reihenfolge ihrer Darstellung geringfügig abgewandelt werden, auch um dem gegenüber der sozialwissenschaftlichen Perspektive von Reckwitz doch etwas anderen Erkenntnisinteresse der Kulturstudien besser gerecht zu werden. Dabei soll – über Reckwitz hinaus – auch jeweils kurz illustriert werden, ob bzw. inwieweit die jeweilige Bedeutung von ‚Kultur' im Kontext des Faches Deutsch als Fremd- und Zweitsprache eine Rolle spielt, es soll mit Hilfe der Typologie aber auch begründet werden, dass und warum bestimmte Verwendungsweisen des Begriffs für die Zwecke der Kulturstudien ungeeignet sind. Vor allem aber geht es darum zu zeigen, wie der Begriff ‚Kultur' im Rahmen der Kulturstudien künftig verwendet werden kann und soll.

2.3.2.1 Der normative Kulturbegriff

Von der hier als ‚normativ' bezeichneten Bedeutungsvariante war oben im Kontext der Begriffsgeschichte bereits ausführlich die Rede. Es handelt sich um das Verständnis von ‚Kultur', das in der Logik von Busche als „Kultur, die man betreibt" und „Kultur, die man hat" spezifiziert wurde und das diesen Begriff mit (in der Regel positiven) Wertungen versieht, ‚Kultur' also als etwas wahrnimmt, das gut oder erstrebenswert ist und das diejenigen, die darüber verfügen, gegenüber anderen positiv auszeichnet. Wie wir oben gesehen haben, stammt dieses normative Konzept zwar aus der lateinischen Antike, hat sich aber – parallel zu ‚Zivilisation' – mit der gesellschaftlichen Modernisierung seit dem 17. Jahrhundert als Selbstbezeichnung moderner gegenüber ‚vormodernen' bzw. traditionalen Lebensformen durchgesetzt. Zwar finden sich immer wieder auch Ansätze, dieses Verständnis von ‚Kultur' für wissenschaftliche oder zumindest für theoretisch-analytische Zwecke zu nutzen (vgl. Reckwitz 2000: S. 69–70), allerdings hält sich der Erkenntniswert, den dieser wertende Begriff tatsächlich entfaltet, doch sehr in Grenzen.

Normativer Kulturbegriff für die Kulturstudien ungeeignet: Im Fach Deutsch als Fremd- und Zweitsprache spielt dieses normative Verständnis von

'Kultur' bislang keine große Rolle, und dafür gibt es auch gute Gründe. Würde man einen Ausdruck wie ‚deutsche Kultur' oder ‚Kultur der deutschsprachigen Länder' im Sinne dieses normativen Begriffs verwenden, dann würde damit ja der Anspruch einhergehen, dass die hier als ‚deutsch' oder ‚deutschsprachig' bezeichnete Lebensform gegenüber anderen, seien es nun unmittelbar benachbarte oder seien es weiter entfernt verortete Lebensformen besonders ausgezeichnet und damit diesen anderen Lebensformen überlegen sei. Oben haben wir ja schon gesehen, dass der Begriff ‚Kultur' und vielleicht in noch höherem Maß der Nachbarbegriff ‚Zivilisation' ja tatsächlich lange in genau diesem Sinn verwendet und dann auch für die Zwecke der Macht- und Gewaltausübung instrumentalisiert werden konnte, wie sie die Geschichte des europäischen Imperialismus und Kolonialismus seit der beginnenden Neuzeit und dann insbesondere im 19. und 20. Jahrhundert durchzieht. Eine bruchlose Kontinuität zu dieser verhängnisvollen ‚Tradition' kann heute nicht mehr hergestellt werden, und insbesondere ein Fach wie Deutsch als Fremd- und Zweitsprache, das seine eigene Verstrickung in koloniale und postkoloniale Macht- und Abhängigkeitsverhältnisse gerade erst aufzuarbeiten beginnt, ist gut beraten, auch die Rolle des normativ verstandenen Kulturkonzepts in diesem Zusammenhang kritisch zu reflektieren, aber keinesfalls bruchlos daran anknüpfen zu wollen. Eine affirmative Anbindung an diese Begriffstradition ist jedenfalls völlig ausgeschlossen. Wir können daher auf unsere Frage, welches Verständnis von ‚Kultur' für die Verwendung dieses Begriffs im Rahmen der Kulturstudien in Frage kommt oder sinnvoll und geeignet ist, schon eine erste, wenn auch negative Antwort geben: den normativen Kulturbegriff können und müssen wir von der Liste streichen, mit dieser wertenden Auffassung von ‚Kultur' können wir in den Kulturstudien definitiv nichts anfangen.

2.3.2.2 Der sektorale Kulturbegriff

Der hier ‚sektoral' und bei Reckwitz ‚differenzierungstheoretisch' genannte Kulturbegriff geht auf die oben angesprochene Unterscheidung von ‚Kultur' und ‚Zivilisation' und die damit einhergehende Eingrenzung des zuvor ja viel weiter gefassten Geltungsbereichs von ‚Kultur' auf Kunst, Literatur, Musik usw. zurück, die wir oben mit Busche als „Kultur, die man schaffen kann" bezeichnet haben. Ursprünglich war auch dieser engere Begriff mit einer Wertung verbunden insofern, als ‚Kultur' zum einen (zusammen mit ‚Bildung') zum sozialen Distinktionsmerkmal des Bürgertums avancierte (vgl. dazu Bollenbeck 1994) und zum anderen im Umkreis des Ersten Weltkriegs auch mit nationaler Bedeutung aufgeladen wurde. Diese Aspekte können aber heute als weitgehend überholt und der hier als ‚sektoral' bezeichnete Begriff als neutral gelten.

Die auf den Kultursoziologen Friedrich Tenbruck (vgl. Tenbruck 2014: S. 58) zurückgehende Bezeichnung ‚sektoral' (und noch expliziter ‚differenzierungstheoretisch' bei Reckwitz) bezieht sich dabei auf die heute allgemein anerkannte Modernisierungstheorie im Anschluss an Max Weber, die besagt, dass sich moderne Gesellschaften dadurch von vormodernen oder traditionalen unterscheiden, dass sich die verschiedenen gesellschaftlichen Teilbereiche zunehmend ausdifferenzieren und zu eigenen Systemen oder eben ‚Sektoren' entwickeln, in denen je spezifische Regeln gelten und die jeweils eigene gesellschaftliche Funktionen ausüben. Solche gesellschaftlichen Teilsysteme oder Sektoren sind beispielsweise die Politik, das Recht, die Wirtschaft, das Gesundheitssystem oder eben die ‚Kultur'. Der Begriff in diesem sektoralen Sinn meint demnach ein spezifisches und von anderen abgrenzbares „gesellschaftliches Handlungsfeld, in dem die Produktion, Verteilung und Verwaltung von ‚Weltdeutungen' intellektueller, künstlerischer, religiöser oder massenmedialer Art stattfindet" (Reckwitz 2000: S. 79). Der Aspekt der ‚Weltdeutungen' meint hier lediglich, dass in kulturellen Produkten oder Artefakten im Sinne dieses Begriffs, also in Literatur, Philosophie, Musik, aber auch in Filmen oder Fernsehserien beispielsweise über das Erzählen von Geschichten oder über die bildliche Darstellung von Personen, Situationen oder abstrakten Gegenständen umfassende Deutungsangebote unterbreitet werden und dass genau darin die Funktion des gesellschaftlichen Teilsystems ‚Kultur' besteht.

Sektoraler Kulturbegriff für die Kulturstudien zu eng: Eine wichtige Rolle spielt dieser Begriff bis heute im Rahmen der auswärtigen Kulturpolitik, der, als einem Teil der Außenpolitik, die Erwartung zugrunde liegt, „dass durch die Präsentation kultureller Errungenschaften das Ansehen eines Staates bei seinen internationalen Partnern erhöht und damit die Einwirkungsmöglichkeiten verbessert werden" (Harnischfeger 2007: S. 713). Dabei bezog sich im Rahmen der auswärtigen Kulturpolitik der Bundesrepublik Deutschland die Rede von ‚kulturellen Errungenschaften' zunächst ausschließlich auf die klassischen Werke der deutschen bürgerlichen Bildungstradition, aber seit Ende der 1960er Jahre setzte sich dann ein bis heute weitgehend gültiger ‚erweiterter Kulturbegriff' durch, der zum einen auch Erscheinungsformen der Populärkultur in den Geltungsbereich von ‚Kultur' einbezog, sich zum anderen und vor allem aber für aktuelle gesellschaftliche Probleme und Konfliktfelder öffnete (vgl. ebd.: S. 714; vgl. dazu u. a. Kretzenbacher 1992; Altmayer 2004: S. 79–80). Gleichwohl bleibt auch der so ‚erweiterte' Kulturbegriff noch innerhalb des Bedeutungsrahmens dessen, was wir als ‚sektoralen' Kulturbegriff bezeichnet haben.

In wissenschaftlichen Kontexten spielt der sektorale Kulturbegriff insofern eine gewisse Rolle, als das gesellschaftliche Handlungsfeld oder Teilsystem, das mit dem Begriff angesprochen ist, auch zum Gegenstand von Forschung geworden ist. So beschäftigt sich beispielsweise die Kultursoziologie als eine der so genannten Bindestrich-Soziologien neben Religionssoziologie, Migrationssoziologie, Sportsoziologie u. a. mit soziologischen Aspekten dieses Handlungsfelds, also etwa mit Fragen nach der sozialen Distinktionsfunktion kultureller Artefakte, nach der sozial differenten Rezeption von populären Fernsehserien oder ähnlichem. Auch in den Geschichtswissenschaften und hier insbesondere in den sozialgeschichtlichen Ansätzen, wie sie vor allem seit den 1970er/1980er Jahren entwickelt worden sind, findet der Begriff fruchtbare Anwendung. So orientiert sich beispielsweise der Historiker Hans-Ulrich Wehler in seiner fünfbändigen Gesamtdarstellung der „Deutschen Gesellschaftsgeschichte" an der Weberschen Modernisierungstheorie und differenziert „drei gleichberechtigte, kontinuierlich durchlaufende

Dimensionen von Gesellschaft", nämlich „Herrschaft, Wirtschaft und Kultur" (Wehler 1989: S. 7). Auch im Fach Deutsch als Fremd- und Zweitsprache wird der sektorale Kulturbegriff gelegentlich verwendet, vor allem im Kontext einer sehr traditionell verstandenen ‚Landeskunde'. So ist beispielsweise das seit vielen Jahren erscheinende und immer wieder aktualisierte und mit leicht verändertem Titel neu aufgelegte Buch *Landeskunde Deutschland* von Renate Luscher (vgl. z. B. Luscher 2017) in die landeskundlichen Teilbereiche „Geografische Lage und Bevölkerung", „Die Bundesländer", „Soziales", „Politik und öffentliches Leben", „Wirtschaft" und eben „Kultur" gegliedert, und unter dem Stichwort ‚Kultur' findet man dann Informationen über Literatur, die Theater- und Musiklandschaft, über Filme und Museen – also all das, was unter unseren sektoralen Kulturbegriff fällt. An diesem Beispiel wird allerdings auch greifbar, dass ‚Kultur' hier in einem sehr eng begrenzten Sinn verstanden wird. Ein Ausdruck wie ‚deutsche Kultur' im Sinn des sektoralen Kulturbegriffs würde sich tatsächlich genau auf diese Themen beschränken, die bei Luscher angesprochen werden, allenfalls ergänzt noch durch Formen der Populärkultur wie die aktuelle Rapper-Szene, Comics oder Fernseh- und Internetserien. Dieses sehr enge und zudem auf Artefakte begrenzte Verständnis von ‚Kultur' aber ist erkennbar nicht das, was wir meinen, wenn wir beispielsweise im Kontext der Kulturstudien vom engen Zusammenhang zwischen Sprache und Kultur oder von kulturbezogenem Lernen sprechen. Der sektorale Kulturbegriff ist zwar ein neutraler Begriff, der auch in bestimmten wissenschaftlichen Kontexten sinnvolle Verwendung finden kann, für die Interessen der Kulturstudien ist er jedoch viel zu eng und daher nicht geeignet. Wenn wir im Rahmen der Kulturstudien von ‚Kultur' sprechen, dann meinen wir damit nicht die deutschsprachige Literatur oder Philosophie, nicht die deutsche Theaterlandschaft und auch nicht die deutsche Musiktradition. Auch diese Bedeutungsvariante von ‚Kultur' können wir demnach von der Liste einer möglichen Verwendung des Begriffs im Rahmen der Kulturstudien streichen.

2.3.2.3 Der ethnologische Kulturbegriff

Mit dem hier aufgrund seiner fachlichen Herkunft als ‚ethnologisch' bezeichneten Begriff von ‚Kultur' (Reckwitz bevorzugt die Bezeichnung ‚totalitätsorientiert') sind wir schließlich bei dem pluralen und relativistischen Verständnis angekommen, das sich begriffsgeschichtlich vergleichsweise spät herausgebildet hat, das seinen Weg aus den zunächst doch recht engen und kleinen Verhältnissen der Ethnologie bzw. Anthropologie des 19. und 20. Jahrhunderts recht schnell in andere wissenschaftliche Disziplinen und auch in die Alltagssprache gefunden hat. Wir haben es hier zweifellos mit der aktuell am weitesten verbreiteten Bedeutungsvariante von ‚Kultur' zu tun, die nahezu in allen wissenschaftlichen und außerwissenschaftlichen Zusammenhängen eine Rolle spielt, bei denen es, in welchem genauen Sinn auch immer, um Fragen des Miteinanders von Menschen unterschiedlicher nationaler oder ethnischer Herkunft geht. Ob wir bei diesem Thema nun von einem Aufeinandertreffen unterschiedlicher ‚Kulturen', von ‚interkultureller Begegnung' und ‚interkultureller Kommunikation' oder von den Einflüssen ‚fremder Kulturen' auf die ‚eigene' sprechen oder wie derartige Formulierungen auch im Einzelnen lauten mögen – immer gehen wir dabei von einem pluralischen und in aller Regel auf national definierte Gruppen bezogenen Verständnis von ‚Kultur' aus, dem (mindestens) die folgenden Annahmen zugrunde liegen (vgl. Altmayer 2021: S. 377):

1. ‚Kultur' ist ein allgemeines und übergreifendes Orientierungssystem, das vor allem auf der Ebene der ethnisch-nationalen Gruppenzugehörigkeit von Menschen eine Rolle spielt;
2. ‚Kulturen' auf der ethnisch-nationalen Ebene menschlicher Vergesellschaftung sind grundsätzlich divers, pluralisch und untereinander gleichwertig;
3. Menschen sind durch die ‚Kultur' ihrer ethnisch-nationalen Gruppe weitgehend geprägt oder gar determiniert;
4. Unterschiedliche ‚kulturelle' Orientierungen von Menschen lassen sich vor allem entlang der Grenzen ethnisch-nationaler Zugehörigkeiten beschreiben;
5. Ethnisch-nationale ‚Kulturen' bzw. ‚kulturelle Orientierungen' sind nach innen relativ homogen und nach außen klar abgegrenzt;
6. Ethnisch-nationale ‚Kulturen' bzw. ‚kulturelle Orientierungen' sind objektiv vorhandene, messbare und beschreibbare Einheiten, die in sich in einem systematischen Zusammenhang stehen.

Zwar wird dieses grundlegende und ethnisch-national verankerte Verständnis von ‚Kultur' selten sehr klar und explizit formuliert, dennoch finden sich in der einschlägigen Literatur eine ganze Reihe von Definitionen, die dieses Verständnis mehr oder weniger deutlich zum Ausdruck bringen. So heißt es beispielsweise bei Alexander Thomas:

> „Kultur ist ein universelles, für eine Gesellschaft, Organisation und Gruppe aber sehr typisches Orientierungssystem. Dieses Orientierungssystem wird aus spezifischen Symbolen gebildet und in der jeweiligen Gesellschaft, Organisation und Gruppe tradiert. Es beeinflußt das Wahrnehmen, Denken, Werten und Handeln aller ihrer Mitglieder und definiert somit deren Zugehörigkeit zur Gesellschaft, Organisation und Gruppe. Kultur als Orientierungssystem strukturiert ein für die sich der Gesellschaft zugehörig fühlenden Individuen spezifisches Handlungsfeld und schafft somit die Voraussetzungen zur Entwicklung eigenständiger Formen der Umweltbewältigung" (Thomas 1993: S. 380).

Zwar ist hier nicht explizit von ethnisch-national definierten Gruppen und Zugehörigkeiten die Rede, bei der Konkretisierung dieses Kulturverständnisses mit Hilfe des Begriffs der ‚Kulturstandards' und deren Beschreibung wird aber schnell klar, dass tatsächlich nichts anderes gemeint ist; mit dem Kulturstandard-Konzept von Thomas hatten wir uns ja im Zusammenhang mit dem Paradigma der Interkulturalität schon auseinandergesetzt, das muss hier nicht wiederholt werden (s. Abschn. 2.2.2). An dieser Stelle mag daher der Hinweis genügen, dass wir es bei dem ‚ethnologischen' Kulturbegriff genau mit dem Verständnis von ‚Kultur' zu tun haben, das dem gesamten Interkulturalitätsparadigma zugrunde liegt und das deswegen im Rahmen der gesamten Interkulturalitätsforschung eine geradezu herausragende Rolle spielt.

Ethnologischer bzw. totalitätsorientierter Begriff von ‚Kultur' im Rahmen der Kulturstudien unbrauchbar: Davon ist natürlich auch das Fach Deutsch als Fremd- und Zweitsprache schon allein deswegen nicht ausgenommen, weil Konzepte der ‚Interkulturalität' wie etwa ‚interkulturelles Lernen', ‚interkulturelle Kommunikation', ‚interkulturelle Kompetenz' oder ‚interkulturelle Landeskunde' ja, wie schon gesehen, auch in unserem Fach eine sehr prominente Rolle spielen; auch davon war bereits ausführlich die Rede, auch dies soll hier also nicht mehr im Einzelnen belegt werden. Kommen wir stattdessen zu der Leitfrage zurück, mit der wir an die verschiedenen Bedeutungstraditionen und -varianten des Kulturbegriffs herangegangen sind: Bei welcher dieser Varianten haben wir es mit einem für die Zwecke der Kulturstudien wirklich brauchbaren Verständnis von ‚Kultur' zu tun, mit dem wir dann auch arbeiten können? Es dürfte angesichts der doch recht klaren Kritik am Paradigma der Interkulturalität, die im vorangehenden Abschnitt formuliert wurde, sicher nicht überraschen, dass auch das pluralische, wertfreie und auf ethnisch-national definierte Gruppen bezogene Verständnis von ‚Kultur', mit dem wir es beim ethnologischen Kulturbegriff zu tun haben, sehr problematische Implikationen transportiert, die es für seriöse kulturwissenschaftliche Forschung im Rahmen der Kulturstudien völlig disqualifizieren. Die Gründe für diese Einschätzung wurden im Abschn. 2.2 im Zusammenhang mit dem Thema ‚Interkulturalität' schon genannt, sie sollen aber gleichwohl hier noch einmal zusammengefasst und auf die oben aufgelisteten Grundannahmen des ethnologischen Kulturbegriffs bezogen werden:

1. Die herausgehobene Bedeutung der ethnisch-nationalen Zugehörigkeit gegenüber anderen Formen menschlicher Vergesellschaftung, die dem ethnologischen Kulturbegriff zugrunde liegt, ist ein Erbe des herkömmlichen Denkens in nationalen und ‚völkischen' Kategorien und in der Sache durch nichts gerechtfertigt; Menschen orientieren sich nicht ausschließlich oder auch nur in besonderer Weise an dem, was ihnen in ‚ihrem' jeweiligen nationalen oder ethnischen Kontext vorgegeben ist. Ethnisch-nationale Zugehörigkeiten sind nur eine Form der Vergesellschaftung und der kollektiven Identitätsbildung unter vielen anderen und zudem eine, die im Rahmen globalisierter Migrationsgesellschaften im 21. Jahrhundert gegenüber früheren Zeiten massiv an Bedeutung eingebüßt hat.
2. Die Annahme der Pluralität, Diversität und Gleichwertigkeit menschlicher Lebensformen, wie sie mit dem ethnologischen Kulturbegriff einhergeht, ist gegenüber dem Exklusivitäts- und Überlegenheitsanspruch der europäischen Lebensform, der mit dem normativen Kulturbegriff erhoben wird, ein erheblicher Fortschritt, hinter den natürlich auch im Rahmen der Kulturstudien nicht zurückgegangen werden kann. Allerdings ist die Bindung von Pluralität und Diversität an national-ethnische Kategorien deutlich zu kurz gesprungen, sie betrifft andere Formen der Zugehörigkeit wie Klasse bzw. soziale Schicht, Geschlecht, Religion oder sexuelle Orientierung mindestens im gleichen Maß.
3. Auch die Annahme, dass Menschen durch ihre Zugehörigkeit zu einer ethnischen oder nationalen Gruppe ‚geprägt' oder gar ‚determiniert' sind,

ordnet dieser Form der Gruppenzugehörigkeit in unangemessener Weise eine gegenüber anderen herausgehobene Bedeutung zu. Hinzu kommt, dass die Annahme der ‚Prägung' oder gar ‚Determination' den betroffenen Subjekten eine passive Rolle und keinerlei Handlungsfreiheit zuweist. Kulturelle Prägungen in diesem Sinn spielen sich hinter dem Rücken des betroffenen Individuums ab und lenken dessen Verhalten ohne eigenes Zutun; hier spiegelt sich ein geradezu klassisch mechanistisches und szientifisches Menschenbild, wie wir es etwa aus dem Behaviorismus kennen und das menschliche Subjektivität und menschliches Handeln in völlig unangemessener Weise auf einen Reiz-Reaktions-Mechanismus reduziert.
4. Dass Menschen unterschiedlich sind, wird sicherlich niemand ernsthaft bestreiten wollen. Aber weder die Unterschiedlichkeit noch die Gleichheit von Menschen lassen sich so einfach, wie es der ethnologische Kulturbegriff unterstellt, entlang ethnischer und insbesondere nationaler Grenzen definieren. Denn weder sind Menschen unterschiedlicher ethnisch-nationaler Zugehörigkeit grundsätzlich in höherem Maße unterschiedlich als Menschen derselben ethnisch-nationalen Gruppe noch sind Menschen derselben ethnisch-nationalen Zugehörigkeit einander per se ähnlich. Ein 60jähriger deutscher Festkörperphysiker hat möglicherweise im Hinblick auf seine kulturelle Orientierung mehr Gemeinsamkeiten mit seinem gleichaltrigen japanischen Kollegen als mit einem 35jährigen deutschen Lastwagenfahrer oder mit einer jugendlichen deutschen Influencerin.
5. Ethnisch-nationale ‚Kulturen' lassen sich demnach weder nach innen als per se homogen noch nach außen als per se different beschreiben; vor allem unterschlägt der ethnologische Kulturbegriff die immer schon bestehende, im Zeitalter der Globalisierung sich aber deutlich dynamisierende Heterogenität kultureller Orientierungen, die heute gesellschaftliche Normalität ist.
6. Bei der kritischen Auseinandersetzung mit dem Paradigma der ‚Interkulturalität' wurde bereits darauf hingewiesen, dass ein konzeptionell wie methodisch sauberer und überzeugender empirischer Beleg für die Existenz nationaler ‚Kulturen' oder übereinstimmender kultureller Orientierungen bis heute nicht existiert, dass sich somit alle Aussagen, die diese unterstellen, auf der Ebene alltäglicher ‚Erfahrung', kasuistischer Beispiele oder gar haltloser Spekulation bewegen.

Auch wenn sich sicher noch weitere Argumente anführen ließen, wollen wir es mit den kritischen Anmerkungen damit gut sein lassen, zumal ja auch schon im Kapitel über Interkulturalität ausführlich von den Tücken und Gefahren des hier in Rede stehenden Verständnisses von ‚Kultur' die Rede war. Es sollte hinreichend deutlich geworden sein, dass der ethnologische Kulturbegriff ungeachtet seiner historischen Verdienste und ungeachtet seiner scheinbaren Erfahrungsnähe für die wissenschaftliche Beschreibung und Analyse kultureller Orientierungen im 21. Jahrhundert nicht in Frage kommt, weil er der Komplexität, mit der wir es heute zu tun haben, nicht mehr gewachsen und nicht in der Lage ist, kulturelle

Orientierungen jenseits stereotypischer Verallgemeinerungen und essentialistischer Reifizierungen überhaupt noch zu beschreiben. Für die wissenschaftlichen Zwecke der Kulturstudien müssen wir uns demnach auch von der ethnologischen Bedeutungsvariante von ‚Kultur' verabschieden.

2.3.2.4 Der bedeutungs- und wissensorientierte Kulturbegriff

Keine der bisher diskutierten Möglichkeiten, den schillernden Kulturbegriff zu definieren und zu präzisieren, hat sich als brauchbar herausgestellt. Immer wieder wurde dabei auch auf die besonderen Anforderungen hingewiesen, die an wissenschaftliche Begriffe gestellt werden müssen und die z. B. wertende oder ideologisch belastete Begriffe von vornherein ausschließen. Hält man sich die Argumente vor Augen, die wir gegen die verschiedenen Bedeutungsvarianten von ‚Kultur' zusammengestellt haben, könnte man den Eindruck gewinnen, dass es sich bei diesem Begriff zwar um ein mittlerweile in der Alltagssprache sehr weit verbreitetes Wort handelt, das hier offenbar auf einen kommunikativen Bedarf trifft, das sich aber möglicherweise für wissenschaftliche Zwecke grundsätzlich nicht eignet, weil das darin enthaltene analytische Potenzial nicht ausreicht, die ebenfalls damit einhergehenden problematischen Implikationen auszugleichen.

‚Kultur' als wissenschaftlicher Begriff: Diese Konsequenz wollen wir in dieser Einführung in die Kulturstudien aber nicht ziehen, zumal wir dann ja für unser Fach eine andere Bezeichnung finden müssten. Halten wir also vorerst daran fest, dass der Kulturbegriff bzw. eine bestimmte Bedeutungsvariante davon auch für die Zwecke wissenschaftlicher Beschreibungen und Analysen ein so hohes Potenzial aufweist, dass wir ihn nicht entbehren können, dann müssen wir uns darüber verständigen, was ein solcher Begriff als wissenschaftliche Beschreibungs- und Analysekategorie leisten muss.

Wie wir oben gesehen haben, bezeichnet das Wort ‚Kultur' in seiner allgemeinsten Bedeutung die Bearbeitung der Natur durch den Menschen, also das, was nicht von Natur aus da ist, sondern von Menschen gemacht ist. Darüber hinaus aber beziehen wir uns mit ‚Kultur' auch immer auf den Menschen als ein soziales Wesen, auf die Orientierung seines Handelns im sozialen Zusammenhang, denn im Unterschied zu Tieren verfügt der Mensch nur über einen reduzierten natürlichen Instinkthaushalt und muss sich die Orientierung seines sozialen Handelns daher selbst geben. Wie genau dies geschieht und welche Aspekte und Faktoren dabei eine Rolle spielen, ist Gegenstand vieler verschiedener gesellschafts- und kulturwissenschaftlicher Disziplinen wie der Soziologie, der Rechtswissenschaft, der Moralphilosophie usw., die dabei jeweils spezifische Teilaspekte thematisieren und begrifflich benennen: ‚Gesellschaft', ‚Ordnung', ‚Recht', ‚Moral' usw. Als ein wichtiger wissenschaftlicher Begriff müsste ‚Kultur' einen damit vergleichbaren Teilaspekt menschlicher Handlungsorientierung im sozialen Zusammenhang bezeichnen, der sich nicht unter einen der genannten anderen Begriffe subsumieren lässt und für den, gerade im Hinblick auf die oben formulierte Kritik und im Hinblick auf die erkenntnisleitenden Interessen der Kulturstudien im Fach Deutsch als Fremd- und Zweitsprache, einige weitere Anforderungen gelten:

1. Er muss menschliche soziale Handlungsorientierung zu beschreiben und zu analysieren erlauben, ohne Menschen von vornherein in bestimmte vorgegebene Kategorien wie ‚Nation' oder ‚Ethnie' o. ä. einzusortieren, also ohne problematische Zuschreibungen vorzunehmen;
2. er muss gleichwohl einen bestimmten und möglichst klar umrissenen und abgrenzbaren Bereich menschlicher Handlungsorientierung bezeichnen, ohne dabei implizite oder explizite Wertungen vorzunehmen;
3. er muss menschliche soziale Handlungsorientierung zu beschreiben erlauben, ohne dabei die menschliche Subjektivität aus dem Auge zu verlieren und Menschen und ihr Handeln bzw. ‚Verhalten' auf einen biologistischen Reiz-Reaktions-Mechanismus zu reduzieren;
4. er sollte seinen Gegenstand so zu beschreiben erlauben, dass der für das Fach Deutsch als Fremd- und Zweitsprache konstitutive Zusammenhang von Sprache und Fach und von sprachbezogenem und kulturbezogenem Lernen enger gedacht werden kann, als es im Rahmen herkömmlicher Landeskunde- und Interkulturalitätskonzepte der Fall ist.
5. er sollte seinen Gegenstand so offen, vielfältig und heterogen zu beschreiben erlauben, wie es menschlicher sozialer Handlungsorientierung im Kontext der globalisierten Migrationsgesellschaften des 21. Jahrhunderts entspricht;
6. er sollte gleichzeitig aber auch eine Handhabe bieten, den Gegenstand ‚Kultur' so einzugrenzen, dass einzelne Teildisziplinen mit ihren jeweiligen fachspezifischen Erkenntnisinteressen sich auf einzelne Teilaspekte von ‚Kultur' (das, was wir bisher die ‚deutsche Kultur' oder die ‚Kultur der deutschsprachigen Länder' genannt haben) begrenzen und konzentrieren können, ohne damit wieder problematische Grenzziehungen und Implikationen mit zu transportieren.

Ein wissenschaftlicher Kulturbegriff, so könnte man angesichts dieser Liste meinen, muss offenbar vieles und dazu noch scheinbar ziemlich Widersprüchliches leisten, er scheint fast schon der berühmten Quadratur des Kreises gleichzukommen, also unmöglich zu sein. Diese Meinung soll hier natürlich nicht vertreten werden, vielmehr soll gezeigt werden, dass ein in letzter Zeit in verschiedenen wissenschaftlichen und theoretischen Zusammenhängen viel diskutiertes neues, nämlich wissens- und bedeutungsorientiertes Verständnis von ‚Kultur' all diesen Anforderungen gerecht wird und dass wir uns daher im Rahmen der Kulturstudien auch an diesem Verständnis von ‚Kultur' orientieren wollen.

‚Kultur' und ‚Bedeutung': Der hier mit Reckwitz als ‚wissens- und bedeutungsorientiert' bezeichnete Kulturbegriff reflektiert eine sehr grundlegende philosophisch-erkenntnistheoretische Einsicht, die schon seit über hundert Jahren in wissenschaftlich-theoretischen Kontexten wie der Phänomenologie, dem Symbolischen Interaktionismus, der Hermeneutik und in neuerer Zeit dem

2.3 ‚Kultur'

Sozialkonstruktivismus, der Handlungstheorie oder der Diskurstheorie diskutiert wird: dass der Mensch nämlich ein Wesen ist, das für sein alltägliches Handeln im sozialen Zusammenhang eine wichtige Ressource benötigt, die ihm von Natur aus nicht zur Verfügung steht, nämlich Sinn bzw. Bedeutung (zwischen diesen beiden Begriffen soll hier nicht unterschieden werden). Permanent müssen wir uns in unseren alltäglichen Interaktions- und Handlungsvollzügen dessen versichern, mit welcher Art von Gegenständen, Handlungen, Situationen oder auch Personen wir es zu tun haben, und durch dieses Zuordnen von allem, was uns begegnet, zu bestimmten Kategorien, schreiben wir allem, also Gegenständen, Handlungen, Situationen, Menschen, auch uns selbst und unserem eigenen Handeln, Sinn und Bedeutung zu. Dass wir dies können, dazu stehen uns in den verschiedenen Kontexten gesellschaftliche Wissensordnungen zur Verfügung, die nicht spontan und immer wieder neu entstehen, sondern sozusagen ‚immer schon' da sind und in die vielfach vorgedeutetes Wissen eingeht. Und dieses vorgedeutete gesellschaftliche Wissen, das uns zur Herstellung und Aushandlung von (sozial geteiltem) Sinn zur Verfügung steht, das wollen wir im Rahmen der Kulturstudien als ‚Kultur' bezeichnen und darauf bezieht sich der ‚wissens- und bedeutungsorientierte' Kulturbegriff, auf den wir uns damit berufen wollen.

‚Interpretative Ethnologie': Der wissens- und bedeutungsorientierte Kulturbegriff geht ebenfalls, wie auch der zuletzt diskutierte ‚ethnologische' Begriff, auf die Ethnologie zurück, allerdings auf das fundamental veränderte Verständnis dessen, was ‚Ethnologie' ist und was sie ausmacht, das von dem bekannten amerikanischen Ethnologen bzw. Kulturanthropologen Clifford Geertz vertreten worden ist. Anders als die meisten seiner Vorgänger in diesem Fach nämlich war Geertz davon überzeugt, dass die Aufgabe der Ethnologie nicht darin bestehe, mit Hilfe bestimmter Gesetzmäßigkeiten menschliche Verhaltensweisen zu erklären, sondern darin, sinnhaftes menschliches Handeln zu verstehen. Mit den oben kurz erwähnten Traditionen der Phänomenologie, der Hermeneutik und der verstehenden Soziologie nach Max Weber teilt Geertz die Auffassung, dass die Wirklichkeit, zumal die soziale und kulturelle, von Menschen geschaffene Wirklichkeit, nicht ‚unmittelbar', sondern nur als immer schon gedeutete Wirklichkeit zugänglich ist, daher nicht ‚objektiv' beschrieben und erklärt, sondern nur verstanden werden kann. Die Kulturwissenschaften (wie z. B. die Ethnologie) haben es demnach nicht mit einer ‚objektiven' Realität, sondern mit den vielfältigen Deutungen dieser Realität zu tun, ihre Tätigkeit besteht in einem verstehenden Nachvollzug dieser Deutungen, also in der Deutung von Deutungen. Den Gegenstand dieser Wissenschaften, also ‚Kultur', versucht Geertz dann dadurch genauer einzugrenzen, dass er den Schwerpunkt nicht wie die traditionelle Ethnologie auf Verhaltensweisen und Fähigkeiten legt, sondern auf die symbolische Ebene der Bedeutungen, ‚Kultur' also in diesem Sinn als ‚semiotischen' Begriff auffasst:

> „Der Kulturbegriff, den ich vertrete [...], ist wesentlich ein semiotischer. Ich meine mit Max Weber, daß der Mensch ein Wesen ist, das in selbstgesponnene Bedeutungsgewebe verstrickt ist, wobei ich Kultur als dieses Gewebe ansehe. Ihre Untersuchung ist daher keine experimentelle Wissenschaft, die nach Gesetzen sucht, sondern eine interpretierende, die nach Bedeutungen sucht" (Geertz 1995: S. 9).

Von hier aus hat sich das hier erstmals in bereits klassischer Form formulierte ‚semiotische' oder besser wissens- und bedeutungsorientierte Verständnis von ‚Kultur' in viele andere wissenschaftliche Kontexte ausgebreitet, u. a. auch in die Soziologie, und hat insbesondere bei Reckwitz ihre bislang im deutschen Sprachraum vielleicht klarste Definition gefunden:

> „Anders als in manchen Feldern empirischer Kultursoziologie und der Cultural Studies wird Kultur hier […] nicht als ein (insbesondere ästhetisches) Subsystem der Gesellschaft [im Sinne des sektoralen Kulturbegriffs, C.A.] oder in Herderscher Tradition als die Totalität einer gesamten, von Menschen ‚gemachten' Lebensform [im Sinne des ethnologischen Kulturbegriffs, C.A.] verstanden. Kultur erscheint vielmehr nun als jener Komplex von Sinnsystemen oder – wie häufig formuliert wird – von ‚symbolischen Ordnungen', mit denen sich die Handelnden ihre Wirklichkeit als bedeutungsvoll erschaffen und die in Form von Wissensordnungen ihr Handeln ermöglichen und einschränken" (Reckwitz 2000: S. 84).

Wissens- und bedeutungsorientierter Kulturbegriff erfüllt die Anforderungen an einen wissenschaftlichen Kulturbegriff: Ein solches auf Wissensordnungen und Bedeutungen bezogene Verständnis von ‚Kultur' erfüllt alle Anforderungen, die wir oben für einen den Ansprüchen und Interessen der Kulturstudien entsprechenden wissenschaftlichen Kulturbegriff genannt haben. Er ordnet Menschen nicht von vornherein in bestimmte vermeintlich ‚objektive' nationale oder ethnische Schubladen ein (1), nimmt keine Wertungen vor (2) und reduziert menschliches Handeln auch nicht auf beobachtbares Verhalten nach vermeintlich objektiven Gesetzmäßigkeiten, sondern bezieht die menschliche Subjektivität und die von Menschen selbst vorgenommenen Deutungen explizit und systematisch ein (3). Darüber hinaus ermöglicht dieser ‚semiotische', auf symbolische Ordnungen bezogene Begriff auch, wie noch zu zeigen sein wird, das engere Zusammendenken von Kultur und Sprache (4), kann die ganze Vielfalt, Heterogenität und Widersprüchlichkeit kultureller Orientierungen erfassen (5) und ermöglicht zudem eine präzisere und ohne Exklusivitätsanspruch daherkommende Beschreibung und Begrenzung dessen, was mit ansonsten sehr problematischen Ausdrücken wie ‚deutsche Kultur' bzw. ‚Kultur deutschsprachiger Länder' u. ä. noch gemeint sein könnte (6). Diesen hohen Anspruch einzulösen und zu zeigen, wie der wissens- und bedeutungsorientierte Kulturbegriff so konkretisiert werden kann, dass sich daraus genauere Aufgaben und Problemstellungen für eine kulturwissenschaftliche Forschung im Kontext von Deutsch als Fremd- und Zweitsprache ableiten lassen, soll den folgenden Abschnitten dieses Kapitels vorbehalten sein.

2.4 ‚Kulturelle Deutungsmuster'

Unsere kritische Diskussion des Paradigmas der ‚Interkulturalität' im Abschn. 2.2 und der verschiedenen Traditionen des Kulturbegriffs im Abschn. 2.3 haben uns in ein Dilemma geführt, aus dem wir jetzt irgendwie wieder herausfinden

2.4 ‚Kulturelle Deutungsmuster'

müssen. Denn einerseits hat sich die Vorstellung, man könne ‚Kultur' oder einzelne ‚Kulturen' tatsächlich objektiv beschreiben und damit auch zum Gegenstand des Lernens machen, als ein wenig naiv oder zumindest als nicht mehr so ganz zeitgemäß herausgestellt. Kultur, so haben wir gesehen, lässt sich in einer sich weiter globalisierenden Welt wie der unseren nur noch um den Preis einer dramatischen Unterkomplexität und eines gewissen Realitätsverlusts an herkömmliche Kategorien wie ‚Land', ‚Raum' oder ‚Territorium' binden; und auch die weit verbreitete Vorstellung, ‚Kulturen' seien per se national oder ethnisch definiert, lässt sich nicht mehr aufrecht erhalten. Die herkömmliche Redeweise von einer ‚deutschen Kultur' oder einer ‚Kultur des deutschsprachigen Raums' haben ihren Beschreibungswert offenbar weitgehend eingebüßt.

Auf der anderen Seite sind wir im Rahmen der Kulturstudien aber auf solche Begriffe angewiesen, denn wie sonst wollen wir den Gegenstand der Kulturstudien eingrenzen, wenn nicht mit dem Hinweis, dass wir es hier nicht mit ‚Kultur' schlechthin und allgemein, sondern eben nur mit der ‚deutschen' Kultur zu tun haben? Wie also lässt sich der Gegenstand der Kulturstudien im Fach Deutsch als Fremd- und Zweitsprache in seiner ganzen Offenheit, Vielfalt und Komplexität noch angemessen fassen und beschreiben, ohne wieder in die Fallen des methodologischen Nationalismus zu tappen, aber auch ohne dass sich ‚Kultur' im Raunen der globalen Diskurse völlig auflöst? Um diese Frage beantworten zu können, führen wir in diesem Kapitel einen Begriff ein, mit dessen Hilfe sich die inhaltliche Seite von ‚Kultur' hinreichend differenziert fassen und beschreiben und damit auch zum Gegenstand kulturbezogenen Lernens und kulturwissenschaftlicher Forschung im Kontext von Deutsch als Fremd- und Zweitsprache machen lässt: den Begriff des ‚Deutungsmusters'.

Soziologischer Ursprung: Der Begriff ‚Deutungsmuster' ist eigentlich kein kulturwissenschaftlicher Begriff, sondern kommt ursprünglich aus der Soziologie. Entwickelt wurde er im Rahmen einer mittlerweile schon etwas älteren soziologischen Theorietradition, die gelegentlich als ‚verstehende' oder ‚hermeneutische Soziologie' bezeichnet wird, die aber heute meist als ‚interpretatives Paradigma' bekannt ist (vgl. Keller 2012) und die wenig von ihrer Faszination und ihrer Ausstrahlung auch über die Soziologie hinaus verloren hat. Um den für die Kulturstudien so wichtigen Begriff ‚Deutungsmuster' angemessen einordnen und verstehen zu können, aber auch um den größeren theoretischen Zusammenhang unseres wissens- und bedeutungsorientierten Kulturbegriffs ein wenig sichtbarer zu machen, soll diese Theorietradition hier zunächst kurz in ihren Kernaussagen skizziert werden (Abschn. 2.4.1), bevor wir uns dann der Frage widmen, was eigentlich genau mit ‚Deutungsmuster' gemeint ist (Abschn. 2.4.2). Hier wird sich zeigen, dass der Begriff als kulturwissenschaftliche Kategorie nur dann wirklich sinnvoll verwendet werden kann, wenn man ihn in Beziehung setzt zum Begriff des ‚Diskurses', der ja seit einiger Zeit innerhalb der Kultur- und Sozialwissenschaften eine wichtige Rolle spielt (Abschn. 2.4.3). Von hier aus wird sich dann auch die Frage nach einer möglichen Systematik von Deutungsmustern in deutschsprachigen Diskursen klären lassen (Abschn. 2.4.4).

2.4.1 Soziologie als ‚Kulturwissenschaft'

Kitchen Stories: Um zu verstehen, was es mit dem erwähnten ‚interpretativen Paradigma' der Soziologie auf sich hat, ist es wichtig zu sehen, gegen welches andere Verständnis von sozialwissenschaftlicher Forschung und soziologischer Theoriebildung es sich abgrenzt, und das lässt sich anhand eines Films gut veranschaulichen, der sich auf ebenso unterhaltsame wie kritisch-ironische Weise mit diesem traditionellen Verständnis von empirischer Sozialforschung auseinandersetzt. Gemeint ist die norwegische Filmkomödie *Kitchen Stories* aus dem Jahr 2003 (den Hinweis auf den Film verdanke ich Keller 2012: S. 15). Der Film spielt in den 1950er Jahren und erzählt die Geschichte der Begegnung zweier schon etwas älterer Männer, von denen der eine Mitarbeiter eines schwedischen „Forschungsinstituts für Heim und Haushalt" ist und den Auftrag hat, die Verhaltensgewohnheiten männlicher norwegischer Junggesellen zu erforschen. Der andere der beiden Männer ist eben ein solcher norwegischer Junggeselle, also das Forschungsobjekt.

Die Bewegungen und Verhaltensgewohnheiten des älteren Junggesellen in seiner Küche werden vom Sozialforscher, auf einem Hochstuhl sitzend und allein dadurch schon Distanz markierend, akribisch und streng ‚objektiv' beobachtet und aufgezeichnet, jeder persönliche Kontakt ist streng zu vermeiden, da sonst die Objektivität der Daten beeinflusst werden könnte. Zu welchen absurden Situationen das führt und wie sich die Begegnung zwischen beiden Männern nach und nach eben doch zu einer persönlichen entwickelt, ist dann das eigentliche Thema des Films.

Kausal erklärende vs. verstehende Sozialforschung: Was mit diesem Film in zugegeben deutlich satirischer Überzeichnung vorgeführt wird, ist die lange Zeit dominierende Vorstellung von empirischer Sozialforschung als Anspruch, das Verhalten von Menschen im sozialen Zusammenhang möglichst objektiv und allgemeingültig beschreiben und auf kausal-determinierende Gesetzmäßigkeiten zurückführen zu können. Menschliches Sozialverhalten, so nahm man an, ist mit Hilfe solcher Gesetzmäßigkeiten in prinzipiell ähnlicher Weise wissenschaftlich fassbar und erklärbar wie beispielsweise die Phänomene, mit denen es die Physik oder andere Naturwissenschaften zu tun haben. Sozialwissenschaftliche Großtheorien wie der Behaviorismus oder der Struktur- bzw. Systemfunktionalismus des amerikanischen Soziologen Talcott Parsons, die lange Zeit den internationalen sozialwissenschaftlichen Diskurs beherrschten, lieferten dazu den theoretischen Hintergrund. Menschliches Verhalten, so etwa die Kernaussage des Behaviorismus, lässt sich grundsätzlich auf den (objektiv beobachtbaren) Mechanismus von Reiz und Reaktion zurückführen, was dem an möglichen subjektiven Handlungsabsichten, Motiven, Gefühlslagen oder Denkmustern bei den Handelnden selbst zugrunde liegt, was also, vereinfacht gesagt, im ‚Innern' des Menschen vorgeht, ist wissenschaftlicher Beobachtung entzogen und wird daher auch als ‚black box' von jeder weiteren wissenschaftlichen Betrachtung ausgeschlossen. Auch in Parsons' Systemfunktionalismus wird das Handeln von

2.4 ‚Kulturelle Deutungsmuster'

Menschen auf die ihnen vom System vorgegebenen sozialen Rollen und die damit einhergehenden normativen Rollenerwartungen zurückgeführt, auch hier spielen die subjektiven Sichtweisen der Handelnden selbst keine Rolle (vgl. Keller 2012: S. 13).

Genau hier nun setzt das ‚interpretative Paradigma' der Soziologie an. Schon Max Weber, eine Art ‚Urvater' dieses Paradigmas, hatte sein Verständnis einer ‚verstehenden Soziologie' vor allem auf die Kategorie des subjektiven Sinns aufgebaut, den die sozial Handelnden ihrem Handeln jeweils zugrunde legen. Soziologie, so heißt es bei Weber, sei „eine Wissenschaft, welche soziales Handeln deutend verstehen" will; und unter ‚Handeln' versteht Weber „ein menschliches Verhalten [...], wenn und insofern als der oder die Handelnden mit ihm einen subjektiven Sinn verbinden" (Weber 2013: S. 149).

Bezieht man das nun wieder zurück auf die Forschungsaufgabe, die in dem oben erwähnten Film dargestellt wird, dann lässt sich der Unterschied zwischen einer klassischen, meist als ‚normativ' oder ‚nomothetisch' bezeichneten, und einer ‚interpretativen' oder verstehenden Auffassung von empirischer Sozialforschung in etwa beschreiben wie folgt: das klassisch-normative Vorgehen, wie im Film ironisierend dargestellt, begreift die subjektive Seite der Handelnden als potenziellen Störfaktor objektivistischer sozialwissenschaftlicher Erkenntnis, wohingegen nach der Auffassung eines interpretativen Zugangs der von den jeweils handelnden Subjekten mit ihrem Handeln verbundene Sinn eine soziale Situation wesentlich erst konstituiert. Die Aufgabe empirischer Sozialforschung wird daher vor allem darin gesehen, eben diesen subjektiven Sinn zu rekonstruieren und verstehend nachzuvollziehen. Nicht das objektive Beobachten des Junggesellen in seiner Küche, sondern gerade im Gegenteil die Rekonstruktion des subjektiven Sinns seiner Anwesenheit und seines Agierens in der Küche durch die teilnehmende Beobachtung des Handelnden durch den Forschenden und durch die sinnhafte Interaktion zwischen beiden wäre demnach die Aufgabe des Sozialforschers. Eine solche Soziologie aber, der es um Sinn und Bedeutungen geht, die wir mit unserem sozialen Handeln verbinden und die unser Handeln denn auch wesentlich konstituieren, wird schon bei Weber damit zur Kulturwissenschaft (vgl. Keller 2012: S. 1–2).

Auf der Basis dieses Grundverständnisses einer Soziologie als Kulturwissenschaft, die auf Kategorien von Sinn und Bedeutung rekurrieren muss, um Zugang zum sozialen Handeln und damit zu ihrem eigentlichen Gegenstand zu gewinnen, haben spätere Sozialwissenschaftler zunächst vor allem in den USA, später auch in anderen Ländern und auch im deutschsprachigen Raum, verschiedene Ideen, Konzepte und Theorien entwickelt, die alle davon ausgehen, dass es der Soziologie primär um die Rekonstruktion des in soziales Handeln eingehenden subjektiven Sinns gehen muss. Gemeinsam ist diesen Ansätzen zum einen, dass bei ihnen die Kategorie des ‚Wissens' als Voraussetzung für die Konstituierung von subjektivem Sinn eine zentrale Rolle spielt; gemeinsam ist aber zum zweiten auch das Problem, wie zwischen der subjektiven und individuellen Seite der Handelnden und ihrer alltäglichen Lebenswelt auf der einen Seite und dem eigentlich Sozialen als dem Überindividuellen und den Individuen Gemeinsamen vermittelt werden kann. Sind Individuen dabei völlig autonom oder greifen sie bei der Herstellung und Aushandlung von Sinn in der sozialen Interaktion nicht doch auf Vordeutungen zurück, die ihnen in ihrer jeweiligen sozialen Umgebung zur Verfügung stehen und die ihnen im Prozess der Sozialisation vermittelt werden?

Anders formuliert: Wenn sich die Soziologie im Rahmen des interpretativen Paradigmas damit beschäftigt, wie individuelle Akteure in der sozialen Interaktion gemeinsam Situationen definieren, Sinn zuschreiben und Bedeutungen aushandeln, dann stellt sich die Frage, wie das eigentlich Soziale als das vorgängig Gemeinsame von Normen, Weltdeutungen und Orientierungsmustern überhaupt in die Welt kommt und wie es entsteht. Und an dieser Stelle kommt dann der Begriff des ‚Deutungsmusters' ins Spiel. Denn ‚Deutungsmuster', um dies vorwegnehmend schon einmal zu erläutern, sind Elemente eines den Individuen gemeinsamen Wissens, das eine irgendwie ‚gemeinsame' Deutung der ‚Wirklichkeit' und damit auch jegliche Form der sozialen Interaktion und Kommunikation, ja sozialen Zusammenhalt generell überhaupt erst ermöglicht.

2.4.2 ‚Deutungsmuster' im soziologischen Kontext

Der Begriff ‚Deutungsmuster' ist hat sich im deutschsprachigen Fachdiskurs der Soziologie bzw. der Sozialwissenschaften seit etwa Anfang der 1970er Jahre als soziologischer Terminus etabliert und spielt auch in qualitativ-empirischen Studien bis heute eine gewisse Rolle (vgl. Bögelein 2016; Meuser 2018; Bögelein/Vetter 2019). Ausgangspunkt der Diskussion um den Begriff war ein lange Zeit unveröffentlicht gebliebenes Manuskript mit dem Titel *Zur Analyse der Struktur sozialer Deutungsmuster* von Ulrich Oevermann aus dem Jahr 1973, das zunächst als Kopie in Soziologenkreisen kursierte und dort für längere Zeit eine gewisse Wirkung entfaltet hat (vgl. z. B. Meuser/Sackmann 1992). Es wurde erst 2001, versehen mit teilweise umfangreichen Anmerkungen des Autors sowie einem zusätzlichen Beitrag zu einer möglichen Aktualisierung des Begriffs, in der Zeitschrift *Sozialer Sinn* publiziert (vgl. Oevermann 2001a, 2001b).

‚Soziale Deutungsmuster' bei Oevermann: Mit der Einführung des Begriffs ‚soziale Deutungsmuster' in die soziologische Debatte sollte nach Ansicht von Oevermann vor allem die soziologische Dichotomie von ‚Struktur' und ‚Handlung' aufgelöst werden (vgl. Meuser/Sackmann 1992: S. 21; Meuser 2018: S. 38). Dieser Gegensatz hat viel zu tun mit den unterschiedlichen Auffassungen von dem, wie die sozialwissenschaftliche Forschung grundsätzlich an ihren Gegenstand, nämlich das Handeln von Menschen in sozialen Zusammenhängen, herangeht. Während die einen, wie oben ja schon gesehen, aus einer ‚makrosoziologischen' Perspektive davon ausgehen, dass soziales Handeln von den gesellschaftlichen Strukturen wie Gruppeninteressen, Normen und Rollenerwartungen weitgehend determiniert ist, legen die anderen den ‚mikrosoziologischen' Fokus vor allem auf die Frage, wie die handelnden Individuen

2.4 ‚Kulturelle Deutungsmuster'

ihr Handeln im sozialen Zusammenhang selbst verstehen und miteinander koordinieren und aushandeln. Der Begriff des ‚sozialen Deutungsmusters', verstanden als „das ‚ensemble' von sozial kommunizierbaren Interpretationen der physikalischen und sozialen Umwelt" (Oevermann 2001a: S. 5), sollte zwischen beiden Perspektiven dadurch vermitteln, dass mit ihm zwischen dem gesellschaftlichen ‚System' und der konkreten sozialen Handlung eine Zwischenebene von sozial vermitteltem und geteiltem Wissen eingezogen wurde.

An anderer Stelle des frühen Arbeitspapiers von Oevermann wird diese Auffassung noch erweitert und im Hinblick auf die soziale und historische Reichweite konkretisiert. Soziale Deutungsmuster, so heißt es jetzt, seien zu verstehen als

> „das ‚ensemble' von Wissensbeständen, Normen, Wertorientierungen und Interpretationsmustern, das in einem inneren Zusammenhang stehend einen epochenähnlichen Zeitabschnitt in der Entwicklung einer Gesellschaft oder eines für die Formation einer Gesellschaft wesentlichen Segments prägt" (ebd.: S. 9).

Mit dieser Definition wird schon klar, dass es bei Oevermann weniger um einzelne situative oder raum-zeitliche Aspekte alltäglicher Lebenswelten als um eher umfangreiche Komplexe von das alltägliche Handeln auf sehr grundlegender Ebene steuernden Grundannahmen geht. Die wenigen Hinweise auf Beispiele, die im Text erwähnt werden, bestätigen dies, etwa wenn von Webers „protestantischer Ethik" oder auch von der „Ideologie der Leistungsgesellschaft" als Beispielen von sozialen Deutungsmustern die Rede ist (vgl. ebd.: S. 23).

Regelhaftigkeit und implizites Wissen: Auf die Frage nach dem kategorialen Status sozialer Deutungsmuster hebt Oevermann in seinem Manuskript von 1973 im Anschluss an Chomsky vor allem die Regelhaftigkeit sozialer Deutungsmuster und deren Funktion als latente, aber in sich konsistente Steuerungsmechanismen für soziales Handeln hervor (vgl. ebd.: S. 5–9; vgl. auch Meuser/Sackmann 1992: S. 18–19); Deutungsmuster hätten damit also einen mit generativen Regeln der Sprache vergleichbaren Status, ohne dass klar wird, wie man sich diese Regelhaftigkeit und ihre Generativität im Hinblick auf das soziale Handeln von Individuen genau vorzustellen hat. In der Aktualisierung von 2001 greift Oevermann daher stärker auf den Begriff des ‚impliziten Wissens' zurück. Im Gegensatz zu explizitem Wissen, das dort vorliege, „wo es auf Befragen abrufbar ist und expliziert werden kann", sei implizites Wissen grundsätzlich nicht abfragbar, es könne nur auf zwei Wegen rekonstruiert werden: über die Analyse der ‚materialen Kultur', in der es sich vergegenständlicht habe, oder über die soziale Praxis, in die es „unbewußt operierend [...] strukturierend eingeht" (Oevermann 2001b: S. 56).

Wenn wir also mit Oevermann davon ausgehen, dass wir es bei sozialen Deutungsmustern mit bestimmten Formationen von sozial geteiltem und regelhaft organisiertem implizitem Wissen zu tun haben, das sich auf unser soziales Handeln regulierend auswirkt, dann lässt sich dieser erste Zugriff an zwei Punkten weiter präzisieren und konkretisieren: bei der Funktion und bei dem eigentlich sozialen Charakter von Deutungsmustern.

Routinen für soziale Handlungsprobleme: Nach Oevermann sind soziale Deutungsmuster „funktional immer auf eine Systematik von objektiven Handlungsproblemen bezogen, die deutungsbedürftig sind" (Oevermann 2001a: S. 5) und auf die hin sich die entsprechenden Deutungsmuster als Antworten und Lösungsversuche rekonstruieren lassen. Andererseits komme den Mustern aber auch eine gewisse Eigenständigkeit gegenüber den sie ursprünglich generierenden sozialen Handlungsproblemen zu, was für deren historisch-genetische Analyse ein zirkuläres Spiralmodell erforderlich mache, das die Entstehung eines Deutungsmusters aus einer bestimmten objektiven Handlungsproblematik heraus rekonstruiere, im weiteren Verlauf aber den Prozess der Verselbstständigung sowie die Rückwirkung des betreffenden Musters auf die soziale Realität analysiere (vgl. ebd.). Mit etwas geänderter Wortwahl, aber in der Sache weitgehend identisch sieht Oevermann auch in seiner Aktualisierung von 2001 die Funktion sozialer Deutungsmuster als Routinen für die Bewältigung sozialer Krisen und wiederkehrender Problemstellungen (vgl. Oevermann 2001b: S. 38). Als Beispiele für solche „krisenträchtigen Problemstellungen" nennt er die Aufrechterhaltung von Gerechtigkeit, die Geschlechterdifferenz, die Sozialisation des Nachwuchses oder auch einfach die Existenzsicherung (vgl. ebd.).

In ihrem Versuch einer wissenssoziologischen Erneuerung des Deutungsmusteransatzes haben Plaß und Schetsche mit Recht darauf hingewiesen, dass die von Oevermann vorgenommene enge Bindung des Deutungsmusterbegriffs an objektive Handlungsproblematiken und Krisenphänomene den Begriff zu stark einschränke, weil sie „jenes Wissen vernachlässigt, das in keinem Zusammenhang zu milieuspezifischen Problemen und Krisen steht" (Plaß/Schetsche 2001: S. 519). Oevermann zeige sich hier einem problematischen, weil nicht reflektierten normativen Anspruch an die ‚Authentizität' milieuspezifischer Handlungsroutinen verhaftet, der Formen eines aktuell massenmedial vermittelten Musterwissens aus der ernsthaften Betrachtung ausschließen wolle, damit aber „an der Realität moderner Gesellschaften vorbei" gehe (ebd.). Hinzu komme, dass mit der Bindung von Deutungsmustern an ‚objektive' Handlungsprobleme und Krisenphänomene eine kausale Logik unterstellt werde, wonach der ‚objektiven Realität' gegenüber der ‚nur' subjektiven Ebene der Deutungen ein Vorrang zugesprochen und übersehen werde, dass es sich gerade im Fall der von Oevermann selbst herangezogenen Beispiele für soziale Handlungsprobleme und Krisenerscheinungen keineswegs um ‚an sich' existierende ‚Fakten' handele, dass diese vielmehr selbst in hohem Maß erst aus milieu-, kultur- und zeitspezifisch potenziell unterschiedlichen Deutungen hervorgehen (vgl. ebd.: S. 521).

Als Beispiel, an dem sich diese doch recht abstrakt wirkende Diskussion veranschaulichen lässt, kann das von Oevermann selbst herangezogene ‚Krisenphänomen' der Geschlechterdifferenz und ihrer Folgen dienen: unterstellt wird, dass die Geschlechterdifferenz ein sozusagen ‚objektives' Phänomen darstellt, das im Hinblick auf seine Folgen und die damit einhergehenden Krisenerfahrungen hochgradig deutungsbedürftig ist. Die entsprechenden Deutungsmuster kommen daher erst zum Tragen, wenn es um die Bewältigung dieser Krisenerfahrungen

2.4 ‚Kulturelle Deutungsmuster'

geht. Dass die Geschlechterdifferenz selbst erst durch Deutung und das heißt durch die Anwendung bestimmter Deutungsmuster zustande kommt, weil sie nämlich keineswegs vorgängig und ‚objektiv' vorhanden ist, wie wir heute wissen, sondern Ergebnis eines sozialen ‚Konstruktions-' oder eben Deutungsprozesses, kommt hier nicht in den Blick.

Sozialer Status von Deutungsmustern: Ein weiteres fundamentales Problem, das mit dem Begriff ‚soziale Deutungsmuster' verbunden ist und das innerhalb des herkömmlichen soziologischen Diskurses nicht befriedigend gelöst werden kann, betrifft die oben bereits angesprochene Frage nach dem sozialen Status sozialer Deutungsmuster. Darauf hatte Oevermann selbst in seinem frühen Manuskript schon hingewiesen: anders als etwa Meinungen oder Einstellungen, bei denen es sich um individuelle Phänomene handele, seien Deutungsmuster genuin *soziale* Erscheinungen, die insofern auch von ihren ‚Repräsentationen' auf der Ebene der individuellen Menschen, die sie teilen, zu unterscheiden seien (vgl. Oevermann 2001a: S. 19). Daran hält er auch in seiner Aktualisierung von 2001 grundsätzlich fest, etwa wenn er den Deutungsmusterbegriff explizit gegenüber eher kognitiv-individualistischen Begriffen wie ‚Meinungen', ‚Einstellungen' oder ‚Weltbilder' abhebt und die enge Verwandtschaft zu Bourdieus Begriff der ‚Habitusformation' betont (vgl. Oevermann 2001b: S. 42–44).

Auf der anderen Seite bleibt der genuin soziale Status sozialer Deutungsmuster bei Oevermann weitgehend unbestimmt, vor allem weil er immer wieder darauf hinweist, dass Deutungsmuster nur über ihre je individuellen Repräsentationen überhaupt für die soziologische Analyse und Beschreibung zugänglich seien (vgl. Oevermann 2001a: S. 20; 2001b: S. 53; vgl. auch Kassner 2003: S. 42). Und auch wenn er, wie oben gesehen, Deutungsmuster als ‚implizites Wissen' auffasst und dieses auf der Ebene des je individuell Unbewussten ansiedelt, offenbart dies zumindest eine gewisse Unklarheit. Insofern ist auch der Auffassung von Plaß und Schetsche zuzustimmen, die in der bei Oevermann nicht hinreichend klaren Differenzierung zwischen ‚Deutungsmuster' als Bezeichnung für soziale Wissensformen einerseits und als subjekttheoretische Kategorie andererseits das „größte Problem des Deutungsmusterkonzepts" sehen und die daher vorschlagen, das Konzept der sozialen Deutungsmuster im Rahmen einer wissenssoziologischen Theorie zu reformulieren und als „Formkategorie sozialen Wissens" zu begreifen (Plaß/Schetsche 2001: S. 522).

Fehlen einer diskurstheoretischen Perspektive: Allerdings geraten auch Plaß/Schetsche mit ihrem eher herkömmlich wissenssoziologischen Zugang vor allem im Hinblick auf methodische Fragen an gewisse Grenzen. Einerseits nämlich heben sie die bei Oevermann völlig vernachlässigte (massen)mediale Präsenz und Vermittlung zu Recht hervor und nehmen konsequenterweise einen Perspektivwechsel im Hinblick auf den methodischen Zugang zu Deutungsmustern vor, wonach nicht die Analyse von Interviews der Königsweg einer empirischen Deutungsmusteranalyse sei, dass diese vielmehr über die Analyse von Dokumenten zu erfolgen habe:

> „Sie [die empirische Analyse von Deutungsmustern als sozialen Wissensbeständen, CA] sollte vorrangig anhand der Dokumente erfolgen, durch die Deutungsmuster medial verbreitet werden (Zeitungsartikel, Schulbücher, Reisebroschüren, Flugblätter, Ratgeber, Filme, Gebrauchsanweisungen, Verwaltungs- und Gerichtsakten, Protokolle usw.)" (ebd.: S. 530).

So interessant und zukunftsweisend dieser Katalog an Möglichkeiten eines wissenssoziologischen Zugangs zu den mit dem Begriff ‚Deutungsmuster' angesprochenen sozialen Wissensbeständen auch ist, so erstaunlich ist auf der anderen Seite, mit welcher Konsequenz der sich hier geradezu aufdrängende Anschluss an einen diesen Gedanken weiterführenden und radikalisierenden theoretischen und methodischen Ansatz vermieden wird: die Diskurstheorie. Die von Plaß und Schetsche herausgearbeiteten Perspektiven werden sich aber auch im Hinblick auf eine kulturwissenschaftliche Anknüpfung an den Begriff ‚Deutungsmuster' vor allem dann entfalten, wenn man den Begriff vor allem als diskurstheoretische Kategorie versteht.

Deutungsmuster in der Alltagskommunikation: Bevor der angesprochene Zusammenhang zwischen dem ‚Deutungsmuster'-Begriff einerseits und der diskurstheoretischen Perspektive andererseits weiterverfolgt wird, wollen wir versuchen, aus dem doch reichlich abstrakten Soziologen-Sprech wieder ein wenig herauszukommen und die bisherige Auseinandersetzung über die Relevanz des Deutungsmusterkonzepts in ein Alltagsverständnis zu übersetzen. Nehmen wir also an, dass zwei Personen, nennen wir sie A und B, sich an einem Freitagnachmittag irgendwo treffen, um gemeinsam einen Kaffee zu trinken und sich, sagen wir, über ihre Erfahrungen der gerade zu Ende gegangenen Arbeitswoche zu unterhalten. In einer solchen alltäglichen Situation wird durch das Sprechen über einen als gemeinsam definierten Gegenstand natürlich erst Sinn hergestellt und im Gespräch ausgehandelt, indem A und B sich über ihre jeweils vielleicht sehr unterschiedlichen Erfahrungen austauschen. Dabei wird aber eben auch schon in vielerlei Hinsicht Sinn vorausgesetzt, z. B. indem beide Personen aufgrund des ihnen verfügbaren Vorwissens eine Deutung der Situation herstellen: wer bin ich, wer ist der/die andere? Wo befinden wir uns? Welchen Tag, welche Uhrzeit haben wir gerade? Dabei gehen wir in der Regel davon aus, dass diese Deutung der Situation beiden Interaktionspartnern weitgehend gemeinsam ist, ohne dass sie dies eigens aushandeln oder auch nur explizit aussprechen müssen. Es ist für die Gesprächssituation vermutlich relevant, dass sie an einem Freitagnachmittag stattfindet, dass beide das wissen und dass es für beide auch in etwa die gleiche Bedeutung hat. Die gemeinsame Situationsdeutung, in diesem Fall in Bezug auf die zeitlichen Rahmenbedingungen, kommt dadurch zustande, dass beide auf ein gemeinsames, aber in der Regel implizit bleibendes Wissen über die zeitliche Ordnung zurückgreifen, innerhalb derer sie sich bewegen und die sie beide als ‚gegeben' voraussetzen. Beide wissen, dass heute ‚Freitag' ist, und sie wissen auch, dass am Freitag das Wochenende beginnt, dass am Wochenende nicht gearbeitet wird usw.

Das mit ‚Freitag' angesprochene implizite gemeinsame Wissen wäre in diesem Fall ein Beispiel für das, was die Soziologen, von denen oben die Rede war, als ‚soziales Deutungsmuster' bezeichnet haben. Und an diesem Beispiel lassen sich

2.4 ‚Kulturelle Deutungsmuster'

auch die bisher meist auf abstrakt-theoretischer Ebene diskutierten Fragen, die mit dem Begriff einhergehen, gut illustrieren. Dazu gehört zunächst die Frage, welche Größenordnung impliziten Wissens mit dem Deutungsmusterbegriff angesprochen ist. Während Oevermanns Beispiele wie der ‚Geist des Kapitalismus' oder die ‚Ideologie der Leistungsgesellschaft' sich auf sehr umfangreiche und hochkomplexe Wissensformationen größerer Reichweite beziehen, die die Brauchbarkeit des Begriffs für die Analyse von Alltagsinteraktionen doch stark einschränken, gehen Plaß und Schetsche eher davon aus, dass wir es mit weitaus kleinteiligeren und vor allem stärker alltagsrelevanten Wissensformen zu tun haben. Unser Beispiel des Wochentags ‚Freitag' zeigt, in welcher konkreten Richtung man sich dies vorzustellen hat.

Der zweite Punkt, der im Zusammenhang mit dem Oevermannschen Deutungsmusteransatz zunächst offen geblieben ist, betraf die Frage, inwieweit es sich bei Deutungsmustern in der Tat, wie von Oevermann behauptet, um Antworten auf soziale Handlungsproblematiken handelt, die Lösungen für gesellschaftliche Krisenerfahrungen bereit halten. Nun wird man sicherlich nicht leugnen können, dass alle Versuche, die menschliche Zeiterfahrung durch Zeiteinteilungen zu ordnen, irgendwann einmal eine Antwort auf soziale Handlungsproblematiken gewesen sind; so lässt sich beispielsweise die Schaffung einer überregional bis global gemeinsamen Zeitrechnung als Antwort auf den seit dem 19. Jahrhundert beobachtbaren Prozess der Beschleunigung menschlicher Mobilität und die dadurch gegebene Notwendigkeit einer stärkeren überregionalen Koordination von Zeitordnungen rekonstruieren (vgl. dazu unten Abschn. 3.3). Der konkrete Bezug einzelner zeitorientierender Wissenselemente wie beispielsweise ‚Freitag' zu sozialen Handlungsproblematiken und Krisenerfahrungen ist aber für das konkrete und alltägliche soziale Handeln nicht mehr sichtbar und auch nicht mehr relevant. Vielmehr hat sich die soziale Geltung dieser Wissenselemente von ihrem Entstehungshintergrund längst gelöst, sie beruht stattdessen eher auf ihrer unbefragten Tradiertheit, zumal es sich bei ‚Freitag' oder anderen Wochentagen auch um Wissensordnungen handelt, die weitaus älter sind als die modernen Beschleunigungserfahrungen. Nebenbei bemerkt zeigt das Beispiel, dass auch die Position von Plaß und Schetsche, wonach Deutungsmuster vor allem massenmedial vermittelt würden, zu kurz greift, denn die Geltung von zeitorientierenden Deutungsmustern wie ‚Freitag' liegen auch massenmedialen Angeboten in der Regel als implizit geltend zugrunde, ihr Geltungsanspruch speist sich offenbar aus einer anderen Quelle.

Damit sind wir bei der dritten und wichtigsten Frage, die sich im Rahmen der soziologischen Debatte über den Deutungsmusterbegriff ergeben hat, nämlich bei der Frage nach dem sozialen Status von Deutungsmustern. Während in den verschiedenen Auslassungen von Oevermann insofern eine uneindeutige Position auszumachen ist, als er einerseits zwar den genuin sozialen Status von Deutungsmustern immer wieder betont, das mit dem Begriff ja angesprochene Wissen andererseits aber vor allem auf der kognitiven Ebene der Individuen verortet. Auf unser Beispiel angewendet würde dies bedeuten, dass die gemeinsame zeitliche Situationsdeutung von A und B mit Hilfe des Deutungsmusters ‚Freitag' nur deswegen funktioniert, weil A und B je individuell und zufälligerweise über das entsprechende Musterwissen verfügen und deswegen eben wissen, was ‚Freitag' bedeutet. Die Erforschung und Analyse von Deutungsmustern müsste in diesem Fall empirisch, d. h. durch die Befragung von Individuen darüber erfolgen, was sie jeweils mit dem Muster ‚Freitag' verbinden. Eine andere, über die zufällig zustande gekommene Gemeinsamkeit der jeweils individuellen Auffassungen hinausgehende Ebene des genuin Sozialen von Deutungsmustern gäbe es in diesem Fall nicht. Dem halten ja schon Plaß und Schetsche zu Recht entgegen, dass damit das eigentlich Soziale und Kollektive von Deutungsmustern verfehlt werde, denn dieses lasse sich nicht auf der Ebene der Subjekte und Individuen finden, sondern nur auf der Ebene der sozialen Interaktion. Gemeinsamer Sinn in Form einer als gemeinsam unterstellten Situationsdeutung kommt demnach nicht dadurch zustande, dass beide Individuen A und B mehr oder weniger zufällig beide über das mit ‚Freitag' angesprochene Wissen verfügen, sondern dadurch, dass dieses Wissen permanent in Interaktionsprozessen verwendet, angesprochen, ausgetauscht und/oder implizit als allgemein bekannt vorausgesetzt wird.

Allerdings bleiben Plaß und Schetsche, wie schon gesagt, letztlich doch insofern inkonsequent, als sie den sich hier aufdrängenden Bezug zu Diskurstheorie und Diskursanalyse nicht herstellen. Deutungsmuster wie ‚Freitag' gewinnen ihren genuin sozialen Status, d. h. ihren Status als kollektives Wissen aber vor allem dadurch, dass es sich um diskursive Phänomene handelt, um Phänomene also, die in Diskursen verwendet und stabilisiert werden. Der Deutungsmusterbegriff verweist also, egal von welcher Seite man ihn angeht, immer wieder auf den Begriff des ‚Diskurses'. Im Folgenden soll daher versucht werden, durch einen Rückgriff auf die aktuelle Diskurstheorie den Deutungsmusterbegriff weiter zu konkretisieren und für die wissenschaftlichen und praktischen Zwecke der Kulturstudien handhabbar zu machen.

2.4.3 Deutungsmuster im ‚Diskurs'

Nun mag man hier vielleicht einwenden, dass die Klärung eines bislang noch nicht sehr präzise definierten Begriffs wie ‚Deutungsmuster' mithilfe eines ebenso unklaren Begriffs wie ‚Diskurs' ein wenig aussichtsreiches Unternehmen sein könnte, und so ganz falsch scheint das auf den ersten Blick auch nicht zu sein. Denn tatsächlich haben wir es ja bei ‚Diskurs' – ähnlich wie bei ‚Kultur' – mit einem Begriff zu tun, der zum einen schon seit langem seinen Weg von der wissenschaftlichen Fach- in die Alltagssprache gefunden und dadurch nicht unbedingt an Präzision und Trennschärfe gewonnen hat; und zum anderen wird er auch innerhalb wissenschaftlicher Kontexte in teilweise sehr weit auseinanderliegenden Zusammenhängen und mit sehr heterogenen Bedeutungen gebraucht. Bevor wir darüber nachdenken können, was der Bezug auf Diskurs und Diskurstheorie für die Klärung des Begriffs ‚Deutungsmuster' und damit auch für die Beschreibung des zentralen Gegenstands der Kulturstudien im Fach Deutsch als

2.4 ‚Kulturelle Deutungsmuster'

Fremd- und Zweitsprache beitragen kann, müssen wir also zunächst rudimentär erläutern, was in unserem Kontext unter ‚Diskurs' verstanden werden soll.

‚**Diskurs' im Anschluss an Foucault:** Zunächst einmal muss klargestellt werden, dass wir uns damit weder auf das engere linguistische Verständnis beziehen, das ‚Diskurs' bzw. ‚discourse' mehr oder weniger mit ‚Gespräch' gleichsetzt, noch auf die philosophische Tradition im Anschluss an Habermas, wonach es sich bei ‚Diskurs' um das Bestreiten und Begründen von Geltungsansprüchen handelt; vielmehr greifen wir auf die deutlich weiter reichende Tradition des Begriffs zurück, wie sie vor allem der französische Philosoph und Historiker Michel Foucault vertreten hat. Das macht die Sache nicht unbedingt einfacher, zumal sich bei Foucault selbst auch keine klare und eindeutige Definition des Begriffs ausmachen lässt. Allerdings hat sich gerade in den letzten Jahren, vorangetrieben vor allem in den Sozialwissenschaften und in der Linguistik, eine von Foucault ausgehende neue und interdisziplinär angelegte spezifische Diskursforschung etabliert, in deren Rahmen nicht zuletzt auch der Diskursbegriff ein wichtiges Thema ist (zur Diskursforschung vgl. u. a. Keller 2011a; Angermuller u. a. 2014).

Was also ist mit ‚Diskurs' in diesem Zusammenhang gemeint? Nach Auskunft der englischen Linguistin Sara Mills lassen sich im direkten Anschluss an Foucault drei sehr grundlegende Bedeutungskomponenten von ‚Diskurs' unterscheiden: Zum einen und in einem sehr umfassenden und allgemeinen Sinn handele es sich bei ‚Diskurs' um „alle Äußerungen oder Texte, die eine Bedeutung und in der realen Welt eine Wirkung haben" (Mills 2007: S. 6), d. h. letztlich um alles, was gesagt und geschrieben oder was auch in anderen, nicht-sprachlichen Zeichensystemen geäußert wird oder geäußert worden ist. Damit aber ist der Begriff noch viel zu weit, um damit etwas anfangen zu können. Zum zweiten nämlich meint ‚Diskurs' nur „eine bestimmte Gruppe von Aussagen" (ebd.: S. 7), d. h. Äußerungen, die in einem bestimmten (thematischen) Zusammenhang stehen und in denen das Sprechen/Schreiben über ein Thema oder einen Gegenstand in bestimmter Weise geregelt, d. h. beispielsweise festgelegt ist, was über einen Gegenstand wie etwa ‚Geschlecht' oder ‚Migration' gesagt werden kann und was nicht. Dies besagt ja unter anderem, dass die Gegenstände, über die wir sprechen oder über die wir uns äußern, nicht etwa außerhalb der ‚Diskurse' irgendwie ‚da sind', sondern dass sie als Gegenstände, denen eine bestimmte Bedeutung zukommt, erst im Diskurs zustande kommen und ausgehandelt werden. Das führt uns zur dritten Variante, wonach es sich bei einem Diskurs um eine „regulierte Praxis" handelt, „die eine bestimmte Anzahl von Aussagen betrifft" (ebd.). Diese Variante lässt sich von der zweiten sicher nicht genau abgrenzen, sie besagt vor allem, dass ein Diskurs eine soziale Praxis ist, in der bestimmte soziale Regeln gelten, in der also nicht nur geregelt ist, wie über bestimmte Gegenstände gesprochen werden kann, sondern z. B. auch, wer überhaupt unter welchen Bedingungen sprechen darf und wer nicht. Der Diskursbegriff, so können wir vielleicht zusammenfassend und unter Berufung auf eine anderswo vorgeschlagene Definition sagen, „bezeichnet einen durch Äußerungen produzierten sozialen Sinn- oder Kommunikationszusammenhang" (Angermuller 2014: S. 75).

Diskurse als Orte der Regulierung, Aushandlung und Stabilisierung von Wissen: Halten wir vorläufig fest: Bei ‚Diskurs' haben wir es also zum einen mit Sprache und Kommunikation in einem sehr weiten und umfassenden Sinn zu tun, und allein schon dadurch gewinnt der Begriff eine geradezu einzigartige Relevanz für das Fach Deutsch als Fremd- und Zweitsprache im Allgemeinen und für die Kulturstudien im Besonderen. Zum zweiten aber meint ‚Diskurs' ja auch nicht einfach alles, was gesagt oder geschrieben wird, ist also nicht einfach dasselbe wie ‚Sprachgebrauch' oder ‚Kommunikation', sondern bezieht sich darüber hinaus auf bestimmte soziale Regeln des Sprachgebrauchs, d. h. Diskurse bestimmen darüber, was überhaupt gesagt werden kann und von wem, oder anders gesagt: Diskurse enthalten bereits bestimmte sinnhafte Vorgaben, sie legen bestimmte Sinnzusammenhänge fest. Diskurse sind also, drittens, der Ort, an dem Bedeutung und damit überhaupt erst so etwas wie ‚Wirklichkeit' als eine überindividuelle, sozial geteilte und damit grundsätzlich ‚gemeinsame' Wirklichkeit hergestellt und ausgehandelt wird.

Dies aber geschieht nicht immer wieder neu und sozusagen bei Null beginnend, sondern aufgrund der den Diskurs bestimmenden Regeln und Ordnungen, zu denen auch bereits vorhandene Regelungen darüber gehören, welche Bedeutungen ‚gelten' und welche nicht. Die Diskurstheorie spricht hier von ‚symbolischen Ordnungen' oder von ‚Wissensordnungen', die jedem Diskurs im Sinne eines Sprechens über bestimmte Themen oder Gegenstände sozusagen ‚immer schon' zugrunde liegen, die diesen Diskurs maßgeblich regulieren, die im Diskurs stabilisiert und bestätigt werden, die aber natürlich prinzipiell immer auch selbst zum Gegenstand diskursiver Reflexion und Auseinandersetzung werden können. Diskurse, um es nochmal ein wenig anders zu formulieren, beruhen wesentlich auf bereits vorhandenem Wissen, das innerhalb des Diskurses als ‚wahr' gilt, das eine bestimmte Vordeutung dessen enthält, was als (gemeinsame) ‚Wirklichkeit' angesehen wird und das im Diskurs bestätigt und stabilisiert wird. Der Soziologe Reiner Keller, einer der führenden Vertreter einer wissenssoziologischen Diskursanalyse, sieht in dieser Stabilisierungsfunktion von Wissensordnungen geradezu den Wesenskern von Diskursen:

> „Diskurse lassen sich als Anstrengungen verstehen, Bedeutungen bzw. allgemeiner: mehr oder weniger weit ausgreifende symbolische Ordnungen auf Zeit zu stabilisieren und dadurch einen verbindlichen Sinnzusammenhang, eine Wissensordnung in sozialen Kollektiven zu institutionalisieren" (Keller 2011b: S. 12).

Diskurse, so können wir das verstehen, regeln also, was im jeweiligen diskursiven Zusammenhang als ‚Wissen' und damit als angemessene Deutung der ‚Wirklichkeit' gilt, sie regeln die Bedeutungen, die wir im Diskurs herstellen und an die ‚Wirklichkeit' herantragen, um sie mit sozialer Bedeutung zu versehen und so eine sozial geteilte und in diesem Sinn ‚gemeinsame' Wirklichkeit zu schaffen.

Deutungsmuster in Diskursen: Und hier nun kommt auch der Begriff des ‚Deutungsmusters' wieder ins Spiel. Denn auch im Rahmen der vor allem von Keller entwickelten wissenssoziologischen Diskursanalyse spielt der Deutungsmusterbegriff sowohl auf begrifflich-theoretischer als auch auf methodologischer

2.4 ‚Kulturelle Deutungsmuster'

Ebene wieder eine gewisse, wenn auch nicht zentrale Rolle. Deutungsmuster gelten hier neben Klassifikationen, der „Phänomenstruktur", d. h. der spezifischen Gestalt, in der ein Gegenstand in einem Diskurs perspektiviert wird (vgl. ebd.: S. 248), sowie der narrativen Strukturen eines Diskurses (*story lines, plots, scripts* usw., vgl. ebd.: S. 251) zum „diskurstypische[n] Interpretationsrepertoire" (ebd.: S. 240), das bei der Analyse der inhaltlichen Strukturierung eines Diskurses herausgearbeitet werden soll. Als Deutungsmuster bezeichnet Keller „grundlegende bedeutungsgenerierende Schemata, die durch Diskurse verbreitet werden und nahe legen, worum es sich bei einem Phänomen handelt" (ebd.: S. 243) – eine Definition, die außer der Einbindung des Begriffs in die Diskurstheorie gegenüber der oben herausgearbeiteten soziologischen Diskussion allerdings eher wenig zur Präzisierung und Konkretisierung des Begriffs beiträgt. Insgesamt bleibt der Deutungsmusterbegriff im Rahmen der Kellerschen wissenssoziologischen Diskursanalyse auch eher verschwommen und spielt dann auch in der konkreten Analysearbeit keine große Rolle mehr.

Ein deutlich höherer Stellenwert kommt dem Begriff in dem 2013 im ersten Heft der *Zeitschrift für Diskursforschung* erschienenen Beitrag „Deutungsmuster im Diskurs. Zur Möglichkeit der Integration der Deutungsmusteranalyse in die Wissenssoziologische Diskursanalyse" von Michael Schetsche und Ina Schmied-Knittel zu, in dem der bei Plaß und Schetsche (2001) noch fehlende Anschluss des (wissens-)soziologischen Deutungsmusterbegriffs an die Diskurstheorie und die Diskursanalyse nunmehr explizit hergestellt wird. Dabei greifen Schetsche und Schmied-Knittel einerseits auf das von Plaß und Schetsche (2001) entworfene Konzept einer wissenssoziologischen Deutungsmusteranalyse zurück, betonen aber andererseits vor allem das Potenzial der Deutungsmuster- im Rahmen einer wissenssoziologischen Diskursanalyse. Dieses sehen sie nämlich keineswegs ausschließlich auf der Ebene der einen Diskurs inhaltlich strukturierenden Deutungsrepertoires, dem Begriff komme vielmehr gerade im Rahmen der sozialwissenschaftlichen Diskurstheorie eine besondere Relevanz dadurch zu, dass mit ihm der Übergang von der im Diskurs hergestellten abstrakten Sinn- zur konkreten Handlungsebene von Subjekten in der sozialen Praxis beschrieben werden könne.

„Nur die Rekonstruktion der Deutungsmuster erklärt, wie der kollektive Sinn des Diskurses sich in individuellen Sinn der einzelnen Subjekte verwandelt und sich dann über deren gleichzeitig individuelles wie kollektives Handeln wiederum in soziale Praxis umsetzt, objektiviert und auch institutionalisiert" (Schetsche/Schmied-Knittel 2013: S. 33).

Während es dem diskursanalytischen Blick demnach vor allem um die Rekonstruktion der Prozesse der Entstehung und Verbreitung von Wissen in Diskursen gehe, richte sich der Fokus der Deutungsmusteranalyse ergänzend dazu schwerpunktmäßig auf die Strukturelemente dieses Wissens, d. h. letztlich auf die Inhalte des Wissens selbst (vgl. ebd.). Von hier aus entwerfen Schetsche und Schmied-Knittel ein aus sieben Schritten bestehendes Verfahrensmodell, das die sich auf die Strukturelemente des Wissens fokussierende Deutungsmusteranalyse in die wissenssoziologische Diskursanalyse zu integrieren erlaubt (vgl. ebd.: S. 35–42).

An dieser Stelle können wir nun auch wieder auf unsere kritische Auseinandersetzung mit dem soziologischen Deutungsmusterbegriff zurückkommen, die wir im Abschn. 2.4.2 bis zu der Stelle vorangetrieben haben, an der sich eine Anknüpfung an den Diskursbegriff geradezu aufgedrängt hat. Diese Anknüpfung, so haben wir gerade gesehen, wurde in der Soziologie mittlerweile vollzogen, und auch in anderen Kontexten der Diskurstheorie und Diskursanalyse, etwa in der Linguistik, spielt der Deutungsmusterbegriff gelegentlich eine Rolle (vgl. z. B. Konerding 2008). Deutungsmuster, so hieß es zunächst bei Plaß und Schetsche (2001), sind „Formkategorien sozialen Wissens", deren sozialer Status nicht darin besteht, dass sie auf der kognitiven Ebene vieler Individuen vorhanden oder repräsentiert sind, sondern darin, dass sie in Medien und Dokumenten verschiedener Art verwendet werden. Mit Hilfe des Diskursbegriffs können wir diesen Gedanken jetzt ein wenig genauer entfalten und für die weiteren Ausführungen und Analysen fruchtbar machen: Deutungsmuster, so können wir jetzt sagen, sind ein wesentlicher Teil der Wissensordnungen, die in Diskursen vorausgesetzt, hergestellt, stabilisiert und ausgehandelt werden und die sozial geteilte Bedeutungen, gemeinsame Wirklichkeitsdeutungen und damit soziales Handeln überhaupt erst ermöglichen.

Zusammenhang zu Kultur und Kulturstudien: Was aber, so wird man vielleicht spätestens an dieser Stelle fragen, haben all diese soziologischen Theorien und Begriffe bloß mit Kultur und mit den Kulturstudien im Fach Deutsch als Fremd- und Zweitsprache zu tun? Um das zumindest vorläufig zu beantworten, sei an das erinnert, was wir weiter oben zum Thema ‚Kultur' gesagt haben: dass es nämlich bei ‚Kultur' in dem zeitgemäßen Sinn einer bedeutungsorientierten Auffassung dieses Begriffs, wie er unserem Verständnis von ‚Kulturstudien' ja zugrunde liegt, um ‚Wissen' geht, das uns erlaubt, in alltäglichen Situationen gemeinsam, also im sozialen Zusammenhang, ‚Bedeutung' herzustellen und auszuhandeln. Kultur ist das, was uns Menschen mit (kognitiven, sozialen, diskursiven) Ressourcen ausstattet, die uns ermöglichen, Situationen, Gegenständen, anderen Menschen und ebenso auch uns selbst und unserem eigenen Handeln sozial geteilte Bedeutung zuzuschreiben und so auf einer zumindest rudimentären Ebene eine sozial geteilte Welt und Wirklichkeit und damit soziales Handeln in dieser Wirklichkeit überhaupt erst herzustellen.

Um nun ‚Kultur' in diesem Sinn genauer beschreiben und zum Gegenstand einer kulturwissenschaftlichen Forschung machen zu können, die den Bedingungen globalisierter Gesellschaften des 21. Jahrhunderts gerecht wird und es erlaubt, kulturelle Aspekte auch zum Thema kulturbezogener Lernprozesse zu machen, ohne wieder in die Fallen des methodischen Nationalismus zu tappen, haben wir den Begriff des ‚Deutungsmusters' aus der Soziologie in die Kulturstudien übertragen. Wir haben gesehen, dass mit diesem Begriff ein soziales Wissen angesprochen ist, das in Diskursen zirkuliert und verwendet wird, dessen Relevanz speziell für die Zwecke der Kulturanalyse und der kulturwissenschaftlichen Forschung bislang aber noch nicht ausreichend sichtbar ist. Wir wollen daher im folgenden Abschnitt versuchen, den Begriff zu konkretisieren und seine

Relevanz für die spezifischen Zwecke und Erkenntnisinteressen der Kulturstudien sichtbar und greifbar zu machen.

2.4.4 ‚Deutungsmuster' und ‚Diskurs' aus der Perspektive der Kulturstudien

‚Kulturelle Deutungsmuster': Der weite Umweg, den wir über teilweise recht spezifische soziologische und diskurstheoretische Diskussionen genommen haben, um unseren etwas schillernden Begriff des ‚Deutungsmusters' genauer zu fassen, hat immerhin zu der Einsicht geführt, dass sich dieser Begriff auf die inhaltlichen Vordeutungen und Vorannahmen bezieht, die das Sprechen/Schreiben über bestimmte Themen und Gegenstände regulieren, die Diskursen zugrunde liegen und in Diskursen stabilisiert werden. Anders und etwas weniger abstrakt formuliert: bei Deutungsmustern handelt es sich um Elemente eines alltäglichen Wissens, das wir in der (sprachlichen wie nicht-sprachlichen) Interaktion mit anderen als gegeben voraussetzen und mit dessen Hilfe wir, ganz allgemein gesagt, ‚Wirklichkeit' deuten und als sozial geteilte und gemeinsame Wirklichkeit herstellen, mit dessen Hilfe wir also die Gegenstände um uns herum, bestimmte Situationen, in denen wir uns allein oder mit anderen befinden, unsere Mitmenschen und ihre Handlungen, aber auch uns selbst und unsere eigenen Handlungen mit bestimmten Bedeutungen versehen. Diese Bedeutungen und das Wissen, auf denen sie beruhen, erfinden wir aber nicht jedes Mal neu, wir finden sie vor, nämlich in dem, was wir den ‚Diskurs' genannt haben.

Um das zu veranschaulichen, greifen wir nochmal kurz auf unser Beispiel von oben zurück, das Gespräch beim Kaffee an einem Freitagnachmittag zwischen A und B. Wie bereits gesagt, ist es bei diesem Gespräch für die gemeinsame Deutung der Situation wichtig, dass beide Interaktionspartner wissen, dass Freitag ist und dass am Freitagnachmittag das Wochenende beginnt, mit allem, was damit an weitergehendem Wissen verbunden ist; und es ist wichtig, dass beide wissen, dass der/die jeweils andere das auch weiß und dass es sich daher um eine gemeinsame oder geteilte Situationsdeutung handelt. Diese gemeinsame Situationsdeutung und die darauf aufbauende und dadurch ermöglichte Verständigung zwischen A und B kommt zustande, weil beide Interaktionspartner auf eine Vordeutung des zeitlichen Ablaufs zurückgreifen können, nämlich zum einen generell die Einteilung von mehreren Tagen in die Kategorie ‚Woche', die Unterscheidung von ‚Werktagen' oder ‚Arbeitstagen' und ‚Wochenende' und schließlich ganz konkret die Benennung des betreffenden Tages als ‚Freitag'. Das Wissen um diese zeitlichen Einteilungsprinzipien und um die dabei verwendeten Einzelkategorien verweist auf eine lange Tradition der Deutung von Zeit und ist unseren beiden Interaktionspartnern aufgrund ihrer vielfältigen Bezüge auf Diskurse jederzeit als selbstverständliches Hintergrundwissen verfügbar, das sie auch auf die fragliche Situation im Café anwenden. Wenn wir von hier aus noch einmal auf unsere Auseinandersetzung mit dem Begriff ‚Kultur' und unser Plädoyer für einen ‚bedeutungs- und wissensorientierten' Kulturbegriff zurückblicken, dann wird sehr deutlich, dass wir es bei unserem Beispiel ‚Freitag' nicht nur, wie es bei Plaß und Schetsche hieß, mit einer „Formkategorie sozialen Wissens", sondern mit einem Element des ‚kulturellen Wissens' zu tun haben, eines Wissens also, das in vielfältiger Weise vorgedeutet in Diskurse eingeht, in Diskursen verwendet und stabilisiert wird und auf das wir in unseren konkreten Handlungs- und Interaktionsbezügen zurückgreifen. Wir sprechen daher, um diesen Aspekt des ‚immer schon' Vorgedeuteten hervorzuheben, von einem ‚kulturellen Deutungsmuster'.

Mit diesem Begriff bleibt das genuin soziale, das dem Deutungsmusterbegriff immer schon inhärent gewesen ist, zwar selbstverständlich erhalten, mit dem Adjektiv ‚kulturell' soll aber darüber hinaus kenntlich gemacht werden, dass wir es mit Wissenselementen zu tun haben, die diskursiv vorgedeutet sind, die uns demnach mit Ressourcen ausstatten, die wir zur Deutung der ‚Wirklichkeit' heranziehen, kurz: dass es sich um Elemente dessen handelt, was wir oben als ‚Kultur' bezeichnet haben.

Definition: Versuchen wir nun von hier aus eine erste Definition zu formulieren: Ein kulturelles Deutungsmuster ist demnach eine Formkategorie sozialen Wissens, die

1. als diskursive Wissensordnung in Diskursen zirkuliert und stabilisiert, aber auch kritisiert, verändert und weiterentwickelt wird;
2. auf traditionsreichen Vordeutungen aufruht und insofern immer auch auf vergangene Diskurse verweist;
3. eine gewisse Kontinuität, Stabilität und Änderungsresistenz aufweist;
4. auf einer mittleren Abstraktionsebene angesiedelt ist, sich von Theorien und Ideologien großer Reichweite (‚Geist des Kapitalismus', ‚Christentum' o.Ä.) auf der einen und von konkreten Alltagsbegriffen auf der anderen Seite unterscheiden lässt;
5. in thematisch verschiedenen Diskursen Verwendung findet und auf unterschiedliche Situationen anwendbar ist;
6. typisiertes und musterhaftes Wissen über einen bestimmten Gegenstands- oder Erfahrungsbereich enthält, das sich etwa in Form propositionaler Aussagen rekonstruieren und konkretisieren lässt;
7. dazu dient, je konkrete Erfahrungen und Situationen als Fall eines allgemeineren Typs/Musters zu deuten und einzuordnen, der Erfahrung bzw. Situation einen bestimmten Sinn zuzuschreiben und das soziale wie individuelle Handeln in der entsprechenden Situation zu orientieren;
8. in alltäglichen Handlungsvollzügen und Kommunikationssituationen in der Regel implizit und unreflektiert verwendet und als allgemein bekannt und selbstverständlich vorausgesetzt wird, das im Bedarfsfall aber auch auf eine reflexive Ebene gehoben und selbst zum Gegenstand auch kontroverser Deutung werden kann.

Beispiel: Einige der hier aufgelisteten näheren Bestimmungen dessen, was nun genau unter einem ‚kulturellen Deutungsmuster' verstanden werden soll,

2.4 ‚Kulturelle Deutungsmuster'

bedürfen sicherlich noch genauerer Erläuterungen. Zunächst wird aber vielleicht auch wieder das Beispiel weiterhelfen, von dem schon mehrfach die Rede war. Wenn wir davon sprechen, dass es sich bei ‚Freitag' um ein kulturelles Deutungsmuster handelt, dann meinen wir damit zunächst einmal, dass wir es nicht einfach mit einer objektiv gegebenen ‚Tatsache' zu tun haben, sondern eben mit einer Deutung, die aber nicht von dem einen Menschen vorgenommen werden kann und vom anderen nicht, sondern die eine gewisse soziale Verbindlichkeit besitzt. Das ist vor allem gemeint mit der Formel von der „Formkategorie sozialen Wissens". Das Wissen, dass eben heute ‚Freitag' ist, ist deswegen auch kein Wissen in dem Sinn, wie wir diesen Begriff meistens verwenden, dass nämlich Wissen etwas ist, was der eine im Kopf hat und der andere vielleicht nicht, vielmehr handelt es sich um Wissen, das – unabhängig davon, ob ich oder irgendeine andere Person dieses Wissen habe bzw. hat oder nicht – in Diskursen zirkuliert, das dadurch aber auch immer wieder stabilisiert wird.

Unter Rückgriff auf die oben unter (1) bis (8) genannten Merkmale kultureller Deutungsmuster können wir in Bezug auf unser Beispiel also festhalten: Das Muster ‚Freitag' ist Teil einer diskursiven Wissensordnung (1) zur Einteilung von Zeit, die auf eine lange, bis in die babylonische Epoche zurückreichende Tradition verweist (2) und nicht zuletzt deshalb auch eine vergleichsweise stark ausgeprägte Stabilität und Änderungsresistenz aufweist (3). Veränderungen in der konkreten Bedeutung von ‚Freitag' lassen sich z. B. im Vergleich zu den 1950er Jahren beobachten, als Samstag in Deutschland noch ein ‚normaler' Arbeitstag war, erst durch die flächendeckende Durchsetzung des arbeitsfreien Samstags wurde ‚Freitag' dann zum Beginn des Wochenendes; weitere Veränderungen gehen auch mit der völlig anderen Bedeutung von ‚Freitag' in der islamischen Tradition einher, die mittlerweile auch in deutschsprachigen Diskursen eine wichtigere Rolle spielt, als dies früher der Fall war. Gerade die beiden zuletzt genannten Aspekte machen deutlich, dass es sich bei ‚Freitag' nicht, wie man möglicherweise zunächst annehmen könnte, um einen banalen Alltagsbegriff handelt, sondern tatsächlich um ein traditionsreiches Muster mittlerer Reichweite (4), das sich auf ganz verschiedene Situationen anwenden lässt (5), in dem musterhaftes und rekonstruierbares Wissen zur Zeitorientierung enthalten ist (6), das der gemeinsamen Situationsdeutung und der (alltäglichen) Handlungsorientierung dient (7) und das zudem in alltäglichen Handlungs- und Kommunikationsbezügen meist als selbstverständlich und unproblematisch vorausgesetzt wird (8).

Bevor wir auf die hier sicherlich naheliegende Frage zu sprechen kommen, wie sich diese Definition des Deutungsmuster-Begriffs im Hinblick auf die spezifischen Interessen und Fragestellungen der Kulturstudien weiter konkretisieren lässt, müssen zunächst noch zwei mögliche und leider ziemlich weit verbreitete Missverständnisse angesprochen und ausgeräumt werden, die mit dem Begriff des ‚kulturellen Deutungsmusters' einhergehen; ich nenne sie das kognitivistische und das kulturalistische Missverständnis (vgl. dazu schon Altmayer 2006b: S. 187–188). Diese Klarstellung ist insbesondere relevant, weil sich damit auch einige der teilweise recht grundsätzlichen Fragen zumindest ansatzweise beantworten lassen, die sich in den Kulturstudien stellen: Wo genau findet ‚Kultur' statt? Und was ist eigentlich ‚deutsche Kultur'? Gibt es sie überhaupt?

Kognitivistisches Missverständnis: Wenn wir von ‚kulturellen Deutungsmustern' im Anschluss an die Soziologen Plaß und Schetsche als „Formkategorien sozialen Wissens" sprechen, dann meint der Ausdruck ‚sozial' in dieser Formulierung, dass es sich bei Deutungsmustern um das handelt, was der französische Soziologe Emil Durkheim einmal eine ‚soziale Tatsache' (‚fait social') genannt hat: etwas, das zwar von Menschen in ihren gesellschaftlichen Zusammenhängen gemacht und nicht von Natur aus gegeben ist, das aber dem einzelnen Menschen gleichwohl wie eine äußerlich gegebene ‚Realität' entgegentritt und sich seinem Einfluss weitgehend entzieht. Beispiele dafür sind etwa Währungen, Gesetze, Institutionen oder auch z. B. sprachliche Normen. Um diesen genuin sozialen Charakter von Deutungsmustern etwas genauer beschreiben zu können, haben wir in diesem und im vorigen Abschnitt auf den Foucaultschen Begriff des ‚Diskurses' zurückgegriffen: als soziale Gegebenheiten treten uns Deutungsmuster vor allem in Diskursen entgegen, es handelt sich um Teilaspekte von diskursiven Wissensordnungen, die in Diskursen auch Eigendynamiken entwickeln und sich somit auch weitgehend unserem (je individuellen) Einfluss entziehen. Das muss hier noch einmal betont werden, weil der Deutungsmuster-Begriff innerhalb wie außerhalb der Kulturstudien immer wieder fälschlicherweise als individuelles Wissen missverstanden wird, das im kognitiven Apparat einzelner Menschen existiert (oder auch nicht existiert) und dessen soziale Bedeutung allein dadurch zustande kommt, dass eine größere oder kleinere Menge an Einzelmenschen über dieses Wissen verfügt. Nun ist diese individuelle oder kognitive Ebene für die Kulturstudien natürlich insofern sehr relevant, als es uns ja immer auch um Lernprozesse geht, die selbstverständlich auf einer individuellen Ebene stattfinden. Dennoch handelt es sich bei dem, was wir als ‚kulturelle Deutungsmuster' bezeichnen, nicht um Wissenselemente auf der kognitiven Ebene von Individuen, sondern auf der sozialen bzw. kulturellen Ebene der Diskurse.

Wir müssen also zwei Ebenen streng unterscheiden: die eigentlich kulturelle Ebene der Diskurse, in denen Deutungsmuster in dem Sinn, wie wir den Begriff hier verstehen wollen, verwendet und ausgehandelt werden, auf der einen Seite, und die individuelle oder kognitive Ebene der einzelnen Menschen auf der anderen Seite. Wenn daher von ‚Deutungsmustern' oder noch genauer von ‚kulturellen Deutungsmustern' die Rede ist, dann beziehen wir uns damit ausschließlich auf die kulturelle oder diskursive Ebene, auf der Deutungsmuster vorkommen und ein gewisses Eigenleben entfalten, und nicht auf die individuell-kognitive Ebene. Um dies auch begrifflich strenger auseinanderhalten zu können, sprechen wir im Bezug auf die konkreten Wissensstrukturen oder Deutungsressourcen, wie sie einzelnen Individuen zur Verfügung stehen, nicht von ‚Deutungsmustern', sondern von ‚Deutungsschemata' oder ‚Deutungsrahmen'. Wir greifen damit die vor allem in den Kognitionswissenschaften, aber auch in der Künstlichen Intelligenz-Forschung und in der Linguistik verbreiteten Begriffe ‚Schema' und ‚Rahmen'

2.4 ‚Kulturelle Deutungsmuster'

bzw. ‚frame' auf, die zwar deutliche Parallelen zu unserem Begriff des ‚Deutungsmusters' aufweisen, die sich in der angesprochenen Begriffstradition aber sehr klar auf die kognitive und damit individuelle Ebene beziehen und für das eigentlich Soziale und Kulturelle allenfalls abgeleitete Kategorien zweiter Ordnung sind. Bei kulturbezogenen Lernprozessen, so viel sei aber hier schon mal im Vorgriff auf Kap. 4 gesagt, haben wir es dann mit Prozessen der Interaktion zwischen Deutungsmustern auf der diskursiven und Deutungsschemata auf der individuell-kognitiven Ebene zu tun.

Kulturalistisches Missverständnis: Damit sind wir auch fast schon bei dem zweiten fundamentalen Missverständnis, von dem oben die Rede war und das wir das ‚kulturalistische' Missverständnis genannt haben. Dieses Missverständnis entsteht dadurch, dass die Annahmen des Interkulturalitätsparadigmas und der damit einhergehende ethnologische Kulturbegriff unreflektiert auf den Deutungsmuster-Ansatz der Kulturstudien übertragen werden und dann angenommen wird, spezifisch ‚deutsche Deutungsmuster' bestünden darin, dass ‚Deutsche' über diese Muster und das in ihnen sedimentierte Wissen verfügten, ‚Nicht-Deutsche' hingegen nicht. Es ist leicht erkennbar, dass und weshalb eine solche Annahme an der Intention der Kulturstudien weit vorbei geht, denn damit wird zum einen wieder eine völlig abwegige Homogenität der ‚Deutschen' unterstellt, von der wir in diesem Kapitel ja sehr deutlich gezeigt haben, dass es sie nicht gibt und dass die Zuschreibung von ethnisch-nationalen Zugehörigkeiten wie ‚die Deutschen' auch diskursive Konstrukte sind und keinesfalls objektive Realitäten. Zum zweiten aber handelt es sich auch um ein grobes Missverständnis, weil der Deutungsmuster-Begriff hier fälschlicherweise auf der individuell-kognitiven Ebene verortet und unterstellt wird, dass es sich dabei um empirisch belegbares Wissen handele, über das bestimmte Menschen (‚die Deutschen') verfügen, andere hingegen nicht. Die Rede von ‚deutschen Deutungsmustern' in diesem homogenisierenden und kognitivistischen Sinn ist daher falsch und sollte im Rahmen der Kulturstudien unbedingt vermieden werden.

Aber brauchen wir nicht dennoch eine Einschränkung des Gegenstandsbereichs der Kulturstudien, die sich ja nicht generell als übergreifenden kulturwissenschaftlichen Wissenschaftsbereich verstehen, sondern als Teil des Faches Deutsch als Fremd- und Zweitsprache, und müssten wir dann den Gegenstand der Kulturstudien nicht doch auf das einschränken, was im Rahmen von Deutsch als Fremd- und Zweitsprache, und das heißt für Lernende des Deutschen als Fremd- oder Zweitsprache, relevant ist? Muss es – und sei es auch nur aus Gründen der disziplinären Zuständigkeit – nicht doch so etwas geben wie eine ‚deutsche Kultur' oder besser eine ‚Kultur der deutschsprachigen Länder'? Und wenn das so ist, wie lässt sich eine solche Einschränkung des Gegenstands der Kulturstudien begründen, ohne wieder in die Fallen des ethnologischen Kulturbegriffs und des Interkulturalitätsparadigmas zu tappen?

Diese Fragen sind in der Tat nicht einfach zu beantworten, und eine völlig befriedigende Antwort wird es wohl auch nicht geben können. Einerseits ist es ja richtig, dass die Kulturstudien DaF/DaZ nicht für alles oder für Kultur schlechthin zuständig sind und ihren spezifischen Zuständigkeitsbereich klarer definieren und eingrenzen müssen. Das heißt andererseits aber nicht, dass wir deswegen zwingend den Kulturbegriff an ethnisch-nationale oder an räumlich-territoriale Einheiten binden und zudem auch noch mit einer Abgrenzungsfunktion und einem Exklusivitätsanspruch versehen müssen, wie es bis heute leider eine viel geübte Praxis ist und in der weit verbreiteten Rede von einer ‚deutschen' respektive einer ‚französischen' oder ‚chinesischen Kultur' zum Ausdruck kommt. Aus diesem Grund sollen solche missverständlichen Formulierungen im Rahmen der Kulturstudien auch möglichst vermieden und die erforderliche Spezifizierung des Gegenstandsbereichs der Kulturstudien nicht über die Rede von einer ‚deutschen Kultur' bzw. einer ‚Kultur der deutschsprachigen Länder' o.ä., sondern durch die Anbindung an Sprache und Diskurse und die Annahme einer grundsätzlichen Offenheit von Sprachen und Diskursen vorgenommen werden.

Kultur deutschsprachiger Diskurse: Die Kulturstudien haben es demnach zum einen nicht mit Diskursen und Deutungsmustern generell zu tun, sondern nur mit deutschsprachigen Diskursen und den in deutschsprachigen Diskursen verwendeten, stabilisierten, reflektierten oder kritisierten Deutungsmustern, völlig unabhängig von deren ursprünglicher Genese und Tradition. Zum zweiten gehen sie nicht davon aus, dass deutschsprachige Diskurse und die darin verwendeten Deutungsmuster grundsätzlich spezifisch sind und ihnen eine exklusive Geltung nur für deutschsprachige Diskurse zukommt. Es handelt sich bei ‚deutschsprachigen Diskursen' nicht um eine feste Größe, sondern um ein nicht exakt definierbares Konstrukt mit fließenden Grenzen, das auch eher aus pragmatischen als aus systematischen Gründen eingeführt wird. Vielleicht ist es hilfreich, wenn wir hier noch einmal und letztmalig unser obiges Beispiel zur Veranschaulichung heranziehen: Wenn wir also sagen, dass es sich bei ‚Freitag' um ein ‚deutsches Deutungsmuster' handelt, dann meinen wir damit weder, dass ‚alle Deutschen' über dasselbe Wissen darüber verfügen, was mit ‚Freitag' gemeint ist, welche Bedeutungen und welche Handlungserwartungen daran geknüpft sind, noch dass dieses Muster irgendwie für ‚Deutsche' oder auch nur für deutschsprachige Diskurse exklusive Geltung beanspruchen würde; beides wäre ja auch erkennbar völlig unsinnig. Was wir meinen, ist nur, dass das Muster ‚Freitag' in deutschsprachigen Diskursen verwendet wird, dass man sich in deutschsprachigen Diskursen darauf beruft und auch berufen kann, um Verständigung zu ermöglichen.

2.4.5 Zur Systematik und Typologie von ‚kulturellen Deutungsmustern'

Mit der Erläuterung und Definition des Deutungsmuster-Begriffs sind wir im Hinblick auf die Frage, womit sich die Kulturstudien im Rahmen von Deutsch als Fremd- und Zweitsprache genau beschäftigen, schon sehr weit gekommen. Offen ist jetzt allerdings noch, wie sich der bislang noch reichlich abstrakte

2.4 ‚Kulturelle Deutungsmuster'

und theoretische Begriff des ‚kulturellen Deutungsmusters' im Hinblick auf die Forschungs- und die Lehr- und Lerninteressen der Kulturstudien weiter konkretisieren und mit Inhalten füllen lässt. Zunächst ist ja mit der Definition von Deutungsmustern als Formkategorie sozialen Wissens, für die die oben aufgelisteten Eigenschaften gelten, insofern noch nicht viel gewonnen, als dieses Wissen trotz der einschränkenden Eigenschaften immer noch eine völlig unüberschaubare und auch der kulturwissenschaftlichen Forschung kaum zugängliche Größe darstellt, die dringend der Systematisierung und Konkretisierung bedarf, aus der sich dann wiederum einzelne Themen für die kulturwissenschaftliche Forschung ebenso wie für kulturbezogenes Lernen, die Entwicklung von Lernmaterialien und die Planung von Curricula und Unterricht ableiten lassen.

Funktionen von Deutungsmustern: Leitender Gedanke einer solchen Systematisierung soll die Frage sein, welche übergreifenden Funktionen kulturelle Deutungsmuster in Diskursen, aber nicht zuletzt auch in alltäglichen Lebensvollzügen haben und inwieweit sich aufgrund solcher Funktionen eine inhaltlich aussagekräftige Typologie von Deutungsmustern entwickeln lässt. Deutungsmuster, so haben wir gesehen, versorgen uns ja mit einem Vorrat an Vordeutungen, die wir auf verschiedene Gegenstände, Situationen, Handlungen usw. anwenden können, um diesen einen bestimmten Sinn zuzuweisen und daraus auch Orientierung für unser (alltägliches) Handeln zu beziehen. Diese Vordeutungs- und Orientierungsfunktion aber kann sich auf (mindestens) vier verschiedene Dimensionen des menschlichen Lebens beziehen, aus denen sich wiederum vier verschiedene funktionale Typen von Deutungsmustern ableiten lassen (vgl. dazu u. a. Altmayer 2014: S. 70–71):

1. Kategoriale Muster
   Sie dienen insbesondere dazu, Menschen zu klassifizieren und einzuordnen, d. h. uns selbst und unsere Interaktionspartner in der sozialen Interaktion zu positionieren: Mit wem habe ich es zu tun? Wer bin ich? Wer ist der andere? Kulturelle Muster wie ‚Mann – Frau', ‚alt – jung', ‚Ossi – Wessi' gehören hier hin, aber auch sämtliche ethnisch-nationalen Kategorien wie ‚deutsch', ‚europäisch', ‚schwarz/weiß', ‚farbig/coloured' und die auto- und heterostereotypischen Bilder, die wir damit jeweils verbinden. Diese Muster, so können wir auch sagen, dienen uns zur diskursiven Zuschreibung und Aushandlung von Zugehörigkeiten. Mit zu dieser Gruppe von kategorialen Mustern, über die wir Zugehörigkeiten aushandeln, gehören auf einer etwas höheren Abstraktionsebene auch die Kategorien selbst, auf die wir zur Zuschreibung von Zugehörigkeiten zurückgreifen, also etwa ‚Geschlecht', ‚Nation', ‚Ethnizität' bzw. ‚Volk', ‚Alter', aber auch ‚Familie', ‚Gemeinschaft' usw.
2. Topologische Muster
   Sie dienen dazu, Ordnung im Raum herzustellen und uns im Raum zu orientieren. Dazu gehören beispielsweise unsere Bilder von geographischen Verhältnissen, von Ländern und deren Grenzen, von Kontinenten, Karten usw. Dazu gehören auch geopolitische Konzepte wie etwa die Einteilung der Welt

in so genannte ‚Kulturkreise'; dazu gehören unsere Vorstellungen von ‚Europa' oder ‚Lateinamerika', dazu gehören die Himmelsrichtungen, denn natürlich verbinden wir beispielsweise mit ‚Osten' nicht nur die Richtung, wo die Sonne aufgeht; inhaltlich ganz anders, funktional aber ganz ähnlich ist es auch bei ‚Westen', ‚Süden' oder ‚Norden'. Zu den topologischen Mustern gehören auch solche wie ‚Heimat', ‚Reisen', ‚Stadt vs. Land', ‚Dorf' ‚Landschaft' und viele andere.

3. Chronologische Muster

Der Ausdruck ‚chronologisch' ist hier analog zu ‚topologisch' gebildet, er bezieht sich also nicht, wie man alltagssprachlich vielleicht annehmen könnte, auf den linearen Zeitablauf (‚Chronologie der Ereignisse'), sondern auf die Funktion solcher Muster, dass sie nämlich analog zu den topologischen dazu dienen, Ordnung in der Zeit herzustellen und uns in Bezug auf zeitliche Verhältnisse zu orientieren. Hier lassen sich wiederum zwei verschiedene Formen und Funktionen unterscheiden, die mit den Begriffen ‚temporale' und ‚mnemologische' Muster bezeichnet werden sollen.

Temporale Muster dienen dazu, den Ablauf der Zeit einzuteilen und zu ordnen. Das bezieht sich zunächst einmal ganz klassisch auf unsere abstrakteren Vorstellungen vom Zeitablauf, lineare Zeit vs. zirkuläre Zeit usw., darüber hinaus aber und viel banaler auf die alltägliche Ordnung der Zeit durch Kalender, Jahreszeiten, Tageszeiten, Tagesabläufe usw. Auch Wochentage wie z. B. ‚Sonntag' oder ‚Wochenende' gehören hierher, Feste und Feiertage (‚Weihnachten'), Unterscheidungen in Arbeits- und Freizeit usw.

Bei ‚mnemologischen' Mustern geht es darum, wie wir vergangene Zeit in der Gegenwart und für die Zukunft repräsentieren und nutzbar machen, anders formuliert: es geht um Erinnerung. Aus neueren Arbeiten zur Funktionsweise des Gedächtnisses wissen wir, dass Gedächtnis und Erinnerung für die soziale Interaktion eine enorme Rolle spielen, dass aber Gedächtnis und Erinnerung umgekehrt vor allem sozial und kulturell bedingt sind. Begriffe wie ‚kulturelles Gedächtnis' oder ‚Erinnerungsorte' sind in den letzten Jahren in den Kulturwissenschaften sehr einflussreich geworden. Diese Konzepte sollen mit dem Begriff der ‚mnemologischen' Muster aufgegriffen und für die Kulturstudien genutzt werden. Beispiele wären etwa narrative Muster, also sozusagen mythische Geschichten wie ‚Wirtschaftswunder' oder ‚das Wunder von Bern', Erinnerungen an einzelne Ereignisse wie ‚1968' oder die ‚friedliche Revolution' usw.

4. Axiologische Muster

Unter ‚Axiologie' versteht man in der Philosophie die Lehre von den Werten, nach dem griechischen Wort *axía,* Wert. Bei axiologischen Mustern handelt es sich demnach um solche, mit deren Hilfe wir Wertungen vornehmen: Was ist gut und was ist schlecht bzw. böse? Auch hier handelt es sich um einen sehr grundlegenden Vorgang, der für unseren deutenden Zugriff auf die Welt und für unser Handeln in dieser Welt eine erhebliche Rolle spielt. Beispiele für solche axiologischen Muster sind etwa die großen und eher abstrakt-philosophischen

Wertkonzepte wie ‚Menschenwürde', ‚Freiheit', ‚Gerechtigkeit', ‚Solidarität', ‚Glück' usw. Dazu gehören aber auch die kleineren und alltäglicheren Dinge wie ‚Geld', ‚Ordnung' oder ‚Gemütlichkeit', aber auch derzeit in Deutschland umstrittene Dinge wie ‚Ehre' oder ‚Disziplin'. Und nicht zuletzt umfasst der Begriff auch das, was wir eigentlich nicht wollen, also sozusagen negative Werte wie beispielsweise ‚Kriminalität' oder ‚Müll'.

Gegenstände kulturwissenschaftlicher Forschung: Mit dieser funktionalen Typologie kultureller Deutungsmuster sind wir nunmehr in der Lage, den Gegenstand der Kulturstudien genauer zu bestimmen und einzugrenzen sowie bestimmte Themenfelder zu identifizieren, denen die kulturwissenschaftliche Forschung genauer nachgehen kann und nachgehen sollte. Was das im Einzelnen heißt und wie solche inhaltliche kulturbezogene Forschung in den Kulturstudien aussehen kann und soll, davon wird im folgenden dritten Kapitel noch ausführlicher die Rede sein. Das Kapitel orientiert sich an der hier entwickelten Typologie von Deutungsmustern, aus der sich vier verschiedene große Themenfelder für kulturwissenschaftliche Forschung ergeben, die wir als ‚Kulturthemen' bezeichnen wollen: Zugehörigkeit (Abschn. 3.1), Zeit (Abschn. 3.2), Raum (Abschn. 3.3) und Werte (Abschn. 3.4).

Literatur

ABCD-Thesen (1990): ABCD-Thesen zur Rolle der Landeskunde im Deutschunterricht. In: Fremdsprache Deutsch 3, 60–61.
Adelung, Johann Christoph (1782): Versuch einer Geschichte der Cultur des menschlichen Geschlechts. Leipzig.
Alshut, Eva T./Nespethal, Juana/Thomas, Alexander (2015): Beruflich in Vietnam. Trainingsprogramm für Manager, Fach- und Führungskräfte. Göttingen.
Altmayer, Claus (1997): Zum Kulturbegriff des Faches Deutsch als Fremdsprache. In: Zeitschrift für interkulturellen Fremdsprachenunterricht 2/2.
Altmayer, Claus (2004): Kultur als Hypertext. Zu Theorie und Praxis der Kulturwissenschaft im Fach Deutsch als Fremdsprache. München.
Altmayer, Claus (2006a): Kulturelle Deutungsmuster als Lerngegenstand. Zur kulturwissenschaftlichen Transformation der Landeskunde. In: Fremdsprachen Lehren und Lernen 35, 44–59.
Altmayer, Claus (2006b): Landeskunde als Kulturwissenschaft. Ein Forschungsprogramm. In: Jahrbuch Deutsch als Fremdsprache 32, 181–199.
Altmayer, Claus (2010): Konzepte von ‚Kultur' im Kontext von Deutsch als Fremdsprache. In: Hans-Jürgen Krumm/Christian Fandrych/Britta Hufeisen et al. (Hg.): Deutsch als Fremd- und Zweitsprache. Ein internationales Handbuch. 2. Halbband. Berlin/New York, 1402–1413.
Altmayer, Claus (2013): Die DACH-Landeskunde im Spiegel aktueller kulturwissenschaftlicher Ansätze. In: Silvia Demmig/Sara Hägi/Hannes Schweiger (Hg.): DACH-Landeskunde. Theorie – Geschichte – Praxis. München, 15–31.
Altmayer, Claus (2014): Kulturwissenschaft – eine neue Perspektive für die internationale Germanistik? In: Verbum et Lingua. Didactica, Lengua y Cultura 2/3, 58–77. Online: http://verbumetlingua.cucsh.udg.mx/digital/03; 16.06.2022.
Altmayer, Claus (2017): Landeskunde im Globalisierungskontext: Wozu noch Kultur im DaF-Unterricht? In: Peter Haase/Michaela Höller (Hg.): Kulturelles Lernen im DaF-/DaZ-Unterricht: Paradigmenwechsel in der Landeskunde. Göttingen, 3–22.

Altmayer, Claus (2021): Interkulturalität. In: Claus Altmayer/Kathrin Biebighäuser/Stefanie Haberzettl et al. (Hg.): Handbuch Deutsch als Fremd- und Zweitsprache. Kontexte – Themen – Methoden. Berlin, 376–393.

Angermuller, Johannes (2014): Diskurs. In: Daniel Wrana/Alexander Ziem/Martin Reisigl et al. (Hg.): DiskursNetz. Wörterbuch der interdisziplinären Diskursforschung. Frankfurt a. M., 75–78.

Angermuller, Johannes/Nonhoff, Martin/Herschinger, Eva et al. (Hg.): Diskursforschung. Ein interdisziplinäres Handbuch. 2 Bände. Bielefeld.

Bach, Olaf (2013): Die Erfindung der Globalisierung. Entstehung und Wandel eines zeitgeschichtlichen Grundbegriffs. Frankfurt a. M.

Barkowski, Hans (2001): Esskultur, Subkultur, Kulturbeutel… Annäherungen an einen Kulturbegriff im Kontext des fremdsprachendidaktischen Paradigmas Interkulturelles Lernen und Lehren. In: Karin Aguado/Claudia Riemer (Hg.): Wege und Ziele. Zur Theorie, Empirie und Praxis des Deutschen als Fremdsprache (und anderer Fremdsprachen). Festschrift für Gert Henrici zum 60. Geburtstag. Baltmannsweiler, 297–312.

Bausch, Karl Richard/Christ, Herbert/Krumm, Hans-Jürgen (Hg.) (1994): Interkulturelles Lernen im Fremdsprachenunterricht: Arbeitspapiere der 14. Frühjahrskonferenz zur Erforschung des Fremdsprachenunterrichts. Tübingen.

Beck, Ulrich (1998): Was ist Globalisierung? Irrtümer des Globalismus, Antworten auf Globalisierung. Frankfurt a. M.

Beck, Ulrich (2007): Einleitung. In: Ulrich Beck (Hg.): Generation Global. Ein Craskurs. Frankfurt a. M., 7–11.

Beck, Ulrich/Beck-Gernsheim, Elisabeth (2007): Genration Global. In: Ulrich Beck (Hg.): Generation Global. Ein Craskurs. Frankfurt a. M., 236–265.

Bögelein, Nicole (2016): Deutungsmuster von Strafe. Eine strafsoziologische Untersuchung am Beispiel der Geldstrafe. Wiesbaden.

Bögelein, Nicole/Vetter, Nicole (Hg.) (2019): Der Deutungsmusteransatz. Einführung – Erkenntnisse – Perspektiven. Weinheim.

Bohunovsky, Ruth/Altmayer, Claus (2020): DACH-Landeskunde – noch zeitgemäß? In: Naomi Shafer/Annegret Middeke/Sara Hägi-Mead et al. (Hg.): Weitergedacht. Das DACH-Prinzip in der Praxis. Göttingen, 69–89.

Bollenbeck, Georg (1994): Bildung und Kultur. Glanz und Elend eines deutschen Deutungsmusters. Frankfurt a. M./Leipzig.

Breidenbach, Joana/Zukrigl, Ina (2000): Tanz der Kulturen. Kulturelle Identität in einer globalisierten Welt. Reinbek bei Hamburg.

Busche, Hubertus (2000): Was ist Kultur? Die vier historischen Grundbedeutungen. In: Dialektik. Zeitschrift für Kulturphilosophie 1, 69–90.

Busche, Hubertus (2018): „Kultur". Ein Wort, viele Begriffe. Zum Gegenstand des vorliegenden Bandes. In: Hubertus Busche/Thomas Heinze/Frank Hillebrand et al. (Hg.): Kultur – Interdisziplinäre Zugänge. Wiesbaden, 3–41.

Byram, Michael (1997): Teaching and Assessing Intercultural Communicative Competence. Clevedon.

Byram, Michael (2009): Intercultural Competence in Foreign Languages. The Intercultural Speaker and the Pedagogy of Foreign Language Education. In: Darla K. Deardorff (Hg.): The SAGE Handbook of Intercultural Competence. Los Angeles, 321–332.

Demmig, Silvia/Hägi, Sara/Schweiger, Hannes (Hg.) (2013): DACH-Landeskunde. Theorie – Geschichte – Praxis. München.

Edmondson, Willis/House, Juliane (1998): Interkulturelles Lernen: ein überflüssiger Begriff. In: Zeitschrift für Fremdsprachenforschung 9/2, 161–188.

Elias, Norbert ([7]1980): Über den Prozeß der Zivilisation. Soziogenetische und psychogenetische Untersuchungen. Band 1: Wandlungen des Verhaltens in den weltlichen Oberschichten des Abendlands. Frankfurt a. M.

Fisch, Jörg (1992): Zivilisation, Kultur. In: Hans-Otto Brunner/Werner Conze/Reinhart Koselleck (Hg.): Geschichtliche Grundbegriffe. Historisches Lexikon zur politisch-sozialen Sprache in Deutschland. Band 7. Stuttgart, 679–774.

Fischer, Roland/Frischherz, Bruno/Noke, Knut (2010): DACH-Landeskunde. In: Hans-Jürgen Krumm/Christian Fandrych/Britta Hufeisen et al. (Hg.) (2010): Deutsch als Fremd- und Zweitsprache. Ein internationales Handbuch. 2. Halbband. Berlin/New York, 1500–1511.

Freitag-Hild, Britta (2010): Theorie, Aufgabentypologie und Unterrichtspraxis inter- und transkultureller Literaturdidaktik. ‚British Fictions of Migration' im Fremdsprachenunterricht. Trier.

Geertz, Clifford (1995): Dichte Beschreibung. Beiträge zum Verstehen kultureller Systeme. Frankfurt a. M.

Guest, Michael (2006): Culture research in foreign language teaching: Dichotomizing, stereotyping and exoticizing cultural realities? In: Zeitschrift für interkulturellen Fremdsprachenunterricht 11/3, 1–19.

Haas, Helene (2009): Das interkulturelle Paradigma. Passau.

Hackl, Wolfgang/Langner, Michael/Simon-Pelanda, Hans (1998): Landeskundliches Lernen. In: Fremdsprache Deutsch 18, 5–12.

Hallet, Wolfgang (2001): Interplay der Kulturen: Fremdsprachenunterricht als ‚hybrider Raum'. Überlegungen zu einer kulturwissenschaftlich orientierten Textdidaktik. In: Zeitschrift für Fremdsprachenforschung 12/2, 103–130.

Hallet, Wolfgang (2008): Diskursfähigkeit heute. Der Diskursbegriff in Piephos Theorie der kommunikativen Kompetenz und seine zeitgemäße Weiterentwicklung für die Fremdsprachendidaktik. In: Michael K. Legutke (Hg.): Kommunikative Kompetenz als fremdsprachendidaktische Vision. Tübingen, 76–96.

Hansen, Klaus P. (^{2}2000): Kultur und Kulturwissenschaft. Tübingen/Basel.

Hardt, Michael/Negri, Antonio (2000): Empire. Cambridge/Mass.

Harnischfeger, Horst (2007): Auswärtige Kulturpolitik. In: Siegmar Schmidt/Günther Hellmann/ Reinhard Wolf (Hg.): Handbuch zur deutschen Außenpolitik. Wiesbaden, S. 713–723.

Hausmann, Frank-Rutger (2011): Die Geisteswissenschaften im „Dritten Reich". Frankfurt a. M.

Hofstede, Geert (^{2}2001): Culture's consequences. Comparing values, behaviors, institutions and organizations across nations. Thousand Oaks.

Hofstede, Geert/Hofstede, Gert Jan (2011): Lokales Denken, globales Handeln. München.

Holzäpfel, Silke (2000): Integrative Landeskunde. Ein verstehensorientiertes Konzept. Hamburg.

Hu, Adelheid (1999): Interkulturelles Lernen. Eine Auseinandersetzung mit der Kritik an einem umstrittenen Konzept. In: Zeitschrift für Fremdsprachenforschung 10/2, 277–303.

Hüllen, Werner (2005): Kleine Geschichte des Fremdsprachenlernens. Berlin.

Kassner, Karsten (2003): Soziale Deutungsmuster – über aktuelle Ansätze zur Erforschung kollektiver Sinnzusammenhänge. In: Susan Geideck/Wolf Andreas Liebert (Hg.): Sinnformeln. Linguistische und soziologische Analysen von Leitbildern, Metaphern und anderen kollektiven Orientierungsmustern. Berlin/New York, 37–58.

Keller, Reiner (^{4}2011a): Diskursforschung. Eine Einführung für SozialwissenschaftlerInnen. Wiesbaden.

Keller, Reiner (^{3}2011b): Wissenssoziologische Diskursanalyse. Grundlegung eines Forschungsprogramms. Wiesbaden.

Keller, Reiner (2012): Das interpretative Paradigma. Eine Einführung. Wiesbaden.

Konerding, Klaus-Peter (2008): Diskurse, Topik, Deutungsmuster. Zur Komplementarität, Konvergenz und Explikation sprach-, kultur- und sozialwissenschaftlicher Zugänge zur Diskursanalyse auf der Grundlage kollektiven Wissens. In: Ingo Warnke/Jürgen Spitzmüller (Hg.): Methoden der Diskurslinguistik. Sprachwissenschaftliche Zugänge zur transtextuellen Ebene. Berlin/New York, 117–150.

Koreik, Uwe (2011): Zur Entwicklung der Landeskunde bzw. der Kulturstudien im Fach DaF/ DaZ. Was haben wir erreicht, mit welchen Widersprüchen kämpfen wir und wie geht es weiter? In: Informationen Deutsch als Fremdsprache 38/6, 581–604.

Koreik, Uwe/Pietzuch, Jan-Paul (2010): Entwicklungslinien landeskundlicher Ansätze und Vermittlungskonzepte. In: Hans-Jürgen Krumm/Christian Fandrych/Britta Hufeisen et al. (Hg.) (2010): Deutsch als Fremd- und Zweitsprache. Ein internationales Handbuch. 2. Halbband. Berlin/New York, 1441–1454.

Kramsch, Claire (2009): Discourse, the symbolic dimension of Intercultural Competence. In: Michael Byram/Adelheid Hu (Hg.): Interkulturelle Kompetenz und fremdsprachliches Lernen. Modelle, Empirie, Evaluation. Intercultural competence and foreign language learning: models, empiricism, assessment. Tübingen, 107–121.

Kretzenbacher, Heinz L. (1992): Der ‚erweiterte Kulturbegriff' in der außenkulturpolitischen Diskussion der Bundesrepublik Deutschland. Ein Vergleich mit der öffentlichen/innenkulturpolitischen und kulturwissenschaftlichen Begriffsentwicklung von den sechziger bis zu den achtziger Jahren. In: Jahrbuch Deutsch als Fremdsprache 18, 170–196.

Krumm, Hans-Jürgen (1994): Interkulturelles Lernen im Fremdsprachenunterricht. In: Karl Richard Bausch/Herbert Christ/Hans-Jürgen Krumm (Hg.): Interkulturelles Lernen im Fremdsprachenunterricht: Arbeitspapiere der 14. Frühjahrskonferenz zur Erforschung des Fremdsprachenunterrichts. Tübingen, 116–127.

Krumm, Hans-Jürgen ([3]1995): Interkulturelles Lernen und interkulturelle Kommunikation. In: Karl-Richard Bausch/Herbert Christ/Hans-Jürgen Krumm (Hg.): Handbuch Fremdsprachenunterricht. Tübingen/Stuttgart, 156–161.

Krumm, Hans-Jürgen/Fandrych, Christian/Hufeisen, Britta et al. (Hg.) (2010): Deutsch als Fremd- und Zweitsprache. Ein internationales Handbuch. 2. Halbband. Berlin/New York.

Küster, Lutz (2003): Plurale Bildung im Fremdsprachenunterricht. Interkulturelle und ästhetisch-literarische Aspekte von Bildung an Beispielen romanistischer Fachdidaktik. Frankfurt a. M./New York.

Langner, Michael (2011): Alles unter einem D-A-CH-L? Zur Geschichte und Weiterentwicklung des DACHL-Konzepts. In: Hans Barkowski (Hg.): Deutsch bewegt. Entwicklungen in der Auslandsgermanistik und Deutsch als Fremd- und Zweitsprache; Dokumentation der Plenarvorträge der XIV. Internationalen Tagung der Deutschlehrerinnen und Deutschlehrer IDT Jena-Weimar 2009. Baltmannsweiler, 263–272.

Li, Yuan (2007): Integrative Landeskunde: ein didaktisches Konzept für Deutsch als Fremdsprache in China am Beispiel des Einsatzes von Werbung. München.

Li, Yuan (2011): Das kompetenzorientierte Modell der integrativen Landeskunde: vom theoretischen Konstrukt zur didaktisch-methodischen Umsetzung. München.

Luscher, Renate (2017): Landeskunde Deutschland. Aktualisierte Fassung 2018. Ismaning.

Matecki, Uta (2000): Dreimal Deutsch. Landeskunde Deutschland, Österreich, Schweiz. Text- und Arbeitsbuch. Stuttgart.

Melde, Wilma (1987): Zur Integration von Landeskunde und Kommunikation im Fremdsprachenunterricht. Tübingen.

Meuser, Michael ([3]2010): Geschlecht und Männlichkeit. Soziologische Theorie und kulturelle Deutungsmuster. Wiesbaden.

Meuser, Michael ([4]2018): Deutungsmusteranalyse. In: Ralf Bohnsack/Michael Meuser/Alexander Geimer (Hg.): Hauptbegriffe qualitativer Sozialforschung. Stuttgart/Opladen/Toronto, 38–41.

Meuser, Michael/Sackmann, Reinhold (1992): Analyse sozialer Deutungsmuster: Beiträge zur empirischen Wissenssoziologie. Pfaffenweiler.

Mills, Sara (2007): Der Diskurs. Begriff, Theorie, Praxis. Tübingen/Basel.

Mog, Paul/Althaus, Hans-Joachim (Hg.) (1992): Die Deutschen in ihrer Welt. Tübinger Modell einer integrativen Landeskunde. Berlin et al.

Niedermann, Joseph (1941): Kultur. Werden und Wandlungen des Begriffs und seiner Ersatzbegriffe von Cicero bis Herder. Florenz.

Oevermann, Ulrich (2001a): Zur Analyse der Struktur sozialer Deutungsmuster. In: Sozialer Sinn 2/1, 3–33.

Oevermann, Ulrich (2001b): Die Struktur sozialer Deutungsmuster: Versuch einer Aktualisierung. In: Sozialer Sinn 2/1, 35–81.

Osterhammel, Jürgen/Petersson, Niels P. (⁵2012): Geschichte der Globalisierung. Dimensionen, Prozesse, Epochen. München.
Pauldrach, Andreas (1992): Eine unendliche Geschichte. Anmerkungen zur Situation der Landeskunde in den 90er Jahren. In: Fremdsprache Deutsch 6, 4–15.
Pflaum, Michael (1967): Die *Kultur-Zivilisations-Antithese* im Deutschen. In: Sprachwissenschaftliches Colloquium (Bonn) (Hg.): Europäische Schlüsselwörter. Band III: Kultur und Zivilisation. München, 289–427.
Plaß, Christine/Schetsche, Michael (2001): Grundzüge einer wissenssoziologischen Theorie sozialer Deutungsmuster. In: Sozialer Sinn 2/3, 511–536.
Pöhl, Friedrich/Tilg, Bernhard (Hg.) (2009): Franz Boas – Kultur, Sprache, Rasse. Wege einer antirassistischen Anthropologie. Berlin/Münster/Wien.
Raddatz, Volker (1978): Zur Geschichte und Kritik der Englandkunde an deutschen Schulen. In: Horst Arndt/Franz-Rudolf Weller (Hg.): Landeskunde und Fremdsprachenunterricht. Frankfurt a.M., 38–71.
Reckwitz, Andreas (2000): Transformation der Kulturtheorien. Zur Entwicklung eines Theorieprogramms. Weilerswist.
Risager, Karen (2007): Language and culture pedagy. From a national to a transnational paradigm. Clevedon.
Risager, Karen (2009): Intercultural Competence in the Cultural Flow. In: Michael Byram/Adelheid Hu (Hg.): Interkulturelle Kompetenz und fremdsprachliches Lernen. Modelle, Empirie, Evaluation. Intercultural competence and foreign language learning: models, empiricism, assessment. Tübingen, 15–30.
Rösler, Dietmar (1993): Drei Gefahren für die Sprachlehrforschung im Bereich Deutsch als Fremdsprache: Konzentration auf prototypische Lernergruppen, globale Methodendiskussion, Trivialisierung und Verselbstständigung des Interkulturellen. In: Jahrbuch Deutsch als Fremdsprache 19, 77–99.
Rösler, Dietmar (2012): Deutsch als Fremdsprache. Eine Einführung. Stuttgart/Weimar.
Scherrer, Christoph/Kunze, Caren (2011): Globalisierung. Göttingen.
Schetsche, Michael; Schmied-Knittel, Ina (2013): Deutungsmuster im Diskurs. Zur Möglichkeit der Integration der Deutungsmusteranalyse in die Wissenssoziologische Diskursanalyse. In: Zeitschrift für Diskursforschung 1/1, 24–45.
Schmuhl, Hans-Walter (Hg.) (2009): Kulturrelativismus und Antirassismus. Der Anthropologe Franz Boas (1858–1942). Bielefeld.
Schroll-Machl, Sylvia (2003): Deutschland. In: Alexander Thomas/Stefan Kammhuber/Sylvia Schroll-Machl (Hg.): Handbuch Interkulturelle Kommunikation und Kooperation. Band 2: Länder, Kulturen und interkulturelle Berufstätigkeit. Göttingen, 72–89.
Schroll-Machl, Sylvia (⁴2013): Die Deutschen – wir Deutsche. Fremdwahrnehmung und Selbstsicht im Berufsleben. Göttingen.
Schweiger, Hannes (2021): Konzepte der ‚Landeskunde' und des kulturellen Lernens. In: Altmayer, Claus/Kathrin Biebighäuser/Stefanie Haberzettl et al. (Hg.): Handbuch Deutsch als Fremd- und Zweitsprache. Kontexte – Themen – Methoden. Berlin, 358–375.
Shafer, Naomi/Middeke, Annegret/Hägi-Mead, Sara et al. (2020): Weitergedacht. Das DACH-Prinzip in der Praxis. Göttingen.
Simon-Pelanda, Hans (2001): Landeskundlicher Ansatz. In: Gerhard Helbig/Lutz Götze/Gert Henrici et al. (Hg.): Deutsch als Fremdsprache. Ein internationales Handbuch. Erster Halbband. Berlin/New York, 41–55.
Skiba, Dirk (2007): Das Kind im Bade. Komplementäre Kulturbegriffe im Fach Deutsch als Fremdsprache. In Ruth Eßer/Hans-Jürgen Krumm (Hg.): Bausteine für Babylon. Sprache, Kultur, Unterricht .... Festschrift zum 60. Geburtstag von Hans Barkowski. München, 91–102.
Tenbruck, Friedrich H. (2014): Die Aufgaben der Kultursoziologie. In: Stephan Moebius/Clemens Albrecht (Hg.): Kultur-Soziologie. Klassische Texte der neueren deutschen Kultursoziologie. Wiesbaden, 53–79.

Thomas, Alexander (1993): Psychologie interkulturellen Lernens und Handelns. In: Thomas, Alexander (Hg.): Kulturvergleichende Psychologie. Eine Einführung. Göttingen et al., 377–424.

Thomas, Alexander (2005): Kultur und Kulturstandards. In: Alexander Thomas/Eva-Ulrike Kinast/Sylvia Schroll-Machl (Hg.) (2005): Handbuch interkulturelle Kommunikation und Kooperation. Bd. 1. Grundlagen und Praxisfelder. Göttingen, 19–31.

Weber, Max (2013): Wirtschaft und Gesellschaft. Hg. von Knut Borchardt, Edith Hanke und Wolfgang Schuchter. In: Max Weber: Gesamtausgabe. Hg. von Horst Baier, Gangolf Hübinger, M. Rainer Lepsius et al. Abteilung 1: Schriften und Reden, Band 23: Tübingen.

Wehler, Hans-Ulrich (^{2}1989): Deutsche Gesellschaftsgeschichte. Band 1: 1700–1815. München.

Zeuner, Ulrich (2010): Interkulturelle Landeskunde. In: Hans-Jürgen Krumm/Christian Fandrych/Britta Hufeisen et al. (Hg.) (2010): Deutsch als Fremd- und Zweitsprache. Ein internationales Handbuch. 2. Halbband. Berlin/New York, 1472–1478.

Inhalte der Kulturstudien: Kulturthemen – Diskurse – Deutungsmuster

3

Die Auseinandersetzung mit den wichtigsten Begriffen und Theorien, mit denen wir im Fach Deutsch als Fremd- und Zweitsprache bislang an Fragen der Kultur und des kulturbezogenen Lernens herangegangen sind, hat uns im zweiten Kapitel zu einem modernen, nämlich bedeutungsorientierten Verständnis des Begriffs ‚Kultur' und zum inhaltlichen Kernbegriff der ‚Kulturstudien' geführt: ‚Deutungsmuster'. In diesem dritten Kapitel sollen diese sicher zunächst noch recht abstrakt daher kommenden Begriffe ein wenig konkretisiert und mit Inhalt gefüllt werden. Vor allem aber soll es hier darum gehen zu zeigen, mit welchen Fragestellungen und mit welchen Themen sich die Kulturstudien beschäftigen, wenn es um die Inhalte dessen geht, was ‚Kultur' ausmacht. Die stärker praxisbezogenen Fragen, was es mit dem auf eben diese ‚Kultur' bezogenen Lernprozessen im Rahmen von Deutsch als Fremd- und Zweitsprache auf sich hat, werden dann im vierten Kapitel verhandelt.

Wie wir vor allem am Ende des vorangehenden Kapitels gesehen haben, lässt sich die zunächst völlig unüberschaubare Vielfalt an ‚Deutungsmustern', mit denen wir es in deutschsprachigen Diskursen zu tun haben, anhand der hergeleiteten Systematik von kategorialen, chronologischen, topologischen und axiologischen Deutungsmustern und der darauf aufbauenden Unterscheidung der vier Kulturthemen ‚Zugehörigkeit', ‚Zeit', ‚Raum' und ‚Werte' so ordnen und gliedern, dass ‚Kultur' damit zumindest prinzipiell zu einem beschreibbaren und fassbaren Gegenstand einer auf die Inhalte von ‚Kultur' bezogenen kulturwissenschaftlichen Forschung wird. Dies soll in diesem dritten Kapitel dadurch weiter konkretisiert werden, dass hier zum einen die spezifische Perspektive der Kulturstudien auf die genannten Kulturthemen in der Auseinandersetzung mit der einschlägigen kultur- und sozialwissenschaftlichen Forschung sichtbar und greifbar gemacht wird und dass zum anderen die spezifischen Fragestellungen und Analysemethoden der Kulturstudien jeweils an einem konkreten Beispiel einer kulturwissenschaftlichen Deutungsmusteranalyse vorgeführt werden. Dabei wird es darum gehen zu zeigen, dass und inwiefern die Kulturstudien eigene an den

Inhalten und Themen der Kultur orientierte und insofern spezifisch kulturwissenschaftliche Erkenntnis- und Forschungsinteressen hat und als eigenständiges Forschungsgebiet auch in hohem Maß an etablierte geistes- und sozialwissenschaftliche Forschungstraditionen anschlussfähig ist. Darüber hinaus sollen die einzelnen Themen aber auch so bearbeitet werden, dass auch das darin liegende Potenzial für die Anregung und Förderung kulturbezogener Lernprozesse im Kontext von Deutsch als Fremd- und Zweitsprache erkennbar wird.

3.1 Kulturthema ‚Zugehörigkeit': Kategoriale Deutungsmuster

3.1.1 Zugehörigkeit und kategoriale Deutungsmuster: Zur Einführung

Schauen wir uns zum Einstieg in dieses komplexe Thema eine Aufgabenstellung aus dem A2-Band des Lehrwerks *studio d*, genauer gesagt aus der Einheit zum Thema „Reisen und Mobilität" (vgl. Funk et al. 2006: S. 45), etwas genauer an. Die Lernenden werden aufgefordert, aus drei angebotenen Bildern, auf denen Menschen auf Reisen zu sehen sind, eines auszuwählen und einen Text zu schreiben, der Auskunft auf folgende Fragen gibt: „Wer sind die Menschen? Was machen sie? Woher kommen sie? Was haben sie vor?" (ebd.).

Was auf den drei Bildern zu sehen ist, lässt sich grob beschreiben wie folgt: Auf dem ersten Bild sieht man einen Mann und eine Frau eher jüngeren Alters, die auf einem Bahnsteig stehen und sich umarmen, es handelt sich also wahrscheinlich um ein Paar, entweder bei der Verabschiedung vor oder bei der Begrüßung nach einer Reise. Auf dem zweiten Bild sieht man einen älteren Mann und ein etwa achtjähriges Mädchen, das eine Banane isst; der Mann hält ein Buch in den Händen, aus dem er vielleicht gerade dem Mädchen vorgelesen hat, es handelt sich also vielleicht um einen Großvater mit seiner Enkelin. Auf dem dritten Bild schließlich sind zwei Männer eher jüngeren oder mittleren Alters zu erkennen, die an einem Tisch in einem Großraumwagen der Bahn sitzen. Der eine trägt eher legere Kleidung und einen Rucksack und befindet sich in einer schlafenden Haltung, der andere trägt Anzug und Krawatte und arbeitet mit einem Laptop. Beide nehmen keinerlei Notiz voneinander, sitzen also offenbar nur zufällig zusammen, es besteht keine soziale Beziehung und/oder Interaktion zwischen ihnen.

Interessant ist dieses Beispiel für die Kulturstudien, weil sich daran die Funktionsweise von ‚kategorialen Deutungsmustern' gut veranschaulichen lässt. Die Aufgabe des Lehrwerks unterstellt den Lernenden offensichtlich die Fähigkeit, die auf den Bildern dargestellten Personen in bestimmte Ordnungskategorien einzusortieren und dadurch Auskunft darüber zu geben, um wen es sich handeln könnte, was die Menschen gerade tun und in welcher Beziehung sie zueinander stehen. Dass wir dazu tatsächlich in der Lage sind, zeigen die sicherlich nur groben Interpretationen, die wir oben zu den Bildern formuliert haben und von

3.1 Kulturthema ‚Zugehörigkeit': Kategoriale Deutungsmuster

denen wir annehmen, dass sie von den Interpretationen Anderer vielleicht nicht vollständig abweichen werden. Und es besteht keinerlei Anlass zu der Annahme, dass Lernende des Deutschen als Fremdsprache auch auf dem zweifellos noch bescheidenen Niveau A1/A2 dazu nicht in der Lage wären. Ganz im Gegenteil: Der mit dieser Übung explizit und für das Sprachelernen fruchtbar gemachte Vorgang, den wir hier als ‚Zuschreibung von sozialen Zugehörigkeiten' bezeichnen wollen, ist etwas völlig Alltägliches, das wir in der Interaktion mit wem auch immer und in welcher Sprache auch immer ständig tun, ohne uns dessen aber immer bewusst zu sein.

Bei jeder auch noch so flüchtigen Begegnung machen wir uns aufgrund des Aussehens, der Kleidung und anderer sichtbarer Merkmale, aufgrund der Sprache oder eines bestimmten Wissens, das wir von einer Person haben, ein ‚Bild' von dieser Person. Wir versuchen diese einzuordnen und zu sortieren: nach Geschlecht, Alter, Ethnie, sozialem Hintergrund, vielleicht auch nach Beruf, Religion, sexueller Orientierung usw. Wir entwickeln auf der Basis dieser Einordnung Erwartungen im Hinblick darauf, wer und wie diese Person ist, welche Handlungen, welche Meinungen, welche Erfahrungen, welche Situationen mit ihr verbunden sind und wie wir uns der betreffenden Person gegenüber positionieren. Anders gesagt: Wir schreiben Menschen soziale Identitäten zu und geben dadurch den beteiligten Personen, aber auch uns selbst sowie der Situation, in der wir uns befinden, einen bestimmten Sinn. Diese Zuschreibung kann völlig oberflächlich und vorläufig sein, sie kann stabil und gut begründet sein, sie kann auf dem flüchtigen Eindruck beruhen, den ein Mensch aufgrund seiner äußeren Erscheinung auf uns macht, oder auch auf langjähriger Erfahrung basieren, sie mag hochgradig differenziert oder völlig klischeehaft sein – vermeiden lässt sie sich nicht, sie gehört zu dem, was wir im vorigen Kapitel als notwendige Orientierung und Sinnstiftung im Alltag bezeichnet haben (s. Abschn. 2.4.4).

Diese Orientierungsleistung durch die Zuschreibung von Identitäten und Zugehörigkeiten geschieht nicht völlig willkürlich und voraussetzungslos, sondern beruht auf dem, was wir im vorigen Kapitel als ‚Deutungsmuster' bezeichnet haben: auf bestimmten Elementen eines kulturell überlieferten, diskursiv kursierenden und dadurch in gewisser Weise vorgedeuteten Wissens, das uns die ‚Kultur' als Ressource zur Herstellung von Sinn im Alltag zur Verfügung stellt bzw. das wir im Prozess unserer kulturellen Sozialisation erlernt oder erworben haben. Hier mag vielleicht wieder der Rückgriff auf unser Lehrwerk-Beispiel weiter helfen: Dass wir mit einer gewissen Selbstverständlichkeit zwei auf einem Bild erkennbare Personen als ‚Mann' und ‚Frau' identifiziert haben, mag auf den ersten Blick banal erscheinen, es geschieht aber gerade nicht völlig voraussetzungslos und ist auch nicht selbstverständlich, sondern beruht auf unserem musterhaften Wissen davon, wie ‚Männer' bzw. ‚Frauen' üblicherweise aussehen, wie sie sich kleiden, welche Frisuren sie tragen, wie sie sich verhalten usw., kurz: die Zuschreibung von geschlechtsbezogener Identität, die wir hier vorgenommen haben, beruht auf unseren Deutungsmustern von ‚Mann' bzw. ‚Frau' – und analog verhält es sich auch mit den Personen der anderen Bilder, und genauso verläuft dies auch im Alltag.

In der Soziologie oder der Linguistik wird die Zuordnung von Personen zu bestimmten sozialen Gruppen meist als ‚Kategorisierung' bezeichnet, daher sprechen wir bei Deutungsmustern, die diese Zuordnung ermöglichen, von ‚kategorialen Deutungsmustern'. Um diesen spezifischen Typus von Deutungsmustern, die uns in die Lage versetzen, Personen als bestimmten sozialen Gruppen ‚zugehörig' aufzufassen und ihnen (und uns selbst) bestimmte Identitäten zuzuschreiben, soll es in diesem Kapitel gehen. Dabei sollen im zweiten Teil des Kapitels einige besonders wichtige kategoriale Deutungsmuster anhand geeigneter Texte im Hinblick auf ihre Relevanz und ihre spezifische Präsenz in deutschsprachigen Diskursen exemplarisch erläutert und veranschaulicht werden. Zuvor jedoch wollen wir die spezifische Perspektive der Kulturstudien im Kontext der einschlägigen sozial- und kulturwissenschaftlichen Forschung verorten, um deutlich zu machen, dass die Kulturstudien einerseits hochgradig anschlussfähig an aktuelle sozial- und kulturwissenschaftliche Fragestellungen und Forschungsansätze sind, dass sie aber zugleich auch ihre eigenen Forschungsinteressen und Forschungsperspektiven verfolgen.

3.1.2 ‚Zugehörigkeit' als Thema der Kultur- und Sozialwissenschaften

Traditionelle und moderne Kategorien der Zugehörigkeit: Dass Menschen sich selbst und andere bestimmten Gruppen von Menschen zuordnen und daraus auch konkrete Handlungsweisen ableiten, gehört zweifellos zu dem, was man eine anthropologische Konstante nennen könnte: es gehört zum Wesen des Menschen, und tatsächlich lassen sich solche Zuordnungen zu allen Zeiten der Menschheitsgeschichte beobachten. Schon das Alte Testament, um eines der ältesten und zugleich auch traditions- und einflussreichsten historischen Dokumente der ‚abendländischen' Geschichte heranzuziehen, teilt die Menschen nach ihrer Zugehörigkeit zu ethnischen Gruppen ein, spricht vom ‚Volk Israel', gegen das andere Gruppen wie die Hethiter oder die Babylonier abgegrenzt und abgewertet werden. Und auch im antiken Griechenland etwa zu Homers Zeiten war es üblich, zwischen den ‚Hellenen' oder ‚Achaiern' und den ‚Barbaren' zu unterscheiden, also denen, die eben keine Griechen waren und deswegen auch als irgendwie minderwertig galten. Darüber hinaus kannte die Antike auch soziale Differenzierungen wie ‚Freie' und ‚Sklaven' oder ‚Plebejer' und ‚Patrizier', und selbstverständlich war auch zu allen Zeiten der Unterschied zwischen ‚Männern' und ‚Frauen' für das Leben der Menschen von entscheidender Bedeutung.

Zum Problem und damit auch zu einem möglichen Gegenstand sozialphilosophischer Reflexion und sozialwissenschaftlicher Forschung wurden Zugehörigkeiten aber erst durch den Prozess der (europäischen) Modernisierung seit dem 18. Jahrhundert, als sich die jahrhundertelang als ‚gottgewollt' oder ‚naturgegeben' geltende soziale Ordnung der mittelalterlichen Ständegesellschaft mit ihren festen ständischen Kategorien ‚Adel', ‚Klerus', ‚Bürger' oder ‚Bauer' auflöste und sich neue, spezifisch moderne und offenere, aber zugleich auch tendenziell prekäre und unsichere Gruppenzuordnungen und Identitäten herausbildeten und gegenüber den herkömmlichen Ständen an Bedeutung gewannen: ‚Klasse', ‚Volk', ‚Nation', ‚Rasse', um nur die wichtigsten zu nennen.

Im sozialwissenschaftlichen und sozialhistorischen Fachdiskurs besteht heute weitgehend Konsens in der Annahme, dass die vor allem von Max Weber beschriebene gesellschaftliche Modernisierung nicht nur in der Durchsetzung einer kapitalistischen Wirtschaftsform und in der Rationalisierung aller Lebensbereiche bestand, sondern dass sich damit auch die jahrhundertelang bestehenden Formen gesellschaftlicher Ungleichheit grundlegend verändert haben. An die Stelle der an Geburt und familiäre Abstammung gebundenen Zugehörigkeit von Menschen zu den hergebrachten ‚Ständen' wie Adel, Klerus, Stadtbürger oder Bauer treten soziale Klassen, die sich vor allem den Möglichkeiten und Grenzen von Menschen zur Teilhabe am Marktgeschehen verdanken, die also zumindest vordergründig nicht mehr direkt an Geburt und Herkunft gebunden sind, sondern an der Verfügbarkeit materieller Ressourcen. So setzen sich im Lauf des 19. Jahrhunderts neue soziale Kategorisierungen wie ‚Kapitalisten', ‚Bürgerliche', ‚Arbeiter', ‚Proletarier' u.ä. durch und führen zu neuen Formen der Vergesellschaftung, aber auch zu neuen sozialen und politischen Konfliktlinien (‚Klassenkampf').

Soziale Bruchlinien der Modernisierung und neue Formen der Zugehörigkeit: Der Prozess der Modernisierung hat aber noch eine andere Seite. Die Auflösung der traditionalen Ständegesellschaft und die Entstehung des modernen Nationalstaats mit seinen rational-bürokratischen und verrechtlichten Strukturen führte nämlich auch dazu, dass das Verhältnis des Menschen zum Staat und zu dem vom Staat geschaffenen Recht neu definiert wurde: nicht mehr der Mensch als Vertreter seines Standes, sondern als Individuum und unabhängig von seiner Zugehörigkeit zu Ständen, Familien, Klassen usw. tritt dem Staat als ein gegenüber allen anderen prinzipiell gleichberechtigtes Rechtssubjekt gegenüber. Diese Entwicklung war bereits in den spezifisch modernen Verwaltungsstrukturen des absolutistischen Staates im 17. und 18. Jahrhundert angelegt, in dem die hierarchische Struktur der herkömmlichen Ständegesellschaft durch ein tendenziell egalitäres Verständnis des Untertanenverbandes abgelöst worden ist; durchgesetzt hat es sich dann aber vor allem im Zusammenhang mit den verschiedenen bürgerlich-demokratischen Revolutionen und Veränderungen im 19. und 20. Jahrhundert, in deren Verlauf der absolutistische Untertanenverband sich durch demokratische Partizipationsformen zu einer bürgerlichen Gesellschaft weiter entwickelt hat – ‚bürgerlich' hier nicht im Sinne des kapitalistischen ‚bourgeois', sondern im Sinn des ‚citoyen', des über verbriefte Rechte verfügenden Staatsbürgers.

Schon diese sehr knappe Beschreibung des gesellschaftlichen Modernisierungsprozesses macht die Bruch- und Konfliktlinien erkennbar, die das Konstrukt der modernen bürgerlichen Gesellschaft zu einer in sich prekären und gefährdeten Angelegenheit machen. Auf der einen Seite steht nämlich der grundlegend egalitäre Anspruch dieser Gesellschaftsformation, die Menschen als mit gleichen Rechten versehene Individuen behandelt, auf der anderen Seite die kapitalistische

Wirtschaftsweise, die neue Ungleichheiten und Konfliktlinien hervorbringt, damit aber auch permanent der Legitimation bedarf. Als eines der wirkmächtigsten Legitimationsmuster moderner Gesellschaften, mit dessen Hilfe die sozialen Bruchlinien im Inneren zugunsten einer vermeintlich übergeordneten Gemeinsamkeit verdeckt und das gesellschaftliche Konfliktpotenzial gleichzeitig nach außen verlagert werden konnte, war die Idee der Nation, die sich überall in Europa (und von hier aus dann schnell auch in anderen Teilen der Welt) seit Ende des 18. Jahrhunderts herausbildete und durchsetzte und deren politische, gesellschaftliche und ‚ideologische' Wirksamkeit bis heute weitgehend ungebrochen zu sein scheint. Mit der Idee der ‚Nation' als einer ‚Schicksalsgemeinschaft' der in einem Nationalstaat zusammengefassten Individuen aber verbindet sich von Anfang an die Herausforderung der Definition und Abgrenzung nationaler Zugehörigkeit und Nicht-Zugehörigkeit, wozu wiederum in vielen Kontexten auf Kategorien wie ‚Volk', ‚Ethnie', ‚Rasse' oder auch ‚Kultur' zurückgegriffen wird, die in nationalen Zugehörigkeitsdiskursen bis heute explizit oder implizit eine wichtige Rolle spielen.

3.1.2.1 Nationen als ‚vorgestellte Gemeinschaften'

Zu den hier angesprochenen Themen und Begriffen wie ‚Klasse', ‚Nation', ‚Rasse', ‚Ethnie' bzw. ‚Volk' sind in den letzten Jahren ganze Bibliotheken an philosophischer, sozialwissenschaftlicher, historischer oder kulturwissenschaftlicher Literatur entstanden, die hier auch nicht annähernd angemessen gewürdigt werden kann. Es soll daher hier vor allem um den fundamentalen Wandel der Perspektive gehen, der sich in dieser Forschung seit den 1980er Jahren vollzogen hat und von dem im letzten Kapitel unter dem Stichwort ‚cultural turn' bereits andeutungsweise die Rede war: den Wandel von einer essentialistischen zu einer konstruktivistischen Sicht auf Fragen von Gruppenzugehörigkeit und ‚kollektiver Identität'. Ausgangspunkt für den Wandel war vor allem die geschichtswissenschaftliche Forschung zu Nationen und Nationalismen, deswegen soll er hier auch zunächst an diesem Thema erläutert werden.

Phasen der Nationalismusforschung: Die geschichtswissenschaftliche Forschung zu Nationen und Nationalismen hat eine lange und schon bis weit ins 19. Jahrhundert zurückreichende Tradition. Dabei lassen sich grob drei Phasen der Forschungsgeschichte unterscheiden (vgl. zum Folgenden Kunze 2005: S. 13–17): Die erste Phase, die mit der Französischen Revolution von 1789 ihren Anfang nimmt und dann vor allem die Hochphase des (europäischen) Nationalismus im 19. Jahrhundert begleitet hat, ist vor allem durch eine deutliche politische Instrumentalisierung historischer Forschung zugunsten der Durchsetzung nationalstaatlicher Strukturen und Interessen und des zeitgenössischen nationalistischen Diskurses gekennzeichnet. Die Geschichtswissenschaft spielte in dieser Phase (und auch noch lange danach) die Rolle einer „nationalen Legitimationswissenschaft" (ebd.: S. 14).

In der zweiten Phase, die mit der berühmten Rede *Qu'est-ce qu'une nation?* (*Was ist eine Nation?*) des französischen Schriftstellers und Historikers Ernest

3.1 Kulturthema ‚Zugehörigkeit': Kategoriale Deutungsmuster

Renan im Jahr 1882 und seiner Subjektivierung der Nation als „plébiscit de tous les jours" (alltägliches Plebiszit) einsetzt, steht vor allem die Differenzierung verschiedener Typen von Nationen und Nationalismen im Vordergrund, beispielsweise die auf Friedrich Meinecke zurückgehende und bis heute einflussreiche Unterscheidung zwischen der (deutschen) Kulturnation und der (französischen) Staatsnation. Unabhängig vom konkreten Verständnis dessen, was eine Nation ausmacht, galt grundsätzlich die Auffassung, dass sich ‚Nationen' und das ‚Nationale' jeweils anhand bestimmter objektiv sicht- und greifbarer Merkmale oder Eigenschaften beschreiben lassen, dass ihnen also eine reale Substanz oder Essenz zugrunde liege, seien es nun bestimmte räumliche Gegebenheiten wie Territorien oder ‚natürliche' Grenzen, seien es biologische oder psychische Eigenschaften oder auch nur gemeinsame ‚Mentalitäten', Einstellungen oder Wertorientierungen der zu einer Nation versammelten Menschen. Nationen (wie übrigens auch andere Kollektivkategorien wie etwa Rassen, Ethnien oder Geschlechter, dazu später mehr) sind nach dieser Auffassung also ‚real' in dem Sinn, dass ihnen reale, d. h. objektiv beobachtbare Eigenschaften und Merkmale zugrunde liegen, anhand derer sich Menschen eben dieser oder jener ‚Nation' zuordnen lassen, die aber auch einen politischen Zugehörigkeits- oder gar Machtanspruch der betreffenden Nation etwa über ein bestimmtes Territorium oder über die Menschen anderer Gruppen legitimierten.

Diese heute in der Regel als ‚essentialistisch' bezeichnete Auffassung von Nationen wurde durch drei zufällig im selben Jahr 1983 erscheinende englischsprachige Publikationen nachhaltig erschüttert, das auch den Beginn der dritten und bis heute andauernden Phase der geschichtswissenschaftlichen Nationen- und Nationalismusforschung markiert. So vertritt der irisch-britisch-amerikanische Historiker Benedict Anderson in seinem Buch *Imagined Communities* die Auffassung, dass sich die konzeptionellen Probleme der bisherigen Nationalismusforschung besser lösen lassen, wenn man davon ausgeht, dass es sich bei ‚Nationalität' oder ‚Nationalismus' nicht um natürliche Gegebenheiten, sondern um „kulturelle Produkte einer besonderen Art" handelt (Anderson 1998: S. 13), die gegen Ende des 18. Jahrhunderts entstanden seien. Eine Nation, so lautet die heute schon klassisch gewordene Definition Andersons, sei keine ‚reale', sondern eine „vorgestellte politische Gemeinschaft" (ebd.: S. 14), eben eine ‚imagined community', wie es im englischsprachigen Original heißt. Andersons Begründung für diese Auffassung ist verblüffend einfach, aber gerade in ihrer Einfachheit überzeugend:

> „Vorgestellt ist sie [die Nation, CA] deswegen, weil die Mitglieder selbst der kleinsten Nation die meisten anderen niemals kennen, ihnen begegnen oder auch nur von ihnen hören werden, aber im Kopf eines jeden die Vorstellung ihrer Gemeinschaft existiert" (ebd.: S. 14–15).

In diesem Sinn werde die Nation als „begrenzt" vorgestellt, weil sie nur einen bestimmten Teil der Menschheit und ein bestimmtes klar abgegrenztes Territorium umfasse, und sie werde als „souverän" vorgestellt, weil sie sich – im Gegensatz zum alten Reichs-Konzept – auf den souveränen Staat moderner Prägung beziehe (vgl. ebd.: S. 15–16). Als „Gemeinschaft" aber werde die Nation vorgestellt, weil sie als Verbindung von Gleichen gelte:

> „Schließlich wird die Nation als Gemeinschaft vorgestellt, weil sie, unabhängig von realer Ungleichheit und Ausbeutung, als ‚kameradschaftlicher' Verbund von Gleichen verstanden wird. Es war diese Brüderlichkeit, die es in den letzten zwei Jahrhunderten möglich gemacht hat, daß Millionen von Menschen für so begrenzte Vorstellungen weniger getötet haben als vielmehr bereitwillig gestorben sind" (ebd.: S. 16).

Das Buch von Benedict Anderson ist in der deutschen Übersetzung unter dem Titel *Die Erfindung der Nation* erschienen, der den irreführenden Eindruck erweckt, als handele es sich bei Nationen um Erfindungen interessierter Gruppen zu bestimmten politischen Zwecken, denen aber ansonsten keinerlei reale Bedeutung zukomme. Es ist aber nicht das Anliegen von Anderson, die Idee der Nation als ‚falsches Bewusstsein' oder gar als Ergebnis einer Weltverschwörung zu entlarven, dem ‚eigentlich' keinerlei reale Bedeutung zukomme, im Gegenteil: Es geht darum zu zeigen, dass die reale Macht der Nation eben in ihrer Seinsweise als vorgestellte Gemeinschaft und damit in ihren „kulturellen Wurzeln" besteht (ebd.: S. 16).

Nation als Ergebnis des Nationalismus: Im Ergebnis ganz ähnlich, wenn auch deutlich stärker auf die Prozesse der Modernisierung bezogen, argumentiert der britische Politikwissenschaftler Ernest Gellner in seinem ebenfalls 1983 erschienenen Buch *Nations and Nationalism,* das im Deutschen unter dem Titel *Nationalismus und Moderne* erschienen ist (vgl. Gellner 1995). Das Wesen des modernen Nationalismus, so Gellner, bestehe keineswegs darin, dass in ihm die Nation als „uralte[..], latente[..] schlafende[..] Kraft" (ebd.: S. 76) erwache und zu Bewusstsein und politischer Geltung komme, wie die traditionelle Sichtweise lange angenommen hat; vielmehr sei der Nationalismus das Produkt der Durchsetzung moderner Staatlichkeit seit dem 18. Jahrhundert, die – wie oben ja schon gesehen – die traditionelle Ständegesellschaft zugunsten einer „anonymen, unpersönlichen Gesellschaft aus austauschbaren atomisierten Individuen" ablöse, die ihren Zusammenhalt dann in der Idee einer gemeinsamen Hochkultur suche:

> „Es stimmt nicht, daß die ‚Ära des Nationalismus' eine bloße Summe des Erwachens und der politischen Selbstbehauptung dieser, jener und jener anderen Nation darstellt. Vielmehr entsteht erst, wenn die allgemeinen sozialen Verhältnisse nach standardisierten, homogenen und durch staatliche Zentralgewalt geschützten Hochkulturen rufen […], eine Situation, in der klar definierte, durch Ausbildung sanktionierte und vereinheitlichte Kulturen fast schon die einzige Art Einheit bilden, mit der sich Menschen bereitwillig und häufig glühend identifizieren" (ebd.: S. 86).

Mit dieser Idee einer Gemeinsamkeit und Zusammenhalt stiftenden homogenen Kultur aber ist die Idee der Nation aufs engste verbunden. Es ist also gerade nicht so, dass die Nation sozusagen immer schon da war und erst mit dem Aufkommen des Nationalismus, in Deutschland etwa im Zusammenhang mit den so genannten Befreiungskriegen von 1813/14, ‚erwacht' und ‚zu sich gekommen' wäre, vielmehr ist die Idee der Nation das Produkt der Modernisierung und der modernen Auffassung vom Staat als einheitlicher Nationalstaat: „Es ist der Nationalismus, der die Nationen hervorbringt, und nicht umgekehrt" (ebd.: S. 87). Die in der Idee der Nation gedachte Gemeinsamkeit der kulturellen Orientierung der zur Nation zusammengefassten Menschen besteht also auch nach Gellner nicht als sozusagen ‚primordiale', auf natürlichen und immer schon vorhandenen gemeinsamen Merkmalen wie Sprache, Tradition, Mentalität, Denkweisen usw., diese Gemeinsamkeit wird vielmehr durch den Nationalismus und die durch ihn hervorgebrachte Idee der Nation erst geschaffen. Sehr deutlich erkennbar ist dies beispielsweise schon an der Sprache, denn tatsächlich wurden auf nationalen Territorien wie dem heutigen Deutschland oder dem heutigen Frankreich immer schon viele unterschiedliche Sprachen oder zumindest regionale und soziale Varietäten gesprochen, und erst der Nationalismus und die mit ihm verbundene Idee der homogenen ‚Nation' haben hier wie anderswo die weitgehende standardsprachliche Homogenisierung hervorgebracht, die lange Zeit als Muster nationalstaatlicher Einsprachigkeit galt.

Erfindung nationaler Traditionen: Dass diese Effekte einer nachträglichen Herstellung nationaler Gemeinsamkeit durch eine als gemeinsam imaginierte ‚Kultur' sich keineswegs nur auf Sprache bezieht, sondern auch vermeintlich weit in die Vergangenheit zurückreichende nationale Traditionen betrifft, wird am Beispiel spezifisch ‚britischer' Traditionen in der dritten im Jahr 1983 erschienenen Publikation zum Thema sichtbar, in dem von den britischen Historikern Eric Hobsbawm und Terence Ranger herausgegebenen Sammelband *The Invention of Tradition* (vgl. Hobsbawm/Ranger 2012), wo unter anderem der Prozess der Erfindung der für das schottische Nationalbewusstsein so wichtigen Highland-Tradition im 19. Jahrhundert beschrieben wird:

> "The creation of an independent Highland tradition, and the imposition of that new tradition, with its outward badges, on the whole Scottish nation, was the work of the later eighteenth and early nineteenth centuries" (Trevor-Roper 2012: S. 16).

Neues Paradigma in der Nationalismusforschung: Der in den hier angesprochenen Publikationen des Jahres 1983 erstmals sehr deutlich formulierte neue Blick auf die Nation hat innerhalb der geschichts- und politikwissenschaftlichen Forschung zum Thema sehr schnell ein neues Paradigma hervorgebracht, das als radikalisierte subjektivistische, postmoderne oder auch konstruktivistische Perspektive gilt (vgl. z. B. Jansen/Borggräfe 2007: S. 14–15; Kunze 2005: S. 17) und das im Hinblick auf seine Relevanz für die Geschichtswissenschaften durchaus umstritten ist. Zwar sei, so der renommierte Sozialhistoriker Hans-Ulrich Wehler, die ältere Nationalismusforschung „aufs Ganze gesehen, noch immer überlegen, was die Analyse der fördernden und restriktiven Bedingungen, nicht zuletzt auch der sozialen Basis angeht, unter denen sich der Nationalismus durchgesetzt hat" (Wehler 2001: S. 9), aber auch die neue, den „Primat der Sprache und der Ideen" (ebd.) hervorhebende Forschung habe ihre klaren Vorzüge:

> „Sie löst vor allem den Anschein der Natürlichkeit des Nationalismus und der Nation, damit aber die essentialistische Sozialontologie der alten Schule auf, sie stellt die Priori-

tät des Nationalismus im Gedankenhaushalt und in den Identitätsbildungsprozessen infrage. Sie folgt einem genuin historischen Denkstil, daher insistiert sie folgerichtig auf der anhaltenden Historizität des Nationalismus und der Nation. Sie löst den Anspruch des Nationalismus auf die ewige Dauer der Nation effektiv auf und betont dagegen den Konstruktcharakter, damit auch die verblüffende Flexibilität, die innere Vielfalt des Nationalismus, der immer wieder neu definiert und mit neuem Inhalt aufgeladen werden kann" (ebd.: S. 9–10).

Allerdings tue sich das neue Paradigma bisher schwer mit der Einbeziehung und Analyse „‚realhistorischer', soll hier heißen: nichtsprachlicher Bedingungen, wie etwa der Erfahrung von Krieg und Revolutionen" (ebd.: S. 10).

So berechtigt solche Zurückhaltung gegenüber der neueren nicht-essentialistischen Auffassung von Nationen als ‚vorgestellten Gemeinschaften' und ‚gedachten Ordnungen' aus der Sicht einer geschichtswissenschaftlichen Nationalismusforschung auch sein mag, so wenig bestehen doch begründete Zweifel daran, dass wir es hier mit einer für eine kulturwissenschaftliche Analyse von Identitäten und Zugehörigkeiten außerordentlich fruchtbaren und weitreichenden Perspektive zu tun haben, hinter die nicht mehr zurück gegangen werden kann und sollte und die, wie noch zu zeigen sein wird, auch für die am Zusammenhang von Sprache und Kultur interessierten Kulturstudien von überragender Bedeutung ist. Dies umso mehr, als sich diese Sichtweise mittlerweile von dem engeren Kontext der Nation gelöst hat und auf andere Formen menschlicher Vergesellschaftung und Gruppenzugehörigkeiten wie beispielsweise ‚Ethnien' übertragen worden ist und dabei längst nicht mehr vor scheinbar biologisch determinierten Kategorien wie ‚Rasse', ‚Geschlecht' oder ‚Alter' halt macht.

Andere Formen von Zugehörigkeit: Was für die Nation gilt, dass sie nämlich als Gemeinschaft einer meist großen Zahl von Menschen gedacht wird, die sich untereinander gar nicht kennen können und die doch ein Gefühl des Gemeinschaftlichen und der Zusammengehörigkeit entwickeln, das ausschließlich über die Idee der Nation als ‚vorgestellter Gemeinschaft' hergestellt wird – das gilt nun in analoger Weise für menschliche Gruppen oder Kollektive generell, die über das Maß eines auf alltäglichem Umgang etwa innerhalb der Familie oder der Dorfgemeinschaft hinausgehen. Und streng genommen muss man sagen: nicht die kleinstmögliche Einheit menschlicher Vergesellschaftung, etwa die Zweierbeziehung in Form einer Ehe oder auch einer unehelichen Lebensgemeinschaft, lässt sich ohne die von Anderson für die Nation ins Spiel gebrachte Idee einer ‚vorgestellten Gemeinschaft', d. h. einer Gemeinschaft, die in hohem Maß durch die Deutung der beteiligten Subjekte zustande kommt, wirklich sinnvoll denken. Bleiben wir aber vorerst bei denjenigen Kategorien von Zugehörigkeiten, die mit der Nation in engerer Verbindung stehen: ‚Volk', bzw. ‚Ethnie'.

3.1.2.2 ‚Volk', ‚Ethnie', ‚Ethnizität'

Der Begriff ‚Volk' steht begriffsgeschichtlich in enger Verbindung mit dem Nationsbegriff und wurde lange Zeit als mehr oder weniger bedeutungsgleich mit ‚Nation' verstanden. Nach unserem heutigen Verständnis allerdings besteht ein wesentlicher Unterschied darin, dass mit ‚Nation' in der Regel die politisch-institutionelle Komponente des Nationalstaats mit gedacht ist, während sich ‚Volk', zumindest in dem Sinn, wie der Begriff hier vor allem thematisiert werden soll, eher auf eine vorstaatliche und auch nicht primär politisch verstandene Form menschlicher Vergesellschaftung bezieht; das schließt nicht aus, dass sich das ‚Volk' und die in diesem Begriff angesprochene Form der Zusammen- und Zugehörigkeit auch politisch und nicht zuletzt nationalistisch artikuliert, und gerade im deutschen nationalen Selbstverständnis spielt das ja auch eine große Rolle.

Zum Begriff ‚Volk': Wie ‚Nation' ist auch ‚Volk' sehr alten Ursprungs und findet sich bereits in der griechischen und römischen Antike, etwa in dem das ‚Staatsvolk' bezeichnenden römischen Begriff des ‚populus'. Seine eigentliche historische und politische Relevanz entfalteten beide Begriffe, wie bei ‚Nation' oben schon gesehen, aber erst im Prozess der Modernisierung seit dem späten 18. Jahrhundert. War von ‚Volk' zunächst meist im Sinn des ‚Staatsvolks' oder im Sinn der gesellschaftlichen ‚Unterschicht' die Rede, wird der Begriff jetzt – vorangetrieben vor allem in den Schriften Johann Gottfried Herders – „zu einer kollektiven, mit Sprache, Seele und Charakter begabten Individualität aufgewertet" (Geschnitzer et al. 2004: S. 283). In diesem Sinn aber grenzt sich der Volksbegriff im Anschluss an Herder sehr deutlich vom (politischen) Nationsbegriff ab. Als ‚Volk' bzw. ‚Völker' gelten jetzt nicht mehr das Staatsvolk der seinerzeit ja meist noch als ‚Reich' gedachten ‚Nation', sondern die sich über kulturelle Gemeinsamkeiten wie Sprache und Poesie definierenden Gemeinschaften:

> „Die Bedeutung dieser Gemeinschaften erschöpfte sich keineswegs darin, die Summe ihrer Mitglieder zu repräsentieren; vielmehr waren sie selbst mit quasi-personalen Eigenschaften wie Gesinnung, Geist und Seele ausgestattet und führten als Kollektivindividuen eine Art Eigenleben. Dazu bedurften sie nicht unbedingt des äußeren Zusammenschlusses zu einem Staate" (ebd.: S. 317).

Wichtig war dabei zudem, dass diese „Kollektivindividuen" nach Herder in ihrer Vielfalt und ihren als ‚natürlich' gedachten jeweiligen Eigenarten in friedlicher Koexistenz nebeneinander leben und sich möglichst wenig untereinander vermischen sollten:

> „Die Natur hat Völker durch Sprachen, Sitten, Gebräuche, oft durch Berge, Meere, Ströme und Wüsten *getrennt* [...]. Die Verschiedenheit der Sprachen, Sitten, Neigungen und Lebensweisen sollte ein Riegel gegen die anmaßende *Verkettung* der Völker, ein Damm gegen fremde Überschwemmungen werden: denn dem Haushalter der Welt war daran gelegen, daß zur Sicherheit des Ganzen, jedes Volk und Geschlecht *sein* Gepräge, *seinen* Charakter erhielt. Völker sollen *neben* einander, nicht durch und über einander drückend wohnen" (Herder 1991: S. 687; Hervorh. i.O.).

Herders primär kulturell definiertes und pluralisches Verständnis von ‚Volk' bzw. ‚Völkern' ging im 19. Jahrhundert dann auch in die wissenschaftliche Beschäftigung mit menschlichen Formen der Vergesellschaftung ein, die im Deutschen zunächst als ‚Völkerkunde' und später als ‚Ethnologie' bzw. ‚Kulturanthropologie' bezeichnet wurde. Dabei ging die ‚Völkerkunde' lange Zeit selbstverständlich davon aus, dass ihre vornehmlichen Gegenstände, nämlich die verschiedenen ‚Völker' der Erde und insbesondere die in den kolonisierten Regionen wie Afrika oder Südasien beheimateten ‚primitiven' Gesellschaften (‚Naturvölker'), real existierten und sich anhand bestimmter objektiver Eigenschaften auch klar und eindeutig bestimmen und gegenüber anderen ‚Völkern' abgrenzen lassen. Schon in den 1960er Jahren hat der deutsche Ethnologe und Soziologe Wilhelm Mühlmann vorgeschlagen, den ‚Volks'-Begriff aufgrund seiner romantischen Implikationen nicht mehr als Terminus für die Benennung des Forschungsgegenstands der Ethnologie zu verwenden und stattdessen von ‚Ethnie' bzw. (im Plural) ‚Ethnien' zu sprechen (vgl. Mühlmann 1964: S. 52–57), da dieser Begriff gegenüber dem romantisch aufgeladenen ‚Volks'-Begriff offener sei und zudem auch kleinere Formen der Vergesellschaftung wie ‚Klans' ‚Sippen' oder ‚Stämme' mitumfasse (vgl. ebd.: S. 57):

> „Wir selbst sprechen vom ‚Ethnos' oder der ‚Ethnie' (Mehrzahl: die Ethnien) und verstehen darunter die größte feststellbare souveräne Einheit, die von den betreffenden Menschen selbst gewußt und gewollt wird. Eine Ethnie kann daher auch eine Horde, ein Klan, ein Stamm, sogar eine Kaste sein; was sie *de facto* ist, kann nur empirisch festgestellt werden, indem man versucht, in die kollektive Intentionalität einzudringen" (ebd.; Hervorh. i.O.).

‚Wir' und ‚die Anderen': Unabhängig von der Begrifflichkeit ist die Ethnologie (und mit ihr auch andere Disziplinen) lange davon ausgegangen, dass ‚Völker', ‚Ethnien' oder ‚ethnische Gruppen' ganz im Sinne Herders ihre jeweilige kulturelle ‚Eigenart' ausbilden und pflegen und dass dabei die Grenzen gegenüber anderen ethnischen Gruppen keinerlei Rolle spielen. Diese Sichtweise wurde Ende der 1960er Jahre von dem norwegischen Ethnologen Fredrik Barth nachhaltig erschüttert. Die in dem von Barth 1969 herausgegebenen Buch *Ethnic Groups and Boundaries* versammelten Beiträge gehen der Frage nach, wie die empirisch reichhaltig belegten und vielfältigen sozialen Kontakte der ‚Angehörigen' ethnischer Gruppen über ihre jeweilige Gruppe hinaus mit den von den Ethnologen angenommenen klaren Grenzen zwischen den einzelnen Gruppen zusammenhängen und warum diese grenzüberschreitenden Kontakte und Verbindungen nicht zu einer stärkeren Vermischung der jeweiligen kulturellen Eigenarten führen. Dabei zeigt sich, dass die traditionelle Sichtweise auf ethnische Gruppen, wonach diese sich über bestimmte vorgegebene ‚Merkmale' etwa ‚kultureller' Natur (Sprache, Verhaltensmuster, Traditionen) oder über ihr Verfügen über ein bestimmtes Territorium eindeutig definieren und identifizieren lassen, falsch ist: die ‚Eigenarten' ethnischer Gruppen, so Barth in der Einleitung zu seinem Buch, bestehen nicht sozusagen ‚immer schon', sondern sind ein Resultat der durch die sozialen Kontakte mit ‚Anderen' entstehende Grenzziehung zwischen ‚uns' und ‚den Anderen':

> "The critical focus of investigation from this point of view becomes the ethnic boundary that defines the group, not the cultural stuff that it encloses. The boundaries to which we must give our attention are of course social boundaries, though they may have territorial counterparts. If a group maintains its identity when members interact with others,

this entails criteria for determining membership and ways of signalling membership and exclusion. Ethnic groups are not merely or necessarily based on the occupation of exclusive territories; and the different ways in which they are maintained, not only by a once-and for-all recruitment but by continual expression and validation, need to be analysed" (Barth 1998: S. 15).

Ethnische Gruppen, so zeigt sich, weisen keine objektiv vorgegebenen natürlichen oder kulturellen Merkmale auf, sondern entstehen erst durch die sozialen Prozesse der Zuschreibung solcher Merkmale durch die beteiligten Individuen und die Herstellung und Aushandlung von Grenzen zwischen einzelnen Gruppen sowie die damit einhergehenden Zuweisungen von Zugehörigkeit bzw. Nicht-Zugehörigkeit. Diese Sichtweise, die in der einschlägigen Literatur gerne als Zäsur oder gar „kopernikanische Revolution" in der Ethnizitätsforschung beschrieben wird (vgl. Antweiler 2015: S. 249), hat sich innerhalb der Ethnologie heute weitgehend durchgesetzt und den Begriff der ‚ethnischen Gruppe' bzw. der ‚Ethnizität' geradezu auf den Kopf gestellt:

„Dieses konstruktivistische Konzept von Ethnizität, welches der subjektiven Wahrnehmung der Akteure eine zentrale Rolle zumißt, hat sich mittlerweile gegenüber essentialistischen Vorstellungen durchgesetzt, welche Ethnien als endogame, geschlossene Gruppen homogener Kultur betrachteten" (Wimmer 2000: S. 53).

‚Ethnizität' als soziales Konstrukt: Ähnlich wie beim Thema ‚Nation' wäre es allerdings auch bei ‚Ethnizität' ein Trugschluss anzunehmen, sie existierten nicht, im Gegenteil: gerade als soziales Konstrukt entfalten die Vorstellungen von ‚Ethnizität' oder ‚ethnischer Identität' eine ungebrochene Wirksamkeit in der politischen und kulturellen Auseinandersetzung auch und gerade in modernen Gesellschaften. Die von dem amerikanischen Soziologen Rogers Brubaker stammende Formel von der „Ethnizität ohne Gruppen" (Brubaker 2007) bringt diese scheinbar paradoxe Perspektive auf den Begriff: Auch wenn es die ethnischen ‚Gruppen' und die sie konstituierenden gemeinsamen biologischen, sozialen oder kulturellen Merkmale objektiv nicht gibt, sondern diese das Ergebnis sozialer Konstruktions- und Aushandlungsprozesse sind, bleibt Ethnizität als soziales Konstrukt gleichwohl ein sehr reales und mächtiges Element der sozialen und politischen Auseinandersetzung.

3.1.2.3 ‚Rasse'
Anders als die bisher in dieser Reihe behandelten Begriffe ‚Nation', ‚Volk' oder auch ‚Ethnie' geht der Begriff ‚Rasse' nicht auf etymologische Ursprünge in der griechischen oder römischen Antike zurück, sondern ist auch als Wort ein Produkt der Neuzeit. Und auch in einer zweiten Hinsicht unterscheidet er sich von den anderen genannten: während ‚Nation' und ‚Volk' bzw. ‚Ethnie' sich in der Regel auf politische, soziale oder kulturelle ‚Eigenschaften' oder Merkmale der unter diesen Begriffen zusammengedachten Menschen bezieht, stützt sich die mit ‚Rasse' angesprochene Form der Zugehörigkeit auf vermeintlich körperlich-biologische und damit auch grundsätzlich nicht veränderbare Eigenschaften von Menschen. Auch wenn die Begriffe ‚Nation', ‚Volk' und ‚Rasse' also sowohl

etymologisch als auch sachlich auf vollkommen unterschiedliche Hintergründe verweisen, wurden sie vor allem in der Blütezeit des Nationalismus im 19. und 20. Jahrhundert doch zu einem verhängnisvollen Konglomerat zusammengedacht, wonach sich die behauptete Einheit der Nation und die klare Abgrenzung gegen andere auf die sowohl kulturellen und geschichtlichen als auch ‚rassisch'-biologischen Gemeinsamkeiten der zur ‚Nation' zusammengefassten Menschen stützen können sollte (vgl. Koller 2009: S. 9). Welche Folgen dieses Denken im 20. Jahrhundert vor allem in Deutschland hatte, ist hinreichend bekannt und muss hier nicht weiter ausgeführt werden.

Rassismus und ‚Rasse' als moderne Erscheinungen: Entstehung, Entwicklung und politische Bedeutung des ‚Rasse'-Begriffs sind eng verbunden mit der politischen und sozialen Ideologie des Rassismus, der wie sein Kernbegriff eine spezifisch moderne Erscheinung ist. Zwar werden in der einschlägigen Literatur auch gelegentlich vormoderne Vorformen des Rassismus erwähnt, etwa die Einteilung von Menschen nach körperlichen Merkmalen im antiken Sparta oder das altindische Kastenwesen (vgl. u. a. Geiss 1988: S. 48–59; Koller 2009: S. 15–16), aber erst die ‚Entdeckung' und Kolonisierung der ‚neuen Welt' nach 1492 und die damit einhergehende Erfahrung der großen Diversität phänotypischer Erscheinungsformen von Menschen verlieh der Kategorie ‚Rasse' ihre eigentliche soziale und politische Bedeutung.

Die Etymologie des Wortes ist bis heute nicht ganz geklärt, vermutet wird aber, dass es auf das arabische ‚ras' zurückgeht, das ‚Kopf', aber auch ‚Oberhaupt' eines Clans oder eines Stammes bedeutet und sich im übertragenen Sinn auch auf die Abstammung eines Menschen beziehen kann (vgl. Weiss 1988: S. 16). In den romanischen Volkssprachen, in denen das Wort in verschiedenen Varianten seit dem 13. Jahrhundert auftritt, meint es zunächst die ‚vornehme', ‚edle', also irgendwie positiv herausgehobene Abstammung, wie man sie vor allem dem Adel zuschrieb, die aber auch auf Tiere (‚Rassepferd') angewandt werden konnte (vgl. ebd.: S. 16–17; Conze/Sommer 2004: S. 137–141).

Erst das im 18. Jahrhundert aufkommende Interesse, die durch die Kolonisierung der Welt und die Vielzahl an Reiseberichten erfahrbar gewordene Vielfalt menschlicher Erscheinungs- und Lebensformen zu ordnen, machte den ‚Rasse'-Begriff zu einer Kategorie zur Klassifizierung von Menschen nach ihrem körperlich-biologischen Erscheinungsbild. Autoren wie der französische Arzt François Bernier, der schwedische Biologe Carl von Linné, der französische Mathematiker und Naturwissenschaftler George Louis de Buffon, die deutschen Philosophen Immanuel Kant und Christoph Meiners oder der deutsche Anthropologe und Mediziner Johann Friedrich Blumenbach entwickelten im 18. und 19. Jahrhundert Systematiken zur Einteilung der Menschheit in unterschiedliche ‚Rassen', wobei sich allmählich das Merkmal ‚Hautfarbe' und die bis heute bekannte Einteilung in ‚Weiße', ‚Schwarze', ‚Gelbe' und ‚Rote' als wichtigstes Klassifikationsmerkmal ebenso herausbildete wie die Annahme einer ‚Überlegenheit' der ‚Weißen' gegenüber allen Anderen (vgl. Conze/Sommer 2004: S. 142–150; Koller 2009: S. 24–31). Damit waren die begrifflichen Grundlagen

3.1 Kulturthema ‚Zugehörigkeit': Kategoriale Deutungsmuster

des rassistischen Diskurses gelegt, der sich im Lauf des 19. und 20. Jahrhunderts, angereichert mit sprachwissenschaftlich-philologischen, biologistisch-sozialdarwinistischen und antisemitischen Komponenten, zu einer stabilen politischen Ideologie weiter entwickelte und radikalisierte und in der Rasse-Ideologie und in den damit begründeten Menschheitsverbrechen des Nationalsozialismus gipfelte (vgl. Weiss 1988: S. 151–236; Geulen 2007: S. 61–104; Koller 2009: S. 32–40).

‚Rasse' in der Wissenschaft: Zugleich fand die Kategorie der ‚Rasse' zunehmend Eingang auch in die Wissenschaft, wobei sich der scheinbar ‚seriöse' Diskurs der dominant biologistisch argumentierenden Natur- und Sozialwissenschaften nicht immer klar vom ideologisch-rassistischen Diskurs der Politik und der intellektuellen Debatte unterscheiden lässt (vgl. Koller 2009: S. 41–45). Nicht nur galt ‚Rasse' in vielen sozialwissenschaftlichen Disziplinen als wichtige Analysekategorie, um beispielsweise Devianzverhalten bei Kriminellen zu erklären, es bildete sich auch eine mit strengen objektivierenden Methoden arbeitende und sich als naturwissenschaftliche Disziplin begreifende ‚physische Anthropologie' heraus, die vor allem daran interessiert war, das Rasse-Konzept etwa durch die vergleichende Vermessung von Schädelgrößen u.ä. empirisch zu untermauern (vgl. ebd.: S. 43). Darüber hinaus beteiligten sich auch viele Wissenschaftler an den auf der Basis der Rassetheorien unternommenen Versuchen, durch züchterische Eingriffe in die menschliche Vererbung und Fortpflanzung (‚Eugenik', ‚Rassenhygiene') eine ‚Aufnordung' und eine ‚reine Rasse' hervorzubringen, und sie machten dabei, vor allem während der Zeit des Nationalsozialismus, bekanntlich auch vor der systematischen Ermordung etwa von Menschen mit Behinderung (‚Euthanasie') nicht halt (vgl. Geulen 2007: S. 90–101; Koller 2009: S. 41–53).

Weder die Rassetheorien noch die entsprechenden ‚rassehygienischen' Maßnahmen waren auf das nationalsozialistische Deutschland beschränkt. Es handelte sich um ein internationales Phänomen, das beispielsweise auch in den USA bis weit in die 1980er Jahre auch in einer stark biologistisch orientierten Sozialwissenschaft eine Rolle spielte.

‚Rassen' als Erfindung des Rassismus: Schon im 19. Jahrhundert gab es allerdings begründete Zweifel an der Haltbarkeit und der empirischen Belegbarkeit der Existenz biologisch bedingter ‚Rassen'. So ergab eine groß angelegte Studie des bekannten Mediziners und Anthropologen Rudolf Virchow an über 6 Mio. deutschen Schulkindern, bei der zwischen ‚christlicher' und ‚jüdischer' Zugehörigkeit differenziert wurde, dass sich ‚Rasse'-Unterschiede empirisch nicht feststellen lassen (vgl. Koller 2009: S. 44); zu ähnlichen Ergebnissen kam auch eine in den 1920er Jahren in der Schweiz bei Rekruten durchgeführte Untersuchung (vgl. ebd.); und die nachträgliche Überprüfung einer amerikanischen Studie aus dem 19. Jahrhundert zeigte, dass deren ‚Ergebnis', wonach das Schädelvolumen von ‚Weißen' signifikant größer sei als das von nordamerikanischen ‚Ureinwohnern' oder von ‚Schwarzen', auf gefälschten Daten beruht (vgl. ebd.: S. 43). Heute besteht in der Wissenschaft weitgehend Konsens, dass sich weder aufgrund phänotypischer Merkmale von Menschen wie Hautfarbe, Schädelvolumen oder Nasenform noch durch die Häufung bestimmter Gentypen die Existenz menschlicher ‚Rassen' belegen lässt. Menschliche ‚Rassen' in einem wie auch immer zu verstehenden biologischen Sinn, so die heute weitgehend akzeptierte Sichtweise der Humangenetik wie der Sozialwissenschaften, gibt es nicht, sie sind eine Erfindung des Rassismus.

Auch wenn in diesem Fall die Rede von einer ‚Erfindung' in noch weitaus höherem Maß gerechtfertigt erscheint als etwa im Fall der ‚Nation', kann die Einsicht in den ‚fiktiven' Charakter von Rassen doch nicht darüber hinwegtäuschen, dass sie als kulturelle oder diskursive Wissensordnungen den Prozess ihrer wissenschaftlichen Dekonstruktion überdauert haben und in alltäglichen und medialen Diskursen nach wie vor sehr präsent sind, hier allerdings auch verstärkt zum Gegenstand kritischer Reflexion und Auseinandersetzung werden.

Neue Auffassungen von ‚Rassismus': Analog zur Neubewertung des Begriffs ‚Rasse' als spezifische Form der Kategorisierung von Menschen nach (vermeintlichen) biologisch-körperlichen Merkmalen, die bis heute als traditions- wie wirkmächtige Wissensordnung Verwendung findet, hat sich in den letzten Jahren auch die Auffassung des Begriffs ‚Rassismus' verändert. Bezog sich der Begriff nach 1945 insbesondere im deutschsprachigen Diskurs zunächst vor allem auf die Rasseeinteilungen des Nationalsozialismus und die damit einhergehenden Abwertungen bestimmter Gruppen von Menschen, hat der Begriff in den letzten Jahren eine starke Ausweitung erfahren und bezieht jetzt beispielsweise auch die koloniale Vergangenheit und Formen von Rassismus in anderen Ländern verstärkt mit ein. Darüber hinaus gilt heute nicht erst die Abwertung und Diskriminierung bestimmter als ‚gegeben' geltender Gruppen (‚Juden', ‚Schwarze', ‚Indianer' usw.), wie sie sich beispielsweise im Nationalsozialismus in Deutschland oder in der Apartheid-Politik in Südafrika politisch artikulierte, als ‚Rassismus' (so z. B. noch bei Geiss 1988). Vielmehr werden schon die Annahme solcher ‚essentialistischer' Gruppeneinteilungen insbesondere nach körperlichen und sichtbaren Merkmalen und die daraus sich ergebender Annahmen über Eigenschaften, Herkünfte und Zugehörigkeiten von Menschen heute vielfach als ‚rassistisch' wahrgenommen und im aktuellen rassismuskritischen Diskurs aufgedeckt und dekonstruiert. Gerade unter dem Gesichtspunkt sozial- und kulturwissenschaftlicher Forschung ist dabei wichtig, dass ‚Rassismus' in diesem Verständnis sich nicht mehr primär an individuellen Einstellungen, Haltungen oder Vorurteilen festmacht, sondern als kulturelles und gesellschaftliches Phänomen gilt, das sich in diskursiven Wissensordnungen, Ideen und Denkmustern zum Ausdruck bringt:

> „Dementsprechend wird bei der Definition heute meist davon ausgegangen, dass es sich bei Rassismus um historische und gesellschaftliche Hervorbringungs- und Reproduktionsprozesse von Ideen, Vorstellungen, (Alltags-)Theorien, Repräsentationen, Wissen u. Ä. zu ‚Großgruppen' handelt, die als ‚Rassen' konstruiert, zueinander in ein hierarchisches Verhältnis gesetzt und als sich selbst reproduzierende und deshalb über Generationen miteinander verbundene Einheiten (*Genealogien*) vorgestellt werden" (Leiprecht 2016: S. 226; Hervorh. i. O.).

3.1.2.4 ‚Geschlecht'

Anders als bei den bisher behandelten Kategorien zur Definition menschlicher Klassifizierungen und zur Zuschreibung von Gruppenzugehörigkeiten handelt es sich bei ‚Geschlecht' zunächst nicht um eine spezifisch moderne Kategorie. Vielmehr machen auch die ältesten Formen menschlicher Vergesellschaftung bereits von der Differenzierung zwischen einem weiblichen und einem männlichen Geschlecht Gebrauch, so dass diese mit gutem Grund „als fundamentale, ursprüngliche, ja geradezu archetypische soziale Unterscheidung überhaupt gelten" kann (Frevert 1995: S. 8). Allerdings kommt der Geschlechterdifferenzierung in modernen Gesellschaften doch eine neue Bedeutung und Relevanz zu, die vormoderne Gesellschaften in dieser Form nicht kennen.

Perspektive der *Gender Studies*: Die Kategorie ‚Geschlecht' und ihre soziale und politische Bedeutung sind sowohl im öffentlichen Diskurs als auch in der Wissenschaft in den letzten Jahren zu einem der Mega-Themen insbesondere in den Sozial-, Geschichts- und Kulturwissenschaften geworden. Insbesondere die traditionell ungleiche und ungerechte Verteilung von sozialen Rollen und sozioökonomischer sowie politischer Macht zwischen Männern und Frauen hat mit den *Gender Studies* eine eigene interdisziplinäre Forschungsrichtung hervorgebracht, deren Interesse wesentlich darin besteht, mit Hilfe wissenschaftlicher Erkenntnisse zu einer Überwindung dieser Ungerechtigkeiten beizutragen. Auf die Hintergründe, die theoretischen Grundlagen, die Forschungsmethoden und Forschungsergebnisse der *Gender Studies* kann an dieser Stelle nicht im Detail eingegangen werden (vgl. dazu z. B. Connell 2013; Funk 2018 u. v. a), vielmehr soll es hier lediglich um die Frage gehen, wie die Geschlechterdifferenz in diesem Kontext gesehen wird und wie sich diese Sichtweise in den letzten Jahren entwickelt hat.

Die Historikerin Ute Frevert hat bereits 1995 gezeigt, wie sich die Wahrnehmung und Bedeutung der Geschlechterdifferenz im deutschen Sprachraum zwischen dem 18. und dem 20. Jahrhundert verändert hat. Anhand eines Vergleichs entsprechender Einträge in einschlägigen Konversationslexika zwischen 1735 und 1991 wird erkennbar, dass die Kategorie ‚Geschlecht' und die Unterscheidung zwischen ‚männlich' und ‚weiblich' im diskursiven Wissenshaushalt zunächst noch unter vor allem sozialen Aspekten gesehen und erst seit Beginn des 19. Jahrhunderts zu einem biologisch-naturgegebenen Gegensatz umgedeutet wurde, bei dem aus den unterschiedlichen Reproduktionsorganen und -funktionen von Männern bzw. Frauen jeweils unterschiedliche ‚natürliche' Charaktereigenschaften und unterschiedliche soziale Rollen abgeleitet wurden:

> „Das Unterscheidungspotential der Begriffe ‚Mann' und ‚Frau' steigert sich in dem Maße, wie sie in den Zeugungsorganen fundiert und aus Zeugungsfunktionen heraus bestimmt werden. Die ‚Biologisierung' geht daher einher mit der Dichotomisierung und Polarisierung der Geschlechter, deren Differenz betont und auf allen Ebenen der psychischen, geistigen und sozialen Organisation nachgezeichnet wird" (Frevert 1995: S. 52).

Zwar ist seit Mitte des 20. Jahrhunderts eine gewisse Abschwächung dieser biologistischen Sichtweise und eine Rückkehr zu einer wieder stärker sozialen Deutung des Geschlechtsunterschieds erkennbar (vgl. ebd.), dennoch lässt sich hier eine bis heute einflussreiche Perspektive auf die Kategorie ‚Geschlecht' festmachen, wonach es sich um eine biologisch bedingte und insofern von der Natur vorgegebene Unterscheidung handelt, die von Menschen nicht verändert werden kann und die daher auch eine unterschiedliche soziale Rollenverteilung rechtfertigt.

Geschlecht als soziokulturelles Konstrukt: Gegen diese heute meist als ‚essentialistisch' bezeichnete Sicht hat sich in den letzten Jahren in der *Gender*-Forschung wie generell in den Sozial- und Kulturwissenschaften – und hier besteht eine deutliche Parallele zwischen der Kategorie ‚Geschlecht' und den vorher diskutierten Kategorien menschlicher Gruppenzugehörigkeiten – eine ‚konstruktivistische' Sichtweise weitgehend durchgesetzt, wonach es sich bei ‚Geschlecht' eben keineswegs um eine biologisch determinierte, sondern um eine soziokulturell konstruierte Kategorie und Differenzierung handelt. Es war bekanntlich vor allem die amerikanische Philosophin Judith Butler, die in ihrem epochemachenden Buch *Gender Trouble* (dt. *Das Unbehagen der Geschlechter,* 1990 bzw. 1991) unter Rückgriff vor allem auf Michel Foucault gezeigt hat, dass nicht etwa nur die mit dem englischen Wort ‚*gender*' angesprochene soziale Geschlechtsidentität, sondern auch schon das vermeintlich biologisch determinierte ‚natürliche' Geschlecht (‚*sex*') Teil einer soziokulturell hergestellten diskursiven Wissensordnung ist, die vor allem den Zweck verfolge, die ‚heterosexuelle Matrix' als gesellschaftliche ‚Normalität' menschlicher Sexualität durchzusetzen (vgl. Funk 2018: S. 88).

Man muss die Positionen von Judith Butler oder der *Gender Studies* im Allgemeinen nicht unbedingt in allen Filiationen nachvollziehen oder gar teilen, um hier gleichwohl eine interessante neue wissenschaftliche Perspektive zu sehen, von der her sich auch ein innovativer Zugang zu kultur- und sozialwissenschaftlich relevanten Fragen im Zusammenhang mit den Themen ‚Geschlecht' oder ‚Sexualität' ergeben. ‚Geschlecht' jedenfalls, so können wir festhalten, gilt im aktuellen sozial-, geschichts- und kulturwissenschaftlichen Diskurs generell nicht mehr einfach als Teil einer biologisch determinierten ‚Natur', sondern als soziokulturell konstruierte Kategorie, über die Differenz, Identitäten und Zugehörigkeiten diskursiv hergestellt und ausgehandelt werden.

3.1.2.5 Kategorien sozialer Zugehörigkeit als diskursive Wissensordnungen

Wenn wir von hier aus kurz auf die bisherigen Ausführungen zu den genannten Kategorien menschlicher Gruppenzugehörigkeiten zurückblicken, können wir ein durchgehendes Muster erkennen, was die aktuelle Perspektive der Geschichts-, Sozial- und Kulturwissenschaften auf diese Kategorien angeht: überall hat sich in den letzten Jahren und Jahrzehnten die Einsicht durchgesetzt, dass diese Kategorien nicht auf ‚natürlich' vorhandene und in diesem Sinn ‚primordiale' Gegebenheiten verweisen, sondern dass es sich um von Menschen selbst geschaffene, tradierte und immer wieder neu ausgehandelte Wissensordnungen handelt, die bestimmte Eigenschaften oder Merkmale von Menschen als relevant setzen und Menschen aufgrund dieser Merkmale in Gruppen einteilen, kategorisieren, Charaktereigenschaften herleiten oder auch Macht verteilen.

‚Konstrukt' vs. ‚Fiktion': Die im ‚konstruktivistischen' Diskurs häufiger anzutreffende Sichtweise, das sozial und diskursiv Hergestellte solcher Differenzkategorien sei gleichbedeutend damit, dass diese Kategorien und die sie zum Ausdruck bringenden Differenzen, Identitäten oder Zugehörigkeiten deswegen eine ‚Fiktion' seien und ‚tatsächlich' gar nicht existierten, ist aber ein fatales Missverständnis, das sich zudem derselben Logik von ‚Fiktion' und ‚Realität' verdankt wie die so kritisierte ‚essentialistische' Gegenposition. ‚Nationen', ‚Ethnizitäten', ‚Rassen', ‚Geschlechter' und vergleichbare Kategorien von Differenz und Zugehörigkeit sind zwar, wie wir heute wissen, soziale und kulturelle Konstrukte, *als solche* ‚existieren' sie aber sehr wohl und üben auch eine immer noch erhebliche Macht aus. Aber gerade ein solcher ‚konstruktivistischer' Blick auf Kategorien von Differenz und Zugehörigkeit erweist sich bei genauerem Hinsehen für die geschichts-, sozial- und kulturwissenschaftliche Forschung als außerordentlich weit reichende und innovative Perspektive, die mit neuen und gegenüber der herkömmlichen Sicht auch ganz anderen Fragen an ihre Gegenstände herangeht und die beispielsweise in der Nationalismusforschung, in der Ethnologie oder auch in den *Gender Studies* in den letzten Jahren und Jahrzehnten ihr wissenschaftliches Potenzial bereits nachhaltig unter Beweis gestellt hat. Zwar mögen vor allem im öffentlichen und intellektuellen Diskurs die Grenzen zu einer auch ideologisch und politisch motivierten Unterscheidung zwischen traditionellem ‚Essentialismus' und ‚postmodernem' ‚Konstruktivismus' tatsächlich nicht immer klar erkennbar sein; im engeren Kontext der Wissenschaft aber sollte der Diskurs hinter den mit ‚Konstruktivismus' oder ‚Cultural Turn' benannten fundamentalen Paradigmenwechsel mit Blick auf die Kategorien menschlicher Zugehörigkeiten nicht mehr zurückgehen.

3.1.3 Kategorien der Zugehörigkeit im Kontext des Faches Deutsch als Fremd- und Zweitsprache: Die Perspektive der Kulturstudien

Dass die Kategorisierung von Menschen nach ihrer Zugehörigkeit zu verschiedenen Gruppen im Fach Deutsch als Fremd- und Zweitsprache eine wichtige Rolle spielt, haben wir zu Beginn des Kapitels an einfachen sprachbezogenen Übungen bereits gesehen, wie sie sich in Lehrwerken finden und wie sie selbstverständlich zum sprachlichen Handeln im Alltag gehören. Darüber hinaus sind solche Zuschreibungen von Gruppenidentitäten bzw. -zugehörigkeiten in unserem Fach auch an anderer Stelle relevant.

Kategorisierungen in der Praxis: So gehören sie beispielsweise schon zu den äußeren, d. h. sozialen, politischen und sprachlichen Rahmenbedingungen des Fachs, wenn wir beispielsweise Menschen als ‚DaF'- oder ‚DaZ-Lernende' adressieren, die wir zudem anhand ihrer Ausgangssprache als ‚Polnisch-Muttersprachler' oder auch einfach als ‚Polen', ‚Russen' oder ‚Chinesen' bezeichnen, womit ja nicht selten die Erwartung einer 1:1-Entsprechung zwischen Sprache und nationaler Zugehörigkeit einhergeht. Die Zuordnung von Lernenden des Deutschen als Fremd- oder Zweitsprache zu bestimmten ‚nationalen', ‚ethnischen' oder ‚kulturellen' Zugehörigkeiten gehen aber häufig auch über die reine Staatsangehörigkeit hinaus und sind mit Erwartungen verbunden, wonach die Erstsprache und/oder die Staatsangehörigkeit zugleich auch mit einer persönlichen oder gar emotionalen Verbundenheit der betreffenden Person mit dem jeweiligen nationalstaatlichen Gebilde einher gehe, so etwa, wenn wir Lernende als Experten für ‚ihr Heimatland' adressieren oder ihnen bestimmte Haltungen, Einstellungen oder Interessen unterstellen, die wir aus unserem (nicht selten sehr stereotypischen) ‚Wissen' über die betreffende nationale oder ethnische Gruppe und ‚ihre Kultur' glauben ableiten zu können.

Nicht nur bei der Klassifizierung der Lernenden spielen Kategorien von Gruppenzugehörigkeiten im DaF-/DaZ-Kontext eine Rolle, sie sind vielmehr häufig auch unmittelbarer Lerngegenstand, vor allem sicherlich in den Lehr- und Lernkontexten, die für die Kulturstudien von besonderem Interesse sind, nämlich ‚Landeskunde', ‚interkulturelles Lernen' oder wie die entsprechenden Kontexte konkret auch immer heißen mögen. Dabei spielen zwar einige der oben erwähnten Kategorien wie ‚Volk' und ‚Rasse' heute keine Rolle mehr, um so mehr aber die moderner klingenden Kategorien wie ‚Nation' und ‚Kultur' oder auch ganz andere Formen von Zugehörigkeiten wie ‚Geschlecht', ‚Alter' oder ‚Religion'. Dass es dabei in aktuellen Curricula und Lernmaterialien meist nicht (mehr) darum geht, herkömmliche stereotypische Bilder und Vorstellungen über ‚die Deutschen', über ‚Männer' bzw. ‚Frauen' oder über ‚Moslems' oder ‚Juden' als Wahrheiten zu verbreiten, sondern der Fokus in der Regel eher auf der kritischen Reflexion solcher Vorstellungen liegt, soll keineswegs verschwiegen oder bestritten werden, gerade dies zeigt aber, dass solche Themen und Fragestellungen im Fach bis heute sehr präsent sind und daher Anlass besteht darüber nachzudenken, wie wir damit sowohl in praktischer wie auch in theoretisch-konzeptioneller Hinsicht umgehen.

Kritische Perspektiven im Fach Deutsch als Fremd- und Zweitsprache: So selbstverständlich also einerseits die Zuordnung von Menschen zu bestimmten Gruppen für die Praxis des Lehrens und Lernens von Deutsch als Fremd- oder Zweitsprache ist, so gering ist andererseits bislang die Bereitschaft im Fach, die mit solchen Gruppenzugehörigkeiten verbundenen wissenschaftlichen und theoretischen Fragen und Probleme auf einem angemessenen Niveau und in Auseinandersetzung mit der Forschung in benachbarten Disziplinen zu reflektieren und dabei auch hergebrachte Denk- und Sichtweisen in Frage zu stellen.

Eine mit den Kulturstudien vergleichbare Perspektive auf Fragen der sozialen Zugehörigkeit lässt sich bislang lediglich in bestimmten Ausprägungen des Teilfachs Deutsch als Zweitsprache beobachten, wo im Anschluss an die Migrationspädagogik die Rolle nationaler, ethnischer oder ‚kultureller' Zuschreibungen im

3.1 Kulturthema ‚Zugehörigkeit': Kategoriale Deutungsmuster

Rahmen migrationsgesellschaftlicher Kontexte kritisch reflektiert wird. Die in diesem Bereich erarbeiteten Analysen wollen zeigen, wie in migrationsgesellschaftlichen Diskursen mittels ‚ethnisch-nationaler', nicht selten latent oder manifest rassistischer oder ‚linguizistischer' (auf Sprache bezogener) diskriminierender Wissensordnungen Zugehörigkeiten und Differenzen hergestellt und durchgesetzt werden, auch und nicht zuletzt in schulischen Kontexten (vgl. z. B. Dirim/Binder/Pokitsch 2016; Dirim/Mecheril 2018; Dirim 2020, 2021; Zabel 2020).

Zwischen einer solchen rassismus- und linguizismuskritischen Forschungsperspektive im Kontext von Deutsch als Zweitsprache und den Kulturstudien bestehen zahlreiche Verbindungen und Anknüpfungspunkte, insbesondere was den prinzipiell ‚konstruktivistischen' und diskurstheoretischen Blick auf die Kategorien von Zugehörigkeiten angeht. Allerdings weisen beide Forschungsrichtungen auch wichtige konzeptionelle Unterschiede auf. So kann zwar die Perspektivierung von diskursiven Ordnungen bzw. Deutungsmustern sozialer Zugehörigkeit, wie sie in den Kulturstudien im Vordergrund steht, von einem kritischen Blick auf solche Kategorisierungen nicht völlig absehen, dieser kritische Blick steht aber in den Kulturstudien nicht so deutlich im Vordergrund. Vielmehr geht es hier vor allem darum, die Verwendung und Präsenz teilweise weit zurückreichender und in vielfältiger, durchaus auch widersprüchlicher Weise vorgedeuteter Muster für die Zuschreibung (oder Verweigerung) von Zugehörigkeiten in aktuellen Diskursen herauszuarbeiten, dabei aber auch die unterschiedlichen Zugänge zu solchen Mustern in ihrer ganzen Heterogenität und Widersprüchlichkeit sichtbar zu machen. Und zum zweiten konstituiert der kritische Blick auf bestimmte kategoriale Muster von Zugehörigkeiten, wie er in der rassismuskritischen Variante von Deutsch als Zweitsprache vorherrscht, für die Kulturstudien, die ja, wie vor allem in diesem Kapitel noch zu zeigen sein wird, neben Deutungsmustern der Zugehörigkeit noch viele andere Kulturthemen und Deutungsmuster zum Gegenstand haben, ein viel zu enges Themenspektrum.

Sieht man von dem erwähnten rassismus- und linguizismuskritischen Fachdiskurs innerhalb von Deutsch als Zweitsprache ab, tut sich das Fach Deutsch als Fremd- und Zweitsprache mit dem oben beschriebenen Wandel von einer herkömmlich ‚essentialistischen' zu einer ‚konstruktivistischen' oder besser ‚interpretativen' Perspektive auf Gruppenzugehörigkeiten immer noch schwer. Insbesondere im Kontext von ‚Landeskunde' und ‚Interkulturalität' findet eine kritische Reflexion herkömmlicher Beschreibungskategorien wie ‚Nation' oder ‚Kultur' bislang kaum statt; davon war ja im 2. Kapitel schon ausführlicher die Rede. So ist es auch nicht weiter verwunderlich, dass der hier vertretenen ‚konstruktivistischen' Sichtweise auch in aktuellen Publikationen aus dem Fach vorgehalten wird, sie leugne die Existenz und die fortbestehende Macht von Nationen und nationalstaatlichen Institutionen. So meinen beispielsweise Roger Fornoff und Uwe Koreik, dass die etwa in Altmayer (2017) angesichts aktueller kultureller Globalisierungsphänomene vorgetragene Kritik an herkömmlichen Konzepten von ‚Landeskunde' und ‚Nationalkultur' zwar „in sich schlüssig" sei und die „essentialistische Tendenz" solcher Konzepte zu Recht problematisiere (Fornoff/Koreik 2020: S. 42), dass sie aber „über das Ziel hinaus" schieße, weil sie

„den kompletten Verzicht auf Bezugsgrößen wie Nation, Territorium und Raum" postuliere (ebd.). Dem halten Fornoff/Koreik dann entgegen, dass eine Auflösung von Nationalstaaten auf der Ebene der Weltpolitik aller Tendenzen der Globalisierung ungeachtet „wohl eher noch nicht in Sicht" sei (ebd.).

Allerdings wird weder im Rahmen der Kulturstudien noch in den geschichts- oder sozialwissenschaftlichen Publikationen, auf die sie sich berufen, behauptet, dass Nationen in der globalisierten Welt keine Rolle mehr spielen oder sich als wichtige politische Akteure perspektivisch aus der Weltgeschichte verabschieden würden. Vielmehr geht es lediglich darum, durch eine neue Perspektive im Rahmen eines diskursiv-interpretativen Zugriffs Phänomene wie Nationen, Ethnien oder Geschlechter (wie übrigens auch ‚Raum' und ‚Territorium', s. dazu Abschn. 3.3) und deren soziale und kulturelle Bedeutung besser zu verstehen, als dies im Rahmen eines herkömmlich ‚essentialistischen' Zugangs möglich ist. ‚Nationen', ‚Ethnien' bzw. ‚Völker', ‚Kulturen', ‚Rassen', Geschlechter' und andere Kategorien sozialer Zugehörigkeiten gehören für die Kulturstudien nicht mehr zu den angeblich ‚objektiv' vorhandenen äußeren Rahmenbedingungen, sondern werden als diskursive Wissensordnungen bzw. Deutungsmuster zu Gegenständen kulturwissenschaftlicher Forschung. Diese nämlich fragt jetzt nicht mehr danach, worin beispielsweise die vermeintlichen Besonderheiten der ‚deutschen Nation' oder gar des ‚deutschen Volkes' bestehen, sie fragt vielmehr danach, wie solche Vorstellungen vom ‚Deutschen', von der ‚Nation' oder der ‚Kultur' im Diskurs entstehen, wie sie gedeutet, ausgehandelt und stabilisiert werden. Erst durch diesen Perspektivwechsel werden solche Phänomene zum seriösen Forschungsgegenstand jenseits aller politischen Ideologie.

‚**Kategoriale Deutungsmuster**': Wir haben es also bei ‚Nationen', ‚Ethnien', ‚Völkern', ‚Geschlechtern' und vergleichbaren Kategorien menschlicher Gruppenzugehörigkeiten vor allem mit machtvollen diskursiven Wissensordnungen zu tun, die in deutschsprachigen wie in anderen Diskursen eine weiterhin wichtige Rolle spielen und die als solche Gegenstand kulturwissenschaftlicher Forschung im Fach sind. Dabei stehen in den Kulturstudien allerdings nicht so sehr die abstrakten Kategorien von Gruppenzugehörigkeiten wie die genannten, sondern die konkreteren Zuschreibungen jeweils bestimmter Ausprägungen national-ethnischer, ‚rassischer', geschlechtsbezogener, religiöser Kategorisierungen im Fokus des wissenschaftlichen Interesses, also etwa die Zuordnung von Menschen unter Kategorien wie ‚Deutsche' bzw. ‚Japaner', ‚Schwarzer', ‚Weiße' oder ‚People of color', ‚Frau' bzw. ‚Mann', ‚Moslem', ‚Jude', ‚Katholik' usw. Diese Kategorien gelten innerhalb der Kulturstudien als mächtige und traditionsreiche Deutungsmuster, die im Alltag, in den Medien und generell in der diskursiven Auseinandersetzung für die Einteilung von Menschen in Gruppen oder Kollektive und damit für die Zuschreibung menschlicher Zugehörigkeiten verwendet werden. Um diese spezifische Funktion dieser Muster kenntlich zu machen, sprechen wir hier von ‚kategorialen Deutungsmustern'.

Am Beispiel des kategorialen Deutungsmusters ‚Deutsch' und anhand ausgewählter Diskursfragmente soll im Folgenden konkretisiert und veranschaulicht werden, mit welchen Fragestellungen, anhand welcher Materialien und mit welchen Methoden die Kulturstudien sich den diskursiven Prozessen der Zuschreibung von Zugehörigkeiten annähern und welche Ergebnisse sich dabei erwarten lassen.

3.1.4 Was oder wer ist ‚Deutsch' – und wer nicht? Deutungsmuster ethnisch-nationaler Zugehörigkeit und Nicht-Zugehörigkeit

3.1.4.1 Ausgangspunkt: Ein Plakatmotiv zur Einbürgerung

Seit dem Jahr 2012 betreibt die Senatsverwaltung für Arbeit, Integration und Frauen des Landes Berlin eine Kampagne mit dem Titel „Einbürgerung jetzt", die Menschen mit Migrationsgeschichte in Deutschland bzw. in Berlin dazu motivieren möchte, die deutsche Staatsbürgerschaft anzunehmen, und die zu diesem Zweck auf tradierte und in deutschsprachigen Diskursen gut verankerte kategoriale Deutungsmuster ethnisch-nationaler Zugehörigkeit zurückgreift. Um dies zu veranschaulichen, schauen wir uns zunächst eines der Plakatmotive an, die den Kern der Kampagne ausmachen (s. Abb. 3.1).

Gestaltungselemente: Ohne allzu sehr in die Details zu gehen, lassen sich bei diesem Plakat im Wesentlichen fünf Gestaltungselemente ausmachen, die die Rezeption weitgehend lenken:

1. Was zuerst ins Auge fällt, ist die porträtartige Abbildung eines Menschen, von dem nur Oberkörper und Kopf zu sehen sind und der sich anhand bestimmter Merkmale schnell als jüngerer Mann identifizieren lässt. Hinzu kommen einige physiognomische Merkmale wie dunkle Hautfarbe, schwarzes Haar, nach vorn gewölbte Lippen u. a., anhand derer wir die betreffende Person – auf der Basis tradierter Muster – als ‚Schwarzen', ‚Farbigen', ‚Afrikaner', ‚person of colour' o. ä. kategorisieren (von anderen, deutlich rassistischen Kategorien, die hier ebenfalls aufgerufen werden können, wird noch zu reden sein).
2. Über die Abbildung gelegt ist ein auffälliger in weinroter Farbe gehaltener Rahmen, der das Bild allerdings nicht umrahmt, sondern eher durchschneidet und durchbricht und der sich anhand der zackigen Ausbuchtung am unteren Rand und auf der Grundlage eines entsprechenden Textmusterwissens als eine Art Sprechblase deuten lässt, wie sie beispielsweise in Comics üblicherweise Verwendung findet.
3. Innerhalb des Rahmens und links neben der Abbildung befindet sich ein ebenfalls gleich ins Auge springendes sprachliches Gestaltungselement, nämlich der Satz: „Ich bin DEUTSCHER und fühle mich deutsch", der sich aufgrund der Position auf dem Plakat, aufgrund der gesamten Kommunikationssituation und auch aufgrund des als Sprechblase zu deutenden Rahmens als Äußerung der abgebildeten Person verstehen lässt, die demnach also die mit dem Personalpronomen ‚Ich' angesprochene Subjektposition einnimmt. Die abgebildete

Abb. 3.1 Plakatmotiv der Kampagne „Einbürgerung jetzt"

Person nimmt also für sich in Anspruch, ‚Deutscher' zu sein und sich ‚deutsch' zu fühlen, und greift damit auf ein tradiertes kategoriales Deutungsmuster zurück, das uns zur Zuschreibung ethnisch-nationaler Zugehörigkeit zur Verfügung steht. Dabei lässt sich – ebenfalls unter Rückgriff auf tradierte Muster der Zuweisung von Zugehörigkeiten – der durch Großbuchstaben noch besonders hervorgehobene Verweis auf das Deutschsein des abgebildeten Mannes im politisch-rechtlichen Sinn als Staatsangehörigkeit bzw. Staatsbürgerschaft deuten, die mit dem Zusatz des ‚Sich-deutsch-Fühlens' noch mit einer besonderen emotionalen Komponente der Identifikation des Subjekts mit dem nationalstaatlichen Gebilde bestärkt wird, dem er sich zugehörig fühlt.
4. Ebenfalls sprachlicher Natur ist der unterhalb des Rahmens zu sehende Schriftzug „Isaac Yaw", der sich aufgrund der Position, aber auch aufgrund eines entsprechenden Hintergrundwissens als Name des Abgebildeten deuten lässt.

5. Umrahmt wird das Plakat von Angaben und Hinweisen zur institutionellen Verantwortlichkeit der Berliner Senatsverwaltung am oberen Rand sowie zur politischen Zielsetzung, die mit dem Slogan „Deine Stadt. Dein Land. Dein Pass" und mit dem Hinweis auf den Kampagnentitel explizit gemacht wird.

Ethnisierung: Ähnlich wie vergleichbare frühere Kampagnen der Bundesregierung (vgl. Altmayer 2004: S. 266–454) arbeiten auch die Motive der Berliner Serie mit dem Modell einer binären ethnisch-nationalen Zugehörigkeitsordnung, die bei dem oben abgebildeten Plakat vor allem durch den (unterstellten) Gegensatz zwischen Bild- und Sprachebene zustande kommt und die auf den kategorialen Mustern ‚Deutsch' und ‚Nicht-Deutsch' beruht. Auf der Bildebene nämlich werden zunächst, wie gesehen, kategoriale Muster wie ‚Schwarzer', ‚Afrikaner' usw. evoziert, mit denen herkömmlicherweise zugleich das ab- und ausgrenzende Muster ‚Nicht-Deutsch' verbunden ist: Nach der meist implizit bleibenden Auffassung, die ja in solchen Mustern (nicht selten auch gegen besseres Wissen) transportiert und tradiert wird, sehen Menschen, die wir herkömmlicherweise als ‚Deutsche' kategorisieren würden, nicht so aus wie der junge Mann auf dem Plakat. Wie problematisch, weil rassistisch und ausgrenzend diese Auffassung auch immer sein mag, sie ist offenbar in deutschsprachigen Diskursen implizit immer noch so präsent, dass Plakate wie das hier analysierte davon immer noch Gebrauch machen können – wenn auch mit dem Ziel, sie aufzubrechen und in Frage zu stellen. Dieses Infragestellen kommt durch die sprachliche Ebene des Plakats ins Spiel, indem der abgebildete junge Mann namens Isaac Yaw nämlich mit großer Selbstverständlichkeit von sich behauptet, nicht nur ‚Deutscher' zu sein, sondern sich darüber hinaus auch ‚deutsch' zu fühlen. Die zunächst durch das Bild evozierte Erwartung, dass wir es hier mit einem ‚Afrikaner' o. ä., jedenfalls aber mit einem ‚Ausländer' bzw. ‚Nicht-Deutschen' zu tun haben, wird sprachlich sofort zurückgenommen, und gerade dadurch entsteht die Aufmerksamkeit erzeugende und zum Nachdenken anregende Wirkung des Plakats. Diese kommt nicht zuletzt dadurch zustande, dass hergebrachte Muster einer ethnisierenden Zugehörigkeit einerseits und der politisch-rechtlichen Zugehörigkeit im Sinne der Staatsbürgerschaft andererseits in einen auffälligen Kontrast zueinander gebracht werden, der den traditionellen Zugehörigkeitsordnungen deutscher Diskurse insofern widerspricht, als nationalstaatliche Zugehörigkeit in der deutschen Tradition lange an das Vorliegen bestimmter ethnischer Merkmale gebunden war und teilweise immer noch ist (s. dazu unten).

Schaut man etwas genauer hin, wird aber auch deutlich, dass die Plakatserie und die zusätzlichen Texte und Materialien, die auf der Website zur Kampagne (Link s. u.) bereitgestellt werden und Hintergründe der auf den Plakaten abgebildeten Menschen erläutern sollen, keineswegs auf eine grundsätzliche Irritation und Infragestellung der ethnisch-nationalen Zugehörigkeitsordnung zielen, sondern lediglich die Anbindung der formal-rechtlichen Zugehörigkeit im Sinne der Staatsbürgerschaft an ethnisch-kulturelle Merkmale in Frage stellen und auflockern wollen, gerade damit aber die traditionellen ethnisierenden Muster bestätigen und stabilisieren. Deutlich wird dies im Falle unseres Motivs ‚Isaac Yaw' dadurch, dass die auf dem Plakat abgebildete Person in den Hintergrundmaterialien auf der Website als ‚Afrikaner' kategorisiert und dabei auch vor der Verwendung stereotypischer Bilder von ‚Afrika' und ‚Afrikanern' nicht zurückgeschreckt wird: Isaac Yaw, so heißt es da unter Verwendung einer weit verbreiteten biologistischen Baum-Metapher, „stammt aus Ghana", er sei aber „hier", also in Deutschland, aufgewachsen und zur Schule gegangen, er habe Sozialwesen studiert und unterrichte Musik an Schulen: „er bringt Kindern Trommeln bei". Auch in seiner Wohnung seien die Einflüsse des ‚Afrikanischen' sichtbar:

> „Hier hängt ein Bild seiner Mutter in einer Kente, einem traditionellen afrikanischen Gewand, dort stehen Djembe – große Trommeln. Mit seinen Eltern spricht Isaac Twi – eine Akan-Sprache aus Ghana".

In ganz ähnlicher Weise funktionieren auch die meisten anderen Motive der Plakatserie: die abgebildeten Personen werden bereits auf den Plakaten selbst mehr oder weniger explizit anhand bestimmter körperlicher oder kultureller Merkmale einer ethnischen Gruppe wie ‚Koreanerin', ‚Türkin', ‚Muslima' und damit dem übergeordneten Zugehörigkeitsmuster ‚Nicht-Deutsch' zugeordnet, was in den Begleitmaterialien auf der Website dann jeweils verstärkt und bestätigt wird. Dies geschieht zum einen wie bei Isaac Yaw auf der Bildebene, indem die abgebildeten Personen den musterhaften Vorstellungen vom Aussehen der Angehörigen bestimmter ethnischer Gruppen entsprechen, es geschieht zum zweiten durch die Einbeziehung der irgendwie ‚fremd' oder ‚nicht-deutsch' klingenden Namen wie „Yasemin", „Muna", „Chung Noh" oder „Pavao", und es geschieht zum dritten durch die expliziten Hinweise auf die ethnisch-nationale Herkunft der Personen in den Hintergrundmaterialien, etwa auf den Geburtsort von ‚Pavao' im heutigen Kroatien mit „der scheinbar endlosen Weite und dem Geruch nach Gras und Erde, den es nur dort gibt", auf die „doppelten Wurzeln" und das „koreanisch" aussehende Wohnzimmer von ‚Chung Noh' oder die Rolle des islamischen Glaubens und des regelmäßigen Betens und der türkischen Herkunft bei ‚Muna'.

Formal-rechtliche vs. ethnisierende Merkmale von ‚Deutschsein': Im Gegensatz dazu bleibt die Inanspruchnahme des Musters ‚Deutsch' im Sinne einer ethnisierenden Zugehörigkeitsordnung auf den Plakaten und in den Homestories der Website vergleichsweise zurückhaltend. Bei Isaac Yaw heißt es, wie gesehen, nur, dass er sich ‚deutsch' fühlt, bei Chung Noh ist von einem „deutschen Wohnzimmer" die Rede, von Muna heißt es, sie liebe, ihres islamischen Glaubens ungeachtet, die Weihnachtszeit, freue sich auf die Besuche auf Weihnachtsmärkten und verbinde die „deutsche Kultur" mit der „Kultur ihres Herkunftslandes" Türkei, und Yasemin sagt von sich, sie habe „auch eine deutsche Seite": „Das mit der Pünktlichkeit und der Ordnung, das stimmt manchmal schon". Bei allen fünf Personen spielt allerdings ein ethnisch-kulturelles Merkmal für die Zuschreibung des Musters ‚Deutsch' doch eine zentrale Rolle, sei es explizit oder implizit: die Beherrschung der deutschen Sprache.

Insgesamt also fällt auf, dass zwar einerseits stark mit Mustern einer ethnisch-kulturellen Zugehörigkeit operiert wird, dass das Muster ‚Deutsch' allerdings nur teilweise anhand herkömmlicher ethnischer Kriterien zugeordnet wird und lediglich dem Verfügen über deutsche Sprachkenntnisse hier eine besondere Rolle zukommt. Ansonsten wird das Muster schwerpunktmäßig anders gefüllt, nämlich als nationalstaatliche Zugehörigkeit im Sinn der Staatsbürgerschaft und nicht zuletzt auch mit den daraus sich ergebenden Möglichkeiten der Wahrnehmung politischer Rechte der Partizipation, des Mitentscheidens und des Mitgestaltens. Exemplarisch steht dafür das Plakatmotiv ‚Pavao', wo es heißt: „Ich bin Deutscher, weil ich mitentscheiden will" (alle in diesem Kapitel verwendeten Zitate beziehen sich, soweit nichts anderes angegeben wird, auf die Website der Kampagne „Einbürgerung jetzt", vgl. www.einbuergerung-jetzt.de/; 10.09.2020).

Im Hinblick auf unser Thema, die Verwendung und Präsenz des kategorialen Deutungsmusters ‚Deutsch' in aktuellen deutschsprachigen Diskursen, können wir vorläufig festhalten: Die hier als Beispiel herangezogene Plakatserie, die wir als Fragmente eines umfassenden deutschsprachigen Migrationsdiskurses gelesen haben, greift hergebrachte Elemente des in der ethnisch-nationalen Zugehörigkeitsordnung deutschsprachiger Diskurse verankerten Musters ‚Deutsch' auf, verwendet diese teilweise in affirmativer, teilweise auch in kritisch-reflexiver Absicht und entwickelt sie auch teilweise im Blick auf die eigenen Aussageintentionen und politischen Zielsetzungen in durchaus selbstständiger und kreativer Weise weiter.

Konkret lassen sich (mindestens) die folgenden Teilaspekte des Deutungsmusters ‚Deutsch' in den Plakaten und den Zusatzmaterialien der Kampagne ausmachen:

1. auf einer allgemeineren Abstraktionsebene haben wir zum einen die Komponente ‚Staatsbürgerschaft', wonach sich das ‚Deutschsein' als formal-rechtlich geregelte Zugehörigkeit zur nationalstaatlichen Einheit der Bundesrepublik Deutschland und im Verfügen über ein entsprechendes Dokument konstituiert;
2. zum zweiten finden wir auch den ethnischen Aspekt des Musters ‚Deutsch', wonach das Deutschsein im Verfügen über bestimmte kulturelle Merkmale wie Sprache, Gewohnheiten, Tradition oder Religion (‚Wohnzimmer', ‚Pünktlichkeit' usw.) besteht und das sich vor allem in der Abgrenzung gegenüber anderen ethnischen Gruppen (‚Afrikaner', ‚Türken' usw.) konstituiert;
3. und zum dritten schließlich greifen die Plakate der Einbürgerungs-Kampagne auf ein tiefer liegendes Element des Deutungsmusters ‚Deutsch' zurück, das das ‚Deutschsein' bzw. ‚Nicht-Deutschsein' implizit oder explizit an körperlich-biologische Merkmale (Aussehen, Hautfarbe, Haarfarbe, körperliche Konstitution, ‚Rasse') bindet und also zumindest indirekt davon ausgeht, dass die Zugehörigkeit bzw. Nicht-Zugehörigkeit von Menschen zur Gruppe der

‚Deutschen' sich anhand körperlich-physiognomischer und in dieser Weise unmittelbar sichtbarer Merkmale feststellen lässt; dass es sich hierbei um ein mindestens latent rassistisches Element des Musters ‚Deutsch' handelt, von dem offenbar auch in aktuellen Diskursen noch Gebrauch gemacht wird, soll an dieser Stelle keineswegs verschwiegen werden.

Das hier interessierende und anhand der Einbürgerungskampagne der Stadt Berlin konkret greifbar gemachte Deutungsmuster ‚Deutsch' und seine angesprochenen Teilkomponenten werden in den herangezogenen Diskursfragmenten ja nicht spontan ‚erfunden', sondern weisen auf eine längere Tradition ihrer Genese und Entwicklung zurück, die in den Plakaten in spezifischer Weise aufgegriffen und aktualisiert wird. Um also genauer sichtbar zu machen, wie von diesem Muster hier und in anderen aktuellen Diskursfragmenten für die Herstellung von Bedeutung Gebrauch gemacht wird und welche Komponenten und Teilaspekte dabei wie aufgegriffen werden, soll hier zunächst die weit verzweigte Deutungsgeschichte des Musters ‚Deutsch' so weit rekonstruiert werden, wie es für die kulturwissenschaftliche Einordnung unseres Diskursbeispiels in die thematisch einschlägigen diskursiven Wissensordnungen erforderlich und sinnvoll ist.

3.1.4.2 Zur Deutungsgeschichte des Musters ‚Deutsch'

Der hier zu unternehmende Versuch einer Rekonstruktion der unterschiedlichen Deutungen, die dem Deutungsmuster ‚Deutsch' in der Vergangenheit zugeschrieben worden sind, ist mit einigen Schwierigkeiten verbunden. Zum einen nämlich haben wir es mit einer außerordentlich großen Fülle an Material zu tun, denn offenbar bestand und besteht bis heute in der ‚verspäteten Nation' Deutschland ein besonders ausgeprägtes Bedürfnis danach, sich mit den mit dem ‚Deutschsein' ja angesprochenen ethnisch-nationalen Kategorien der Zugehörigkeit auseinanderzusetzen und sich der je eigenen nationalen ‚Identität' zu versichern. Nach einem bekannten und vielzitierten Bonmot des Philosophen Friedrich Nietzsche sei es geradezu kennzeichnend für die Deutschen, „dass bei ihnen die Frage ‚Was ist deutsch?' niemals ausstirbt" (Nietzsche 1994: S. 709). Tatsächlich lässt sich seit dem späten 18. Jahrhundert und bis heute weitgehend ungebrochen anhaltend eine völlig unüberschaubare Fülle an Publikationen verzeichnen, die sich an dieser Frage abarbeiten und das vermeintlich spezifisch ‚Deutsche' zu erkunden versuchen, sei dies nun mit ‚deutscher Seele', ‚deutschem Gemüt', ‚deutschem Nationalcharakter', ‚deutscher Mentalität', ‚deutscher Kultur' oder gar ‚deutscher Rasse' genauer bezeichnet. Angesichts der Menge an Material kann die hier zu leistende Deutungsgeschichte natürlich keinerlei Anspruch auf Vollständigkeit erheben; stattdessen sollen nur grobe Linien der Entwicklung herausgearbeitet werden, und dies auch nur mit einem bestimmten thematischen Fokus.

Der Fülle an Material steht auf der anderen Seite ein gewisser Mangel an seriöser Forschung zum Thema gegenüber. Nun könnte man an dieser Stelle einwenden, dass doch schon seit vielen Jahren zahlreiche Arbeiten zum Thema ‚deutsche Identität' oder ‚Was ist Deutsch?' publiziert werden, und tatsächlich liegen auch aus jüngerer Zeit einige auf den ersten Blick einschlägige Titel aus unterschiedlichen Disziplinen vor (z. B. Elias 1989; Westle 1999; Bausinger 2005; Gelfert 2005; Demandt 2007; Borchmeyer 2017). Schaut man jedoch genauer hin, stellt sich schnell heraus, dass die meisten Arbeiten zum Thema ein unkritisch essentialistisches Verständnis von Konzepten wie ‚deutsche Identität' oder ‚deutsches Volk' zugrunde legen und daher einen Beitrag zu der Frage leisten wollen, worin das vermeintlich spezifisch ‚Deutsche' denn nun wirklich besteht, anstatt – wie es aus kritisch-konstruktivistischer Perspektive einzig sinnvoll und wissenschaftlich vertretbar wäre – die Prozesse und Diskurse zu rekonstruieren, über die das ‚Deutsche' jeweils hergestellt, gedeutet und ausgehandelt wurde und wird. Dabei können und sollen auch nicht alle politischen und historischen Kontexte einbezogen werden, in denen die Auseinandersetzung um das ‚Deutschsein' bislang eine Rolle gespielt hat; vielmehr wird sich die folgende Rekonstruktion der Deutungsgeschichte des Deutungsmusters ‚Deutsch' vor allem auf den Kontext von Migration und Einbürgerung konzentrieren, in dem ja auch unser Ausgangsbeispiel verortet ist.

Ethnisch-kulturelles vs. formal-rechtliches Verständnis vom ‚Deutschsein'
Wenn wir zunächst von der Etymologie des Wortes ausgehen, so befinden wir uns hier in einem vergleichsweise gut beackerten Feld. Das Wort ‚deutsch', so die einschlägige sprachgeschichtliche Forschung, geht auf westgermanische Sprachwurzeln wie das gotische *piudiskō* oder das althochdeutsche *thiutisk* zurück, mit der Bedeutung ‚zum Volk gehörig'; es meint zunächst einmal die germanische Volkssprache im Gegensatz zu dem im Mittelalter in gebildeten Kreisen bevorzugten Lateinischen, bekommt aber schon früh auch eine politische Bedeutung, bezieht sich also auch auf eine Gruppe von Menschen sowie auf eine politische Entität wie ‚Deutschland' bzw. ‚Teutschland' (vgl. https://www.dwds.de/wb/deutsch, abgerufen am 16.09.2020). Diese eher politische Bedeutung, die Verwendung des Wortes als Bezeichnung der Bevölkerung des ‚Heiligen Römischen Reichs Deutscher Nation' sowie insbesondere auch die Zuschreibung bestimmter ‚Charaktermerkmale' der ‚Deutschen', die sich allerdings vor allem aus älteren Differenzierungen verschiedener ‚Charaktertypen' speisten, waren bereits zur Zeit der Renaissance und in der frühen Neuzeit verbreitet (vgl. z. B. Lau 2010; Stanzel 1997: S. 55–72, 1999).

Ethnisch-kulturelle Deutungstradition: Die eigentliche und bis heute andauernde Funktion und Bedeutung des Musters ‚Deutsch' hängt sehr eng mit dem oben ja bereits andeutungsweise beschriebenen Prozess der europäischen Modernisierung, der damit einhergehenden Herausbildung moderner Territorial- und Nationalstaaten und mit der Entstehung des Nationalismus in Deutschland im späten 18. und frühen 19. Jahrhundert zusammen. Das ‚Deutsche' gewinnt jetzt eine wichtige Funktion im Kontext der Herausbildung eines ‚deutschen' Nationalbewusstseins jenseits des auf die einzelnen Territorialstaaten wie Preußen, Sachsen oder Bayern bezogenen regionalen Patriotismus und wird zur Bezeichnung einer neuen ethnisch-nationalen Zugehörigkeit, die allerdings zunächst noch und auch noch lange danach ein deutliches Spannungsverhältnis zu den politischen Realitäten des 19. Jahrhunderts markierte. Einen Nationalstaat nämlich, auf den sich dieses neue Muster nationaler Zugehörigkeit der ‚Deutschen' hätte beziehen können, gab es, anders als in anderen europäischen Ländern, vorerst nicht. Das Muster ‚Deutsch' artikuliert sich daher von Anfang an weniger in politischen als in ethnisch-kulturellen Dimensionen.

Die auf den Historiker Friedrich Meinecke zurückgehende Unterscheidung zwischen ‚Staatsnation' und ‚Kulturnation' bringt diese Deutungstradition in immer noch gültiger Form auf den Begriff. Staatsnationen sind demnach „solche, die vorzugsweise auf der vereinigenden Kraft einer gemeinsamen politischen Geschichte und Verfassung beruhen" (Meinecke 1928: S. 3); hier also sind Nationen gemeint, die, wie beispielsweise Frankreich oder das Vereinigte Königreich, bereits früh moderne staatliche Strukturen ausgebildet haben und deren ‚Staatsvolk' sich vor allem über die Zugehörigkeit zum Staat definiert und artikuliert. Demgegenüber handelt es sich bei ‚Kulturnationen' um solche, die auf einem „gemeinsam erlebten Kulturbesitz beruhen" (ebd.), die sich in der Regel also nicht auf vorhandene staatliche Strukturen und Institutionen stützen, sondern ihre Zugehörigkeit und Zusammengehörigkeit über ‚kulturelle' Gemeinsamkeiten definieren: „Gemeinsprache, gemeinsame Literatur und gemeinsame Religion sind die wichtigsten und wirksamsten Kulturgüter, die eine Kulturnation schaffen und zusammenhalten" (ebd.).

Auch wenn man die Polarität von französischer Staatsnation und deutscher Kulturnation und insbesondere die damit häufig einhergehenden Idealisierungen der einen oder anderen Seite heute zweifellos deutlich differenzierter sehen muss (vgl. dazu schon Brubaker 1994: S. 25–26; Gosewinkel 2016: S. 58–59), besteht doch in der neueren historischen Forschung kein Zweifel daran, dass das zunächst von einer kleinen Schicht bürgerlicher Intellektueller getragene Verständnis von einer ‚deutschen Nation' sich zunächst und vor allem in ethnischen und kulturellen Kategorien artikulierte, zu denen neben der Berufung auf eine ins Mythische verlagerte Vergangenheit oder einem gewissen universalen Sendungsbewusstsein deutscher ‚Bildung' auch die als ‚natürlich' vorhanden und allen ‚Deutschen' gemeinsam imaginierte deutsche Sprache gehörte (vgl. z. B. Wehler 1989: S. 509–512; Wehler 2001: S. 62–72; Jansen/Borggräfe 2007: S. 37–50). „Die Majestät des Deutschen", so heißt es in einem Gedicht-Fragment von Friedrich Schiller aus dem Jahr 1797, beruhe nicht „auf dem Haupt seiner Fürsten", sei also nicht politisch begründet, vielmehr handele es sich um eine rein „sittliche Größe": „sie wohnt in der Kultur und im Charakter der Nation" (zitiert nach Jansen/Borggräfe 2007: S. 42).

Während die ältere historische Nationalismusforschung die frühen Bestrebungen eines ethnisch-kulturellen Verständnisses von ‚deutscher Nation' zunächst noch als

3.1 Kulturthema ‚Zugehörigkeit': Kategoriale Deutungsmuster

Teil der gesellschaftlichen Modernisierung um 1800 aufgefasst und als ‚liberalnationalistisch' von den rassistischen und antisemitischen Auswüchsen des späteren ‚Radikalnationalismus' unterschieden, ihnen damit aber auch gewisse emanzipatorische Implikationen zugeschrieben hat (vgl. z. B. Dann 1996: S. 16–20; Wehler 1989: S. 510–511; vgl. dazu Jansen/Borggräfe 2007: S. 33–34), betont die neuere Forschung heute weitaus stärker den ambivalenten Charakter auch des frühen Nationalismus in Deutschland, wie er sich vor allem im Kontext der Napoleonischen Besatzung und der so genannten ‚Befreiungskriege' artikulierte. Dabei werden nicht nur die manifest xenophoben, insbesondere gegen alles ‚Französische' gerichteten Tendenzen in aller Schärfe herausgearbeitet (diese wurden auch zuvor nicht verschwiegen, vgl. z. B. Wehler 1989: S. 511–12), sondern es wird insbesondere auf die biologisierenden und essentialisierenden Implikationen hingewiesen, die das ‚Deutsche' jetzt als ‚natürlich' gegebenes, auf gemeinsamer Sprache und Abstammung beruhendes und von ‚Fremdem' strikt zu trennendes ‚deutsches Volkstum' imaginieren (vgl. Jansen/Borggräfe 2007: S. 37–43) und die sich bei Autoren wie Arndt, Fichte, Jahn oder Schleiermacher bis in die 1820er Jahre hinein weiter durchsetzen und radikalisieren (vgl. ebd.: S. 43–50).

‚Deutsche Staatsangehörigkeit' in der Frankfurter Nationalversammlung 1848: Das ethnisierende Verständnis des ‚Deutschen', wie es sich in der ersten Hälfte des 19. Jahrhunderts in den einschlägigen Diskursen weitgehend etabliert hat, führte spätestens im Zuge der bürgerlichen Revolution von 1848 und ihrer Bestrebungen zur Schaffung eines deutschen Nationalstaats zu erheblichen politischen Verwerfungen und geriet in ein unauflösliches Spannungsverhältnis mit der sich jetzt immer deutlicher stellenden Frage nach einer politisch-administrativen Auffassung vom ‚Deutschsein' im Sinne einer deutschen Staatsangehörigkeit bzw. einer deutschen Staatsbürgerschaft.

Wie oben bereits kurz angesprochen (s. Abschn. 3.1.2), hatte die Herausbildung moderner Territorialstaaten mit sich zunehmend rationalisierenden Verwaltungen die allmähliche Ablösung herkömmlich ständestaatlicher Kategorien sozialer Zugehörigkeit durch einen egalitären Untertanenverband zur Folge, der schließlich auch administrative und rechtliche Regelungen der Zugehörigkeit in Form moderner Staatsangehörigkeit verlangte. Darüber hinaus kam es in den Mitgliedstaaten des nach dem Wiener Kongress von 1815 entstandenen Deutschen Bunds auch zu starken, meist ökonomisch bedingten Wanderungsbewegungen, die das Problem der formalen Zugehörigkeit zum jeweiligen Territorialstaat in der alltäglichen Verwaltungspraxis noch verschärften. So kam es in der ersten Hälfte des 19. Jahrhunderts in vielen Staaten des Deutschen Bunds zu rechtlichen Kodifizierungen der jeweiligen Staatsangehörigkeiten, die diese zwar durchweg über das Prinzip der Abstammung regelten, aber nur die Zugehörigkeit zum betreffenden Territorialstaat (Österreich, Preußen, Bayern, Sachsen usw.) definierten und keine ethnisch-nationalen Implikationen aufwiesen, auch dann nicht, wenn es sich, wie etwa im Fall von Österreich, um Länder mit ethnisch vielfältiger Bevölkerung handelte (vgl. Gosewinkel 2001: S. 27–66).

Die Regelungen rein territorialstaatlicher Staatsangehörigkeiten gerieten bald in ein grundlegendes Spannungsverhältnis zu den Bestrebungen um die Schaffung eines deutschen Nationalstaats, die vor allem während der bürgerlichen Revolution von 1848 eine wichtige Rolle spielten. Die Nationalversammlung in der Frankfurter Paulskirche, die einen Verfassungsentwurf für einen solchen deutschen Nationalstaat vorlegte, musste sich u. a. mit der Frage auseinandersetzen, welche Personen als ‚deutsch' gelten und daher dem deutschen Nationalstaat angehören sollten und welche nicht, insbesondere mit Blick auf die Territorien der dem Deutschen Bund angehörenden Staaten mit nicht deutsch sprechender Bevölkerung, vor allem in Preußen und Österreich.

In dem von der Frankfurter Nationalversammlung diskutierten Entwurf ist, anders als in den meisten Regelungen der Territorialstaaten, nicht von ‚Staatsangehörigen' oder gar – wie in Preußen – von ‚Untertanen' die Rede, sondern von ‚Staatsbürgern', denen aufgrund ihres Status als ‚Deutsche' also auch umfangreiche Rechte der politischen Mitwirkung eingeräumt werden sollten. „Jeder Deutsche", so lautete § 1 des Entwurfs, „hat das allgemeine deutsche Staatsbürgerrecht" (zit. nach Gosewinkel 2001: S. 111). Dies aber machte es – so zumindest die Haltung einiger der Delegierten – umso wichtiger, den im Entwurf unbestimmt bleibenden Begriff des ‚Deutschen' genauer zu definieren, zumal sich hier, wie beispielsweise der österreichische Delegierte Johann Nepomuk Fritsch meinte, vielfältige Missverständnisse einstellen könnten:

> „Der Ausdruck ‚Deutscher', wie er hier genommen ist, muß nothwendig zu vielseitiger Mißdeutung führen. Wir haben in Deutschland nicht bloß rein deutsche Bewohner, sondern es wohnen viele Völker anderer Zungen in unserem großen Lande, Italiener, Slawen und selbst Franzosen. Diese würden dann natürlicherweise glauben, sie seien unter dem Ausdruck ‚Deutsche' nicht begriffen" (Wigard 1848/49, Band 1: S. 733/34).

Hier wird ein ethnisch-kulturell gedeutetes und sich vor allem an der Sprache festmachendes Verständnis des ‚Deutschen' mit einer gewissen Selbstverständlichkeit vorausgesetzt, wie es sich auch bei anderen Abgeordneten in ähnlicher Weise findet. Im weiteren Verlauf der Debatte wurde von dem Abgeordneten Wilhelm Jordan der sehr weitgehende Vorschlag gemacht, den Begriff des ‚Deutschen' von seinen ethnisch-kulturellen Implikationen zu lösen und ihn im Verfassungsentwurf explizit – analog zu Großbritannien und den USA – mit einer rein politischen Bedeutung zu versehen:

> „Die Engländer, Schotten und Iren bilden Alle zusammen Eine Nation. Sie fassen sich zusammen zur britischen Nation. Ebenso bildet sich aus den verschiedenen Stämmen Nord-Amerikas eine sehr scharf bestimmte Nationalität. Sie sind Alle insgesammt Nord-Amerikaner, und mit demselben Rechte können wir sagen: Alle, welche Deutschland bewohnen, sind Deutsche, wenn sie auch nicht Deutsche von Geburt und Sprache sind. Wir decretiren sie dazu, wir erheben das Wort ‚Deutscher' zu einer höheren Bedeutung, und das Wort ‚Deutschland' wird fortan ein politischer Begriff" (ebd.: S. 737).

Zwar bleibt auch hier die ethnisch-kulturelle Bedeutung des ‚Deutschseins' selbstverständlich vorausgesetzt, es wird aber erstmals eine davon unabhängige rein politische und nur an die territoriale Anwesenheit von Menschen in einem bestimmten Staatsgebiet gebundene Bedeutung etabliert, die sich allerdings weder in der Nationalversammlung noch in den darauf folgenden Jahren und Jahrzehnten durchsetzen und etablieren konnte. Die Paulskirchenversammlung kam nach längeren Debatten über mögliche Präzisierungen und Konkretisierungen im Hinblick darauf, wer nun genau ‚Deutscher' im Sinne des neuen deutschen Staatsangehörigkeitsrechts sein und damit auch über staatsbürgerliche Rechte verfügen sollte, zu dem Beschluss, an der eher vagen Formulierung des ursprünglichen Entwurfs festzuhalten, wie sie oben bereits zitiert wurde und wonach „jeder Deutsche […] das allgemeine deutsche Staatsbürgerrecht" haben sollte.

Immerhin sei angemerkt, dass die Frankfurter Nationalversammlung zwar von deutlich nationalistischen und auch antisemitischen Tönen nicht frei war (vgl. z. B. Gosewinkel 2001: S. 132), dass aber das dabei vorherrschende ethnisch-kulturelle Verständnis des ‚Deutschseins' in der Regel nur an der Sprache, nicht jedoch an biologisierenden und rassistischen Kategorien festgemacht wurde. Dies sollte sich allerdings in den späteren Jahrzehnten ändern.

Ethnisierung der Staatsangehörigkeit im Kaiserreich: Das Scheitern der Revolution von 1848 und des Verfassungsentwurfs der Frankfurter Nationalversammlung führten dazu, dass die Staatsangehörigkeitsregelungen in den Staaten des Deutschen Bundes in den Jahren zwischen 1848 und 1871 bis zu einem gewissen Maß vereinheitlicht wurden, eine ‚deutsche' Staatsangehörigkeit kam aber zunächst nicht zustande (vgl. Gosewinkel 2001: S. 136–176). Auch die Gründung des deutschen Kaiserreichs 1871 änderte daran zunächst nichts, da die Reichsangehörigkeit über die Staatsangehörigkeiten der einzelnen Bundesstaaten geregelt wurde. Die sich in der zweiten Hälfte des 19. Jahrhunderts weiter verstärkenden Migrationsbewegungen sowohl innerhalb des Reiches als auch und vor allem über dessen Grenzen hinweg, aber auch der zunehmende Einfluss eines sich immer weiter radikalisierenden nationalistischen Diskurses in Politik und Öffentlichkeit führten vor allem seit den 1890er Jahren zu einer breiten politischen Diskussion über die Frage, wer als ‚Deutscher' gelten solle, mit deutlichen Tendenzen der Ausgrenzung und Diskriminierung insbesondere polnischer und jüdischer Bewohner des deutschen Reiches. Nach langen und kontroversen Diskussionen kam es schließlich im Jahr 1913 zur Verabschiedung eines neuen Staatsangehörigkeitsrechts, das die Staatsangehörigkeit jetzt konsequent und ausnahmslos an das Prinzip der ethnischen Abstammung von einem ‚deutschen' Vater knüpfte und damit – neben dem als selbstverständlich geltenden patrilinearen Abstammungsprinzip – dem hergebrachten ethnischen Verständnis vom ‚Deutschsein' erstmals auch zu formal-rechtlicher Geltung verhalf. Die einschlägige Forschung spricht hier also zu Recht von einer „Ethnisierung" (Hansen 2009) bzw. „Nationalisierung" (Gosewinkel 2001: S. 325) der Staatsangehörigkeit, mit der „vorstaatlich-vorpolitische Nationenvorstellungen […] ihre rechtliche Legitimation" erhielten (ebd.).

Das Staatsangehörigkeitsrecht im deutschen Reich stand somit von Anfang an im Dienst der politischen Realisierung ethnisierender (und rassialisierender, s. u.)

Homogenitätsphantasien vom ‚deutschen Volk' (und von der ‚Reinheit der weißen Rasse'), wie sie sich insbesondere seit der zweiten Hälfte des 19. Jahrhunderts im Kontext von Migrationsbewegungen, aber auch im Kontext des Kolonialismus herausgebildet hatten. Auch wenn das Gesetz von 1913 durchaus die Einbürgerung von als ‚nicht-deutsch' geltenden Personen vorsah (vgl. Gosewinkel 2001: S. 327), so zeigt die Einbürgerungspraxis bis in die 1990er Jahre hinein doch, dass es vor allem der Abwehr von als ‚fremd' und ‚undeutsch' geltenden Menschen diente und umgekehrt die Vorstellungen von einem ethnisch und kulturell homogenen ‚deutschen Volk' nachhaltig unterstützte.

‚Volkszugehörigkeit' im Grundgesetz: In dieser Tradition einer ethnisch-kulturellen Deutung dessen, was als ‚deutsch' gelten soll, stehen auch noch die verfassungsrechtlichen Regelungen, die im Grundgesetz der Bundesrepublik Deutschland von 1949 formuliert und bis heute gültig sind. So heißt es im einschlägigen Artikel 116 GG:

> „Deutscher im Sinne dieses Grundgesetzes ist vorbehaltlich anderweitiger gesetzlicher Regelung, wer die deutsche Staatsangehörigkeit besitzt oder als Flüchtling oder Vertriebener *deutscher Volkszugehörigkeit* oder als dessen Ehegatte oder Abkömmling in dem Gebiete des Deutschen Reiches nach dem Stande vom 31. Dezember 1937 Aufnahme gefunden hat" (Bundeszentrale für politische Bildung 2017: S. 83; Hervorh. CA).

Diese Formulierung besteht aus zwei recht unterschiedlichen Teilen, die mit Hilfe der Konjunktion ‚oder' miteinander verbunden werden; demnach gelten also zwei verschiedene, aber gleichrangige Kriterien, nach denen die Zugehörigkeit eines Menschen zur Gruppe der ‚Deutschen' bestimmt wird. Zum einen haben wir eine rein formale Bestimmung, die von Juristen als ‚Legaldefinition' bezeichnet wird und wonach das Deutschsein einfach in der Staatsangehörigkeit besteht. Deutscher ist demnach also, wer deutscher Staatsbürger ist, weitere Merkmale oder Bedingungen etwa politischer, sozialer, kultureller, sprachlicher, territorialer oder gar ‚rassischer' Natur werden hier nicht genannt; implizit wird mit der Formulierung aber auf die gesetzlichen Regelungen zur Staatsbürgerschaft verwiesen, die bis 1999 weiterhin auf die Bestimmungen des Jahres 1913 zurückgriffen.

Als zweite Möglichkeit für eine Zugehörigkeit zur Gruppe der ‚Deutschen' wird dann aber noch auf Flüchtlinge oder Vertriebene „deutscher Volkszugehörigkeit" verwiesen, sofern sie auf dem Territorium des Deutschen Reiches in den Grenzen von 1937, also vor dem Beginn der aggressiven Expansionspolitik Nazi-Deutschlands, Aufnahme gefunden haben. Gemeint sind hier zunächst einmal die Angehörigen deutscher Minderheiten in Mittel- und Osteuropa, also etwa in der damaligen Sowjetunion, in Polen, Ungarn oder Rumänien, die nach dem Zweiten Weltkrieg aus ihren ursprünglichen Siedlungsgebieten geflohen sind oder vertrieben wurden; gemeint waren dann aber auch die Bewohner der Gebiete, die bis 1945 Teil des Deutschen Reiches waren und später dem Territorium der Sowjetunion oder Polen zugesprochen wurden, also insbesondere Schlesien, Pommern und

3.1 Kulturthema ‚Zugehörigkeit': Kategoriale Deutungsmuster

Ostpreußen. Dieser Personengruppe wird also für den Fall, dass sie in die Bundesrepublik einreisen, aufgrund ihrer ‚Volkszugehörigkeit' der Status des ‚Deutschen' zuerkannt, weshalb man in der einschlägigen Literatur auch von so genannten ‚Statusdeutschen' spricht. Statusdeutsche in diesem Sinn werden vom Grundgesetz somit den deutschen Staatsangehörigen formal gleichgestellt, ihnen werden zudem die im Grundgesetz den ‚Deutschen' vorbehaltenen Grundrechte zuerkannt, die beispielsweise ‚Ausländern' nicht zustehen (vgl. von Münch 2007: S. 110).

Interessant ist dieser zweite Teil der ‚Deutschen'-Definition des Grundgesetzes, weil damit das ‚Deutschsein' nicht nur an das formale Kriterium der Staatsangehörigkeit, sondern darüber hinaus auch an das ethnische Kriterium der ‚Volkszugehörigkeit' gebunden, das Muster ‚Deutsch' damit aber mit Hilfe der oben schon erwähnten ethnisch-kulturellen Merkmale wie Sprache, Traditionen, Sitten und Bräuche usw. inhaltlich definiert wird. Genauer entfaltet wird dies im entsprechenden Artikel des „Gesetzes über die Angelegenheiten der Vertriebenen und Flüchtlinge" (Bundesvertriebenengesetz, BVFG) aus dem Jahr 1953, hier in der Neufassung von 1987 bzw. 2007, wo es heißt:

> „§ 6 Volkszugehörigkeit
>
> (1) Deutscher Volkszugehöriger im Sinne dieses Gesetzes ist, wer sich in seiner Heimat zum deutschen Volkstum bekannt hat, sofern dieses Bekenntnis durch bestimmte Merkmale wie Abstammung, Sprache, Erziehung, Kultur bestätigt wird" (BVFG: S. 3; https://www.gesetze-im-internet.de/bvfg/BVFG.pdf; 22.09.2020).

Mit den hier genannten und im Abs. 2 genauer ausgeführten Kriterien einer deutschen „Volkszugehörigkeit" wie Abstammung, Sprache, Erziehung und Kultur sowie dem Bekenntnis zum „deutschen Volkstum" aber markieren die Nachkriegsregelungen eine deutliche Kontinuität über die vermeintliche historische Zäsur des Jahres 1945 hinweg, indem sie die schon seit dem späten 19. Jahrhundert bestehende Tendenz zur Ethnisierung der Zugehörigkeit zur Gruppe der ‚Deutschen' ebenso weitgehend ungebrochen fortführen wie die biologistische Rede vom ‚deutschen Volkstum'. Dies umso mehr, als die Definition deutscher ‚Volkszugehörigkeit' im Bundesvertriebenengesetz mit einer entsprechenden Formulierung des (nationalsozialistischen) Reichsministers des Inneren vom März 1939 wörtlich übereinstimmt (vgl. Gosewinkel 2016: S. 368).

Zwar geht die einschlägige Forschung heute davon aus, dass die ethnisierende Definition einer deutschen ‚Volkszugehörigkeit' keineswegs, wie während der Zeit des Nationalsozialismus, eine aggressive Expansionspolitik legitimieren sollte, sondern eher eine defensive Stoßrichtung hatte und dazu diente, den Flüchtlingen und Vertriebenen im Osten Europas Schutz zu gewähren (vgl. ebd.: S. 367); ungeachtet dessen kann aber auch nicht geleugnet werden, dass die ‚Deutschen'-Definition des Grundgesetzes mit ihrem expliziten Verweis auf die ‚deutsche Volkszugehörigkeit' die verhängnisvolle Tradition einer ethnisierenden und homogenisierenden Deutung dessen, was als ‚deutsch' gelten soll, bis ins 21. Jahrhundert hinein weitgehend ungebrochen fortsetzt.

Rassistisch-biologisierende Traditionen

Die im vorangehenden Abschnitt skizzierte Tradition einer ethnisierenden Deutung des Musters ‚Deutsch' geht davon aus, dass das ‚Deutsche' in bestimmten meist als ‚kulturell' bezeichneten Merkmalen besteht, die die Gemeinsamkeit eines ‚deutschen Volks' konstituieren sollen. Dabei meint der Ausdruck ‚kulturell' in diesem Zusammenhang in der Regel solche Merkmale, die nicht als ‚angeboren' oder biologisch ‚vererbt', sondern als erworben und veränderlich gelten. Dazu gehört vor allem die als gemeinsam und einheitlich imaginierte ‚deutsche Sprache', dazu können aber auch bestimmte durch Erziehung oder Gewöhnung angeeignete und als ‚gemeinsam' vorgestellte Charaktereigenschaften oder Wertorientierungen oder auch ‚gemeinsame' Erinnerungen gehören. Die Grenze zwischen solchen meist als ‚kulturell' bezeichneten Merkmalen auf der einen und eher als naturgegeben und vermeintlich biologisch determiniert geltenden Merkmalen auf der anderen Seite war in dieser Deutungstradition allerdings immer ungenau markiert und fließend. Schon die einschlägigen Beiträge von Autoren wie Fichte, Arndt oder Jahn aus den Jahren der so genannten ‚Befreiungskriege' sind von solchen biologisierenden Vorstellungen von ‚Deutschtum' oder ‚deutschem Volkstum' nicht frei, und auch die ethnisierende Umdeutung des für die deutsche Staatsangehörigkeit bis heute maßgeblichen Prinzips der Abstammung weist deutliche Bezüge zu einem als ‚natürlich' vorhanden aufgefassten ‚Deutschtum' und damit zu einem Denken in biologistischen und rassistischen Kategorien auf.

Ältere und neuere Perspektiven der Rassismus-Forschung: Die Geschichte des Rassismus in Deutschland kann heute im internationalen wie im engeren deutschsprachigen Kontext als recht gut erforscht gelten (vgl. z. B. Geiss 1988; El Tayeb 2001; Dietrich 2007; Geulen 2009; Hund 2017; Mosse 1978, 1996; Miles/Brown 2003; Fredrickson 2011 u. v. a.). Dabei werden in den vorliegenden Darstellungen meist sowohl der enge Zusammenhang zwischen rassistischen Ideologien und dem europäischen Kolonialismus als auch die Anbindung des modernen Rassismus an die ältere Tradition des Antisemitismus herausgearbeitet, die sich dann insbesondere in Deutschland im 20. Jahrhundert in so verhängnisvoller Weise zu einer politisch einflussreichen Ideologie verfestigte – mit den bekannten Folgen, die mit den Stichworten ‚Auschwitz' und ‚Holocaust' hier nur angedeutet seien. In der Regel konzentrieren sich die meisten Darstellungen der historischen Herausbildung und Durchsetzung rassistischer Denkmuster allerdings eher auf die Theorien und politischen Ideologien des Rassismus, die im 19. und 20. Jahrhundert ja von der Wissenschaft maßgeblich unterstützt und vorangetrieben worden sind, und weniger auf das, was man heute ‚Alltagsrassismus' nennt und was sich nicht in mehr oder weniger elaborierten Theorieentwürfen, sondern im alltäglichen Denken und Sprechen niederschlägt, gerade dadurch aber eine umso nachhaltigere diskursive Macht entfaltet. Hinzu kommt, dass insbesondere ältere Arbeiten den Kern des Rassismus in der Über- und Unterordnung bestimmter Gruppen von Menschen und in der damit einhergehenden Diskriminierung und Unterdrückung etwa von ‚Juden' oder ‚Schwarzen' sehen, die Kategorien, die der Gruppeneinteilung zugrunde liegen, aber selbst

3.1 Kulturthema ‚Zugehörigkeit': Kategoriale Deutungsmuster

unreflektiert übernehmen und nicht weiter in Frage stellen. So versteht etwa der deutsche Historiker Imanuel Geiss den Rassismus vor allem als „Erklärungs- und Rechtfertigungsideologie der welthistorischen materiellen, militärischen und technischen Überlegenheit der Europäer" (Geiss 1988: S. 15), deren Kern darin bestehe, dass sie real bestehende Unterschiede zwischen den Menschen missbrauche und dadurch Vorurteile schüre:

> „Tatsächlich gibt es tiefgreifende Unterschiede zwischen verschiedenen Menschengruppen, die der Rassismus nur verabsolutiert, übertreibt und agitatorisch mißbraucht. [...] Daher ist eine konstruktive Überwindung rassistischer Vorurteile nur durch nüchterne Analyse und historische Erklärung solcher Unterschiede möglich, um sie dem Mißbrauch durch den Rassismus zu entziehen. Es muß also von real existierenden Unterschieden die Rede sein, um sie von fiktiven besser unterscheiden zu können. Nur dürfen sie nicht Vorwand werden für rassistische Unterdrückung, Ausbeutung und Verachtung anderer Menschen" (ebd.: S. 20).

Hier bleibt die ansonsten sehr wichtige und verdienstvolle Arbeit von Geiss seltsam inkonsequent und unterkomplex, weil sie die ja schon selbst rassistisch motivierten Kategorien der Einteilung von menschlichen Großgruppen nicht mehr hinreichend kritisch reflektiert. Geiss geht sogar so weit, die von der herkömmlichen Rassen-Anthropologie entwickelte Systematik der Einteilung menschlicher ‚Rassen' in ‚Europide', ‚Negride' und ‚Mongolide' selbst zu verwenden und diese deutlich rassistisch motivierte Systematik damit zu bestätigen und weiter zu tradieren (vgl. ebd.: S. 24–25).

Hier ist die neuere Rassismusforschung und -kritik deutlich weiter: Rassismus ist nach heutigem Verständnis nicht auf das Bestehen von Vorurteilen oder diskriminierenden Praktiken gegenüber bestimmten Menschengruppen zu reduzieren, er beginnt vielmehr bereits da, wo Menschen überhaupt anhand bestimmter als relevant gesetzter körperlich-biologischer Merkmale zu Gruppen kategorisiert und diesen Gruppen dann zudem bestimmte soziale Rollen oder Verhaltenserwartungen zugeschrieben werden. Anders gesagt: Rassismus ist zunächst und vor allem ein diskursives Phänomen, das sich nicht zuletzt in Sprache und in den dieser zugrunde liegenden Wissensordnungen niederschlägt und von hier aus dann in diskriminierenden Praktiken und rassistisch motivierter Gewalt mündet.

Rassialisierende Implikationen des Musters ‚Deutsch': Im Hinblick auf unser Thema, die Rekonstruktion der rassialisierenden Implikationen des Deutungsmusters ‚Deutsch', ist diese neue Perspektive allerdings insofern nicht sehr ergiebig, als es bislang kaum einschlägige historische Forschung zu der Frage gibt, wie sich diese Implikationen, also die Bindung des ‚Deutschseins' nicht nur an ethnisch-kulturelle, sondern eben auch an körperlich-biologische Merkmale wie Haut- oder Haarfarbe und damit an manifest oder latent rassistische Kategorien, konkret in den Alltags- und Mediendiskursen im 19. und 20. Jahrhundert herausgebildet und entwickelt haben. Zwar hat es insbesondere in der ‚kritischen Weißseinsforschung' *(Critical Whiteness Studies)* schon früh Hinweise auf den Zusammenhang zwischen der rassistischen Kategorie des ‚Weißseins' auf der einen und dem ‚Deutschsein' auf der anderen Seite gegeben (vgl. z. B.

Walgenbach 2005), diese sind aber bislang nur in Ansätzen weitergeführt und konkretisiert worden (vgl. z. B. Hund 2017). Hinzu kommt, dass in aktuellen rassismuskritischen Publikationen, die die oben skizzierte neue Perspektive auf Rassismus teilen und beispielsweise das Fortleben rassistischer Denk- und Wahrnehmungsmuster in aktueller Alltagssprache und Alltagsdiskursen aufdecken wollen, eine in diesem Sinn rassismuskritische Rekonstruktion des Musters ‚Deutsch' offenbar für entbehrlich gehalten wird. So sucht man beispielsweise in dem ansonsten im vorliegenden Zusammenhang sehr wichtigen Buch *Wie Rassismus aus Wörtern spricht* von Susan Arndt und Nadja Ofuatey-Alazard in der Liste der „Kernkonzepte und Artikulationsräume weißen Wissens" einen Eintrag zu ‚Deutsch' vergeblich (vgl. Arndt/Ofuatey-Alazard 2011). Auch das von Adibeli Nduka-Agwu und Antje Lann Hornscheidt herausgegebene „kritische[...] Nachschlagewerk zu rassistischen Sprachhandlungen" mit dem Titel *Rassismus auf gut Deutsch* bezieht sich zwar explizit auf die deutsche Sprache und die deutschsprachige Diskurswelt, enthält aber ebenfalls keinen Eintrag zum Thema ‚Deutsch' (vgl. z. B. Nduka-Agwu/Hornscheidt 2010).

Was nun die historische Rekonstruktion dieser rassialisierenden und biologisierenden Aspekte des Musters ‚Deutsch' angeht, so müssen und können wir uns aus den genannten Gründen hier auf das Nachzeichnen einiger weniger und besonders wichtiger Grundlinien beschränken. Demnach waren es vor allem die Gründung des Deutschen Reichs 1871 und die daran sich anschließende Nationalisierung der politischen und medialen Diskurse, der ebenfalls mit der Reichsgründung deutlich an Gewicht zunehmende deutsche Kolonialismus sowie die Frage des Umgangs mit den zahlreichen ethnischen Minderheiten im Land, die maßgeblich dazu beitrugen, dass die Kategorie der ‚Rasse' und die damit einhergehenden biologistischen und sozialdarwinistischen Ideologien insbesondere nach der Jahrhundertwende einen immer größeren Einfluss auf die politischen Auseinandersetzungen gewannen. Auch und insbesondere die Auffassung dessen, was als ‚deutsch' gelten sollte, orientierte sich jetzt immer offener an biologistischen Vorstellungen eines ‚naturgegebenen' ‚deutschen Volkstums', das an die zeitgenössischen Konzepte einer ‚germanischen' oder ‚nordischen' Rasse anknüpfen konnte. Besonders nachhaltigen Ausdruck fanden diese Vorstellungen beispielsweise im Kontext des deutschen Kolonialismus in Südwest-Afrika (dem heutigen Namibia), wo ‚Mischehen' zwischen deutschen (‚weißen') Kolonialisten und ‚eingeborenen' Frauen zeitweise verboten waren und den daraus hervorgehenden Kindern die ihnen in patrilinearer Abstammungslinie eigentlich zustehende deutsche Staatsangehörigkeit verweigert wurde (vgl. Gosewinkel 2001: S. 303–309) – alles im Interesse einer ‚Reinhaltung' der ‚weißen Rasse' und der ‚Weißheit' des deutschen ‚Volkstums'. „Das Deutsche Reich", so hieß es beispielsweise in den *Leipziger Neuesten Nachrichten* im März 1906, „wird in Zukunft viele farbige Untertanen haben, farbige Deutsche wird es allerdings niemals geben" (zit. nach Walgenbach 2005: S. 383; vgl. El Tayeb 2001: S. 121).

Die Konstruktion eines ‚weißen' und sowohl nach ‚biologischen' als auch nach ‚kulturellen' Gesichtspunkten den als ‚farbig', ‚schwarz' oder allgemein als

‚nicht-weiß' imaginierten Anderen grundsätzlich überlegenen ‚Deutschseins' geht zwar schon auf Ansätze einer kolonialistischen und protorassistischen ‚Farbenlehre' seit dem 16. Jahrhundert zurück (vgl. Hund 2017: S. 11–26), hat sich aber erst seit Ende des 19. Jahrhunderts zu einer in der Öffentlichkeit sehr einflussreichen diskursiven Wissensordnung verfestigt und durch kolonialistische ‚Völkerschauen', durch bekannte Werbe-Ikonen (‚Sarotti-Mohr') und ähnliche mediale Erscheinungsformen etabliert (vgl. ebd.: S. 97–113).

Einen wichtigen Beitrag zur Etablierung und Popularisierung dieser Wissensordnung, wonach das ‚Deutschsein' an bestimmte körperliche Merkmale wie insbesondere die ‚weiße' Hautfarbe gebunden wurde, leistete auch die mit ‚wissenschaftlichem' Anspruch auftretende ‚Rassenkunde', die sich im Lauf des 19. Jahrhunderts an Universitäten in Deutschland wie in anderen Ländern etablierte und die an weit verbreitete ideologische Konstrukte wie die Rassenkampftheorie, den Sozialdarwinismus oder die Erfindung einer ‚arischen Rasse' (vgl. Koller 2009: S. 32–40) ebenso anschlussfähig war wie an die schon ältere Tradition des Antijudaismus und des Antisemitismus. Einer der führenden Vertreter der ‚Rassenkunde' in Deutschland war der später als ‚Rassengünther' bekannt gewordene Germanist Hans F.K. Günther, der seit den 1920er Jahren zahlreiche populäre Standardwerke zum Thema publiziert hatte und später einer der führenden Rassetheoretiker des Nationalsozialismus wurde (vgl. Koller 2009: S. 44–45). In seinem 1922 erstmals erschienenen, mehrfach neu aufgelegten und mit mehreren hunderttausend Exemplaren sehr weit verbreiteten Buch *Rassenkunde des deutschen Volkes* ebenso wie in der 1929 erstmals erschienenen und ebenfalls mehrfach neu aufgelegten Kurzversion mit dem Titel *Kleine Rassenkunde des deutschen Volkes,* die beide viel zur Popularisierung der rassistischen Ideologien und Wissensordnungen beigetragen haben, werden in Übereinstimmung mit dem zeitgenössischen rassistischen Diskurs vier „europäische Rassen" unterschieden, von denen eine, die „nordische Rasse", als gegenüber den übrigen als besonders ‚wertvoll' herausgestellt wird. Der Körperbau der „nordischen Rasse", die in Deutschland, aber auch in Skandinavien weit verbreitet sei, sei „hochgewachsen, hochbeinig, schlank", das Gesicht „schmal mit ziemlich schmaler Stirn, schmaler, hochgebauter Nase und schmalem Unterkiefer mit betontem Kinn" (Günther 1936: S. 21), die Haut sei „rosig-hell" (ebd.: S. 24) bzw. „rosig-weiß" (Günther 1923: S. 49), die Haarfarbe sei „ein Blond, das bei meist vorhandenem rötlichem Unterton vom Lichtblonden über das Goldblond bis ins Dunkelblonde reichen kann" (Günther 1936: S. 25). Diese noch sehr viel weiter differenzierte Auflistung von körperlichen Merkmalen der ‚nordischen Rasse' wird jeweils mit Abbildungen von Menschen des „nordischen" oder „vorwiegend nordischen Typs" illustriert, die die behauptete empirische Grundlage und damit die ‚Wissenschaftlichkeit' der Ausführungen unterstützen sollen (vgl. ebd.: S. 21–22; Günther 1923: S. 50–53). Hinzu kommt, dass mittels Abbildungen von Menschen anderer (europäischer) ‚Rassen' wie der ‚westischen' bzw. ‚mediterranen', der ‚dinarischen' oder der ‚ostischen' (vgl. Günther 1936: S. 26–33) nicht nur die zuvor herausgestellten Differenzmerkmale, sondern implizit auch die unterstellte biologische und kulturelle ‚Überlegenheit' der ‚nordischen Rasse' in besonderer Weise sinnfällig gemacht wird.

Kontinuität rassistischer Wissensordnungen über 1945 hinweg: Dass die im Rahmen der pseudowissenschaftlichen Rassenkunde etablierte rassistische Wissensordnung innerhalb der nationalsozialistischen Ideologie und politischen Praxis eine wichtige Rolle gespielt hat, weil sie für die Expansionspolitik ebenso eine willkommene Legitimation bereit stellte wie für den Holocaust und die Ermordung angeblich ‚minderwertiger' Menschen, muss sicher nicht eigens herausgestellt und begründet werden. Die Annahme allerdings, dass diese Wissensordnung nach 1945 aus den deutschsprachigen Diskursen verschwunden sei, erweist sich bei genauerem Hinsehen schnell als falsch. Nicht nur erlebten die Publikationen des ‚Rassengünther' auch nach 1945 weitere Auflagen und erfreuten sich weiterhin großer Beliebtheit (vgl. Koller 2009: S. 45), insgesamt galt die Typologie menschlicher Rassen, wie sie von Günther und anderen ‚Rassekundlern' vertreten wurde, trotz der – wie man heute weiß – nicht vorhandenen wissenschaftlichen Basis noch bis weit in die Gegenwart hinein als Teil des als selbstverständlich geltenden Wissens. Eine Untersuchung der entsprechenden Einträge in mehreren Auflagen der *Brockhaus Enzyklopädie*, eines der führenden Medien der Popularisierung von Wissen, hat eine erstaunliche Kontinuität des Umgangs mit dem ‚Wissen' über ‚Menschenrassen' und mit den dabei zugrunde gelegten rassistischen Wissensordnungen bis weit in die 1990er Jahre hinein offen gelegt (vgl. Altmayer 2004: S. 330–344).

Das Weiterbestehen rassialisierender Wissensmuster bis in die unmittelbare Gegenwart hinein zeigt sich nirgendwo so klar wie im politischen und medialen Diskurs über Migration und in der dabei praktizierten Binarität von ‚Deutschen' und ‚Ausländern', die meist auch dann noch aufrecht erhalten wird, wenn es sich bei den in dieser Weise kategorisierten ‚Ausländern' tatsächlich um längst eingebürgerte ‚Deutsche' handelt, weil die Kategorie des ‚Deutschseins' im Rahmen dieser etablierten und rassialisierenden Wissensordnung nach wie vor an bestimmte körperlich-‚rassische' Merkmale gebunden wird und den im Grundgesetz so genannten ‚Volksdeutschen' reserviert wird:

> „Eine rassismuskritische Analyse bis in die Gegenwart kann aufzeigen, dass das Rassekonzept […] sich auch nach der ‚Stunde Null' im Konzept ‚Ausländer' weiter entfaltet hat und Bestandteil von Differenzkriterien wie Herkunft, Kultur oder Religion wurde, sofern damit gesellschaftliche Ungleichheit legitimiert, die Wertigkeit von Gruppen innerhalb einer Machtasymmetrie definiert oder ihr pures Anwesenheitsrecht als ‚Andere' in Abrede gestellt wird" (Alexopoulou 2018: S. 24).

Auch wenn auf diesem Gebiet zweifellos noch weitere diskursanalytisch orientierte Forschung ein dringendes Desiderat ist, können wir doch festhalten, dass die Deutungsgeschichte des Musters ‚Deutsch' neben einer formal-rechtlichen und einer ethnisch-kulturellen eine bis heute sehr präsente und einflussreiche rassialisierende Komponente beinhaltet, die das ‚Deutschsein' nicht als formale Zugehörigkeit zu einem Staatswesen und auch nicht (nur) als Zugehörigkeit zu einer sich primär über kulturelle Aspekte wie Sprache oder gemeinsame

3.1 Kulturthema ‚Zugehörigkeit': Kategoriale Deutungsmuster

Erinnerungen konstituierenden ‚Nation' versteht, sondern auf eigentlich überkommene und allgemein als höchst fragwürdig geltende rassistische Wissensordnungen zurückgreift. Demnach bleibt das ‚Deutschsein', insbesondere in der binären Gegenüberstellung zu ‚Anderen', an körperliche Merkmale wie Haut- und Haarfarbe gebunden; Menschen dunkler Hautfarbe beispielsweise können nach dieser Logik zwar die deutsche Staatsangehörigkeit erwerben, ‚echte Deutsche' aber werden sie dadurch nicht. Der Ausdruck ‚Schwarze Deutsche' beispielsweise bleibt im Rahmen dieser rassialisierenden Wissensordnung ein Widerspruch in sich.

Blicken wir von dieser zugegebenermaßen verkürzten und typisierten Deutungsgeschichte des Musters ‚Deutsch' aus zunächst noch einmal kurz auf unsere Plakatmotive vom Anfang dieses Kapitels zurück, so können wir festhalten: Die Einbürgerungskampagne der Berliner Senatsverwaltung deutet das Muster ‚Deutsch' weitgehend bruchlos unter Rückgriff auf die teilweise weit zurückreichenden Bedeutungsvarianten dieses Musters, wie sie die Deutungsgeschichte freigelegt hat. So greift insbesondere das Motiv ‚Isaac Yaw', das wir oben ausführlich analysiert haben, das herkömmlich biologistisch-rassistische Element bestimmter körperlicher Merkmale des ‚Deutsch-' bzw. ‚Nicht-Deutsch-Seins' auf, stellt es aber mittels ethnisch-kultureller Merkmale in Frage. Hinzu kommt, dass allen zunächst als ‚nicht-deutsch' adressierten Personen auch Elemente eines ethnisch-kulturellen ‚Deutschseins' zugeschrieben werden: das ‚deutsche Wohnzimmer', ‚deutsche Tugenden' wie Pünktlichkeit und Ordnung sowie insbesondere die deutsche Sprache. Nur im Fall ‚Pavao' wird das ‚Deutschsein' an die damit einhergehende politische Partizipationsmöglichkeit geknüpft und geht damit zumindest ansatzweise über das herkömmlich ethnisch-kulturelle Verständnis des ‚Deutschseins' zugunsten einer stärker politischen Deutung hinaus; dies bleibt aber die Ausnahme. Deutlich stärker erkennbar ist demgegenüber das Bemühen der Kampagne, das staatlich-institutionelle und formal-rechtliche Verständnis von ‚Deutschsein' im Sinne einer staatsbürgerlichen Zugehörigkeit zwar nicht mehr an manifest rassialisierende Kriterien wie das körperliche Erscheinungsbild (‚Hautfarbe'), wohl aber an herkömmlich ethnisch-kulturelle Merkmale zu binden: an Sprache und bestimmte als ‚typisch' deutsch geltende Eigenschaften und Verhaltensmuster.

3.1.4.3 Zur aktuellen Präsenz des Deutungsmusters ‚Deutsch' im Migrationsdiskurs: Weitere Diskursbeispiele

Wie mehrfach erwähnt, haben wir es bei dem hier im Fokus stehenden Deutungsmuster ‚Deutsch' und der damit untrennbar verbundenen Binarität von ‚Deutsch' und ‚Nicht-Deutsch' mit einem der wichtigsten und wirkmächtigsten Aspekte der in deutschsprachigen Diskursen zirkulierenden Wissensordnungen zu tun, mit deren Hilfe Zugehörigkeiten und Nicht-Zugehörigkeiten verhandelt und zugeschrieben werden. Das ist alles andere als trivial, denn mit Hilfe des Musters ‚Deutsch' bzw. ‚Nicht-Deutsch' und der damit einhergehenden Zuschreibungen von Zugehörigkeit und Nicht-Zugehörigkeit werden Zugänge zu sozialem, kulturellem und ökonomischem Kapital und zu politischen Machtpositionen eröffnet oder eben nicht. Es ist daher nicht verwunderlich, dass die Frage, was und wer als ‚Deutsch' gelten soll und was und wer nicht, gerade in Diskursen zum Thema ‚Migration' eine besondere Rolle spielt und auch in hohem Maß umstritten ist. Dass dabei auf weit zurückreichende Deutungstraditionen zurückgegriffen wird und dass dabei auch die angesprochenen alltagsrassistischen Aspekte bis heute eine wichtige Rolle spielen, das hat die einschlägige Forschung, insbesondere sozial- und medienwissenschaftlicher, linguistisch-diskursanalytischer und migrationspädagogischer Herkunft, in den letzten Jahren sehr deutlich herausgearbeitet (vgl. z. B. Hentges 2014; Alexopoulou 2018; Arndt/Ofuatey-Alazard 2011; Nduka-Agwu/Hornscheidt 2010; Castro Varela/Mecheril 2016; El Tayeb 2001, 2016; Marschke/Brinkmann 2015; Schröder 2019; Sow 2009 u. v. a.).

Es soll und muss im Folgenden nicht darum gehen, das in der erwähnten Forschung bereits dargelegte Weiterbestehen alltagsrassistischer Denk- und Diskursmuster abermals zu bestätigen. Die folgende Einbeziehung weiterer Diskursfragmente zum Deutungsmuster ‚Deutsch' kann sich daher auf einige wenige und zudem solche Diskursfragmente beschränken, die das entsprechende Muster nicht nur verwenden, stabilisieren und bestätigen, sondern – in welcher Form auch immer – kritisch reflektieren und weiter entwickeln.

„Ich Deutsch!" – „Ich Deutscher!" Eine Karikatur von Barbara Henniger
Den Anfang machen soll eine kleine Karikatur von Barbara Henniger (s. Abb. 3.2), die im Kontext der so genannten ‚Flüchtlingskrise' 2015 entstanden und vor allem durch die im Mai 2015 eröffnete Ausstellung *Willkommen in Brandenburg – Satire trifft auf Realität* der Brandenburgischen Landeszentrale für politische Bildung einem breiteren Publikum bekannt geworden ist; auf der Website der Landeszentrale ist die Karikatur bis heute abrufbar (vgl. www.politische-bildung-brandenburg.de/ausstellungen/brandenburg-willkommen/karikaturen-zu-flucht-und-integration; zuletzt aufgerufen am 30.09.2021).

Genrespezifische Gestaltungselemente: Die Karikatur setzt genrespezifisch einfache und plakative sprachliche und bildliche Mittel zueinander in Bezug und

Abb. 3.2 Karikatur von Barbara Henniger

3.1 Kulturthema ‚Zugehörigkeit': Kategoriale Deutungsmuster

formuliert so eine inhaltliche Aussage, bei der tradierte Muster und Wissensordnungen ethnisch-nationaler Zugehörigkeit ironisiert und dadurch auf überraschende Weise sichtbar gemacht werden. Auf der Bildebene stehen sich vor einem eher unspezifisch bleibenden räumlichen Hintergrund zwei Personen gegenüber, die schon durch ihre sehr unterschiedliche Größe, aber auch durch Kleidung, Körperhaltung und – zumindest in einem Fall – Gesichtsausdruck nicht nur unterschiedliche soziale Zugehörigkeiten, sondern auch ein – mit diesen Zugehörigkeiten zusammenhängendes und daraus abgeleitetes – asymmetrisches Machtverhältnis zum Ausdruck bringen. Auf der linken Seite des Bildes ist eine aufgrund der Kleidung und bestimmter angedeuteter körperlicher Merkmale als Frau identifizierbare Person zu erkennen. Sie ist eher klein und trägt neben einem langen blauen Rock und einer dunklen Oberbekleidung um den Kopf ein Tuch, das Haare, Hals und Schultern verdeckt und nur das Gesicht zum Teil frei lässt; da die Frau nur von der Seite und hinten zu sehen ist, sticht hier nur die lange Nase heraus, die allerdings ein Spezifikum der Figurenzeichnung der Karikaturistin ist und ansonsten keine konkrete Zuschreibung markiert. Anhand der Kleidung, insbesondere des als islamischer Hijab zu deutenden Tuchs um den Kopf, sowie anhand des thematisch-diskursiven Kontexts wird die Frau mit bildlichen Mitteln zunächst der Gruppe der nach Deutschland eingewanderten Personen aus islamisch geprägten Weltregionen zugeordnet. Andererseits hält die Frau in der nach vorne und leicht nach oben gestreckten rechten Hand ein kleines Buch oder Dokument, das sich anhand der weinroten Farbe, aber insbesondere auch durch die Einbeziehung der Sprachebene als deutscher Reisepass identifizieren lässt. Dies korrespondiert dem in der Sprechblase mit der Äußerung „Ich Deutsch!" erhobenen Anspruch der Frau, deutsche Staatsangehörige zu sein.

Bis hier hin haben wir es in unserer Karikatur mit einem ähnlichen Spannungsverhältnis zwischen einem rechtlich-administrativen und einem ethnisch-kulturellen Verständnis des ‚Deutschseins' zu tun, wie wir es bereits beim Motiv „Muna" der Berliner Einbürgerungskampagne gesehen haben: einerseits legt das als ‚islamisch' und damit als ‚nicht-deutsch' markierte Kopftuch die Zuschreibung ethnisch-nationaler Nicht-Zugehörigkeit zur Gruppe der ‚Deutschen' nahe, andererseits wird aber auf der Sprachebene eben diese Zugehörigkeit explizit beansprucht. Das Spannungsverhältnis wird im Fall unserer Karikatur noch durch ein weiteres Merkmal zugespitzt: die Sprache. Die Äußerung „Ich Deutsch" ist ja, unabhängig von ihrem völlig verständlichen propositionalen Gehalt, als ungrammatisch und fehlerhaft erkennbar, markiert damit aber ein allenfalls rudimentäres Beherrschen der deutschen Sprache und damit des Fehlen eines der wichtigsten Merkmale des ‚Deutschseins' im ethnisch-kulturellen Sinn.

Auf der rechten Seite des Bildes und der Frau direkt gegenüber ist eine weitere Person zu erkennen, die anhand der geschlechtsspezifischen Kleidung – lange braune Hose, blaues Jackett, Krawatte –, aber auch der Körperhaltung und der – allerdings nur angedeuteten – Frisur als ‚Mann' mittleren Alters identifizierbar ist. Im Gegensatz zu der Frau auf der linken Seite wird er durch die bildliche Darstellung als ‚unmarkiert' markiert, d. h. durch die weiße Hautfarbe und die europäische Kleidung lässt er sich widerspruchslos der durch ethnisch-kulturelle und/oder rassialisierende Merkmale definierten Gruppe der ‚Deutschen' zuordnen. Dies korrespondiert auch mit der ebenfalls in Form einer Sprechblase gestalteten sprachlichen Ebene, auf der dem Mann die Äußerung „Ich Deutscher" und damit zunächst die explizite Inanspruchnahme zur Gruppe der ‚Deutschen' zugeordnet wird.

‚Deutsch' vs. ‚Deutscher': Die eigentliche Aussage und ironisierende Wirkung der Karikatur in Bezug auf das Muster ‚Deutsch' entsteht aber erst durch die Relation beider dargestellten Figuren und durch die verschiedenen Ebenen, auf denen der Mann auf der rechten Seite auf die Frau auf der linken Seite Bezug nimmt und durch die auf der sprachlichen Ebene eine ironisierende Doppeldeutigkeit entsteht. Durch die unterschiedliche Körpergröße, durch die einerseits selbstbewusst und lässig, zugleich aber auch herablassend wirkende Körper- und Kopfhaltung und schließlich auch durch den aggressiv wirkenden Gesichtsausdruck entsteht der Eindruck eines erheblichen Machtgefälles von rechts oben nach links unten. Unterstützt wird dieser Eindruck zudem von der bittenden oder gar flehenden Haltung der Frau, die dem Mann ihren Pass entgegenstreckt, um von ihm die Anerkennung ihres ‚Deutschseins' zu erreichen, und der herablassenden Haltung des Mannes, der sich als unmarkierter ‚Deutscher' offenbar für legitimiert hält, das ‚Deutschsein' seiner Gesprächspartnerin zu beurteilen.

Dies geschieht dann explizit auf der sprachlichen Ebene mit der Äußerung „Ich Deutscher", die nicht nur die vorangehende fehlerhafte sprachliche Äußerung der Frau („Ich Deutsche") aufgreift und persifliert und auch nicht nur die Selbstzuschreibung des Mannes zur Gruppe der ‚Deutschen' zum Ausdruck bringt, sondern zudem und vor allem mit der sprachlich eigentlich nicht vorgesehenen Steigerung des Adjektivs ‚deutsch' zu ‚deutscher' auch ein gegenüber der Frau höheres Maß an ‚Deutschsein' und damit zugleich auch eine höhere Machtposition für sich in Anspruch nimmt. Dieses ‚Deutscher-Sein' impliziert also ein Muster, das das ‚Deutschsein' zunächst und vor allem solchen Personen zuspricht, die sowohl bestimmte körperlich-rassialisierende (‚weiß') als auch bestimmte ethnisch-kulturelle (Sprache, Kleidung) Merkmale aufweisen und denen aufgrund ihres so definierten ‚Deutschseins' zudem höhere Machtpositionen zukommen als beispielsweise Personen, die zwar unter rechtlich-administrativen Gesichtspunkten ‚Deutsche' im Sinne der Staatsangehörigkeit sein mögen, denen aber das ‚Deutschsein' in dem ‚höheren' oder ‚eigentlichen' Sinn einer ethnisch-kulturellen Zugehörigkeit anhand herkömmlicher diskursiver Wissensordnungen abgesprochen wird.

Die vorliegende Karikatur macht mit Hilfe einfacher bildlicher und sprachlicher Mittel die selbstverständliche Geltung dieser tradierten Wissensordnung in Bezug auf das Muster ‚Deutsch' und die damit verbundenen körperlichen wie ethnisch-kulturellen Merkmale bewusst und hebt sie damit von der Ebene ihrer selbstverständlichen Geltung auf die Ebene der kritischen Reflexion. Zugleich macht sie aber auch sichtbar, dass es sich hier nicht nur um mehr oder weniger beliebige Elemente eines diskursiven Wissens handelt, sondern dass darüber Zugehörigkeiten und Nicht-Zugehörigkeiten und damit auch sehr unterschiedliche Machtpositionen verhandelt werden.

3.1 Kulturthema ‚Zugehörigkeit': Kategoriale Deutungsmuster

„Bio-Deutsche" als Label: Ein Gastkommentar in der *Tageszeitung (taz)*
Im März 2016 ist in der Berliner *Tageszeitung (taz)* ein Artikel mit dem Titel „Das Privileg der Etikettenlosen" erschienen, der von der Autorin Hilal Sezgin stammt und von der Redaktion als Kommentar zur „Debatte Biodeutsche" gekennzeichnet wird (vgl. https://taz.de/Debatte-Biodeutsche/!5281243/; 01.10.2021). Der Text nimmt Bezug auf einen spezifischen Diskurszusammenhang, der sich in den letzten Jahren innerhalb des größeren migrationsgesellschaftlichen Diskurses herausgebildet hat und der vor allem von Personen mit eigener oder familiärer Migrations- und Diskriminierungserfahrung getragen wird. Hintergrund und Gegenstand dieses Diskurses sind die spezifisch migrationsgesellschaftlichen Machtverhältnisse und die ihnen zugrunde liegenden diskursiven Wissensordnungen, wie sie beispielsweise in unserer Karikatur oben so deutlich zum Ausdruck kommen und mit deren Hilfe Menschen aufgrund bestimmter körperlich-rassialisierender und/ oder ethnisch-kultureller Merkmale das ‚Deutschsein' zu- oder abgesprochen wird. Im Zentrum der Kritik steht dabei die auch in der obigen Karikatur erkennbare Dichotomisierung zwischen einem unmarkierten ‚normalen' Deutschsein auf der einen und einem anhand bestimmter Merkmale als ‚abweichend' erkennbaren ‚Nicht-Deutschsein' auf der anderen Seite, für das es dann jeweils bestimmter die Nicht-Zugehörigkeit markierender Kennzeichnungen bedarf: ‚Ausländer', ‚Gastarbeiter', ‚Migranten', ‚Flüchtlinge', ‚Asylbewerber', ‚Menschen mit Migrationshintergrund' usw. Die Kritik zielt dabei vor allem darauf, dass es sich bei den die unhinterfragte Zugehörigkeit zur Gruppe der ‚Deutschen' gewährleistenden körperlichen und ethnisch-kulturellen Merkmalen wie ‚Weißsein', Name, Sprache, Herkunft usw. keineswegs, wie in Alltagszusammenhängen gerne angenommen, um eine unmarkierte und daher nicht weiter reflexionsbedürftige ‚Normalität' handele, sondern im Gegenteil eben um eine als ‚normal' etablierte und durchgesetzte Wissensordnung. Dem setzt der uns hier interessierende Diskursstrang verschiedene neue Kategorien entgegen, mit deren Hilfe nun auch das bislang als ‚normal' und unmarkiert geltende ‚Deutschsein' als markiert und damit als spezifische Gruppenzugehörigkeit kenntlich gemacht werden soll. In diesem Sinn ‚normale Deutsche' werden jetzt als ‚Kartoffel', ‚Herkunftsdeutsche', ‚Alman' oder eben, wie im Fall unseres taz-Artikels, als ‚Biodeutsche' bezeichnet und gelabelt.

‚Biodeutsch' als rassistische Kategorie: Hier setzt nun unser Artikel ein, indem er bereits im Titel die ‚Etikettenlosigkeit', also die Zugehörigkeit zu einer nicht spezifisch gelabelten und daher als ‚normal' geltenden Gruppe als Privileg beschreibt, das es aufzubrechen gelte. Dabei gehe es vor allem darum, die im Alltag immer wieder unterlaufenden alltagsrassistischen Zuschreibungen und Diskriminierungen als solche sichtbar und erkennbar zu machen, auch für die, die als ‚normale Deutsche' oder eben als ‚Biodeutsche' das Privileg haben, davon nicht betroffen zu sein:

> „Alltagsrassistische Erlebnisse sind keine Einzelfälle, sondern folgen einem Muster. Sie schöpfen aus einem gemeinsamen Reservoir an Bedeutungen, um die alle wissen. Das kann handfeste materielle und soziale Nachteile bedeuten. Viele schiefe Blicke, beleidigende Bemerkungen und nicht zuletzt Gewaltandrohungen bilden das Netz des Alltagsrassismus".

So richtig dies sein mag, so wenig klar geht aus der Argumentation des Artikels hervor, inwiefern die Kategorisierung der bislang als unmarkiert und ‚normal' geltenden ‚Deutschen' als ‚Biodeutsche' dazu beiträgt, dieses „Netz des Alltagsrassismus" zu zerreißen oder auch den Betroffenen ‚Biodeutschen' damit auch nur ihre Privilegien greifbarer und wahrnehmbarer zu machen. Wird mit dieser Kategorie den bislang im Diskurs dominanten Bedeutungen des Musters ‚Deutsch' wirklich etwas Neues, etwa eine verstärkt selbstreflexive und machtkritische Komponente hinzugefügt oder handelt es sich eher um eine vielleicht witzig gemeinte Form der Abgrenzung, die aber selbst von rassialisierenden und essentialistischen, weil auf das Biologische abhebenden Tendenzen nicht frei ist? In der Kommentarspalte zum Artikel jedenfalls wird dies teilweise so gesehen:

> „Der Begriff ‚biodeutsch' ist zutiefst rassistisch, weil er Blut- und Boden-Ideologie nahelegt.
> Er beinhaltet genau wie der Begriff ‚arisch', es gebe biologische Merkmale, die mit dem Deutschsein zu tu hätten.
> Wie eine linke Tageszeitung dieses Wort zulassen kann, ist einfach nur schleierhaft oder falsch wohlgemeint" (https://taz.de/Debatte-Biodeutsche/!5281243/; 01.10.2021).

Auch in einem späteren Kommentar der *taz*-Autorin Hengameh Yaghoobifarah mit dem Titel „Bio ist für mich Abfall" vom 10. Oktober 2016 wird ‚Biodeutsch' als „desaströses Wort" bezeichnet, das zu einer „Verschlimmbesserung" des Problems beitrage:

> „Dieser Begriff [‚biodeutsch', CA] kommt straight out of Rassentheorie und behauptet, es gäbe so etwas wie „Rassen". Leute versuchen mit ‚biodeutsch', eine Norm zu benennen, nämlich *weiße* Deutsche, aber sie verschlimmbessern die vermeintliche Korrektheit. Sind ‚biodeutsch' alle, die blass wie Schlagsahne, blond und blauäugig sind? Heißt ‚biodeutsch', dass beide Eltern aus Deutschland kommen? Wohl kaum. Denn nur, weil jemand hier geboren ist, wird si*er lange nicht als ‚biodeutsch' bezeichnet. ‚Gut gemeint' ist oft trotzdem ein Desaster" (https://taz.de/Kolumne-Habibitus/!5341199/; 01.10.2021).

‚Deutschsein' und staatlich-politische Zugehörigkeit: Eine Debatte im Bundestag

Mit dem dritten und letzten Diskursfragment, das zur weiteren Sichtbarmachung des Deutungsmusters ‚Deutsch' in aktuellen deutschsprachigen Diskursen hier kurz analysiert werden soll, kehren wir zum Ausgangspunkt unserer Beispielanalyse, der Frage der Staatsangehörigkeit zurück. Gegenstand soll ein kurzer Auszug aus der 163. Sitzung der 19. Legislaturperiode des Deutschen Bundestags sein, die am 28. Mai 2020 stattfand. Ganz am Ende der Tagesordnung der Sitzung, die von 9:00 Uhr am Morgen bis nach 21:00 Uhr am Abend andauerte, stand als Tagesordnungspunkt 22 die Beratung und Beschlussfassung zu drei Anträgen und einem Gesetzentwurf zur Neuregelung einzelner Aspekte des Staatsangehörigkeitsrechts an (vgl. Deutscher Bundestag 2020a: VII). Hintergrund war ein von der Fraktion Alternative für Deutschland (AfD) eingebrachter Gesetzentwurf zur Reform des Staatsangehörigkeitsrechts, der die seit 2014 nicht mehr bestehende so genannte ‚Optionspflicht' wieder einführen sollte. Diese Optionspflicht, die seit der am 1.

3.1 Kulturthema ‚Zugehörigkeit': Kategoriale Deutungsmuster

Januar 2000 in Kraft getretenen grundlegenden Reform des Staatsangehörigkeitsrechts galt, sah einerseits die Möglichkeit einer doppelten Staatsbürgerschaft für in Deutschland geborene Kinder ausländischer Eltern vor, andererseits aber auch die Pflicht, sich bis zum 23. Lebensjahr für eine Staatsbürgerschaft zu entscheiden. Diese Regelung, so die Begründung des Gesetzentwurfes der AfD, sei wiederherzustellen, um „die vielfältige Problematik einer massenhaften, ja regelhaften Doppelstaatigkeit" zu vermeiden (Deutscher Bundestag 2020b: S. 1).

Bei der folgenden kurzen Analyse soll es weder um politische noch um rechtliche Fragen gehen, vielmehr soll gezeigt werden, in welcher Weise die Redebeiträge inklusive der dazu gehörigen Dokumente auf die zuvor herausgearbeiteten Teilaspekte der Deutungsgeschichte des Musters ‚Deutsch' bzw. ‚Nicht-Deutsch' zurückgreifen und inwiefern sie diese bestätigen und stabilisieren oder auch kritisch reflektieren und weiterentwickeln.

Politische Bedeutung der Staatsangehörigkeit: Gemeinsame Bezugspunkte der Debatte sind in nahezu allen Redebeiträgen die politische und gesellschaftliche Bedeutung der Staatsangehörigkeit generell, die am 01. Januar 2000 in Kraft getretene grundlegende Neuregelung des Staatsangehörigkeitsrechts sowie die aktuelle politische Entwicklung im Kontext von Migration, Integration und Staatsangehörigkeit.

Die in den Jahren 1998 bis 2005 unter Bundeskanzler Gerhard Schröder amtierende Koalitionsregierung von SPD und Grünen (‚rot-grüne Koalition') hatte 1999 einen Gesetzentwurf zur Änderung des Staatsangehörigkeitsrechts auf den Weg gebracht, der die seit 1913 weitgehend unverändert geltende Bindung der Staatsangehörigkeit an das Abstammungsprinzip („Deutscher ist, wer von Deutschen abstammt") durch die Einführung des Territorialprinzips („Deutscher ist, wer in Deutschland geboren wurde") ergänzen und die bis dahin weitgehend tabuisierte Möglichkeit einer doppelten Staatsangehörigkeit erleichtern sollte. Dieses Vorhaben wurde von konservativer Seite heftig attackiert und fand im von CDU und CSU dominierten Bundesrat, der zweiten Kammer das Parlaments, zunächst keine Mehrheit. Die daraufhin zwischen Regierung und Opposition ausgehandelte Kompromisslösung, die am 01. Januar 2000 in Kraft treten konnte, sah zwar das Territorialprinzip und die doppelte Staatsangehörigkeit für in Deutschland geborene Kinder ausländischer Eltern vor, schränkte diese aber zugleich durch die oben schon erwähnte Optionspflicht wieder ein. Danach sollten sich in Deutschland geborene und aufgewachsene Kinder ausländischer Eltern spätestens im Alter von 23 Jahren für eine der beiden Staatsangehörigkeiten entscheiden. Einer grundsätzlichen Duldung von Mehrstaatigkeit sollte auf diese Weise entgegen getreten werden. Die Optionspflicht wurde für in Deutschland aufgewachsene Kinder ausländischer Eltern mit Wirkung vom 20. Dezember 2014 aufgehoben. Im Juni 2019 wurde zudem ein in der Öffentlichkeit aufgrund seiner Unklarheit und seiner homogenisierenden Implikationen heftig umstrittener Passus in das Staatsangehörigkeitsrecht eingeführt, der die Möglichkeit der Einbürgerung von Personen nicht-deutscher Staatsangehörigkeit zusätzlich zu den bislang bereits geltenden Voraussetzungen von der „Einordnung in die deutschen

Lebensverhältnisse" abhängig macht (§ 10, Absatz 1 StAG), ein Passus, der in der politischen Debatte (und auch in der hier im Fokus stehenden Bundestagsdebatte) gelegentlich als ‚Leitkulturparagraph' bezeichnet wird.

Sieht man von den für die Textsorte Parlamentsdebatte charakteristischen parteipolitischen Polemiken und Auseinandersetzungen sowie den konkreten und teilweise detaillierten Stellungnahmen zum vorliegenden Gesetzentwurf ab, dann lassen sich in den uns hier interessierenden Redebeiträgen von Abgeordneten aller Parteien vor allem zwei eng miteinander zusammenhängende thematische Schwerpunkte identifizieren. Zum einen wird immer wieder die politische Bedeutung der Staatsangehörigkeit generell hervorgehoben, und zum zweiten werden die verschiedenen Kriterien diskutiert, an denen sich die Vergabe der Staatsangehörigkeit zu orientieren habe. Was zunächst die Bedeutung der Staatsangehörigkeit im Allgemeinen angeht, so besteht insoweit ein Grundkonsens unter den Beteiligten, dass es sich hierbei um ein für den Staat und seine Bürger außerordentlich wichtiges politisches Grundprinzip handelt. Es sei „das bedeutendste Statusrecht" (Deutscher Bundestag 2020a: S. 20390 B) und statuiere „ein besonderes Verhältnis zwischen Bürger und Staat" (ebd.: S. 20387 A). Jenseits der generellen Übereinstimmung im Hinblick auf die politische Bedeutung des rechtlichen Instruments der Staatsangehörigkeit zeigen sich in der Debatte aber auch deutliche Differenzen bei der konkreten politischen Bewertung dieses Instruments, bei denen sich vor allem eine staats- und loyalitätsorientierte, eine bürger- und partizipationsorientierte und eine interessenorientierte Sichtweise unterscheiden lassen. Erstere Position findet sich vor allem bei den Vertretern des konservativen politischen Spektrums, wo die Staatsangehörigkeit als „intensivste Form der Bindung an einen Staat" (ebd.: S. 20391 D) gilt, die „durch Identifikation und Loyalität geprägt" sei (ebd.: S. 20387 A). Eher implizit kommt diese vor allem an Loyalität gegenüber dem Staat orientierte Deutung der Staatsangehörigkeit auch bei dem der rechtspopulistischen AfD-Fraktion angehörenden Abgeordneten Curio zum Ausdruck, wenn dieser beispielsweise das Argument unsicherer Loyalität gegen die Zulassung von Mehrfach-Staatsangehörigkeiten anführt (vgl. ebd.: S. 20.388 D; vgl. auch den von der AfD-Fraktion eingebrachten Gesetzentwurf, der u. a. Anlass und Gegenstand der hier analysierten Debatte ist; vgl. Deutscher Bundestag 2020b).

Auf der anderen Seite des Spektrums steht eine weniger vom Staat als von den Staatsbürgern her denkende Sichtweise, wonach die Staatsangehörigkeit diesen vor allem das Recht der politischen Mitwirkung einräume und eine „Grundlage gleichberechtigter Zugehörigkeit" (Deutscher Bundestag 2020a: S. 20386 A) und für eine „Partizipation für alle" (ebd.: S. 20391 B) schaffe. Als dritter Deutungsstrang kommt zumindest am Rande noch eine pragmatisch-interessenorientierte Perspektive zum Ausdruck, die die Staatsangehörigkeit als politisches Instrument zur Bewältigung gesellschaftlicher und ökonomischer Probleme versteht und wonach eine Erleichterung von Einbürgerungen vor allem dazu dienen müsse, den aktuell bestehenden Mangel an Fachkräften in der Wirtschaft zu beheben (vgl. ebd.: S. 20390 B).

Kriterien für Zugehörigkeit und Nicht-Zugehörigkeit: Das Staatsangehörigkeitsrecht gilt, so kann man zunächst zusammenfassen, als wichtiges rechtlich-administratives Instrument, mit dessen Hilfe der Staat Fragen der Zugehörigkeit und Nicht-Zugehörigkeit regelt sowie Rechte und Pflichten zwischen dem Staat und seinen Bürgern definiert und zuteilt bzw. verweigert. Die konkrete Bedeutung dieser Zugehörigkeit und der mit ihr einhergehenden Rechte und Pflichten werden hingegen je nach politischer Präferenz unterschiedlich bewertet. Dabei bilden teilweise weit zurückreichende politische Auseinandersetzungen über das Grundverständnis von Staatlichkeit, über demokratische Grundprinzipien und über das Verhältnis von Staat und staatsbürgerlichen Rechten den Diskurshintergrund, der, wie gesehen, bei den unterschiedlichen Deutungen der Staatsangehörigkeit an die Oberfläche tritt, ohne jedoch in seiner Grundsätzlichkeit und seiner Widersprüchlichkeit ausgehandelt zu werden.

Für unsere Frage nach der Deutung des Musters ‚Deutsch' ist dieser diskursive Hintergrund aber natürlich insofern wichtig, als damit auch sehr grundlegende und gegensätzliche Auffassungen der Kriterien einhergehen, über die staatliche und staatsbürgerliche Zugehörigkeit bzw. Nicht-Zugehörigkeit ausgehandelt werden. Dabei lässt sich die Debatte insgesamt als eine Auseinandersetzung mit der Frage verstehen, wie sich ein rechtlich-administrativ geregeltes ‚Deutschsein' im Sinne der Staatsangehörigkeit auf der einen Seite zu dem traditionellen und, wie wir gesehen haben, in Alltagsdiskursen noch sehr präsenten ethnisch-kulturellen und immer wieder auch als ‚natürlich' gedeuteten Verständnis des Deutschseins auf der anderen Seite verhält.

Zwei konträre Positionen zum ‚Deutschsein': Dieses Verhältnis kommt in unserer Bundestagsdebatte wie im gesamten politischen Diskurs über Staatsangehörigkeit und Staatsbürgerschaft immer dann zur Sprache, wenn es um die Kriterien oder Voraussetzungen geht, an die die Verleihung der Staatsangehörigkeit, insbesondere in Form der Einbürgerung, gebunden sein soll. Dabei lassen sich in der Debatte zunächst zwei einander konträr entgegengesetzte Positionen unterscheiden: Auf der einen Seite steht die Position des Abgeordneten Curio von der Fraktion AfD, der einen fundamentalen Gegensatz zwischen einer „deutsche[n] Mehrheitsgesellschaft", der „angestammt arbeitenden Bevölkerung" mit „einer in Jahrhunderten gewachsenen Tradition" auf der einen Seite und den „Zuwanderern" auf der anderen Seite herstellt. Während der ersten Gruppe nicht nur der Status des ‚Deutschseins' qua Tradition und ‚Kultur' zuerkannt und zudem ihr Recht auf „Gestaltungshoheit im eigenen Land" eingefordert wird, wird der Gruppe der ‚Zuwanderer' insgesamt die Zugehörigkeit zu Deutschland und damit die grundsätzliche Möglichkeit des ‚Deutschseins' verweigert: Deutschland sei nicht „Innerafrika" (ebd.), die mehrfach als „illegal" gebrandmarkten ‚Zuwanderer' seien einem „koranische[n] Selbstverständnis des Islam" (ebd.: S. 20388 D) verpflichtet, das „mit unserer Verfassung unvereinbar" sei, denn nicht „jede Kultur ist mit jeder anderen kompatibel" (ebd.). Das ‚Deutschsein' bleibt nach diesem Verständnis also in sehr traditioneller Weise an die ethnisch-kulturellen und – zumindest implizit – natürlich-biologischen Bedeutungselemente gebunden, wie sie in der Deutungsgeschichte des Musters ‚Deutsch' schon seit dem 19. Jahrhundert immer wieder angeführt werden:

> „Der Zusammenhalt einer Gesellschaft kann nicht verordnet werden, und schon gar nicht entsteht er aus der Zersplitterung in verschiedene kulturelle Gruppen. Er kann nur entstehen aus einer ihr schon innewohnenden Zusammengehörigkeit durch gemeinsame Herkunft, Sprache, Geschichte, Mentalität, Bräuche und Werte" (ebd.: S. 20389 A).

Auf der anderen Seite des Spektrums steht die Auffassung der Abgeordneten Polat von der Fraktion Bündnis 90/Grüne, die in Übereinstimmung mit dem von ihrer Fraktion eingebrachten Änderungsantrag nicht nur für ein deutlich offeneres Einbürgerungsrecht eintritt, sondern auch das Verständnis des ‚Deutschseins' explizit nicht mehr an hergebrachte ethnisch-kulturelle oder sogar biologische Merkmale gebunden sehen möchte:

> „Deutsche haben unterschiedliche Wurzeln, unterschiedliche Hautfarben, verschiedene Religionszugehörigkeiten oder auch gar keine und heißen nicht mehr nur Müller, Meier oder Schulze. Diese Vielfalt ist nicht nur ein Zugewinn, sondern unsere Stärke und essenziell für die Widerstandsfähigkeit unserer Demokratie und unserer Gesellschaft" (ebd.: S. 20386 A/B).

In dem von der Fraktion Bündnis 90/Grüne für diese Sitzung eingebrachten Entschließungsantrag wird zudem explizit auf die Frankfurter Nationalversammlung von 1848 und auf den oben zitierten Vorschlag des Abgeordneten Wilhelm Jordan Bezug genommen, das Deutschsein künftig nicht mehr an ethnisch-kulturelle Merkmale zu binden, sondern als politischen Begriff zu verstehen (vgl. Deutscher Bundestag 2020c: S. 3).

Die anderen an der Debatte beteiligten Rednerinnen und Redner ordnen sich im Hinblick auf ihr Verständnis des ‚Deutschseins' zwischen diesen beiden Extrempositionen ein, ohne dazu allerdings in ähnlicher Weise explizit Stellung zu nehmen. So wendet sich etwa der CDU-Abgeordnete Thorsten Frei in seinem Redebeitrag gegen den Antrag der Fraktion Bündnis 90/Grüne, den oben erwähnten ‚Leitkultur'-Paragraphen, der die Einbürgerung an das Kriterium der „Einordnung in die deutschen Lebensverhältnisse" bindet, wieder aus dem Staatsangehörigkeitsrecht zu streichen. Mit diesem Ansinnen, so Frei, spreche man sich gegen die Bindung der Einbürgerung an bestimmte Werte aus: „Wenn Sie das sagen […], dann wollen Sie offensichtlich auch, dass Polygamisten in Deutschland wieder eingebürgert werden können" (Deutscher Bundestag 2020a: S. 20387 B). Damit aber wird das ‚Deutschsein', wenn auch in vergleichsweise diskreter und zurückhaltender Form, wieder an Bedingungen geknüpft, von denen angenommen und behauptet wird, sie seien Bestandteil der „deutschen Lebensverhältnisse"; ‚Deutschsein' wird damit wieder zu einer Frage ethnisch-kultureller Zugehörigkeit. In ähnlicher Weise wird von anderen Abgeordneten des bürgerlichen Lagers mehrfach die Bindung der Einbürgerung an deutsche Sprachkenntnisse (vgl. ebd.: S. 20390 C) und an das Bekenntnis „zu unseren Werten und unserer Staats- und vor allem Gesellschaftsordnung" (ebd.: S. 20392 A) gebunden. Der mehrfache Hinweis auf „unsere" Werte und „unsere" Gesellschaftsordnung

3.1 Kulturthema ‚Zugehörigkeit': Kategoriale Deutungsmuster 135

macht noch einmal deutlich, dass es hier nicht etwa um ein Bekenntnis zu als universal geltenden Normen und Werten in der Tradition der Französischen Revolution und auch nicht um ein politisches Verständnis des ‚Deutschseins' geht, sondern dass hier im Gegenteil die Tradition der ethnisch-kulturellen Deutung des ‚Deutschseins' aufgegriffen und weitergeführt wird: Wer eingebürgert werden will, muss bestimmte Merkmale eines ethnisch-kulturell verstandenen ‚Deutschseins' bereits mitbringen.

Eine davon etwas abweichende Position kommt bei dem SPD-Abgeordneten Josip Juratovic zum Ausdruck, der in seinem Redebeitrag – auch aus eigener familiärer Betroffenheit – auf die Geschichte der ‚Gastarbeiter' in Westdeutschland seit den 1960er Jahren eingeht, „die jahrzehntelang im Maschinenraum Schulter an Schulter mit den Einheimischen […] unser Land mit aufgebaut haben", aber trotzdem „heute noch von vielen als Menschen zweiter Klasse betrachtet" würden (ebd.: S. 20389 B). Es sei „ein Trauma eines jeden sogenannten Gastarbeiters", dass diesen Menschen trotz ihrer unbezweifelbaren Verdienste um Deutschland die selbstverständliche Zugehörigkeit immer noch verweigert werde:

„Es schmerzt, wenn Menschen nach über 40, 50 Jahren nicht die Genugtuung und Anerkennung bekommen, die sie sich redlich verdient haben,
[…]
nämlich einfach gleichberechtigt dazuzugehören. Es geht um die Genugtuung, dass sie sich ihre Staatsangehörigkeitsrechte und somit ihre Gleichberechtigung schwer erarbeitet haben, ohne dass sie ihre Wurzeln abschneiden müssen" (ebd.: S. 20389 C).

Hier werden zwar zum einen mit „Einheimischen" und „Gastarbeitern" unterschiedliche Gruppenzugehörigkeiten gesetzt, denen auch biologistisch gedeutete ethnisch-kulturelle Unterschiede („Wurzeln") zugeordnet werden, diese werden aber gerade nicht zum Kriterium für die Zuteilung der Staatsangehörigkeit und für die Anerkennung oder Nicht-Anerkennung einer Zugehörigkeit zu Deutschland und zur Gruppe der ‚Deutschen' gemacht, im Gegenteil: das ‚Abschneiden der Wurzeln', also das Aufgeben der eigenen ‚kulturellen Identität' zugunsten einer Übernahme ‚deutscher' Werte und Verhaltensgewohnheiten sei gerade nicht die Bedingung, vielmehr legitimiert sich die Zugehörigkeit der ‚Gastarbeiter' nach Auffassung von Juratovic allein durch ihre Arbeitsleistung und ihren Beitrag zum Wohlstand in Deutschland. Offen bleibt allerdings, inwieweit die traditionelle Bindung des ‚Deutschseins' an ethnisch-kulturelle Merkmale hier tatsächlich in Frage gestellt wird oder ob wir es eher mit der Vorstellung einer ‚multikulturellen' Gesellschaft zu tun haben, die zwar durch die gemeinsame ‚deutsche' Staatsangehörigkeit zusammengehalten wird, unter deren Dach sich aber neben ‚Deutschen' im klassisch ethnisch-kulturellen Sinn auch Angehöriger vieler anderer ‚kulturell' definierter Gruppen gleichberechtigt aufhalten und bewegen können.

Die Zugehörigkeit oder Nicht-Zugehörigkeit zur Gruppe der ‚Deutschen', so viel wird hier schon klar, ist nicht allein und nicht einmal vor allem eine Frage der Staatsangehörigkeit, sondern ein gesellschaftliches und diskursives Problem, bei dem rechtlich-administrative Regelungen eine allenfalls marginale Rolle spielen. Darauf macht zum Schluss der Debatte der Abgeordnete Helge Lindh (SPD-Fraktion) aufmerksam, der die zuvor von anderen geforderten Einbürgerungsfeiern zwar grundsätzlich begrüßt, aber zugleich auch auf deren begrenzten Wert angesichts weiter bestehender rassifizierender Zuschreibungen und daraus erwachsender Diskriminierungen hinweist:

> „Aber diese Einbürgerungsfeiern sind dann nichts mehr wert, wenn zum Beispiel der Eingebürgerte afrikanischer Herkunft in den Bus steigt und Gegenstand von Racial Profiling wird oder wenn sich die Eingebürgerte arabischer Herkunft abends auf dem Sommerfest rechtfertigen muss, ob sie denn wirklich auf dem Boden des Grundgesetzes steht, und aufgefordert wird, dass sie sich klar vom IS distanziert" (ebd.: S. 20393 A).

3.1.4.4 Fazit

Die Analysen dieses Kapitels haben zum einen zeigen können, dass Fragen der Zugehörigkeit zu verschiedenen sozialen Gruppen, seien diese nun national, ethnisch, sozial oder völlig anders definiert, in aktuellen deutschsprachigen Diskursen eine hohe Dringlichkeit, Aktualität und Brisanz haben und dass insbesondere dem Deutungsmuster ‚Deutsch' dabei bis heute eine herausragende Rolle zukommt. Insbesondere im Diskurs über Migration und Integration wird der Frage, wer als ‚Deutsch' gelten soll und wer nicht, eine hohe Relevanz zugesprochen, weil über diese Frage nicht zuletzt auch der Zugang zu sozialen und ökonomischen Machtpositionen und zu politischer Partizipation geregelt wird.

Es hat sich des weiteren gezeigt, dass das ‚Deutschsein' traditionell vor allem an ethnisch-kulturelle Kriterien wie Sprache, Erinnerungen oder Verhaltensgewohnheiten gebunden wurde, aber von Anfang an auch für biologistisch-rassifizierende Deutungen offen war, die vor allem im 19. und 20. Jahrhundert eine wichtige Rolle gespielt haben und bis heute deutlich präsent sind. Daneben hat es zwar immer auch Bemühungen gegeben, das ‚Deutschsein' von ethnisch-kulturellen und insbesondere auch von rassifizierenden Aspekten zu lösen und beispielsweise an rein territoriale oder gar politische Merkmale zu binden, diese konnten sich gegen die starke und einflussreiche Tradition insbesondere eines ethnisch-kulturellen Verständnisses des Musters ‚Deutsch' nicht durchsetzen. Wie die Analysen gezeigt haben, lassen sich in aktuellen deutschsprachigen Diskursen neben dem Weiterbestehen dieser Deutungstradition in jüngster Zeit aber auch verschiedene Tendenzen einer kritischen Reflexion, Infragestellung und Weiterentwicklung traditioneller Zugehörigkeitskategorien zugunsten offenerer Konzepte beobachten.

3.1.5 Kulturthema ‚Zugehörigkeit': Fazit und Ausblick

Wie nicht zuletzt unsere exemplarische Analyse des Deutungsmusters ‚Deutsch' gezeigt hat, gehört die Frage der ‚Zugehörigkeit' zu den aktuellsten und brisantesten gesellschaftlichen Fragen der Zeit. Anhand verschiedener Kategorien werden in

3.1 Kulturthema ‚Zugehörigkeit': Kategoriale Deutungsmuster

Alltags- oder Mediendiskursen Zugehörigkeiten von Menschen zu verschiedenen sozialen Gruppen zugeschrieben, ausgehandelt, bestätigt und zurückgewiesen, und nicht zuletzt hängt auch unsere Rolle in der Gesellschaft wesentlich davon ab, welchen Gruppen wir als ‚zugehörig' gelten und welchen nicht.

Für die Kulturstudien im Fach Deutsch als Fremd- und Zweitsprache ist ‚Zugehörigkeit' schon aus den genannten Gründen politischer und gesellschaftlicher Relevanz und des damit einhergehenden Konfliktpotenzials einer der zentralen Gegenstände für die Forschung ebenso wie für die Praxis des kulturbezogenen Lehrens und Lernens. Dies ergibt sich schon daraus, dass Zugehörigkeiten in vielerlei Hinsicht mit Sprache verbunden sind und über Sprache hergestellt oder verweigert werden. Schon mittels scheinbar so einfacher sprachlicher Ausdrücke wie der Personalpronomen ‚wir', ‚ihr' oder ‚sie' werden ja Zugehörigkeiten hergestellt (vgl. Zabel 2020), die nicht selten auch hochgradig problematisch und umstritten sind. Hinzu kommen zahlreiche andere sprachlichen Mittel, mit denen wir Zugehörigkeiten und Nicht-Zugehörigkeiten zum Ausdruck bringen können und von denen ja in den obigen Analysen mehrfach die Rede war. Dabei verweisen die sprachlichen Mittel allerdings auf tiefer liegende und teilweise weit in die Vergangenheit zurückreichende diskursive Wissensordnungen, für die wir in den Kulturstudien den Begriff des ‚Deutungsmusters' eingeführt haben. Zugehörigkeiten, so können wir sagen, beruhen auf diskursiven Prozessen der Deutung, Zuschreibung und Aushandlung, bei denen wir von kategorisierenden oder eben ‚kategorialen' Deutungsmustern Gebrauch machen.

Auch wenn unsere exemplarische Analyse des Musters ‚Deutsch' eines der bis heute zweifellos wirkmächtigsten kategorialen Deutungsmuster einer etwas genaueren Betrachtung unterzogen hat, soll damit doch keineswegs der Eindruck erweckt werden, als hätten wir es beim Thema ‚Zugehörigkeit' ausschließlich oder auch nur in besonderer Weise mit Fragen nationaler oder ethnischer Zugehörigkeiten zu tun und als ginge es tatsächlich nur um die Frage, wer nun als ‚Deutsch', ‚Französisch' oder ‚Japanisch' gelten soll und wer nicht. In Wahrheit nämlich handelt es sich hier nur um eine von sehr vielen Kategorien, über die Zugehörigkeiten verhandelt werden und von denen einige mindestens genau so wichtig und einflussreich, aber auch mindestens genauso umstritten und konfliktträchtig sind wie die nationale. Denken wir beispielsweise nur an die Kategorie ‚Geschlecht' und die damit seit vielen Jahren einhergehenden Diskussionen, wird sofort deutlich, was hier gemeint ist. Es würde sicherlich keines unverhältnismäßig großen Aufwands bedürfen, die Präsenz und Relevanz kategorialer Deutungsmuster wie ‚Frau' und/oder ‚Mann' in aktuellen deutschsprachigen Diskursen sichtbar zu machen und dabei auch die vielfältigen Bezüge dieser Muster zu einer außerordentlich einflussreichen, zugleich aber auch hochgradig konfliktären Deutungsgeschichte herauszuarbeiten; aus Platzgründen muss dies an dieser Stelle aber leider unterbleiben.

Stattdessen soll und muss zum Abschluss dieses Kapitels und im Sinne eines Ausblicks auf die Aufgaben der Kulturstudien in Forschung und Praxis eine kleine und sicher noch sehr vorläufige Systematik von Kategorien der Zugehörigkeit erarbeitet werden, mit denen sich die Kulturstudien im Rahmen kulturwissenschaftlicher Deutungsmusteranalysen noch näher zu beschäftigen hätten. Demnach lassen sich (mindestens) die folgenden Unteraspekte von Zugehörigkeiten differenzieren:

1. **Ethnisch-nationale Zugehörigkeiten:** Hierzu gehören neben dem hier schon ausführlich gewürdigten Muster ‚Deutsch' andere Muster, mit denen wir ethnisch-nationale Gruppenzugehörigkeiten zuschreiben und aushandeln: ‚Französisch', ‚Russisch', ‚Indisch', aber auch ‚Sorbisch' oder ‚Afrikanisch'; außerdem gehören die üblichen binären *othering*-Modelle von Zugehörigkeit vs. Nicht-Zugehörigkeit oder von ‚Wir'- und ‚Sie'-Gruppen hier hin, wie sie sich im Deutschen beispielsweise in der Gegenüberstellung von ‚Deutschen' und ‚Ausländern' oder ‚Fremden' zum Ausdruck bringen.
2. **Auf rassifizierende Kategorien bezogene Zugehörigkeiten:** Hier sind Formen von Zugehörigkeitszuschreibungen gemeint, die insbesondere durch die herkömmliche Farbskala von ‚Weißen', ‚Schwarzen', ‚Roten' und ‚Gelben' hergestellt werden, aber auch andere klassisch rassistische Kategorien wie etwa ‚Mischling' o.ä. oder auch das Muster ‚Jude', das ja in der antisemitischen ‚Tradition' insbesondere im Kontext des Nationalsozialismus als ‚Rasse' imaginiert worden ist. Aber auch die sich tatsächlich weniger auf Hautfarbe als auf reale Diskriminierungserfahrungen beziehende neuere Kategorie der ‚People of Colour' (PoC), die längst auch in deutschsprachigen Diskursen angekommen ist, gehört in diese Gruppe.
3. **Religiöse Zugehörigkeiten:** Dazu gehören solche kategorialen Muster, bei denen wir Menschen nach ihrem (realen oder unterstellten) religiösen Bekenntnis bestimmten Gruppen zuordnen, also etwa ‚Christ', ‚Katholiken', ‚Protestanten', ‚Moslem' oder ‚Muslim', ‚Jude', ‚Hinduist' usw. Auch die Kategorisierung von Menschen ohne religiöses Bekenntnis, also etwa ‚Atheist' oder ‚konfessionslos' gehört hier hin.
4. **Geschlechtsbezogene Zugehörigkeiten:** Hier sind natürlich vor allem die traditionellen Großgruppen ‚Männer' und ‚Frauen' angesprochen; dazu kommen vor allem in letzter Zeit weitere Kategorien wie ‚Divers' oder ‚Transgender', die die herkömmlich binäre Geschlechterordnung zunehmend in Frage stellen.
5. **Zugehörigkeiten nach sexueller Orientierung:** Auch bei diesem Thema haben sich in den letzten Jahren die in aktuellen Diskursen verwendeten Kategorien deutlich diversifiziert, insbesondere hat die heterosexuelle Orientierung ihren Status als ‚normal' im Rahmen einer kritischen Reflexion von ‚Hetero-Normativität' zumindest teilweise eingebüßt; hinzu kommen andere Kategorien wie ‚homosexuell' / ‚schwul' / ‚lesbisch', ‚bisexuell', ‚transsexuell' u. a.
6. **Regionale Zugehörigkeiten:** Hier sind die gerade in Deutschland mit seiner starken regionalen und föderativen Gliederung bis heute sehr einflussreichen Muster gemeint, mit denen wir Menschen ihrer jeweiligen Herkunftsregion zuordnen, wenn wir also beispielsweise von ‚Bayern', ‚Sachsen', ‚Rheinländern'

oder ‚Schwaben' sprechen; eine Besonderheit stellen hier sicherlich die aus der Umbruchszeit von 1989/90 stammenden und bis heute gebräuchlichen Muster ‚Ossi' bzw. ‚Wessi' dar, die ebenfalls regional spezifiziert sind, darüber hinaus aber auch politische Konnotationen implizieren. Ansonsten bestehen hier natürlich enge Bezüge zu raumorientierenden (‚topologischen') Deutungsmustern, von denen unten in Abschnitt 3.3 noch ausführlicher die Rede sein wird.

7. **Soziale Zugehörigkeiten:** Bei diesen Mustern geht es um die Zuschreibung von Zugehörigkeiten zu sozialen Schichten oder Klassen, also etwa um die eher historisch interessante Einteilung der Menschen in ‚Adlige', ‚Bürger' und ‚Bauern' oder die neueren Einteilungen in ‚Arbeiter', ‚Angestellte', Beamte' usw.; hier bestehen enge Bezüge zu den sehr viel differenzierteren Zugehörigkeiten zu Berufsgruppen wie ‚Lehrer', ‚Ärztin' oder ‚Banker'.

8. **Zugehörigkeiten nach Alter:** Die Einteilung von Menschen nach dem Alter war – ähnlich wie ‚Geschlecht' – immer schon eine wichtige Kategorie der Zugehörigkeit. Hierhin gehören die klassischen Kategorien ‚Kind', ‚Jugendliche', ‚Erwachsene' oder ‚Rentner', aber auch konkretere und neuere Altersgruppen wie ‚Teenies', ‚Twens', ‚50 plus' o. ä., und auch die immer wieder neu entstehenden Generationsbezeichnungen wie ‚68er', ‚Generation X', ‚Y' oder ‚Z', ‚Baby-Boomer', ‚Millennials' u.ä. Ob es sich dabei wirklich um Deutungsmuster mit einer gewissen Stabilität und Verbreitung im diskursiven Gebrauch handelt, ist allerdings in manchen Fällen sicher fraglich.

Die hier genannten konkreten Kategorien von Zugehörigkeiten lassen sich ggf. noch durch Muster politischer und zivilgesellschaftlicher Institutionen ergänzen, über die ebenfalls Zugehörigkeiten verhandelt werden, ohne dass sich dies unbedingt in ähnlicher Weise in konkrete Personenbezeichnungen niederschlagen würde. Gemeint sind hier beispielsweise Muster wie ‚Familie', ‚Verein', ‚Genossenschaft', ‚Partei', ‚Bürgerinitiative' o. ä.

Auch wenn diese Systematik möglicher Zugehörigkeitskategorien und daraus abzuleitender kategorialer Deutungsmuster sicherlich weder vollständig noch hinreichend differenziert ist, gibt sie doch einen Eindruck davon, wie vielfältig und reichhaltig das Kulturthema ‚Zugehörigkeit' ist und welche Aufgaben sich der kulturwissenschaftlichen Forschung ebenso wie der Praxis des kulturbezogenen Lernens sich hier noch stellen.

3.2 Kulturthema ‚Zeit': Chronologische Deutungsmuster

3.2.1 Zeit als Gegenstand der Kulturstudien. Zur Einführung

Ebenso wie die verschiedenen Aspekte von ‚Zugehörigkeit', von denen im vorhergehenden Abschnitt dieses Kapitels die Rede war, ist auch die Zeit oder genauer: unsere zeitliche Orientierung in alltäglichen Lebens- und Kommunikationssituationen ein wichtiges Teilgebiet der Kulturstudien. Wenn wir, wie in dieser Einführung ja schon mehrfach erläutert, die Fragestellungen und Gegenstände der Kulturstudien vor allem von den Bedeutungen herleiten, mit denen wir beim alltäglichen Gebrauch des Deutschen in verschiedenen Kontexten und Situationen zu tun haben, weil sie mit diesen Kontexten und Situationen oder auch einfach mit bestimmten Arten der Sprachverwendung einhergehen, ohne dass uns das immer so ganz klar ist, dann wird schnell deutlich, dass wir um Aspekte von Zeit und zeitbezogenen Bedeutungen auch in den Kulturstudien nicht herumkommen. Das beginnt ja schon bei der Sprache selbst, denn diese kennt beispielsweise zeitliche ‚deiktische' Ausdrücke wie ‚jetzt', ‚heute', ‚vorhin', ‚gestern' oder ‚bald', die ganz generell auf zeitliche Verhältnisse verweisen und eine Sprech- oder Kommunikationssituation im Rahmen des zeitlichen Kontinuums zuordnen und dadurch eine spezifische Art der zeitbezogenen Bedeutung herstellen. Im 2. Kapitel dieses Buches haben wir ja auch unseren Begriff des ‚Deutungsmusters' und die Funktion solcher Muster in der Alltagskommunikation mehrfach am Beispiel des Wochentags ‚Freitag' und damit an einer zeitbezogenen Kategorie illustriert und veranschaulicht. Und wer würde beim Thema ‚Zeit' im Zusammenhang mit Sprache nicht gleich auch an die verschiedenen Zeitformen der Verben denken, mit denen wir bestimmte Ereignisse oder Handlungen der Gegenwart, der Vergangenheit oder der Zukunft zuweisen, also ebenfalls zeitliche Kategorien und Bedeutungen in Anspruch nehmen? Zudem kennt die deutsche Sprache zahlreiche Phraseologismen, also Redewendungen, und Sprichwörter, bei denen es um zeitliche Aspekte des Alltagslebens geht: ‚Zeit verschwenden' bzw. ‚nutzen', ‚tagaus – tagein', ‚seit Jahr und Tag', ‚Zeit ist Geld', ‚gut Ding will Weile haben', um nur einige wenige Beispiele zu nennen.

Schon diese wenigen Hinweise machen eines sehr deutlich: das Lernen (und Lehren) der Fremd- und Zweitsprache Deutsch (wie natürlich auch anderer Sprachen) kommt ohne zeitbezogene Bedeutungen nicht aus. Genug gute Gründe also für die Kulturstudien im Fach Deutsch als Fremd- und Zweitsprache, diese zeitbezogenen Bedeutungen auch aus kulturwissenschaftlicher Perspektive explizit zum Thema zu machen.

Was wir schon beim Thema ‚Zugehörigkeit' festgestellt haben, gilt nun natürlich auch, und sogar noch in weitaus höherem Maß, für die ‚Zeit': Es handelt sich um ein Thema, das schon seit ganz langer Zeit Gegenstand philosophischer, theoretischer und wissenschaftlicher Reflexion und Forschung ist und bei dem man daher auch mit einer kaum überschaubaren Vielfalt an unterschiedlichen Zugängen und Theorieansätzen zu tun hat, innerhalb derer wir uns zunächst einmal zurechtfinden und positionieren müssen. Es soll also im Folgenden zunächst darum gehen, einige der philosophischen und wissenschaftlichen Zugänge zum Thema ‚Zeit' zumindest in ihren Grundzügen zu erläutern, um damit die spezifisch kulturwissenschaftliche Sicht auf das Thema, wie sie im Rahmen der Kulturstudien im Mittelpunkt steht, als eine für das Fach Deutsch als Fremd- und Zweitsprache spezifische Sicht freizulegen und zu begründen.

3.2.2 ‚Zeit' als Thema der Geistes- und Sozialwissenschaften

In wahrscheinlich noch höherem Maß als bei Raum oder Zugehörigkeiten ist die Zeit eine „grundlegende Dimension [...], in der sich der Mensch sowohl als biologisch-physikalisches wie auch als geistiges Wesen verortet" (Sieroka 2018: S. 10). Alles menschliche Leben ist notwendigerweise auf Zeit bezogen. Sei es durch die existenziellen Erfahrungen von Geburt und Tod und das Bewusstsein der eigenen Endlichkeit oder sei es durch die Notwendigkeit, alltägliche Lebensvollzüge zu planen, sich an Vergangenes zu erinnern, für Kommendes vorzusorgen oder Handlungen mit anderen abzustimmen – immer haben wir es mit Fragen der Zeit und der individuellen oder gemeinschaftlichen Orientierung im zeitlichen Ablauf zu tun.

Philosophisches Nachdenken über Zeit: So verwundert es auch sicher nicht, dass die Zeit und ihre Bedeutung für das menschliche Leben immer auch Gegenstand sehr tiefschürfender philosophischer Reflexion gewesen ist. Nahezu alle großen Denker der abendländischen philosophischen Tradition seit der Antike haben sich mehr oder weniger intensiv mit der Zeit und ihren verschiedenen Erscheinungsformen beschäftigt, angefangen von den antiken Geistesgrößen Platon und Aristoteles über den ‚Kirchenvater' Augustinus und die Aufklärungsphilosophen Leibniz und Kant bis zu Vertretern eines phänomenologisch-existenzphilosophischen Denkens wie Husserl oder Heidegger. Dabei lässt sich das philosophische Nachdenken über die Zeit als abstrakte Größe auf drei Grundprobleme zurückführen (vgl. dazu Gloy 2008: S. 7–13):

1. Ist die Zeit objektiv und unabhängig vom Menschen vorhanden als Bestandteil der außermenschlichen ‚Wirklichkeit' oder existiert sie nur in der menschlichen subjektiven Wahrnehmung dieser Wirklichkeit? Anders formuliert: Ist Zeit eine objektive oder eine subjektive ‚Realität'?
2. Wie verhalten sich Zeit und Raum zueinander, stehen sie sozusagen gleichberechtigt, aber ohne direkte Bezüge und als eigenständige Gegebenheiten nebeneinander oder lässt sich das eine auf das andere reduzieren, lässt sich beispielsweise der Raum in zeitliche Dimensionen überführen, kommt also etwa der Zeit gegenüber dem Raum ein höheres Gewicht, eine Priorität zu?
3. Wie lässt sich das Nacheinander zeitlicher Abläufe, etwa die Rotationsbewegungen der Erde und anderer Himmelskörper in möglichst präziser Weise beschreiben, einteilen und messen?

Während die Fragen (2) und (3) die Grenzen einer rein philosophischen Zeitreflexion schnell sprengen und mathematisch-naturwissenschaftliche Perspektiven eröffnen, die sowohl die Möglichkeiten als auch das Interesse der Kulturstudien übersteigen, sollten wir bei der ersten Frage ein wenig verweilen, führt sie uns doch ziemlich direkt ins Zentrum dessen, was die Kulturstudien beim Thema Zeit vor allem interessiert. Im Hinblick auf diese Frage nämlich lässt sich die

Geschichte der philosophischen Reflexion über Zeit als Auseinandersetzung zwischen einer ‚objektivistischen' und einer ‚subjektivistischen' Auffassung von Zeit beschreiben, bei der sich auf lange Sicht die subjektivistische Sicht gegenüber der objektivistischen durchsetzt. Auch wenn in naturwissenschaftlichen Kontexten beispielsweise der Physik gegenläufige Tendenzen eines Festhaltens an der Zeit als einer objektiven und messbaren Größe vorhanden sind, kann man für den philosophischen Diskurs spätestens seit dem 20. Jahrhundert die weithin geteilte Überzeugung konstatieren, „daß die Zeit lediglich ein subjektives menschliches Interpretament einer andersgearteten Welt darstellt" und dass es sich bei den zeitlichen Dimensionen von Vergangenheit und Zukunft nicht um objektive Gegebenheiten, sondern um „menschliche, subjektive Setzungen" handelt (ebd.: S. 9).

Damit aber öffnet sich aus der eher abstrakten philosophischen Reflexion heraus eine Perspektive für geistes-, kultur- und sozialwissenschaftliche Zugänge zum Thema Zeit, die eben diese subjektiven Setzungen zeitlicher Dimensionen in unterschiedlichen sozialen, kulturellen oder historischen Kontexten in den Blick nehmen, dabei aber das erkenntnisleitende Interesse von der Zeit als einem abstrakten Phänomen hin zu den konkreten Ausdrucksformen und Erscheinungsweisen von Zeit verschieben: zur Setzung von Zeiteinteilungen etwa in Kalendern, die den Ablauf des Alltags und des sozialen Zusammenlebens regeln, zur Wahrnehmung und Deutung zeitlicher Phänomene wie Jahreszeiten, Tageszeiten oder Lebenszeiten, zum Umgang mit Zukunft wie Vergangenheit in unterschiedlichen soziokulturellen Kontexten usw.

3.2.2.1 Kultur- und sozialgeschichtliche Perspektiven

Wie Menschen in ihren je unterschiedlichen Lebenszusammenhängen mit der Erfahrung und Herausforderung der Zeit in ihren verschiedenen Erscheinungsweisen umgehen und welche Entwicklungen etwa bei der Berechnung des Jahresablaufs im Rahmen der verschiedenen Kalenderreformen seit babylonischer Zeit zu verzeichnen sind, ist in den letzten Jahren und Jahrzehnten immer wieder Gegenstand auch umfangreicherer kulturgeschichtlicher Darstellungen geworden. Ohne hier auch nur annähernd Vollständigkeit beanspruchen zu wollen und unter bewusster Beschränkung auf deutschsprachige Publikationen seien stellvertretend die Arbeiten von Rudolf Wendorff über *Zeit und Kultur. Geschichte des Zeitbewußtseins in Europa* (vgl. Wendorff 1985), von Peter Borscheid über *Das Tempo-Virus. Eine Kulturgeschichte der Beschleunigung* (vgl. Borscheid 2004), von Hans Lenz über die *Universalgeschichte der Zeit* (vgl. Lenz 2005) oder von Alexander Demandt über *Zeit. Eine Kulturgeschichte* (vgl. Demandt 2015) genannt. Hinzu kommen eine Reihe von Arbeiten, die sich, ebenfalls in einer meist nicht weiter erläuterten ‚kulturgeschichtlichen' Perspektive, mit einzelnen Aspekten oder einzelnen Epochen einer Kulturgeschichte der Zeit befassen, etwa mit der Geschichte der Zeitrechnung von der Epoche der Sumerer im 3. vorchristlichen Jahrtausend bis zur Gegenwart (vgl. Vogtherr ^{2}2006) oder mit der Rolle von Kalendern in der römischen Antike (vgl. Rüpke 2006) oder im europäischen Mittelalter (vgl. von den Brincken 2000). Unser Wissen insbesondere über unterschiedliche Zeitkonzepte in verschiedenen Epochen und Regionen der globalen, vor allem aber der europäischen Kulturgeschichte, über die jahrhundertelangen Bemühungen um eine dem Lauf der Planeten möglichst exakt angepasste Berechnung von kalendarischen Daten und über die Entstehung und Entwicklung der heute weltweit üblichen Kategorien der Zeiteinteilung kann dank dieser und vieler anderer, hier nicht genannter Arbeiten als sehr umfangreich und differenziert gelten; auf einzelne Aspekte dieses Wissens wird auch an anderer Stelle noch zurück zu kommen sein.

Allerdings bleibt die Spezifik der ‚kulturgeschichtlichen' Perspektive auf das Thema ‚Zeit' bei vielen der genannten Arbeiten unbestimmt und unterkomplex insofern, als sie sich nicht selten in einem rein anekdotischen Zusammentragen von Einzelaspekten verlieren, ohne diese, etwa anhand einer übergreifenden theoretischen Fragestellung in größere Zusammenhänge zu integrieren. Der Nutzen dieser Arbeiten für die spezifische Perspektivierung des Themas Zeit im Rahmen der Kulturstudien bleibt daher begrenzt.

Sozialgeschichtliche Perspektiven: Deutlich interessanter sind daher solche Arbeiten, die ein ansonsten unspezifisch bleibendes kulturgeschichtliches Interesse mit einer historisch-sozialwissenschaftlichen Problemstellung verknüpfen, indem sie beispielsweise den historischen Umgang mit Zeit und zeitlichen Abläufen mit den sozial- und mentalitätsgeschichtlich relevanten Prozessen der Modernisierung, Zivilisierung und Globalisierung verknüpfen. Dieser Zusammenhang zwischen Zeit und Modernisierung, d. h. insbesondere die Veränderung der Zeitwahrnehmung und die Erfahrung der zunehmenden Beschleunigung des Lebens durch moderne Technologien und moderne Produktions- und Arbeitsbedingungen ist in der sozialwissenschaftlichen Diskussion schon seit dem 19. Jahrhundert ein Thema und wurde schon von heute als ‚Klassiker' der Gesellschaftstheorie geltenden Autoren wie Karl Marx, Emile Durkheim, Max Weber oder Georg Simmel als Kennzeichen des Zeitalters der Industrialisierung beschrieben (vgl. dazu z. B. Rosa 2005: S. 89–105). In der Zwischenzeit liegt dazu in der internationalen sozialwissenschaftlichen Forschung eine nicht mehr zu überschauende Vielzahl an Publikationen vor, die hier nicht annähernd erschöpfend gewürdigt werden können. Stellvertretend sollen einige für die Kulturstudien wichtige Teilaspekte dieser Diskussion daher nur anhand dreier (deutschsprachiger) Publikationen kurz beleuchtet werden.

Schon in den 1970er Jahren hat sich beispielsweise die Geschichte der Eisenbahnen in Europa und den USA und die damit einhergehenden fundamentalen Veränderungen des Reisens und der Wahrnehmung von Raum und Zeit als fruchtbare kultur- und sozialgeschichtliche Perspektive erwiesen, die etwa in dem bereits 1977 erstmals erschienenen Buch *Geschichte der Eisenbahnreise* von Wolfgang Schivelbusch (vgl. Schivelbusch 2004) als Prozess der „Industrialisierung von Raum und Zeit" (so der Untertitel des Buches) beschrieben wird. Schivelbusch zeigt anhand zeitgenössischer Quellen, wie die Eisenbahn nicht nur die Wahrnehmung und die Bedeutung von Natur, sondern eben auch von Raum und Zeit verändert, was bereits zeitgenössisch als „Verschwinden von

Raum und Zeit" beschrieben worden ist. Was nun insbesondere die Zeit angeht, so lässt sich der Prozess der Industrialisierung des Zeit-Bewusstseins zum einen anhand der mit den Eisenbahnen notwendig gewordenen überregionalen, nationalen und schließlich globalen Vereinheitlichung lokal abweichender Zeiten (vgl. ebd.: S. 43–45), zum anderen aber auch anhand der durch Fahrpläne und das höhere Maß zeitlicher Taktung und Abstimmung weit voneinander entfernter Abläufe notwendig werdenden Verinnerlichung zeitlicher Zwänge beschreiben. Die durch die Industrialisierung bedingten Veränderungen des Zeitbewusstseins stehen also in sehr engem Zusammenhang mit dem Prozess der Zivilisation (vgl. ebd.: S. 149–151), wie er vor allem von Norbert Elias ausführlich und anhand umfangreichen historischen Materials beschrieben worden ist (vgl. Elias 1988) und der im Wesentlichen darin besteht, dass die langfristige Verdichtung sozialer Beziehungen und die Zunahme der wechselseitigen Abhängigkeiten – Elias spricht von länger werdenden Interdependenzketten – im Verlauf der europäischen Modernisierung auf der Ebene der Individuen mit einem immer stärker werdenden Zwang zur Verinnerlichung sozialer Kontrollmechanismen einhergeht, den Elias eben als ‚Zivilisationsprozess' bezeichnet. Was dies für die Wahrnehmung von Zeit und für den Umgang mit ihr bedeutet, hat Elias in seinem Buch *Über die Zeit* ausführlich diskutiert.

‚Zeit' bei Norbert Elias: In expliziter kritischer Abgrenzung gegenüber der philosophischen Tradition etwa im Anschluss an Kant zeigt Elias hier, dass es sich bei der Zeit nicht um eine dem Menschen von Natur aus gegebene kognitive Struktur handelt, die unsere zeitliche Wahrnehmung der äußeren Welt determiniert, sondern um das Ergebnis eines über Jahrhunderte andauernden Prozesses sozialen Lernens, in dessen Verlauf sich die heute übliche verdinglichte Rede von der abstrakten ‚Zeit' erst herausbilden konnte. Anders als es diese Redeweise nahelege, sei die Zeit aber kein für sich seiendes ‚Wesen' und auch keine biologisch determinierte kognitive Struktur, vielmehr bezeichne das abstrakte Wort ‚Zeit' nichts anderes als das Inbeziehungsetzen unterschiedlicher Abläufe in der Natur oder im menschlich-sozialen Leben:

> „Das Wort ‚Zeit', so könnte man sagen, ist ein Symbol für eine Beziehung, die eine Menschengruppe, also eine Gruppe von Lebewesen mit der biologisch gegebenen Fähigkeit zur Erinnerung und zur Synthese, zwischen zwei oder mehreren Geschehensabläufen herstellt, von denen sie einen als Bezugsrahmen oder Maßstab für den anderen oder die anderen standardisiert" (Elias 1988:12).

Wichtig ist hier vor allem, dass die Herstellung einer Beziehung zwischen verschiedenen Geschehensabläufen, etwa dem Zunehmen und Abnehmen des Mondes oder dem Lauf der Sonne und bestimmten Notwendigkeiten der Nahrungsproduktion, eine wichtige gesellschaftliche Funktion ist, die sich mit der zunehmenden Verflechtung menschlicher Beziehungen und Abhängigkeiten über die unmittelbar wahrnehmbare soziale Umgebung hinaus immer komplexer gestaltet und einen langfristigen, über Generationen andauernden Prozess des sozialen Lernens erforderlich macht. In den späteren Abschnitten seines Buches erläutert Elias diesen etwas komplex klingenden Zusammenhang

3.2 Kulturthema ‚Zeit': Chronologische Deutungsmuster

in mehreren Anläufen über den Vergleich zwischen relativ überschaubaren und einfachen traditionalen Gesellschaften etwa im westlichen Afrika oder bei den amerikanischen Ureinwohnern einerseits und modernen Industriegesellschaften andererseits.

Um die für ein soziologisches und kulturwissenschaftliches Verständnis der Zeit überragende Bedeutung von Elias angemessen würdigen zu können, müssen wir zunächst noch einmal kurz auf die oben angesprochene philosophische Reflexion über die Zeit insbesondere bei Immanuel Kant zurück kommen. Bei Kant wird die jahrhundertealte Debatte über die Frage, ob es sich bei der Zeit um eine objektive Gegebenheit der äußeren Wirklichkeit oder ‚nur' um unsere subjektive Vorstellung handelt, recht eindeutig zugunsten der letzteren Position entschieden: als so genannte ‚reine Anschauungsformen' gehören Zeit und Raum zu der uns von der Natur mitgegebenen kognitiven Ausstattung, so dass wir die äußere Welt gar nicht anders als in zeitlichen und räumlichen Kategorien wahrnehmen können und es für uns als menschliche Wesen daher auch keine Wirklichkeit außerhalb von Zeit und Raum geben kann, über die wir irgendwelche sinnvollen oder gültigen Aussagen machen könnten. Diese innerhalb der Philosophie und Erkenntnistheorie sehr einflussreiche Position der Kantschen Transzendentalphilosophie wurde allerdings gerade im Hinblick auf das Verständnis von Zeit in der zweiten Hälfte des 20. Jahrhunderts heftig attackiert, weil sie die Zeit als reine Anschauungsform als natürliche und unveränderliche Gegebenheit ansehe und deren Genese und damit deren Abhängigkeit von bestimmten sehr komplexen Voraussetzungen übersehe. Es war dann zunächst der bekannte Schweizer Entwicklungspsychologe Jean Piaget, der in einer Reihe von Experimenten gezeigt hat, dass die Vorstellung von Zeit dem Menschen nicht etwa als unveränderliche Wahrnehmungsstruktur angeboren ist, dass es sich vielmehr um eine komplexe kognitive Operation handelt, die sich erst im Verlauf der kognitiven Entwicklung eines Kindes herausbildet, und dass es sich bei dieser Entwicklung um einen in hohem Maße von soziokulturellen Rahmenbedingungen abhängigen Lernprozess handelt (vgl. Piaget 1974). Diese primär ontogenetische, d. h. an der individuellen Entwicklung des kognitiven Apparats von Menschen orientierte Perspektive wird nun von Elias, der Piaget allerdings nicht erwähnt, durch eine phylogenetische oder besser „entwicklungssoziologische" Perspektive ergänzt: er zeigt, dass das, was wir heute als ‚Zeit' wahrnehmen und für selbstverständlich gegeben halten, keineswegs ‚immer schon' da war, sondern auf einem über Jahrhunderte andauernden und viele Generationen übergreifenden soziohistorischen Lernprozess beruht, der mit dem abendländischen ‚Prozess der Zivilisation' und Modernisierung, d. h. der immer enger werdenden Interdependenzketten zwischen den Menschen einhergeht:

> „Was man heute als ‚Zeit' begreift und erlebt, ist eben dies: ein Orientierungsmittel. Als ein solches mußte der Zeitbegriff durch Erfahrung in einem langen, generationenübergreifenden Lernprozeß entwickelt werden. Es gibt reichlich Belege dafür, daß Menschen nicht seit jeher Zusammenhänge von Ereignissen in der Weise erlebt haben, die wir heute durch den Begriff ‚Zeit' symbolisch repräsentieren. [...] Mit anderen Worten: Die menschliche Erfahrung dessen, was heute ‚Zeit' genannt wird, hat sich in der Ver-

gangenheit verändert und verändert sich in der Gegenwart weiter, und zwar nicht in einer zufälligen oder historischen Weise, sondern in einer strukturierten und gerichteten Weise, die erklärt werden kann" (Elias 1988: S. 2).

In der sozialwissenschaftlichen Forschung besteht heute weitgehend Übereinstimmung darüber, dass langfristige gesellschaftliche Veränderungen wie der europäische Zivilisations- bzw. Modernisierungsprozess sich nicht nur auf die großen politischen, sozialen und ökonomischen Rahmenbedingungen beziehen, sondern auch und insbesondere die Ebene der menschlichen Individuen, ihrer sozialen Alltagsbeziehungen und -interaktionen, aber eben auch ihrer mentalen Dispositionen, das Denken, Fühlen und Wahrnehmen in hohem Maß beeinflussen. Was das für unser Thema, die Zeit und ihre subjektive Wahrnehmung, bedeutet, haben die hier kurz und exemplarisch erläuterten Arbeiten von Schivelbusch und Elias deutlich zu machen versucht. Die Veränderung zeitlicher Dispositionen bleiben in dieser Forschungstradition allerdings eine Art Nebeneffekt der Modernisierung, sie stehen nicht in dessen Zentrum.

‚**Beschleunigung**': Anders ist dies bei dem Soziologen Hartmut Rosa, der in seiner großen Arbeit über Beschleunigung als gesellschaftlicher Signatur des 21. Jahrhunderts die Zeit und die Erfahrung einer immer weiter fortschreitenden Beschleunigung des sozialen Lebens in den Mittelpunkt einer neuen Theorie der gesellschaftlichen Modernisierung und ihrer weiteren Dynamisierung in der Gegenwart stellt (vgl. Rosa 2005, 2013). Rosa geht mit der einschlägigen sozialwissenschaftlichen und historischen Forschung davon aus, dass die Erfahrung der Beschleunigung des Lebens und einer extremen Verdichtung von Zeit bereits ein Kennzeichen der ‚klassischen' Moderne des 19. und 20. Jahrhunderts und der sie charakterisierenden Prozesse der Industrialisierung, der Auflösung herkömmlicher standesgesellschaftlicher Institutionen, der technologischen Innovationen, der Entstehung von Massenmedien usw. gewesen sei. Allerdings korrespondiere diese Erfahrung der Beschleunigung auf der einen mit einer geradezu entgegengesetzten Erfahrung des Stillstands, der Beharrung und der Langeweile auf der anderen Seite, die unter den Bedingungen der ‚klassischen Moderne' vor allem von den spezifisch modernen Institutionen wie dem Staat, der Nation, dem Recht oder der Verwaltung, aber auch moderner Familienstrukturen, der Trennung von Arbeit und Freizeit, von Öffentlichkeit und Privatheit, ausgehe. Es sei aber nun gerade der Kern des dynamisierten Modernisierungsprozesses im Übergang zum 21. Jahrhundert, für den sich mittlerweile Begriffe wie ‚Postmoderne', ‚Spätmoderne' oder ‚Zweite Moderne' etabliert haben, dass die Beschleunigung jetzt auch die scheinbar stabilen Institutionen der klassischen Moderne einbeziehe und dazu führe, dass diese ihre Funktion, nämlich stabile Orientierung für politisches oder soziales Handeln oder auch für die Ausbildung stabiler Identitäten auf der Ebene der Individuen zu leisten, nicht mehr erfüllen können. An deren Stelle trete die Orientierung an flexiblen und projektförmigen Lebensentwürfen und die totale Flexibilisierung jeglicher Zeitplanung, ein Prozess, den Rosa im Anschluss an einschlägige empirische Forschungen als „Verzeitlichung der Zeit" in der Spätmoderne beschreibt (vgl. Rosa 2005: S. 362–390) und der den Bruch zwischen der klassischen Moderne und der Spätmoderne vor allem kennzeichne:

„Der Bruch zwischen der klassischen Moderne und der Spätmoderne lässt sich damit temporalstrukturell sehr genau bestimmen als jener Moment in der ‚Beschleunigungsgeschichte', an dem die Akzelerationskräfte die Gestaltungs- und Integrationsfähigkeit von Subjekten und Gesellschaften so weit übersteigen, dass die *Verzeitlichung der Geschichte und des Lebens* als dominante Formen der Zeiterfahrung durch die *Verzeitlichung der Zeit selbst* verdrängt wird und an dem daher *das kulturelle Projekt* und der *strukturelle Prozess* der Modernisierung in unaufhebbaren Widerspruch geraten" (ebd.: S. 455; Hervorh. i. O.).

Den hier vor allem im Kontext der soziologischen Modernisierungstheorien beschriebenen, aber auch anhand einschlägiger empirischer Studien belegten Prozess der sozialen Beschleunigung hat Rosa in einer späteren Publikation mit den Traditionen einer kritischen Sozialwissenschaft im Anschluss an Marx, Adorno, Horkheimer, Marcuse, Benjamin, Habermas und Honneth in Verbindung gebracht und zu einem „Entwurf einer Kritischen Theorie der sozialen Beschleunigung" weiter entwickelt (vgl. Rosa 2013: S. 93). Vor allem im Anschluss an die sozialphilosophischen und -kritischen Positionen von Jürgen Habermas und Axel Honneth und unter Rückgriff auf den Begriff der ‚Entfremdung' zeigt er hier, dass der Prozess der sozialen Beschleunigung zu Entfremdungen des spätmodernen Subjekts von Raum und Zeit, von den Dingen, den eigenen Handlungen, sozialen Beziehungen und schließlich auch vom eigenen Selbst führe (vgl. ebd.: S. 122–143). Die soziale Beschleunigung des 21. Jahrhunderts und die durch sie hervorgebrachten Zeitnormen bringen nicht nur verschiedene soziale und psychische Pathologien hervor, die noch als bedauernswerte Kollateralschäden abgetan werden könnten, sondern „unterlaufen das moderne Versprechen von Reflexivität und Autonomie" insgesamt (ebd.: S. 112).

Es liegt auf der Hand, dass die in den hier exemplarisch diskutierten Arbeiten von Schivelbusch, Elias und Rosa vorgenommene Inbezugsetzung von Zeit auf der einen Seite und den gesellschaftliche Prozessen der Modernisierung in ihrer klassischen wie in ihrer ‚zweiten' oder spätmodernen Variante einen theoretischen Rahmen definiert, der auch für die Perspektive der Kulturstudien und ihren Umgang mit dem Thema ‚Zeit' hochgradig relevant und anschlussfähig ist und hinter den auch niemand, der sich in seriöser und reflektierter Weise mit dem Thema beschäftigt, mehr zurückgehen kann. Deswegen wird darauf weiter unten auch noch zurück zu kommen sein. Für den Augenblick aber soll zunächst eine andere sozial- und kulturwissenschaftliche Perspektive eröffnet werden, die – zumindest auf den ersten Blick – zu den gerade diskutierten modernisierungstheoretischen Positionen in einem gewissen Widerspruch zu stehen scheint: die ‚kulturkontrastive' Sicht auf Zeit, d. h. die Annahme, dass unterschiedliche ‚Kulturen' je spezifische und untereinander nicht unbedingt kompatible Wahrnehmungs- und Umgangsweisen mit Zeit herausbilden.

3.2.2.2 ‚Zeitkulturen'? Kulturkontrastive Perspektiven
Der Sinn und die prinzipielle Berechtigung einer kulturkontrastiven Perspektive auf das Thema ‚Zeit' lassen sich leicht aus den zuvor referierten modernisierungstheoretischen Positionen herleiten: diese nämlich beziehen sich ja per se auf ‚moderne' Gesellschaften und lenken den Blick damit insbesondere auf

Weltregionen, in denen die Prozesse der Industrialisierung und Modernisierung seit dem späten 18. Jahrhundert eine wichtige Rolle gespielt haben und die bis heute zu den ‚entwickelten' und vergleichsweise reichen Ländern des ‚Westens' gehören: Deutschland, Frankreich, Großbritannien, die USA u. a. Andere Weltregionen wie beispielsweise Afrika oder Lateinamerika bleiben hingegen zumindest bei ‚klassischen' Modernisierungstheorien außerhalb der Wahrnehmung oder dienen allenfalls als Kontrastfolie, die zur Präzisierung oder Illustration der eigentlich im Fokus stehenden Modernisierungsprozesse dienen.

Ethnologische Forschung: Neu ist die kulturrelativistische Sichtweise im Hinblick auf die Zeit allerdings nicht. Schon in der ‚klassischen' Ethnologie bzw. Kulturanthropologie in der ersten Hälfte des 20. Jahrhunderts galt die Zeit als eine Dimension, anhand derer sich kulturelle Spezifika einzelner ‚Völker' beschreiben und nicht zuletzt gegenüber den als ‚Maßstab' geltenden europäischen Verhaltens-, Wahrnehmungs- und Denkgewohnheiten abgrenzen ließen. So widmet beispielsweise schon der britische Ethnologe Edward Evans-Pritchard in seiner 1940 erschienenen ethnographischen Arbeit über die im heutigen Sudan angesiedelte ethnische Gruppe der Nuer ein ganzes Kapitel der Frage, in welcher Weise die Nuer ihre sozialen Handlungen und Rituale zeitlich koordinieren und wie sie zeitliche Aspekte in ihrem Alltag wahrnehmen (vgl. Evans-Pritchard 1940: S. 94–138). Er zeigt, dass die Nuer sich für ihre zeitliche Koordination an natürlichen Abläufen orientieren und über kein dem europäischen Denken vergleichbares abstraktes Konzept von ‚Zeit' verfügen:

> "Though I have spoken of time and units of time the Nuer have no expression equivalent to 'time' in our language, and they cannot, therefore, as we can, speak of time as though it were something actual, which passes, can be wasted, can be saved, and so forth. I do not think that they ever experience the same feeling of fighting against time or of having to co-ordinate activities with an abstract passage of time, because their points of reference are mainly the activities themselves, which are generally of a leisurely character. Events follow a logical order, but they are not controlled by an abstract system, there being no autonomous points of reference to which activities have to conform with precision. […] We may conclude that the Nuer system of time-reckoning within the annual cycle and parts of the cycle is a series of conceptualizations of natural changes, and that the selection of points of reference is determined by the significance which these natural changes have for human activities" (ebd.: S. 103 f.).

Bekanntlich hat ja auch der amerikanische Linguist Benjamin Lee Whorf aus der Beobachtung, wonach die Sprache der Hopi, einer Gruppe amerikanischer Ureinwohner, keine zeitlichen Kategorien kenne, geschlussfolgert, dass die Hopi auch nicht in zeitlichen Kategorien denken könnten und dass generell das Denken von Menschen durch ihre Sprache determiniert sei – eine Position, die als ‚sprachliche Relativitätstheorie' bzw. als ‚Sapir-Whorf-Hypothese' in die Wissenschaftsgeschichte eingegangen ist (vgl. Werlen 2002: S. 201–238).

‚Monochrones' vs. ‚polychrones' Zeitverständnis: Einen über derartige Einzelbeobachtungen hinausgehenden und etwas systematischeren Zugang zur Zeit als Kulturdimension entwickelte dann vor allem der amerikanische Sozialwissenschaftler und Anthropologe Edward T. Hall. Entstanden sind die Arbeiten

3.2 Kulturthema ‚Zeit': Chronologische Deutungsmuster

von Hall im Kontext der so genannten ‚Nationalcharakterstudien' der 1940er und 1950er Jahre und des militärisch, politisch und ökonomisch motivierten Interesses der USA an den ‚kulturellen' Spezifika der Länder, mit denen sie – als Partner oder als Feinde – zu tun hatten (vgl. dazu Haas 2009: S. 17–57).

Für die Beschreibung von nationalen ‚Kulturen' spielt der Faktor ‚Zeit' bei Hall insofern eine wichtige Rolle, als der Umgang mit Zeit in unterschiedlichen Teilen der Welt bzw. in unterschiedlichen ‚Kulturen' nach seinen Beobachtungen sehr stark voneinander abweicht und diese unterschiedlichen Zeitvorstellungen auch zu großen Schwierigkeiten im Umgang miteinander führen können. Diese versucht Hall mit Hilfe der Differenzierung zwischen einem ‚monochronen' und einem ‚polychronen' Zeitverständnis theoretisch zu systematisieren:

> „There are many kinds of time systems in the world, but two are most important to international business: We call them monochronic and polychronic time. Monochronic time means paying attention to and doing only one thing at a time. Polychronic time means being involved with many things at once. Like oil and water, the two systems do not mix" (Hall/Hall 1990: S. 13).

Die hier vorgenommene Unterscheidung zwischen einem ‚monochronen' und einem ‚polychronen' Zeitverständnis dient neben unterschiedlichen Raum-Auffassungen und der unterschiedlichen Bedeutung des Kontexts in der Kommunikation als eine der Dimensionen, die verschiedene ‚Kulturen', in diesem Fall diejenigen Deutschlands, Frankreichs und der USA, in ihrer Unterschiedlichkeit und in ihrer Spezifik beschreibbar und verständlich machen können. So sei etwa für ‚die Deutschen' wie für US-Amerikaner ein streng ‚monochrones' Zeitverständnis charakteristisch, allerdings gebe es auch feine, aber wichtige Unterschiede:

> „Germans are very high on the monochronic scale, and their consensus decision making process is often more involved and deliberate than the American, requiring many lateral clearances as well as considerable extensive background research. Because the Germans approach decision making slowly and laboriously, once a decision is made they stand firmly and unalterably behind it. Be warned: changing plans after things are in place may strike Germans as arbitrary and irresponsible. While most Americans are monochronic, some are not and think nothing of changing plans at the last minute. When this happens, it is difficult for their German business associates to accept; they become upset and sometimes enraged" (ebd.: S. 35).

Im Gegensatz zu ‚den Deutschen' seien ‚die Franzosen' sehr hoch auf der polychronen Skala anzusiedeln: „This means they do many things at once; they can tolerate constant interruptions and are totally involved with people" (ebd.: S. 88). Auch wenn man von der erstaunlich naiven Art absieht, mit der in solchen Pauschalaussagen traditionelle Stereotype reproduziert werden, fällt doch auf, dass Hall sich weder hier noch in seinen älteren Arbeiten um halbwegs nachvollziehbare Belege oder auch nur Referenzen für seine Behauptungen bemüht. Dabei gelten national bzw. ethnisch definierte Gruppen wie ‚die Deutschen' oder ‚die Franzosen' wie selbstverständlich als die einzig denkbaren Bezugsgrößen von ‚Kultur', ohne dass dies an irgendeiner Stelle auch nur einer Erwähnung, geschweige einer Begründung für wert erachtet würde.

Eine „Geographie der Zeit": In ganz ähnlicher Weise wie Hall und auch unter mehrfacher expliziter Berufung auf ihn argumentiert auch der amerikanische Sozialpsychologe Robert Levine in seinem viel gelesenen und auch ins Deutsche und andere Sprachen übersetzten Buch *A Geography of Time* aus dem Jahr 1997. Wie Hall geht auch Levine von seiner eigenen Erfahrung mit anderen, d. h. von der amerikanischen Normalitätserwartung abweichenden Arten des Umgangs mit Zeit aus, etwa in Brasilien (vgl. Levine 2004: S. 16–20), in Indien (ebd.: S. 34–35) oder anderswo. Zur genaueren Beschreibung der reichlich anekdotisch anmutenden Beispiele greift Levine u. a. auf die Konzepte von Hall zurück, etwa die erwähnte Differenzierung zwischen monochronen und polychronen ‚Kulturen' (vgl. Levine 2004: S. 139–142), die er aber darüber hinaus noch mit ähnlichen Differenzierungen wie etwa der zwischen ‚Uhrzeit' und ‚Ereigniszeit' in Verbindung bringt (vgl. ebd.: S. 122–139).

Der Kern des Buches von Levine besteht aber in einer empirischen Studie über das Lebenstempo in 31 verschiedenen Ländern, bei der sich, nicht ganz überraschend, herausstellt, dass in westeuropäischen Ländern generell das Lebenstempo höher ist als etwa in Asien (mit Ausnahme Japans) oder in Lateinamerika (vgl. ebd.: S. 177–205). Grundlage dieser Aussagen sind eigene Messungen bestimmter Abläufe, wie sie nach Auffassung von Levine überall vorkommen und die deswegen als globaler Vergleichsmaßstab dienen können: Wie schnell gehen Menschen, wie lange dauert es, bei der Post eine Briefmarke zu kaufen und wie genau gehen öffentliche Uhren? (vgl. ebd.: S. 37–38). Warum es nun gerade diese Aspekte sein sollen, an denen sich ein komplexes Konstrukt wie das „Lebenstempo" eines ganzen Landes messen lässt, darüber erfährt man nichts Genaues, und dies dürfte auch einigermaßen zweifelhaft sein, zumal die Daten offenbar ausschließlich in größeren Städten erhoben wurden, dann aber ohne Weiteres und ohne jede Begründung auf das jeweilige ‚Land' hochgerechnet werden; hinzu kommt, dass etwa die Gehgeschwindigkeit an jedem Ort bei „wenigstens 35 Passanten beiderlei Geschlechts" gemessen wurde, also einer geringen Zahl, die aufgrund der enorm hohen Fehleranfälligkeit valide Aussagen wie bei einer repräsentativen Stichprobe in keiner Weise zulässt. Wenn wir schließlich aus einer heutigen Perspektive fragen, welche Rolle dem Kaufen einer Briefmarke auf dem Postamt in einer Zeit zukommt, in der das Briefeschreiben von der deutlich schnelleren E-Mail- oder Chat-Kommunikation abgelöst worden ist, und welche Bedeutung noch öffentliche Uhren in einer Umgebung haben, in der alle die Uhrzeit von ihrem Smartphone ablesen, und zwar in Brasilien genauso wie in Indonesien, in den USA oder in Deutschland, dann stellt sich schnell heraus, dass nicht nur die konkreten Ergebnisse der Studie von Levine völlig veraltet, sondern seine theoretische Ausgangsposition von der ‚Kulturspezifik' der Zeit wie sein methodischer Zugang sehr fragwürdig sind.

Auch in den im vorigen Kapitel schon ausführlicher diskutierten Versuchen einer empirischen Beschreibung von ‚Kulturen' in dem hier präferierten Sinn von nationalen bzw. ethnischen Bezugsgrößen, wie sie beispielsweise von Geert Hofstede oder Alexander Thomas vorgenommen worden sind, spielt die Zeit als

‚Kulturdimension' eine Rolle, auch wenn sie im Vergleich etwa zu den Arbeiten von Hall und Levine doch deutlich in den Hintergrund getreten ist. So hat beispielsweise Geert Hofstede in seinen späteren Arbeiten den ursprünglich vier ‚Kulturdimensionen' Machtdistanz, Maskulinität vs. Femininität, Individualismus vs. Kollektivismus und Unsicherheitsvermeidung mit Lang- vs. Kurzzeitorientierung eine fünfte Dimension des globalen Kulturvergleichs hinzugefügt, die offensichtlich mit Zeit zu tun hat und für die ebenfalls, wie für die anderen vier, Punktwerte errechnet wurden, die einen Vergleich zwischen Nationalkulturen im Hinblick auf diese Dimension ermöglichen sollten (vgl. Hofstede/Hofstede 2011: S. 40; 274–275). Und auch in Thomas' Konzept der ‚Kulturstandards' spielt die Dimension der Zeit insofern eine Rolle, als beispielsweise der Aspekt der „Zeitplanung", d. h. die Auffassung von Zeit als „kostbares Gut", das „Geld wert" sei und „nicht nutzlos vergeudet" werden dürfe, sondern „geplant, eingeplant" werden müsse, zu den „deutschen Kulturstandards" gerechnet wird (Thomas 2005: S. 26; vgl. auch Schroll-Machl 2013: S. 121–138).

Kritik an kulturkontrastiven Perspektiven auf Zeit: Die hier diskutierten ‚kulturkontrastiven' Zugänge zum Thema ‚Zeit' gehen durchweg von der zweifellos zutreffenden Beobachtung aus, dass der Umgang mit der Zeit nicht bei allen Menschen und nicht überall auf der Welt gleich ist. Wir haben oben gesehen, dass sie damit ein Defizit sichtbar machen, das in den Modernisierungstheorien von Zeit ungeklärt geblieben ist, dass nämlich das moderne, lineare, auf Beschleunigung und effiziente Nutzung von Zeit abhebende Modell, wie es im Allgemeinen den Gesellschaften des ‚Westens' zugeordnet wird, nicht das einzig mögliche Verständnis von Zeit ist. Dabei greifen die kulturkontrastiven Ansätze allerdings mit ihrem der Ethnologie entlehnten und von hier aus auf moderne Gesellschaften und Nationen übertragenen Verständnis von ‚Kultur' auf ein theoretisch-begriffliches Konzept zurück, das nicht nur zu simplifizierenden, pauschalen und hochgradig stereotypischen All-Aussagen über ganze ‚Nationen' verführt, sondern zudem völlig statisch ist und gerade die Dynamik, wie sie die Modernisierungstheorien ja im Blick haben, nun ihrerseits aus dem Auge verlieren. Es ist aber in der globalisierten Welt des 21. Jahrhunderts schlechterdings keine national organisierte Gesellschaft mehr denkbar, in der das vermeintlich ‚westliche' Modell von Zeit und das sich immer weiter beschleunigende Lebensgefühl der globalisierten und digitalisierten Spätmoderne nicht in mehr oder weniger machtvoller Weise präsent wäre, und sei es auch in Konkurrenz zu parallel bestehenden traditionellen oder auf andere Weise abweichenden Umgangsformen mit der Zeit. Und andererseits ist aber auch keine Gesellschaft denkbar, in der nur das ‚westlich'-spätmoderne Konzept gilt und in der andere, seien es traditionelle, ‚ereignisbezogene' oder seien es neuere Auffassungen etwa einer ‚entschleunigten' Zeit nicht vorkommen. Die Dynamik und Komplexität der globalisierten Welt der Spätmoderne hat auch vor dem Thema Zeit nicht haltgemacht. Der Erkenntniswert und die Anschlussfähigkeit der hier diskutierten ‚kulturkontrastiven' Beschreibungsmodelle für ein dieser Dynamik und Komplexität angemessenes Verständnis von ‚Zeit' sind daher doch sehr eng begrenzt.

3.2.2.3 Kulturelles Gedächtnis und ‚Erinnerungsorte'

Während die bisher in diesem Kapitel diskutierten sozial- und kulturwissenschaftlichen Theorie- und Forschungsansätze die ‚Zeit' primär unter dem Gesichtspunkt der alltäglichen Lebensgestaltung gesehen haben, steht bei den im Folgenden anzusprechenden Konzepten die Frage im Vordergrund, wie Gesellschaften mit der Vergangenheit umgehen und in welcher Weise sie diese in der Gegenwart präsent halten. Im Vorwort seines 1992 erstmals erschienenen und mittlerweile in den Status eines Standardwerks aufgerückten Buchs *Das kulturelle Gedächtnis* hat der Ägyptologe Jan Assmann seiner Erwartung Ausdruck verliehen, „daß sich um den Begriff der Erinnerung ein neues Paradigma der Kulturwissenschaften aufbaut, das die verschiedenen kulturellen Phänomene und Felder [...] in neuen Zusammenhängen sehen läßt" (Jan Assmann 1999: S. 11). Mehr als ein Vierteljahrhundert später kann man konstatieren, dass Assmanns Erwartung in vollem Umfang eingetreten ist, denn tatsächlich sind Begriffe wie ‚Erinnerung', ‚Erinnerungskultur', ‚Erinnerungsort' oder auch ‚kollektives' bzw. ‚kulturelles Gedächtnis' aus den aktuellen kulturwissenschaftlichen Debatten vieler Disziplinen nicht mehr wegzudenken, und es waren ja nicht zuletzt Jan und Aleida Assmann selbst, die mit einer Vielzahl an gemeinsam oder einzeln verfassten Arbeiten zur Herausbildung dieses neuen Paradigmas beigetragen haben.

Das seit den 1990er Jahren spürbar angewachsene und seitdem ungebrochen andauernde internationale und interdisziplinäre Interesse an der Problematik von Gedächtnis und Erinnerung hat zweifellos Gründe, die auch außerhalb der Wissenschaft zu finden sind. So dürfte nicht nur im deutschen Kontext das absehbare Ende der Zeitzeugenschaft in Bezug auf die Verbrechen des Nationalsozialismus die Frage der angemessenen Erinnerung bei den Nachgeborenen ebenso eine Rolle spielen wie die seit den 1980er und 1990er Jahren zu beobachtenden politischen Transformations- und Dekolonisierungsprozesse in Europa, Afrika oder Lateinamerika, die ja nicht zuletzt auch die Frage aufwerfen, ob und gegebenenfalls in welcher Weise die Erinnerung an die Erfahrungen von Diktatur, Unterdrückung und Ausbeutung aufrechterhalten soll und kann; als Beispiele seien nur die Erinnerung an den stalinistischen Terror in den Nachfolgestaaten der Sowjetunion oder an das Apartheid-Regime in Südafrika genannt. Hinzu kommen drittens die dramatischen Veränderungen der Medienlandschaft durch Digitalisierung und durch das neue Supermedium Internet, das nicht zuletzt für die mediale Aufbereitung von Erinnerung völlig neue Spielräume eröffnet (vgl. Erll 2017: S. 3).

Angesichts der äußerst komplex gewordenen internationalen und interdisziplinären Theorie- und Forschungslandschaft zum Thema dürfte sich jeder Versuch einer möglichst vollständigen Würdigung aller vorhandenen Ansätze allerdings schnell als aussichtsloses Unterfangen herausstellen. Es sollen daher hier lediglich zwei im deutschsprachigen Kontext und nicht zuletzt auch im Rahmen des Faches Deutsch als Fremd- und Zweitsprache besonders einflussreiche Konzepte kurz vorgestellt und diskutiert werden: die Theorie des ‚kulturellen Gedächtnisses', wie sie vor allem von Jan und Aleida Assmann in zahlreichen Veröffentlichungen entwickelt worden ist, und das zunächst aus der französischen Geschichtswissen-

3.2 Kulturthema ‚Zeit': Chronologische Deutungsmuster

schaft stammende und in Deutschland mittlerweile weit verbreitete Konzept der ‚Erinnerungsorte'.

Kulturwissenschaftliche Gedächtnisforschung: Gedächtnis und Erinnerung, so lautet die Ausgangsüberlegung aller hier verhandelten Ansätze, sind keine rein kognitiven Vorgänge, sondern haben immer auch eine soziale, kollektive und kulturelle Dimension: Nicht nur menschliche Individuen erinnern sich und bauen ihre Persönlichkeit wesentlich auf Erinnerungen, auch soziale Gruppen oder Kollektive tun das. Es sind, so die Annahme, gerade die gemeinsamen oder als gemeinsam geltenden Erinnerungen, die den Zusammenhalt auch in modernen Gesellschaften herstellen. Frühe Ansätze einer solchen Theorie des ‚kollektiven Gedächtnisses' gehen auf den französischen Soziologen Maurice Halbwachs zurück, der gezeigt hat, dass auch das Gedächtnis von Individuen wesentlich von deren sozialer Rahmung abhängt, und der nicht zuletzt aus diesem Grund auch den Begriff des ‚kollektiven Gedächtnisses' in den sozial- und kulturwissenschaftlichen Fachdiskurs eingeführt hat (vgl. Erll 2017: S. 11–15). Der Begriff ist allerdings insofern missverständlich, als er die Übertragung des biologischen Substrats des individuellen Gedächtnisses auf die Ebene von ‚Kollektiven' und damit die Annahme einer kollektiven ‚Seele' oder einer sonstigen quasi natürlich vorhandenen Basis sozialer Gruppen wie etwa Nationen nahezulegen scheint, ein Verdacht, der dem Begriff lange anhaftete und der ihm auch den Vorwurf des Ideologischen eingebracht hat (vgl. Aleida Assmann 2006: S. 29–31). Tatsächlich bezieht der Begriff des ‚kollektiven Gedächtnisses' sich aber auch schon bei Halbwachs nicht auf solche essentialistischen Ideologeme des ‚Kollektiven', sondern auf die Funktion gemeinsamer Erinnerungen für die Herstellung und Aufrechterhaltung des Zusammenhalts innerhalb sozialer Gruppen. Damit ist aber die für die kulturwissenschaftliche Gedächtnisforschung so entscheidende sozialkonstruktivistische Einstellung zur Vergangenheit als einer Funktion der Gegenwart bei Halbwachs bereits angelegt:

> „Was P. L. Berger und Th. Luckmann für die Wirklichkeit im Ganzen gezeigt haben, hat Halbwachs, 40 Jahre vorher, für die Vergangenheit behauptet: sie ist eine soziale Konstruktion, deren Beschaffenheit sich aus den Sinnbedürfnissen und Bezugsrahmen der jeweiligen Gegenwarten her ergibt. Vergangenheit steht nicht naturwüchsig an, sie ist eine kulturelle Schöpfung" (Jan Assmann 1999: S. 48).

Daran schließen Jan und Aleida Assmann in ihren theoretischen Überlegungen zum ‚kulturellen Gedächtnis' und zur ‚Erinnerungskultur' unmittelbar an. Dabei war und ist der Grundgedanke leitend, dass sich auch moderne Gesellschaften über Erzählungen, Bilder, Symbole und andere mediale Formen permanent über Vergangenes verständigen, dass sie dabei auch wechselnde und potenziell kontroverse und inkonsistente Sichtweisen auf Vergangenes entwerfen und aushandeln und dass sie daraus Sinn und Orientierung für das soziale Handeln in der Gegenwart beziehen (vgl. Aleida Assmann 2006: S. 30–31). Diese Prozesse zu beschreiben, zu analysieren und auch kritisch einzuordnen, darin besteht die Aufgabe einer interdisziplinär arbeitenden kulturwissenschaftlichen Gedächtnisforschung (vgl. ebd.: S. 31).

‚**Kommunikatives**' vs. ‚**kulturelles Gedächtnis**': Eine wichtige Rolle spielt dabei die von Jan Assmann schon Ende der 1980er Jahre in die Diskussion eingeführte und später von ihm und von Aleida Assmann vielfach weiter entwickelte und ausdifferenzierte Unterscheidung zwischen dem ‚kommunikativen' und dem ‚kulturellen Gedächtnis'. Beim ‚kommunikativen' Gedächtnis handelt es sich zunächst um die persönlichen Erinnerungen der lebenden Menschen an die Ereignisse der Vergangenheit, die sie in Erzählungen, Fotografien und anderen meist mündlichen Manifestationen austauschen, die sich auf Zeiträume von maximal 80–100 Jahre begrenzen und die sozusagen mit den Generationen mitwandern. Das kommunikative Gedächtnis ist demgemäß hochgradig diffus und amorph, multiperspektivisch und tendenziell in sich widersprüchlich, es beschreibt das, woran Menschen sich persönlich und in ihrem jeweiligen sozialen Umfeld erinnern. Beim ‚kulturellen Gedächtnis' handelt es sich hingegen um eine Art institutionalisierter und medial aufbereiteter und inszenierter Erinnerung, die sich in Denkmälern, Ritualen, Festen, Gedenktagen oder ähnlichen Symbolen manifestiert, für die Jan Assmann schon 1988 den Begriff des ‚Wiedergebrauchstextes' eingeführt hat:

> „Unter dem Begriff kulturelles Gedächtnis fassen wir den jeder Gesellschaft und jeder Epoche eigentümlichen Bestand an Wiedergebrauchs-Texten, -Bildern und -Riten zusammen, in deren ‚Pflege' sie ihr Selbstbild stabilisiert und vermittelt, ein kollektiv geteiltes Wissen vorzugsweise (aber nicht ausschließlich) über die Vergangenheit, auf das eine Gruppe ihr Bewußtsein von Einheit und Eigenart stützt" (Assmann 1988: S. 15).

Während das kommunikative Gedächtnis demnach das alltägliche, ephemere und in der Regel mündlich tradierte Erinnern meint, weist das kulturelle Gedächtnis über den Alltag und das Ephemere hinaus, es besteht in der Formung und Objektivierung und damit auch im Verfestigen der flüchtigen Vergangenheiten:

> „Das kulturelle Gedächtnis ist ein Organ außeralltäglicher Erinnerung. Der Hauptunterschied gegenüber dem kommunikativen Gedächtnis ist seine Geformtheit und die Zeremonialität seiner Anlässe. […] Das kulturelle Gedächtnis heftet sich an Objektivationen, in denen der Sinn in feste Formen gebannt ist. […] Das kulturelle Gedächtnis haftet am Festen. Es ist nicht so sehr ein Strom, der von außen das Einzelwesen durchdringt, als vielmehr eine Dingwelt, die der Mensch aus sich heraus setzt" (Jan Assmann 1999: S. 58–59).

Ein konkretes Beispiel vermag diese zunächst etwas abstrakt anmutende Unterscheidung vielleicht ein wenig begreifbarer zu machen. Die vielfältigen persönlichen Erinnerungen von lebenden Menschen etwa an den Abend des 9. November 1989 und die Geschichten, die sie davon erzählen können, repräsentieren in ihrer Vielfalt und Widersprüchlichkeit, ihrer Flüchtigkeit und Offenheit das, was Assmann das ‚kommunikative Gedächtnis' nennt und das natürlich nur so lange besteht, wie noch Menschen leben, die das betreffende Ereignis noch selbst erlebt haben. Dagegen stellen die jährlich, vor allem aber bei ‚runden' Jahrestagen des fraglichen Ereignisses (z. B. im November 2019) stattfindenden Gedenkfeierlichkeiten Ausdrucksformen des kulturellen Gedächtnisses dar, bei denen es auch immer um ein ritualisiertes und medial inszeniertes Erinnern geht. Dabei kann das kulturelle Gedächtnis auch in Konkurrenz zum kommunikativen treten, so etwa wenn sich eine mittels Denkmälern, Gedenktagen und ähnlichem medial inszenierte ‚offizielle' Deutung der Erinnerung über die gleichzeitig noch lebendige Erinnerung von Zeitzeugen legt und diese dadurch stützt oder aber auch korrigiert und delegitimiert.

‚**Speichergedächtnis**' vs. ‚**Funktionsgedächtnis**': Es handelt sich bei der Unterscheidung zwischen ‚kommunikativem' und ‚kulturellem Gedächtnis' um eine idealtypische und begriffliche Differenzierung, die sich in der Realität nicht immer so klar aufrechterhalten lässt und auch viele Zwischenstufen zulässt. Darüber hinaus unterliegt auch das kulturelle Gedächtnis in modernen Gesellschaften, aller Tendenz zum Festen zum Trotz, der permanenten und auch prinzipiell konfliktären Aushandlung und Veränderung. So unterliegen sowohl die Inhalte dessen, was als erinnernswert gilt und was nicht, als auch die Deutungen, die mit jeder medialen Inszenierung von Erinnerung einhergehen, der Veränderung. Um diesen andauernden Aushandlungs- und Deutungsprozess greifbarer zu machen, hat Aleida Assmann nicht nur die Dichotomie von kommunikativem und kulturellem Gedächtnis weiter ausdifferenziert und Kategorien wie das soziale und das politische Gedächtnis eingeführt (vgl. Aleida Assmann 2006: S. 26–36; 36–43), sondern innerhalb des kulturellen Gedächtnisses noch einmal zwischen dem ‚Funktions-' und dem ‚Speichergedächtnis' differenziert. Dabei geht Assmann von Halbwachs' strenger Abgrenzung zwischen einem lebendigen und gegenwarts-, gruppen- und handlungsbezogenen Gedächtnis auf der einen und der vermeintlich toten, rein vergangenheitsorientierten und universalen Geschichte auf der anderen Seite aus, deutet diese jedoch um und unterscheidet zwischen einem ‚bewohnten' Funktions- und einem ‚unbewohnten' Speichergedächtnis:

> „Der wesentliche Schritt über die Polarisierung oder Gleichsetzung der Konzepte Gedächtnis und Geschichte hinaus besteht darin, das Verhältnis von bewohntem und unbewohntem Gedächtnis im Sinne zweier komplementärer Modi der Erinnerung aufzufassen. Das bewohnte Gedächtnis wollen wir das *Funktionsgedächtnis* nennen. Seine wichtigsten Merkmale sind Gruppenbezug, Selektivität, Wertbindung und Zukunftsorientierung. Die historischen Wissenschaften sind demgegenüber ein Gedächtnis zweiter Ordnung, ein Gedächtnis der Gedächtnisse, das in sich aufnimmt, was den vitalen Bezug zur Gegenwart verloren hat. Dieses Gedächtnis der Gedächtnisse schlage ich vor, *Speichergedächtnis* zu nennen" (Aleida Assmann 1999: S. 134).

Das hier vielleicht etwas einseitig der historischen Wissenschaft zugewiesene Speichergedächtnis, das die ‚unbewohnte' Erinnerung in Form von Bibliotheken, Archiven oder Museen aufbewahrt, wurde in späteren Publikationen etwas stärker in einem Spannungsverhältnis zum Funktionsgedächtnis gesehen, da es innerhalb des kulturellen Gedächtnisses die wichtige Funktion des Vergessens und Wieder-Erinnerns ausfülle: Was dem lebendigen und bewohnten Funktionsgedächtnis abhandenkommt, weil es seine Funktion als identitätsstiftend oder handlungsanleitend für die spezifische Gegenwart verloren hat, kann, sofern es im Speichergedächtnis aufbewahrt ist, jederzeit wieder aktiviert und in die lebendige

Erinnerung zurückgeholt werden. Wichtig ist dabei auch, dass Aleida Assmann das kulturelle Gedächtnis nicht mit dem nationalen Gedächtnis in eins setzen, sondern deutlich weiter fassen möchte:

> „Die Struktur des kulturellen Gedächtnisses besteht in diesem Spannungsverhältnis von Funktions- und Speichergedächtnis, von Erinnertem und Vergessenem, Bewusstem und Unbewusstem, Manifestem und Latentem. Diese Dynamik macht das kulturelle Gedächtnis ungleich komplexer und wandlungsfähiger, aber auch heterogener, fragiler und umstrittener als das auf Einheitlichkeit und Eindeutigkeit ausgerichtete nationale Gedächtnis" (Aleida Assmann 2006: S. 57).

Theorie und Begrifflichkeit des ‚kulturellen Gedächtnisses', wie sie hier nur sehr gedrängt skizziert wurden, haben in den letzten Jahren eine Vielzahl an disziplinspezifischen und disziplinenübergreifenden geistes- und kulturwissenschaftlichen Forschungsperspektiven hervorgebracht (vgl. Erll 2017: S. 35–51). Das gleiche gilt, wenn vielleicht auch in einem etwas geringeren Maß, für den zweiten gedächtnistheoretischen Ansatz, der hier noch kurz erwähnt werden soll, auch weil er im Fach Deutsch als Fremd- und Zweitsprache sehr intensiv rezipiert worden ist: der Ansatz der ‚Erinnerungsorte'.

‚Erinnerungsorte': Der Begriff geht zurück auf den französischen Historiker Pierre Nora, der zwischen 1984 und 1992 unter den Teilaspekten „La République", „La Nation" und „Les France" eine insgesamt siebenbändige Reihe französischer ‚lieux de mémoire' herausgegeben hat. Darin finden sich zahlreiche Einzelartikel über Ereignisse, Orte, Institutionen usw. versammelt, denen eine besondere Bedeutung für das französische Nationalgedächtnis zuerkannt wurde, die aber auch noch von deutlich zivilisations- und modernisierungskritischen Überlegungen über den modernen Verlust lebendiger Erinnerung und das Auseinandertreten von Geschichte und Gedächtnis begleitet wurden (vgl. Robbe 2009: S. 90–93). Sehr schnell wurden Konzept und Begriff der ‚lieux de mémoire', nunmehr übersetzt als ‚Erinnerungsorte', auch auf die deutsche Geschichtswissenschaft übertragen, wo 2001 eine dreibändige Sammlung *Deutsche Erinnerungsorte,* herausgegeben von Etienne François und Hagen Schulze, erschien (vgl. François/Schulze 2001). Dabei wurde der vergleichsweise offene und eher metaphorisch verstandene Begriff bei Nora wie bei François/Schulze im Sinne der antiken Tradition als *loci memoriae* verstanden, d. h. mit ‚Orten' sind nicht nur reale Orte gemeint, sondern alles, woran gesellschaftliche Erinnerung sich festmachen kann, was reale Orte ebenso einschließt wie Gegenstände, Institutionen, Ereignisse, Begriffe oder Personen:

> „Es handelt sich [bei Erinnerungsorten, CA] um langlebige, Generationen überdauernde Kristallisationspunkte kollektiver Erinnerung und Identität, die in gesellschaftliche, kulturelle und politische Üblichkeiten eingebunden sind und die sich in dem Maße verändern, in dem sich die Weise ihrer Wahrnehmung, Aneignung, Anwendung und Übertragung verändert" (François/Schulze 2001, Bd. 1: S. 18).

Ähnlich wie das französische Vorbild versammelt auch das deutsche Pendant eine große Zahl (insgesamt 121) an Artikeln über einzelne deutsche ‚Erinnerungsorte',

3.2 Kulturthema ‚Zeit': Chronologische Deutungsmuster

die jeweils wieder unter einer übergeordneten Kategorie zu inhaltlichen Clustern zusammengefasst werden. Im Band 1 finden sich dann beispielsweise unter der Kategorie „Volk" Artikel über *Grimms Märchen* oder *Der Volkswagen,* unter „Zerrissenheit" Artikel über *Nietzsche* oder *Die Mauer,* in Band 2 werden unter „Disziplin" *Königin Luise* und *Stalingrad* verhandelt, in Band 3 unter „Recht" *Ruhe und Ordnung* oder *Karlsruhe.* Dabei blieb die etwas einseitige Anbindung von ‚Erinnerungsorten' an Diskurse über Nation und nationale Identität, wie sie vor allem bei Nora sehr deutlich im Vordergrund stand, auch bei François/ Schulze weitgehend bestehen, auch wenn vor allem im dritten Band eine gewisse Öffnung über den engeren nationalen Kontext hinaus erkennbar ist. Auch spätere Sammlungen etwa zu österreichischen oder Schweizer Erinnerungsorten (vgl. Brix/Bruckmüller/Stekl 2004; Kreis 2010) sind noch stark am nationalen Paradigma orientiert, während in anderen die nationale Ebene zugunsten einer verstärkt regionalen, binationalen oder gesamteuropäischen Ebene überwunden wird, erkennbar vor allem an der dreibändigen Sammlung europäischer Erinnerungsorte aus dem Jahr 2012 (vgl. Boer et al. 2012).

Kritische Stimmen: Begriff und Konzept der ‚Erinnerungsorte' haben in der deutschen Geschichtswissenschaft schnell einen regelrechten Boom ausgelöst, wobei die Unklarheit und Offenheit des zugrunde liegenden Kernbegriffs hier offenbar keinen Hinderungsgrund darstellte, sondern einer breiten Rezeption innerhalb und außerhalb des engeren akademischen Diskurses sogar eher förderlich war. Allerdings waren von Anfang an auch kritische Stimmen vernehmbar, die neben der bereits erwähnten nationalen Schlagseite vor allem die mangelnde Transparenz und Nachvollziehbarkeit der Auswahlkriterien einzelner ‚Erinnerungsorte' sowie die Auswahl selbst bemängelten und darauf hinwiesen, dass beispielsweise das Thema ‚Migration' deutlich zu kurz komme. Auch kritische Fragen nach den wesentlichen Trägergruppen des Erinnerns sowie danach, inwieweit sich an den angesprochenen ‚Erinnerungsorten' tatsächlich Erinnerung festmache oder ob dieses Erinnern von den Autoren nicht eher normativ gesetzt werde, werden häufiger angesprochen (vgl. Robbe 2009: S. 136–144; Fornoff 2016: S. 78–83). Und nicht zuletzt geht es auch immer wieder um den spezifischen Status von Erinnerung als eines diskursiven Aushandlungsprozesses, der mit dem Konzept der ‚Erinnerungsorte' in problematischer Weise harmonisiert und seines diskursiven Charakters und grundsätzlichen Konfliktpotenzials entkleidet werde:

> „Erinnerungsorte [...] neigen dazu kanonisiert zu werden. Sie bekommen eine Aura des ‚immer schon so'. Dabei sind gerade kollektive Formen der Erinnerung oftmals zutiefst umstritten. [...] Es ist genau diese permanente Umstrittenheit von Erinnerungsdiskursen, die diese recht eigentlich charakterisieren. Innerhalb einer Gesellschaft gibt es soziale Großgruppen, die Erinnerungsarchipele bilden, welche wiederum auf vielfältige Art und Weise miteinander verknüpft sind und in Widerspruch zueinander stehen. Dabei sind diese Erinnerungsarchipele selbst wiederum in sich uneinheitlich, d. h. auch innerhalb der sozialen Großgruppen gibt es einen permanenten Streit um die ‚richtige' Erinnerung. [...] Diese Fluidität und Wandelbarkeit von Erinnerung steht aber in einer permanenten Spannung zur Tendenz des Erinnerungsortekonzepts, Erinnerung festzuschreiben und in einer Art von Meistererzählung zu institutionalisieren" (Berger/Seiffert 2014: S. 33).

Ob es sich bei dem Thema ‚Erinnerungsorte' tatsächlich, wie vielfach behauptet, um eine innovative geschichts- und kulturwissenschaftliche Forschungsperspektive handelt oder ob wir es nicht eher mit einem vorübergehenden Modetrend oder gar mit einem restaurativen Versuch der Wiederbelebung nationaler Selbstbestätigungsdiskurse zu tun haben, sei dahingestellt. Im Kontext der Kulturstudien ist dieser Ansatz wichtig, weil er in den letzten Jahren im Fach Deutsch als Fremd- und Zweitsprache stark rezipiert und geradezu zu einer Art Megatrend hochgejazzt worden ist (vgl. dazu kritisch Altmayer 2020). Darauf ist noch zurück zu kommen.

3.2.3 ‚Zeit' im Kontext von Deutsch als Fremd- und Zweitsprache: Die Perspektive der Kulturstudien

Nachdem wir uns im letzten Abschnitt eher allgemein mit der Frage auseinandergesetzt haben, wie das Thema ‚Zeit' in verschiedenen geistes- und kulturwissenschaftlichen Disziplinen und Forschungsrichtungen gesehen und welche Bedeutung ihm zugeschrieben wird, wollen wir jetzt die Perspektive wieder stärker einengen und der Frage nachgehen, ob und in welcher Weise diese verschiedenen Zugänge zum Thema in den vorhandenen kulturtheoretischen Überlegungen im Fach Deutsch als Fremd- und Zweitsprache aufgegriffen und wie sie gegebenenfalls auch mit den eigenen Fragestellungen und Forschungsperspektiven des Fachs vermittelt werden. Von hier aus soll dann aber vor allem die Perspektive verdeutlicht werden, von der aus das hier vertretene Konzept von Kulturstudien an das Thema herangeht und welche Aspekte des Themas dabei vor allem relevant sind.

Wie wir zu Beginn des Kapitels gesehen haben, ist Zeit naturgemäß immer schon ein Thema, wenn es um das Lehren und Lernen des Deutschen als Fremd- und Zweitsprache geht, denn schon in der Sprache ist die Zeit und sind zeitliche Aspekte sehr präsent, sei es nun bei den bekannten Zeitadverbien wie ‚jetzt' oder ‚gestern' und den damit ausgeführten deiktischen Sprechhandlungen, in den üblichen Formeln zum Ausdruck etwa von Uhr- oder Tageszeiten („viertel nach sechs"), bei den Zeitformen der Verben oder bei zeitbezogenen Sprichwörtern und Redewendungen usw. Wenn wir aber die Perspektive ein wenig in Richtung einer stärker theoretischen Reflexion von Zeit als Kulturfaktor öffnen, um den es hier ja vor allem geht, dann stellt sich die Sache etwas anders dar. Eine solche Reflexion nämlich findet im Fach bisher kaum statt, es liegen bisher nur sehr wenige Publikationen vor, die sich explizit auf die Zeit oder generell auf zeitliche Dimensionen als ein für Deutsch als Fremd- und Zweitsprache zentrales Kulturthema beziehen. Wenn dies doch gelegentlich der Fall ist, dann stehen dabei immer wieder zwei Perspektiven im Vordergrund: die kulturkontrastive Perspektive einerseits und die Perspektive der Erinnerung bzw. der Erinnerungsorte andererseits.

3.2 Kulturthema ‚Zeit': Chronologische Deutungsmuster

Kulturkontrastive Perspektiven auf Zeit: Schaut man zunächst in ausgewählte Lehrwerke und in die Praxis des Lehrens und Lernens des Deutschen, dann stellt man fest, dass Aspekte von Zeit in sprachlicher Hinsicht natürlich überall vorkommen, die kulturelle Dimension allerdings meist übersehen und wenn überhaupt, dann ausschließlich in einer kulturkontrastiven Perspektive reflektiert wird. Eine besondere Bedeutung kommt in diesem Zusammenhang dem Curriculum und den darauf beruhenden Lehrwerken für die Orientierungskurse des Bundesamts für Migration und Flüchtlinge zu, wo zumindest vorübergehend die kulturkontrastive Behandlung des Themas Zeit vorgeschrieben war. So gelten beispielsweise in der 2013 erschienenen Version des Curriculums das Kennenlernen der „Unterschiede bei der Zeitwahrnehmung und im Zeitverständnis" oder auch die „Einhaltung von Ruhezeiten, Ordnung und Sauberkeit" (BAMF 2013: S. 35) als vorgegebene Lerninhalte zur Vermittlung der Befähigung der Lernenden zum „interkulturelle[n] Zusammenleben", die u. a. verlange, dass sie sich „interkultureller Unterschiede und Gemeinsamkeiten hinsichtlich der Regeln, Normen und Werte bewusst" seien (ebd.: S. 34). In den einschlägigen Lehrwerken für die Orientierungskurse wurde dies dann meist mit dem Verweis auf Halls Differenzierung zwischen ‚monochronen' und ‚polychronen Kulturen' umgesetzt (vgl. z. B. Kilimann/Kotas/Skrodzki 2009: S. 72), ohne dass diese oder die pauschalisierenden Formulierungen eines kulturkontrastiven Vorgehens generell an irgendeiner Stelle kritisch reflektiert worden wären.

Wer sich nun von einschlägigen wissenschaftlichen Publikationen im Fach Deutsch als Fremd- und Zweitsprache eine solche kritische Reflexion erhofft, wird schnell enttäuscht werden, denn die einzige neuere und umfangreichere Publikation zum Thema, Götzes Buch über *Zeitkulturen* aus dem Jahr 2004 (vgl. Götze 2004), ist von einer fachlich motivierten und theoretisch gründlich argumentierenden Reflexion weit entfernt. Stattdessen werden ebenso wahl- wie zusammenhanglos Zitate von Philosophen, Psychologen, Physikern, Neurologen und anderen aneinandergereiht, ohne dass darin irgendein roter Faden oder irgendein Bezug zu den Problemstellungen des Fachs erkennbar würde. Im Gegensatz dazu bemüht sich das ebenfalls grundsätzlich kulturkontrastiv angelegte Kapitel *Aspekte deutscher Zeiterfahrung* von Paul Mog und Achim Althaus, das 1992 im Rahmen des „Tübinger Modells zur integrativen Landeskunde" erschienen ist, um Anschluss an die Mitte/Ende der 1980er Jahre vorhandene sozialwissenschaftliche Diskussion zum Thema, insbesondere zum Prozess der Modernisierung und der damit einhergehenden Durchsetzung eines von den ökonomischen Zwängen der Effizienzsteigerung geprägten Zeitregimes, das in Deutschland ebenso unabweisbar geworden ist wie in den hier als Vergleichsmaßstab geltenden USA. Das Kapitel ist durchweg von einer gewissen Unsicherheit im Hinblick auf die Frage geprägt, ob angesichts der globalen Modernisierung, wie sie auch um 1990 bereits erkennbar war, die Differenzierung vermeintlich ‚kulturspezifischer' zeitlicher Standards wie der Rolle von Öffnungs- und Ruhezeiten und der besonderen Wertschätzung von Arbeit und Leistung in Deutschland überhaupt noch sinnvoll ist:

> "Angesichts der veränderten gesellschaftlichen Rahmenbedingungen und des partiellen Wertewandels dürfte sich die Lockerung der traditionellen deutschen Zeitmoral fortsetzen. Ob sich allerdings die These, derzufolge die Arbeit langfristig ihre Stellung als Mittelpunkt des Lebens verlieren wird, für die deutsche Gesellschaft halten läßt, scheint fraglich" (Althaus/Mog 1992a, b: S. 79).

Tatsächlich wird man aus heutiger Sicht, also ca. 30 Jahre später, sagen können, dass die Prognosen in Bezug auf eine geringere Wertschätzung der Arbeit sich zwar wohl eher nicht bewahrheitet haben, dass aber die hier zum Ausdruck kommende Skepsis gegenüber einer kulturkontrastiven Beschreibung von Zeitregimes unter den Bedingungen von Globalisierung und Digitalisierung bestätigt worden ist. Gerade im Vergleich zwischen Deutschland und den USA, wie er bei Althaus/Mog im Mittelpunkt steht, aber auch aus einer übergreifenden und allgemeinen Sicht wird man heute nicht mehr sinnvoll von jeweils ‚kulturspezifischen' bzw. ‚kulturdifferenten' Weisen eines Umgangs mit der Zeit sprechen können. Unterschiedliche Zugänge zu und unterschiedliche Deutungen von Zeit lassen sich nicht mehr eins zu eins an nationalstaatlichen Grenzen festmachen, sondern stehen in vielerlei Hinsicht quer dazu. Wenn wir demnach daran festhalten wollen, dass es sich bei der Zeit um eine wichtige Dimension von ‚Kultur' handelt, brauchen wir einen gegenüber der klassisch kulturkontrastiven und interkulturellen Perspektive deutlich differenzierteren Blick.

‚Erinnerungsorte' als Thema der ‚Landeskunde': Auch beim Thema ‚Erinnerung' bewegt sich das Fach bislang eher selten auf Augenhöhe mit dem theoretischen und wissenschaftlichen Reflexionsniveau anderer kultur-, geschichts- oder sozialwissenschaftlicher Disziplinen, sondern nimmt in der Regel eine lediglich rezeptive und vor allem an der Praxis des Unterrichtens von ‚Landeskunde' im Kontext von Deutsch als Fremdsprache orientierte Haltung ein. Sichtbar wird dies schon daran, dass die ganze Debatte über den Stellenwert von ‚Erinnerung' und ‚Erinnerungsorten' im Fach durch ein Lehrwerk losgetreten wurde, das 2007 erschienen ist und erstmals einzelne deutsche Erinnerungsorte für den historisch orientierten Landeskunde-Unterricht didaktisch aufbereitet hat. Seitdem sind eine ganze Reihe weiterer Sammelbände und Einzelpublikationen erschienen, die sich meist anhand konkreter Beispiele dem Potenzial von Erinnerungsorten für das landeskundliche bzw. kulturbezogene Lernen im Kontext des Deutschen als Fremdsprache widmen (vgl. u. a. Roche/Röhling 2014; Badstübner-Kizik/Hille 2015; Badstübner-Kizik/Hille 2016; Fornoff 2016).

Zur Sinnhaftigkeit, zu den Möglichkeiten und Grenzen einer Orientierung am Konzept der Erinnerungsorte im Fach Deutsch als Fremdsprache wurde an anderer Stelle schon ausführlich kritisch Stellung genommen (vgl. Altmayer 2020), das muss hier nicht im Detail wiederholt werden. Lediglich einige wichtige Argumente sollen hier nochmal aufgegriffen werden. So wird beispielsweise die Frage, was genau unter einem ‚Erinnerungsort' verstanden werden kann und welche Relevanz welcher ‚Erinnerungsort' für wen und für welche Zielgruppe hat, bislang so gut wie gar nicht diskutiert, die generelle Zuordnung bestimmter Phänomene als ‚Erinnerungsort' wird vielmehr an die Herausgeber*innen der

3.2 Kulturthema ‚Zeit': Chronologische Deutungsmuster

einschlägigen Sammlungen, also letztlich die Historiker*innen, delegiert. Auch die Frage, für welche Lehr- und Lernkontexte und im Hinblick auf welche Lehr- und Lernziele im Rahmen des Deutsch als Fremdsprache-Unterrichts die Arbeit mit ‚Erinnerungsorten' relevant ist, wird in der Regel nicht diskutiert. Hier verweist man meist pauschal auf den Praxiskontext ‚Landeskunde' und die darin zu vermittelnden historischen Kenntnisse, für die sich die Beschäftigung mit ‚Erinnerungsorten' besonders eignen soll, ohne nach der Funktionalität des so gelernten historischen Wissens, nach der Perspektive und den Interessen der Lernenden oder nach der Einbindung eines solchen Lernens in das eigentliche Geschäft des Faches, nämlich das Sprachelernen, überhaupt zu fragen. Und schließlich werden auch der Gegenwartsbezug und die Gegenwartsrelevanz der jeweils zu behandelnden ‚Erinnerungsorte' zwar immer wieder behauptet, aber nirgendwo eingelöst. So wird in der einschlägigen Fachliteratur beispielsweise nicht oder nur höchst selten gefragt, ob ein bestimmter Ort, ein Begriff, eine Person, eine Institution, die als ‚Erinnerungsort' gilt, tatsächlich in aktuellen Diskursen präsent ist und wie der fragliche ‚Erinnerungsort' dabei tatsächlich ‚erinnert' wird, vielmehr steht durchweg die Frage im Vordergrund, woran genau der jeweilige ‚Ort' eigentlich ‚erinnert', d. h. also das damit verbundene historische Geschehen.

Insgesamt besteht das Grundproblem des bisherigen Diskurses zu ‚Erinnerungsorten' im Fach darin, dass wir es hier mit einer Adaption eines Theorie- und Forschungskonzepts aus einer etablierten Disziplin (in diesem Fall den Geschichtswissenschaften) in den Unterrichtskontext von Deutsch als Fremdsprache zu tun haben, die die grundlegenden Interessen dieses Unterrichtskontexts wie des Fachs Deutsch als Fremd- und Zweitsprache generell nicht hinreichend reflektiert. Die Frage der Adaptierbarkeit des ‚Erinnerungsorte'-Konzepts wird im Fach bislang ausschließlich von den Inhalten und Gegenständen des Unterrichts her gedacht, anstatt umgekehrt von den Lehr- und Lernkontexten, den spezifischen Interessen und Ausgangspunkten, den Lernvoraussetzungen und den Lehr- und Lernzielen her zu denken und von hier aus danach zu fragen, in welcher Weise und bei welchen Lernenden die Arbeit mit welchen ‚Erinnerungsorten' geeignet ist, zum Erreichen solcher Ziele beizutragen. Anders formuliert: Es geht aus den bislang vorliegenden Beiträgen zum Thema nicht hervor, für welches Problem des Lernens und Lehrens von Deutsch als Fremd- und Zweitsprache die Arbeit mit ‚Erinnerungsorten' die Lösung sein soll.

Selbstverständlich bleiben Fragen nach der ‚Erinnerung' und der Relevanz und Präsenz von Vergangenem in der Gegenwart wie generell nach der Relevanz und Präsenz zeitlicher Orientierungen in aktuellen Diskursen und Handlungskontexten für die Kulturstudien weiterhin wichtig. Es hat sich aber gezeigt, dass weder eine simplifizierende, der Komplexität spätmoderner globalisierter Gesellschaften und ihrer zeitlichen Orientierungen nicht gerecht werdende kulturkontrastive Perspektive noch eine nicht hinreichend reflektierte und auch nicht hinreichend mit den Interessen und Perspektiven des Faches Deutsch als Fremd- und Zweitsprache vermittelte Adaption eines ohnehin nicht zu Ende gedachten

Theoriekonzepts wie das der ‚Erinnerungsorte' für eine dem Fach angemessene Einbindung des Themas tragfähig sind.

Die Perspektive der Kulturstudien: Die Kulturstudien im Fach Deutsch als Fremd- und Zweitsprache gehen daher einen anderen Weg und sehen die Zeit weder als objektiv gegeben noch als individuelle oder ‚kulturspezifische' Prägung, sondern als ein permanentes Kommunikations-, Orientierungs- und Handlungsproblem. Zeit gilt als eine Erfahrung, in der wir uns als immer schon in zahlreiche Diskurse und soziale Kontexte eingebundene Individuen zurechtfinden müssen und bei der wir ständig mit (alltäglichen oder weniger alltäglichen) Deutungsherausforderungen zu tun haben: Welcher Wochentag ist heute? In welcher Jahreszeit befinden wir uns gerade? Wie plane ich meinen Tag oder meine Woche? Was mache ich/was machen wir am Wochenende? Wo und wie verbringen wir unseren Urlaub? Wie lange muss ich noch arbeiten bis zur Rente? In welcher Zeit leben wir? Wie werden meine Kinder oder meine Enkel einmal leben? Für die Bewältigung dieser und ähnlicher, auch weit komplexerer Deutungsherausforderungen aber greifen wir auf vielfältige Vordeutungen zurück, die uns die Orientierung in der Zeit erleichtern oder überhaupt erst ermöglichen, die wir in aller Regel auch für ‚normal' und ‚selbstverständlich' halten: Zeiteinteilungen nach Kalendern, Wochentagen, Jahreszeiten, das Lebensalter, unsere Vorstellungen von Vergangenheit und Zukunft usw., kurz: auf das, was wir als ‚kulturelle Deutungsmuster', in diesem Fall eben zeitorientierende Deutungsmuster bezeichnet haben.

Zeit-Dimensionen: Um das Thema etwas stärker zu strukturieren und handhabbarer zu machen, greifen wir hier auf eine Differenzierung verschiedener Zeit-Dimensionen zurück, die Hartmut Rosa in seinem Buch über Beschleunigung im Anschluss an Peter Alheit und Anthony Giddens entwickelt hat (vgl. Rosa 2005: S. 30–38). Demnach nämlich bilden soziale Akteure grundsätzlich mehrere „unterschiedliche Zeitperspektiven und -horizonte zugleich aus, deren Verhältnis zueinander sie immer wieder neu reflektieren und in ihren Zeitpraktiken verarbeiten müssen" (ebd.: S. 30). Dabei handelt es sich um

1. **Alltagszeit:** Zeitstrukturen des Alltagslebens und der wiederkehrenden Rituale und Rhythmen, in denen wir unser Alltagsleben organisieren, also etwa die Abfolge von Tages- und Jahreszeiten, von Arbeitszeit und Freizeit usw.;
2. **Lebenszeit:** Zeitstrukturen, die sich auf das gesamte Leben beziehen, also Fragen der Lebens- und Familienplanung, Eintritt in den Ruhestand usw.;
3. **Historische Zeit:** Zeitstrukturen, die sich auf die jeweilige historische Epoche, die Erinnerung an Vergangenes und die Erwartung von Kommendem beziehen;
4. **Sakralzeit:** Zeitstrukturen, die den jeweiligen Lebenshorizont übersteigen, weil sie sich auf religiös überformte ‚heilige Zeiten' wie das ‚Leben nach dem Tod' o. ä. beziehen.

Wenn wir diese bei Rosa und seinen Gewährsleuten jeweils aus der Sicht einer Soziologie der Zeit bzw. der Beschleunigung vorgenommene Differenzierung auf den Kontext der Kulturstudien übertragen und dabei also vor allem die Frage berücksichtigen, in welchen Interaktions- und Handlungskontexten wir auf Orientierung durch vorgedeutete Muster zurückgreifen, dann lassen sich beim Thema Zeit die folgenden Typen und Funktionen zeitbezogener Deutungsmuster unterscheiden:

1. **Deutungsmuster der Alltagszeit:** Tageszeiten, Wochentage, Jahreszeiten, Arbeitszeit – Freizeit, Urlaub bzw. Ferien, aber auch Planung, Beschleunigung, Entschleunigung usw.
2. **Deutungsmuster der Lebenszeit:** Verschiedene Lebensalter wie Kindheit, Jugend, Erwachsenenalter, Rentenalter, ‚Rushhour' des Lebens usw.
3. **Deutungsmuster der historischen Zeit:** Muster des Erinnerns an bestimmte Ereignisse, Personen, Daten (‚Erinnerungsorte' bzw. ‚mnemologische Deutungsmuster), Zukunftsvorstellungen usw.
4. **Deutungsmuster der ‚sakralen Zeit':** religiös oder philosophisch-esoterisch vorgedeutete Vorstellungen vom ‚Jenseits', vom ‚ewigen Leben' usw.

Wie bei den anderen in diesem Kapitel behandelten Kulturthemen gilt auch beim Thema Zeit, dass die hier zu verhandelnden Deutungsmuster zwar zum einen aus einer Perspektive sozialer Akteure relevant sind, weil sie im alltäglichen Handeln und in der alltäglichen Interaktion und Kommunikation ständig präsent sind und im Allgemeinen als ‚normal' und ‚selbstverständlich' vorausgesetzt werden, dass sie aber auf der anderen Seite grundsätzlich auch Gegenstand differenter und potenziell auch kontroverser Deutung sind oder zumindest sein können und zudem auch in solchen Kontroversen überhaupt erst sicht- und greifbar werden. Es gilt also, solche Muster und die ihnen zugeschriebenen Bedeutungen in aktuellen Diskursen aufzuspüren und sichtbar zu machen, wie sie verwendet und welche unterschiedlichen Bedeutungstraditionen mit ihnen verbunden werden.

3.2.4 Deutungsmuster der Alltagszeit: ‚Sonntag' als Beispiel

3.2.4.1 Zum Einstieg: „Ohne Sonntag gibt's nur noch Werktage"

Schauen wir uns zunächst ein Beispiel aus der Alltagszeit an, wie wir sie etwa in Kalendern, Fest- und Feiertagen, in der Unterscheidung von Tages- und Jahreszeiten usw. immer schon vorfinden. Das konkrete Beispiel, um das es gehen soll, sind die Wochentage bzw. ist der etwas ‚besondere' Wochentag, der Sonntag. Natürlich drängt sich bei einem solchen sehr alltagsnahen Beispiel die Frage auf, wieso ein scheinbar so banales Thema wie die Wochentage ein Thema für die Kulturstudien und sogar ein Beispiel für immer wieder neu auszuhandelnde Bedeutungen sein sollen? Der Sonntag, so könnte man meinen, ist doch einfach der siebte Tag der Woche, und nichts weiter, wo ist da der Diskurs, von dem im theoretischen Teil dieser Einführung so viel die Rede war? Und wo soll da ein

Anlass sein, unterschiedliche oder gar kontroverse Bedeutungen auszuhandeln? Wir werden sehen, dass diese Erwartung natürlich nicht stimmt, im Gegenteil, dass sich gerade am Sonntag schon lange und bis heute immer wieder unterschiedliche und durchaus kontroverse Diskurse entzünden und dass mit dem Sonntag zum einen eine lange und über lange Zeit auch recht stabile Deutungsgeschichte verbunden ist, die sich in den aktuellen Diskursen auch wieder findet.

„Ohne Sonntag gibt's nur noch Werktage": Einsteigen wollen wir mit einem Foto (s. Abb. 3.3), das die Rückseite eines kleinen Autos zeigt und das im Juni 2016 auf einer Straße in Deutschland aufgenommen worden ist. Interessant ist an diesem Bild für uns natürlich nicht das Auto selbst, sondern vor allem der Aufkleber, der auf der Heckklappe angebracht ist und auf dem zu lesen ist: „Ohne Sonntag gibt's nur noch Werktage".

Nimmt man zunächst nur die sprachliche Seite dieses Aufklebers in den Blick, dann stellt sich schnell der Eindruck einer gewissen Banalität der hier formulierten Aussage ein. Genau genommen handelt es sich bei dem Satz „Ohne Sonntag gibt's nur noch Werktage" nämlich um eine Tautologie, also einen inhaltsleeren Satz wie „Ein Schimmel ist weiß", denn der Ausdruck ‚Sonntag' ist ja nicht zuletzt dadurch definiert, dass es sich nicht um einen Werktag handelt, so dass die Behauptung, wonach es ohne Sonntag keinen Sonntag und deswegen nur noch Werktage gibt, eigentlich völlig banal und nichtssagend ist. Bezieht man nun die typographischen und farblichen Gestaltungselemente des Aufklebers mit ein, stellt sich die Sache schon ein wenig anders dar, denn das Wort ‚Sonntag' ist gegenüber dem Rest des Satzes sowohl durch eine andere Schriftart als auch durch eine andere Farbgebung hervorgehoben. Während der Satz ansonsten in grau bzw. schwarz, das Wort ‚Werktage' zusätzlich in etwas größerer Schrifttype und in schwarzem Fettdruck gehalten ist, ist das Wort ‚Sonntag' ebenfalls etwas größer, vor allem

Abb. 3.3 (Foto: Claus Altmayer, 30.06.2016)

aber in Kursivschrift und in roter Farbe geschrieben, womit dem Sonntag gegenüber den aufgrund des schwarzen Fettdrucks schwer wirkenden Werktagen eine gewisse Leichtigkeit verliehen wird. Darüber hinaus aber wird der Sonntag durch die Schrift- und Farbgestaltung als anders und irgendwie besonders von den Werktagen abgehoben, eine Besonderheit, die durch die Schwere der Werktage bedroht zu sein scheint. Es kommt dadurch eine Bedeutungskomponente ins Spiel, die sich dem rein propositionalen Gehalt des Satzes nicht entnehmen lässt, dass nämlich ‚ohne Sonntag' auch das Besondere, das diesen Tag gegenüber den Werktagen ausmacht, verloren zu gehen droht. So gesehen handelt es sich also um einen Appell an die Öffentlichkeit, dieses Besondere nicht im Einerlei und immer Gleichen der Werktage untergehen zu lassen, sondern zu bewahren.

Damit aber sind wir schon auf der Ebene der über das im engeren Sinne Sprachliche hinausgehenden kommunikativen Handlung, die mit dem Aufkleber vollzogen wird. Ohne an dieser Stelle allzu tief in die Komplexität der Kommunikation im Straßenverkehr und die Besonderheiten der Textsorte ‚Autoaufkleber' einzutauchen (vgl. dazu Blühdorn 1995), können wir zunächst festhalten, dass wir es bei diesem Aufkleber mit einer sprachlich-kommunikativen Handlung zu tun haben, mit der der/die Fahrzeughalter/in einer nicht genau spezifizierten Öffentlichkeit von Verkehrsteilnehmern etwas mitteilen, genauer: eine bestimmte Haltung zum Ausdruck bringen und gleichzeitig über die Appellfunktion von Sprache auch eine bestimmte Haltung bei den Adressaten hervorbringen möchte. Allerdings handelt es sich bei derartigen Autoaufklebern in den meisten Fällen nicht um selbst hergestellte und in diesem Sinn rein individuelle Meinungsäußerungen, sondern um von anderen vorgefertigte Produkte und Positionen, denen sich der/die Fahrzeughalter/in mit dem Aufkleben auf das eigene Auto anschließt, mit der Absicht, diese Position zu unterstützen und in der Öffentlichkeit zu verbreiten, aber immer auch mit der Absicht, sich selbst mit dieser Position zu identifizieren und sich in dieser Weise als Person zu positionieren und sichtbar zu machen. Anders gesagt: Mit dem Aufkleber positioniert sich der/die Fahrzeughalter/in innerhalb eines Diskurses. Erkennbar ist diese Positionierung und der institutionelle Hintergrund der vertretenen Position an dem ganz unten auf dem Aufkleber stehenden (auf dem Foto leider nicht lesbaren) Schriftzug „Eure Evangelische Kirche", womit auch der Urheber des Aufklebers identifiziert wäre: die Evangelische Kirche, genauer die EKD, also der Zusammenschluss der Evangelischen Kirchen in Deutschland.

Christlich-bürgerliches Sonntagsverständnis: Der Aufkleber ist Teil einer großen Kampagne, mit der die Evangelische Kirche in Deutschland seit 1999 auf die Bedeutung und die soziale, kulturelle und nicht zuletzt auch religiöse Funktion des Sonntags und seine Tradition aufmerksam machen. Hintergrund der Kampagne, die auf der Website der EKD bis heute vollständig archiviert und dokumentiert ist (vgl. EKD 1999), war die politische Debatte über Lockerungen bei den seit 1957 mehr oder weniger unverändert geltenden gesetzlichen Regelungen der Öffnungszeiten von Geschäften, bei der immer wieder auch die Einführung verkaufsoffener Sonntage, nicht zuletzt in der besonders umsatzträchtigen Adventszeit im Dezember, gefordert wurde (und wird). Neben den Gewerkschaften, die eine Aushöhlung von tariflich festgelegten Arbeitszeiten befürchteten, waren es vor allem die christlichen Kirchen in Deutschland, die sich vehement gegen eine Ausdehnung von Verkaufszeiten in den Sonntag hinein aussprachen und die Öffentlichkeit in diesem Sinn zu beeinflussen versuchten, und eben diesem Ziel diente auch die Kampagne, um die es hier geht. Mit Hilfe zahlreicher Medienformate wie Zeitungsanzeigen, Videoclips, Plakaten und auf der eigenen Website sollte gezeigt werden, dass „der Sonntag ein besonderer Tag für den Menschen, für die Familie, für die Gemeinschaft und für Gott" sei (ebd.). Dass es sich beim Sonntag um einen ‚besonderen' Tag handelt, den es zu beschützen und zu wahren gilt, war ja, wie wir gesehen haben, auch schon die Hauptaussage des Aufklebers, von dem wir ausgegangen sind. Allerdings blieb die Frage, was genau die Besonderheit des Sonntags ausmacht und worin sie besteht, auf dem Aufkleber zunächst offen, und hier geben andere Medien der Kampagne genauer Auskunft. Schauen wir uns also, um dies zu veranschaulichen, die drei Plakate an, die ebenfalls im Rahmen der EKD-Kampagne in die Öffentlichkeit gebracht wurden (s. Abb. 3.4**a–c**).

Der äußere Aufbau und auch die sprachliche Gestaltung der Plakate weisen ein hohes Maß an Übereinstimmung auf. Ein in schwarz-weiß gehaltenes Foto, das jeweils eine spezifische Szene aus dem Arbeits- und Einkaufsalltag zeigt, wird umrahmt von einem getrennt geschriebenen Kompositum von ‚Sonntag', das jeweils eine spezifische sonntägliche Tradition benennt, die zugleich durch den Kontrast auf der Bildebene zurückgenommen wird: Der ‚Sonntagsanzug' wird mit der Arbeitskleidung einer offensichtlich in einem Industriebetrieb tätigen Frau kontrastiert, das ‚Sonntagskonzert' mit dem nur visuell angedeuteten Lärm eines Presslufthammers auf einer Baustelle und der ‚Sonntagsspaziergang' mit der Bewegung von Menschen auf einer Rolltreppe, vermutlich in einem Kaufhaus. Dabei wird der Kontrast zwischen dem Lärm und der Geschäftigkeit des

Abb. 3.4 **a–c**: Plakatserie der EKD-Kampagne

Arbeits- und Einkaufsalltags auf der einen Seite und dem Abweichenden und Besonderen des Sonntags ähnlich wie bei unserem Aufkleber durch die gestalterischen Elemente noch verstärkt. Die Leichtigkeit des auch hier in roter Kursivschrift gehaltenen und über dem Bild stehenden ‚Sonntags-' wird sowohl durch das Schwarz-Weiß-Bild und die darauf dargestellte Alltagsszenerie als auch durch den unter dem Bild stehenden und in schwarzem Fettdruck gehaltenen zweiten Wortteil negiert und in Frage gestellt.

Das Besondere des Sonntags gegenüber dem Alltäglichen der Werktage wird hier also unter Berufung auf hergebrachte sonntägliche Gewohnheiten oder soziale Praktiken konkretisiert, die in den kurzen Texten unterhalb der Bilder noch zusätzlich erläutert werden. Dabei weisen die Texte bei allen drei Plakatmotiven ein hohes Maß an Übereinstimmung auf. Eingestimmt mit der jeweils in weißer Schrift gehaltenen und rot unterlegten provokativen Frage „Der Sonntag – einfach weg damit?" wird die Position vertreten, dass es mit den genannten sonntäglichen Praktiken ‚Sonntagsspaziergang', ‚Sonntagsanzug' und ‚Sonntagskonzert' „aus und vorbei" sei, „falls der Sonntag zum Alltag wird". Wenn nämlich am Sonntag Geschäfte öffnen dürften, „die Sonntagsruhe abgeschafft und Sonntagsarbeit ausgeweitet wird", dann erklinge statt des Sonntagskonzerts („Wiener Walzer", „Open Air", „beschwingte Musik") „ohrenbetäubender Lärm", für „fröhliche Landpartien" sei keine Zeit mehr und statt sich „herauszuputzen" und „fein zu machen" müsse man „am bisher freien Tag [...] Arbeitskleidung anziehen". Dem wird entgegen gehalten, dass „der Mensch einen Tag zum Entspannen und für die Familie, Zeit für sich und für Gott" brauche. Abschließend greifen die Texte noch einmal auf die provokative Eingangsfrage zurück und fordern die Adressaten zur eigenen Stellungnahme auf: „Weg damit, sagen viele. Und Sie?"

Die Plakate arbeiten zweifellos in hohem Maß mit kommunikativen Strategien der Zuspitzung und Übertreibung, denn tatsächlich war und ist ja nirgendwo im Diskurs davon die Rede, den Sonntag einfach ersatzlos zu streichen und zum normalen Werktag zu machen, zumal dies, wie wir noch sehen werden, schon aus verfassungsrechtlichen Gründen gar nicht möglich wäre. Aber zum einen gehört die Zuspitzung zu den normalen Kommunikationsstrategien solcher öffentlichkeitswirksamen Kampagnen und ist insofern auch in gewissen Grenzen legitim, und zum anderen ist es ja auch nicht unsere Aufgabe und unser Ansinnen, die Aussagen der Kampagne zu bewerten. Die Plakate sind aus der Sicht der Kulturstudien interessant, weil sie auf eine traditionelle Bedeutungsvariante des Musters ‚Sonntag' rekurrieren, die man als ‚christlich, bürgerlich und repräsentativ' bezeichnen könnte. Christlich deswegen, weil es sich explizit auf den christlichen Gott und die biblisch verordnete ‚Sonntagsruhe' bezieht, ‚bürgerlich' und ‚repräsentativ', weil mit ‚Sonntagskonzert', ‚Sonntagsanzug' und ‚Sonntagsspaziergang' bestimmte soziale Praktiken aufgerufen werden, die traditionell zu den Sonntagsgewohnheiten eher gehobener bürgerlicher Schichten gehörten und die nicht zuletzt dazu dienten, den eigenen sozialen Habitus öffentlich sichtbar zu machen. Das hier aufgerufene Bild vom Sonntag ist zweifellos eine weit zurückgehende und bis heute wirksame Deutungstradition, die aber – auch das zeigt ja die Kampagne – offenbar spätestens seit Beginn des 21. Jahrhunderts in die Krise geraten ist. Schauen wir uns also ein wenig genauer an, wo diese Deutungstradition herkommt, wie sie sich entwickelt hat und welche Alternativen es dazu gibt.

3.2.4.2 Zur Deutungsgeschichte des Sonntags

Eine wissenschaftliche Aufarbeitung der Kulturgeschichte des Sonntags hat in den einschlägigen Fachdisziplinen, sieht man von sehr vereinzelten Publikationen ab, bislang kaum stattgefunden. Lediglich in der Theologie und in den Rechtswissenschaften, insbesondere im Bereich des Staatskirchen- und Verfassungsrechts, sind in den letzten Jahren einige einschlägige Arbeiten erschienen, die in der Regel die durch die politische Diskussion seit den 1980er Jahren angestoßenen rechtlichen Fragen wissenschaftlich zu klären versuchen und dabei immer auch auf rechtshistorische Aspekte hinweisen (vgl. u. a. Kunig 2017; Schiepek 2009; Grube 2003; Häberle 2006, Campenhausen 2010). Und nicht zuletzt hat die politische und arbeitsrechtliche Diskussion um den Sonntag auch in den Sozialwissenschaften ein gewisses Interesse generiert, das aber auch nur einige wenige einschlägige Publikationen hervorgebracht hat (vgl. u. a. Rinderspacher/Herrmann-Stojanov 2000). Trotz dieser insgesamt also eher dürftigen und lückenhaften Forschungslage lassen sich in der Deutungsgeschichte des Sonntags doch einige unterschiedliche Traditionen und Perspektiven rekonstruieren.

Vormoderne Geschichte des Sonntags: Unstrittig ist, dass die Ursprünge des Sonntags weit in die Vergangenheit zurückgehen und zum einen auf die schon aus babylonischer Zeit stammende Sieben-Tage-Woche (vgl. Zerubavel 1989) und die Benennung der einzelnen Tage nach Planeten und zum anderen auf den jüdischen Sabbat des Alten Testaments und die damit verbundene Arbeitsruhe verweist. Dabei kam dem Sonntag in den frühchristlichen Gemeinden auch die Funktion der Abgrenzung gegenüber den jüdischen Traditionen insofern zu, als man nun nicht mehr den Sabbat als den letzten, sondern den Sonntag als den darauf folgenden ersten Tag der Woche heiligte und damit vor allem an die Auferstehung Jesu Christi erinnern wollte; allerdings ist die Haltung hier lange Zeit uneindeutig und uneinheitlich geblieben (vgl. Bergholz 2000: S. 451). Das entscheidende Datum zur Durchsetzung des Sonntags innerhalb der christlichen Kirche war ein Gesetz des römischen Kaisers Konstantin aus dem Jahr 321, das den Sonntag offiziell zum allgemeinen Ruhetag erklärte und in der Folge zu einer „Sabbatisierung des Sonntags" (Grube 2003: S. 34) führte: Man berief sich jetzt wieder auf die alttestamentarische Tradition, die den Sabbat bzw. den Sonntag mit der Schöpfungsgeschichte in Verbindung bringt und im Anschluss an das 3. Gebot des Dekalogs die Arbeitsruhe als göttliches Gebot auffasst. Der entsprechende Tag wurde in der römisch-christlichen Tradition einerseits als ‚Tag des Herrn' (‚dies dominica') bezeichnet, im 4. Jahrhundert wurde dieser Tag dann mit dem Tag des römischen Sonnenkults in Verbindung gebracht und ‚dies solis' genannt; beide Bezeichnungen sind in den europäischen Sprachen bis heute präsent, denn während etwa im Deutschen oder im Englischen der Bezug zum Sonnenkult sprachlich erkennbar geblieben ist, beziehen sich die romanischen Sprachen (‚dominica', ‚domingo', ‚dimanche') eher auf die Tradition des ‚Herrentags' (vgl. dazu Maurer 2006: S. 76–77).

Die seit der konstantinischen Zeit geltende Deutung des Sonntags als Tag des Herrn und, davon abgeleitet, der Arbeitsruhe hatte während des Mittelalters und bis in die frühe Neuzeit hinein grundsätzlich Bestand und wurde immer wieder durch zahlreiche kasuistische kirchenrechtliche Einzelregelungen ergänzt, die bestimmte Tätigkeiten am Sonntag zuließen oder untersagten und vor allem den Besuch des sonntäglichen Gottesdienstes als allgemein verbindlich durchzusetzen versuchten (vgl. ebd.: S. 78–80). Auch die Reformation hat daran – trotz der lutherischen Lehre von der christlichen Freiheit – im von Kirchenordnungen reglementierten Alltag nichts Wesentliches geändert (vgl. ebd.: S. 83–88), wobei die Reglementierungen in den protestantischen Ländern in Deutschland im Vergleich etwa zur rigorosen Sonntagsgesetzgebung im streng puritanischen England (‚englischer Sonntag') eher locker ausfielen (vgl. ebd.: S. 89–91; Bergholz 2000: S. 459–460).

Industrialisierung: Erst im Zuge der Industrialisierung im 18. und 19. Jahrhundert konnte sich ein anderer Umgang mit dem Sonntag sowohl in der rechtlichen Kodifizierung als auch im Alltag nachhaltig etablieren (vgl. zum Folgenden Grube 2003: S. 61–130). Der Prozess der Industrialisierung und das damit verbundene neue Zeitregime der Ökonomisierung (‚Zeit ist Geld') setzte sich zunächst über die Tradition der Sonntagsruhe hinweg und dehnte Arbeitszeitregelungen auch auf Sonn- und Feiertage aus. Die bis dato bestehenden kirchenrechtlichen Regelungen zum Schutz der Sonntagsruhe hatten dem nichts entgegenzusetzen, und auch aus den Kirchen kamen zunächst eher verhaltene Reaktionen, die, vor allem in der katholischen Kirche, selten über Initiativen von Einzelpersonen hinausgingen. Erst nach 1871 kam es, vorangetrieben vor allem von christlich orientierten und sozialdemokratischen Abgeordneten, auch im Reichstag immer wieder zu Initiativen zum arbeitsrechtlichen Schutz der Sonntagsruhe, die aber erst nach der Entlassung Bismarcks 1890 zu einer neuen Gewerbeordnung führten, in der das Sonntagsarbeitsverbot grundsätzlich geregelt wurde, die aber auch eine Vielzahl an Ausnahmen vorsah. Mit der neuen Gewerbeordnung von 1891, die nach dem seinerzeit amtierenden Handelsminister als „Lex Berlepsch" in die Geschichte eingegangen ist, hat der Staat erstmals seine Verantwortung für Fragen der Arbeitszeitregelung und damit auch für die Regelung der Sonntagsruhe anerkannt. In einer sich deutlich um Kompromissformeln bemühenden Fassung ging der staatliche Schutz der Sonntagsruhe später auch in die Weimarer Reichsverfassung ein, wo es im Artikel 139 heißt: „Der Sonntag und die staatlich anerkannten Feiertage bleiben als Tage der Arbeitsruhe und der seelischen Erhebung gesetzlich geschützt", eine Formulierung, die zeitgenössisch als Kompromiss zwischen einer religiös-kirchlichen und einer säkularisierten Sicht verstanden wurde (vgl. Grube 2003: S. 137) und die über Artikel 140 des Grundgesetzes („Die Bestimmungen der Artikel 136, 137, 138, 139 und 141 der deutschen Verfassung vom 11. August 1919 sind Bestandteil dieses

Grundgesetzes") bis heute unverändert Verfassungsrang genießt (Bundeszentrale für politische Bildung 2017: S. 93).

Die „Lex Berlepsch" von 1891 ist im Hinblick auf die Deutungsgeschichte des Sonntags ambivalent, weil sie zwar zum einen die „Arbeit am Sonntag" erstmals durch staatliche Verordnung regelt, andererseits aber auch zahlreiche Ausnahmen zulässt, die insbesondere durch das gestiegene Interesse an Freizeitvergnügungen wie Ausflügen, Café-, Konzert- oder Museumsbesuchen u.ä. bedingt waren und für die sich die Formel von der „Arbeit für den Sonntag" etabliert hat (vgl. Grube 2003: S. 127). Die neue Gewerbeordnung markiert im Hinblick auf das gesellschaftliche Alltagsleben daher auch eine Neuorientierung in der Deutungsgeschichte des Sonntags, die am Ende des 19. Jahrhunderts bereits weit fortgeschritten war.

Bürgerliche Umdeutung: Mit dem Aufstieg bürgerlicher Schichten seit dem 18. Jahrhundert hatte sich nämlich bereits eine deutliche Säkularisierung der mit dem Sonntag verbundenen Alltagspraktiken herausgebildet, die sich vor allem im 20. Jahrhundert mehr und mehr durchsetzte und die den Sonntag nicht mehr primär religiös als ‚Tag des Herrn', sondern profan als Tag der Erholung und des Vergnügens auffasste. Schon in der Zeit der Aufklärung im 18. Jahrhundert ist diese Umdeutung erkennbar, wenn im Rahmen einer sich herausbildenden protestantisch-bürgerlichen Subjektivität der sonntägliche ‚Gottesdienst' nicht mehr ausschließlich in der Begehung kirchlicher Rituale, sondern mehr und mehr in der stillen ‚Arbeit' der privaten Lektüre, des Musizierens oder des Spaziergangs in die freie Natur gesehen wird (vgl. Maurer 2006: S. 100). Hier sind bereits erste Komponenten des traditionell bürgerlichen Sonntags-Idylls angelegt, auf das ja auch die EKD-Kampagne mit ihren Verweisen auf ‚Sonntagskonzert' und ‚Sonntagsspaziergang' verweist.

In der mittlerweile stark ausdifferenzierten sozialhistorischen Forschung zum Bürgertum und zur Bürgerlichkeit (vgl. z. B. Kocka 1987; Maurer 1996; Schäfer 2009; Budde 2009) hat sich schon seit den 1980er Jahren eine etwas breitere Perspektive durchgesetzt, die das Bürgerliche nicht mehr ausschließlich in politisch-rechtlichen, sozialen oder ökonomischen Kategorien beschreibt, sondern viel stärker als sozialen Habitus, der gerade auch das Kulturelle in Form von Wertorientierungen, Alltagspraktiken oder Fest- und Feiertagsritualen einbezieht (vgl. z. B. Hettling/Hoffmann 1997; Schäfer 2009: S. 114–125). Allerdings spielen dabei Fragen nach den konkreten Ausgestaltungen solcher bürgerlichen Alltagspraktiken wie beispielsweise Familienfeste oder eben Sonntagsrituale in der Forschung bislang eine eher untergeordnete Rolle. Lediglich die 2014 erschienene Arbeit von Susan Baumert über *Bürgerliche Familienfeste im Wandel,* die sich auf Quellen aus Weimar und Jena stützt, aber sicherlich auch für andere Regionen in Deutschland relevant ist, geht auf die spezifisch bürgerlichen Festtags- und Sonntagsrituale näher ein und ist daher für eine bürgerliche Deutungsgeschichte des Sonntags außerordentlich aufschlussreich (vgl. Baumert 2014: S. 193–231).

3.2 Kulturthema ,Zeit': Chronologische Deutungsmuster

Demnach vollzog sich in der Zeit um 1800 ein grundlegender Wandel in der Bedeutung des Sonntags, der vor allem mit dem spezifisch bürgerlichen Arbeitsethos und der damit einhergehenden Neubewertung von Zeit verbunden war. Der sonntägliche Ruhetag wurde jetzt nicht mehr ausschließlich religiös und als Voraussetzung für den obligatorischen Gottesdienstbesuch gedeutet, sondern als Erholung und Freizeit und als unumgänglich zur Aufrechterhaltung der Arbeitskraft gesehen, eine Entwicklung, die von kirchlicher Seite vielfach sehr kritisch aufgenommen und kommentiert wurde (vgl. Baumert 2014: S. 201–209). In diesem Zusammenhang kam es um 1800 zu einer Verschiebung in den bürgerlichen Wertorientierungen, in deren Verlauf der Gottesdienstbesuch zwar nicht gänzlich verloren ging, Religion und Religionsausübung sich aber stärker individualisierten und privatisierten und zudem mit anderen privaten wie öffentlichen Betätigungen am Sonntag konkurrieren mussten. Das Flanieren oder Spazieren und das Wandern in der Natur kamen als Sonntagsrituale in Mode und boten Gelegenheit, durch die dabei getragene festliche Sonntagskleidung (,Sonntagsstaat') die eigene bürgerliche Kultiviertheit und Familienprosperität öffentlich zu präsentieren (vgl. ebd.: S. 217). Im privat-familiären Umkreis galten Sonntage auch als Gelegenheit zu einem besonderen mittäglichen Essen oder nachmittäglichen Kaffeekränzchen in familiär-geselliger Runde, die ebenfalls dazu dienen konnten, den jeweiligen „gesellschaftlichen Status einer wohlhabenden bürgerlichen Familie auszukosten und sich dem kulinarischen Genuss hinzugeben" (ebd.: S. 221). Schließlich wurden auch verschiedene kulturelle Betätigungen und Genüsse wie Konzertbesuche, Tanzvergnügungen oder sportliche Aktivitäten wie Kegeln zu einem selbstverständlichen Teil des bürgerlichen Sonntags (vgl. ebd.: S. 223–225).

Auch unter den veränderten gesellschaftlichen Bedingungen, wie sie sich bereits um 1800 sehr deutlich abzeichneten, wurden demnach weder der Sonntag als Ruhetag noch die hergebrachte „Kombination von Gottesdienst und Arbeitsruhe" generell in Frage gestellt, vielmehr entstanden jetzt neue „Begehungsformen" (ebd.: S. 228), die mit dem sonntäglichen Kirchgang zunehmend konkurrierten:

> „Zu ihnen zählten vor allem das Flanieren in der Öffentlichkeit, das Wandern in die nah gelegene Natur sowie das private Musizieren, Lesen und Schreiben, gesellige Gesellschaftsspiele und der Genuss des öffentlichen Kulturangebots" (ebd.).

Hinzu kam die repräsentative Bedeutung, die dem Sonntag und seinen neuen bürgerlichen Ritualen jetzt zukam und die vor allem in der Zurschaustellung des eigenen bürgerlichen Status und der Abgrenzung gegenüber nicht- bzw. unterbürgerlichen Schichten der Bevölkerung ihren Ausdruck fand:

> „Die damit verbundene Abgrenzung zu unteren nicht-bürgerlichen Bevölkerungsschichten war hierfür [d.i. für die verschiedenen Formen bürgerlicher Selbstinszenierung am Sonntag, CA] eine treibende Kraft gewesen und veräußerte sich u. a. im Tragen festlicher Kleidung, dem Auftragen eines festlichen Essens, dem Beisammensein in einer geselligen Kaffeerunde – im privaten Kreis [von] Familie und Freunden, oder aber in Ausflügen in die freie Natur und zu ländlichen Vergnügungsstätten […]" (ebd.: S. 229).

Das hier skizzierte Bild des sich im 18. und 19. Jahrhundert herausbildenden bürgerlichen Sonntags hatte bis weit ins 20. Jahrhundert mehr oder weniger ungebrochen Bestand und wurde beispielsweise in der Literatur der Romantik in vielen Texten immer wieder beschworen und stabilisiert, wobei hier allerdings, etwa in den einschlägigen Gedichten von Joseph von Eichendorff oder Ludwig Uhland, vor allem eine privatisierte Religiosität in der am Sonntag besonders ‚feierlich' erscheinenden Natur und eine idyllische Harmonie von Mensch, Natur und Gott zum Ausdruck kommt (vgl. z. B. die Gedichte *Schäfers Sonntagslied* (1815) von Ludwig Uhland oder *Frühmorgens* (1836) und *Sonntag* (1837) von Joseph von Eichendorff).

Kritischer Diskursstränge: Auch nach 1945 und ungeachtet verschiedentlicher Versuche in der Zeit des Nationalsozialismus, den Sonntag im Sinne der eigenen Rasse-Ideologie umzufunktionieren, blieb die skizzierte bürgerliche Sichtweise auf die Deutung des Sonntags als des ‚besonderen' und gegenüber dem Rest der Woche herausgehobenen Tags, der mit spezifisch bürgerlich-repräsentativen Ritualen zu begehen ist, lange Zeit maßgeblich, vor allem in ländlichen, kleinstädtischen und kleinbürgerlichen Milieus der nach den auch moralischen Verwüstungen des Nationalsozialismus und des Krieges ökonomisch aufsteigenden Bundesrepublik. Seit den 1960er Jahren wurde dann allerdings auch ein kritischer Diskursstrang stärker vernehmbar, der schon seit den 1920er Jahren vor allem in der Literatur vorhanden war, etwa in satirischen Texten von Erich Kästner (*Kleine Stadt am Sonntagmorgen*, 1929; *Kleine Sonntagspredigt*, 1947) oder Kurt Tucholsky (*Berliner Sonntag*, 1921; *Sonntagsmorgen, im Bett*, 1928), der aber vor allem im Umkreis der mit der Chiffre ‚1968' verbundenen Bewegungen und Neuorientierungen einen scharfen antibürgerlichen Ton annahm.

Es war vor allem der linke Liedermacher Franz-Josef Degenhardt, der in seinem Lied *Deutscher Sonntag* aus dem Jahr 1965 den kritischen Blick auf die bürgerlichen Sonntagsrituale besonders nachdrücklich formulierte. Aus der Sicht eines sich selbst als Außenstehenden stilisierenden Ich werden hier die üblichen bürgerlichen Sonntagsrituale in einer kleinen Stadt beschrieben: der Kirchgang mit der Familie im ‚Sonntagsstaat' („Hütchen, Schühchen, Täschchen passend"), das Glockenläuten, das besonders aufwändige Mittagessen, der Sonntagsspaziergang im Kreis der Familie, der Besuch eines Fußballspiels am Nachmittag, das abendliche Fernsehen. In zunehmender Schärfe wird das Geschehen von dem abseits stehenden und nur beobachtenden Ich ablehnend kommentiert: „Das ist dann genau die Zeit/da frier ich vor Gemütlichkeit", „ich wird so entsetzlich satt", „ich glaube ich erbreche mich". Die kritische Schärfe des Textes besteht aber vor allem im Bezug zu einer latenten Gewalttätigkeit, der bei nahezu allen sonntäglichen Ritualen auf der sprachlichen Ebene hergestellt wird: so müssen die für das Einhalten der Rituale vor allem zuständigen Ehefrauen und Mütter („Familienleittiere voran") ihre Männer „unterfassen" und durch heimliches Voranschieben bzw. Ziehen daran hindern, lieber zu Hause zu bleiben als zum Gottesdienst zu gehen oder bei der Rückkehr „in Kneipen [zu] fliehen"; die Kinder sollen beim Nachmittagsspaziergang von den ihnen umgebundenen „Fliegen", denen man zudem die „Beine ausgefetzt" hat, durch Beißen daran gehindert werden, „zum Bahndamm" zu fliehen und so den sonntäglich-familiären Zwängen zu entgehen. Vor allem in der 6. Strophe, in der es „zu den Schlachtfeldstätten" geht und in der Reminiszenzen an den Krieg sprachlich evoziert werden, tritt die latente Gewalt der Sonntagsrituale dann vollends an die Oberfläche. Es wird nicht explizit gesagt, aber man darf annehmen, dass hier der sonntägliche Besuch eines Fußballspiels angedeutet wird, bei dem das ansonsten mühsam zivilisierte und zur Einhaltung der sonntäglichen Ordnung angehaltene (männliche) bürgerliche Subjekt aus dem Ruder läuft und die Schranken der bürgerlichen Wohlanständigkeit fallen lässt. „Im Geiste" wird jetzt mitgetreten, mitgeschossen, mitgestochen, „um sich für wochentags zu rächen", es werden „im Chor" Worte ‚geröhrt', „die beim Gottesdienst nur stören", „Schinkenspeckgesichter lachen/treuherzig, weil Knochen krachen". Das Bild der „traumverloren" auf der Parkbank sitzenden Greise, „die an Sedan denken", also an die für die deutsche Armee siegreiche Schlacht im deutsch-französischen Krieg von 1870/71, passt dazu, denn was hier hinter der Fassade der bürgerlichen Sonntagsidylle sichtbar wird, ist das alte militaristisch-faschistische Deutschland, das sich aus christlicher, bürgerlicher und militärisch-nationalistischer Tradition zusammensetzte und das am „deutschen Sonntag" wieder sein ungeschminktes Gesicht zeigt (Degenhardt 2017: S. 14–16).

Der Text von Degenhardt greift alle Elemente der traditionellen Deutungsgeschichte des Sonntags auf und fügt mit dem nachmittäglichen Besuch eines Fußballspiels und dem abendlichen Fernsehen aktuellere Komponenten hinzu, die sich erst seit den 1950er und 1960er Jahren etabliert haben und die bis heute eine Rolle spielen. Ungeachtet dessen aber wird die in der Deutungsgeschichte bislang dominierende bürgerliche Sonntagsidylle hier in eindrucksvoller Weise dekonstruiert und werden ihre Elemente als Ausdrucksformen einer überkommenen Tradition deutscher Bürgerlichkeit neu bewertet, die von der Verstrickung in den Nationalsozialismus unheilbar kontaminiert ist und daher keine Handlungsorientierung für eine demokratische Gesellschaft mehr bietet.

Neben der seit den 1960er Jahren formulierten Kritik an der bürgerlichen Sonntagsidylle gerieten die traditionellen Deutungen des Sonntags in den letzten Jahren auch noch von zwei anderen Seiten unter Druck. Zum einen nämlich hat das Verständnis des Sonntags als Tag der Arbeitsruhe und damit vor allem als Freizeit, das ja, wie gesehen, schon im 19. Jahrhundert eine wichtige Rolle gespielt hat, im Kontext der ‚Erlebnisgesellschaft' der Gegenwart (vgl. Schulze 2005) noch erheblich an Bedeutung gewonnen und ist zudem vom Sonntag auf das von Freitag Nachmittag bis Sonntag Abend andauernde Wochenende ausgeweitet worden; zum zweiten aber, und damit in einem deutlichen Konkurrenzverhältnis stehend, hat sich der schon seit den 1980er Jahren vorhandene Druck zur Flexibilisierung und Individualisierung von Arbeits- und Ruhezeiten und damit zur Aushöhlung der bislang starren Regelungen zum Schutz des Sonntags infolge spätmoderner Prozesse wie Globalisierung und Digitalisierung noch weiter erhöht.

Mit dem Sonntag, so können wir als Ergebnis unserer vorläufigen Deutungsgeschichte festhalten, verbinden sich einige zentrale Bedeutungselemente, die teilweise miteinander harmonieren, die teilweise aber auch in einem gewissen Spannungsverhältnis zueinander stehen, das in der Deutungsgeschichte auch immer wieder aufbricht. Mindestens die folgenden Bedeutungstraditionen und -perspektiven lassen sich dabei differenzieren:

1. die religiös-christliche Perspektive, die den Sonntag als ‚Tag des Herrn' versteht, der vor allem dazu genutzt werden soll, Gott zu ‚heiligen';
2. die zeitökonomische Perspektive, die den Sonntag als Tag der Arbeitsruhe auffasst, der vor allem der Aufrechterhaltung der werktäglichen Arbeitskraft dient;
3. die arbeits- und verfassungsrechtliche Perspektive, die den Sonntag, weitgehend konform gehend mit (1) und (2), als „Tag der Arbeitsruhe und der seelischen Erhebung" versteht;
4. die bürgerliche Perspektive, die den Sonntag vor allem mit bürgerlich-repräsentativen privaten und familiären Ritualen (,Sonntagsstaat', ,Sonntagsspaziergang', ,Sonntagskonzert') aufgeladen hat;
5. die kritische Perspektive, die die bürgerlichen Rituale als verlogen ansieht und nicht zuletzt das Konflikt- und Gewaltpotenzial des Sonntags und der mit ihm verbundenen Erwartungen hervorhebt;
6. die freizeitorientierte Perspektive, die den Sonntag vor allem als Teil des arbeitsfreien Wochenendes und damit als Gelegenheit für Freizeit-Aktivitäten verschiedener Art oder auch für einfaches ‚Nichts-Tun' versteht.

3.2.4.3 Zum Deutungsmuster ‚Sonntag': Weitere Diskursbeispiele

Blicken wir nun von hier aus auf die EKD-Kampagne und ihre einzelnen medialen Erscheinungsformen zurück, von denen her wir das Deutungsmuster ‚Sonntag' und seine Präsenz in aktuellen Diskursen entfaltet haben, dann wird zum einen erkennbar, dass die Kampagne sich mit ihrem expliziten Aufgreifen bürgerlich-repräsentativer Sonntagsrituale wie ‚Sonntagsanzug', ‚Sonntagsspaziergang' und ‚Sonntagskonzert' in die Tradition eines herkömmlich bürgerlichen Verständnisses des Sonntags stellt, das ja aufgrund der damit einhergehenden profanen gesellschaftlichen Interessen wie mit einer strenger verstandenen christlichen Auffassung von einer Heiligung des ‚Tags des Herrn' immer schon in einem gewissen Spannungsverhältnis stand und steht. Damit aber, so scheint es zumindest, befindet sich die Evangelische Kirche innerhalb des Diskurses gleich in doppelter Hinsicht in einer defensiven Position: zum einen nämlich gibt sie das ihr doch eigentlich näherstehende christlich-religiöse Verständnis des Sonntags zugunsten seiner bürgerlichen Profanisierung preis und belässt es ansonsten bei einem eher versteckten und verschämten Hinweis auf ‚Gott' im Kleingedruckten, der zudem noch in eine Reihe mit dem Interesse an Entspannung, Familie und Selbstverwirklichung gestellt wird: „Dabei braucht der Mensch einen Tag zum Entspannen, für die Familie, für sich und für Gott." Und zum zweiten besteht ja das Ziel der Kampagne darin, den Sonntag als soziale Institution insgesamt und damit inklusive seiner bürgerlichen Traditionen und der damit einhergehenden Profanisierung als (gemeinsamen) Tag der Freizeit gegenüber dem völligen

Aufgehen in der Flexibilität und Individualität von Arbeitszeitregelungen und Ladenöffnungszeiten zu retten – insofern handelt es sich bei der hier erfolgten Anbiederung der christlichen an die bürgerlich-profane Tradition des Sonntags wohl doch weniger um ein Rückzugsgefecht als um eine bewusst eingesetzte politische Strategie.

Im Folgenden sollen einige weitere Fragmente aus dem aktuellen Sonntagsdiskurs herangezogen werden, die einerseits die Vielfalt der im Diskurs eingenommenen Positionen, andererseits aber auch das Musterhafte der dabei in Anspruch genommenen Perspektiven sichtbar machen können.

Der Sonntag als geschützte soziale Institution
In unmittelbarem inhaltlichem und politischem Zusammenhang mit der Kampagne der EKD steht ein Urteil des Bundesverfassungsgerichts aus dem Jahr 2009. Hintergrund und Anlass war eine Verfassungsbeschwerde der Evangelischen Kirche Berlin-Brandenburg und des katholischen Erzbistums Berlin gegen das Ladenöffnungsgesetz des Landes Berlin von 2006 und die darin vorgesehene Möglichkeit der Ladenöffnung an insgesamt zehn Sonn- und Feiertagen im Jahr inklusive aller Sonntage im Advent. Die „Öffnung von Verkaufsstellen an den Adventssonntagen", so das Gericht, sei mit dem in Artikel 140 festgelegten Schutz des Sonntags als „Tag der Arbeitsruhe und der seelischen Erhebung" nicht vereinbar. Mit der Freigabe der Ladenöffnung an vier aufeinander folgenden Sonntagen im Advent sei der verfassungsrechtlich vorgeschriebene Mindestschutz des Sonntags nicht in vollem Umfang gewährleistet, da dadurch das Regel-Ausnahme-Verhältnis ohne hinreichenden Grund verletzt werde:

> „Auf dieser Grundlage ergibt sich, dass gesetzliche Schutzkonzepte für die Gewährleistung der Sonn- und Feiertagsruhe erkennbar diese Tage als solche der Arbeitsruhe zur Regel erheben müssen. Hinsichtlich der hier in Rede stehenden Ladenöffnung bedeutet dies, dass die Ausnahme eines dem Sonntagsschutz gerecht werdenden Sachgrundes bedarf. Ein bloß wirtschaftliches Umsatzinteresse der Verkaufsstelleninhaber und ein alltägliches Erwerbsinteresse („Shopping-Interesse') potenzieller Käufer genügen grundsätzlich nicht, um Ausnahmen von dem verfassungsunmittelbar verankerten Schutz der Arbeitsruhe und der Möglichkeit zu seelischer Erhebung an Sonn- und Feiertagen zu rechtfertigen" (Bundesverfassungsgericht 2009: S. 36 [157]).

Profanisierung des Sonntags: Unabhängig vom konkreten Anlass und von dessen rechtlicher Bewertung durch das Gericht ist das Urteil vom 01. Dezember 2009 aber hier vor allem relevant, weil sich darin eine interessante und aufgrund der Bedeutung der rechtsprechenden Instanz natürlich auch rechtlich und politisch maßgebliche und normsetzende Interpretation des Sonntags findet. Grundsätzlich sei der Sonntag durch Artikel 139 der Weimarer Reichsverfassung (WRV) in Verbindung mit Artikel 140 des Grundgesetzes geschützt, dieser Schutz sei aber aufgrund der weltanschaulichen Neutralität des Staates ausdrücklich nicht allein auf die Möglichkeit der ungestörten Religionsausübung beschränkt, sondern bezieht auch „die Verfolgung profaner Ziele wie die der persönlichen Ruhe, Besinnung, Erholung und Zerstreuung" (ebd.: S. 35 [154]) mit ein. Besonderes Gewicht legt das Urteil dabei auf die Möglichkeit der gemeinsamen Freizeitgestaltung und damit des Sonntags als einer sozialen Institution, die grundsätzlich für alle gilt, was einer unbegrenzten Flexibilisierung und Individualisierung von Arbeitszeit- und Freizeitregelungen eine klare Grenze setzt:

> „Geschützt ist damit der allgemein wahrnehmbare Charakter des Tages, dass es sich grundsätzlich um einen für alle verbindlichen Tag der Arbeitsruhe handelt. Die gemeinsame Gestaltung der Zeit der Arbeitsruhe und seelischen Erhebung, die in der sozialen Wirklichkeit seit jeher insbesondere auch im Freundeskreis, einem aktiven Vereinsleben und in der Familie stattfindet, ist insoweit nur dann planbar und möglich, wenn ein zeitlicher Gleichklang und Rhythmus, also eine Synchronität, sichergestellt ist. Auch insoweit kommt gerade dem Sonntag im Sieben-Tage-Rhythmus und auch dem jedenfalls regelhaft landesweiten Feiertagsgleichklang besondere Bedeutung zu" (ebd.).

Das Gericht hebt hier also einen Aspekt hervor, der in der Deutungsgeschichte des Sonntags, wie wir sie oben ansatzweise rekonstruiert haben, bislang keine große Rolle gespielt hat, nämlich die Synchronizität eines für alle gleichermaßen geltenden Ruhetags, der damit auch als gemeinsame Erfahrung und gemeinschaftsstiftende Institution geschützt ist.

Zugleich aber wird hier auch die Profanisierung des Sonntags, also die Entkoppelung des ursprünglich einmal religiös motivierten Tags der Arbeitsruhe von religiösen Zwecken, weiter vorangetrieben und mit dem Segen des höchsten deutschen Gerichts versehen. Die oben als freizeitorientierte Perspektive bezeichnete Deutung des Sonntags als Teil des arbeitsfreien Wochenendes und damit als ‚Freizeit' hat heute die religiöse wie die bürgerlich-repräsentative Bedeutung des Sonntags als dominante Sicht abgelöst und findet sich in nahezu allen aktuellen Diskursfragmenten als zwar nicht einzige, aber doch deutlich dominante Perspektive wieder.

Ausruhen, entspannen, faulenzen? Der Sonntag auf digitalen Grußkarten

Gibt man in einer beliebigen Suchmaschine „Sonntag Bilder" ein, wird man an erster Stelle auf Angebote digitaler Grußkarten verwiesen, mit denen man anderen über entsprechende elektronische Kommunikationskanäle einen schönen Sonntag wünschen kann und die häufig mit Formulierungen wie ‚erholsam', ‚Nichts-Tun', ‚faulenzen' oder ‚chillen' verbunden sind. Wählen wir also aus dem vielfältigen Angebot von „Bildergrüßen mit Herz" drei mehr oder weniger beliebige Beispiele aus (Abb. 3.5 a–c).

Freizeitorientierung: Das in angenehmen und sommerlichen Farben gestaltete Beispiel (5a) zeigt eine schläfrig und entspannt wirkende Katze, die mit offenen Augen in einer Schachtel liegt und den Eindruck macht, jeden Moment einzuschlafen. Ein ähnliches Motiv findet sich mit dem Teddybären in Schlafhaltung auch auf Beispiel (5b), wohingegen Beispiel (5c) stattdessen ein hinter der weißen Schrift nicht genau identifizierbares rosa Blumenmotiv auf einem alten Buch wählt, womit aber auch eine ruhige und entspannte Atmosphäre evoziert wird. Dieser Atmosphäre eines entspannten und schläfrigen Nichtstuns entsprechen

3.2 Kulturthema ‚Zeit': Chronologische Deutungsmuster

Abb. 3.5 a–c: Grußkarten zum Sonntag

auch die Texte der drei Grußkarten. Die in etwas größerer Schrift gehaltene Überschrift „Es ist Sonntag..." bei Beispiel (5a) gibt den Deutungsrahmen ‚Sonntag' vor, in den sich sowohl das Bild als auch der Text völlig bruchlos einfügen lassen. Dabei stellt der Text den Sonntag zunächst in seiner Besonderheit im Vergleich zu anderen Tagen dar, indem er darauf verweist, dass „kein Wecker" klingelt und man „schlafen [kann], solange man will". Das korrespondiert auch völlig harmonisch mit den anderen Verben, die alle eher die Abwesenheit irgendwelcher Aktivitäten markieren: „ausruhen, entspannen, es sich gemütlich machen, das faulenzen genießen".

Auf etwas hintergründigere Weise stellt auch Beispiel (5b) den Sonntag in einen Gegensatz zu ‚normalen' Arbeitstagen und den an diesen Tagen geltenden Prinzipien der Leistungsorientierung, markiert dabei aber gleichzeitig auch die Kontinuität und die grundsätzliche Geltung und Anerkennung dieser Prinzipien. Der durch das Bild des ruhenden Bären im Bett möglicherweise entstehende Eindruck, dieser könne „faul" sein, wird mit dem Wort „hochmotiviert" sofort zurückgewiesen, das dem Diskurszusammenhang der Leistungsorientierung in beruflichen Kontexten entstammt und das hier in bemüht ‚witziger' Weise auf den Freizeitkontext des sonntäglichen ‚Nichts-Tuns' übertragen wird. Auch am Sonntag, so die im Vergleich zu den anderen Grußkarten etwas abweichende Botschaft, kann man nicht einfach ‚faul', sondern muss wie an Arbeitstagen „hochmotiviert" sein, nur diesmal nicht zur Erreichung beruflicher Ziele, sondern „zu nichts". Die freizeitorientierte Deutung des Sonntags bezieht ihre Legitimation hier also nicht aus sich selbst heraus, sondern aus der prinzipiellen Weitergeltung der Regeln und Orientierungsmuster der Leistungsgesellschaft.

Etwas vielschichtiger im Hinblick auf die Deutung des Sonntags ist wiederum Beispiel (5c), das, ebenfalls in bemüht ‚witziger' Weise, eine „Goldene Regel zum Sonntag" formuliert und dabei sowohl Elemente des herkömmlich bürgerlichen Sonntags als auch der Leistungsorientierung in die dominant freizeitorientierte Deutung des Sonntags einbezieht. Diese kommt in den sprachlichen Einheiten

"Ausschlafen", "Kaffee trinken gemütlich", "Sofa" und "gemütlichen Sonntag" zum Ausdruck, und auch die bürgerlich-repräsentative Tradition des ‚Sonntagsspaziergangs', von der oben ja schon die Rede war, wird aufgegriffen und in dieses Bild vom ‚gemütlichen' Sonntag integriert, indem man sich für den Spaziergang nicht etwa, wie in der bürgerlichen Tradition, nach draußen und in soziale Zusammenhänge begibt, sondern in der Privatsphäre des Inneren der eigenen Wohnung bleibt und lediglich "zur Kaffeemaschine" spaziert. Allerdings stößt die Selbstbestimmung der sonntäglichen Freizeit, ähnlich wie in Beispiel (5b), insofern auch an Grenzen, als sie sich offenbar selbst auch Regeln zu unterwerfen hat, wie sie hier ja formuliert werden; hinzu kommt, dass diese Regeln auch mit "Endspurt" auf Formulierungen zurückgreifen, die dem Arsenal der sportlichen Leistungsorientierung entstammen.

Die ausnahmslos in freundlichem und ironisch-witzigem Duktus gehaltenen digitalen Grußkarten sehen den Sonntag, so können wir unsere Analyse zusammenfassen, durchweg als einen Tag der Ruhe und des Nichts-Tuns, stellen ihn dabei aber zumindest in einigen Fällen zugleich in einen bruchlosen Kontext von Leistungsorientierung und Fremdbestimmung.

Die Umdeutung des ‚Sonntagsbratens'
Als drittes Diskursfragment zum Thema ‚Sonntag' soll hier ein Kapitel aus dem 2019 im Piper-Verlag erschienenen Buchs *Sonntag! Alles über den Tag, der aus der Reihe tanzt* der Journalistin und Bestseller-Autorin Constanze Kleis herangezogen werden, das in eigentümlicher und durchaus origineller Weise die bürgerlichen Sonntagstraditionen aufgreift und im Sinne einer aktuelleren Freizeitorientierung neu deutet. Dass es in diesem Buch zum einen um eine Würdigung des Sonntags als eines besonderen, sich von Werktagen unterscheidenden Tages geht, kommt ja schon im Titel zum Ausdruck, der die Besonderheit des Sonntags eben als ‚aus der Reihe tanzen', also vom Normalen und Regelhaften abweichend, charakterisiert. Die Autorin lässt auch von Anfang an keinen Zweifel daran, dass es ihr darum geht, ihre Leser davon zu überzeugen, "dass wir nicht weniger, sondern unbedingt mehr Sonntag in unserem Leben brauchen und mehr von dem, wofür er steht" (Kleis 2019: S. 12). Und wofür der Sonntag steht, das wird nicht zuletzt auch auf dem Titelbild des Buchumschlags erkennbar (s. Abb. 3.6).

Auf diesem Bild finden sich einige der Deutungselemente wieder, denen wir auch schon bei unseren Grußkarten begegnet sind: ein offenbar benutztes Bett, eine volle Tasse Milchkaffee, ein Croissant und eine Zeitung, Accessoires also, die entspanntes und selbstbestimmtes Genießen der von Arbeit und anderen Verpflichtungen freien Zeit symbolisieren. Allerdings geht das Buch auf 200 Seiten in der Differenziertheit seiner Auseinandersetzung mit dem Thema doch sehr weit über das Niveau der Grußkarten hinaus und bezieht sehr viele unterschiedliche Aspekte mit ein, die hier nicht alle gebührend gewürdigt werden können. In insgesamt 12 mehr oder weniger umfangreichen Kapiteln werden religiös-kirchliche, arbeitsrechtliche, mediale, sportliche, kulinarische, aber auch problematische Seiten des Sonntags in einem meist locker-flockigen journalistischen und gut

Abb. 3.6 Buchumschlag von Kleis (2019)

lesbaren Stil verhandelt, und auch die „Anrainer", also der Samstag und der Montag, werden in ihrer Bedeutung für den Sonntag eigens gewürdigt. Die persönlichen und teilweise sehr privaten Erinnerungen der Autorin an Sonntage ihrer Kindheit kommen ausführlich zur Sprache, und eine große Rolle spielen dabei die Elemente der bürgerlichen Sonntags-Tradition, von denen im Rahmen unserer Deutungsgeschichte schon die Rede war: der „Sonntagsstaat" (80–99) und der Sonntagsspaziergang (100–111). Und in diese Reihe gehört nun auch das Kap. 9, mit dem wir uns hier ein wenig eingehender beschäftigen wollen und das unter dem Titel „Die unendlichen Weiten des kulinarischen Raums" dem ‚Sonntagsbraten' bzw. allgemein dem besonders aufwändigen und meist fleisch- und fetthaltigen Mittagessen am Sonntag gewidmet ist.

Der ‚Sonntagsbraten', der hier symbolisch für die bürgerliche Tradition des sonntäglichen feierlichen Mittagessens im privaten Kreis der Familie steht, hatte aus sozial- und kulturgeschichtlicher Sicht die Funktion, den sozialen und ökonomischen Status der Familie und ihres ‚Familienoberhaupts' zu repräsentieren und nach außen und insbesondere nach innen sichtbar zu machen und mit Leben zu füllen (vgl. Baumert 2014: S. 221); darüber hinaus hatte das gemeinsame Familienessen auch die Funktion, die den bürgerlichen Habitus ausmachenden Verhaltensmuster ‚bei Tisch' einzuüben und an die nachwachsende Generation weiterzugeben. Bei Kleis wird zunächst in zweierlei Hinsicht Distanz zu dieser Tradition hergestellt: zum einen nämlich erscheint sie als ein Relikt der Vergangenheit, was schon dadurch zum Ausdruck kommt, dass die Formulierungen hier meist im Präteritum gehalten sind (vgl. Kleis 2019: S. 129–133); und zum anderen beginnen ihre Ausführungen mit Geschichten aus dem eigenen Leben und dem eigenen privaten Umkreis, aber auch aus Literatur und Filmen, die das Strenge, ja Zwanghafte und zugleich die herkömmlich patriarchalischen Machtverhältnisse zum Ausdruck bringen, die sich mit diesem bürgerlichen Sonntagsritual auch verbinden. Dabei macht die Autorin aber von Anfang an auch klar, dass das nicht ihre Sicht auf die Dinge ist: „Ich sage, der Sonntagsbraten sei durchaus mehr als bloß die Arena pädagogisch-väterlichen Versagens oder Brandbeschleuniger für die Familienhölle, nämlich vor allem eine fantastische Idee" (ebd.: S. 129), die man nicht für den bürgerlichen „Ernährungs-Stalinismus" (ebd.: S. 130) und auch nicht dafür verantwortlich machen dürfe, „wenn Familien nicht mal zwei Stunden die Woche an einem Tisch sitzen können, ohne dass sich Abgründe in der Größenordnung des Andreasgrabens auftun" (ebd.: S. 133). Das mit ‚Sonntagsbraten' symbolisierte Familienritual wird jetzt, nicht zuletzt unter Berufung auf privat-persönliche Erfahrungen, aber auch unter expliziter Abgrenzung von der kritischen Haltung der „68er-Generation" gegenüber „Familie und Tradition" (ebd.: S. 134) als wichtiger Beitrag zum familiären und sozialen Zusammenhalt umgedeutet und aufgewertet, das zudem noch der Gesundheit, dem Kommunikationsvermögen insbesondere von Kindern und sogar der Rettung des Planeten angesichts des auch durch Fleischverzehr verursachten Klimawandels beitrage:

> „Dennoch habe ich die Tradition des sonntäglichen Familienessens fortgesetzt. Dafür stehe ich allerdings nicht mehr stundenlang in der Küche, sondern folge dem allgemeinen Trend zum Kurzgebratenen: zu Wiener Schnitzel, Frikadellen, Steak, Fisch. Ohnehin hat es eine entscheidende Umbesetzung der Hauptdarsteller gegeben, ist doch das Wichtigste am Sonntagsbraten längst nicht mehr das Fleisch. Es sind vielmehr seine sozialen wie emotionalen Sattmacher wie Zuwendung, Aufmerksamkeit, Zusammenhalt, aber auch Struktur. Das alles gewinnt um so mehr an Bedeutung, als wir ein To-go-Leben führen und uns ernähren, als wären wir Nomaden ohne Küche und Esstisch und ohne Bindungen außer zur Fernbedienung und zur Mikrowelle" (ebd.: S. 135).

Die Befreiung des sonntäglichen Familienessens von den Zwängen, die mit ihm einmal verbunden waren, habe zu einer Renaissance dieses Rituals geführt, die aber im Vergleich zu früheren Zeiten mit völlig anderen Wertorientierungen einhergeht:

> „Seit der Sonntagsbraten nichts mehr muss und sich herumgesprochen hat, was er alles kann, erlebt er eine ungeahnte Renaissance. In ihr offenbart sich die Sehnsucht nach Zusammenhalt, Familienidylle und Verbindlichkeit. Dabei ist es egal, ob tatsächlich ein Braten oder etwas Vegetarisches auf den Tisch kommt, ob die Teilnehmer Blutsverwandte sind oder eine selbst gewählte Familie. Hauptsache, die Rahmenbedingungen stimmen" (ebd.: S. 137).

Zu diesen Rahmenbedingungen aber gehöre unbedingt ein fester Termin, der auch unbedingt am Sonntag liegen müsse, nicht verhandelbar sei und auch „ein ganz kleines bisschen Druck" (ebd.) ausübe, der zur Etablierung eines Rituals notwendig sei (vgl. ebd.: S. 137–138).

Die hier vorgenommene Umdeutung der bürgerlichen Tradition des ‚Sonntagsbratens' zu einem Ritual zur Rettung des familiären und sozialen Zusammenhalts steht in engem Zusammenhang mit den aktuellen Prozessen der Auflösung traditioneller bürgerlicher Milieus und der darin geltenden Verbindlichkeiten und der fortschreitenden Individualisierung und Flexibilisierung sozialer Bindungen in der spätmodernen Gesellschaft. Dem Sonntag als einem generell für alle arbeitsfreien Tag und den mit diesem Tag einhergehenden Traditionen und Ritualen wird von Kleis (die hier natürlich nur stellvertretend für eine Diskursposition steht) eine Funktion zugesprochen, die weit über das reine ‚Nichts-Tun', ‚Entspannen' oder das selbstbestimmte Ausruhen hinausgeht, von dem oben die Rede war und das ja auch im Titelbild ihres Buches zum Ausdruck kommt.

3.2.4.4 Fazit

Wenn wir heute – in welchem konkreten diskursiven Zusammenhang auch immer – von ‚Sonntag' sprechen und damit auf ein Element unseres zeitbezogenen sprachlich-kulturellen Wissens referieren, dann stehen wir damit in einer jahrtausendealten Deutungstradition, in deren Verlauf sich zwar einige recht unterschiedliche, aber in ihrer Zahl und Unterschiedlichkeit doch überschaubar bleibende Bedeutungsvarianten und daraus abgeleitete Handlungsoptionen herausgebildet haben, die alle mehr oder weniger bis heute relevant und handlungswirksam geblieben sind. Dabei hat die Analyse aber auch gezeigt, dass die unterschiedlichen Bedeutungsvarianten sich zwar bis in die unmittelbare Gegenwart hinein vielfach überlagern, dass es aber gleichwohl gewisse Verschiebungen in Bezug auf die Dominanz und Präsenz bestimmter Varianten gibt. So spielen im medialen Mainstream-Diskurs sowohl die religiöse als auch die bürgerlich-repräsentative Perspektive auf den Sonntag heute eine weitaus geringere Rolle als noch etwa in den 1950er oder 1960er Jahren und haben einer freizeitorientierten Perspektive Platz gemacht, wonach der Sonntag nicht mehr als Tag der „seelischen Erhebung", sondern vor allem als Teil eines längeren Wochenendes gilt, das vor allem mit Ruhe, langem Schlafen, Medienkonsum, aber auch mit verschiedenen Freizeitaktivitäten verbunden ist.

3.2.5 Deutungsmuster der historischen Zeit: ‚1989': ‚Wende', ‚friedliche Revolution' und ‚Wiedervereinigung' als ‚mnemologisches Deutungsmuster' und ‚Erinnerungsort'

Anders als bei den anderen in diesem Kapitel behandelten Kulturthemen reicht beim Thema ‚Zeit' ein konkretes Beispiel nicht aus, um den spezifisch kulturwissenschaftlichen Zugang der Kulturstudien zu diesem Thema hinreichend zu veranschaulichen und verständlich zu machen. Das hat vor allem damit zu tun, dass insbesondere der Umgang mit vergangener Zeit, also mit Geschichte und Erinnerung, im Fach Deutsch als Fremd- und Zweitsprache in den letzten Jahren große Aufmerksamkeit gewonnen hat und das Konzept der ‚Erinnerungsorte' als vor allem didaktischer Ansatz im Fach derzeit breit diskutiert wird. Dabei ist allerdings auch deutlich geworden, dass die bisherige Diskussion über die Relevanz des Themas ‚Erinnerungsorte' von außen an das Fach Deutsch als Fremd- und Zweitsprache herangetragen wurde und bislang nicht hinreichend mit den dem Fach immanenten erkenntnisleitenden Interessen vermittelt ist. Das in dieser Einführung vertretene Konzept der Kulturstudien geht daher einen anderen Weg und stellt die Theorie und Didaktik der ‚Erinnerungsorte' nicht neben den Ansatz der Deutungsmuster, sondern versucht das Thema ‚Erinnerung' dadurch in den Deutungsmusteransatz zu integrieren, dass es ‚Erinnerung' als einen Modus des Umgangs mit (historischer) Zeit auffasst, der ebenso wie der Umgang mit Alltagszeit, Lebenszeit oder sakraler Zeit in hohem Maß auf vorgedeuteten Mustern beruht und diese im Prozess des gemeinsamen, interaktiven oder eben diskursiven Erinnerns aktiviert, stabilisiert, reflektiert, in Frage stellt oder kritisch weiterentwickelt – kurz: wir haben es aus der Perspektive der Kulturstudien bei ‚Erinnerungsorten' mit Vordeutungen der Vergangenheit zu tun, von denen wir in der sprachlich-diskursiven Interaktion der Gegenwart einen vielfältigen Gebrauch machen, um die vergangene Zeit mit Bedeutung (für die Gegenwart) zu versehen. Wir sprechen daher in den Kulturstudien auch nicht von ‚Erinnerungsorten', einem ohnehin eher unklaren und missverständlichen Begriff, sondern – nach dem griechischen Wort für ‚Gedächtnis' – von ‚mnemologischen Deutungsmustern'. Dies soll hier am Beispiel ‚1989', ‚Wende' bzw. ‚friedliche Revolution' zumindest andeutungsweise veranschaulicht werden.

3.2.5.1 „Vollende die Wende": Die Erinnerung an 1989 in den Wahlkämpfen des Jahres 2019

Im Frühjahr und Sommer des Jahres 2019 waren in Brandenburg und Sachsen an vielen Stellen im öffentlichen Raum Wahlplakate der Partei „Alternative für Deutschland" (AfD) zu sehen, die mit Hilfe von Slogans wie „Vollende die Wende", „Wende 2.0", „Damals wie heute: Wir sind das Volk" um Stimmen für die AfD bei der Landtagswahl am 01. September warben. Auf einigen AfD-Plakaten und -Handzetteln zur Wahl war zudem direkt links neben dem Parteilogo der AfD zu lesen: „Die Friedliche Revolution auf dem Stimmzettel". Mit diesen Formulierungen nimmt die AfD die (als positiv bewertete) Erinnerung an die Ereignisse im Herbst 1989 in der DDR für sich und ihre politischen Ziele in Anspruch, die seinerzeit eine grundlegende Veränderung der politischen und gesellschaftlichen Verhältnisse in der DDR und letztlich das Ende der Eigenstaatlichkeit der DDR zur Folge hatten. Die erinnernde Bezugnahme auf diese Ereignisse geschieht hier allerdings nicht direkt und explizit, sondern ausschließlich durch die Verwendung bestimmter Wörter und Wortverbindungen wie ‚Wende', ‚friedliche Revolution' oder ‚Wir sind das Volk', die im kollektiv-diskursiven Gedächtnis mit der Erinnerung an den Herbst 1989 verknüpft sind und die daher als Chiffren für das Aktivieren dieser Erinnerung fungieren. Allerdings bleibt das Aufrufen dieser Erinnerung im Rahmen der Wahlkampagne der AfD auf einer rein rhetorischen Ebene und inhaltlich weitgehend unbestimmt und unkonkret, ein Eindruck, der auch dadurch noch verstärkt wird, dass die Bezugnahme auf 1989 nicht mit konkreten politischen Forderungen verbunden ist und sich z. B. auch im Wahlprogramm der AfD zur Landtagswahl an keiner Stelle wiederfindet.

3.2 Kulturthema ‚Zeit': Chronologische Deutungsmuster

Auf der anderen Seite entsteht durch Formulierungen wie „Wende 2.0" oder „Vollende die Wende" der Eindruck, dass die damit adressierten politischen Veränderungsprozesse letztlich gescheitert, zumindest aber unvollendet geblieben seien, und dass es die Aufgabe der AfD und ihrer Anhänger und Wähler sei, das Unvollendete jetzt, also 30 Jahre später, zu vollenden. Die AfD deutet sich selbst damit also als (einzig?) legitime Erbin derjenigen, die die revolutionäre Entwicklung in der DDR seinerzeit maßgeblich vorangebracht haben. Darüber hinaus und in ganz enger Verbindung damit entsteht hier auch der Eindruck, die politischen, gesellschaftlichen, wirtschaftlichen und kulturellen Verhältnisse in der Bundesrepublik Deutschland des Jahres 2019 seien mit den Verhältnissen in der DDR am Ende der 1980er Jahre insofern vergleichbar, als „damals wie heute" das „Volk" sich gegen die Regierung und die Etablierten im Land erheben und ermächtigen und dadurch allererst demokratische Verhältnisse herstellen müsse.

Kritische Kommentare: Diese Sichtweise und die mit ihr einhergehenden Perspektiven sowohl auf die Erinnerung an 1989 als auch auf die politische Gegenwart ist in Medien und Zivilgesellschaft nicht unwidersprochen geblieben. In zahlreichen Kommentaren einschlägiger elektronischer wie Printmedien wurde beispielsweise darauf hingewiesen, dass die Hauptprotagonisten der AfD sich in ihren Wahlkampfreden zwar gerne und immer wieder auf 1989 beriefen und sich dabei auch gerne als Beteiligte stilisierten („Dafür sind wir damals nicht auf die Straße gegangen..."), tatsächlich aber meist im Westen aufgewachsen seien und über keinerlei DDR-Hintergrund verfügten (vgl. z. B. die Tagesschau vom 10.08.2019; https://www.tagesschau.de/inland/afd-brandenburg-sachsen-101.html; letzter Zugriff 28.11.2019). Unter kulturwissenschaftlicher Perspektive interessanter und aufschlussreicher sind aber zwei von zahlreichen Personen und Institutionen der Zivilgesellschaft getragene und unterstützte öffentliche Aufrufe bzw. Erklärungen, die der Inanspruchnahme und politischen Instrumentalisierung der Erinnerung an 1989 durch die AfD vehement widersprechen und eine der AfD-Perspektive diametral entgegengesetzte Deutung dieser Erinnerung vornehmen.

Die „Sächsische Erklärung der Vielen" von April 2019 geht auf eine Initiative von Vertreter*innen zahlreicher Berliner Kulturinstitutionen zurück, die – sicher nicht zufällig – am 09. November 2018 mit der „Berliner Erklärung der Vielen" an die Öffentlichkeit traten, um damit ein Zeichen zu setzen „für Zusammenhalt", „für eine solidarische Gesellschaft", für die Freiheit der Kunst und „gegen Rassismus", „gegen rechtspopulistische und völkisch-nationale Strömungen" und „gegen Diskriminierung" (Deutscher Kulturrat 2018). In der Folgezeit kam es zu einer breiten und regional diversifizierten Verbreitung der in der Berliner Erklärung formulierten Positionen und zu zahlreichen ähnlichen, aber regional spezifischen „Erklärungen der Vielen", wobei der regionale Bezug ebenso über einzelne Städte wie Dresden, Frankfurt oder Hamburg wie über ganze Bundesländer hergestellt und auch in den Texten der Erklärungen jeweils explizit benannt und in den gegenüber der Berliner Erklärung auch in vielerlei Hinsicht abgewandelten Formulierungen aufgegriffen wurde. Dieser regionale Bezug nun wird in der

„Sächsischen Erklärung der Vielen" vor allem durch die Erinnerung an die Ereignisse im Herbst 1989 hergestellt:

> „Sachsen war ein zentraler Schauplatz auf dem Weg zur Friedlichen Revolution. Im Herbst 1989 gingen hier zahlreiche Bürger*innen aller Generationen und Bevölkerungsschichten auf die Straße, um mit ihrem friedlichen Protest Demokratie, Freiheit, Freizügigkeit und Mitspracherechte einzufordern. Ihr Motto lautete: ‚Wir sind das Volk!' Die sächsischen Bürger*innen haben damals bewiesen, dass eine mit demokratischen Mitteln geführte Debatte und der Zusammenschluss demokratisch gesonnener Kräfte eine Veränderung der Gesellschaft herbeiführen können" (Die Vielen 2019).

In diesen Formulierungen kommt eine im Vergleich zu den oben erwähnten AfD-Plakaten deutlich andere Perspektive auf den Herbst 1989 zum Ausdruck: Zum einen nämlich bleibt die Erinnerung an 1989 hier nicht rein rhetorische Pose, sondern wird mit der expliziten Nennung von politischen Zielen wie Demokratie, Freiheit, Freizügigkeit und Mitspracherechten in einen inhaltlichen Bezug zu übergeordneten freiheitlich-demokratischen Wertorientierungen gestellt, und zum anderen wird mit dem Verweis auf den letztlich ja erfolgreichen Umsturz auch die von rechtspopulistischer Seite unterstellte Kontinuität zwischen der DDR der späten 1980er Jahre und der Gegenwart des Jahres 2019 und die Inanspruchnahme der Erinnerung an 1989 und des Mottos ‚Wir sind das Volk' als illegitim zurückgewiesen. „Heute", so heißt es dann weiter, „wird das Motto der Friedlichen Revolution von Rechtspopulist*innen missbraucht, die die Werte Freiheit, Toleranz und Solidarität für ihre Zwecke instrumentalisieren" (ebd.).

In ganz ähnlicher Weise, allerdings unter direkter und expliziter kritischer Bezugnahme auf den Wahlkampf der AfD argumentiert die von ehemaligen DDR-Bürgerrechtlern initiierte und von bekannten ostdeutschen Persönlichkeiten wie dem Schauspieler Jan Josef Liefers, dem ehemaligen Bundestagspräsidenten Wolfgang Thierse oder der Sängerin Bettina Wegner unterstützte und mitunterzeichnete Erklärung „Nicht mit uns. Gegen den Missbrauch der Friedlichen Revolution 1989 im Wahlkampf", die im August 2019 veröffentlicht wurde und auf breites Medienecho stieß. Hier werden die Ereignisse von 1989 zunächst konsequent als Revolution bezeichnet, der Begriff wird aber gleich zu Beginn aus der Verengung auf die DDR befreit und auf die gesamte Region des mittleren und östlichen Europa ausgedehnt und pluralisiert. Darüber hinaus werden die „Friedlichen Revolutionen" von 1989 auch hier sehr klar in den Wertekontext von Demokratie und Menschenrechten gestellt und zudem als Erfolgsgeschichte gedeutet; die Revolution in der DDR habe schließlich in der Wiedervereinigung von 1990 ihre Vollendung gefunden:

> „Die Friedlichen Revolutionen der Jahre von 1989 bis 1991 in Ostmitteleuropa und der DDR traten für die grundlegenden Menschenrechte ein und führten zum Sturz des Kommunismus in Mittel- und Osteuropa. Diese Revolutionen leiteten eine globale ‚Zeitenwende' ein und ermöglichten die Einigung Europas. Entscheidend waren das Zusammenwirken der Bürgerbewegung und der Menschen auf den Straßen sowie der Wille, sich der Diktatur nicht mehr zu beugen. In einem glücklichen Moment unserer Geschichte zwangen sie mit ihrem Mut, ihrer Friedfertigkeit und Wahrhaftigkeit die

Diktatoren in die Knie, sie stürzten die Berliner Mauer und ermöglichten die Vereinigung der beiden deutschen Staaten am 3. Oktober 1990. Mit der Wiedervereinigung erfüllten sich die Ziele der Revolution: Demokratie, Freiheit, Rechtsstaatlichkeit, offene Grenzen, ein geeintes Europa und Wahrung der Menschenrechte" (Robert-Havemann-Gesellschaft 2019).

Erinnerung an 1989: Die hier kurz angerissene Debatte über die Inanspruchnahme der Erinnerung an 1989 für aktuelle politische Zwecke macht, ganz unabhängig davon, wie man sie politisch bewertet, im Hinblick auf die hier ja im Vordergrund stehenden wissenschaftlichen Perspektiven und Interessen der Kulturstudien vielerlei deutlich. Zum einen wird anhand dieses kleinen Ausschnitts aus der politischen Auseinandersetzung mit aktuellen rechtspopulistischen Strömungen in Deutschland die aktuelle Relevanz der Erinnerung an 1989 sichtbar und greifbar: Wir beziehen uns in aktuellen politischen und gesellschaftlichen Diskursen offenbar in vielfältiger Weise auf diese Erinnerung, setzen dabei die erinnerten Ereignisse von 1989 als relevant und allgemein bekannt voraus und leiten aus der Erinnerung gegenwartsbezogene Deutungen sowie politische, möglicherweise aber auch alltägliche und persönliche Handlungsorientierungen ab. Der Verweis auf das Jahr 1989 oder auch sprachliche Formeln wie ‚Wende', ‚friedliche/Friedliche Revolution', ‚Wir sind das Volk' u.ä. sind Teil des Deutungsrepertoirs, auf das in deutschsprachigen Diskursen in vielfältiger Weise zurückgegriffen werden kann und wird; anders formuliert: wir haben es bei ‚1989' – ähnlich wie übrigens auch bei ‚1945' oder ‚1968' – nicht einfach mit einer beliebigen Jahreszahl zu tun, sondern mit einem ‚Erinnerungsort' in dem Sinn, wie wir diesen Begriff oben für die Kulturstudien adaptiert haben, oder eben mit einem kulturellen, genauer: einem mnemologischen Deutungsmuster.

Zum zweiten aber macht unser Beispiel einer politischen Inanspruchnahme dieses Musters auch deutlich, dass wir es hier mit einem in noch höherem Maß als in vergleichbaren Fällen umstrittenen, ja umkämpften Muster zu tun haben, für das bisher keine halbwegs konsensfähige und diskursiv stabilisierte inhaltliche Füllung erkennbar ist und das deswegen auch für einander diametral entgegengesetzte politische Ziele in Anspruch genommen werden kann; dies ist, um zwei andere Beispiele zu nennen, für die mit den Jahreszahlen ‚1945' oder ‚1968' verbundene Erinnerung sicher nicht (mehr) in gleicher Weise der Fall. Ein Indiz für die vergleichbar große Offenheit der möglichen und tatsächlich vorhandenen deutenden Zugänge zu ‚1989' ist die nach wie vor bestehende Unsicherheit bei der sprachlichen Bezugnahme darauf: Während sich etwa im Bezug auf 1945 jeweils unterschiedliche, aber durchaus miteinander vereinbare Aspekte hervorhebende Formulierungen wie ‚Kriegsende', ‚Befreiung' oder ‚Stunde Null' weitgehend durchgesetzt haben und die Jahreszahl ‚1968' sogar gänzlich für sich stehen kann, haben wir es bei 1989 mit einer Vielzahl konkurrierender Begrifflichkeiten zu tun, die zudem in ihren jeweiligen Implikationen nur schwer miteinander vereinbar zu sein scheinen. Haben wir es also mit einer ‚Wende', mit einer ‚Revolution', einer ‚friedlichen' resp. ‚Friedlichen Revolution' zu tun? Stellen wir, wie die oben kurz angesprochene Erklärung *Nicht mit uns,* eine direkte Verbindung mit vergleichbaren Entwicklungen in anderen Ländern her und sprechen demnach von ‚friedlichen Revolutionen' im Plural? Oder sehen wir, jetzt wieder nur im deutschen Kontext, die Entwicklung von 1989 vor allem in einem zielgerichteten Zusammenhang mit der 1990 erfolgten ‚Wiedervereinigung' zwischen Ost- und Westdeutschland oder sprechen gar von ‚Wende und Wiedervereinigung'? Man sieht hier schon, dass wir es bei diesem Thema mit einer außerordentlich komplexen und nicht ansatzweise geklärten Problematik zu tun haben, die im Folgenden – ausgehend von der zeitgeschichtlichen Forschung – nur kurz angerissen, aber in keiner Weise vollständig dargestellt und gewürdigt werden kann. Es soll aber sichtbar werden, dass und inwiefern es sich bei 1989 grundsätzlich um ein für die Kulturstudien außerordentlich relevantes und aktuelles Thema handelt.

3.2.5.2 Zeitgeschichtliche Perspektiven

Die politische Entwicklung in der DDR im Herbst und Winter 1989 einschließlich ihrer Vor- und Nachgeschichte ist in der zeitgeschichtlichen Forschung vergleichsweise gut aufgearbeitet worden. Insbesondere im Umkreis des 20-jährigen ‚Jubiläums' von 2009 sind eine Reihe monographischer Gesamtdarstellungen erschienen, die entweder den Schwerpunkt auf das revolutionäre Geschehen des Jahres 1989 selbst legen (s. z. B. Neubert 2008; Kowalczuk 2009) oder aber dieses in den größeren Zusammenhang der 1990 erfolgenden staatlichen Vereinigung zwischen der DDR und der westlichen Bundesrepublik stellen (so v. a. Rödder 2009, 2011). Über den Gesamtablauf der Ereignisse und die Relevanz einzelner besonders symbolträchtiger Daten besteht in der alles in allem sehr materialreichen und sich eng am Handeln der beteiligten Personen orientierenden zeitgeschichtlichen Nacherzählung aber weitgehend Konsens. So gelten die in den 1980er Jahren spürbare Erosion der Sowjetunion und ihrer politischen Macht, die ökonomische Krise der DDR und die damit einhergehende Versorgungs- und Legitimationskrise sowie die Herausforderungen durch das über die westlichen Medien in der DDR-Bevölkerung ständig präsente alternative Lebensmodell im ‚Westen' bei gleichzeitigem ‚Eingesperrtsein' hinter Mauer und Stacheldraht als strukturelle Hintergründe. Als wichtige Daten und Stationen der politischen Entwicklung können genannt werden die Lockerung des Grenzregimes in Ungarn am 02. Mai 1989, die Kommunalwahl am 07. Mai und der dabei sichtbar gewordene Wahlbetrug durch das SED-Regime, die Flucht tausender DDR-Bürger über Ungarn oder die Botschaften der Bundesrepublik in Prag, Warschau oder Budapest in den Westen, die Friedensgebete und Montagsdemonstrationen in Leipzig mit wöchentlich stark zunehmender Teilnehmerzahl, das Ausbleiben einer allseits erwarteten gewalttätigen Reaktion der Staatsmacht während der mit 70.000 Teilnehmern bis dahin größten Montagsdemonstration am 09. Oktober, der Wechsel in der Staats- und Parteiführung der DDR am 18. Oktober und vor allem natürlich die in dieser Form von niemandem geplante oder vorhergesehene Öffnung der Mauer und der Grenzen zwischen Ost- und Westdeutschland am 09. November.

09. November als Zäsur: Dieses Ereignis, das den Herbst 1989 wie kein anderes symbolisch repräsentiert, markiert im Rückblick aber zugleich auch den Beginn einer neuen Entwicklung: Waren bisher vor allem die meist dezentral organisierten Oppositionsgruppen in der DDR die politischen Akteure, denen es um demokratische Reformen innerhalb der DDR und um einen ‚demokratischen Sozialismus' ging, entstand nach dem 09. November eine Massenbewegung großer Teile der DDR-Bevölkerung, die insbesondere nach dem Jahreswechsel 1989/90 mehr und mehr von westlichen Politikern vereinnahmt wurde und zudem auch immer deutlicher auf die Vereinigung der DDR mit der Bundesrepublik abzielte. Die erste und letzte freie Wahl zur Volkskammer, dem Parlament der DDR, am 18. März 1990, aus der die vor allem von der westdeutschen CDU und ihrem damaligen Vorsitzenden und Bundeskanzler Helmut Kohl dominierte „Allianz für Deutschland" als Sieger hervorging und bei der die politischen Gruppierungen der DDR-Opposition marginalisiert wurden, machte diese Entwicklung dann schließlich unausweichlich. Die Währungsunion am 01. Juli, der Vollzug der Vereinigung am 03. Oktober und die erste gesamtdeutsche Bundestagswahl am 02. Dezember 1990 markieren hier die entscheidenden Schritte auf dem weiteren Weg zur ‚deutschen Einheit'.

„**Diffuser Erinnerungsort":** Der weitgehende Konsens der zeitgeschichtlichen Forschung in Bezug auf die Chronologie der wichtigen Ereignisse und der sie tragenden Gruppen und Personen korrespondiert mit einer bemerkenswerten Unsicherheit im Hinblick auf die Bedeutung, die dem Geschehen und der Erinnerung an das Geschehen zuzuordnen ist. Die Erinnerung an den mit der Jahreschiffre ‚1989' bezeichneten Umbruch sei, so der Zeithistoriker Konrad Jarausch, „in der deutschen Bevölkerung schwach ausgeprägt" (Jarausch 2009: S. 526), so dass hier allenfalls von einem „Erinnerungsort im Entstehen" die Rede sein könne, „dessen künftige Konturen umstritten bleiben" (ebd.: S. 527). Auch zehn Jahre später scheint sich daran nichts Wesentliches geändert zu haben. 1989, so der Historiker Martin Sabrow in einem Beitrag von 2019, sei ein „diffuser" und „ein so prominenter wie zugleich bis heute vieldeutiger und unscharf markierter Erinnerungsort" (Sabrow 2019: S. 25). Auch wenn man berücksichtigt, dass beide Diagnosen von dem problematischen Begriff des ‚Erinnerungsorts' im Anschluss an Nora und François/Schulze Gebrauch machen, dem immer schon die Tendenz der Homogenisierung des Erinnerten und der Skandalisierung von Heterogenitäten innewohnt (s. dazu oben), lässt sich doch nicht leugnen, dass wir es bei ‚1989' mit einer ganzen Reihe von Diffusitäten und Unsicherheiten zu tun haben. Das zeigt sich nirgendwo deutlicher als bei der Sprache bzw. bei den Bezeichnungen, mit denen wir im Alltag wie im zeithistorisch-wissenschaftlichen Diskurs auf diese Zeit und die damit verbundene Umbruchsituation referieren. Handelt es sich, um nur die wichtigsten der vielen konkurrierenden Benennungen zu erwähnen, um eine ‚Wende' oder doch eher um eine ‚Revolution'? Und wenn Letzteres, muss dann nicht, um den besonderen gewaltfreien Charakter dieser Revolution kenntlich zu machen, explizit von einer ‚friedlichen Revolution' oder gar *der* ‚Friedlichen Revolution' die Rede sein? Oder soll man gar nur von ‚Wiedervereinigung' sprechen und dem Umsturz in der DDR und ihren Akteuren damit nur die Rolle des Vorbereiters zubilligen? Handelt es sich aber überhaupt um eine ‚Vereinigung' auf Augenhöhe, oder nicht einfach nur um den ‚Beitritt' des einen Landesteils zum anderen zu dessen Bedingungen? Oder gar um eine ‚Übernahme' im Stil des Kolonialismus?

‚**Erinnerungsworte**': Während in der zeithistorischen Debatte die Vielfalt der Benennungen meist als Problem wahrgenommen und versucht wird, die eine gültige und ‚wahre' Bezeichnung zu finden (vgl. z. B. Damm/Thompson 2009), ist die anhaltende Diskussion über ‚Wörter' für die Kulturstudien gerade aufschlussreich, weil die ‚Wörter' ja auf unterschiedliche Sichtweisen, Deutungen und Diskurspositionen verweisen, sich darin also auch eine Vielfalt der Bedeutungen verbirgt, die dem hier im Fokus stehenden zeitbezogenen, erinnernden (‚mnemologischen') Deutungsmuster ‚1989' in aktuellen Diskursen zugeschrieben werden und von denen her sich daher auch ein Zugang für die kulturwissenschaftliche Rekonstruktion dieses Deutungsmusters eröffnet. Michael Dobstadt hat in einem ebenfalls im Rahmen der Kulturstudien des Fachs Deutsch als Fremd- und Zweitsprache entstandenen Beitrag zum Thema vorgeschlagen, hier daher eher von ‚Erinnerungsworten' als von ‚Erinnerungsorten' zu sprechen, um damit nicht nur der Rolle von Sprache und Diskurs beim deutenden Zugang zur Vergangenheit im Allgemeinen, sondern insbesondere auch dem „Schillern und Changieren zwischen *Ort* und *Diskurs*" und der „niemals ganz zu schließenden Lücke zwischen *Sprache* und *Gegenstand*" Rechnung zu tragen (vgl. Dobstadt 2015: S. 157; Hervorh. i. O.). Weshalb Dobstadt daraus dann aber einen Gegensatz zum hier vertretenen Konzept der Deutungsmuster konstruiert (vgl. ebd.: S. 165), dem er fälschlicherweise unterstellt, „tendenziell die eher stabilen und dauerhaften Voraussetzungen und Ressourcen von Kommunikation in den Vordergrund zu rücken" (ebd.) und dafür die Offenheit, Heterogenität und Bedeutungsvielfalt von Diskursen zu vernachlässigen, bleibt sein Geheimnis. Im Zusammenhang mit dem Begriff des ‚Erinnerungsorts' weist er ja selbst darauf hin, dass „jede Gegenwart immer von ihr vorgängigen Interpretationen aus[gehe], in die sie hineingeboren, mit denen sie aufgewachsen ist und an denen sie sich abarbeiten muss" (ebd.: S. 155–156), übersieht dabei aber, dass es genau das ist, was mit den in den Kulturstudien verbreiteten Begriffen wie ‚Deutungsmuster', ‚Deutungsressourcen' oder ‚Vordeutungen' gemeint und angesprochen ist und dass die Rekonstruktion solcher Vordeutungen keineswegs die Unterschlagung von Mehrdeutigkeiten und Heterogenitäten impliziert. Das von Dobstadt für die Rekonstruktion des diskursiven Erinnerns an ‚1989' vorgeschlagene Verfahren, hier insbesondere von den ‚Erinnerungsworten' auszugehen und über die unterschiedlichen Benennungen die unterschiedlichen und potenziell konfliktären Bedeutungszuschreibungen sichtbar zu machen, die nicht so sehr im zeithistorisch-wissenschaftlichen, sondern insbesondere im alltäglichen und medialen Diskurs mit ‚1989' verbunden werden, ist daher auch und gerade für eine an der Rekonstruktion von (zeit- und erinnerungsbezogenen) Deutungsmustern interessierte kulturwissenschaftliche Analyse ein vielversprechender Weg.

‚Wende': Dabei erweist sich allerdings das bis heute in Alltagsdiskursen wahrscheinlich am häufigsten vorkommende Wort ‚Wende' in dieser Hinsicht als erstaunlich wenig ergiebig. Die Rede von der ‚Wende' geht ja in dem hier interessierenden Zusammenhang auf den 1989 kurzzeitig amtierenden Staatsratsvorsitzenden und SED-Generalsekretär Egon Krenz zurück, der die Entmachtung von Erich Honecker und seine eigene Inthronisierung im Oktober 1989 mit diesem Wort kommentierte und damit zum Ausdruck brachte, dass die Staats- und Parteiführung mit diesem Schritt das Heft des Handelns wieder in die Hand nehmen wolle. Das Wort signalisierte demnach also zunächst gerade keinen wirklichen Systemwechsel, sondern im Gegenteil ein ‚Weiter so', nur mit neuem Führungspersonal. In diesem Sinn wurde die Rede von der ‚Wende' auch schon früh verstanden und kritisiert, etwa von Christa Wolf in ihrer Rede bei der großen Demonstration in Berlin am 04. November: In der Sprache des Segelns, so Wolf, markiere das Wort ‚Wende' ein Kommando des Kapitäns, weil der Wind sich gedreht habe und bei dem die Mannschaft sich nur wegducken könne. Das Wort, so ist das wohl zu verstehen, drücke also gerade nicht den Machtwechsel zwischen Mannschaft und Kapitän aus, der sich aber in der DDR gerade vollziehe und der deswegen eher den Begriff der von unten ausgehenden ‚revolutionären Erneuerung' erfordere (vgl. Dobstadt 2015: S. 161–162).

Auch in den Folgejahren sind zahlreiche Beiträge publiziert worden, die die Sinnhaftigkeit und Angemessenheit des Ausdrucks ‚Wende' als Bezeichnung für die revolutionären Ereignisse des Jahres 1989 in der DDR bezweifelten. Der Begriff der ‚Wende', so hieß es, sei zu neutral und zu harmlos, eine „blasse Untertreibung", er fange die „Wucht der Veränderungen" nicht wirklich ein (zit. nach Richter 2007: S. 861), vor allem aber sei er durch seine Genese bei Egon Krenz und dem Zentralkomitee der SED kontaminiert und verharmlose nicht nur „das Ausmaß und die Komplexität des Umbruchs", sondern auch „Charakter und Qualität der DDR" (zit. nach ebd.: S. 862). Dem hat Michael Richter 2007 in einem Beitrag für die Zeitschrift *Deutschland Archiv* unter Berufung auf zahlreiche zeitgenössische Quellen entgegengehalten, dass die Rede von der ‚Wende' keineswegs nur im Sprachgebrauch von Vertretern des SED-Regimes vorkam, sondern sehr schnell auch in den Sprachgebrauch der Opposition eingegangen ist und dort zu einer mehr oder weniger selbstverständlich akzeptierten Formel zur Bezeichnung des eigenen Tuns und des sich vollziehenden politischen Umbruchs wurde (vgl. ebd.: S. 865–866). Der Ausdruck ‚Wende', so Richters Fazit, beziehe sich keineswegs, wie vielfach unterstellt werde, ausschließlich auf die „Krenz-Wende", also auf das durchschaubare Manöver der SED-Führung zur Sicherung des eigenen Machtanspruchs:

> „Tatsache ist vielmehr, dass sich die revoltierende Bevölkerung ab November 1989 den Begriff ‚Wende' von der SED zurückholte und ihn auf ihre eigene Veränderungsleistung anwandte. In bewusster Abgrenzung von der Krenz-Wende beschrieben die Menschen damit den Wandel, der aus ihrer Sicht nicht nur die politischen, wirtschaftlichen, gesellschaftlichen etc. Dimensionen des Transformationsprozesses umfasste, sondern die damit verbundenen, je eigenen Alltagserfahrungen" (ebd.: S. 867).

Der Ausdruck der ‚Wende', so Richter weiter, sei gerade aufgrund seiner vergleichsweise stark ausgeprägten Neutralität und Unbestimmtheit und seiner geringen analytischen Schärfe populär geworden:

> „Er ist in erster Linie ein Begriff aus der Sicht erlebter Alltagswirklichkeit, ohne Anspruch auf Kategorisierung der Geschehnisse. Vielmehr wurde und wird er gerade deswegen verwendet, weil er, anders als etwa ‚friedliche Revolution' [sic!] wegen seiner Unbestimmtheit unabhängig davon benutzt werden kann, ob jemand die Ereignisse als Reform, Revolution, Konterrevolution, nationale Restauration oder sonst wie interpretiert. […] Der Begriff ‚Wende' ist also nicht nur eine geeignete Kommunikationskrücke, sondern vor allem […] ein Begriff der Bevölkerung für ihr eigenes revolutionäres Handeln" (ebd.).

Die hier von Richter nicht zu Unrecht hervorgehobene Neutralität und Unbestimmtheit des ‚Wende'-Begriffs sollte nun keineswegs so verstanden werden, als markiere der Begriff und seine vergleichsweise hohe Präsenz in aktuellen Alltags- und Mediendiskursen keine spezifische Diskursposition, im Gegenteil: gerade die scheinbare Neutralität und Unbestimmtheit des Begriffs macht ihn für eine erinnernde und deutende Bezugnahme auf das Geschehen des Jahres 1989 insofern attraktiv, als er dieses Geschehen als ein äußeres Ereignis zu sehen erlaubt, das als wenig spezifisch erscheint, an dem man selbst eher passiv als aktiv beteiligt war und das doch das eigene Leben und die eigene Lebenswelt nachhaltig und tiefgreifend verändert hat. „Der Terminus ‚Wende'", so Martin Sabrow, „zielt auf den Erfahrungs- und Handlungshorizont der ostdeutschen Mehrheitsgesellschaft, die den Umbruch im Ganzen mehr passiv erlebte als aktiv herbeiführte" (Sabrow 2011: S. 48).

‚Friedliche Revolution': In der andauernden Diskussion über die angemessenen Bezeichnungen für das mit der Jahreschiffre ‚1989' nur formal angesprochene historische Geschehen wurde und wird als Gegenbegriff zu ‚Wende' meist der Ausdruck ‚Revolution' bzw., um den gegenüber anderen Revolutionen spezifisch gewaltfreien Charakter kenntlich zu machen, ‚friedliche Revolution' ins Spiel gebracht. Dabei war die Wortverbindung ‚friedliche Revolution' eine westliche Erfindung, erstmals verwendet vom damaligen Regierenden Bürgermeister von West-Berlin, Walter Momper, in einer Rede am 10. November 1989 anlässlich der Maueröffnung tags zuvor (vgl. Lindner 2014: S. 36), und auch der damalige Bundeskanzler Helmut Kohl begann seine Rede beim Besuch in Dresden am 22. Dezember mit einem Wort „der Anerkennung und der Bewunderung für diese friedliche Revolution in der DDR" (zitiert nach ebd.: S. 37). Auch bei den Vertretern der ostdeutschen Opposition finden sich gelegentlich Hinweise auf die Verwendung des Revolutions-Begriffs (vgl. ebd.; Dobstadt 2015: S. 158), allerdings herrscht hier doch eher Zurückhaltung, und speziell die Wortverbindung ‚friedliche Revolution' konnte sich hier nicht nachhaltig durchsetzen (vgl. Lindner 2014: S. 36).

In den intellektuellen Debatten über die zeitgeschichtlich und geschichtspolitisch passende Benennung des Geschehens von 1989 bestand zunächst eine gewisse Skepsis, inwieweit der Begriff der ‚Revolution' angemessen sei und ob wir es nicht eher mit einer ‚Implosion' oder einem ‚Zusammenbruch' des bestehenden Systems zu tun haben, zu dem die oppositionelle Bewegung in der

3.2 Kulturthema ,Zeit': Chronologische Deutungsmuster 191

DDR nicht viel beigetragen habe; auch der weitgehend gewaltfreie Charakter, die Übernahme der aktiven Rolle durch die Bundesregierung und die Verschiebung der Zielorientierungen hin zu einer Vereinigung der beiden deutschen Staaten nach dem 18. März seien eher Indizien dafür, dass man keineswegs von einer ‚Revolution' oder allenfalls von einer ‚abgebrochenen Revolution' sprechen könne (vgl. Neubert 2008: S. 14; Rödder 2009: S. 116; Kowalczuk 2009: S. 541). Allerdings lässt sich hier in den letzten Jahren doch ein recht breiter Konsens verzeichnen, wonach es sich nach dem in der politikwissenschaftlichen Revolutionsforschung üblichen Verständnis, das vor allem den (erfolgreichen) Prozess der grundlegenden Veränderung herrschender politischer und gesellschaftlicher Machtstrukturen meint, in der Tat um eine ‚Revolution' gehandelt habe, die sich allerdings tatsächlich von vielen ihrer Vorgänger durch ihren weitgehend gewaltfreien Charakter auszeichne. Dabei wird die Erinnerung an 1989 gerne auch in den größeren historischen Kontext gescheiterter Revolutionsversuche in Deutschland von 1848, 1918 oder 1953 gestellt und hervorgehoben, dass wir es insofern mit einem historisch singulären Ereignis zu tun haben, als die ‚friedliche Revolution' von 1989 anders als ihre Vorgänger eben auch noch erfolgreich war (vgl. Neubert 2008: S. 14). Es sei, so der ostdeutsche Zeithistoriker Ilko-Sascha Kowalczuk, „eine utopiefreie Revolution" gewesen, in deren Verlauf das SED-Regime „nicht von allein" zusammengebrochen, sondern „beseitigt" worden sei (Kowalczuk 2009: S. 539). Die „Bürger- und Massenbewegungen" in der DDR hätten sich der „handlungsunfähig[en], delegitimierte[en] und moralisch kompromittiert[en]" alten Ordnung entgegengestellt und „eine neue Ordnung errichtet". Auch die Tatsache, dass die Bevölkerung der DDR spätestens mit der Volkskammerwahl am 18. März weniger an demokratischen Rechten und Freiheiten, sondern vor allem an den „Segnungen der westlichen Konsumwelt" interessiert gewesen seien und dass in der Folge die Rolle des politischen Akteurs von den oppositionellen Bürgerbewegungen auf die Regierungen in Bonn und Ost-Berlin übergegangen sei, spreche keineswegs gegen den Revolutionsbegriff, denn es gehöre historisch zum Bild der Revolution, „dass sie die Männer und Frauen der ersten Handlungsphase wieder entlässt, historisch hat sie ihnen ganz oft den Kopf abgeschlagen" (ebd.: S. 541).

Eine deutlich andere Perspektive nimmt zu dieser Frage der (westdeutsche) Zeithistoriker Andreas Rödder ein, der zwar die Verwendung des Revolutionsbegriffs ebenfalls für angemessen hält, weil sich im Herbst 1989 ja in der Tat eine „fundamentale [...] Veränderung der bestehenden politischen und sozialen Ordnung" (Rödder 2009: S. 117) ereignet habe und weil der gewaltförmige Charakter „nicht zwingend Bestandteil einer Revolution" (ebd.) sein müsse. Allerdings warnt Rödder auch vor der Anwendung des Revolutionsbegriffs „in jenem verkürzten und normativ aufgeladenen Sinne der ‚Friedlichen Revolution', in dem der Bürgerbewegung die alleinige oder vorrangige Bedeutung für den Sturz der Diktatur zugeschrieben wird" (ebd.). Trotz dieser bemerkenswerten Distanzierung eines westdeutschen Zeithistorikers von der politischen Rolle der (ostdeutschen) Bürgerbewegung hält Rödder am Begriff der Revolution fest, stellt diesen aber in den weiteren Verlauf des politischen Geschehens und deutet ihn somit auch zu einer ‚deutschen Revolution' um:

> „Der Gesamtvorgang aber war – auch mit Blick auf die internationale Dimension – nichts anderes als ein grundstürzender Wandel der bestehenden Ordnung, und somit eine Revolution, in Deutschland auch mehr als die Ereignisse von 1848 und 1918, die vorbehaltlos als ‚Revolution' bezeichnet werden. Und in Verbindung mit dem weiteren Fortgang, in dem der Untergang des SED-Regimes und der gesamten DDR schließlich in die Wiedervereinigung Deutschlands mündete, war es: eine deutsche Revolution" (ebd.).

Rödders konservativ-nationalistischer Versuch, den die Rolle der DDR-Opposition hervorhebenden Begriff der ‚friedlichen' bzw. ‚Friedlichen Revolution' zu desavouieren und stattdessen mit Hilfe der Rede von einer ‚deutschen Revolution' den Fokus auf die „Wiedervereinigung" zu legen, war letztlich nicht erfolgreich. In der Zwischenzeit nämlich lässt sich konstatieren, dass sich die Bezeichnung ‚friedliche' bzw. ‚Friedliche Revolution' weitgehend durchgesetzt hat, vielleicht nicht in der breiten Öffentlichkeit alltäglicher und medialer Diskurse, wohl aber als Chiffre des offiziellen und von staatlichen Stellen gestützten Erinnerns. Der „Terminus", so Martin Sabrow, habe mit wachsendem zeitlichem Abstand zu den Ereignissen von 1989 „immer stärker öffentliche Geltungsdominanz" gewonnen und „bestimmt heute die Sprache der politischen Bildungsträger wie die des staatlichen Gedenkens" (Sabrow 2019b: S. 29).

Dabei steht die erinnernde Deutung von 1989 als ‚friedliche Revolution' in einer engen und komplementären Verbindung zum offiziellen geschichtspolitischen Diskurs in Bezug auf die DDR, in dem sich mittlerweile sehr deutlich und einseitig der von Sabrow beschriebene Erinnerungsmodus des ‚Diktaturgedächtnisses' durchgesetzt hat (vgl. Sabrow 2009b: S. 18). Nach diesem Modus, dem die eher marginalen Erinnerungsmodi des ‚Arrangement-' und des ‚Fortschrittgedächtnisses' (ebd.: S. 19) gegenüberstehen, werde im öffentlichen Gedenken an die DDR vor allem „auf den Unterdrückungscharakter der SED-Herrschaft", den „Macht- und Repressionsapparat des kommunistischen Regimes" und das Leiden der Opfer an diesem Apparat abgehoben (Sabrow 2009b: S. 18):

> „Das Diktaturgedächtnis ist auf den Täter-Opfer-Gegensatz fokussiert. Es räumt Verbrechen, Verrat und Versagen unter der SED-Herrschaft hohen Stellenwert ein und sieht in der Erinnerung an Leid, Opfer und Widerstand die wichtigste Aufgabe einer Vergangenheitsbesinnung, die im Dienst der Gegenwart Lehren aus der Geschichte ermöglichen und so vor historischer Wiederholung schützen soll. Entsprechend ist das Diktaturgedächtnis normativ und teleologisch strukturiert; es zeichnet die DDR als negatives Kontrastbild vor der Folie rechtsstaatlicher Normen und Freiheitstraditionen, denen der Kommunismus an der Macht buchstäblich von seiner ersten bis zur letzten Stunde Hohn sprach" (ebd.).

In dieser Logik des Diktaturgedächtnisses wird der Erinnerung an das Geschehen von 1989 als ‚friedliche Revolution' dann im vor allem von offiziellen staatlichen und halbstaatlichen Stellen, aber auch von bestimmten Parteien getragenen geschichtspolitischen Diskurs die Bedeutung der Befreiung von der Diktatur und der Herstellung freiheitlicher und demokratischer Verhältnisse zugesprochen, wie

3.2 Kulturthema ‚Zeit': Chronologische Deutungsmuster 193

sie sich dann insbesondere in dem in ‚Frieden und Freiheit' ‚wiedervereinigten' Deutschland seit dem 3. Oktober 1990 realisiert und institutionalisiert haben.

‚Widerstand' gegen ‚herrschende Eliten': Neben die hier mit ‚Wende' bzw. ‚friedlicher Revolution' verbundenen Deutungen ist in den letzten Jahren mit der zunehmenden zeitlichen Distanz zum Geschehen ein dritter Erinnerungsmodus getreten, der sich bislang noch nicht in einer festen sprachlichen Formel artikuliert, der sich aber von den beiden anderen Modi vor allem dadurch unterscheidet, dass er ‚1989' weniger von dem her perspektiviert, was vorher war, als von dem, was danach kam: die teilweise erheblichen politischen, sozialen und ökonomischen Verwerfungen, die der Transformationsprozess nach 1990 vor allem in Ostdeutschland mit sich brachte. Schon die Proteste gegen die Hartz-IV-Reformen der Regierung Schröder 2004 organisierten sich als ‚Montagsdemonstrationen' und nahmen damit explizit Bezug auf Protestformen von 1989 (vgl. Rink 2017; Hartmann/Leistner 2019). Die 2014 einsetzende anti-islamische und rechtspopulistische bis rechtsextremistische Bewegung ‚Pegida' setzte diese Linie fort und berief sich bei ihren Protesten gegen die angeblich drohende ‚Islamisierung des Abendlands' nicht nur auf die Tradition der Montagsdemonstrationen, sondern machte auch regelmäßig von dem Protestslogan ‚Wir sind das Volk' Gebrauch, der ebenfalls bereits 1989 eine wichtige Rolle gespielt hatte. Diese Entwicklung gipfelte schließlich in der expliziten Identifikation der rechtspopulistischen Partei „Alternative für Deutschland" (AfD) mit der Protest- und Widerstandsbewegung von 1989 während der Landtagswahlkämpfe des Jahres 2019 („Vollende die Wende"), von der oben ja schon die Rede war.

Hier lässt sich also ein dritter Modus des erinnernden Bezugs auf 1989 in aktuellen Diskursen ausmachen, der ‚1989' nicht mehr vorrangig als ‚Wende', als ‚friedliche Revolution' oder als in ‚Frieden und Freiheit' erreichte ‚Wiedervereinigung' perspektiviert, sondern vor allem auf die Distanz und das Misstrauen den ‚Herrschenden', d. h. dem etablierten politischen System und den dieses tragenden Parteien und Politikern gegenüber und auf Protest und Widerstand gegen diese ‚Herrschenden' abhebt. In dem hier aktualisierten „Widerstandsnarrativ" von 1989, so Hartmann/Leistner in einem aktuellen Beitrag zum Thema, „verlängert sich jenes Misstrauen zwischen Regierten und Regierenden, das auch für die DDR prägend war; es bedient eine historisch tradierte Distanz und innere Abwehr gegenüber sogenannten herrschenden Eliten" (Hartmann/Leistner 2019: S. 23–24). Damit aber werde das Deutungsmuster ‚1989' zugleich „anschlussfähig für kollektivistische Homogenitätsbegehren (‚das Volk') und fatalistische Weltsichten" (ebd.: S. 24).

Fassen wir zusammen: In der Erinnerung an das mit der Jahreschiffre ‚1989' angesprochene Geschehen lassen sich in aktuellen Diskursen (mindestens) drei unterschiedliche Bedeutungsschwerpunkte unterscheiden:

1. Insbesondere mit dem in Alltag und Medien am häufigsten verwendeten Ausdruck ‚Wende' wird auf die grundlegenden Veränderungen der politischen, gesellschaftlichen und ökonomischen Rahmenbedingungen, vor allem aber

des Alltagslebens der Menschen im östlichen Teil Deutschlands rekurriert, die hier aber vor allem als passivisches und schicksalhaftes ‚Geschehen' erinnert werden, an dem die Menschen selbst nicht oder allenfalls am Rand als aktiv Handelnde beteiligt waren. Dieser Modus des Erinnerns betrifft deutlich stärker das ‚kommunikative Gedächtnis' derjenigen, die selbst dabei gewesen sind, hat einen starken Bezug auf das Alltagsleben und weist zudem gegenüber dem ‚offiziellen' Modus des Erinnerns ein gewisses subversives Potenzial auf.
2. Die Rede von der ‚friedlichen Revolution' steht dagegen für eben dieses sich gegenüber dem Alltagsgedächtnis immer deutlicher durchsetzende offizielle, von staatlichen und halbstaatlichen Institutionen (z. B. Parteien) getragene und regelmäßig auch zu den entsprechenden Daten, etwa am 03. Oktober und am 09. November, durch Gedenkveranstaltungen inszenierte ‚kulturelle Gedächtnis'. Dieser Modus des Erinnerns erzählt die Geschichte von 1989 vor allem als einen Weg des Widerstands und Aufstands gegen das Unrechtsregime der DDR im Namen von Freiheit und Recht, der sein Ziel und seine Vollendung schließlich in der in Frieden und Freiheit erlangten ‚Wiedervereinigung' gefunden habe.
3. Dem steht als dritter, aktuellster, aber zugleich auch politisch problematischster Modus die Erinnerung an ‚1989' als Widerstand gegen das herrschende ‚System' und als Abwehr des ‚Volkes' gegen die herrschenden Eliten gegenüber, der sich bislang noch nicht in einer sprachlichen Formel verfestigt hat und an traditionell ‚linke' wie aktuelle ‚neurechte' und rechtspopulistische Diskurse hochgradig anschlussfähig ist.

3.2.5.3 Zum Deutungsmuster ‚1989': Weitere Diskursbeispiele

Wenn wir zunächst noch einmal auf den Ausgangspunkt zurückkommen, von dem her wir die divergierenden Sichtweisen auf ‚1989' in diesem Kapitel entfaltet haben, so lässt sich die Diskussion zwischen der Partei „Alternative für Deutschland" auf der einen und den Initiatoren und Unterstützern der beiden zitierten öffentlichen Erklärungen auf der anderen Seite jetzt deuten als Konflikt zwischen unterschiedlichen Bedeutungsnarrativen, die dem Deutungsmuster ‚1989' jeweils zugeschrieben werden: Während die AfD sich das vor allem als ‚Widerstand' gegen das etablierte ‚System' kolportierte Narrativ zu eigen macht und dieses für eigene wahltaktische Zwecke instrumentalisiert, bestehen die Initiatoren und Unterstützer der „Sächsischen Erklärung der Vielen" ebenso wie der Erklärung „Nicht mit uns" auf dem Verständnis von ‚1989' als einer von den Werten von Demokratie und Rechtsstaatlichkeit getragenen ‚friedlichen Revolution' gegen die Diktatur in der DDR. Sie schließen sich damit weitgehend und bruchlos dem Narrativ von ‚1989' als ‚friedliche Revolution' an, das wir oben als die mittlerweile dominante und staatlich-offiziell ‚gültige' Deutung sichtbar gemacht haben. Im Folgenden soll, ähnlich wie beim Deutungsmuster ‚Sonntag', gezeigt werden, in welcher Weise in aktuellen Diskursen die hier herausgearbeiteten Modi des Erinnerns an ‚1989' immer wieder aufgegriffen und modifiziert, aber auch kritisch reflektiert und weiter entwickelt werden.

3.2 Kulturthema ‚Zeit': Chronologische Deutungsmuster

Zur Ikonographie des Mauerfalls

Gibt man bei einer der verbreiteten Internet-Suchmaschinen die Wörter ‚Mauerfall' und ‚Bilder' ein, erhält man als Ergebnis eine große Auswahl an Bildern, von denen viele ein gleichbleibendes Motiv aufweisen: Bilder von Menschen, die teilweise auf der Mauer, teilweise davor stehen und teilweise gerade dabei sind, die Mauer zu ersteigen. Die Menschen sind offensichtlich guter Laune und feiern, dass die Mauer als 28 Jahre lang unüberwindbare Grenze zwischen West- und Ostdeutschland und als Symbol für die Unfreiheit im östlichen Teil des Landes ihren Schrecken verloren hat. Es gibt eine große Zahl solcher Bilder, die sich in manchen Details unterscheiden (z. B. sind einige der Bilder bei Dunkelheit, andere hingegen tagsüber aufgenommen), die aber vor allem einige wichtige Gemeinsamkeiten aufweisen und die daher so etwas wie die politische Ikonographie des Mauerfalls darstellen. Als mehr oder weniger zufällig ausgewähltes Beispiel soll Abb. 7 etwas näher betrachtet werden (Abb. 3.7).

Das Bild wurde am 02.10.2019 von der Boulevard-Zeitung *Bild* auf ihrer Internetpräsenz veröffentlicht und wird mittels der Bildlegende „Das Bild zeigt Menschen am Brandenburger Tor am 11. November 1989" erläutert. Es illustriert hier einen Bericht, der mit „30 Jahre Mauerfall. Was uns eint, was uns trennt. 30 Deutsche sprechen Klartext" überschrieben ist und in dem deutliche Skepsis im Hinblick auf die tatsächlich schon erreichte Einheit zwischen Ost und West zum Ausdruck kommt (vgl. Göke 2019). Zu sehen ist im Vorder- und Mittelgrund ein Stück der Mauer, auf der zudem verschiedene Fragmente von Farbe und Schrift zu erkennen sind. Schon der bunt bemalte und beschriftete Zustand der Mauer gibt an dieser Stelle einen Hinweis darauf, wo wir uns befinden, dazu aber gleich mehr. Auf der Mauer und teilweise auch davor stehen oder sitzen sehr viele Menschen, vor allem jüngeren oder mittleren Alters, mehrheitlich männlichen Geschlechts, von denen einige weiteren Personen dabei helfen, ebenfalls auf die Mauer zu gelangen. Besondere Aktivitäten sind bei den auf der Mauer stehenden Personen nicht erkennbar, das Stehen auf der Mauer erscheint so als der eigentliche Zweck ihres Hierseins.

Abb. 3.7 Menschen am Brandenburger Tor am 11. November 1989 (*Bild* vom 02.10.2019)

Enteignung der Erinnerung: Wer genau die auf der Mauer stehenden Menschen sind und wo sie herkommen, ist zunächst nicht erkennbar, allerdings gibt die spezifische Perspektive, von der aus das Bild fotografiert wurde, hier möglicherweise einen Hinweis. Im Hintergrund des Bildes erhebt sich nämlich das Brandenburger Tor, das Wahrzeichen Berlins, zugleich aber auch seit Ende des Zweiten Weltkriegs das Symbol der Teilung Berlins und Deutschlands. Schaut man genauer hin, dann ist erkennbar, dass die auf dem Tor befindliche Quadriga, also der von Westen nach Osten ausgerichtete vierspännige Streitwagen, von hinten und somit aus westlicher Richtung zu sehen ist. Nimmt man hinzu, dass die an dieser Stelle in nord-südlicher Richtung verlaufende Mauer in einem großen Bogen westlich um das Brandenburger Tor herumführte, dass sie von östlicher Seite für Bürger der DDR gar nicht zugänglich war und daher auch nur auf der westlichen Seite bemalt oder beschrieben werden konnte und dass es auch am Brandenburger Tor keine Grenzübergangsstelle gab, dann wird klar, dass wir es hier mit einer eindeutig westlichen Perspektive zu tun haben. Man darf also annehmen, dass es sich bei den Menschen auf der Mauer zumindest in ihrer übergroßen Mehrheit um West-Berliner handelt und nicht, wie man vielleicht annehmen könnte, um DDR-Bürger und damit um diejenigen, die den Fall der Mauer vor allem herbeigeführt haben. Bezieht man hier mit in Betracht, welche Bedeutung solche Bilder für das ikonographische Gedächtnis des Mauerfalls haben, dann kann man sich des Eindrucks nicht ganz erwehren, dass wir es bei solchen Bildern mit Geschichtsfälschung zugunsten einer westlichen Sichtweise, zumindest aber mit einer Enteignung des Erinnerns an 1989 durch den Westen zu tun haben.

Das ist aber noch nicht die ganze Geschichte. Das Bild nimmt nämlich nicht nur eine klar westliche Perspektive ein, sondern ordnet das Geschehen im November 1989 insgesamt völlig bruchlos in das oben herausgearbeitete dominante und offizielle Erinnerungsnarrativ der ‚friedlichen Revolution' ein. Die Mauer als Symbol der Unfreiheit und der Teilung steht hier repräsentativ für das ‚Unrechtsregime' der DDR, die auf der Mauer stehenden Menschen hingegen symbolisieren die (friedliche und gewaltfreie) Überwindung dieses Unrechts im Namen von Freiheit, Menschenrechten und Demokratie. Zugleich aber weist das Bild auch schon voraus auf die Wiedervereinigung der beiden deutschen Staaten, indem mit der Mauer am Brandenburger Tor das Symbol der Teilung seine Macht sichtbar verloren hat. Hinzu kommt, dass es im offiziellen Narrativ des Mauerfalls im Rahmen dieses Erinnerungsmodus der ‚friedlichen Revolution' keineswegs nur West-Berliner waren, die auf der Mauer tanzten, sondern ‚Menschen aus Ost und West'. Formuliert findet man das beispielsweise in dem bereits erwähnten Buch *Deutschland einig Vaterland* des Zeithistorikers Andreas Rödder, wo es über die Nacht des 09. November 1989 heißt:

> „Um Mitternacht waren, nach über 28 Jahren der hermetischen Abriegelung, alle Übergangsstellen geöffnet und im Laufe dieser Nacht auch die Übergangsstellen von der DDR zur Bundesrepublik. Am Brandenburger Tor befand sich zwar kein Grenzübergang, *dort aber strömten Menschen aus West und Ost zusammen und bestiegen die Mauer.* Das

Symbol der Teilung wurde zum Symbol ihrer Überwindung und die Nacht vom 9. auf den 10. November 1989 ein rauschendes Fest. […] Es war, wie sich bald zeigte, der Abgesang auf die DDR und der Beginn einer neuen Zeit, politisch, ökonomisch und kulturell – in Deutschland, in Europa und in der Welt" (Rödder 2009: S. 108; vgl. auch Rödder 2011: S. 38; Hervorh. CA).

Illustriert wird dieser Text bei Rödder durch ein Schwarz-Weiß-Foto, das mit dem oben abgedruckten weitgehend identisch ist und das unterschrieben ist mit „Überwindung der Teilung: Euphorischer Jubel an und auf der Berliner Mauer vor dem Brandenburger Tor in der Nacht des 9. November 1989" (Rödder 2009: S. 109).

Eine „Wendewundergeschichte"
Das zweite Diskursfragment, das hier ein wenig genauer betrachtet werden soll, ist ein Film, der im Herbst 2019 pünktlich zum 30. Jahrestag der Ereignisse vom Herbst 1989 in die Kinos kam, der sich vor allem an ein kindliches Publikum richtet und der daher vor allem in Ostdeutschland auch in großem Umfang von Schulklassen frequentiert worden ist, um so auch die nachwachsende Generation an der Erinnerung an das für die deutsche Geschichte als entscheidend geltende Geschehen teilhaben zu lassen. Es handelt sich um den Animationsfilm *Fritzi – eine Wendewundergeschichte,* eine deutsch-luxemburgisch-belgisch-tschechische Koproduktion, die auf dem 2009 erschienenen Kinder-Comic *Fritzi war dabei* von Hanna Schott beruht und an der mit Matthias Bruhn und Ralf Kukula west- und ostdeutsche Regisseure beteiligt waren.

Die im Film erzählte Geschichte spielt im Sommer und Herbst 1989 in Leipzig und an der Grenze zwischen Ost- und Westdeutschland. Erzählt wird aus der Perspektive des etwa 10–12-jährigen Mädchens Fritzi, dessen beste Freundin Sofie im Sommer mit ihrer Mutter nach Ungarn in Urlaub fährt und ihren Hund Sputnik in der Obhut von Fritzi zurücklässt. Bald stellt sich heraus, dass Sofie und ihre Mutter den Urlaub in Ungarn dazu genutzt haben, um in den Westen zu fliehen. Das Hauptproblem, das die Handlung des Films dominiert und vorantreibt, besteht darin, dass Fritzi nach Möglichkeiten sucht, den Hund Sputnik zu ihrer Freundin zu bringen, die mittlerweile bei ihrer Oma in einem Dorf im westlichen Harzvorland lebt. Während eines Aufenthalts mit ihrer Schulklasse versucht sie, natürlich vergeblich, mit dem Hund über die Grenze zu gelangen, was ihr erhebliche Schwierigkeiten mit ihrer Schulleitung und mit der Stasi einträgt. Schließlich gelingt die Übergabe des Hundes nach der Öffnung der Mauer und der Grenzen im November und es kommt zum ‚happy end': Fritzi und Sofie, vor allem aber Sofie und Sputnik sind ‚wiedervereinigt'.

Selbstverständlich weist der 86 min dauernde Film sehr viele interessante mediale, ästhetische und inhaltliche Aspekte auf, auf die hier nicht im Detail eingegangen werden kann. Vielmehr soll und kann es hier nur um die Frage gehen, wie der Film an ‚1989' erinnert und welche der oben herausgearbeiteten Modi des Erinnerns er dabei aufgreift. Dabei stellt der konsequent kindliche und an den Alltagssorgen des Kindes Fritzi sich orientierende Blick das entscheidende Moment des Films dar, auf das das Erinnern sowohl an die DDR und das Leben in der

DDR als auch an das Geschehen von 1989 bezogen ist und von dem her es seine Bedeutung gewinnt. Trotz des expliziten Bezugs auf die Rede von der ‚Wende' im Untertitel des Films („eine Wendewundergeschichte") zeigt die genauere Analyse schnell, dass die Erinnerung an 1989 hier ziemlich eindeutig im Modus der ‚friedlichen Revolution' erfolgt.

‚**Diktaturgedächtnis**': Dem scheint allerdings eine gewisse Doppeldeutigkeit, mit der der Film auf verschiedenen Ebenen die DDR als Staat und als Lebensform erinnert, auf den ersten Blick zu widersprechen. Zum einen nämlich wird, nicht zuletzt auf der Bildebene, das von Sabrow als ‚Diktaturgedächtnis' bezeichnete Wissen um die DDR als undemokratischem ‚Unrechtsstaat', der den Menschen elementare Freiheitsrechte vorenthalten hat, teilweise recht plakativ evoziert, etwa in der Zeichnung der die herrschende Partei, den Staatsapparat und ihre Ideologie repräsentierenden Figuren: die Klassenlehrerin Liesegang, der Schuldirektor, die Grenzsoldaten, vor allem aber der mit Filzhut versehene Stasi-Mann, der immer wieder in gleicher Aufmachung und abweisendem und bedrohlichem Gesichtsausdruck auftaucht. Besonders sichtbar wird dieses ‚Diktaturgedächtnis' aber vor allem darin, dass die DDR hier von Anfang an als ein Staat erscheint, der seine eigenen Bürger hinter Grenzen, Mauern und Stacheldraht eingesperrt und mit Waffengewalt daran gehindert hat, diese Grenze zu überschreiten oder ihr auch nur nahe zu kommen. Schon die Eingangsszene des Films macht diese Perspektive unmissverständlich klar: Ein vor allem am Fahrgeräusch als ‚Trabi' und damit typisches DDR-Produkt erkennbares Auto fährt durch eine scheinbar idyllische, von Kaninchen bevölkerte Hügellandschaft an einer durch Stacheldraht befestigten Grenze entlang und verschwindet hinter einem Hügel. Es ertönt zunächst ein Bremsgeräusch und dann ein Ruf: „Halt! Stehenbleiben oder ich schieße!" und sofort danach ein lautes Geräusch, das sich als Schuss identifizieren lässt. Vögel fliegen auf, das Auto taucht nicht wieder auf, die Perspektive schwenkt hoch über der Landschaft in Richtung Osten, die ‚Skyline' von Leipzig mit dem charakteristischen ehemaligen Hochhaus der Universität wird sichtbar. Damit ist eines der bildlichen und thematischen Leitmotive des Films schon in der ersten und mit der eigentlichen Geschichte gar nicht vermittelten Szene gesetzt: die Grenze zwischen Ost- und Westdeutschland, vor allem aber die gegen die eigene Bevölkerung gerichtete und auch vor dem Gebrauch von Schusswaffen nicht zurückschreckende Verteidigung dieser Grenze durch die Staatsmacht der DDR und ihre ausführenden Organe. Dieses Motiv durchzieht den ganzen Film, bis schließlich ein Offizier der Grenztruppen vor der Menge der ausreisewilligen DDR-Bürger kapituliert und die Grenze öffnet.

‚**Arrangementgedächtnis**': Auf der anderen Seite spielt allerdings auch die von Sabrow als ‚Arrangementgedächtnis' bezeichnete Erinnerung an das ‚normale' Alltagsleben in der DDR eine wichtige Rolle, vor allem in der Wahrnehmung der Hauptfigur Fritzi und ihrer Familie. So unterhalten sich etwa die beiden Mädchen Fritzi und Sofie ganz zu Beginn über die Frage, warum alle ‚in den Westen wollen', spekulieren dabei über die unerfüllten und in der DDR unerfüllbaren Konsumwünsche und kommen schließlich einvernehmlich zu

3.2 Kulturthema ,Zeit': Chronologische Deutungsmuster 199

dem Schluss: „Aber hier ist es doch auch gut! – Ja, das finde ich auch" (Bruhn/ Kukula 2019: 03:57). Auch die Szenen, die Fritzi beim sommerlichen Baden im See (vgl. ebd.: 06:44–07:02) zeigen, musikalisch unterlegt von dem Lied *Leute, welch ein Tag!* der DDR-Gruppe Karat, vermitteln ein eher alltäglich-normales Bild vom Leben in der DDR, auch wenn dabei auf der Bildebene die vor allem durch die Braunkohle verursachte massive Umweltverschmutzung angedeutet wird (vgl. ebd.: 07:02–07:08). Fritzi selbst trägt am ersten Schultag nach den Ferien wie selbstverständlich und wie (fast) alle anderen das rote Halstuch der Thälmann-Pioniere. Ihre Familie hat sich in der DDR eingerichtet, zeigt keine oppositionellen oder überhaupt politischen Interessen und erlebt die Ereignisse zunächst ausschließlich in passiver Rezeptionshaltung am Fernseher. Vorherrschende Einstellung vor allem des Vaters dazu ist Angst.

Auch der Grundkonflikt des Films ist zunächst ein spezifisch kindliches Alltagsproblem, das eigentlich keinerlei politische Implikationen hat: Fritzi möchte ihrer Freundin Sofie ihren Hund zurückbringen. Erst durch die Flucht von Sofie und ihrer Mutter in den Westen und die Unmöglichkeit, die Grenze von Ost nach West zu überqueren, bekommt das Problem überhaupt den Charakter eines Grundkonflikts, der nach einer Lösung verlangt. In der Wahrnehmung der Hauptfigur, aber offenbar auch ihrer Eltern spielen die sich ja bereits im Sommer abzeichnenden Entwicklungen, etwa die Flucht tausender Menschen über Ungarn oder über die Botschaften in Prag, Warschau oder Budapest keine große Rolle, sie nehmen diese Entwicklungen zwar über das Westfernsehen interessiert zur Kenntnis, zu eigener Beteiligung sehen sie aber offenbar keinen Anlass. Auch Fritzi gerät nur zufällig in eine Montagsdemonstration, wird dabei vom Westfernsehen gefilmt und gerät dadurch in Schwierigkeiten. Auch ihr kindlich-naiver Versuch, den Aufenthalt ihrer Schulklasse in einer grenznah gelegenen Jugendherberge zu nutzen, über die Grenze in den Westen zu kommen, hat keinerlei politische Hintergründe, sondern ist alleine durch ihren Wunsch motiviert, ihrer Freundin ihren Hund auszuhändigen.

Allerdings wird das unpolitische Arrangement der Familie und ihr ‚normales' Leben innerhalb der Rahmenbedingungen der DDR im weiteren Verlauf der Handlung immer mehr in Frage gestellt, indem es eine Lösung des ja eigentlich völlig alltäglichen Grundkonflikts innerhalb dieser Rahmenbedingungen nicht gibt und so die Rahmenbedingungen selbst zum Problem und zum Konflikt werden. Auf diese Weise setzt sich in der Wahrnehmung der DDR durch den Film im weiteren Verlauf der Handlung das ‚Diktaturgedächtnis' gegenüber dem zu Beginn gleichgewichtigen ‚Arrangementgedächtnis' immer stärker durch, und gleichzeitig erscheint die ‚friedliche Revolution' und die mit ihr einhergehende Veränderung der politischen Rahmenbedingungen als Lösung auch des scheinbar alltäglichen Grundkonflikts.

‚Friedliche Revolution': Trotz dieses eher ‚unpolitischen' Grundkonflikts und trotz des teilweise vom klassischen ‚Diktaturgedächtnis' abweichenden Bilds vom Leben in der DDR, das der Film zeichnet, entspricht die Deutung, in die das Geschehen von 1989 hier einsortiert wird, demnach sehr weitgehend und nahezu bruchlos der offiziellen Sichtweise, die wir oben mit der Formulierung ‚friedliche Revolution' in Verbindung gebracht haben. Dies gelingt dem Film vor allem dadurch, dass er die zunächst nebeneinander herlaufenden und allenfalls locker verbundenen Erzählstränge des eigentlichen Grundkonflikts auf der einen und der im Hintergrund ablaufenden politischen Ereignisse andererseits immer enger miteinander verzahnt, so dass am Ende die ‚Lösung' des politischen Problems, d. h. die Öffnung der Grenze, zugleich die Lösung des kindlichen Alltagsproblems ermöglicht. Die so erfolgende ‚Wiedervereinigung' der Kinder und ihres Hundes symbolisiert damit zugleich das Ende der Teilung Deutschlands und – gewissermaßen im Vorgriff – auch die friedliche ‚Wiedervereinigung' der beiden deutschen Staaten.

Über diese allgemeine Handlungsebene hinaus verweist der Film auch an vielen weiteren Stellen auf wichtige Elemente, die zum Inventar des Erinnerungsmodus ‚friedliche Revolution' gehören: die Friedensgebete in der Leipziger Nikolai-Kirche und die davon ausgehenden Montagsdemonstrationen, in die Fritzi zunächst zufällig gerät und an denen sie später, auch angeregt durch ihren eher oppositionell orientierten Freund Bela, bewusst teilnimmt; die mit Palmenwedel verzierten Säulen in der Nikolaikirche (vgl. ebd.: 23:30–25:30), die später in Form eines Erinnerungsmals auf dem Nikolai-Kirchhof zum Symbol für die von hier ausgehende friedliche Revolution geworden sind; die von den Demonstrationsteilnehmern getragenen Kerzen und die von ihnen skandierten Slogans ‚Keine Gewalt' oder ‚Wir sind das Volk'; und nicht zuletzt der friedlich gebliebene Protest am 09. Oktober (ebd.: 1:07:30–1:09:50). Zielpunkt der Entwicklung ist schließlich die Öffnung der Grenze, von der die Familie zunächst nur im Fernsehen erfährt, die sie aber dann gemeinsam mit vielen Anderen an einem eher ländlichen Grenzübergangspunkt auch selbst herbeiführt und so die ‚Wiedervereinigung' von Fritzi und Sofie und von Sofie und Sputnik ermöglicht.

Von der Kritik wurde der Film *Fritzi – eine Wendewundergeschichte* einhellig als gelungenes Beispiel für eine filmische Adaption eines historischen Stoffes gewürdigt, der sich aufgrund seiner spezifischen Erzählperspektive auch dazu eignet, Kindern das Geschehen von 1989 verständlich zu machen und nahezubringen. Bei aller Berechtigung dieses ja nicht nur auf ästhetischen Aspekten beruhenden Urteils soll aber auch nicht verschwiegen werden, dass der pädagogische Wert des Films sich nicht zuletzt seiner spezifischen Perspektive verdankt: dass er nämlich das Geschehen von 1989 völlig bruchlos in das offizielle Erinnerungsnarrativ einordnet, das mit der dafür sich immer deutlicher durchsetzenden Formel von der ‚friedlichen Revolution' ja angesprochen ist.

„Weil sich Umstände nun manchmal ändern": ‚1989' als ‚Wende'
Als eine Art Gegenprogramm gegen das offizielle Bild von 1989 als ‚friedlicher Revolution' soll hier ein Artikel herangezogen werden, der am 13. November 2019 in der Rubrik „Zeit im Osten" der Wochenzeitung *Die Zeit* erschienen ist und der, aus der Sicht einer älteren ehemaligen DDR-Bürgerin, die Bedeutung von

,1989' insgesamt deutlich relativiert. Die Autorin Valerie Schönian berichtet in diesem Text von einer Fahrt mit ihrer 74-jährigen Großmutter von einem Dorf in Sachsen-Anhalt ins niedersächsische Uelzen zur Erinnerung an die erste Reise der Großmutter, die sie im November 1989 in eben diese niedersächsische Kleinstadt gleich hinter der Grenze geführt hatte. Der Artikel verbindet drei verschiedene Perspektiven der Erinnerung an den Herbst oder genauer der Bedeutung, die der Erinnerung an diese Zeit zugeordnet wird: Zum einen die Perspektive der Autorin, die 1990 in Sachsen-Anhalt geboren wurde und demnach keine persönlichen Erinnerungen an 1989 hat, für die die historische Erinnerung aber im Hinblick auf ihre Identität als ,Ostdeutsche' eine große und wachsende Rolle spielt:

> „Ich wurde 1990 geboren, bin ein Kind der Einheit. Und doch wurde mir in den vergangenen Jahren immer mehr bewusst, was es heißt, ostdeutsch zu sein: unter anderem, dass diese Wiedervereinigung viel mit mir ganz persönlich zu tun hat. Weil ich ohne sie ein ganz anderes Leben führen würde" (Schönian 2019: S. 18).

Die zweite Bedeutungsebene ist die sozusagen ,objektive' Sichtweise auf die Ereignisse in der Stadt Uelzen im Anschluss an die Öffnung der Grenze im November 1989, die durch an verschiedenen Stellen eingeschobene Zitate aus der in Uelzen erscheinenden *Allgemeinen Zeitung* repräsentiert ist. Da heißt es dann beispielsweise:

> „*Freudentaumel am Grenzübergang Bergen/Dumme [Grenzübergang zwischen Salzwedel in Sachsen-Anhalt und Uelzen/Niedersachsen, CA]: ,Jetzt wird die Mauer Stein für Stein verkauft.'* Mit Tränen in den Augen und völlig aufgeregt kam am Freitag um kurz nach Mitternacht der erste Westbesucher mit seinem Motorrad am Grenzübergang Bergen/ Dumme an. Tausende folgten ihm. Sektkorken knallten, es herrschte eine Stimmung, als wäre Silvester vorverlegt worden" (ebd.; kursiv i. O.).

,Wende' als dominanter Erinnerungsmodus: Die dritte Bedeutungsebene, die durch die beiden anderen gerahmt und damit auch relativiert wird, ist die Perspektive der Großmutter, die in vielerlei Hinsicht von gängigen Erwartungen abweicht, nicht nur, aber auch und gerade im Hinblick auf die Relevanz, die sie der Erinnerung an 1989 zuspricht. Wir erfahren von ihr, dass sie ihr ganzes Leben in dem kleinen Ort Kalbe an der Milde nördlich von Magdeburg verbracht hat und auch nach 1989 nur sehr selten in den ,Westen' gereist ist: „Da ist es doch auch nicht anders als in Kalbe!" (ebd.). Darüber hinaus erfahren wir von ihr auch, dass „sie sich in der neuen Welt [d.i. der nach 1989 veränderten Welt in Ostdeutschland] eingerichtet [hat], genauso wie sie sich aber auch in der DDR eingerichtet hatte" (ebd.). Ihre Erinnerung an die DDR ist neutral und sachlich und enthält keinerlei Reminiszenz an Unterdrückung oder Unfreiheit, ihr Leben in der DDR habe sich nicht „nach Gefängnis angefühlt", eher war sie ein selbstverständlicher Teil des DDR-Lebens wie viele Andere auch, inklusive Mitgliedschaft in der SED, „weil man da eben drin gewesen ist", so wie sie „nach der Wende" in keiner Partei mehr war, „weil man eben nicht mehr drin gewesen sei" (ebd.). Auch eine Sehnsucht nach dem Westen habe sie nicht gekannt: „Ich habe nichts vermisst! Wir sind arbeiten gegangen. Hauptsache, wir wurden satt. Ich kann nicht schlecht reden über die DDR" (ebd.). Zu den Veränderungen, zu denen es 1989 und danach gekommen ist, verhält sie sich weitgehend indifferent, persönliche Bedeutung misst sie dem politischen Geschehen nicht zu, in ihrer Erinnerung hat sie ihr Leben weitgehend einfach weiter gelebt wie zuvor:

> „Wenn ein System wechselt, gibt es verschiedene Wege, damit umzugehen. Man kann dagegen protestieren. Man kann euphorisch werden und glühend vor Glück die neuen Freiheiten nutzen. Oder man akzeptiert es eben, wie es ist, und lebt einfach weiter. So war es bei meiner Oma.
> Sie erinnert sich nicht an Helmut Kohls Reden. Nicht an das Silvester danach. Nicht an den Tag der Währungsunion. Vielleicht war sie da spazieren, vielleicht aß sie Kuchen. Die Welt veränderte sich, aber meine Oma lebte, sagt sie selbst, eigentlich erst mal so weiter wie vorher. Sie ging weiter arbeiten, ging weiter einkaufen, kümmerte sich um ihre Eltern, ihre Kinder, ihre neue Enkelin, mich" (ebd.).

Und einige Zeilen weiter liest man:

> „Ich glaube, bei meiner Oma fühlte sich das alles nicht nach großer Geschichte an. Eher nach Umständen, die sich eben geändert haben, weil sich Umstände nun eben manchmal ändern. Ob man den Job wechseln muss, ob die Tochter umzieht oder ob man jetzt eben mit anderen Geldscheinen bezahlen muss" (ebd.).

Wir haben es hier mit einem vielleicht etwas zugespitzten Beispiel für den Erinnerungsmodus zu tun, den wir oben als charakteristisch für die alltagsbezogene Erinnerung im Rahmen des kommunikativen Gedächtnisses der Beteiligten bezeichnet haben, für den häufig das Wort ‚Wende' benutzt wird: Erinnerung an eine Veränderung der äußeren Rahmenbedingungen des eigenen Lebens, an der man selbst nicht aktiv beteiligt war, die man daher eher schicksalhaft wahrgenommen hat und der man im Rückblick denn auch eine mehr oder weniger große Bedeutung und Relevanz zuschreibt. Im Fall der Großmutter unserer Autorin hatte die Veränderung keine dramatischen Folgen für das eigene Leben und den eigenen Alltag, weshalb ihr auch keine wirklich große Bedeutung beigemessen wird.

„Ich war nie das Volk"
Zum 30-jährigen ‚Jubiläum' der Ereignisse von 1989 ist am 07.11.2019 in der Tageszeitung *taz* ein Interview mit der Anti-Rassismus-Trainerin Tupoka Ogette erschienen, bei dem es vor allem um die Identität der Befragten als ‚Ostdeutsche' und ‚Schwarze' und um ihre Erfahrungen mit Rassismus in der DDR, in der Nachwendezeit und in der Gegenwart geht. Tupoka Ogette wurde 1980 in Leipzig als Tochter einer ‚deutschen' Mutter und eines aus Tansania stammenden Vaters geboren, der in Leipzig studiert hatte und nach dem Studium die DDR wieder verlassen musste. Sie lebte bis zum Alter von acht Jahren mit Mutter und Großmutter in Leipzig, dann stellte die Mutter einen Ausreiseantrag und siedelte mit der Tochter nach West-Berlin über.

3.2 Kulturthema ‚Zeit': Chronologische Deutungsmuster

Für unser Thema ist das Interview interessant, weil es in die Diskurse zur Erinnerung an die DDR und an 1989 eine Dimension einführt, die darin bislang völlig unterrepräsentiert ist bzw. gar nicht vorkommt: die Position von aufgrund ihrer Hautfarbe, ihres Aussehens, ihrer vermeintlichen ‚Herkunft' oder anderer als relevant gesetzter Merkmale diskriminierten Minderheiten. In keiner der von Sabrow differenzierten Modi des Erinnerns an die DDR spielt dieser Aspekt, also die Anwesenheit von ethnischen Minderheiten und der alltägliche diskriminierende und rassistische Umgang mit ihnen, eine Rolle. Tatsächlich aber war ja auch die DDR eine Migrationsgesellschaft in dem Sinn, dass sich auf ihrem Territorium eine wenn auch vergleichsweise kleine und auch von der Staatsmacht gut versteckte und vom Rest der Bevölkerung weitgehend abgeschottete Gruppe von Vertragsarbeitern und Studierenden mit ausländischer Staatsangehörigkeit aufhielt. Dennoch sucht man in dem von Sabrow herausgegebenen Sammelband *Erinnerungsorte der DDR* einen Artikel etwa zum Erinnerungsort ‚Vertragsarbeiter' genauso vergeblich wie etwa einen Hinweis auf den in der DDR weit verbreiteten Alltagsrassismus (vgl. Sabrow 2009a). Stattdessen wird hier wie in anderen Sammlungen von ‚Erinnerungsorten' das Erinnern ausschließlich einem ethnisch-national homogen imaginierten Kollektiv der ‚Deutschen' vorbehalten.

Diskriminierungserfahrungen: Demgegenüber bringt das Interview in der taz einen im ‚offiziellen' Diskurs der Erinnerung an die DDR weitgehend ignorierten Aspekt ins Spiel, nämlich insbesondere die Erfahrung eines ‚schwarzen' bzw. als ‚schwarz' kategorisierten Kindes in der DDR, das auf der einen Seite ständiger Diskriminierung in Schule und Alltag ausgesetzt war, dem aber auf der anderen Seite wegen des staatlich verordneten Anti-Faschismus von Erwachsenen die eigenen Erfahrungen immer wieder weggenommen oder als ‚nicht so wichtig' relativiert wurden:

> „Aber außerhalb der Familie habe ich im Osten krasse Erfahrungen mit dem Schwarz-Sein gemacht. Ich wurde ständig geandert, also als die Andere, die Fremde gekennzeichnet, die Lehrerin hat mich mit dem N-Wort beschimpft, ich wurde als chinesischer Rotarschaffe durch die Straßen gejagt. Aber wenn ich das thematisiert habe, wurde das relativiert, aus Angst. […] Das ist so eine Reaktion von Erwachsenen: Oh Gott, was erlebt das Kind? Das können wir nicht einordnen, also sagen wir, das ist nicht so schlimm. Oder: Hast du dich nicht verhört? Ich war so einsam mit diesem Thema.
> Wenn ich erzählt habe: Du, da hat gerade auf dem Spielplatz ein Vater zu mir gesagt, ich stinke wie ein N., dann hat sie [die Großmutter, CA] zu mir gesagt: Du hast dich bestimmt verhört. Und das war aus ihrer Perspektive gut gemeint. Sie hat sich ohnmächtig gefühlt. Aber für mich war der Effekt: Mit mir ist etwas komisch. Oder ich habe mich verhört. Ich habe angefangen, an mir zu zweifeln" (Kalarickal 2019).

Hinzu kam, dass ihr zunächst auch die sprachlichen und begrifflichen Kategorien fehlten, um ihre Erfahrungen als das einzuordnen, was sie waren: Alltagsrassismus. Auf die Frage, ob es das Wort ‚Rassismus' in der DDR gegeben habe, antwortet sie:

„In meiner Kindheit nicht. Das Wort Rassismus habe ich kennengelernt, als ich in einer Berliner Bibliothek Bücher über die Apartheid in Südafrika gelesen habe. Meine richtige Politisierung hat im Studium angefangen. In Leipzig habe ich Afrikanistik studiert, dort bin ich mit anderen Schwarze Menschen [sic!] das erste Mal auf ein Afro-Treffen gegangen. Da fing es an. Das Wort Rassismus habe ich davor ganz lange nicht auf mich übertragen" (ebd.).

Auch im Bezug auf 1989 kommt in dem *taz*-Interview eine Bedeutungsdimension zum Tragen, die sich von den bisher angesprochenen Modi des Erinnerns insofern deutlich unterscheidet, als Ogette sich dem kollektiven ‚Wir', das sich auch über die Erinnerung an 1989 seiner Gemeinsamkeit und ‚kollektiven Identität' versichert, nicht zugehörig fühlt. Die Erinnerung an 1989 ist für sie lediglich die an eine ‚spannende Zeit'. Auf die Frage, welches der oben auch genannten verschiedenen Wörter wie ‚Mauerfall', ‚Wende' oder ‚friedliche Revolution' sie für die Erinnerung an 1989 benutzt, antwortet sie: „Ich habe das gar nicht gelabelt. Es war einfach eine aufregende und spannende Zeit. Am Tag, als die Mauer fiel, habe ich auf der Mauer oben getanzt" (ebd.). Zudem habe sie während dieser Zeit und danach nicht das Gefühl gehabt, dass es dabei um sie gehe: „Auch bei der Wende hatte ich nie das Gefühl, dass ich das Recht habe, mich da zu freuen, weil ich in diesem Kampf nicht mitgedacht wurde. Dieses ‚wir' in ‚Wir sind das Volk' – ich war nie das Volk".

3.2.5.4 Fazit
Die Erinnerung an 1989 ist in aktuellen deutschsprachigen Diskursen in vielen Kontexten sehr präsent, wird aber, wie wir hier andeutungsweise gesehen haben, auch mit teilweise recht unterschiedlichen Bedeutungen versehen. Während sich die zeitgeschichtliche Forschung nicht einig ist, wie die Ereignisse und ihre politischen, sozialen und ökonomischen Folgen sozusagen welthistorisch einzuordnen sind, hat sich im medialen Erinnern mittlerweile eine vergleichsweise stabile Deutung durchgesetzt, wonach das Geschehen von 1989 eine ‚friedliche Revolution' gewesen sei, in deren Verlauf sich der Wunsch des ‚Volkes' nach Freiheit und Demokratie gegen die herrschende Unfreiheit und das bestehende diktatorische Regime durchgesetzt und in der auf friedlichem und demokratischem Weg erreichten ‚Wiedervereinigung' Deutschlands schließlich vollendet habe. Konkurrierende Deutungen wie etwa das oben beschriebene ‚Wende'-Narrativ, das die Ereignisse von 1989 als passive und schicksalhafte Veränderung der äußeren Rahmenbedingungen des Lebens sieht, oder auch die Inanspruchnahme von Versatzstücken der Erinnerung an 1989 durch rechtspopulistische Bewegungen bleiben daneben aber weiter bestehen und werden in jeweils unterschiedlichen Diskurskontexten auch in Anspruch genommen. Nach wie vor allerdings, das hat unser letztes Beispiel oben gezeigt, bestehen nur sehr schwache Verbindungen zwischen dem Diskurs des Erinnerns an 1989 auf der einen und den die Zugehörigkeiten zu ethnisch-nationalen Gruppen nachhaltig in Frage stellenden migrationsbezogenen Diskursen, mit denen wir uns im vorhergehenden Abschnitt beschäftigt haben.

Die Erinnerung an 1989 wird immer noch als exklusiv ‚deutsche' Angelegenheit wahrgenommen und wird auch nicht zuletzt immer wieder dafür in Anspruch genommen, ethnisch-nationale Zugehörigkeiten zu stabilisieren und zu verfestigen.

3.2.6 Kulturthema ‚Zeit': Fazit und Ausblick

Wir haben uns in diesem Abschnitt mit dem Thema ‚Zeit' als einem der übergeordneten ‚Kulturthemen' auseinander gesetzt, die die inhaltliche Seite dessen ausmachen, womit sich die Kulturstudien im Fach Deutsch als Fremd- und Zweitsprache beschäftigen. Wir haben zum einen gesehen, dass die Kulturstudien auf eine lange Tradition der philosophischen, historischen, sozial- und kulturwissenschaftlichen Beschäftigung mit Zeit zurückgreifen können, sich innerhalb dieser Traditionen aber auch selbst verorten müssen. Das Interesse der Kulturstudien an der Zeit besteht demnach vor allem darin sichtbar zu machen, in welcher Weise und mit Hilfe welcher vorgedeuteten Muster in deutschsprachigen Diskursen zeitbezogene Bedeutungen hergestellt und ausgehandelt werden und welche unterschiedlichen Vordeutungen sich dabei jeweils differenzieren lassen.

Dabei hat sich das Thema ‚Zeit', wie nicht anders zu erwarten, als ein äußerst komplexes und vielschichtiges Kulturthema herausgestellt, bei dem sich unterschiedliche Dimensionen differenzieren lassen, die dann auch für die Konkretisierung in Forschung und Praxis relevant sind. Diese unterschiedlichen Dimensionen haben wir mit Hilfe einer Differenzierung im Anschluss an Hartmut Rosa als Alltagszeit, Lebenszeit, historische Zeit und Sakralzeit bezeichnet und anhand von zwei Beispielen aus den Dimensionen Alltagszeit (‚Sonntag') und historische Zeit (‚1989') auch das analytische Vorgehen der Kulturstudien ansatzweise beschrieben. Selbstverständlich kann es sich bei diesen Konkretisierungen nur um exemplarische Analysen handeln, denen viele weitere an die Seite zu stellen wären. Bei der Alltagszeit wären dies beispielsweise weitere alltagszeitbezogene Deutungsmuster wie die Differenzierung von Arbeitszeit und Freizeit, der Aspekt von ‚Pünktlichkeit' oder auch die Bedeutung von Jahreszeiten; bei der Lebenszeit spielen die unterschiedlichen Lebensalter wie ‚Kindheit' oder ‚Rentenalter' u. ä. in Diskursen eine wichtige Rolle. Bei der historischen Zeit wären zahlreiche weitere ‚Erinnerungsorte' zu thematisieren, die für die Gegenwart, für die politische und alltägliche Handlungsorientierung im Heute, aber auch für die soziale und diskursive Aushandlung von Gruppenidentitäten und Zugehörigkeitsmustern relevant sind; dazu gehören natürlich wichtige historische Daten wie ‚1945' oder ‚1968', aber auch weiter zurückliegende Ereignisse wie die ‚Befreiungskriege' 1812/13, der Erste Weltkrieg, die Zeit des Nationalsozialismus und die mit Chiffren wie ‚Auschwitz' oder ‚Holocaust' benannten Menschheitsverbrechen. Was schließlich die sakrale Zeit angeht, so können hier selbstverständlich auch sehr traditionelle religiöse Muster wie das ‚ewige Leben', das ‚Paradies' u. ä. thematisiert und nach ihrer Relevanz und Aktualität, aber auch nach ihrer spezifischen Deutung in gegenwärtigen Diskursen befragt werden. In der hier vorliegenden Einführung kann dies aber selbstverständlich nicht geleistet, sondern muss späteren Publikationen vorbehalten bleiben.

3.3 Kulturthema ‚Raum': Topologische Deutungsmuster

3.3.1 Raum als Gegenstand der Kulturstudien. Zur Einführung

Mit dem Thema ‚Raum' soll in diesem Kapitel ein weiteres Lehr- und Forschungsgebiet angesprochen werden, das für die Kulturstudien im Fach Deutsch als Fremd- und Zweitsprache von herausragender Bedeutung ist. Denn ähnlich wie die Frage der Zugehörigkeiten, die Orientierung in der Zeit und – wie wir noch sehen werden – die wertende Beurteilung von Handlungen, Situationen oder Gegenständen gehört auch die räumliche Orientierung zu unseren alltäglichen Herausforderungen und zu jeder Art der sprachlichen Interaktion. In ähnlicher, wenn auch nicht ganz so ausgeprägter Weise wie beim Thema Zeit ist dies schon an der Sprache selbst erkennbar, denn diese verfügt ja über ein gewisses Repertoire an lexikalischen und morphologischen Einheiten, die räumliche Relationen unmittelbar zum Ausdruck bringen und damit raumbezogene Bedeutungen herstellen: etwa Lokaladverbien wie ‚hier', ‚dort', ‚drüben' oder ‚links' bzw. ‚rechts', die nach Auskunft der Duden-Grammatik dazu dienen, „die räumlichen Vorstellungen des Sprechers/Schreibers sprachlich zu vermitteln" (Götze/Hess-Lüttich 1999: S. 290), Vorsilben wie ‚her-' oder ‚hin-', die die Richtung angeben, in der sich eine Handlung oder Bewegung in Bezug auf den Sprecher/Schreiber vollzieht (vgl. ebd.: S. 291), oder auch Orts- und Richtungspräpositionen wie ‚zu', ‚nach', ‚auf', oder ‚unter'. Diese sehr einfachen und weit verbreiteten Beispiele raumbezogener sprachlicher Einheiten zeigen schon, dass wir auch beim Lehren und Lernen des Deutschen als Fremd- und Zweitsprache von Anfang an mit räumlichen Vorstellungen zu tun haben, dass Lernende immer auch lernen, mit Hilfe einfacher und/oder komplexerer sprachlicher Mittel raumbezogene Bedeutungen herzustellen.

Räumliche Bezüge der Sprache: Dies betrifft aber keineswegs nur die erwähnten Formen räumlicher Deixis, sondern setzt sich auf allen Ebenen der Sprache fort. So beziehen sich beispielsweise Wörter wie ‚Stadt' oder ‚Land' auf spezifische Raumkonstellationen, und auch wenn wir von Himmelsrichtungen wie ‚Süden' oder ‚Osten' sprechen, stellen wir über die Sprache räumliche Orientierung her inklusive aller assoziativen Nebenbedeutungen, die mit diesen Wörtern anklingen. Auch wenn wir eine neue Wohnung beziehen und darüber nachdenken, wie wir die verfügbaren Zimmer nutzen und einrichten wollen, wo sinnvollerweise das ‚Schlafzimmer' und wo das ‚Wohnzimmer' anzusiedeln ist, greifen wir damit auf Formen der sprachlich sedimentierten räumlichen Orientierung zurück. Aber nicht nur auf der Ebene des Sprachsystems, sondern auch beim Sprachgebrauch, also bei den bekannten sprachlichen Handlungen in kommunikativen Alltagssituationen, die für das auf kommunikative Kompetenzen zielende Lehren und Lernen von Sprachen ja zu einer wichtigen Währung geworden sind, spielen der Raum und die Orientierung im Raum häufig eine wichtige Rolle. Auch schon klassisch gewordene Sprechhandlungen wie ‚nach dem Weg fragen', ‚sich verabreden' oder ‚über Reiseerlebnisse berichten', wie sie seit vielen Jahren in jedem Lehrwerk vorkommen, kommen ohne den Bezug auf räumliche Bedeutungen nicht aus, von komplexeren Aufgaben wie etwa der Beschreibung einer Wohnung oder einer Diskussion über Umweltprobleme ganz zu schweigen.

Schließlich sollte auch nicht unerwähnt bleiben, dass jede sprachliche Interaktion in einem nicht nur zeitlich und situativ, sondern eben auch räumlich definierten Kontext stattfindet, der von den jeweils Interagierenden selbst hergestellt und ausgehandelt wird und der sich auf die Interaktion auch auswirken kann. So macht es einen Unterschied, ob beispielsweise eine politische Diskussion in einem institutionellen Rahmen wie einem Parteitag stattfindet oder am Stammtisch einer Eckkneipe. Auch wenn man sicherlich einräumen muss, dass der Stellenwert solcher räumlichen Rahmenbedingungen von sprachlicher Interaktion im Zeitalter digitalisierter und mobiler Kommunikationsformen geringer geworden ist, spielt die Frage nach dem konkreten Ort, an dem ich mich befinde und an dem mein Gesprächspartner sich befindet, doch nach wie vor eine gewisse Rolle.

Diese wenigen und eher unsystematischen Hinweise auf die zahlreichen Bezüge von Sprache und sprachlichem Handeln zum Thema Raum sollen hier vorerst genügen, um die Bedeutung des Themas für die Kulturstudien im Fach Deutsch als Fremd- und Zweitsprache sichtbar zu machen. Und wie schon bei den beiden bisher behandelten Kulturthemen gilt auch hier: die Kulturstudien bewegen sich beim Thema ‚Raum' nicht anders als bei ‚Zugehörigkeit' und ‚Zeit' in einem Feld, das bereits von zahlreichen anderen wissenschaftlichen Disziplinen und Teildisziplinen beackert worden ist. Und wie bei den vorherigen Themen sollen daher auch hier die insbesondere sozial- und kulturwissenschaftlichen Fachdiskurse zum Thema ‚Raum' kurz skizziert und gewürdigt werden, um von hier aus die spezifische Perspektive der Kulturstudien auf das Thema genauer herausarbeiten zu können.

3.3.2 ‚Raum' als Thema der Geistes- und Sozialwissenschaften

‚Absoluter', ‚relationaler' und ‚subjektiver' Raum: Wenn im vorigen Abschnitt eingangs gesagt worden ist, dass wir es bei der Zeit mit einer für den Menschen grundlegenden und unhintergehbaren Dimension insofern zu tun haben, als menschliches Leben ‚immer schon' in Zeitkategorien stattfindet, so gilt dies zweifellos auch für den Raum. Wie in der Zeit bewegen und orientieren wir uns im Alltag auch im Raum, und wie von der Zeit verfügen wir auch über räumliche kognitive und kulturelle ‚Bilder', die unseren Alltag maßgeblich mitbestimmen. Und wie die Zeit ist auch der Raum in der Vergangenheit immer wieder Gegenstand philosophischer, physikalischer oder mathematischer Reflexion geworden. Dabei stehen sich im Wesentlichen drei verschiedene Auffassungen vom Raum gegenüber, die – anders als bei der Zeit – auch alle mehr oder weniger bis heute vertreten werden:

- Da ist zum einen die älteste, schon in der Antike zu findende Auffassung, dass es sich beim Raum um eine absolute Größe handelt, also um eine physikalische Gegebenheit oder eine Art ‚Behälter', innerhalb dessen sich die Welt, die Menschen oder die Gegenstände anordnen, der aber als ‚absoluter' Raum übrig bleiben würde, wenn es keine Welt, keine Menschen und keine Gegenstände darin gäbe; dies entspricht in etwa auch der Auffassung des englischen Physikers Isaac Newton im 17. Jahrhundert.
- Die Gegenposition dazu, die im 17. Jahrhundert beispielsweise von dem deutschen Philosophen Leibniz vertreten wurde, besagt, dass es einen ‚absoluten' Raum nicht gibt, dass das, was wir ‚Raum' nennen, vielmehr nur in der Relation der Körper oder Gegenstände zueinander besteht, der Raum also eine ‚relationale' Größe ist; das ist in etwa auch die Perspektive der Relativitätstheorie, die den Raum ja relativ zu einer Beobachterperspektive, zur Bewegung und zur Zeit völlig neu beschreibt.
- Die dritte Position, die sowohl die absolute als auch die relationale Raumauffassung in Frage stellt, geht auf Immanuel Kant zurück und besagt, dass wir als Menschen nur deswegen uns selbst und die Welt um uns herum in räumlichen (und zeitlichen) Kategorien wahrnehmen, weil es sich bei Raum und Zeit um „reine Anschauungsformen apriori" handelt, d. h. weil der menschliche Wahrnehmungsapparat so konstruiert ist, dass wir alles eben räumlich (und zeitlich) wahrnehmen, dass wir aber gleichzeitig über alles, was es außerhalb von Zeit und Raum noch geben mag (z. B. Gott, das ewige Leben usw., das bei Kant so genannte ‚Ding an sich'), keine validen Aussagen machen können.

Wie wir im vorherigen Abschnitt gesehen haben, hat es ähnliche Unterschiede auch in Bezug auf die Auffassung von der Zeit gegeben, von denen sich aber zumindest im sozial- und kulturwissenschaftlichen Kontext letztlich nur eine gehalten und durchgesetzt hat: dass Zeit nämlich eine subjektive Größe ist, die allerdings, das haben wir ja ausführlich diskutiert, erheblichen Veränderungen im Prozess der gesellschaftlichen Modernisierung unterliegt. So einfach ist die Sache beim Raum nun leider nicht, denn hier kann nicht die Rede davon sein, dass sich innerhalb der sozial- und kulturwissenschaftlichen Beschäftigung mit Raumfragen eine mehr oder weniger konsensfähige Auffassung dessen, was der Raum überhaupt ist, durchgesetzt hätte, im Gegenteil: wie wir noch sehen werden, finden sich alle oben aufgeführten Sichtweisen, die vom absoluten Behälter ebenso wie die relationale und die subjektorientierte, in den aktuellen Debatten wieder.

3.3 Kulturthema ‚Raum': Topologische Deutungsmuster

"Wiederkehr des Raums" (‚spatial turn'): Dies hängt mit einem weiteren und vielleicht noch gravierenderen Unterschied zwischen der sozial- und geisteswissenschaftlichen Beschäftigung mit der Zeit auf der einen und dem Raum auf der anderen Seite zusammen: Während nämlich die Zeit bzw. zeitbezogene Kategorien wie beispielsweise ‚Modernisierung', ‚Fortschritt', ‚Entwicklung' usw. in der Geschichtswissenschaft, in der Soziologie, in der Philosophie und in vielen anderen Disziplinen durchweg präsent waren und eine wichtige Rolle spielten, war dies beim Raum bzw. bei räumlichen Kategorien lange nicht der Fall. Nicht zuletzt aufgrund der technologischen Entwicklung auf den Gebieten der Mobilität und der Kommunikation seit dem 19. Jahrhundert hatte der Raum, verstanden als physische Behinderung menschlicher Interaktion aufgrund der schlichten Entfernung der Menschen voneinander, seinen Schrecken und damit auch seine Bedeutung für die Wissenschaft scheinbar verloren. Der Dichter Heinrich Heine war es, der diese Erfahrung in außerordentlich hellsichtiger Weise artikulierte: „Welche Veränderungen", so Heine unter dem Eindruck der neuen Eisenbahnstrecke von Paris nach Rouen im Mai 1843, „müssen jetzt eintreten in unserer Anschauungsweise und in unseren Vorstellungen! Sogar die Elementarbegriffe von Zeit und Raum sind schwankend geworden. Durch die Eisenbahnen wird der Raum getötet, und es bleibt uns nur noch die Zeit übrig" (Heine 1981: S. 449).

Nachdem über weite Strecken des 19. und des 20. Jahrhunderts vom Raum nur noch in der Geographie als der ‚klassischen' Raumwissenschaft die Rede war, hat sich diese Situation seit Ende des 20. Jahrhunderts geradezu radikal verändert. In vielen wissenschaftlichen Disziplinen und Kontexten haben sich raumbezogene Problemstellungen seitdem fest etabliert, allenthalben ist von der „Wiederkehr des Raumes" die Rede (so z. B. Schlögel 2003: S. 17), und der amerikanische Geograph Edward Soja hat schon Mitte der 1990er Jahre einen grundlegenden ‚spatial turn' in den Sozial- und Geisteswissenschaften ausgemacht:

> "Contemporary critical studies have experienced a significant spatial turn. In what may be seen as one of the most important intellectual and political developments in the late twentieth century, scholars have begun to interpret space and the spatiality of human life with the same critical insight and emphasis that has traditionally been given to time and history on the one hand, and to social relations and society on the other" (Soja 1996: Klappentext, zitiert nach Döring/Thielmann 2008: S. 9).

Unabhängig von der Frage, ob es sich bei der Rede vom ‚spatial turn' tatsächlich, wie Soja meint, um die Diagnose eines umfassenden theoretischen und methodischen Paradigmenwechsels oder lediglich um ein vordergründiges Label handelt, unabhängig auch von den möglicherweise problematischen Aspekten, die die beschriebene Wende zum Raum impliziert – tatsächlich ist in vielen geistes-, sozial- und kulturwissenschaftlichen Disziplinen seit der Wende vom 20. zum 21. Jahrhundert ein deutlich gestiegenes Interesse am Thema ‚Raum' zu verzeichnen. Schon ein nur flüchtiger Blick in neuere Publikationen zum Thema kann dies sehr schnell belegen, auch wenn man sich der Einfachheit halber auf deutschsprachige Publikationen beschränkt. So liegen mittlerweile einige einführende Darstellungen zur Raumproblematik aus historischer (z. B. Rau 2017) oder kulturwissenschaftlicher Perspektive (vgl. Günzel 2020), ein interdisziplinäres Handbuch (vgl. Günzel 2010) sowie einige Textanthologien vor, die die theoretische Auseinandersetzung mit der Raumproblematik weit in die Philosophie- und Wissenschaftsgeschichte zurück verfolgen (vgl. Heuner 2008; Günzel 2013; Dünne/ Günzel 2006). Hinzu kommen zahlreiche meist interdisziplinär angelegte Tagungs- und Sammelbände (z. B. Berndt/Pütz 2007; Dünne/Doetsch/Lüdeke 2004; Döring/ Thielmann 2008; Günzel 2007; Marquardt/Schreiber 2012) sowie monographische Darstellungen aus unterschiedlichen disziplinären Perspektiven (vgl. z. B. Köster 2003; Glasze 2013), die einen halbwegs vollständigen Überblick über den Stand der Dinge zu einer kaum mehr zu bewältigenden Aufgabe machen; umso mehr, wenn man auch die internationale, insbesondere die englischsprachige Diskussion mit einbezieht. Der Raum, so können wir vorläufig festhalten, ist zu einem der Megathemen sozial- und kulturwissenschaftlicher Forschung und Theoriebildung des 21. Jahrhunderts geworden.

Es kann daher im Folgenden nicht darum gehen, die interdisziplinäre und internationale Diskussion zum Thema ‚Raum' im Detail zu rekonstruieren. Stattdessen soll nur ein grober Überblick über die Entwicklung gegeben werden, der die teilweise recht unterschiedlichen und kontroversen Zugänge zum Thema und insbesondere mögliche Anknüpfungspunkte für die Kulturstudien sichtbar machen soll.

3.3.2.1 Der physische Raum als ‚natürliche' Gegebenheit und determinierender Faktor

Dass sich, wie oben gesehen, die Geistes- und Sozialwissenschaften mit dem Raum lange schwertaten, hatte neben dem von Heine konstatierten „Verschwinden" des Raums angesichts moderner Verkehrs- und Kommunikationstechnologien noch einen anderen Grund: das Thema galt nach 1945 zunächst als ideologisch belastet. Die nationalsozialistische Ideologie von ‚Blut und Boden' und vom ‚Lebensraum im Osten' und der auf Geographen wie Friedrich Ratzel oder Karl Haushofer zurückgehende Diskurs der ‚Geopolitik' machten ein bruchloses und unvoreingenommenes Anknüpfen an ältere Traditionen einer Raumforschung lange unmöglich. Das heißt allerdings nicht, dass die ältere und in der Geopolitik maßgebliche Vorstellung vom geographischen Raum als ‚natürlichem' Lebensraum, der das ‚Wesen' und die Lebensweise der in ihm angesiedelten Menschen weitgehend determiniert, jemals aus den wissenschaftlichen und medialen Diskursen verschwunden wäre.

‚**Politische Geographie**': Auch wenn die Rede vom ‚Raum' als abstrakter Größe und determinierendem Faktor zweifellos eine moderne Erfindung ist, die sich nicht zuletzt den Bedingungen des modernen Territorialstaates verdankt (vgl. Köster 2002: S. 53–57), greift sie doch auf ältere, teilweise bis in die Antike zurückgehende Denkmuster zurück, wonach der ‚Charakter' der eine bestimmte

3.3 Kulturthema ‚Raum': Topologische Deutungsmuster

Weltregion besiedelnden ‚Völker' und ihre politische Verfasstheit von den geographischen, insbesondere den klimatischen Gegebenheiten des jeweiligen Gebiets abhängen. Später waren es dann vor allem der französische Aufklärer Charles-Louis de Montesquieu und der deutsche Philosoph Johann Gottfried Herder, die die antiken Überlegungen zu einer die Lebensweise und den Charakter der Menschen beeinflussenden oder gar determinierenden Rolle des Raumes bzw. der jeweiligen Klimazone in die Neuzeit überführten (vgl. Schultz 2010: S. 44–47). Anders als viele andere Autoren verbindet Herder die Klimatheorie aber nicht mit einer Höher- und Tieferstufung und -bewertung bestimmter menschlicher Lebensformen, leitet daraus also auch keine Rechtfertigung für Kolonialismus und Sklaverei ab; vielmehr bringt er die äußeren Einflüsse des Raums auf der einen Seite mit den Gestaltungskräften des Menschen als eines vernunftbegabten und darum nicht vollständig determinierbaren Wesens in eine harmonische Verbindung (vgl. ebd.).

Ihre eigentliche Dynamik entfaltete die Auffassung vom physischen Raum als kulturellem, sozialem und politischem Faktor aber erst in der zweiten Hälfte des 19. Jahrhunderts im Zusammenhang mit dem politischen Diskurs von Nationalismus und Imperialismus. Eine wichtige Rolle spielten dabei auch wissenschaftliche und wissenschaftspolitische Diskurse innerhalb der sich neu aufstellenden Geographie als wissenschaftlicher Disziplin, die jetzt nicht nur den ‚Raum' als ihren genuinen Gegenstand für sich beansprucht und sich darüber von der zeitorientierten Geschichtswissenschaft abgrenzt, sondern auch zunehmend ihre politische Relevanz zur Geltung bringen möchte (vgl. Köster 2002: S. 76–77). Nach Vorarbeiten der neuen geographischen ‚Länderkunde' und von Autoren wie Carl Ritter, Ernst Kapp oder Alexander von Humboldt spielte vor allem der Leipziger Geograph Friedrich Ratzel hier eine entscheidende Rolle. In seinen teilweise an ein breiteres Publikum gerichteten und auch eher populärwissenschaftlich formulierten Publikationen wie „Politische Geographie" (1897) oder „Anthropogeographie" (2 Bände, 1882/91) untersuchte er die Bedeutung von ‚Raum', oder ‚Boden', d. h. der physischen geographischen Bedingungen für das menschliche Leben und insbesondere den Zusammenhang zwischen der Beschaffenheit eines geographischen Raums und der Lebensweise und politischen Verfasstheit des darin lebenden ‚Volks'. Dabei ging er, wie die schon ältere Tradition der ‚Länderkunde', davon aus, „dass es Räume gab, die von der Natur dazu bestimmt waren, zur Heimat eines einzigen Volkes zu werden" (Schultz 2010: S. 53). Im Anschluss an Darwins Begriff vom ‚Kampf ums Dasein' beschreibt Ratzel das Leben der Menschen und ‚Völker' als „Kampf um den Raum" (ebd.), als permanenten Verdrängungswettbewerb, und legitimierte so das politische Expansionsstreben moderner Nationalstaaten. Von hier aus war es dann nur noch ein recht kurzer Weg zur politischen Ideologie der Geopolitik, wie sie vor allem nach dem Ersten Weltkrieg von Karl Haushofer (unter expliziter Berufung auf Ratzel) und anderen propagiert wurde und die eine deutliche Affinität zur aggressiven nationalsozialistischen ‚Lebensraum'-Politik aufwies (vgl. ebd.: S. 54–57).

Was die hier genannten Ansätze und Konzepte von der antiken und neuzeitlichen Klimatheorie über die geographische ‚Länderkunde' und die Ratzelsche ‚Anthropogeographie' bis hin zur nationalsozialistischen Geopolitik miteinander verbindet, ist die grundlegende Auffassung vom Raum als einem natürlich vorgegebenen ‚Behälter', innerhalb dessen sich menschliches Leben, soziales und politisches Handeln abspielt, von dem aber, etwa aufgrund des Klimas, der Bodenbeschaffenheit oder anderer als ‚natürlich' geltender Eigenschaften, zugleich auch selbst bestimmte Anforderungen in Form von ‚Gesetzmäßigkeiten' ausgehen, denen sich die Menschen, so die politische Ideologie, in ihrem sozialen und politischen Handeln nicht entgegenstellen oder entziehen können und sollten. Der Raum wird so zu einer deterministischen Größe umgedeutet, auf die man sich in der politischen Auseinandersetzung bei Bedarf jederzeit berufen konnte – beispielsweise zur Legitimation von Gebietsansprüchen im Rahmen einer aggressiven Expansionspolitik, zur Infragestellung bestehender Grenzen oder auch zur Abwehr von Migrationsbewegungen.

Die inhaltliche wie persönliche Nähe der von Haushofer und anderen formulierten Ideologie der ‚Geopolitik' zum Nationalsozialismus hatte zur Folge, dass sowohl die Rede von ‚Geopolitik' als auch der explizite Gebrauch der dazugehörigen Syntagmen wie ‚Lebensraum', ‚Volk ohne Raum' oder ‚deutscher Raum' nach 1945 aus dem politischen und wissenschaftlichen Diskurs verschwunden sind (vgl. Köster 2002: S. 233–238). Zwar ist der Begriff ‚Geopolitik' längst in den öffentlichen Sprachraum zurückgekehrt, wird heute aber meist im Sinne einer globalen Interessenpolitik von Staaten und ohne die raummythologischen Implikationen verwendet, wie sie in den geopolitischen Diskursen der 1920er bis 1940er Jahre noch zum politisch-ideologischen Rüstzeug gehörten (vgl. ebd.: S. 238).

Auch wenn man den Blick etwas spezifischer auf die fachinterne Entwicklung etwa der Geographie richtet, bestätigt sich zunächst dieses Bild. Wie vor allem der Geographie-Historiker Hans-Dieter Schultz (vgl. zum folgenden Schultz 2005) gezeigt hat, hat sich in der ‚klassischen' länderkundlichen Geographie im 19. Jahrhundert ein geodeterministischer Denkstil herausgebildet, der, weitgehend unabhängig von bestehenden politischen Grenzen, nach Grenzen der ‚natürlichen Länder' sucht und diese bei angeblich ‚natürlich' vorgegebenen Grenzmarkierungen wie Meeresküsten, Flüssen, Bergen oder Wasserscheiden auch zu finden meint. Die jeweiligen geographischen Gegebenheiten eines ‚natürlichen' Landes aber bilden bei den dieses Land besiedelnden und bearbeitenden Menschen einen gemeinsamen ‚Volksgeist' heraus, der – zumindest im Idealfall – die harmonische Beziehung von ‚Land' und ‚Volk' garantiert:

> „So gingen für den Länderkundler die Eigenschaften von Land und Volk, dem konkreten Menschen und der konkreter Natur, in ständigem Hin und Her aufeinander über; beide prägten sich wechselseitig und verschmolzen zu einer untrennbaren Einheit, so dass sie nur noch zusammen gedacht werden konnten, der Engländer mit England, der Franzose mit Frankreich, der Deutsche mit Deutschland usw." (ebd.: S. 9).

3.3 Kulturthema ‚Raum': Topologische Deutungsmuster

Von hier aus war es dann nicht mehr weit bis zu einer Inanspruchnahme der geographischen ‚Länderkunde' für nationalpolitische Interessen, die ihre Gebietsansprüche – und hier berührt sich die ‚Länderkunde' dann doch mit dem Diskurs der Geopolitik – auf vermeintlich normative Vorgaben der ‚natürlichen' Gegebenheiten von ‚Land' und ‚Volk' glaubten stützen zu können (vgl. ebd.: S. 9–11).

Im Gegensatz zur Geopolitik geriet das klassische geographische Paradigma der ‚Länderkunde' trotz seiner offensichtlichen politischen Instrumentalisierbarkeit erst seit Mitte der 1960er Jahre in die Kritik. Dabei waren es auch weniger die problematischen politisch-ideologischen Implikationen, sondern eher die ‚idiographische', d. h. an Einzelheiten und weniger an Zusammenhängen interessierte wissenschaftliche Perspektive, die die fachliche Kritik einer sich nunmehr stärker an quantitativen Verfahren orientierenden wissenschaftlichen Geographie auf sich zog (vgl. Bahrenberg 1995: S. 151). Hinzu kam, dass die vergleichsweise enge Sicht der ‚Länderkunde' auf die vermeintlich ‚natürliche' Bindung von Mensch und umgebender Natur offensichtlich für die Probleme moderner Industriegesellschaften keine Antworten bereithielt (vgl. ebd.: S. 153).

Aktualität raumdeterministischer Ansätze nach dem ‚spatial turn': Mittlerweile hat sich in der Geographie in Deutschland wie in anderen Teilen der Welt ein Paradigmenwechsel durchgesetzt, der das klassische Modell der Geographie als ‚Länderkunde' weit hinter sich gelassen hat. Den oben beschriebenen länderkundlichen ‚Denkstil' jedenfalls, wonach das Leben und Handeln der Menschen von ihrer räumlichen Umgebung und den darin herrschenden ‚natürlichen' Bedingungen geprägt sei, „gibt es heute nicht mehr" (Schultz 2005: S. 17) – zumindest nicht als paradigmatischen wissenschaftlichen Denkstil innerhalb der Geographie. Mit dem oben erwähnten ‚spatial turn' war allerdings in anderen Fachkontexten vielfach nicht nur eine neue Perspektivierung von Raum und Räumlichkeit verbunden, sondern eher eine Rehabilitierung gerade solcher traditioneller Auffassungen vom Raum als einer physisch-materiellen Gegebenheit, die sich menschlicher Einflussnahme weitgehend entzieht, aber ihrerseits menschliches Leben und Handeln maßgeblich prägt und beeinflusst. Das soll an zwei schon etwas älteren Beispielen kurz illustriert werden.

In dem 2003 erschienenen Buch *Im Raume lesen wir die Zeit. Über Zivilisationsgeschichte und Geopolitik* (Schlögel 2003) versucht der Osteuropa-Historiker Karl Schlögel das Verhältnis von Raum und Geschichte dadurch neu zu bestimmen, dass er historisches Geschehen immer wieder an räumlichen Gegebenheiten und Darstellungen wie Karten, Stadtplänen oder Fotos festmacht. Dabei entsteht ein außerordentlich interessantes und vielschichtiges Bild nicht nur, aber vor allem der Geschichte Mittel- und Osteuropas im 20. Jahrhundert, das die enge Bindung von geschichtlichem Geschehen an Räume und Orte sichtbar macht. In der umfangreichen Einleitung zu seinem Buch nimmt Schlögel explizit Bezug auf den seit den 1990er Jahren vielfach propagierten ‚spatial turn' in den Geistes- und Sozialwissenschaften, den er als „gesteigerte Aufmerksamkeit für die räumliche Seite der geschichtlichen Welt" geradezu euphorisch begrüßt (Schlögel 2003:

S. 68). Nachdem diese räumliche Seite in der historistischen Tradition lange vergessen, ja geradezu desavouiert worden sei, werde jetzt wieder anerkannt, dass historische Ereignisse, Strukturen und Prozesse „alle einen Ort, einen Schauplatz, einen Tatort" haben, eine räumliche Dimension, und dass es jetzt darauf ankomme, diesen Raum „in seiner ganzen Ungeheuerlichkeit an sich heranzulassen" (ebd.: S. 22). Die räumliche Welt, so Schlögel weiter, sei in der zeitgenössischen kulturwissenschaftlichen Theoriebildung hinter dem Symbolischen der Texte verschwunden und werde „von Textverwaltern und Textinterpreten okkupiert", die die Welt „in einen einzigen großen Text verwandelt" (ebd.) haben, woraus man sie wieder befreien müsse:

> „Texte kann man lesen, in Städte muß man hineingehen. Man muß sich umsehen. Orte kann man nicht lesen, sondern man muß sie aufsuchen, um sie herumgehen. Gebäude und Plätze sind etwas anderes als die Reproduktion von Gebäuden, Interieurs etwas anderes als der Roman, in dem sie vorkommen. Es geht um Raumverhältnisse, Entfernungen, Nähe und Ferne, Maße, Proportionen, Volumina, Gestalt. Räume und Orte stellen gewisse Anforderungen, unter denen sie nicht zu haben sind. Sie wollen erschlossen sein. Und man soll über sie nichts sagen, was nicht an Ort und Stelle und vor Ort beglaubigt ist" (ebd.: S. 23).

Sieht man einmal davon ab, dass auch Schlögels eigene Analysen ohne die hier als allenfalls sekundär relevante Quellen historischer Erkenntnis diffamierten ‚Texte' nicht auskommt, so gibt sich in solchen Formulierungen der Anspruch einer höheren Authentizität der unmittelbaren Raumwahrnehmung zu erkennen. Nicht die symbolische Repräsentanz des Raums, etwa in Form einer Karte, eines Textes, eines Fotos, sondern der Raum selbst muss zu uns sprechen und uns seine Geheimnisse offenbaren. Zu dieser Re-Naturalisierung des Raums passt, dass Schlögel die oben erwähnte Traditionslinie der deutschen Geographie von Carl Ritter über Friedrich Ratzel bis zu Karl Haushofer von ihrer verhängnisvollen Verstrickung in nationalsozialistische Expansions- und Vernichtungspolitik zumindest teilweise freispricht. Zum einen nämlich führe „kein Weg von Friedrich Ratzel zu Adolf Hitler" (ebd.: S. 55), und zum anderen werde die Bedeutung des ‚Raums' innerhalb der eher an der Kategorie ‚Rasse' orientierten nationalsozialistischen Ideologie ohnehin überschätzt (vgl. ebd.: S. 54–55):

> „Die Großraumplanungen der Nazis folgten den Imperativen der rassisch-ethnischen Neuordnung Europas. Raumverhältnisse waren für sie vor allem: ethnisch-rassische Verhältnisse, Völkervermischungen und Gemengelagen, denen sie brachial und zum letzten entschlossen auf den Leib zu rücken gedachten in der Form einer großmaßstäblichen Säuberung und Homogenisierung, die Vertreibungen, Umsiedlungen, Massentötungen und Völkermord einschloß. Europa war für Hitler eben kein geographischer, sondern ein rassischer Begriff" (ebd.).

Auch wenn die Rolle rassisch-ethnischer Kategorien für die nationalsozialistische Ideologie und Vernichtungspolitik unbestritten ist, kann und sollte man doch nicht übersehen, dass das geopolitische Denken in ‚Lebensräumen' damit sehr gut harmonierte und für territoriale Macht- und Expansionsansprüche auch jederzeit instrumentalisiert werden konnte. Im Übrigen ist nach Ansicht des Geographen

Hans-Dietrich Schultz nicht erst die Geopolitik Karl Haushofers, sondern schon die „Raum und Grenztheorie" von Friedrich Ratzel „durchaus anschlussfähig an die ‚Lebensraumpolitik' des ‚Dritten Reichs'" (Schultz 2010: S. 56).

Zweites Beispiel: Während Schlögels Versuch einer Reanimation der Raum-Dimension sich primär im geschichtswissenschaftlichen Kontext bewegt, enthält der von Rudolf Maresch und Niels Werber herausgegebene Sammelband *Raum – Wissen – Macht* aus dem Jahr 2002 – unser zweites Beispiel – vor allem Beiträge zur Raum-Thematik aus den Sozial-, Kultur- und Medienwissenschaften. In ihrer Einleitung setzen sich die Herausgeber kritisch mit der These vom ‚Verschwinden des Raums' angesichts der spätmodernen globalisierten Weltgesellschaft auseinander, die zu Unrecht dazu geführt habe, dass „der Raum als theoretisch reflektierter Terminus jahrzehntelang ein kümmerliches Dasein fristete" (Maresch/Werber 2002: S. 12). Tatsächlich handele es sich nämlich bei dieser „Bagatellisierung des Standorts" (Luhmann, zit. nach ebd.: S. 11) um ein ideologisches Konstrukt des universalistischen Globalismus und der „sie begleitende[n] politische[n] Theologie der Menschenrechte" (ebd.: S. 12), dessen Konjunktur sich angesichts des zunehmenden sozialen Elends, der wachsenden Umweltzerstörung und globalisierungskritischer Massenproteste deutlich abschwäche und das sich verstärkt „mit lokalen, regionalen oder ‚koscheren' Ideen des Separatismus, der Identitätspolitik und des religiös oder ethnisch motivierten Fanatismus konfrontiert" sehe (ebd.). Unter expliziter Berufung auf die protofaschistische Formel vom ‚Volk ohne Raum' (vgl. ebd.: S. 15–16) und die Tradition der Geopolitik im Anschluss an Haushofer und Carl Schmitt versuchen die Autoren plausibel zu machen, dass es sich beim Universalismus des globalen Kapitalismus tatsächlich auch nur um partikulare Macht- und Expansionsinteressen handele (vgl. ebd.: S. 17–18). So richtig dies in der Sache auch sein mag, so zweifelhaft ist doch der Rückgriff auf historisch hochgradig kontaminierte Autoren wie Grimm, Haushofer und Schmitt und die Tradition der Geopolitik. Wer wie Maresch und Werber ernsthaft meint, die heutige Globalisierungskritik könne „in den Schriften deutscher Geopolitiker" der 1940er Jahre noch „scharfe Munition" finden (ebd.: S. 18), muss sich nicht wundern, wenn er sich dem Vorwurf ausgesetzt sieht, „als besonders ‚reaktionär' zu gelten oder, schlimmer noch, gar ein verkappter Nazi zu sein" (ebd.: S. 13).

Der Raum, so Maresch und Werber, sei tatsächlich nie verschwunden, und gerade im „Zeitalter der Globalisierung" (ebd.: S. 15) sei daran zu erinnern, „wie tief der Raum als Ort und Territorium in unserem Denken und Handeln verwurzelt ist, wie sehr er an politischen Strategien, Taktiken und Entwürfen mitschreibt" (ebd.). Schon die gewählte subjektivierende Ausdrucksweise, wonach ‚der Raum' an etwas ‚mitschreibt', macht klar, dass wir es hier mit einem Rückgriff auf die traditionelle Auffassung vom Raum als Gegebenheit und als Akteur im politischen Handeln zu tun haben:

> „Auch wenn er unsichtbar ist und uns nur dann auffällt, wenn er Kommunikation behindert, stört oder vereitelt: als Anderes und schlichtweg Gegebenes schreibt der Raum immer auch am Gedanken, an der Beobachtung oder an Programmen aktiv mit.

> Die Geschichten und Codes, Landschaften und Blutsbande, Mythen und Leidenschaften, die an Orten und in Räumen lagern und sich laufend dort einschreiben, beschränken nicht nur die Wahrnehmung, Denkgewohnheiten und Motivbildung von Beobachtern, sie prägen, formen und gestalten sie auch vorab. [...] Räume fungieren demnach als Kontingenzbeschränker, sie setzen der Willkür, der Kontingenz und dem Würfelwurf enge Grenzen" (ebd.: S. 14).

Deutlicher kann man die Anknüpfung an die romantischen und reaktionären Raum-Mythisierungen, wie sie schon die geodeterministischen Phantasien des 19. und 20. Jahrhunderts prägten und die heute an politische Diskurse der ‚neuen Rechten' anschlussfähig sind, wohl nicht formulieren. Es sollte gerade mit diesem Beispiel hinreichend deutlich geworden sein, dass die Auffassung vom Raum als einer physischen Gegebenheit, die für menschliches Handeln im sozialen Kontext normative Vorgaben macht oder angeblich unhintergehbare Bedingungen setzt, einer überkommenen und historisch hochgradig belasteten politischen Ideologie entstammt, die im Rahmen der Kulturstudien im Fach Deutsch als Fremd- und Zweitsprache als möglicher Anknüpfungspunkt daher nicht in Frage kommt.

3.3.2.2 Raum als ‚mentale Karte': Kognitionswissenschaftliche Perspektiven

Raum als subjektive Größe: Wie oben bereits erwähnt und wie auch schon im letzten Kapitel im Zusammenhang mit dem Thema ‚Zeit' angesprochen, hat sich spätestens mit dem von Kant im 18. Jahrhundert angestoßenen kritischen Nachdenken darüber, wie wir überhaupt zu zuverlässigen Aussagen über die ‚Wirklichkeit' kommen können und welche Rolle unser eigener Wahrnehmungs- und Erkenntnisapparat dabei spielt, die Perspektive auf den Raum (und die Zeit) dramatisch verändert. Raum und Zeit sind jetzt nämlich nicht mehr, wie insbesondere die antike Tradition und noch die Newtonsche Physik annahmen, objektive Gegebenheiten der äußeren ‚Wirklichkeit', sie werden vielmehr von uns Menschen als den die Wirklichkeit wahrnehmenden Subjekten im Akt der Wahrnehmung bzw. Erkenntnis erst geschaffen. Anders gesagt: der Raum ist keine ‚objektive' oder gar absolute ‚Realität', sondern eine subjektive Kategorie, er verdankt seine ‚Realität' lediglich der Tatsache, dass unser Wahrnehmungs- und Erkenntnisapparat, also das, was wir heute als ‚Kognition' bezeichnen, gar nicht anders kann, als Welt und Wirklichkeit in räumlichen (und zeitlichen) Kategorien zu strukturieren.

Wie dies genau passiert, darüber wussten Kant und seine Zeitgenossen im 18. Jahrhundert noch sehr wenig, und das hat Kant als Philosophen auch nicht primär interessiert. Wie schon beim Thema Zeit hat auch beim Raum der Schweizer Entwicklungspsychologe Jean Piaget Entscheidendes zu der Erkenntnis beigetragen, dass unsere ‚normalen' Vorstellungen vom dreidimensionalen und kontinuierlichen Raum nicht einfach so ‚da' sind, dass es vielmehr eines erheblichen und äußerst komplexen Lern- und Entwicklungsprozesses von Kindern bedarf, damit sie in der Lage sind, räumliche Verhältnisse so wahrzunehmen und so in ihnen zu agieren, wie es gemeinhin als ‚normal' und selbstverständlich gilt (vgl. Piaget/Inhelder 1993). Die neueren Kognitions- und Neurowissenschaften haben zu dieser Frage mittlerweile ein hohes Maß an empirisch gesichertem Wissen zusammengetragen, das die Einsicht unterstützt, wonach es sich beim Raum wie bei der gesamten raum-zeitlich geordneten ‚Wirklichkeit' tatsächlich um ein Konstrukt unseres Gehirns handelt. „Wenn ich mich durch diese Welt bewege", so der Hirnforscher Gerhard Roth, „dann bewegt sich ein Konstrukt des Gehirns durch eine konstruierte Raumwelt" (Roth 2003: S. 51).

Der hier zum Ausdruck kommende ‚radikale Konstruktivismus' der Hirnforschung, für den nicht nur unsere Vorstellungen vom ‚Ich' und von der äußeren Raumwelt, sondern die gesamte innere und äußere Realität ein Konstrukt des Gehirns und damit eine wenn auch „schöne und nützliche" „Illusion" sind (ebd.), kann allerdings das Zustandekommen der sozialen Welt und der in ihr stattfindenden Kommunikationsprozesse nicht erklären, nimmt sie aber zugleich in den eigenen Forschungs- und Publikationsprozessen als selbstverständlich gegeben in Anspruch. Davon abgesehen ist es aber weder die entwicklungspsychologische noch die neurowissenschaftliche Perspektive auf das Thema ‚Raum', was sich aus kognitionswissenschaftlicher Sicht im Rahmen der sozial- und kulturwissenschaftlichen Raumforschung als anschlussfähig erwiesen hat, sondern vor allem das Konzept der ‚mental maps' bzw. der ‚kognitiven Kartierung'.

‚**Mental maps**': Begriff und Konzept der ‚mental map' bzw. der ‚kognitiven Kartierung' – die Begrifflichkeit ist uneindeutig – sind ursprünglich aus der biologischen Orientierungsforschung hervorgegangen, die sich für den räumlichen Orientierungssinn bei Tieren interessierte und diese Fragestellung später auf den Menschen übertragen hat (vgl. dazu und zum Folgenden Wagner 2010: S. 234–239). Dabei wurde schon früh angenommen, dass Tiere wie Menschen mentale Repräsentationen ihrer räumlichen Umgebung aufbauen, die ihnen Orientierung und zielgerichtete Bewegung im Raum ermöglichen. Als eigentliche Begründer der neueren Forschung zu mentalen Raumrepräsentationen gelten heute der Psychologe und Verhaltensforscher Edward Tolman, der schon in den 1930er Jahren anhand von Versuchen mit Ratten die Existenz kognitiver ‚Karten' bei Tieren angenommen hatte, und der Geograph und Stadtplaner Kevin Lynch, der sich vor allem für mentale Umwelt- und Stadtbilder von Menschen interessierte und bei dem daher auch weniger von Karten als von Bildern (‚environmental images') die Rede ist (vgl. ebd.: S. 240–241). Dennoch hat sich der Begriff der ‚kognitiven Karte' (bzw. ‚mental map'), verstanden als Metapher und funktionale Analogie, vor allem im Anschluss an die Arbeit von Roger Downs und David Stea in den 1970er Jahren, in diesem Kontext weitgehend durchgesetzt (vgl. Downs/ Stea 1977; Wagner 2010: S. 242–243). Gemeinsam ist den genannten Forschungsansätzen die Annahme, dass Menschen in der wahrnehmenden und handelnden Auseinandersetzung mit ihrer Umwelt ein je individuelles mentales Bild dieser Umwelt herstellen, das dann ihre Wahrnehmung und ihre handelnde Orientierung weitgehend bestimmt. Kognitive Landkarten sind demnach „subjektive Vorstellungen räumlicher Gegebenheiten […], die vom individuellen Standpunkt, Blickwinkel und Bewegungsradius abhängen und die Welt so abbilden, wie sie sich dem jeweiligen Beobachter darstellt" (Schenk 2013: S. 3). Mit dem eher handlungsbezogenen Begriff des ‚kognitiven Kartierens' wiederum sind die kognitiven Fähigkeiten angesprochen, „die es uns ermöglichen, Informationen über die räumliche Umwelt zu sammeln, zu ordnen, zu speichern, abzurufen und zu verarbeiten" (Downs/Stea, zitiert nach Schenk 2013: S. 3).

Unklar und umstritten bleibt dabei, inwieweit es sich bei solchen ‚mental maps' tatsächlich, wie die Kartenmetapher ja nahelegt, um bildliche Repräsentationen handelt oder ob sie nicht eher den Charakter sprachlicher Aussagen haben; darüber hinaus bestehen auch unterschiedliche Auffassungen zu der Frage, ob es sich bei ‚mental maps' eher um ‚survey maps', d. h. um Repräsentationen der lokalen Anordnung von Objekten im Raum, oder um ‚road maps', d. h. auf eigene Bewegungen im Raum zurückgehende Repräsentationen, handelt (vgl. Wagner 2010: S. 243).

‚Mental maps' als kulturelle Gegenstände: Wichtig in unserem Zusammenhang ist aber vor allem, dass der Forschungsansatz der ‚mental maps' schon bald aus dem engeren Umkreis von kognitiver Psychologie, Geographie und Stadtplanung heraus auf größere sozial-, kultur- und vor allem geschichtswissenschaftliche Kontexte und Problemstellungen übertragen worden ist. Dabei war, so der Historiker Frithjof Schenk, vor allem die „Einsicht" leitend, dass nicht nur Individuen über subjektive Bilder ihrer räumlichen Umgebung verfügen, sondern dass auch „Gruppen von Menschen, Gemeinschaften und Kollektive […] kulturell und historisch spezifische Vorstellungen von der räumlichen Strukturierung ihrer erfahrbaren und ihrer vorstellbaren Umwelt" entwickeln, die dann ihrerseits zum Gegenstand sozial-, kultur- und geschichtswissenschaftlicher Forschung werden (Schenk 2002: S. 495). Beispiele dafür seien etwa kultur- und medienwissenschaftliche Untersuchungen zu (historischen) Karten (vgl. ebd.: S. 496–97) oder – im Anschluss an Edward W. Saids umstrittene, aber auch modellbildende Studie über den Orientalismus – die immer auch machtkritisch motivierte Aufarbeitung historischer und aktueller Imaginationen einzelner Weltregionen bzw. politischer Himmelsrichtungen wie ‚Osteuropa' (vgl. ebd.: S. 499–503), ‚Balkan' (ebd.: S. 508), ‚Westen' bzw. ‚Okzident' (ebd.: S. 504–505) oder ‚Mitteleuropa' (vgl. ebd.: S. 508–514). Die historische und sozialwissenschaftliche ‚Mental Maps'-Forschung, so Schenk, habe gezeigt, „daß die meisten der gängigen Großraumvokabeln in unserem Wortschatz weniger wertneutrale Begriffe als Termini mit einer benennbaren politischen Geschichte sind", die auch weiterhin für die geopolitischen Diskurse und die davon stark beeinflusste räumliche Vorstellungswelt der Menschen eine wichtige Rolle spielen werden (ebd.: S. 514).

Die kultur- und geschichtswissenschaftliche Adaption der ‚Mental Maps'-Forschung, die hier bereits vorliegenden Studien über die Wahrnehmung und das Bild bestimmter Weltregionen und generell die damit einhergehende Grundidee, wonach es sich bei vermeintlich ‚objektiv' vorhandenen regionalen Einheiten und Grenzziehungen tatsächlich um menschliche Konstrukte und damit nicht um physische, sondern um kulturelle Gegenstände handelt, die dem politischen Handeln zur Orientierung, aber auch zur Ausübung von politischer und ökonomischer Macht dienen – diese Perspektiven und Ergebnisse sind für den Zugang

3.3 Kulturthema ‚Raum': Topologische Deutungsmuster

der Kulturstudien im Fach Deutsch als Fremd- und Zweitsprache zum Thema Raum außerordentlich wichtig und auch in hohem Maß anschlussfähig. Allerdings stellen sich hier auch einige Fragen zum Status dessen, was im Rahmen der Kultur- und Geschichtswissenschaften genau mit dem Begriff der ‚mental map' gemeint sein kann. Zum einen nämlich überträgt sich ja die oben angesprochene Unklarheit des Begriffs im Rahmen der Kognitionswissenschaften auch auf die Geschichtswissenschaften: ob es sich nämlich, wie der Begriff ja nahelegt, eher um bildliche Vorstellungen oder um sprachlich-diskursive Phänomene handelt, für die sich möglicherweise eher der Begriff des ‚Begriffs' oder des ‚Konzepts' und der Anschluss an die Tradition der Begriffsgeschichte anbieten würde, wie er ja beispielsweise von dem Historiker Hans Lemberg in Bezug auf den Osteuropa-Begriff auch mehr oder weniger explizit in Anspruch genommen wird (vgl. Lemberg 1985), auf den sich wiederum Frithjof Schenk als ein Beispiel für historische ‚Mental Map'-Forschung explizit beruft (vgl. Schenk 2002: S. 500–501). Auch die Bezugnahme auf die von Said angestoßene Orientalismus-Diskussion (vgl. ebd.: S. 497–98) zeigt ja, dass die hier verhandelten Gegenstände über die mit der Karten-Metapher angesprochenen bildhaften Vorstellungen doch weit hinaus gehen.

In unserem Zusammenhang ist aber ein zweiter Punkt wichtiger: Die kognitionswissenschaftliche Forschung zu mental maps und zum kognitiven Kartieren bewegt sich zunächst einmal auf der Ebene einzelner Individuen und deren mentaler Repräsentationen. Mit der Übertragung des Konzepts in die Kultur-, Sozial- und Geschichtswissenschaften geht aber die Annahme einher, dass nicht nur Individuen, sondern auch soziale Gruppen wie beispielsweise Nationen über vergleichbare mentale Repräsentationen von Räumen verfügen – eine Annahme, die alles andere als trivial ist, die aber in der insbesondere geschichtswissenschaftlichen Diskussion, wenn überhaupt, eher beiläufig behandelt wird. Ein ähnliches Problem stellte sich ja bereits bei dem Thema des ‚kulturellen Gedächtnisses', mit dem wir uns im vorhergehenden Abschnitt über die Zeit beschäftigt haben. In welchem Sinn kann man ‚Kollektiven' wie beispielsweise Nationen überhaupt das Verfügen über ein Gedächtnis oder eben über mentale Repräsentationen von Räumen zusprechen, ohne in problematische Mystifikationen von einem ‚nationalen Geist' oder ähnlichem zu verfallen? Kollektive haben keine neuronale Basis, an der man die Existenz kollektiver mentaler Landkarten oder Raumkonzepte festmachen könnte. Was also legitimiert dann überhaupt die Rede von ‚mental maps' im Rahmen der Kultur-, Sozial- und Geschichtswissenschaften?

Auf diese und weiterführende Fragen, etwa nach dem methodischen Zugang zu solchen ‚kollektiv geteilten' Raumbildern, findet man in der aktuellen Diskussionen keine befriedigenden Antworten. Tatsächlich aber drängt sich der Eindruck ja geradezu auf, dass wir es bei solchen vermeintlich ‚kollektiven' ‚mental maps' gar nicht mit kognitiven oder mentalen Phänomenen zu tun haben, sondern mit kulturellen Konstrukten und Deutungsmustern, die in Diskursen hergestellt, verhandelt und durchgesetzt werden, für deren Erforschung sich daher diskurstheoretische und diskursanalytische Verfahren weitaus besser eignen als die Anknüpfung an die Kognitionswissenschaften. Anders formuliert: So wichtig und wegweisend die Erkenntnisse der unter dem Begriff der ‚mental maps' laufenden historischen, kultur- und sozialwissenschaftlichen Forschung zu tradierten Raumkonstrukten auch für die Kulturstudien sind – die Bezugnahme dieser Forschung auf die kognitive Psychologie und die dort üblichen Begriffe der ‚mental map' oder des kognitiven Kartierens stiften doch weitaus mehr Verwirrung, als dass sie zu größerer Klarheit beitragen würden. Von ‚mental maps' sollte daher in diesem Zusammenhang nicht mehr die Rede sein.

3.3.2.3 ‚Proxemics': Interkulturelle Perspektiven

Wie die zuvor behandelte ‚Mental Maps'-Forschung ist auch das hier zumindest kurz anzusprechende Theoriekonstrukt der ‚Proxemics' bzw. der ‚Distanzregulierung' aus der biologischen Verhaltensforschung hervorgegangen und wurde von hier aus auf Menschen und menschliches Distanzverhalten übertragen. In den einschlägigen Publikationen der neueren geistes- und sozialwissenschaftlichen Diskussion zum Thema ‚Raum' sucht man Hinweise auf diesen Forschungs- und Theorieansatz zwar vergeblich, er spielt aber im Kontext der Forschungen zu Interkulturalität und interkultureller Kommunikation immer noch eine gewisse Rolle und ist über diesen Weg auch im Fach Deutsch als Fremd- und Zweitsprache rezipiert worden und in Lehr- und Lernkonzepte zu ‚interkulturellem Lernen' eingegangen. Daher seien einige kurze (und kritische) Hinweise an dieser Stelle erlaubt.

Das mit dem Begriff ‚proxemics' angesprochene Raumverständnis geht auf den amerikanischen Anthropologen Edward T. Hall zurück, von dem bereits im Zusammenhang mit dem Ansatz der ‚Interkulturalität', vor allem aber im Kontext des Kulturthemas Zeit die Rede war. Hall war ja vor allem an den Problemen und potenziellen Konfliktfeldern interessiert, die bei der Interaktion zwischen Menschen verschiedener nationaler Herkunft auftreten und die man durch entsprechendes Bewusstmachen möglichst auffangen sollte, und dieses Potenzial für Konflikte und Missverständnisse sei eben vor allem durch die je unterschiedlichen ‚kulturellen' Prägungen der Menschen und die damit einhergehenden Normalitätserwartungen gegeben (s. Abschn. 3.2.2). Wie der Umgang mit der Zeit und die daran sich knüpfenden Verhaltensweisen und Verhaltenserwartungen sei eben auch der Umgang mit dem Raum, genauer gesagt mit der Distanz zwischen interagierenden Personen, in hohem Maß abhängig davon, in welches soziale und nationalkulturelle Umfeld die Menschen hinein geboren und sozialisiert werden.

‚Soziale Distanzen' nach Hall ‚kulturdifferent': Ausgehend von verhaltensbiologischen Beobachtungen an Tieren entwickelt Hall in seinem 1966 erstmals erschienenen Buch *The Hidden Dimension* sein Konzept der ‚proxemics', das die Verhaltensforschung mit einer Theorie der menschlichen Raumnutzung verbindet (vgl. Hall 1990: S. 101). Dabei geht er davon aus, dass Menschen wie Tiere ein natürliches und angeborenes Bedürfnis nach einem eigenen

3.3 Kulturthema ‚Raum': Topologische Deutungsmuster

körpernahen ‚Territorium' haben, dass dieses Bedürfnis sich aber in einem Kontinuum von einer weitgehend biologisch determinierten bis zur einer weitgehend kulturell geprägten Raumnutzung ausgestaltet (vgl. ebd.: S. 103–112). Der theoretische Kern des ‚Proxemics'-Ansatzes besteht dann in der systematischen Differenzierung von vier verschiedenen Entfernungen (‚distances'), die Menschen in ihrem Umgang mit anderen aufbauen und bei deren konkreter Ausgestaltung sich dann teilweise erhebliche kulturbedingte Differenzierungen und Abweichungen beobachten lassen. Das reicht von der „intimate distance", innerhalb deren die Individuen sehr eng miteinander interagieren und wo die Wahrnehmung der Körper auf allen sensorischen Ebenen möglich und akzeptiert ist, über die „personal" und „social" bis zur „public distance", denen Hall jeweils bestimmte Abstandsmaße zurechnet und bei denen die sensorische und emotionale Wahrnehmung der anderen Individuen immer weiter abnimmt (vgl. ebd.: S. 116–125). Die konkreten Toleranzschwellen etwa zwischen sozialer und persönlicher oder zwischen persönlicher und intimer Distanz sind laut Hall weder biologisch determiniert noch völlig individuell und beliebig, sondern kulturell geprägt und dementsprechend hochgradig different. Dabei gilt Halls Augenmerk vor allem der Schaffung eines kritischen Bewusstseins darüber, dass der amerikanische Umgang mit dem Raum eben nicht universal gültig sei und es in Zukunft sehr darauf ankomme, sich der kulturellen Unterschiede und der jeweils eigenen Begrenztheit in dieser Hinsicht bewusst zu werden:

> „Differences in the zones [d.h. in den oben beschriebenen ‚distances', CA] – in fact their very existence – became apparent only when Americans began interacting with foreigners who organize their senses differently so that what was intimate in one culture might be personal or even public in another. Thus for the first time the American became aware of his own spatial envelopes, which he had previously taken for granted" (ebd.: S. 128).

Raumbezogenes Verhalten in verschiedenen ‚Kulturen': Wie schon im Kontext ‚Zeit' bleibt Hall auch beim Thema ‚Raum' nicht bei theoretischen Überlegungen stehen, sondern wendet diese auf konkrete Beobachtungen zum raumbezogenen Verhalten in verschiedenen ‚Kulturen' an. Die völlig selbstverständliche und weder begründete noch überhaupt ansatzweise reflektierte Gleichsetzung von ‚Kulturen' mit Nationen bzw. Nationalstaaten, von der schon beim Thema Zeit die Rede war, bildet auch hier wieder den begrifflich-theoretischen Hintergrund. So sei etwa bei den ‚Deutschen' ein eher rigides Verständnis ihrer Privatsphäre zu beobachten, das bei Hall auch anhand anekdotischer Erfahrungen aus der Zeit des Zweiten Weltkriegs illustriert wird (vgl. ebd.: S. 134–135), das sich aber vor allem in der Bedeutung geschlossener und mehrfach gesicherter Türen niederschlage, in denen zusätzlich auch das deutsche Bedürfnis nach Ordnung symbolisiert sei:

> „Public and private buildings in Germany often have double doors for soundproofing, as do many hotel rooms. In addition, the door is taken very seriously by Germans. Those Germans who come to America feel that our doors are flimsy and light. The meanings of the open door and the closed door are quite different in the two countries. In offices,

Americans keep doors open; Germans keep doors closed. In Germany, the closed door does not mean that the man behind it wants to be alone or undisturbed, or that he is doing something he doesn't want someone else to see. It's simply that Germans think that open doors are sloppy and disorderly" (ebd.: S. 135).

Auf weitere Beispiele für das Raumverhalten einzelner ‚Kulturen', etwa zum Distanzverhalten von ‚Arabern' (vgl. ebd.: S. 159–164), kann hier verzichtet werden. Auf die Problematik solcher Aussagen, mit denen vor allem tradierte stereotypische Muster reproduziert werden, wurde ja bereits beim Thema ‚Zeit' hingewiesen: Sie stützen sich lediglich auf angebliche ‚Beobachtungen', denen aber keinerlei belastbare empirische Evidenz zugrundeliegt und deren wissenschaftliche Haltbarkeit daher äußerst zweifelhaft ist.

Relevanz des Themas im Kontext interkultureller Kommunikation: Trotz ihrer zweifelhaften wissenschaftlichen Validität fanden Halls Überlegungen zur angeblich ‚kulturspezifischen' Distanzregulierung im Kontext der Forschungen zur interkulturellen Kommunikation und ihrer praktischen Umsetzung in Form von interkulturellen Trainings große Beachtung. Dabei fällt allerdings auf, dass etwa im Kontext des oben mehrfach erwähnten ‚Kulturstandard'-Modells nach Alexander Thomas zwar die ebenfalls auf Hall zurückgehenden Begriffe der ‚monochronen' bzw. ‚polychronen' Zeitorientierung breit rezipiert und adaptiert wurden, nicht jedoch das Konzept der ‚proxemics' und des raumbezogenen Distanzverhaltens. Zwar gilt ‚Distanzregulierung' als wichtiger Aspekt nationalspezifischer ‚Kulturstandards', dies bezieht sich allerdings weitaus mehr auf die Markierung sozialer Nähe bzw. Distanz als unmittelbar räumlicher wie bei Hall. Andere Publikationen zum Thema ‚interkulturelle Kommunikation' greifen allerdings auch heute noch gerne auf das Konzept der ‚proxemics' zurück, so etwa die kommunikationswissenschaftliche Arbeit von Gerhard Maletzke aus dem Jahr 1996 (vgl. Maletzke 1996: S. 58–63) oder das 2017 erschienene Buch von Edith Broszinsky-Schwabe, wo es beispielsweise – unter expliziter Berufung auf Hall – heißt:

> „Besonders in außereuropäischen Ländern lebt man enger miteinander, in den Wohnungen, Cafés oder Verkehrsmitteln. Man empfindet das als normal, da es in den Kulturen tradiert wurde. Japaner empfinden Körpernähe als angenehm (z. B. geringeren Abstand in Gesprächen), Araber wollen dem anderen so nahe kommen, dass sie ihn riechen können" (Broszinsky-Schwabe 2017: S. 159).

Es muss vielleicht an dieser Stelle nicht noch einmal ausführlich dargelegt werden, wie problematisch, ja wie gefährlich und unangemessen solche auf keinerlei empirischer Basis beruhenden Stereotypisierungen sind. Eine Disziplin, die noch im Jahr 2017 solche Aussagen als Ergebnis ihrer ‚Forschung' verkauft und sich in dieser Weise unkritisch und unreflektiert zu ihren Quellen verhält, hat damit wohl den letzten Rest an wissenschaftlicher Reputation verspielt. Das Konzept des angeblich ‚kulturspezifischen' Umgangs mit Raum und Distanzverhalten mag in den 1960er Jahren innovativ und perspektivenreich gewesen sein, in einer Zeit zunehmender globaler Verflechtungen wirkt es dagegen, wie der gesamte Ansatz der ‚interkulturellen Kommunikation', völlig veraltet und unbrauchbar.

3.3.2.4 Raum als soziale Produktion: Sozialwissenschaftliche Raumperspektiven

Raum kein klassisches Thema der Soziologie: Im Gegensatz zu den zuletzt diskutierten Ansätzen der ‚mental maps' und der kulturspezifischen Distanzregulierung gehen sozialwissenschaftliche Überlegungen zum Thema ‚Raum' von vornherein davon aus, dass es sich bei ‚Raum' nicht primär um ein individuell-kognitives, sondern um ein soziales Phänomen handelt. Allerdings ist diese Perspektive innerhalb der sozialwissenschaftlichen Tradition keineswegs selbstverständlich. Zwar haben sich viele soziologische ‚Klassiker' wie Emile Durkheim, Georg Simmel oder Pierre Bourdieu mehr oder weniger intensiv mit dem Thema ‚Raum' im Kontext sozialwissenschaftlicher Theoriebildung beschäftigt (vgl. Schroer 2012: S. 358–359); im Gegensatz zu zeitbezogenen Begriffen wie ‚Modernisierung' oder ‚Beschleunigung' galten der Raum und raumorientierende Konzepte aber lange nicht als Kernthemen der Soziologie. Dies hat zum einen mit dem fachlichen Selbstverständnis der Soziologie und ihrem Bedürfnis nach Abgrenzung etwa gegenüber der Humangeographie zu tun, der man das als politisch zweifelhaft geltende Thema ‚Raum' gerne überlassen hat, es hat aber auch mit der rasanten technologischen Entwicklung in den Bereichen Verkehr, Mobilität und Kommunikation seit dem frühen 19. Jahrhundert zu tun, von denen ja schon mehrfach die Rede war. Die Schaffung einer flächendeckenden Verkehrsinfrastruktur mit Eisenbahnen, später Autos und Flugzeugen, die Verbreitung von Telefonen, elektronischen und später digitalen Informations- und Kommunikationsmedien haben den Raum, verstanden als physische Kategorie und als Entfernung zwischen Menschen als sozialen Handlungsträgern, zu einer scheinbar vernachlässigbaren Größe gemacht. Weder auf der makrosoziologischen Ebene gesellschaftlicher Systeme und Strukturen noch auf der mikrosoziologischen Ebene des konkreten Handelns sozialer Akteure im Alltag spielte der Raum eine nennenswerte Rolle, die ein grundlegenderes Nachdenken über den Zusammenhang zwischen Raum und sozialer Praxis innerhalb der sozialwissenschaftlichen Theoriebildung erforderlich gemacht hätte. Wenn überhaupt, kam der Raum nur als ein physischer ‚Behälter' in den Blick, innerhalb dessen sich soziales Handeln abspielte, der dieses soziale Handeln allenfalls durch ‚natürliche' Gegebenheiten begrenzen, ansonsten aber nicht weiter beeinflussen konnte.

Es waren eine Reihe neuer Erfahrungen wie die zunehmende Globalisierung und die Rolle von ‚global cities', die durch urbane Lebensbedingungen verursachte ‚Verinselung' von Lebensräumen oder auch die Schaffung neuer digitaler oder virtueller ‚Räume' (vgl. Löw 2001: S. 69–129), die seit dem Ende des 20. Jahrhunderts dazu geführt haben, dass der oben angesprochene ‚spatial turn' sich auch in der Soziologie und anderen Sozialwissenschaften mehr und mehr durchsetzte. Es zeigte sich, dass wir es beim ‚Raum' keineswegs, wie meist unreflektiert und unter Rückgriff auf ein tradiertes Muster angenommen, mit einem homogenen und kontinuierlichen ‚Behälter' zu tun haben, innerhalb dessen sich soziales Leben abspielt, sondern um eine relationale Größe, die in der Anordnung von Gegenständen, Menschen und sozialen Interaktionen überhaupt erst entsteht und daher selbst in hohem Maß ein soziales Produkt ist. Damit aber wird der Raum von einer mehr oder weniger relevanten äußeren Rahmenbedingung zum konstitutiven Element des Sozialen, was wiederum innerhalb der Soziologie neue Frage- und Problemstellungen aufwarf und die Rede von einer eigenen Bindestrich-Soziologie zum Thema legitimierte. Ob es sich dabei nun bereits um eine fertig ausgearbeitete „Raumsoziologie" handelt, wie es bei Martina Löw heißt (vgl. Löw 2001), oder ob wir uns erst, wie Markus Schroer meint, „[a]uf dem Weg zu einer Soziologie des Raums" (vgl. Schroer 2006) befinden, ist eine innersoziologische Frage und kann hier daher offen bleiben.

,Raumsoziologie' und ihre Grenzen: Dass der ‚Raum' nicht einfach physisch gegeben ist, sondern in der sozialen Interaktion hergestellt wird und dass dabei auch gesellschaftliche Machtstrukturen reproduziert werden, war schon Thema des 1974 erschienenen Buches *La production de l'espace* des französischen Philosophen und Gesellschaftstheoretikers Henry Lefebvre, und an seine Positionen knüpft auch die aktuelle sozialwissenschaftliche Raumtheorie zumindest teilweise an (vgl. Döring 2010: S. 91–93). Der Raum, so heißt es etwa bei Löw, werde in der neuen Raumsoziologie nicht mehr als Behälter gesehen, sondern „als eine relationale (An)Ordnung von Körpern, welche unaufhörlich in Bewegung sind" (Löw 2001: S. 131). Dabei gehe es aber nicht nur um die statische Relation der Körper, sondern vor allem um die Prozesse des (An)Ordnens und um die Frage, „was angeordnet wird (Dinge, Ereignisse etc.?), wer anordnet (mit welchem Recht, mit welcher Macht?) und wie Räume entstehen, sich verflüchtigen, materialisieren oder verändern und somit Gesellschaft strukturieren" (ebd.: S. 151). Auf diese Weise hat der soziologisch-relationale Blick auf den Raum auch eine Reihe interessanter Einzelanalysen etwa zu Schulräumen (vgl. ebd.: S. 231–246), zu politischen (vgl. Schroer 2006: S. 185–226), urbanen (vgl. ebd.: S. 227–251; Löw 2001: S. 254–262) oder virtuellen Räumen (vgl. Schroer 2006: S. 252–275) angeregt.

Interessant für die Kulturstudien ist der soziologische Zugang zum Raum vor allem deswegen, weil hier zumindest ansatzweise auch die Rolle von Raumvorstellungen und raumbezogenen Wissensordnungen thematisiert wird. Die vorliegenden raumsoziologischen Analysen zeichnen sich in der Regel dadurch aus, dass sie einerseits eine eher mikrosoziologische Akteursperspektive einnehmen und die Herstellung von Räumen im konkreten sozialen Handeln rekonstruieren wollen, dass sie dabei aber andererseits auch die makrosoziologische Struktur- und Systemperspektive nicht außer Acht lassen und versuchen, beide Perspektiven so miteinander in Verbindung zu bringen, dass dabei eben auch die Rolle vorgegebener, d. h. ritualisierter und institutionalisierter Raumstrukturen und die damit einhergehenden Machtverhältnisse sichtbar werden. Zu diesem Zweck greift etwa die ‚Raumsoziologin' Martina Löw zunächst auf die Begriffe ‚spacing' (Giddens) und ‚Synthese' (Elias) zurück, die darauf verweisen, dass das Herstellen von Räumen eine individuell-kognitive Deutungs- und Syntheseleistung durch die sozialen Akteure impliziert (vgl. Löw 2001: S. 158–160). Darüber hinaus aber sei das soziale Handeln und das dabei sich vollziehende Schaffen von Räumen auch durch Routinen und Institutionen geprägt, in denen sich vorgängige räumliche

Strukturen verfestigt haben, die nun ihrerseits das soziale Handeln beeinflussen. Diese sozusagen ‚immer schon' vorgegebenen räumlichen Strukturen, die Löw mit Anthony Giddens als „Regeln und Ressourcen" genauer beschreibt (ebd.: S. 167), haben zur Folge, dass Räume zwar einerseits im sozialen Handeln hergestellt und ausgehandelt werden, dass dabei aber über die rekursive Rolle räumlicher Strukturen die überlieferten Raumkonzepte immer wieder reproduziert werden, sich institutionell verfestigen und gerade dadurch alltägliches soziales Handeln erst ermöglichen. Veranschaulicht wird dies bei Löw am Beispiel der Trennung zwischen öffentlichem und privatem Lebensbereich, die durch juristische, soziale und ökonomische Strukturen konstituiert werde, sich aber eben auch in räumlichen Strukturen niederschlage:

> „Die Trennung von öffentlich und privat artikuliert sich aber auch in räumlichen Strukturen, in der Gestaltung von Häusern, in der Verschließbarkeit von Häusern, in der Konzeption des Wohnzimmers als nach Absprache öffentlich zugänglichen Raums, in der Gestaltung von Cafés, angelehnt an private Räume etc." (ebd.: S. 169).

Spätestens bei den hier genannten Beispielen wird erkennbar, dass eine klassisch soziologische Perspektive auf Raumphänomene und insbesondere auf die Prozesse der Herstellung und Aushandlung von Raumkonzepten auch schnell an Grenzen gerät. Was hier nämlich, etwa beim Beispiel des ‚Wohnzimmers' und den damit einhergehenden Regeln und Handlungserwartungen, fehlt, ist die symbolische, die sprachlich-diskursive und damit die kulturelle Ebene, die gerade bei der Frage der sozialen Herstellung von Räumen eine wichtige Rolle spielt. Was ein ‚Wohnzimmer' ist, wie es ‚typischerweise' eingerichtet wird, welche Handlungsregeln und -erwartungen damit einhergehen, wie diese Vorstellungen und Erwartungen entstanden sind und wie sie sich im Lauf der Zeit verändert haben und welche klassen-, generationen- oder auch geschlechtsbezogenen Varianten sich dabei festmachen lassen – all dies verweist nicht nur auf Fragen sozialer und institutionalisierter Regeln und Ressourcen, sondern auch auf Fragen der Herstellung und Aushandlung von Bedeutung im Diskurs und damit auf ‚Kultur'.

Der aktuelle soziologische Raumdiskurs und der hier vorherrschende Begriff von ‚Raum' als einer Struktur, die zwar von den Akteuren im sozialen Handeln hergestellt wird, sich darin aber zugleich auch immer wieder reproduziert, stellt zweifellos einen wichtigen Beitrag zur Klärung raumtheoretischer Fragen dar. Daran können und müssen auch die Kulturstudien und der hier zu entfaltende kulturwissenschaftliche Zugang zum Thema Raum anknüpfen. Zugleich ist aber auch sichtbar geworden, dass ein rein soziologischer Zugriff dann an Grenzen gerät, wenn er die Ebene von Diskurs und Bedeutung nicht ausreichend berücksichtigt.

3.3.2.5 Diskurs und Raum: ‚Räume' als diskursive Wissensordnungen

Während der von Edward Soja in den 1990er Jahren verkündete ‚spatial turn' in den Sozial-, Kultur- und Medienwissenschaften zumindest vorübergehend eine regelrechte Hochkonjunktur des Themas ‚Raum' und der interdisziplinären Raumforschung ausgelöst hat, herrschen in der traditionellerweise am ehesten für den

Raum zuständigen Disziplin, der Geographie, gegenüber der vermeintlichen ‚Wiederkehr' des Raums doch eher Skepsis und „Unbehagen" (Lossau 2007: S. 55) vor. Es mag nicht zuletzt die historische Verstrickung der Geographie in die geopolitischen Raumdiskurse der 1930er und 1940er Jahre und deren langwierige Aufarbeitung gewesen sein, die hier zu einer stärker ausgeprägten Sensibilität für problematische Implikationen der Kategorie ‚Raum' geführt hat, jedenfalls waren es vor allem Geograph*innen, die schon früh auf die mit einer unkritischen Verwendung der Kategorie in sozial- und kulturtheoretischen Konzepten verbundenen Gefahren und Fallstricke hingewiesen haben. Der ‚spatial turn' nämlich, so die einhellige Auffassung der einschlägigen Publikationen, habe in sozial-, kultur- und medienwissenschaftlichen Kontexten zu einer Re-Essentialisierung des Raums und zu einer Renaissance der in der Geographie längst überwunden geglaubten Vorstellungen vom Raum als einer angeblich ‚natürlichen' Gegebenheit geführt (vgl. u. a. Lippuner/Lossau 2004; Lossau 2007):

> „Auch die aktuelle Diskussion von Raumfragen neigt dazu, Gesellschaft mit Physischem (Raum) zu verknüpfen und dabei Produkte sozialer Praktiken in scheinbar natürliche ‚geographische Gegebenheiten' zu verwandeln. Sie kann so zumindest eine Grundlage dafür schaffen, soziale Konstellationen (erneut) als ‚geopolitische Gegebenheiten' (z.B. Deutschlands Mittellage) auszuweisen. Kontingente soziale Wirklichkeit wird dabei der gesellschaftlichen Verfügbarkeit enthoben und ihres politischen Gehalts letztlich entledigt" (Lippuner/Lossau 2004: S. 48).

‚Imaginative Geographien': Dass die hier beschworene Gefahr einer Re-Essentialisierung des Raums und seiner Inanspruchnahme für eine Begrenzung gesellschaftlicher Verfügbarkeit tatsächlich besteht, haben die oben erwähnten Ansätze des Historikers Karl Schlögel und der Sozial- und Medienwissenschaftler Rudolf Maresch und Niels Werber ja schon hinreichend deutlich gemacht (s. o.). Für unseren Zusammenhang interessant ist aber vor allem, dass aus der kritischen Auseinandersetzung der Geographie mit den problematischen Implikationen des ‚spatial turn' innovative Zugänge zum Thema Raum hervorgegangen sind, die sich vor allem der Anknüpfung an Positionen des Postkolonialismus und der Diskurstheorie verdanken. In der Humangeographie habe sich, so die Geographin Julia Lossau, in dieser Anknüpfung an postkoloniale Konzepte wie Edward Saids *Orientalism* ein Perspektivwechsel durchgesetzt: Räume und bestehende Raumordnungen gelten nicht mehr, wie noch zu Zeiten der Geopolitik und der herkömmlichen Länderkunde, als physische ‚Realitäten' und unumstößliche ‚Wahrheiten', sondern als von Machtverhältnissen durchzogene Resultate diskursiver Aushandlungsprozesse:

> „Unter postkolonialen Vorzeichen geht es nicht länger darum, Kulturräume als quasinatürliche territoriale Entitäten der Forschung vorauszusetzen. Der Fokus der Auseinandersetzung liegt vielmehr auf der Frage, wie solche Räume als imaginative Geographien im Sinne Saids inner- und vor allem außerwissenschaftlich konstituiert werden. Dabei wird heuristisch zwischen einer diskursiv-repräsentativen und einer praktisch-performativen Ebene der Raumkonstitution unterschieden [...]. Während die erstgenannte die symbolischen Landkarten und Raumordnungen beinhaltet, die von unterschiedlich machtvollen Institutionen (z. B. Staaten oder internationalen Organisationen)

3.3 Kulturthema ‚Raum': Topologische Deutungsmuster 227

medial platziert und im Diskurs mit mehr oder weniger großem Erfolg durchgesetzt werden, geht es im zweiten Fall um jene Orts- und Weltbezüge, die in der alltäglichen Praxis von individuellen Akteuren und/oder Gruppen produziert und reproduziert werden. Auf beiden Ebenen wird untersucht, welche Bedeutungszuschreibungen in Bezug auf das Eigene und das Fremde jeweils transportiert werden und wie die Verfestigung bestimmter Repräsentationen dazu beiträgt, imaginative Geographien als vermeintlich natürliche territoriale Entitäten erscheinen zu lassen" (Lossau 2012: S. 359–360).

Der hier angesprochene Bezug auf Diskurse, Machtverhältnisse und ‚imaginative Geographien' eröffnet eine gegenüber der bisherigen Diskussion völlig veränderte Perspektive, die ‚Räume' und ‚Raumordnungen' nicht mehr irgendwo in der physischen ‚Realität' ansiedelt, sondern sie zunächst und vor allem als ‚imaginative' bzw. diskursive Phänomene auffasst. Räume sind nicht einfach da, sie werden gemacht, genauer: sie werden in Diskursen mit Bedeutungen als bestimmte Räume mit bestimmten Grenzen und bestimmten Eigenschaften versehen, sie werden diskursiv gesetzt, ausgehandelt und stabilisiert. Sie sind das Resultat von im Diskurs geltenden Wissensordnungen und Machtverhältnissen, von ihnen geht als ihrerseits stabilen Wissensordnungen aber auch selbst in hohem Maß Macht im Hinblick auf Deutung und soziales Handeln aus. Eine solche veränderte und auch erstmals konsequent nicht-essentialistische Sichtweise bietet tragfähige Lösungen für die oben angesprochenen offenen Probleme im Zusammenhang mit dem Konzept der ‚mental maps' und mit dem relationalen Raumbegriff in der Soziologie und stellt daher auch für die Kulturstudien und ihren Zugang zum Thema ‚Raum' eine interessante und perspektivenreiche Anknüpfungsmöglichkeit dar.

***Orientalism* und Anbindung an Diskurstheorie:** Der entscheidende Impuls für einen im weitesten Sinne diskurstheoretischen und machtkritischen Zugang zu Räumen und räumlichen ‚Gegebenheiten' ging von dem bereits erwähnten Buch *Orientalism* des palästinensisch-amerikanischen Literaturwissenschaftlers Edward W. Said aus, das 1978 erstmals erschienen ist und das heute als eines der ‚Gründungsdokumente' der postkolonialen Theoriebildung gilt (vgl. Castro Varela/ Dhawan 2020: S. 101). Darin zeigt Said anhand einer Vielzahl historischer Belege, dass es sich bei der uns ja bis heute vertrauten räumlich-geographischen Kategorie des ‚Orients' um eine ‚Erfindung' des vor allem britischen, französischen und amerikanischen orientalistischen Diskurses seit dem 18. Jahrhundert handelt, die der Abgrenzung zwischen einem als ‚unterentwickelt' geltenden Orient auf der einen und der ‚zivilisierten' Welt des ‚Westens' auf der anderen Seite diente, die aber auch die kolonialen Hegemonieansprüche des ‚Okzidents' gegenüber dem ‚Orient' legitimieren sollte. Dabei besteht das Neue und Wegweisende des Buches von Said vor allem darin, dass er die Diskurstheorie von Foucault erstmals auf ein vermeintlich ‚geographisches' Thema und auf koloniale und postkoloniale Macht- und Abhängigkeitsverhältnisse anwendet. Der ‚Orientalismus' sei demnach auch weder eine Ansammlung von Lügen noch eine luftige Phantasie, vielmehr handele es sich um einen Diskurs im Sinne Foucaults, d. h. eine Sammlung von Aussagen und Regeln für das Sprechen über den fraglichen Gegenstand, nämlich den ‚Orient', durch den dieser als identifizierbarer Gegenstand allererst hergestellt wird:

„Orientalism, therefore, is not an airy European fantasy about the Orient, but a created body of theory and practice in which, for many generations, there has been a considerable material investment. Continued investment made Orientalism, as a system of knowledge about the Orient, an accepted grid for filtering through the Orient into Western consciousness, just as that same investment multiplied – indeed, made truly productive – the statements proliferating out from Orientalism into the general culture" (Said 1979: S. 6).

Unabhängig von der bis heute andauernden Diskussion über Saids Buch und unabhängig auch von dessen konkretem Gegenstand ist für einen kulturwissenschaftlichen Zugang zum Thema ‚Raum' vor allem der von Said geprägte Begriff der ‚imaginative geography' relevant, der besagt, dass Räume als geographische Gegenstände nicht einfach physisch vorhanden sind, dass sie ihr Dasein als spezifische Gegenstände vielmehr der im Diskurs hergestellten, ausgehandelten und durchgesetzten Imagination als eines je bestimmten Raums mit bestimmten Grenzen und bestimmten Eigenschaften verdanken. Anders gesagt: der ‚Orient' ebenso wie der ‚Westen', ‚Europa' ebenso wie ‚Afrika' oder ‚Asien', aber auch einzelne Regionen wie das ‚Ruhrgebiet', die ‚Lausitz' oder das ‚Waldviertel' sind keine objektiven ‚Realitäten', sondern diskursive Muster, die vor allem in unserer Vorstellung und in unserem Denken und Sprechen über sie existieren, die im Diskurs hergestellt und auch im Diskurs immer wieder neu bestätigt und stabilisiert werden.

Die von Said erstmals vorgenommene Anbindung geographischer Problemstellungen an die Diskurstheorie hat sich mittlerweile innerhalb der Humangeographie zu einem wichtigen und einflussreichen Forschungsparadigma entwickelt, das seine Gegenstände auch längst jenseits der von Said gesetzten Orientalismus-Problematik sucht und findet. So wurde beispielsweise Saids Rede von der ‚imaginative geography' innerhalb der in den USA in den 1990er Jahren entstandenen und vor allem mit dem Namen Derek Gregory verbundenen ‚new regional geography' zu einer zentralen begrifflichen Kategorie weiterentwickelt (vgl. Gregory 1994, 1995), und auch im deutschsprachigen geographischen Fachdiskurs ist diese Perspektive mittlerweile gut etabliert und hat beispielsweise auch bereits Niederschlag in einem umfassenden Handbuch zum Zusammenhang von Diskurs und Raum gefunden (vgl. Glasze/Mattissek 2009; vgl. auch Glasze 2013, 2015).

Als Fazit unseres kleinen Überblicks über aktuelle sozial- und kulturwissenschaftliche Zugänge zum Thema Raum können wir vorläufig festhalten: Auch wenn herkömmlich essentialisierende und objektivierende Perspektiven auf den Raum nach wie vor eine Rolle spielen, hat sich doch der mit dem Begriff des ‚cultural turn' benannte Paradigmenwechsel von der herkömmlich objektivistischen zu einer bedeutungs- und diskursorientierten Sichtweise mittlerweile auch beim Thema ‚Raum' fest etabliert. Räume gelten heute insbesondere in der klassischen Raumwissenschaft, der Geographie, aber auch in weiten Teilen der Sozial-, Kultur- und Medienwissenschaften nicht mehr als physische Gegebenheiten, sondern als sprachlich-symbolische Wissensordnungen, die in Diskursen hergestellt, ausgehandelt und durchgesetzt werden und über die nicht zuletzt auch

Macht- und Hegemonieansprüche vermittelt werden. An diese Sichtweise können und sollten auch die Kulturstudien im Fach Deutsch als Fremd- und Zweitsprache bei ihrem fachspezifischen Interesse am Kulturthema Raum anknüpfen.

3.3.3 ‚Raum' im Kontext von Deutsch als Fremd- und Zweitsprache: Die Perspektive der Kulturstudien

Auch wenn, wie eingangs dieses Kapitels gesehen, räumliche Kategorien in der Sprache und damit auch beim Spracherwerb durchaus eine prominente Rolle spielen, hat sich das Fach Deutsch als Fremd- und Zweitsprache auf einer theoretisch-reflexiven Ebene und im Kontext des kulturbezogenen Lernens bisher allenfalls punktuell und sporadisch mit dem Thema Raum befasst. Auch die oben referierten Diskussionen rund um den angeblichen ‚spatial turn', wie sie seit etwa 20 Jahren in den Sozial-, Geschichts- und Kulturwissenschaften geführt werden, sind in unserem Fach bislang kaum angekommen. Die einzige neuere Publikation, die sich hier immerhin um Anschluss bemüht, ist ein von Chiara Cerri und Sabine Jentges herausgegebener Sammelband aus dem Jahr 2015 (vgl. Cerri/Jentges 2015), der das mit dem ‚spatial turn' einhergehende neue Raumdenken in die praxisbezogenen Kontexte des interkulturellen Lernens integrieren möchte und dabei auch soziologische, geographische und kulturwissenschaftliche Perspektiven auf den Raum einbezieht (vgl. v. a. Cerri/Dausend 2015). Allerdings bleiben auch diese Überlegungen letztlich doch bei den konkreten unterrichtsbezogenen Fragen eines praxisorientierten Fachverständnisses stehen und entwickeln keine wirklich weiterführende theoretische und konzeptionelle Perspektive auf das Thema Raum im Kontext des Faches.

Zwei Richtungen einer Anknüpfung im Fach: Sieht man von diesem bislang singulär gebliebenen Ansatz ab, lassen sich in den bisherigen Fachdiskursen zur Rolle räumlicher Kategorien in ‚landeskundlichen' oder ‚interkulturellen' Kontexten von Deutsch als Fremd- und Zweitsprache grob zwei Richtungen unterscheiden: Zum einen wird im Rahmen ‚interkultureller' Zugänge immer noch auf den Ansatz der ‚proxemics' von Edward T. Hall aus den 1960er Jahren zurückgegriffen, von dem oben kurz die Rede war. So nennt beispielsweise eine einführende Publikation zum Praxisfeld Deutsch als Zweitsprache aus dem Jahr 2018 den „Bereich der Proxemik", also die „Positionierung im Raum" bzw. „physische Distanz und Nähe von Kommunikationspartnern" als einen Aspekt nonverbaler Kommunikation, bei dem „große kulturelle Unterschiede" zu beobachten seien (Harr/Liedtke/Riehl 2018: S. 270). Diese werden durch zahlreiche Beispiele illustriert, wobei die Autorinnen vor stereotypisierenden und rassifizierenden Zuschreibungen wie „Araber und Lateinamerikaner halten generell einen viel geringeren Abstand zum Gesprächspartner als Europäer und Nordamerikaner" (ebd.) nicht zurückschrecken. Immerhin weisen sie auch darauf hin, dass sich solche Aussagen auf ältere Studien stützen und „dass diese Unterschiede [...] heute nicht mehr so deutlich ausfallen würden" (ebd.: S. 271).

Die zweite Richtung, in der räumliche Kategorien im Fach Deutsch als Fremd- und Zweitsprache herangezogen werden, ist im Vergleich dazu weitaus grundlegender, weil es hier nicht um eine mehr oder weniger zufällig herangezogene Theorie zu einer vergleichsweise engen Fragestellung geht, sondern um die im Fach generell verwendete Beschreibungssprache und damit um den paradigmatischen Zugang des Fachs zu seinen Gegenständen. Schon in Begriffen wie ‚Landeskunde' oder ‚deutschsprachiger Raum', aber auch mit der immer noch weit verbreiteten Bindung des Begriffs ‚Kultur' an territoriale Einheiten (‚Kulturraum', ‚Kulturkreis', ‚Kultur des deutschsprachigen Raums' usw.) beziehen wir uns auf räumliche Kategorien, denen in traditionell essentialistischer Weise scheinbar ‚objektive Realitäten' zugeordnet werden. Dabei gehen wir davon aus, dass sich über diese ‚Realitäten' wie ‚Länder', ‚Regionen' oder ‚Kulturräume' bestimmte Aussagen machen lassen, die für Lernende ‚der Sprache' eines ‚Landes' in irgendeiner Weise relevant sind.

Enge Anbindung an geographische ‚Länderkunde': Schon diese sehr einfache Beschreibung bestimmter Grundannahmen, von denen das Fach ausgeht, offenbart die enge Verstricktheit mit dem herkömmlichen Ansatz der geographischen ‚Länderkunde', von dem oben die Rede war und der ‚Länder' als spezifische ‚Kulturräume' zu beschreiben versuchte, die von einem harmonischen Miteinander der ‚natürlichen' Beschaffenheit des Landes und der kulturellen Besonderheiten seiner Bewohner geprägt sein sollten. Welche Rolle diese Denktradition im Fach Deutsch als Fremd- und Zweitsprache zumindest bis vor wenigen Jahren noch gespielt hat, zeigen zwei Handbucharikel aus den Jahren 2001 und 2003, die das Verhältnis zwischen der Geographie auf der einen und der ‚Landeskunde' im Kontext von Deutsch als Fremd- und Zweitsprache auf der anderen Seite diskutieren. So bleibt der im Handbuch *Deutsch als Fremdsprache* von 2001 erschienene Artikel „Sozial-, Wirtschafts- und Kulturgeographie und Landeskunde" von Helmut Buchholt weitgehend innerhalb des traditionellen länderkundlichen Modells der Geographie stehen, ohne dessen grundlegende Problematik und dessen Relevanz und Aussagekraft für globalisierte Migrationsgesellschaften des 21. Jahrhunderts ausführlicher zu reflektieren. Zwar sei die Wissenschaftlichkeit der Länderkunde seit den 1960er Jahren „grundsätzlich in Frage gestellt", „insgesamt jedoch nicht aufgegeben" worden (Buchholt 2001: S. 1280), man habe lediglich den menschlichen Faktor gegenüber dem Einfluss der physischen Geographie stärker hervorgehoben. Daran könne auch das Fach Deutsch als Fremdsprache anknüpfen, dem es ja „um das Erlernen kulturräumlicher Inhalte des deutschsprachigen Raumes" und um „Einblicke und Orientierungen über den deutschsprachigen Kulturkreis" gehe (ebd.: S. 1281):

> „Denn natürlich empfiehlt es sich, zunächst eine räumliche Verortung des deutschsprachigen Raumes in der Welt bzw. in Europa vorzunehmen. [...] Hinweise auf die Lage und Größe, die geologischen, klimatischen, vegetativen Gegebenheiten usw. [...] können allerdings nur ein erster Vermittlungsschritt in Richtung auf die letztlich zu leistende Darstellung der menschlichen Gestaltung des konkreten Raumes sein" (ebd.).

3.3 Kulturthema ‚Raum': Topologische Deutungsmuster

Die Argumentation greift hier explizit und völlig bruchlos auf die klassische länderkundliche Auffassung vom Raum als einem physischen Behälter zurück, innerhalb dessen menschliches Handeln sich abspielt und der dieses menschliche Handeln auch nachhaltig prägt.

Ein auf den ersten Blick höheres Maß an kritischer Reflexion dieser problematischen Tradition gegenüber weist der Artikel „Geographische Landeskunde" von Jörg Maier und Kristel Monheim auf, der 2003 im *Handbuch interkulturelle Germanistik* erschienen ist. An die Stelle der herkömmlichen vergleichenden Länderkunde seien seit Ende der 1960er Jahre mit der „hermeneutischen Landes- bzw. Länderkunde", der „Geographie der Regionen" und der „Geographie als Beitrag zur Machtkritik" neue Paradigmen getreten, die auch für eine geographische Landeskunde im Kontext von Deutsch als Fremd- und Zweitsprache bzw. der ‚interkulturellen Germanistik' relevant und anschlussfähig seien (vgl. Maier/Monheim 2003: S. 514–516). Bei der Frage der konkreten Umsetzung einer so verstandenen geographischen Landeskunde kommen aber schnell die alten geodeterministischen Muster wieder zum Vorschein. Wie die Landeskunde im Kontext von Deutsch als Fremdsprache wolle auch die neue Geographie „den Motivationszusammenhang der den Menschen treibenden Kräfte im realen Raum offen legen und auf diese Weise zu einem kulturanthropologischen Verständnis der Kultur beitragen, um deren Erforschung und Lehre es geht" (ebd.: S. 516–17). Auch die konkreten Themen, die dann für eine solche angeblich neue geographische Landeskunde vorgeschlagen werden, machen sehr deutlich, in welchem Maß das Konzept letztlich doch der Tradition der Länderkunde und des länderkundlichen Schemas verpflichtet bleibt. Zwar beginnt die Liste der vorgeschlagenen Themen mit dem übergreifenden Punkt „Gesellschaft und Staat", dem schließen sich dann aber ganz im Sinne des besagten Schemas die Faktoren der physischen Geographie an: „Relief, Boden und Wasser", „Klima, Pflanzen- und Tierwelt" sowie „Bevölkerung", erst dann folgen die eigentlich anthropogenen und sozialen Aspekte wie „Dörfer und Städte", „Bildung und Kultur", „Arbeit und Lebensstandard" usw. (ebd.: S. 517). Von den zuvor immerhin doch theoretisch einbezogenen Überlegungen zu innovativen Zugängen der Geographie zum Thema Raum, etwa zum Raum als Ergebnis und nicht Voraussetzung sozialen Handelns und zu einer machtkritischen Geographie, ist hier keine Rede mehr.

„**Tübinger Modell":** Anders als die erwähnten Handbuchartikel, für die ja bereits thematisch eine fachgeographische Sichtweise konstitutiv ist, geht das *Tübinger Modell einer integrativen Landeskunde* von Paul Moog und Hans-Joachim Althaus von vornherein von einem interdisziplinären Ansatz aus, von dem her sich Antworten auf die Fragen der Landeskunde im Kontext von Deutsch als Fremdsprache ergeben sollen. Dabei soll beim Thema Raum weniger der geographische als der historische Blick leitend sein, d. h. Althaus und Mog gehen in ihrem Kapitel über „Aspekte deutscher Raumerfahrung" von einem zugleich kulturkontrastiven und mentalitätsgeschichtlichen Ansatz aus, wonach sich die

‚deutsche Raumerfahrung' als Teilaspekt deutscher Mentalität insbesondere durch die historische Erfahrung der Enge und Kleinräumigkeit erklären lasse.

> „Die Erbschaft der Enge, der Zersplitterung mit all ihren Konsequenzen auf der einen Seite, gleichzeitig – als gegenläufige Tendenzen – Mobilität, Horizonterweiterung, Ganzheits- und Einheitsbedürfnisse auf der anderen: dies ist das Zuordnungsprinzip, das Konstanten und Wandlungen deutscher Raumerfahrung bis hin zur Gegenwart in einen Zusammenhang zu bringen sucht und dabei zentrale Aspekte wie das Verhältnis von Innen und Außen, die besondere Beziehung der Deutschen zur Natur und Landschaft besonders hervorhebt" (Althaus/Mog 1992: S. 44).

Vor allem die bekannte ‚Kleinstaaterei', also die bis ins späte 19. Jahrhundert andauernde politische Zersplitterung, und das gerade im Zuge der Modernisierung staatlicher Verwaltung zunehmende Gefühl der Kontrolle hätten die Herausbildung einer ‚Mentalität' maßgeblich befördert, die bis heute von einer gerade im Vergleich mit den ‚weiträumigeren' und mobileren USA auffälligen Tendenz zur Innerlichkeit und Sesshaftigkeit geprägt sei.

Problematisch an den Ausführungen von Althaus und Mog zur ‚deutschen Raumerfahrung' ist zum einen, dass sie ihre teilweise recht weitgehenden und mit dem Anspruch auf Allgemeingültigkeit daherkommenden Aussagen nahezu ausschließlich auf literarische Quellen des 18. und 19. Jahrhunderts stützen, ohne die Legitimation eines solchen Vorgehens auch nur ansatzweise zu reflektieren oder zu begründen. Hinzu kommt, dass sie etwa mit den vermeintlich ‚typisch deutschen' Eigenschaften wie Innerlichkeit, Sesshaftigkeit oder Naturverbundenheit auf sehr traditionelle stereotypische Muster zurückgreifen und diese unter Verweis auf fragwürdige Quellen als ‚wissenschaftliche' Erkenntnisse verkaufen. Was in unserem Zusammenhang aber besonders auffällt: Auch wenn Althaus und Mog sich am Anfang explizit von der länderkundlichen Tradition der Geographie abgrenzen und der „geographische[n] Objektivierung des Raums" dessen Charakter als „veränderliches, soziales Konstrukt im Wandel komplexer Bedingungen, Einstellungen und Erfahrungen" entgegen halten, bleiben sie dem herkömmlichen geodeterministischen Denken doch insofern verpflichtet, als sie dem Raum und seinen ‚objektiven' Gegebenheiten, etwa in Form einer kleinteiligen politischen Gliederung, einen maßgeblichen Einfluss auf die Ausprägung subjektiver und kollektiver ‚Mentalitäten' zuschreiben. Davon, den Raum tatsächlich als Konstrukt, d. h. als Resultat diskursiver Deutung und Aushandlung anzusehen, sind auch sie noch sehr weit entfernt.

‚Raumbezogene (topologische) Deutungsmuster': Zu den grundlegenden paradigmatischen Zugängen der Kulturstudien zu ihrem Gegenstand und zur Problematik der Beschreibungssprache im Fach Deutsch als Fremd- und Zweitsprache, insbesondere zu den Begriffen ‚Landeskunde', ‚Kultur' und ‚Interkulturalität' und deren Verstricktsein in ebenso traditionsreiche wie problematische Fachdiskurse wurde an anderer Stelle in dieser Einführung ja bereits Stellung genommen (s. Kap. 2), das soll und muss hier nicht wiederholt werden. Es dürfte aus dem Bisherigen hinreichend klar geworden sein, dass mit dem ‚Kulturthema Raum' im Rahmen der Kulturstudien weder eine einfache

Anknüpfung an die essentialistischen Raum-Konzepte etwa der länderkundlichen Geographie intendiert ist, wie sie im Fach Deutsch als Fremd- und Zweitsprache vielfach noch vorherrschen, noch der Anschluss an den aktuellen Diskurs des ‚spatial turn' gesucht wird, insoweit dieser mit einer „Wiederkehr des Raumes" (Schlögel) als einer physischen ‚Gegebenheit' einhergeht.

Zugleich haben die Auseinandersetzungen mit anderen Theorie- und Forschungsansätzen zum Thema Raum im Rahmen der Kultur- und Sozialwissenschaften aber auch Perspektiven sichtbar gemacht, an die die Kulturstudien Deutsch als Fremd- und Zweitsprache sinnvoll anknüpfen können. So hat sich zwar die von der historischen und kulturwissenschaftlichen ‚Mental Maps'-Forschung vorgenommene Übertragung individuell-kognitiver Phänomene auf die Ebene von sozialen Kollektiven als problematisch herausgestellt, andererseits weist das Konzept aber auch zahlreiche interessante Parallelen zu dem in den Kulturstudien ja präferierten Deutungsmuster-Ansatz auf, die sich auch – etwa unter Bezugnahme auf diskurstheoretische Überlegungen – leicht fruchtbar machen lassen. In eine ähnliche Richtung weist auch die Auseinandersetzung mit den raumsoziologischen Überlegungen etwa von Löw, die ja ebenfalls von bestimmten institutionalisierten Raumkonzepten spricht, ohne dass diese allerdings bei Löw selbst als diskursive Phänomene analysiert worden wären. Das weitaus höchste Maß an Anschlussfähigkeit für die Kulturstudien weisen allerdings die postkolonialen und diskurstheoretischen Positionen innerhalb der Geographie auf, wonach wir es beim ‚Raum' bzw. bei konkreten und einzelnen Raum-Konzepten mit Konstrukten und Wissensordnungen zu tun haben, die diskursiv hergestellt und ausgehandelt werden und sich in Diskursen zu handlungsrelevanten Mustern kristallisieren und stabilisieren.

Damit sind wir beim Thema Raum genau an der Stelle angelangt, an der wir auch schon bei den bisherigen Kulturthemen ‚Zugehörigkeit' und ‚Zeit' angekommen sind und an der wir – dies sei hier schon vorweggenommen – auch beim Thema ‚Werte' im nächsten Abschnitt des Kapitels ankommen werden. Ebenso wie Kategorien der Zugehörigkeit und Kategorien der Zeitorientierung sind auch räumliche Kategorien wie beispielsweise die Bezeichnungen für Weltregionen wie ‚Orient' oder ‚Abendland', für kleinere regionale Einheiten wie ‚Ruhrgebiet' oder ‚Brandenburg', für Himmelsrichtungen wie ‚Süden' oder ‚Osten', für Kontinente wie ‚Afrika', für Städte oder Stadtteile wie ‚Hamburg' oder ‚Kreuzberg', für Lebensräume wie ‚Dorf', ‚Wald' oder ‚Meer' usw. keine objektiv vorhandenen ‚Realitäten', sondern Wissensmuster, auf die wir uns in Sprache und Kommunikation meist mehr oder weniger implizit beziehen, um uns in der alltäglichen oder medialen Interaktion räumlich zu orientieren und die ‚Realität' als eine auch räumliche zu deuten und sie damit überhaupt erst als für uns zugängliche und sinnhafte Realität herzustellen. Anders gesagt: wie bei Zugehörigkeit und Zeit (und Werten) haben wir es auch beim Kulturthema Raum mit Deutungsmustern zu tun. In Analogie zu den bisherigen Bezeichnungen (‚kategoriale' und ‚chronologische' Deutungsmuster) und unter Rückgriff auf das griechische Wort *topos* für ‚Raum' soll demnach hier von ‚topologischen Deutungsmustern' die Rede sein.

Im Folgenden soll nun – ähnlich wie bei den anderen Kulturthemen – an einem Beispiel kurz demonstriert werden, wie solche topologischen Deutungsmuster verwendet werden, wo sie herkommen und wie sie sich im Diskurs stabilisieren, aber auch wie sie im Diskurs selbst zum Gegenstand kritischer Reflexion werden können. Als Beispiel soll ein regionales Muster herangezogen werden, das zwar schon älteren Ursprungs ist, das sich aber erst in jüngerer Zeit als Benennung für den südlichen Teil des östlichen Deutschland etabliert hat: das Muster ‚Mitteldeutschland'.

3.3.4 Topologische Deutungsmuster: ‚Mitteldeutschland' als Beispiel

3.3.4.1 Zum Einstieg: Der MDR-Wetterbericht vom 05. April 2021

Beginnen wollen wir unsere kleine Analyse des räumlichen Deutungsmusters ‚Mitteldeutschland' mit einem alltäglichen Beispiel: dem MDR-Wetterbericht vom 05. April 2021. Wie an jedem Tag können sich Fernsehzuschauer auch an diesem Tag in der „Wetterschau" *Wetter für drei* des Mitteldeutschen Rundfunks darüber informieren, wie sich das Wetter im Sendegebiet des MDR in den darauf folgenden Tagen entwickeln würde. Vorausgesagt wird ein zumindest vorübergehender Rückfall in winterliche Verhältnisse mit Schneefall und ungemütlichen Temperaturen, wie sie Anfang April in Mitteleuropa vielleicht nicht unbedingt als ‚normal' gelten. Anders als an gewöhnlichen Werktagen wird die MDR-Wetterschau an diesem Tag – der 05. April war Ostermontag und damit in ganz Deutschland ein Feiertag – aber nicht um 18:05 Uhr, sondern erst um 18:50 Uhr ausgestrahlt, sie dauert insgesamt nicht länger als 3:30 min (vgl. Mitteldeutscher Rundfunk 2021).

Aufbau und Gestaltung der Sendung entsprechen dem, was man von vergleichbaren Wettersendungen im Fernsehen kennt: Im Vordergrund sieht man den MDR-Meteorologen und Wettermoderator Thomas Globig, der in formeller Kleidung, in der üblichen Wettersprache und mit ausladender Gestik die Wetterentwicklungen erläutert; unterstützt wird er dabei durch einen Bildschirm im Hintergrund, auf dem wechselnde graphische Darstellungen erkennbar sind, bei denen es sich vor allem um Karten und Satellitenbilder mit unterschiedlichen regionalen Ausschnitten und Größenverhältnissen handelt.

Sprachliche und visuelle Präsenz von ‚Mitteldeutschland': Die aus einer Vielzahl ähnlicher Wetterberichte eher zufällig ausgewählte Sendung vom 05. April 2021 ist für unseren Zusammenhang vor allem interessant, weil sich an ihm die Verwendung und Bedeutung des topologischen Deutungsmusters ‚Mitteldeutschland' in aktuellen Diskursen sichtbar und greifbar machen lässt, und zwar sowohl auf der sprachlichen als auch auf der bildlich-kartographischen Ebene. Der Wettermoderator Thomas Globel spricht in den dreieinhalb Minuten seines Beitrags insgesamt dreimal von ‚Mitteldeutschland', wenn es um die Region geht, deren Wetterentwicklung er zu beschreiben und vorherzusagen hat. Ganz

3.3 Kulturthema ‚Raum': Topologische Deutungsmuster   235

zu Beginn der Sendung spricht er im Rückblick auf den zu Ende gehenden Tag davon, dass sich das Wetter so entwickelt habe, wie es vorhergesagt worden sei: „[...] und es ist so gekommen, wie es kommen sollte, kalte Luft hat Mitteldeutschland geflutet" (Mitteldeutscher Rundfunk 2021: 00:08–00:13). Illustriert werden seine Aussagen an dieser Stelle durch eine bildliche Darstellung im Hintergrund, auf der die Radarbilder von kalter Luft und Niederschlägen über eine in Blau- und Grautönen gehaltene Karte gelegt werden. Die Karte hebt auf der rechten Seite die Territorien Deutschlands und Polens durch eine in Grau gehaltene dicke Grenzlinie sowie unterschiedliche farbliche Gestaltung deutlich voneinander ab und macht zudem die Grenzen zwischen den deutschen Bundesländern Brandenburg und Berlin sowie zwischen Niedersachsen, Nordrhein-Westfalen, Hessen und Bayern durch feine weiße Linien sichtbar. Vor allem aber hebt die Karte die Bundesländer Sachsen-Anhalt, Thüringen und Sachsen durch einheitliche grafische Gestaltungselemente gegenüber dem übrigen Territorium hervor: etwas hellere Farbe, Kenntlichmachen der drei Hauptstädte durch rote quadratische Punkte, Markierung der Grenzen zwischen den Bundesländern durch etwas dickere und der Grenzen der jeweiligen Landkreise durch dünnere graue Linien. Dadurch entsteht zum einen der Eindruck, dass es sich nicht nur um drei Bundesländer handelt, sondern um eine gegenüber den anderen Ländern abgehobene zusammenhängende Region mit gemeinsamen Eigenschaften handelt: ‚Mitteldeutschland' (Abb. 3.8, 3.9, 3.10 und 3.11).

Der zweite explizit sprachliche Verweis auf das Muster ‚Mitteldeutschland' findet sich im Zusammenhang mit der meteorologischen Erklärung des Zustandekommens von Schneeschauern über der Nordsee:

„Die entstehen vor allem Richtung Nordwesten über dem relativ warmen Nordseewasser, in der Höhe kalt, und dann verdunstet sozusagen die Feuchtigkeit von der Nordsee, entwickelt große Schauerwolken und mit der Strömung zieht das eben Richtung Südosten und auch in den nächsten Stunden und in den nächsten Tagen zu uns nach Mitteldeutschland" (ebd.: 00:53–01:12).

Abb. 3.8 „Wetter für drei" (MDR) vom 05.04.2021 (Screenshot)

Abb. 3.9 „Wetter für drei" (MDR) vom 05.04.2021 (Screenshot)

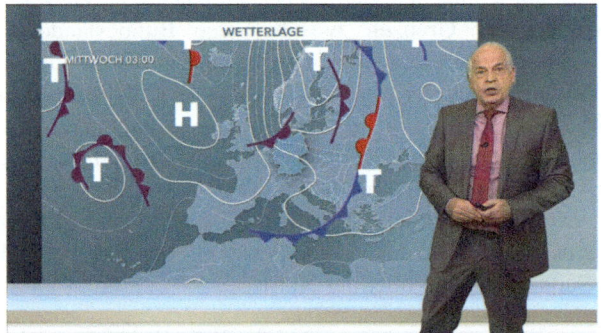

Abb. 3.10 „Wetter für drei" (MDR) vom 05.04.2021 (Screenshot)

Abb. 3.11 a–b „Wetter für drei" (MDR) vom 05.04.2021 (Screenshots)

Auch hier wird der Bezug zu ‚Mitteldeutschland' durch entsprechende grafische Elemente unterstützt. Auf dem die Bewegung der angesprochenen Schauerwolken sichtbar machenden Satellitenbild sind europäische sowie innerdeutsche Grenzen durch weiße Linien markiert, zusätzlich aber werden ausschließlich in den drei Bundesländern, die ‚Mitteldeutschland' ausmachen, die jeweiligen Hauptstädte durch rote quadratische Punkte sowie die entsprechenden Schriftbilder kenntlich gemacht. Die besondere identitätsstiftende Rolle des Bezugs auf ‚Mitteldeutschland' kommt zudem sprachlich zum Ausdruck, wenn der Moderator mit der Formulierung „zu uns nach Mitteldeutschland" auf eine nicht weiter erläuterte Wir-Gruppe referiert, mit der – ähnlich wie mit den oben erwähnten grafischen Gestaltungselementen – dem mit ‚Mitteldeutschland' angesprochenen Raum eine Form des Zusammenhalts und der Zusammengehörigkeit zugesprochen wird.

Die dritte explizite Erwähnung der regionalen Einheit ‚Mitteldeutschland' findet sich demgegenüber eher beiläufig bei der Erklärung der Großwetterlage und den zu erwartenden Folgen für das Wetter in der Region: „Mit diesen Tiefausläufern kommen immer wieder so ein paar Schauerstaffeln, natürlich meist als Schnee oder Graupel, zu uns nach Mitteleuropa, nach Mitteldeutschland rein" (ebd.: 01:50–01:57). Auch hier also wird mit „zu uns nach Mitteldeutschland" der regionale Bezug mit einer ‚Wir'-Gruppe verbunden, die – so wird zumindest implizit unterstellt – in der fraglichen Region angesiedelt ist und der sich der Moderator wie die Fernsehzuschauer zugehörig fühlen (sollen). Die explizite Nennung von ‚Mitteldeutschland' auf der sprachlichen Ebene wird an dieser Stelle allerdings nicht direkt von bildlichen Elementen unterstützt, auf der im Hintergrund zu sehenden Großwetterkarte ist lediglich Deutschland als einheitliches Territorium („Mitteleuropa") farblich gegenüber dem restlichen Europa abgesetzt, ‚Mitteldeutschland' als regionale Einheit findet sich hier hingegen nicht.

Bei der anschließenden konkreten und direkt auf die Region bezogenen Vorhersage, mit der der Bericht abschließt, wird zwar ‚Mitteldeutschland' nicht mehr explizit erwähnt, dafür aber auf der Bildebene wieder deutlich als regionale Einheit sichtbar gemacht. Noch deutlicher als am Anfang werden die sprachlich zu ‚Mitteldeutschland' zusammengefassten drei Bundesländer Sachsen-Anhalt, Thüringen und Sachsen gegenüber den umliegenden Territorien durch dunklere (Nacht) bzw. hellere (Tag) Farbgestaltung hervorgehoben, damit zugleich aber auch als zusammengehörige territoriale Einheit kenntlich gemacht.

Räumliche Bezüge im Fernseh-Wetterbericht: Auch wenn das Thema ‚Wetter' in einigen europäischen Sprachen insofern eng mit der Zeit verknüpft ist, als etwa im Französischen oder Spanischen das jeweilige Wort für die Zeit (‚le temps' bzw. ‚el tiempo') auch als Bezeichnung für das Wetter verwendet wird, so ist doch andererseits nicht zu übersehen, dass die Beschreibung oder Vorhersage von Wetterereignissen nicht ohne räumliche Bezüge auskommt. Daher gehört es auch zu den Wesensmerkmalen der Textsorte ‚Wetterbericht', dass sie in vielfacher Weise von raumorientierenden sprachlichen Mitteln Gebrauch macht, insbesondere die Bezeichnungen für Länder, Kontinente und Regionen, aber auch für Himmelsrichtungen spielen hier eine wichtige Rolle. Auch unser Beispiel bildet da keine Ausnahme. Neben Angaben zu Himmelsrichtungen (‚Süden', ‚Nordwesten', ‚Südosten') oder abstrakteren Raumbezeichnungen (‚Landschaft', ‚Berge', ‚Mittelgebirge') finden sich eine Vielzahl konkreter Bezüge auf bestimmte räumliche

Einheiten (‚Erzgebirge', ‚Zittauer Gebirge', ‚Nordsee', ‚iberische Halbinsel', ‚Nordafrika' u. a.), zu denen auch der – wie gesehen – sowohl unmittelbar sprachliche als auch bildliche Bezug auf das raumorientierende Muster ‚Mitteldeutschland' gehört, dem das besondere Interesse unserer kleinen Analyse gilt.

‚Mitteldeutschland', so können wir zusammenfassend festhalten, wird in unserem Beispiel als eigenständige Region dargestellt, die sich aus den Bundesländern Sachsen-Anhalt, Thüringen und Sachsen zusammensetzt und von der angenommen wird, dass sie sich durch eine gewisse innere Einheit und Zusammengehörigkeit auszeichnet und sich durch klare Grenzen nach außen und durch eine innere Homogenität gegenüber anderen Regionen innerhalb Deutschlands abgrenzen lässt. Dies kommt in unserem Beispiel allerdings nirgendwo explizit zur Sprache, sondern wird eher durch sprachliche und bildliche Mittel angedeutet, d. h. das als allgemein bekannt angenommene Wissen, wonach es sich bei ‚Mitteldeutschland' um eine identifizierbare räumliche Einheit handelt, wird nicht nur vorausgesetzt, sondern mit den eingesetzten sprachlichen und bildlichen Mitteln bestätigt und stabilisiert. Anders formuliert: Wir haben es bei ‚Mitteldeutschland' mit einem Beispiel für das zu tun, was wir oben als ‚topologische Deutungsmuster' beschrieben haben.

Im Folgenden soll es nun zunächst darum gehen, ähnlich wie bei den zuvor schon diskutierten kategorialen und chronologischen Mustern die Entstehung und durchaus kontroverse Entwicklung des topologischen Musters ‚Mitteldeutschland' kurz zu rekonstruieren, um anschließend die aktuelle Verwendung des Musters an weiteren Diskursbeispielen herauszuarbeiten.

3.3.4.2 Zur Deutungsgeschichte von ‚Mitteldeutschland'

Ältere Traditionen (Dialektologie, Volkskunde): So wie die Bezeichnung ‚Deutschland' für ein einheitliches Staatsgebiet mit durch markierte Staatsgrenzen definiertem Territorium eine moderne Erscheinung ist, die sich in diesem staatspolitischen Sinn erst im Lauf des 19. Jahrhunderts verbreitete und durchsetzte, ist auch die Rede von ‚Mitteldeutschland' eine Erfindung des 19. Jahrhunderts. Allerdings ist damit zunächst noch keine in irgendeiner Weise politisch gemeinte regionale Teilgröße von ‚Deutschland' gemeint, vielmehr bezieht sich die zunächst verbreitete adjektivische Form ‚mitteldeutsch' vor allem auf sprachliche Phänomene. In den vielfältigen Bemühungen der schon in der ersten Hälfte des 19. Jahrhunderts sehr rührigen Sprachwissenschaftler, Dialektologen und Sprachgeographen, die deutschen Dialekte nach sinnvollen Kriterien zu differenzieren und geographisch zu verorten, hat sich zunächst die grundlegende Unterscheidung zwischen den im Norden angesiedelten nieder- und den im gebirgigen Süden befindlichen hochdeutschen Dialekten eingebürgert, wobei letztere wiederum in ‚oberdeutsche' und ‚mitteldeutsche' Dialekte differenziert wurden. Das ‚Mitteldeutsche', so kann man es beispielsweise der „Sprachkarte von Deutschland" des Kasseler Bibliothekars Karl Bernhardi aus dem Jahr 1843 entnehmen, erstreckt sich demnach in einem breiten Streifen zwischen Aachen und Straßburg im Westen bis nach Breslau und Wien im Osten. Die ‚Mitte' des ‚Mitteldeutschen'

3.3 Kulturthema ‚Raum': Topologische Deutungsmuster

bezieht sich also zunächst ausschließlich auf die Nord-Süd-Erstreckung, nicht hingegen auf die West-Ost-Erstreckung, impliziert also zunächst noch keine ‚Mittellage' im engeren Sinn. Der Begriff ‚mitteldeutsch' als Bezeichnung für bestimmte regionale Dialekte hat sich in der Dialektologie bis heute gehalten, allerdings wird heute sehr viel stärker differenziert, vor allem spielen die Unterschiede zwischen west- und ostmitteldeutschen Dialekten und deren weitere Differenzierung in allen heutigen Systematiken eine wichtige Rolle (z. B. Wiesinger 1983: S. 826–829; Lameli 2019: S. 199; Siebenhaar 2019).

Auch in der Volkskunde und in der ‚klassischen' geographischen ‚Länderkunde' hat sich die Bezeichnung ‚Mitteldeutschland' seit dem 19. Jahrhundert eingebürgert und bezog sich zunächst auch hier – ähnlich wie in der Dialektologie – auf die in Nord-Süd-Richtung in der Mitte liegenden Mittelgebirgslandschaften zwischen dem hochgebirgigen Süden und der norddeutschen Tiefebene. Es war insbesondere der Volkskundler Wilhelm Heinrich Riehl, der in seinem 1854 erstmals veröffentlichten und später mehrfach neu aufgelegten und auch deutlich veränderten Klassiker über *Land und Leute* eine solche ‚kulturräumliche' Dreiteilung vornahm und dabei für den breiten Streifen zwischen Nord und Süd zunächst durchgängig die Bezeichnung ‚Mitteldeutschland' verwendete:

> „Für die sociale Ethnographie von Deutschland ergibt sich daher eine Völker- und Ländertrias, die weder mit den gegenwärtigen Staatengrenzen zusammenfällt, noch mit der alten geographischen Formel von Nord- und Süddeutschland, noch mit der Idee der politischen Trias der drei deutschen Großmächte, wie man sie vor etlichen Jahren aufgebracht hat. Der social centralisirte Norden umfaßt Preußen mit Ausnahme einiger thüringischen und sächsischen Landstriche und des südlichen Theiles der Rheinprovinz, Hannover, Braunschweig, Mecklenburg, Oldenburg, Schleswig-Holstein, die Hansestädte. Zu dem social individualisirten Mitteldeutschland gehören die sächsischen, thüringischen und hessischen Lande sammt den übrigen Kleinstaaten des mittleren Deutschlands, Baden, Württemberg, die bayrische Rheinpfalz und der nördliche Theil von Franken. Zu dem social centralisirten Süden die Hauptmasse Bayerns und die deutschen Länder des österreichischen Kaiserstaats" (Riehl 1854: S. 107).

In späteren Auflagen, in denen der geographische Begriff „das deutsche Mittelgebirge" (Riehl 1861: S. 158) in eine gewisse Konkurrenz zu der volkskundlichen bzw. ‚kulturräumlichen' Benennung ‚Mitteldeutschland' tritt, wird die räumliche Erstreckung als ein Dreieck beschrieben: „Auf der Karte würde also das mittelgebirgige Deutschland fast wie ein Dreieck aussehen, dessen einer Winkel in Schlesien, der andere am Bodensee, der dritte an der preußisch-belgischen Grenze bei Aachen läge" (ebd.: S. 161).

Für den Volkskundler Riehl, der sich insbesondere für die vermeintlich ‚ursprüngliche Volkskultur', d. h. die Sitten und Bräuche der bäuerlichen Landbevölkerung und das darin zum Ausdruck kommende ‚Wesen' des betreffenden ‚Kulturraums' interessierte, stellt ‚Mitteldeutschland' nun insofern ein Problem dar, als sich hier, im Gegensatz zum „social centralisirten" Norden und Süden, ein solches wesenhaftes ‚Zentrum' der Volkskultur nicht ausmachen lasse, sondern ‚Individualität' und ‚Zerrissenheit' vorherrschten. Gerade die in den mittleren

Landesteilen am weitesten vorangetriebene Industrialisierung und Modernisierung und der dadurch erreichte relative Wohlstand wird von Riehl zum Verlust von ‚Ursprünglichkeit' und innerer Gemeinschaft der ‚Volkskultur' umgedeutet, dem im Süden und Norden bereits Einhalt geboten worden sei:

> „Als Denkmal von dem Verfall des deutschen Reiches ist Mitteldeutschland stehen geblieben mit seinem sich selbst zersetzenden, in's Kleinste getriebenen Sonderleben, mit seiner politischen Zerrissenheit, mit seinem übercultivierten Volk, mit seiner Auflösung der natürlichen Gesellschaftsgruppen, aber auch mit seiner rastlosen Einzelbetriebsamkeit, mit seinen tausend Ruinen alter Pracht und alter Macht. Es zeigt uns was ganz Deutschland geworden wäre, wenn nicht im Süden und Norden eine großartige politische und soziale Einung Raum gewonnen hätte" (ebd.: S. 177).

Unabhängig von dieser aus politischer wie wissenschaftlicher Sicht problematischen Einschätzung hat sich die von Riehl vorgenommene Dreiteilung Deutschlands und damit die Auffassung von ‚Mitteldeutschland' als Mitte zwischen der norddeutschen Tiefebene und dem hochgebirgigen Süden zunächst auch in der länderkundlichen Geographie durchgesetzt und auch längere Zeit gehalten, die, wie vor allem der Geograph Hans Dietrich Schultz gezeigt hat, sich an einem normativen und politisch aufgeladenen Begriff von ‚Natur' orientierte und nach vermeintlich ‚natürlichen' Gegebenheiten und Grenzen politischer Räume suchte (vgl. dazu und zum Folgenden Schultz 2004). Das stellte sich allerdings in Bezug auf Deutschland im Allgemeinen und auf ‚Mitteldeutschland' im Besonderen als schwierig heraus, weshalb die geographische Länderkunde auch zunächst einen eher unspezifischen Begriff von ‚Mitteldeutschland' als „West-Ost-Streifen" (Schultz 2004: S. 382) formulierte, der im Konkreten unterschiedlich definiert wurde, aber meist nicht mit der Suche nach dem ‚Wesenskern' der das betreffende Gebiet besiedelnden Menschen einherging (vgl. ebd.: S. 378–382).

Verengung des Begriffs im Zuge politischer Binnengliederung Deutschlands nach 1918: Zwar gab es auch schon im 19. Jahrhundert gelegentliche Versuche, ‚Mitteldeutschland' jenseits der etablierten Auffassung eines vergleichsweise heterogenen Streifens zwischen Nord und Süd stärker im Sinne einer zugleich europäischen und deutschen ‚Mittellage' und damit auch als Mitte in west-östlicher Ausrichtung zu begreifen (vgl. ebd.: S. 382), nachhaltiger durchsetzen konnte sich diese Deutung allerdings erst nach dem Ersten Weltkrieg, als es zu intensiven Diskussionen über eine politische Binnengliederung des Deutschen Reichs kam, an denen sich später auch die länderkundliche Geographie maßgeblich beteiligte.

Im Zuge der grundlegenden politischen Neuausrichtung Deutschlands nach 1918 geriet auch die föderative Gliederung des alten Kaiserreichs in die Diskussion. Vor allem die starke Dominanz Preußens, das Weiterbestehen zahlreicher allein auf dynastischen Interessen basierender Kleinstaaten wie das Fürstentum Lippe oder das Herzogtum Sachsen-Altenburg und Überlegungen zu einer deutlichen Stärkung einheitsstaatlicher Strukturen wurden schon im Rahmen der verfassunggebenden Weimarer Nationalversammlung heftig diskutiert, allerdings konnten sich die Befürworter einer grundlegenden Neuordnung der Länder letztlich gegen die Machtinteressen Preußens, aber auch der südlichen Länder wie Württemberg oder Bayern nicht durchsetzen. Sieht man von dem 1920 erfolgten Zusammenschluss von sieben Klein- und Kleinststaaten zum Land Thüringen und von weiteren kleinen Gebietskorrekturen ab, entsprach die territoriale Gliederung der Weimarer Republik weitgehend der des alten Kaiserreichs von 1871, allerdings wurden die Bundesstaaten des Kaiserreichs jetzt zu ‚Ländern' herabgestuft und mussten auch wichtige politische Zuständigkeiten an die zentrale Reichsebene abgeben (vgl. Funk 2010: S. 252–260; John 2001b: S. 297–306).

Die Diskussionen über eine territoriale Neugliederung waren damit keineswegs beendet, zumal die Weimarer Reichsverfassung die „Änderung des Gebiets von Ländern und die Neubildung von Ländern innerhalb des Reichs" im Interesse „der wirtschaftlichen und kulturellen Höchstleistung des Volkes" ausdrücklich vorsah (WRV: Artikel 18). Neben anderen Regionen wie beispielsweise das Rhein-Main-Gebiet oder das spätere Niedersachsen geriet dabei vor allem die Region der heutigen Bundesländer Sachsen, Thüringen und Sachsen-Anhalt in den Fokus, wo die politische Zersplitterung auch nach der Gründung des Landes Thüringen 1920 noch stärker ausgeprägt war als anderswo. Neben Thüringen und dem Freistaat Sachsen zeigt die Karte der Region aus den 1920er Jahren die preußische Provinz Sachsen, die den südlichen Teil des heutigen Sachsen-Anhalt sowie kleinere Exklaven innerhalb von Thüringen umfasste, und das Land Anhalt, das selbst wiederum in mehrere unverbundene Teile zersplittert war. Dazu kam das Land Braunschweig, das zumindest zeitweise in die Überlegungen zur Schaffung einer eigenen Region ‚Mitteldeutschland' einbezogen war.

Nach dem Scheitern der von dem liberalen Politiker Hugo Preuß schon 1919 vorangetriebenen Neugliederung des Reichsgebiets, die auch die Auflösung von Preußen vorsah, gingen spätere Vorschläge einer ‚Reichsreform' mit territorialer Neuordnung zunächst vor allem von der Wirtschaft aus, die an einer stärkeren Vereinheitlichung der politischen und administrativen Rahmenbedingungen und damit an der Schaffung größerer Gebietskörperschaften interessiert war. Bei diesen Bemühungen, die vor allem in der zweiten Hälfte der 1920er Jahre auch öffentlich diskutiert wurden, spielte nun auch die Rede von ‚Mitteldeutschland' als Bezeichnung für die fragliche Region eine wichtige Rolle, erkennbar beispielsweise an der bereits 1921 erfolgten Gründung eines in Halle angesiedelten „Wirtschaftsverbands Mitteldeutschland" als Interessenverband der insbesondere auf dem Gebiet der preußischen Provinz Sachsen, aber auch in Thüringen und Anhalt angesiedelten Großunternehmen. Auch andere Institutionen wie etwa die 1924 gegründete und in Leipzig angesiedelte Mitteldeutsche Rundfunk AG (MIRAG) übernahmen die Bezeichnung ‚mitteldeutsch' in ihrer Namensgebung, um damit eine regionale Verbundenheit sichtbar zu machen.

Preußische Provinz Sachsen zentraler Akteur: Die Hauptinitiative bei der Diskussion um eine politische Neugliederung des jetzt in der medialen Öffentlichkeit immer häufiger und mit einer gewissen Selbstverständlichkeit als ‚Mitteldeutschland' bezeichneten Raums um die preußische Provinz Sachsen und die

Länder Anhalt, Braunschweig und Thüringen ging seit 1925/26 zunächst von der Regierung der Provinz Sachsen aus. Sie veröffentlichte 1927 eine einflussreiche Denkschrift mit dem Titel *Mitteldeutschland auf dem Weg zur Einheit,* in der die Forderung des Provinziallandtags der Provinz Sachsen nach „Eintritt der Länder Thüringen, Anhalt und Braunschweig in den Verband des preußischen Staates" unterstützt wird (Landeshauptmann der Provinz Sachsen 1927: S. 209) und die darüber hinaus auch eine in der Geschichte der Region angeblich vorhandene Tendenz zur Vereinheitlichung zu belegen versucht. Dies wird im zweiten Teil der Denkschrift durch entsprechende wissenschaftliche Gutachten aus Fächern wie Wirtschaftswissenschaften, Rechtswissenschaften oder Geographie zusätzlich untermauert, die allerdings über die im politischen Diskurs vertretenen Positionen insofern weit hinausgehen, als sie etwa das Erzgebirge und die Leipziger Tieflandbucht und damit das Territorium des Freistaats Sachsen in ihren Begriff von ‚Mitteldeutschland' einbeziehen. So heißt es beispielsweise bei dem Wirtschaftswissenschaftler Gustav Aubin, der Begriff Mitteldeutschland müsse weiter gefasst werden, als es meist üblich sei, er begreife „den ganzen Freistaat Sachsen, das Land Thüringen mit den preußischen Enklaven, den Freistaat Anhalt und den größten Teil der Provinz Sachsen in sich" (Aubin 1927: S. 5–6). Der Geograph Otto Schlüter geht in seinem Beitrag über „Mitteldeutschland als geographischer Raum" noch einen Schritt weiter und versucht, anhand geographischer Merkmale wie Klima, Siedlungsformen oder spezifischer Anordnungen von Gebirgen, Tieflandschaften und Flüssen ‚Mitteldeutschland' als einheitliche und in sich geschlossene Region mit einer spezifischen Individualität sichtbar zu machen, die ihren Kern in der Leipziger Tieflandbucht habe, von hier aus in alle Richtungen ausstrahle und sich im Norden bis ins nördliche Harzvorland ausdehne:

> „Als Kern des Tieflandes [...] und der frühgeschichtlichen Wohnflächen müssen wir die Gegend um Halle und Leipzig ansehen. Von hier aus dringt es unmittelbar südwärts bis über Gera und Altenburg vor, ostwärts zieht es sich in den Elbtalgraben von Meißen und Dresden hinein; im Südwesten schließt sich [...] das innerthüringische Becken an, und nach Nordwesten erfolgt in voller Breite der Übergang in das nördliche Harzvorland. Die so nach vier Richtungen ausstrahlenden Tieflandflächen werden durch waldreiche Schwellen von mäßiger Höhe [...] nur so weit auseinandergehalten, daß sie sich unterscheiden, stehen aber in enger Verbindung und bilden zusammen mit diesen Schwellen und mit den das Ganze umrahmenden Waldgebirge eine Einheit. Hierin vor allem sehen wir die Berechtigung, von einem Mitteldeutschland als einheitlichem Gebiet zu sprechen" (Schlüter 1927: S. 27).

In einem zwei Jahre später erschienenen Beitrag „Der Begriff Mitteldeutschland" plädiert Schlüter abermals für die Auffassung, wonach die im öffentlich-politischen Sprachgebrauch verbreitete Rede von ‚Mitteldeutschland' als Bezeichnung für die thüringisch-sächsisch-anhaltinische Region auch unter geographisch-länderkundlichen Aspekten gerechtfertigt sei, da sowohl die physisch-geographischen als auch die kulturellen Gegebenheiten deutlich einheitliche Züge aufwiesen. Auf Details wolle er nicht eingehen, zumal er diese in seinem Beitrag zur oben erwähnten Denkschrift ja bereits vorgelegt habe (vgl. Schlüter 1929: S. 11).

Ähnlich wie Schlüter vertritt auch der Geograph Ernst Blume in einem Beitrag in der *Geographischen Zeitschrift* von 1929 die Auffassung, „daß ein ‚Mitteldeutschland' in dem im Volke aufgekommenen und vom Innenpolitiker und Wirtschaftler aufgegriffenen Sinne besteht, auch wenn es in der länderkundlichen Literatur bisher nicht verzeichnet ist" (Blume 1929: S. 194). Die Beschaffenheit des Bodens und der Landschaft, die Anordnung der Flüsse und Wasserwege, die Spezifika des Klimas, die Pflanzen- und Tierwelt und nicht zuletzt auch sein Charakter eines „Übergangs- und Durchgangslandes" (ebd.: S. 196) in kultureller Hinsicht mache Mitteldeutschland zu einer einheitlichen Region, bei der sich allerdings auch gewisse Unterschiede zwischen dem nördlichen und dem südlichen Teil nicht übersehen lassen (vgl. ebd.: S. 197). Noch weit detaillierter geht der Leipziger Geograph Rudolf Reinhard in einem umfangreicheren Beitrag zur *Geographischen Zeitschrift* von 1936 auf die physischen und anthropogenen Gegebenheiten Mitteldeutschlands wie beispielsweise den Bergbau und die Braunkohleindustrie ein. Seine Darstellung kommt zu dem wenig überraschenden Ergebnis:

„Das Gesamtbild aber, das wir in einem skizzenhaften Überblick zu zeichnen versuchten, läßt uns Mitteldeutschland als einen Baum erkennen, der als ein wohlabgegrenztes geographisches Landschaftsindividuum in hohem Maße sich auch als kulturelle und wirtschaftliche Einheit erweist. Diese Einheit wird gerade auch durch die natürlichen und wirtschaftsstrukturellen Verschiedenheiten der mitteldeutschen Einzellandschaften im Sinne einer gegenseitigen Ergänzung und damit im Sinne einer gewissen Selbstgenügsamkeit des Gesamtraumes noch erhöht" (Reinhard 1936: S. 359).

Hinweise auf ein rassisch gedachtes ‚mitteldeutsches Volkstum', von dem in einschlägigen Publikationen der 1920/30er Jahre ansonsten häufiger die Rede ist (vgl. John 2001a: S. 20), finden sich hier zwar nicht, der Kerngedanke der Argumentation steht solchen Denkmustern und damit einer weitgehend bruchlosen Instrumentalisierung durch die nationalsozialistische Ideologie aber auch nicht grundsätzlich im Weg.

Unklarheit des genauen Zuschnitts von ‚Mitteldeutschland': Auch wenn die genauen Grenzen insbesondere im Norden, also etwa im Hinblick auf die Zugehörigkeit Braunschweigs, des Harzes oder der Altmark, unklar und umstritten bleiben, zeichnet sich im politischen wie im wissenschaftlichen Diskurs der Zwischenkriegszeit doch ein gewisser Konsens dahingehend ab, dass der politisch-administrativ zersplitterte Raum der Länder Thüringen, Sachsen, Anhalt und der preußischen Provinz Sachsen unter der Bezeichnung ‚Mitteldeutschland' als einheitliche und zusammengehörige Region gedacht wird. Nachhaltig durchsetzen konnte sich diese Deutung allerdings weder im Fachdiskurs der Geographie noch im gesamtdeutschen Sprachgebrauch (vgl. Schultz 2004: S. 390–91). Eine politische Umsetzung scheiterte zunächst vor allem an den Egoismen der bestehenden Länder und geriet nach der Machtergreifung der Nazis und der damit einhergehenden politischen Entmachtung dezentraler Gebietskörperschaften völlig aus dem Blick.

‚Mitteldeutschland' Bezeichnung für Staatsgebiet der DDR nach 1945: Auch nach 1945 änderte sich daran zunächst nicht viel. Mit der vom Alliierten Kontrollrat verfügten Auflösung Preußens, der Gründung der Länder Sachsen, Thüringen und Sachsen-Anhalt durch die Sowjetische Militäradministration 1945 und der Wiederabschaffung der Länder und der Einführung von Bezirken durch die DDR-Regierung 1952 war jeder Diskussion über eine eigene Region ‚Mitteldeutschland' der Boden entzogen. Stattdessen wurde dem Begriff bald eine völlig andere Bedeutung zugewiesen: Insbesondere in konservativ-revanchistischen Diskursen im westlichen Teil Deutschlands bürgerte sich ‚Mitteldeutschland' als vermeintlich ‚neutrale' Bezeichnung für das gesamte Staatsgebiet der DDR ein, womit gleichzeitig der Anspruch auf die nach 1945 in polnische bzw. sowjetische Hoheit übergegangenen Gebiete im Osten zumindest implizit aufrechterhalten wurde. Dieser Deutungsstrang hat sich teilweise bis heute gehalten, etwa im Namen der seit 1954 in Bonn ansässigen Stiftung Mitteldeutscher Kulturrat, die „die länderübergreifende Pflege der mitteldeutschen Beiträge zur deutschen Kultur" als ihren Stiftungszweck beschreibt und darauf hinweist, dass sie „seit der Wiedervereinigung [...] vor allem die kulturellen Aktivitäten in Sachsen-Anhalt, Sachsen, Thüringen, Berlin, Brandenburg und Mecklenburg-Vorpommern" unterstütze (https://stiftung-mkr.de/ueber-uns/allgemeines; 25.05.2021). Die explizite Benennung aller östlichen Bundesländer (inklusive Berlin) macht hier deutlich erkennbar, dass mit „mitteldeutsch" nach wie vor das gesamte Territorium der ehemaligen DDR gemeint ist, auch wenn die herkömmlich revanchistischen Implikationen heute keine Rolle mehr zu spielen scheinen. Auch in der DDR selbst war die Rede von ‚Mitteldeutschland' mit Bezug auf das Gesamtterritorium der DDR durchaus verbreitet. So weist etwa der Historiker Andreas Morgenstern in einem Beitrag für das *Deutschland-Archiv* von 2018 darauf hin, dass die in der DDR zwischen 1946 und 1994 erscheinende und der Ost-CDU nahestehende Tageszeitung *Neue Zeit* vor allem in den 40er Jahren und dann wieder nach 1989/90 den Ausdruck häufiger verwendet und dabei zwischen der älteren Bedeutung als gemeinsame Bezeichnung für den südlichen Teil der DDR und der in Westdeutschland verbreiteten Verwendung als Bezeichnung für das gesamte DDR-Territorium schwankt (vgl. Morgenstern 2018).

Erneute Diskussion um Neuzuschnitt der Bundesländer im Zuge der ‚Wiedervereinigung': Nach 1989/90 kam es im Zusammenhang mit der anstehenden Frage nach einer föderalen Neugliederung des DDR-Territoriums zu einer Wiederbelebung der in den 1920er Jahren entstandenen Idee von ‚Mitteldeutschland' als einer regionalen Einheit, deren genaue Bedeutung und deren Grenzen allerdings zunächst unklar und umstritten blieben. Das neue Interesse an einer regionalen Einheit ‚Mitteldeutschland' zeigte sich beispielsweise in der Benennung neu geschaffener regionaler Institutionen wie des Mitteldeutschen Rundfunks (MDR), der auf die oben erwähnte Vorgängerinstitution gleichen Namens zurückgeht und als gemeinsame öffentlich-rechtliche Rundfunkanstalt der Länder Sachsen, Sachsen-Anhalt und Thüringen am 01. Januar 1992 den Sendebetrieb aufnahm. Auch die Mitteldeutsche Zeitung mit Sitz in Halle geht auf ältere

Vorgänger zurück, wurde aber in der bis heute erscheinenden Form und mit dem heute geläufigen Namen im März 1990 gegründet. Dagegen wurde der für die Literatur der DDR sehr wichtige Mitteldeutsche Verlag in Halle bereits 1946 unter diesem Namen gegründet und besteht bis heute, der Name weist auf eine gewisse Kontinuität der Regionalbezeichnung ‚Mitteldeutschland' auch innerhalb der DDR hin, von der oben schon die Rede war.

Die Wiederbelebung des regionalen Musters ‚Mitteldeutschland' nach 1989/90 steht zunächst in engem Zusammenhang mit den jetzt abermals aufkommenden Diskussionen über eine Wiedereinführung einer föderalen Gliederung im östlichen Teil Deutschlands, die auch Überlegungen zu einer Neuordnung des Zuschnitts der Bundesländer in ganz Deutschland anregte (vgl. Rutz 2001), von denen aber keine umgesetzt werden konnte. Unter einem vor allem von westdeutscher Seite aufgebauten enormen Zeitdruck und nach längeren und teilweise sehr kontroversen Diskussionen verabschiedete die DDR-Volkskammer im Juli 1990 das Ländereinführungsgesetz, mit dem die schon zwischen 1945 und 1952 bestehenden Länder Mecklenburg-Vorpommern, Brandenburg, Sachsen-Anhalt, Thüringen und Sachsen in dem bis heute bestehenden Zuschnitt neu gegründet wurden. Die durchaus zahlreich vorhandenen Überlegungen zur Schaffung größerer Einheiten, die teilweise auch die ‚Mitteldeutschland'-Konzepte aus den 20er Jahren wieder aufgriffen und insbesondere die Zusammenlegung von Sachsen, Thüringen und des südlichen Sachsen-Anhalt vorsahen (vgl. Rutz 2001: S. 460–463), spielten dabei in der öffentlichen Debatte allerdings kaum eine Rolle.

Regionale Identität von ‚Mitteldeutschland: Damit war das Thema ‚Mitteldeutschland' aber keineswegs erledigt. Auch in den 1990er Jahren kam es immer wieder zu Versuchen, das Muster ‚Mitteldeutschland' zwar nicht zwingend im Sinne einer politischen Verwaltungseinheit, wohl aber als Region mit eigener und spezifischer regionaler Identität zu reanimieren. Dabei spielte nicht zuletzt der Mitteldeutsche Rundfunk eine wichtige Rolle, der zwischen 1999 und 2011 in insgesamt 16 Staffeln Dokumentarfilme zur Geschichte Mitteldeutschlands ausstrahlte. Daraus ist später ein eigenes Fernsehmagazin geworden, das bis heute, allerdings seit 2015 unter dem Titel *MDR Zeitreise* fester Bestandteil des MDR-Fernsehprogramms ist. Unterstützt wurden die Bemühungen des MDR um das ‚mitteldeutsche' Regionalbewusstsein zum einen durch einen opulent gestalteten Band mit Beiträgen namhafter Historiker*innen zu Teilaspekten der *Geschichte Mitteldeutschlands* (vgl. Mitteldeutscher Rundfunk 2000) und von wissenschaftlichen Fachtagungen, aus der auch ein umfangreicher Sammelband zum Thema *„Mitteldeutschland" – Begriff, Geschichte, Konstrukt* hervorgegangen ist (vgl. John 2001). Dabei kommt in beiden Publikationen eine ambivalente Haltung zum Muster ‚Mitteldeutschland' zum Ausdruck: zum einen nämlich lässt der Herausgeber Jürgen John in seinen Eröffnungsbeiträgen zu beiden Bänden wenig Zweifel daran, dass wir es bei ‚Mitteldeutschland' mit einem Konstrukt zu tun haben, dem keine ‚Realität' korrespondiert; auf der anderen Seite bemühen sich aber einige der Beiträger des Sammelbands sehr deutlich um den Nachweis einer solchen ‚Realität', sei sie nun beispielsweise historischer (vgl. Blaschke 2001), volkskundlicher (vgl. Simon 2001) oder geographischer Natur (vgl. Schönfelder 2001). Hier scheinen die Diskussionen der 1920er und 1930er Jahre um eine mit wissenschaftlicher Aura versehene essentialistische Herleitung der regionalen ‚Identität' von ‚Mitteldeutschland' völlig bruchlos und von kritischen Positionen weitgehend unberührt ins beginnende 21. Jahrhundert transferiert zu werden.

Zusammenfassend kann man festhalten, dass das Deutungsmuster ‚Mitteldeutschland' eine wenn auch nicht sehr weit zurückreichende Deutungsgeschichte aufweist, die vor allem in den Jahren zwischen dem Ersten Weltkrieg und der nationalsozialistischen ‚Machtergreifung' sowie nach 1989/90 ihre Schwerpunkte hat. Mit Hilfe des Musters wird demnach meist auf den Raum der heutigen Bundesländer Sachsen-Anhalt, Thüringen und Sachsen referiert und die Gemeinsamkeit und Zusammengehörigkeit der drei beteiligten Länder hervorgehoben. Auf diese Weise gilt ‚Mitteldeutschland' als eigenständige Region mit eigener Geschichte und eigener ‚Identität', die in Konkurrenz tritt zu anderen regionalen oder lokalen Identitäten. In diesem Sinn lassen sich vor allem im Sprachgebrauch der Medien zahlreiche Belege der Rede von ‚Mitteldeutschland' oder ‚mitteldeutsch' nachweisen. Alternative Deutungsvarianten wie etwa die Auffassung von ‚Mitteldeutschland' als Bezeichnung für das gesamte Territorium der ehemaligen DDR leben zwar daneben weiter, bleiben aber randständig.

3.3.4.3 Weitere Diskursbeispiele

In dem zuletzt erwähnten Sinn einer zwar vergleichsweise unspezifischen, aber dennoch als irgendwie eigenständig und ‚real' aufgefassten Region im ‚Herzen Deutschlands' finden sich in aktuellen deutschsprachigen Diskursen zahlreiche Belege für eine meist unreflektiert bleibende und ‚selbstverständliche' Referenz auf das Muster ‚Mitteldeutschland'. Ein Beleg dafür ist beispielsweise das häufige Auftauchen der adjektivischen Form ‚mitteldeutsch' in der Benennung von Institutionen und Unternehmen in der Region, die ihren Wirkungskreis mit Hilfe dieser Bezeichnung als über die Grenzen eines bestimmten Bundeslandes hinausgehend erkennbar machen wollen. Vom Mitteldeutschen Rundfunk oder der Mitteldeutschen Zeitung war ja bereits die Rede, hinzu kommen hier beispielsweise der Mitteldeutsche Verkehrsverbund (MDV), der die Region um Halle und Leipzig miteinander verbindet, die Mitteldeutsche Braunkohle AG (MIBRAG), die Abbaugebiete in Sachsen, Thüringen und Sachsen-Anhalt betreibt, oder die Mitteldeutsche Flughafen AG, die für den Betrieb der Flughäfen Leipzig/Halle und Dresden zuständig ist. Schon die Nennung dieser Beispiele macht vor allem den Charakter des Grenzüberschreitenden der mit ‚mitteldeutsch' referierten Region deutlich, darüber hinaus aber offenbart sich darin auch eine gewisse Unklarheit des konkreten regionalen Bezugs: Zum einen nämlich ist mit ‚Mitteldeutschland' bzw. ‚mitteldeutsch' wie in unserem MDR-Wetterbericht, von dem oben die Rede war, offensichtlich die Gesamtheit der drei Bundesländer Sachsen, Sachsen-Anhalt und Thüringen gemeint, zum anderen aber scheint sich das Muster sehr viel kleinteiliger nur auf die Region um Halle (Sachsen-Anhalt) und Leipzig (Sachsen) zu beziehen. Hinzu kommt eine weitere Auffälligkeit in der aktuellen Verwendung des Musters: Es findet sich vor allem in Diskursen, die man thematisch als ‚standortpolitisch' bezeichnen könnte, also in Diskursen über die ökonomischen Perspektiven einer Wachstumsregion, an denen sich vor allem Vertreter aus Wirtschaft, Politik und regionalen Gebietskörperschaften beteiligen.

Dieser Diskursstrang und die Bedeutung, die dem Muster ‚Mitteldeutschland' dabei zugeschrieben wird, soll hier zunächst an einem exemplarisch ausgewählten Diskursfragment, der im April 2019 von der Metropolregion Mitteldeutschland Management GmbH herausgegebenen kostenlosen Zeitungsbeilage *W.I.R. – Wandel, Innovation, Region* rekonstruiert werden. Anschließend soll an einer zwar schon etwas älteren, aber inhaltlich noch aktuellen Debatte in einem Forum der Social Media-Plattform Xing aus dem Jahr 2005 gezeigt werden, wie das Muster ‚Mitteldeutschland' innerhalb des angesprochenen standortpolitischen Diskurses auch auf eine reflexive Ebene gehoben und teilweise sehr kontrovers und kritisch diskutiert wird. Den Abschluss bildet dann ein im März 2021 in der Leipziger Zeitschrift *Kreuzer* erschienener Artikel, der die im Xing-Forum bereits angesprochene historische Problematik des Musters noch einmal sehr deutlich zur Sprache bringt.

Metropol- und Innovationsregion ‚Mitteldeutschland'
Im April 2019 fanden die Leserinnen und Leser von regionalen Tages- und Wochenzeitungen in Sachsen-Anhalt, Sachsen und Thüringen in ihren Zeitungen eine achtseitige kostenlose Sonderbeilage vor, die mit dem Titel „W.I.R. – Wandel, Innovation, Region" überschrieben war und in der es laut Untertitel um „Strukturentwicklung in der Innovationsregion Mitteldeutschland" gehen sollte. Die Beilage hatte mit 990.000 gedruckten Exemplaren eine sehr hohe Auflage und wurde von der Metropolregion Mitteldeutschland Management GmbH herausgegeben, einem Unternehmen, dessen Aufgaben ausschließlich darin bestehen, die Geschäfte des Vereins Europäische Metropolregion Mitteldeutschland zu führen, dessen (im Jahr 2019 noch gültiges) Logo in einer leicht abgewandelten Version auch auf der ersten Seite der Beilage abgedruckt ist. Die Beilage enthält eine Reihe von journalistisch professionell gestalteten Beiträgen über innovative Unternehmen und Projekte in der Region, die – so die generelle Linie der Texte – den anstehenden Strukturwandel hin zu einer nachhaltigen und klimafreundlichen Wirtschaft mit zukunftssicheren Arbeitsplätzen unterstützen und vorantreiben.

‚**Metropolregion**': ‚Mitteldeutschland', so viel wird hier bereits sichtbar, wird in diesem Diskursfragment demnach in zweierlei Bedeutung adressiert: zum einen als ‚Metropolregion' und zum anderen als ‚Innovationsregion'. Beide Bedeutungsvarianten greifen dabei Positionen und Wissensordnungen aus zwei verschiedenen, aber eng miteinander verflochtenen Diskursen auf, nämlich dem Diskurs über deutsche und europäische Regionalentwicklung einerseits und dem Diskurs über Strukturwandel andererseits, und verorten ‚Mitteldeutschland' dabei zugleich als ‚Metropolregion' und ‚Innovationsregion' „mit viel Freude an der Zukunft [...], in der zu leben sich lohnt" (Metropolregion Mitteldeutschland 2019: S. 3).

Bei ‚Metropolregion' handelt es sich um einen regional- und strukturpolitischen Begriff, der seit den 1990er Jahren in raumordnungspolitischen Diskursen in Deutschland verbreitet ist und vor allem im Kontext der globalen Konkurrenz von Wirtschaftsstandorten um Marktanteile, Fachkräfte und internationale Sichtbarkeit wichtig geworden ist. Mit dem Ausweis einer Region als ‚Metropolregion' verbindet sich dabei das Ziel, „durch Bündelung und Vernetzung von hochwertigen Funktionen Regionen […] in Deutschland direkt oder indirekt zu stärken" (Growe 2018: S. 1508). Dabei umfasst der Begriff eine funktionale und eine räumliche Perspektive: In funktionaler Perspektive sind Metropolregionen „Agglomerationen […] hochwertiger Funktionen, die ihre Rolle als Motoren der Entwicklung ermöglichen" (ebd.), d. h. das geballte Vorhandensein von starken Unternehmen, einer funktionierenden Infrastruktur, qualifizierten Arbeitskräften, Forschungs- und Bildungsinstitutionen usw. innerhalb einer Region; in räumlicher Perspektive bestehen Metropolregionen „aus einer Stadt (monozentrische Region) oder mehreren nahe beieinander gelegenen großen Städten (polyzentrische Regionen […]) einschließlich des jeweiligen Verflechtungsraums […], soweit dieser ebenfalls funktionale Standortqualitäten besitzt" (ebd.).

Die Genese der heutigen ‚Metropolregion Mitteldeutschland' seit Anfang der 1990er Jahre ist recht verwickelt und von Brüchen und Neuanfängen geprägt, sie kann daher hier nur kurz skizziert, aber nicht im Detail rekonstruiert werden (vgl. dazu Egermann 2015: S. 93–203; Egermann/Opitz 2021). Entscheidend war dabei ein Beschluss der Ministerkonferenz für Raumordnung (MKRO) aus dem Jahr 1997, wonach die zunächst als „Halle/Leipzig-Sachsendreieck" bezeichnete Stadtregion zu einer von sieben europäischen Metropolregion in Deutschland gekürt wurde.

Allerdings blieb die Metropolregion zunächst lange Zeit ein rein politisches Konstrukt ohne Realitätsbezug. Erst die verstärkte Kooperation zwischen den beteiligten Kommunen, später auch der Landkreise sowie der regionalen Wirtschaft hauchte dem Konstrukt ab ca. 2005 mehr Leben ein. 2009 wurde nicht zuletzt aus Gründen des Marketings der sperrige Name in „Metropolregion Mitteldeutschland" geändert, der räumliche Zuschnitt der Region verschob sich – nicht zuletzt durch die nicht unumstrittene Einbeziehung thüringischer Städte – in der Folge in westlicher Richtung und konzentrierte sich immer deutlicher in der Kernregion Halle/Leipzig, was 2013 schließlich im Austritt der Landeshauptstädte Dresden und Magdeburg aus der Metropolregion kulminierte. 2014 wurde der Verein Europäische Metropolregion Mitteldeutschland e. V. gegründet, der aus einem Zusammenschluss der bisherigen Metropolregion mit der Wirtschaftsinitiative für Mitteldeutschland hervorgegangen ist und in dem nunmehr neben Städten, Unternehmen und Wirtschaftsverbänden auch Landkreise sowie Hochschulen Mitglied werden konnten.

Eingrenzung auf Halle/Leipzig: Schon die hier nur sehr grob skizzierte Entwicklung macht deutlich, dass dem Muster ‚Mitteldeutschland' im Rahmen dieses Diskurses im Hinblick auf den konkreten räumlichen Zuschnitt eine etwas andere Bedeutung zugeschrieben wird als in unserem MDR-Wetterbericht, von dem oben

3.3 Kulturthema ‚Raum': Topologische Deutungsmuster

die Rede war. Während dieser gemäß Auftrag und Selbstverständnis des Mitteldeutschen Rundfunks mit ‚Mitteldeutschland' die Gemeinsamkeit und regionale Einheit der Länder Sachsen-Anhalt, Sachsen und Thüringen hervorhebt und diese als identitätsstiftende Region konstruiert, haben wir es bei der ‚Metropolregion Mitteldeutschland' mit einem enger gefassten räumlichen Zuschnitt zu tun, der sich vor allem auf den zentralen Kern der drei Bundesländer konzentriert. Sichtbar wird dies schon an dem Logo, das auf der ersten Seite unserer Sonderbeilage abgedruckt ist und das – in leicht abgewandelter Form – dem von 2017 bis 2021 verwendeten Logo der Metropolregion Mitteldeutschland entspricht (s. Abb. 3.12).

Die Abwandlung besteht darin, dass hier an die Stelle der Formulierung „Wirtschaft, Wissenschaft und Kultur im Zentrum" jetzt der Hinweis auf die „Innovationsregion Mitteldeutschland" getreten ist, was aber für unsere Zwecke zunächst nicht relevant ist. Gleich geblieben sind nämlich die stilisierten und in Grün gehaltenen Umrisse der Länder Sachsen-Anhalt, Thüringen und Sachsen sowie die mit deutlich sichtbaren weißen Linien markierten Grenzen. Für den konkreten räumlichen Zuschnitt der Region ‚Mitteldeutschland' ist aber vor allem die Farbgestaltung an dieser Stelle aufschlussreich. Während wir es nämlich im Zentrum der stilisierten Karte mit kräftigen und dunkleren Grüntönen zu tun haben, verblassen diese in Richtung der Ränder sehr deutlich, so dass die äußeren Grenzen der so markierten Drei-Länder-Einheit leicht verschwimmen, jedenfalls nicht deutlich erkennbar markiert sind. Nicht die Gesamtheit der Länder Sachsen-Anhalt, Sachsen und Thüringen, so lautet die Botschaft dieses Logos, machen ‚Mitteldeutschland' aus, Mitteldeutschland konzentriert sich vielmehr auf die Kernregion um die Städte Halle und Leipzig. Auch der Blick auf die konkreten Orte, von denen in den einzelnen Beiträgen der Beilage die Rede ist, bestätigt diese Bedeutungsverschiebung: So kommen zum einen nur die Landräte der Landkreise Leipzig, Nordsachsen, Altenburger Land und des Burgendlandkreises sowie der Oberbürgermeister der Stadt Leipzig direkt zu Wort, womit ausschließlich Gebietskörperschaften genannt sind, die zu der oben erwähnten Kernregion gehören. Und zum anderen berichten die einzelnen Artikel der Beilage auch ausschließlich über Unternehmen, Initiativen und Projekte, die innerhalb dieser Kernregion angesiedelt sind.

Abb. 3.12 Logo der Metropolregion Mitteldeutschland (2017–21); vgl. Metropolregion Mitteldeutschland 2019: S. 1

‚**Innovationsregion**': Während der Aspekt der ‚Metropolregion' lediglich den Rahmen absteckt, innerhalb dessen sich die einzelnen Texte unserer Sonderbeilage bewegen, stellt der Aspekt der ‚Innovationsregion Mitteldeutschland' den inhaltlichen Schwerpunkt der Texte dar. Die Bezeichnung, der wir auch schon in der kurzen Analyse des Logos begegnet sind, bezieht sich zunächst auf eine Initiative, zu der sich innerhalb der ‚Metropolregion Mitteldeutschland' sieben Landkreise und zwei Städte (Halle und Leipzig) zusammengeschlossen haben mit dem Ziel, „neue Strategien und Projekte für Innovation und Wertschöpfung" auf den Weg zu bringen, „um den Strukturwandel in der Region aktiv zu gestalten" (vgl. htpps://innovationsregion-mitteldeutschland.com; 29.06.2021). Dabei bezieht sich der hier angesprochene ‚Strukturwandel' insbesondere auf die Rolle des Braunkohleabbaus und der Braunkohleverstromung, die seit langer Zeit ein wichtiger wirtschaftlicher Faktor in der Region sind; auf diesen strukturellen Aspekt weist auch die in diesem Diskurs und auch in unserem Textbeispiel häufig verwendete Bezeichnung ‚mitteldeutsches Revier' hin. Konkreter Hintergrund ist der von der zu diesem Zweck eingesetzten ‚Kohlekommission' im Januar 2019 gefundene ‚Kohlekompromiss', wonach Abbau und Verstromung von Kohle im Interesse des Klimaschutzes bis zum Jahr 2038 beendet werden sollen. Für die betroffenen Regionen bedeutet dies, dass zahlreiche Industriearbeitsplätze wegfallen und durch einen entsprechenden Strukturwandel kompensiert werden müssen, um die sozialen Folgen des Kohleausstiegs abzufedern.

Um diese Perspektive und die damit einhergehende spezifische Deutungszuschreibung sichtbar zu machen, die das Muster ‚Mitteldeutschland' hier erfährt, wollen wir hier auf den umfangreichsten und auch aufgrund seiner Positionierung im Blatt sicherlich wichtigsten Beitrag der Beilage etwas näher eingehen. Es handelt sich dabei um ein Interview mit den beiden Ministerpräsidenten der Länder Sachsen-Anhalt und Sachsen, Reiner Haseloff und Michael Kretschmer, über den erreichten ‚Kohlekompromiss' und seine Folgen im Hinblick auf den anstehenden Strukturwandel in ‚Mitteldeutschland'. Inhaltlich treten beide Ministerpräsidenten dafür ein, den Strukturwandel offensiv anzugehen, dabei aber immer auch die sozialen Aspekte zu berücksichtigen und durch Standortmarketing, Infrastrukturprojekte und die Förderung der Ansiedlung innovativer Unternehmen die Schaffung neuer Arbeitsplätze zu unterstützen.

Der Beitrag besteht aus ca. 1500 Wörtern, von ‚mitteldeutsch' oder ‚Mitteldeutschland' ist dabei insgesamt 13 mal explizit die Rede, hinzu kommt die Ausdrucksweise „Mitte Deutschlands" im Titel des Beitrags („In der Mitte Deutschlands beginnt die Zukunft"). In einigen Fällen handelt es sich um eher unspezifische Bezüge, so etwa wenn gefragt wird, ob die Vorschläge der Kohlekommission dazu führen, dass „in Mitteldeutschland die Lichter aus[gehen]" oder wenn allgemein vom Verkehr oder den ländlichen Regionen in Mitteldeutschland die Rede ist. Lediglich an einer Stelle wird – ähnlich wie in unserem Wetterbericht – die Bevölkerung in der Region als Wir-Gruppe adressiert, wenn Ministerpräsident Haseloff davon spricht, dass die Lichter keinesfalls ausgehen dürfen, „weder bei uns in Mitteldeutschland noch in Deutschland insgesamt". Zwei weitere explizite Bezüge zu ‚Mitteldeutschland' stellen den direkten Zusammenhang mit der über die Grenzen der Bundesländer hinausgehenden Gemeinsamkeit der Region ‚Mitteldeutschland' her: „wir wollen Mitteldeutschland gemeinsam nach vorne bringen – ohne Rücksicht auf Ländergrenzen und Zuständigkeiten".

Die weitaus meisten expliziten Bezüge auf Mitteldeutschland heben allerdings zum einen den bisherigen Charakter der Region als Industrieregion hervor, wobei hier insbesondere die mehrfache Nennung des ‚mitteldeutschen Reviers', also der Rolle des Braunkohleabbaus auffällt; zum zweiten und mit sieben Nennungen am häufigsten werden die Zukunft und Zukunftsfähigkeit von ‚Mitteldeutschland' hervorgehoben. Schon der Titel des Beitrags „In der Mitte Deutschlands beginnt die Zukunft" sowie die Rede von einer „zukunftsfähige[n] Strukturentwicklung in Mitteldeutschland" im Aufmacher heben diese Bedeutungsebene hervor, die auch im Interview selbst insgesamt fünfmal erwähnt wird: Man wolle ‚Mitteldeutschland' „gemeinsam nach vorne bringen", ‚Mitteldeutschland' müsse „auch künftig eine Industrieregion" sein, eine „Region mit innovativen Unternehmen", es gelte, den Verkehr in Mitteldeutschland „neu zu ordnen und zu modernisieren", man müsse „den mitteldeutschen Raum für Unternehmen noch attraktiver machen". Und nicht zuletzt die vom Interviewer abgefragte Zukunftsvision „Mitteldeutschland 2040" als „Metropolregion im Herzen Europas mit gut bezahlten Arbeitsplätzen in Industrie, Energie- und Digitalwirtschaft [...] mit viel Freude an der Zukunft" und als „Kulturlandschaft, in der zu leben sich lohnt" hebt die Zukunftsgestaltung und die Zukunftsfähigkeit der Region als wichtige politische Aufgabe, aber auch als zentrale Bedeutungsdimension des Musters ‚Mitteldeutschland' hervor.

Zusammenfassend kann man also festhalten, dass das topologische Deutungsmuster ‚Mitteldeutschland' im Diskurs des ökonomischen Strukturwandels, den wir hier exemplarisch anhand der Sonderbeilage *W.I.R – Wandel, Innovation, Region* ein wenig beleuchtet haben, anders verwendet wird, als wir es im Rahmen des MDR-Wetterberichts gesehen haben. Zum einen wird die Region ‚Mitteldeutschland' deutlich enger gefasst und auf die Kernregion um die Städte Halle und Leipzig reduziert; und zum anderen wird die Region vor allem als Industrie- und Wirtschaftsregion konstruiert, deren Zukunft im Rahmen des anstehenden Strukturwandels mit Hilfe innovativer und nachhaltiger Formen des Wirtschaftens gesichert werden muss.

Wachstumsregion mit revisionistischen und rechtsextremistischen Implikationen?
Beim zweiten Diskursfragment, in dem das Muster ‚Mitteldeutschland' nicht nur verwendet und stabilisiert, sondern auch kritisch reflektiert wird, handelt es sich um eine Diskussion zum Thema „Was ist Mitteldeutschland?", die zunächst von Januar bis April und dann wieder im Oktober/November 2005 im Rahmen des Forums „Wachstumsregion Mitteldeutschland" auf der Berufs- und Karriereplattform Xing stattgefunden hat und bis heute abrufbar ist (vgl. Xing 2005). Die Debatte enthält insgesamt 55 Einzelbeiträge von 17 namentlich genannten

Gruppenmitgliedern, hinzu kommen 11 Beiträge von heute inaktiven Mitgliedern, die nicht oder nur indirekt namentlich zugeordnet werden können. Bei den Diskussionsteilnehmern, die namentlich zugeordnet werden können, handelt es sich ausschließlich um männliche Personen, von denen die meisten – soweit dies überhaupt zum Thema wird – einen westdeutschen biographischen Hintergrund haben, also nicht selbst in der verhandelten Region ‚Mitteldeutschland' beheimatet sind. Die meisten Einzelbeiträge stammen vom Initiator der Diskussion (10) und vom Moderator des Forums (8). Anders als viele andere und insbesondere aktuellere Debatten auf vergleichbaren Plattformen verläuft die vorliegende vergleichsweise zivilisiert und unter Einhaltung grundlegender Regeln des gegenseitigen Respekts ab, auch wenn der Moderator auch hier zwischendurch eingreifen und die Diskutanten zu sachlicher Auseinandersetzung ermahnen muss (vgl. Eintrag 36).

Politisch-revisionistische vs. regionale Deutungstradition: Das Forum „Wachstumsregion Mitteldeutschland", in dem die Diskussion stattgefunden hat, besteht heute nicht mehr, es kann aber anhand des Titels und auch anhand einiger einschlägiger Diskussionsbeiträge vermutet werden, dass es sich thematisch vor allem um die wirtschaftlichen Perspektiven und die Möglichkeiten einer strukturellen Förderung innerhalb der hier als „Wachstumsregion Mitteldeutschland" bezeichneten Region drehte, ohne indes die Frage, ob es sich dabei um eine angemessene Bezeichnung handelt und welche möglichen Implikationen damit einhergehen, jemals anzusprechen. Genau diese Frage aber wird nun mit dem die Diskussion eröffnenden Beitrag gestellt, der mit „Was ist bitte Mitteldeutschland?" überschrieben ist und der lautet:

> „Was ist bitte Mitteldeutschland?
> Bisher entstammte diese Terminologie als Bezeichnung für die fünf neuen Bundesländer ausschließlich der extremen revisionistischen Rechten.
> Ich hoffe nicht das [sic!] es sich bei diesem Forum um ein Forum von genau diesen Leuten handelt" (Eintrag 01).

Dem schließt sich in den folgenden Beiträgen eine teilweise recht konträre und von wechselseitigem Nicht-Verstehen geprägte Diskussion an, die sich vor allem um die Frage dreht, ob es sich bei ‚Mitteldeutschland' um eine im Diskurs der regionalen Strukturentwicklung weitgehend etablierte und sachlich völlig angemessene Benennung für die „Wachstumsregion" um die Städte Halle und Leipzig herum handelt oder ob damit, wie vom oben zitierten Eintrag insinuiert, historisch und politisch höchst problematische, ja fragwürdige Implikationen einhergehen, die auf eine revisionistische oder gar offen rechtsextremistische politische Haltung schließen lassen.

Dabei kommen die Diskussion und das darin zu beobachtende wechselseitige Unverständnis dadurch zustande, dass die beiden Diskurspositionen auf unterschiedliche, ja völlig konträre Aspekte der Deutungsgeschichte von ‚Mitteldeutschland' rekurrieren, die in der Tat stark voneinander abweichen und auch letztlich völlig inkompatibel sind.

3.3 Kulturthema ‚Raum': Topologische Deutungsmuster 253

Zum einen nämlich wird auf die seit den 1920er Jahren von Vertretern der regionalen Wirtschaft und Verwaltung, aber auch von namhaften Geographen vertretene Auffassung zurückgegriffen, wonach es sich bei ‚Mitteldeutschland' zum einen um eine die Gemeinsamkeiten der heutigen Länder Sachsen, Sachsen-Anhalt und Thüringen zum Ausdruck bringende Bezeichnung für eine Großregion ‚im Herzen' Deutschlands und Europas handelt, die sich aber zum zweiten auch insbesondere auf die stark industriell geprägte Gegend um Halle und Leipzig als Kern der genannten drei Länder bezieht.

In unserer Forumsdiskussion lässt sich der direkte Bezug auf diese Bedeutungsvariante und hier insbesondere auf die engere Bedeutung von ‚Mitteldeutschland' an zahlreichen Stellen belegen. So heißt es beispielsweise, ‚Mitteldeutschland' stehe „für die Region im Dreiländereck S-A, S und T [d. h. Sachsen-Anhalt, Sachsen und Thüringen, CA] und damit für einen ‚historischen' industriellen Ballungsraum" (Eintrag 02), „für den Raum im [um, CA] Leipzig, Halle und Erfurt" (Eintrag 05), er beziehe sich auf die „Wachstumsregion Leipzig, Halle, Erfurt" (17), den „Wirtschafts- und Kulturraum rund um die Region Halle-Leipzig" (34) oder den „Wirtschaftsraum Halle/Leipzig" (36). Die Bezeichnung sei „zumindest seit den 90er Jahren zu einem festen Begriff für eine bestimmte Region geworden" (10), der „längst im Alltagsleben etabliert" (09) sei, worauf nicht zuletzt zahlreiche Namen von Unternehmen und Institutionen in der Region hindeuteten (vgl. 09, 18). Eher skeptisch beurteilen allerdings manche Diskussionsteilnehmer die Frage, inwieweit sich mit der Region ‚Mitteldeutschland' auch eine regionale Identität verbinde oder ob es sich nicht eher nur um einen „standortpolitischen Terminus" handele (20, 22).

Der Rückgriff auf diesen Strang der Deutungsgeschichte von ‚Mitteldeutschland' kontrastiert in zahlreichen anderen Einträgen mit der Auffassung, wonach diese Bezeichnung in den 1950/60er Jahren in Westdeutschland und hier vor allem in revanchistischen Kreisen der Vertriebenenverbände bis hin zu rechtsextremistischen Parteien als Bezeichnung für das gesamte Territorium der damaligen DDR verwendet und damit der Anspruch auf die Zugehörigkeit der ehemaligen deutschen Gebiete im ‚Osten' implizit aufrecht erhalten worden sei. „Werte Herren", heißt es beispielsweise in Eintrag 04, „wenn Sachsen ‚Mitteldeutschland' ist, wo ist denn dann Ostdeutschland?" Da in Westdeutschland „AUSSCHLIEẞLICH die revisionistischen Vertriebenenverbände und Neonazis" den Begriff verwendeten, habe dieser „somit eine ganz klare Aussage" (15). Der Begriff werde „zumindest in Westdeutschland ausschließlich von Nazis benutzt", während andere „zur ehemaligen DDR Ostdeutschland" sagen (28). Es handele sich daher auch keineswegs um einen geographischen, sondern um einen rein politischen Begriff, „der seit mindestens 30–40 Jahre [sic!] eindeutig in seiner Bedeutung festgelegt" (31) und dessen Verwendung daher „sensibel zu handhaben" sei (06).

Verständigungsprobleme: Aufgrund der völlig unterschiedlichen Kontexte und Bedeutungsvarianten, die mit dem Muster ‚Mitteldeutschland' hier jeweils verbunden werden, kommt ein wechselseitiges Verstehen bei den Teilnehmern der Diskussion nicht zustande, vielmehr bestimmt immer wieder völliges Unverständnis die Interaktion: „Wie kommt man denn nur bei der Bezeichnung Mitteldeutschland auf rechtsextremes Gedankengut?", „in völligem Unverständnis" (03), „warum und durch wen ist der Begriff ‚Mitteldeutsch' belastet?" (24), „Wie kommen Sie nur auf derartige Zusammenhänge?" (29) Nur an wenigen Stellen scheint sich ein wechselseitiges Verstehen zumindest anzudeuten, wenn der Initiator der Diskussion, der ansonsten immer sehr strikt an seiner kritischen Position festhält, das Bedürfnis nach einer spezifischen Regionalbezeichnung für den Raum Halle/Leipzig anerkennt und immerhin auch die Möglichkeit andeutet, den nach seiner Auffassung unglücklich gewählten Begriff ‚Mitteldeutschland' „aus der Deutungshoheit der Nazis zu entreißen" (37). Dabei aber bleibt es schließlich, zu einem weitergehenden inhaltlichen Austausch kommt es dann nicht mehr.

Die kleine und schon etwas ältere Diskussion auf der Plattform Xing belegt zum einen, wie stark sich das Deutungsmuster ‚Mitteldeutschland' insbesondere in regional-, standort- und strukturpolitischen Diskursen seit Ende der 1990er Jahre durchgesetzt und etabliert hat; sie belegt zum anderen aber auch, dass es sich vor allem um eine Selbstdeutung der Region handelt, die außerhalb der regionalspezifischen Diskurse offenbar immer wieder auf Unverständnis und politische Vorbehalte stößt. Und nicht zuletzt ist es ein Beispiel dafür, wie wichtig ein reflexiver Zugang zu solchen Versuchen der Etablierung räumlich-regionaler ‚Realitäten' in bestimmten diskursiven Zusammenhängen sein, wie leicht es aber bei so unterschiedlichen Deutungstraditionen auch zu wechselseitigem Unverständnis kommen kann.

‚Mitteldeutschland' als „toxischer Fake-Begriff"
Während in der Xing-Forumsdiskussion der kritisch-reflexive Blick auf das regionale Deutungsmuster ‚Mitteldeutschland' in einigen Beiträgen noch als unerwartet oder gar als illegitim und unverständlich gekennzeichnet wird („dann sollte man am besten auch die Bezeichnungen ‚Markgräflerland' und ‚Kaiserstuhl' abschaffen, die sich ja auf undemokratische Systeme beziehen", Eintrag 03), steht dieser Blick im dritten und letzten Diskursfragment, das hier exemplarisch einbezogen werden soll, von Anfang an im Zentrum des Interesses. Es handelt sich um einen Artikel des Regionalhistorikers Olaf Böhlk, der im März 2021 in der Leipziger Stadtzeitschrift *Kreuzer* erschienen ist und der schon im Titel „Hundert Jahre ‚Mitteldeutschland'-Propaganda" die kritisch-reflexive Perspektive auf das Muster ‚Mitteldeutschland' erkennen lässt (vgl. Böhlk 2021).

Kontext deutscher Nationalismus: Der Artikel stellt in durchweg ironisch-polemischem Ton das Muster ‚Mitteldeutschland' in den historischen Kontext des deutschen Nationalismus im 19. und 20. Jahrhundert und beruft sich auf historische Quellen, die – wie in einem journalistischen Text üblich – zitiert, aber nicht konkret nachgewiesen werden. Dabei wird zunächst der Zusammenhang von ‚Mitteldeutschland' zu einer mythisch verklärten Suche nach der „Mitte der Mitte

3.3 Kulturthema ‚Raum': Topologische Deutungsmuster

der Welt" hergestellt, die der deutsche Nationalismus schon im 19. Jahrhundert im neu gegründeten Deutschen Reich angesiedelt und die der Leipziger Geograph Albrecht Penck in einer Rede im März 1921 in Leipzig als dem „Verkehrsknoten im Herzen Deutschlands" (zitiert nach Böhlk 2021: S. 32) meinte gefunden zu haben. Um das so identifizierte Zentrum herum habe man dann die Region ‚Mitteldeutschland' erfunden und, unterstützt von archäologischen, geopolitischen und georassistischen Argumenten, zum ‚urdeutschen' „Volks- und Kulturboden" (ebd.) aufgeblasen. Insbesondere während der Zeit des Nationalsozialismus hätten sich führende Rasseideologen, Archäologen und Geographen dann um die „rassenkundliche[...] Erforschung des ‚Mitteldeutschen Menschen'" und um die Erkundung seiner „Eigenarten" bemüht (ebd.: S. 33). Das „propagandistische Potenzial" und der „koloniale Kern" der Rede von ‚Mitteldeutschland' habe allerdings vor allem darin bestanden, durch die Schaffung eines diffusen „Mittellands" die Grenzen nach Osten beliebig neu definieren und ausdehnen zu können:

> „Wer zwischen Ost und West ein ‚Mittelland' variabler Größe einklinkt, kann den sogenannten ‚Deutschen Osten' beliebig verschiebbar machen. Folglich beginnt, wenn ‚Mitteldeutschland' bis zur Neiße reicht, ‚Ostdeutschland' nicht mehr am Harz, sondern in Polen" (ebd.).

Hier weist die Argumentation deutliche Parallelen zu derjenigen in einigen Beiträgen unserer Xing-Diskussion auf, die ja, wie gesehen, auch immer wieder darauf hingewiesen haben, dass die Rede von ‚Mitteldeutschland' die Frage nach dem ‚Osten' impliziere und zugleich in problematischer Weise offen lasse.

Die Neubelebung des nach 1945 zunächst in Vergessenheit geratenen Musters ‚Mitteldeutschland' im Zuge der Wiedervereinigung könne „als eine der fatalsten Fehlleistungen der Entwicklung nach 1989 gelten" (ebd.), weil sie der aus dunkler Zeit stammenden „Volks- und Kulturboden-Ideologie" zu neuer Aktualität und Wirksamkeit verholfen und damit nicht zuletzt auch aktuellen rechtsextremistischen Tendenzen wie ‚Pegida' in die Karten gespielt habe. Abschließend plädiert Böhlk für einen kritisch-reflexiven Umgang mit dem gerade von „aus Westdeutschland stammenden Führungskräften" meist unreflektiert verwendeten Muster, das hochproblematische politische Implikationen transportiere und von dem sich eine als ‚weltoffen' verstehende Stadt wie Leipzig künftig deutlich distanzieren müsse:

> „Der hundertste Jahrestag der Etablierung der ‚Idee Mitteldeutschland' als koloniales und geopolitisches Argumentationskonzept sollte zu einer kritischen Revision des Umgangs mit der sprachlichen Propaganda der ‚dunklen Moderne' führen. Es passt einfach nicht zu einer Stadt, die sich gern weltoffen gibt, wenn man in Leipzig – dem Ausgangs- und Vernetzungspunkt der deutschen ‚Volk und Raum'-Ideologie – seiner historischen Verantwortung nicht konsequent gerecht wird. Dazu gehört es, den von Leipzig aus gestreuten toxischen Fake-Begriff ‚Mitteldeutschland' wieder einzufangen, indem man sich klar und nachdrücklich von ihm distanziert" (ebd.).

Verbindung zu geopolitischen und rassistischen Diskurssträngen: Während die kritisch-reflexive Perspektive auf das Muster ‚Mitteldeutschland' im Rahmen der Xing-Diskussion noch vor allem auf die revisionistischen Implikationen der Verwendung des Musters im westlichen Teil Deutschlands während der Zeit der deutschen Teilung abhob, bezieht der *Kreuzer*-Artikel, wie gesehen, zusätzliche Aspekte der Deutungsgeschichte mit ein, die das Muster in einen Zusammenhang mit den verhängnisvollsten Aspekten des deutschen Nationalismus und seiner nationalsozialistischen Auswüchse stellen. Zwar hebt auch der *Kreuzer*-Autor Böhlk die problematischen Bezüge zwischen einer so definierten ‚Mitte' und dem damit weitgehend offenen ‚Osten' Deutschlands hervor, er stellt aber darüber hinaus auch Verbindungen zu geopolitischen und nicht zuletzt georassistischen Diskurssträngen her, die eine unreflektierte Verwendung des Musters, wie wir sie beispielsweise in unserem Wetterbericht, aber auch in der Sonderbeilage W.I.R. oder auch in zahlreichen Beiträgen unserer Xing-Diskussion identifiziert haben, als unangemessen erscheinen lassen. Wer ‚Mitteldeutschland' sage, so lautet die Botschaft, bezieht sich damit eben nicht einfach auf einen nicht genau definierten Raum in den Bundesländern Sachsen-Anhalt, Sachsen und Thüringen, sondern versieht diesen Raum darüber hinaus mit zusätzlichen Bedeutungen, die ihren Ursprung in nationalistischen und rassistischen Diskursen des 19. und 20. Jahrhunderts haben und die hochproblematische, ja ‚toxische' Implikationen transportieren. Wer ‚Mitteldeutschland' sagt, sollte zumindest wissen, was er tut.

3.3.4.4 Fazit

Fassen wir unsere kurze Analyse des topologischen Deutungsmusters ‚Mitteldeutschland' kurz zusammen: Wir haben gesehen, dass das Muster in medialen Diskursen verwendet wird, um damit einen als spezifische Region gedeuteten territorialen Raum zu adressieren, von dem in der Regel vor allem der die Grenzen von Bundesländern überschreitende Charakter hervorgehoben wird. Dabei sind die genauen räumlichen Koordinaten allerdings unklar bzw. werden in verschiedenen Diskursen unterschiedlich festgelegt. Während beispielsweise der MDR-Wetterbericht die Bundesländer Sachsen-Anhalt, Sachsen und Thüringen insgesamt als ‚Mitteldeutschland' fasst, geht der standort- und strukturpolitische Diskurs eher von einer Kernregion ‚Mitteldeutschland' aus, die um die Industrieregion der Städte Halle und Leipzig herum angesiedelt wird und bei der es vor allem darum geht, durch länderübergreifende Projekte, Initiativen und Fördermaßnahmen die ‚Wachstums-', ‚Metropol-' oder ‚Innovationsregion' ‚voranzubringen'. Während diese länderübergreifende Perspektive zwar einerseits bestimmte Aspekte der bis in die 1920er Jahre zurückgehenden Deutungsgeschichte von ‚Mitteldeutschland' aufgreift, sich der teilweise problematischen Implikationen dieser Deutungsgeschichte aber nicht bewusst ist, nehmen andere Diskursfragmente wie einige der Beiträge der Xing-Diskussion und insbesondere der *Kreuzer*-Artikel eine kritisch-reflexive Haltung zum Muster ‚Mitteldeutschland' ein und fragen nach den politischen Implikationen, die mit dem Muster einhergehen.

Es handelt sich bei ‚Mitteldeutschland' nicht um ein Muster, dessen Bezug zur räumlichen ‚Realität' in ähnlicher Weise selbstverständlich und ungebrochen wäre, wie dies bei anderen topologisch-regionalen Mustern der Fall ist. So gehen wir, wenn wir beispielsweise ‚Europa' oder ‚Afrika' sagen, aber auch wenn von ‚Sachsen' oder ‚Thüringen' die Rede ist, mit einer meist ungebrochenen Selbstverständlichkeit davon aus, dass wir uns damit auf bestimmte räumliche Gegebenheiten beziehen, die als real und quasi natürlich vorhanden gelten; dass es sich auch hier um Muster handelt, mit deren Hilfe wir diese räumliche ‚Realität' allererst deutend herstellen, bleibt im alltäglichen Sprachgebrauch dabei meist unreflektiert. Dieser Status kommt dem Muster ‚Mitteldeutschland' nicht in vergleichbarer Weise zu. Zwar gibt es, wie gesehen, zahlreiche Diskursfragmente, die einen solchen Status unterstellen und ‚Mitteldeutschland' als Benennung für eine bestimmte und genau begrenzbare Region auffassen, auf der anderen Seite aber haben wir auch Diskursfragmente ausgemacht, die dem Muster diesen Status nicht zuerkennen wollen und die auf die problematischen Implikationen, aber auch auf die Ungenauigkeiten des Musters hinweisen. ‚Mitteldeutschland' ist daher, anders als die oben genannten Beispiele, eher ein prekäres regional-topologisches Muster.

3.3.5 Kulturthema ‚Raum': Fazit und Ausblick

Wie die beiden zuvor diskutierten Kulturthemen ‚Zugehörigkeit' und ‚Zeit' hat sich auch der ‚Raum' als ein für die Kulturstudien im Fach Deutsch als Fremd- und Zweitsprache relevantes und perspektivenreiches Kulturthema erwiesen, weil zum einen schon die Sprache in vielfacher Weise räumliche Bedeutungen herstellt und weil zum anderen zahlreiche in deutschsprachigen Diskursen verwendete und verhandelte Deutungsmuster die Funktion räumlicher Orientierung erfüllen. Mit ihrer spezifischen Perspektive auf die bedeutungsherstellende Funktion solcher Muster sind die Kulturstudien an aktuelle sozial- und kulturwissenschaftliche Theoriekonzepte und Forschungsansätze anschlussfähig, die ebenfalls auf räumliche Kategorien bezogene Problemstellungen bearbeiten, dabei den Raum aber nicht mehr in essentialistischer Tradition als physische und determinierende ‚Realität' auffassen, sondern auf die mit räumlichen Kategorien verbundenen Prozesse der Bedeutungsherstellung und -aushandlung und nicht zuletzt auf die dabei relevanten Machtstrukturen abheben.

Systematisierung raumbezogener Deutungsmuster: In Analogie zu den Kulturthemen ‚Zugehörigkeit' und ‚Zeit' besteht die Aufgabe der Kulturstudien beim Thema ‚Raum' darin sichtbar zu machen, wie und mit Hilfe welcher vorgedeuteten Muster in deutschsprachigen Diskursen raumbezogene Bedeutungen hergestellt und ausgehandelt werden und welche unterschiedlichen Vordeutungen sich dabei jeweils differenzieren lassen. Und wie bei den anderen Themen haben wir es auch beim Raum mit einem sehr komplexen Feld sehr verschiedener Bereiche zu tun, bei denen die Diskurse auf musterhafte Vordeutungen zurückgreifen. Dabei kann eine vorstrukturierende Systematik, wie wir sie bei der Zeit mit der Differenzierung verschiedener Zeitebenen (‚Alltagszeit', ‚Lebenszeit', ‚historische Zeit', ‚Sakralzeit', s. o. Abschn. 3.2.3) vorgenommen haben, auch beim Thema ‚Raum' hilfreich sein, da sich so konkretere Forschungsfragen zum

Gesamtkomplex Raum identifizieren lassen. Im Rahmen einer solchen Systematik könnten beispielsweise folgende übergreifende räumliche Kategorien differenziert werden, denen dann jeweils auch konkrete einzelne Deutungsmuster zugeordnet werden können:

1. **Geographische Großräume:** Dazu gehören die Kontinente wie ‚Europa' oder ‚Afrika', aber auch geographische Sammelbegriffe wie der ‚Orient', das ‚Abendland' oder der ‚Westen' wären hier zu verorten; auch die in manchen geopolitischen Diskursen nach wie vor übliche Aufteilung der Welt in verschiedene ‚Kulturräume' oder ‚Kulturkreise', die mittlerweile veraltete Differenzierung in ‚Erste', ‚Zweite' und ‚Dritte' (oder gar ‚Vierte') Welt sowie die aktuellere Unterscheidung von ‚globalem Norden' und ‚globalem Süden' haben hier ihren Platz.
2. **Politische Räume (Länder):** Diese Kategorie bezieht sich im Wesentlichen auf die einzelnen Nationalstaaten und das Bild, das in deutschsprachigen Diskursen von Nationalstaaten entworfen wird; die kulturwissenschaftliche Forschung zu dieser Raumkategorie weist daher enge Bezüge zur klassischen Stereotypenforschung in Bezug auf Nationalstaaten und deren Bewohner auf (‚Amerikabild', ‚Frankreichbilder' usw.).
3. **Regionen:** Mit ‚Regionen' sind hier nicht Weltregionen gemeint (diese gehören zu Kategorie (1)), sondern räumliche Einheiten, die unterhalb der nationalstaatlichen Ebene angesiedelt sind oder diese überschneiden; konkret geht es hier beispielsweise um die Bundesländer in Deutschland oder Österreich und die Kantone in der Schweiz, aber auch um ‚Landschaften' wie das ‚Ruhrgebiet', das ‚Rheinland', die ‚Lausitz' oder ‚Mitteldeutschland'; und schließlich bezieht sich diese Kategorie auch auf grenzüberschreitende regionale Muster wie den deutsch-französisch-luxemburgischen ‚Saar-Lor-Lux-Raum' oder die ‚Alpe-Adria-Region' im Grenzraum zwischen Österreich, Italien und Slowenien.
4. **Urbane Räume:** Hierzu zählen die Muster, mit denen wir Städte oder Stadtteile repräsentieren, also etwa Großstädte wie ‚Berlin', ‚Hamburg', ‚London', ‚Tokyo' oder ‚Paris'; auch einzelne Stadtteile wie ‚Kreuzberg', ‚St. Pauli' oder ‚Connewitz' können hier zum Thema von Deutungsmusteranalysen werden.
5. **Lebensräume:** Diese Kategorie bezieht sich auf Räume, die im Alltag und in alltäglichen Lebensbezügen wichtig werden können, also beispielsweise Umgebungen, in denen man sich aufhält wie ein Dorf, die Differenzierung von Stadt- und Landleben, das Gefühl von ‚Heimat' und ‚Zuhausesein', kulturell stark aufgeladene Umgebungen wie der ‚Wald' oder schließlich auch sehr konkrete Lebensräume wie ein ‚Wohnzimmer' oder ein ‚Einfamilienhaus'.
6. **Politische Himmelsrichtungen:** Diese Kategorie weist insofern gewisse Parallelen zur Kategorie (1) auf, als ja auch dort etwa mit dem ‚Westen' oder dem ‚globalen Süden' klassische Muster der Himmelsrichtungen bereits genannt worden sind; da sich aber nicht mit allen vier Himmelsrichtungen in gleicher Weise politische Bedeutungen verbinden lassen, sind sie hier noch einmal als eigene Kategorie aufgeführt, auch um damit beispielsweise stärker alltags- und freizeitbezogene Bedeutungen, etwa des Musters ‚Süden', in das hier

skizzierte raumbezogene kulturwissenschaftliche Forschungsprogramm einzubeziehen.
7. **Mobilität und Bewegung im Raum:** Ähnlich wie bei den Himmelsrichtungen geht es auch hier nicht primär oder ausschließlich um feste räumliche Strukturen, sondern mehr um Bewegung innerhalb oder auch zwischen verschiedenen Räumen, die ja auch vielfach kulturell kodiert und vorgedeutet sind; Beispiele für solche Muster wären etwa das Reisen im Allgemeinen, aber auch speziellere Formen des Reisens bzw. der Bewegung wie ‚Wandern', ‚Spazierengehen' oder ‚Pilgern', aber auch ‚Fliegen' oder ‚Radfahren'.
8. **‚Nicht-Orte' und ‚Heterotopien':** Diese Kategorie greift auf die raumtheoretischen Konzepte des ‚Nicht-Orts' bzw. der ‚Heterotopie' zurück, die sich nach Auffassung ihrer ‚Erfinder' Marc Augé bzw. Michel Foucault gerade dadurch auszeichnen, dass es sich lediglich um Durchgangsräume bzw. gesellschaftlich abweichende Räume handelt, denen aber ansonsten keine weitergehende kulturelle Bedeutung zugeschrieben wird; Beispiele dafür sind etwa Autobahnen und Autobahnraststätten, Bahnhöfe oder Flughäfen (‚Nicht-Orte') oder auch Kliniken, Gefängnisse oder Friedhöfe. Wenn diese Raumkategorien im Kontext der Kulturstudien als ‚Deutungsmuster' verstanden werden, wird damit allerdings von vornherein eine andere Perspektive eingenommen: auch solchen Räumen wird in Diskursen Bedeutung zugeschrieben.
9. **Virtuelle und digitale Räume:** Auch wenn es sich bei der Rede von ‚Räumen' in digitalen Kontexten eher um eine metaphorische Umschreibung handelt, spielen die hier verhandelten Raum-Konzepte in deutschsprachigen Diskursen doch eine zunehmend wichtige Rolle. Konkret geht es hier um häufig mit englischsprachigen Formulierungen benannte Muster wie ‚cyber space', ‚darknet' oder ‚safer spaces', aber auch viele andere. Die kulturwissenschaftliche Forschung zu solchen Mustern und ihrer Verwendung in deutschsprachigen Diskursen ist bislang noch nicht sehr umfangreich, hier bedarf es daher gerade im Hinblick auf die Aktualität solcher Themen dringend weiterer Anstrengungen.

Damit ist – wie für ‚Zugehörigkeiten' und ‚Zeit' – auch für das Kulturthema ‚Raum' ein umfangreiches Programm sowohl für die kulturwissenschaftliche Forschung als auch für die Zwecke der stärker praxisorientierten Curriculumplanung und Lernmaterialentwicklung beschrieben. Die Umsetzung muss allerdings auch hier anderen Gelegenheiten vorbehalten bleiben.

3.4 Kulturthema ‚Werte': Axiologische Deutungsmuster

3.4.1 Werte als axiologische Deutungsmuster: Zur Einführung

Nachdem wir in den vorangehenden Kapiteln gezeigt haben, welche konkreten Inhalte sich hinter den zunächst recht abstrakt klingenden Themen wie ‚Zugehörigkeit', ‚Zeit' und ‚Raum' verbergen, soll es in diesem Kapitel um das vierte große Kulturthema, nämlich ‚Werte' gehen. Aber wieso, so wird man vielleicht fragen, sind ‚Werte' überhaupt ein Thema der Kulturstudien, was haben Werte und vielleicht ja auch so etwas wie Werteerziehung mit Deutsch als Fremd- und Zweitsprache zu tun? Ist das nicht eher ein Thema für philosophische oder gar theologisch-religiöse Debatten, die vom Alltag und der Lebensrealität der meisten Deutschlernenden doch denkbar weit entfernt sind? Dass das nicht so ist, dass wir vielmehr auch in sehr alltäglichen Lebenssituationen ständig mit Werten, Bewertungen und Wertentscheidungen zu tun haben, ohne dass wir uns dessen immer bewusst sind, und dass auch unser alltäglich sprachlich-kommunikatives Handeln von solchen Wertorientierungen durchzogen ist, soll zunächst an einem Beispiel erläutert werden.

Werte im Alltag: Stellen wir uns vor, wir gehen in einen beliebigen Supermarkt in Deutschland, um einzukaufen, und stellen wir uns weiterhin vor, auf unserer Einkaufsliste steht unter anderem auch das Wort ‚Kaffee'. Im Supermarkt finden wir dann auch schnell das entsprechende Regal, und schon haben wir ein kleines Problem. Das Regal nämlich bietet uns ungefähr 50 verschiedene Sorten von Kaffee an, so dass man sich nicht ganz leicht orientieren kann. Um die Sache aber nicht zu kompliziert zu machen, greifen wir von den 50 möglichen nur zwei verschiedene Packungen aus dem Regal und schauen uns diese etwas näher an. Auf der einen Packung, in angenehm dunklem Blau gehalten und mit der Abbildung einer dampfenden Tasse mit schwarzem Kaffee, finden wir den Markennamen AMAROY und die Hinweise „Premium Röstkaffee Unser Bester", „Premium Qualität 100 % Arabica" sowie „500 g für 3,99 Euro". Die zweite Packung der Firma GEPA sieht etwas anders aus, sie ist in Dunkelbraun gehalten mit grünem Etikett, auf dem unter einem Foto eines jüngeren Mannes, einer weißen Tasse mit schwarzem Kaffee sowie einem Zweig roter Kaffeebohnen steht: „Bio Café Organico naturmild", „100 % purer Bio Arabica", „langzeitgeröstet", „gemahlen". Links oberhalb des Etiketts findet sich zudem ein Logo mit der Aufschrift „Fair+" und dem Hinweis auf die Website „fair-plus.de". Ganz oben auf der Packung gibt es zudem ein weiteres Logo mit dem Markennamen und dem Hinweis, dass es sich bei GEPA um eine „Fair Trade Company" handele. Der Preis für die 500 g-Packung beträgt 6,99 €, also deutlich mehr im Vergleich zum ersten Kaffee. In beiden Packungen befindet sich also jeweils dieselbe Menge gerösteter und gemahlener Arabica-Kaffee, sie unterscheiden sich aber zum einen durch den Preis, nämlich 3,99 vs. 6,99 €, zum anderen dadurch, dass es sich nur bei der zweiten Packung um ausgewiesenen Bio-Kaffee handelt, der also bestimmten gesundheitsförderlichen Kriterien wie etwa Rückstandsfreiheit entspricht, sowie drittens dadurch, dass ebenfalls nur die zweite Packung als „fair gehandelt" ausgewiesen ist, als Kaffee also, bei dessen Produktion und Distribution nicht nur das reine Marktgesetz von Angebot und Nachfrage gilt, sondern bestimmte Prinzipien einer angemessenen oder eben ‚fairen' Beteiligung der landwirtschaftlichen Produzenten in vergleichsweise armen Ländern wie Nicaragua oder Guatemala beachtet werden. Für welchen Kaffee entscheiden wir uns? Für den deutlich billigeren, weil uns vielleicht der eigene ökonomische Nutzen wichtiger ist als gesundheitliche Aspekte oder das Wohlergehen guatemaltekischer Kaffeebauern und die Prinzipien eines fairen Handels? Oder auch weil wir uns den höheren Preis einfach nicht leisten können? Vielleicht stehen wir aber auch nicht zum ersten Mal vor diesem Regal mit den vielen Kaffeesorten, sondern kennen beide Sorten schon und wissen, dass der billigere nicht nur billiger ist, sondern auch besser schmeckt? Oder entscheiden wir uns doch für den teureren, weil uns Bio-Qualität wichtiger ist als ein niedriger Preis oder weil wir uns an der Ausbeutung der Dritten Welt nicht beteiligen wollen? Oder sagen wir uns vielleicht am Ende, dass Kaffee sowieso ungesund ist, und kaufen stattdessen lieber Kamillentee?

Ganz gleich, wie wir uns entscheiden, ob wir den einen oder den anderen Kaffee oder doch lieber gar keinen kaufen: unsere Entscheidung ist, wie wir gesehen haben, in jedem Fall von grundsätzlichen Wertorientierungen abhängig, an denen wir unser Leben und unseren Alltag ausrichten: Gesundheit, Genuss, Wohlstand, Gerechtigkeit, Fairness, ökonomischer Nutzen usw. Alle diese Wertorientierungen müssen wir immer wieder und möglicherweise auch immer wieder neu in eine sinnvolle hierarchische Beziehung zueinander bringen, um so banale und alltägliche Dinge wie den Kauf einer bestimmten Kaffeesorte entscheiden zu können. Denn nur wenn wir in der Lage sind, eine bestimmte Wertorientierung (z. B. eigener ökonomischer Nutzen) gegenüber einer anderen (z. B. Gerechtigkeit auf der Welt) zueinander in Relation zu setzen und das eine gegenüber dem anderen höher- bzw. geringer zu bewerten, können solche Wertorientierungen das leisten, was sie ja leisten sollen, nämlich uns Orientierung zu geben, d. h. uns zu helfen, im Alltag jeweils so oder anders zu entscheiden. „Werte", so heißt es in einem aktuellen soziologischen Handbuch, „sind grundlegende Orientierungen, die Menschen dabei behilflich sind, aus einer potenziell unbegrenzten Zahl möglicher Handlungen und denkbarer Einstellungen zu wählen" (Roßteutscher 2013: S. 936). Der Rückgriff auf Werte und die dabei im auch sprachlich-kommunikativen Handeln vollzogenen Bewertungen („x ist billiger", „y schmeckt besser" oder „z trägt zur Ausbeutung bei" usw.) sind Teil unseres Alltags (vgl. zum ‚Werten' als alltägliche sprachliche Handlung Klotz 2019).

Werte als Deutungsmuster: Allerdings bleiben Wertorientierungen in der bisher eingenommenen Perspektive eine rein individuelle Angelegenheit: ich entscheide mich so oder anders, weil mir als Individuum z. B. Gesundheit wichtiger ist als ökonomischer Wohlstand oder umgekehrt. Das ist auch insoweit richtig, wie es um die Präferenzen geht, also darum, an welchen dieser Werte ich mich nun selbst orientiere, welche ich für wichtig halte und welche für weniger wichtig usw. Die einzelnen Wertorientierungen selbst aber, wie sie in Begriffen wie ‚Gesundheit', ‚Wohlstand', ‚Gerechtigkeit' oder ‚Genuss' zum Ausdruck gebracht werden, sind ja nicht meine je individuelle Erfindung, sondern transportieren teilweise sehr weit zurückreichende und insofern auch teilweise sehr traditionsmächtige Bedeutungsgehalte, von denen wir bei unseren alltäglichen Wertentscheidungen einen meist selbstverständlichen und implizit bleibenden Gebrauch machen, die sich uns als immer schon vorhandene Vordeutungen bestimmter

Entscheidungssituationen anbieten und denen wir uns auch nicht immer so ganz leicht entziehen können. Anders gesagt: solche grundlegenden Wertbegriffe sind sprachliche Ausdrücke für das, was wir im Kontext der Kulturstudien als ‚kulturelle Deutungsmuster' bezeichnen. Im vorliegenden Fall geht es also um solche Deutungsmuster, die bestimmte Verhaltensgewohnheiten, Umgangsformen, Handlungsoptionen oder Lebensziele als gegenüber anderen als ‚gut', ‚positiv' oder ‚erstrebenswert' oder eben auch als ‚nicht erstrebenswert', ‚schädlich' oder gar ‚böse' deuten und damit eine wertende Orientierung leisten. Wir haben es hier also mit Deutungsmustern zu tun, die wir – unter Verwendung des griechischen Worts für ‚Wert' (axía) – als ‚axiologische Deutungsmuster' bezeichnen wollen. Sie sind damit aber neben Mustern der Zugehörigkeit und der Orientierung in Raum und Zeit die vierte Großgruppe kultureller Deutungsmuster und bezeichnen eines der ‚Kulturthemen', mit denen sich die Kulturstudien auf der inhaltlichen Ebene zu beschäftigen haben. Dabei begeben sich die Kulturstudien allerdings in einen wissenschaftlichen Diskurs, der, wie bei den drei bisher behandelten Kulturthemen ja auch, bereits in vielfältiger Weise von anderen Disziplinen bearbeitet und vorangetrieben wurde und wird und zu dem wir uns irgendwie positionieren müssen. Um also die spezifische Perspektive sichtbar zu machen, von der aus die Kulturstudien an das Thema ‚Werte' herangehen, soll der interdisziplinäre wissenschaftliche Kontext des Themas ‚Werte' hier zunächst in groben Zügen und ohne allzu sehr in die Details zu gehen aufgearbeitet werden.

3.4.2 ‚Werte' als Thema der Wissenschaft

Anders als bei vielen anderen Grundbegriffen der Kulturstudien handelt es sich bei ‚Wert' um einen vergleichsweise jungen Begriff, der sich erst im Lauf des 19. Jahrhunderts zunächst im fachlichen und wissenschaftlichen und später auch im medialen und alltäglichen Sprachgebrauch durchgesetzt hat, sei es als ‚Wert' im Deutschen, als ‚valeur' im Französischen, ‚valor' im Spanischen oder als ‚value' im Englischen. Etymologisch und begriffsgeschichtlich handelt es sich um einen Begriff aus der Ökonomie, der vor allem den Preis einer Sache oder Ware oder auch den Nutzen bezeichnet, „den sie in den Augen des einzelnen Individuums besitzt" (Klimke et al. 2020: S. 864).

Von ‚Werten' ist in vielen und teilweise auch sehr unterschiedlichen wissenschaftlichen wie außerwissenschaftlichen Kontexten und Zusammenhängen die Rede, ohne dass sich dabei ein Konsens über die genaue Bedeutung des Begriffs herausgebildet hätte. Häufig beruft man sich bei dem Versuch einer Definition auf den amerikanischen Anthropologen Clyde Kluckhohn, der ‚Werte' bzw. ‚values' verstanden hatte als „conception [...] of the desirable which influences the selection from available modes, means and ends of action" (zitiert nach Gensicke/Neumaier 2014: S. 610). Während hier deutlich die subjektive Disposition des Wünschbaren und dessen Einfluss auf das Handeln des Einzelnen im Vordergrund stehen, heben neuere Auffassungen insbesondere in den Sozial- und Kulturwissenschaften neben der individuellen auch die kollektive bzw. gesellschaftliche Ebene hervor, die mit ‚Werten', wie oben schon gesehen, ja immer auch angesprochen ist:

> „Werte sind allgemeine und grundlegende Orientierungsstandards, die für das Denken, Reden und Handeln auf individueller und auf kollektiver Ebene Vorgaben machen und dabei explizit artikuliert oder implizit angenommen werden" (ebd.).

Unabhängig davon, ob man nun eher die subjektiv-individuelle oder die kollektiv-kulturelle Ebene betont, in jedem Fall gewinnen Werte nach diesem Verständnis ihre Relevanz vor allem daraus, dass sie menschliches Handeln und dessen Sinnhaftigkeit in bestimmter Weise orientieren. Dabei können Wertorientierungen natürlich leicht miteinander in Konflikt geraten und einer Abwägung und Hierarchisierung bedürfen, sie können individuell wie gesellschaftlich eine größere oder geringere Rolle spielen, sie können auf mehr oder weniger Akzeptanz stoßen, sie können ihre Bedeutung verändern und zum Gegenstand gesellschaftlicher Auseinandersetzungen werden. Unter diesen und ähnlichen Fragen und Perspektiven aber können Werte auch Gegenstand wissenschaftlicher Forschung und Theoriebildung werden.

3.4.2.1 ‚Werte' in der Philosophie

Eingang in die Wissenschaft fand der Wertbegriff um 1800 zunächst im Rahmen der politischen Ökonomie und von hier aus, allerdings erst ca. 100 Jahre später, auch in die (deutsche) Philosophie, wo der Begriff aber zunächst als Neologismus galt und bei neukantianischen Philosophen wie Hermann Lotze, Wilhelm Windelband oder Heinrich Rickert vor allem dazu diente, der Vorherrschaft der Naturwissenschaften eine ‚Idealwelt' der ‚Werte' entgegenzusetzen, die dann die gleichberechtigte Geltung der Human- bzw. Kulturwissenschaften legitimieren (vgl. Gebhardt 1989: S. 54; vgl. Hügli et al.: S. 559–561) und, wie Carl Schmitt es später ausdrückte, „das Gute, Wahre und Schöne vor dem Kausalitätsdenken einer wertfreien Naturwissenschaft retten" sollte (Schmitt 2011: S. 16).

‚**Wertethik**': Sehr viel einflussreicher wurde der philosophische Wertediskurs im Rahmen der so genannten ‚materialen Wertethik' bei Max Scheler oder Nicolai Hartmann, die die als abstrakt und formalistisch empfundene Pflichtethik des Kantschen kategorischen Imperativs unter Rückgriff auf fundamentale und als objektiv und universal gültig verstandene Werte mit Leben füllen wollten. Dabei gingen beispielsweise Max Scheler in seinem seinerzeit sehr bekannten Buch *Der Formalismus in der Ethik und die materiale Wertethik* (1913) oder Nicolai Hartmann in seiner *Ethik* (1926) davon aus, dass ‚Werten' eine eigene objektive Realität zukomme, die unabhängig sei von den als werthaft geltenden Gegenständen, Handlungen oder Zuständen, und dass die einzelnen Werte des ‚Angenehmen' und ‚Unangenehmen' oder des ‚Heiligen' und ‚Unheiligen' auch in einer objektiven Hierarchie der Über- und Unterordnung zueinander stehen (vgl. Hügli et al. 2004: S. 569–570). Man hat in solchen Versuchen, eine vermeintlich objektiv und universal gültige Wertsphäre zu etablieren, sicher nicht ganz zu Unrecht eine

Reaktion auf die gesellschaftlichen und kulturellen Modernisierungsprozesse zu Beginn des 20. Jahrhunderts gesehen, die ja mit einer nachhaltigen Infragestellung herkömmlicher Handlungsmuster und der Vervielfältigung von Lebenswelten und moralischen Haltungen einhergingen. Dem sollten vermeintlich neue inhaltliche und als selbstverständlich gültig und universell verbindlich verstandene werthafte Orientierungen entgegengesetzt werden (vgl. Sommer 2016: S. 89), und das blieb nicht ohne Folgen.

Medial-politischer Wertediskurs: Zwar hat sich der Wertediskurs innerhalb der akademischen Philosophie nicht wirklich durchgesetzt und bald schon, insbesondere im Kontext angloamerikanischer Traditionen des Pragmatismus oder der analytischen Philosophie, einem weitaus nüchterneren Zugang Platz gemacht, bei dem die Frage nach dem „Wesen" des Werts zur „Frage nach dem Sinn wertender Sätze uminterpretiert" wurde (Hügli et al.: S. 576). Mit dem moralischen Wertbegriff war aber eine Kategorie geschaffen, die spätestens nach 1945 und im Rahmen der damit einsetzenden Suche nach neuer Orientierung für gesellschaftliches und politisches Handeln in einer sich weiter modernisierenden und ausdifferenzierenden Welt relevant und aktuell wurde. Auch wenn man die von Carl Schmitt 1960 aufgeworfene Frage, inwieweit sich die Wertkategorie tatsächlich eignet, die im Grundgesetz verankerten unveräußerlichen Grundrechte zu legitimieren (vgl. Schmitt 2011), als nicht mehr wirklich aktuell auf sich beruhen lassen kann, so ist doch die Konjunktur und Aktualität des Wertebegriffs in öffentlichen politischen Debatten seit vielen Jahren nicht zu übersehen. Dabei lassen sich grob zwei verschiedene Stränge dieses medial-politischen Wertediskurses unterscheiden: Zum einen nämlich dient der Rückgriff auf die Kategorie der Werte dazu, einen angeblichen Verfall oder Verlust traditioneller (bürgerlicher) Wertbindungen zugunsten rein egoistischer Handlungsweisen oder einer generellen Gleichgültigkeit im sozialen Umgang zu beklagen; sichtbar etwa an populären Buchtiteln wie *Sag mir, wo die Werte sind* (2005) von Sigmund Gottlieb oder *Der Ehrliche ist der Dumme. Über den Verlust der Werte* (2010) von Ulrich Wickert, wobei die auffällige Präsenz prominenter deutscher Fernsehmoderatoren in diesem Diskurs sicher kein Zufall ist. Und zum zweiten spielt der Werte-Begriff insbesondere im Kontext von Migration und Integration eine zunehmend wichtige Rolle als Teilaspekt einer als spezifisch ‚deutsch', ‚europäisch' oder ‚westlich' imaginierten ‚Leitkultur', an die sich die neu Zugewanderten zu halten haben, über die aber auch und nicht zuletzt kollektive Identitäten sowie Zugehörigkeiten und Nicht-Zugehörigkeiten verhandelt werden; darauf wird noch zurück zu kommen sein.

3.4.2.2 Wertewandelforschung

‚Materialistische' vs. ‚postmaterialistische' Werte: Die angedeutete gesellschaftlich-mediale und politische Konjunktur von Wertedebatten wurde eine Zeitlang stark beeinflusst von einer sozialwissenschaftlichen Forschungsrichtung, die sich von der wertphilosophischen bzw. wertethischen insofern deutlich unterscheidet, als es hier nicht mehr um die normative Frage der vermeintlich

3.4 Kulturthema ‚Werte': Axiologische Deutungsmuster

objektiven Geltung bestimmter Werte geht, sondern um die empirische Frage, inwieweit bestimmte Wertorientierungen bei den Menschen tatsächlich noch Akzeptanz finden und in welcher Weise sich solche Wertorientierungen auch langfristig ändern. Gemeint ist die mittlerweile sehr traditionsreiche soziologische und politikwissenschaftliche Forschung zum Wertewandel in westlichen Gesellschaften seit den 1960er Jahren.

Verbunden ist diese Forschungsrichtung bis heute vor allem mit dem Namen des amerikanischen Politikwissenschaftlers Ronald Inglehart, der in seinem bereits 1977 erstmals erschienenen und heute als Klassiker geltenden Buch *The Silent Revolution. Changing Values and Political Styles among Western Publics* die These vertreten hatte, dass sich die Wertorientierung in westlichen Gesellschaften seit dem Zweiten Weltkrieg und bis Mitte der 1970er Jahre verschoben habe: an die Stelle traditioneller Werte wie ‚Sicherheit' oder ‚Wohlstand', die Inglehart als ‚materialistische Werte' bezeichnet, seien zunehmend ‚postmaterialistische' Werte wie ‚Selbstverwirklichung' oder ‚politische Partizipation' getreten: „The values of Western publics have been shifting from an overwhelming emphasis on material well-being and physical security toward greater emphasis on the quality of life" (Inglehart 1977: S. 3).

Empirische Basis der Wertewandel-Hypothese waren Meinungsumfragen in mehreren westlichen Ländern, die seit Beginn der 1970er Jahre stattfanden und bei denen nach sehr grundsätzlichen politischen Zielpräferenzen gefragt wurde. Dabei galten im Rahmen des später so genannten ‚Inglehart-Index' der „Kampf gegen steigende Preise" („fight rising prices") und die „Aufrechterhaltung von Ruhe und Ordnung" („maintaining order in the nation") als ‚materialistische', der „Schutz des Rechts auf freie Meinungsäußerung" („protecting freedom of speech") sowie „mehr Einfluss der Bürger auf Entscheidungen der Regierung" („giving the people more say in important political decisions") als ‚postmaterialistische' Wertorientierungen (vgl. Thome 2014: S. 45; Heinemann 2012: S. 3–4). Die Umfragedaten zeigten sowohl im Vergleich zwischen den Angehörigen unterschiedlicher Generationen (‚Kohorteneffekt') als auch im zeitlichen Verlauf (‚Periodeneffekt') zunächst recht eindeutige Ergebnisse, nämlich einerseits eine langfristig gesehen deutliche Zunahme postmaterialistischer und eine deutlich schwächer werdende Akzeptanz traditionell materialistischer Werte und andererseits eine deutliche Korrelation zur Entwicklung der Inflationsrate und des ökonomischen Wohlstands in den betreffenden Ländern (vgl. Thome 2005: S. 398–399). Inglehart erklärt diese Entwicklung durch den Rückgriff auf zwei zentrale Hypothesen: die ‚Mängelhypothese' im Anschluss an den amerikanischen Psychologen Maslow, wonach insbesondere diejenigen Güter besonders geschätzt werden, an denen ein großer Mangel bestehe, und die Sozialisationshypothese, wonach Menschen vor allem während der Phase ihrer jugendlichen Sozialisation relativ stabile Wertorientierungen ausbilden, die sich in späteren Lebensphasen nur noch wenig verändern lassen (vgl. ebd.: S. 392–393.). Der seit 1945 gewachsene Wohlstand westlicher Gesellschaften habe daher dazu geführt, dass den basalen materiellen Bedürfnissen der Menschen gegenüber höheren und immateriellen Bedürfnissen ein geringerer Stellenwert zugeschrieben worden sei (vgl. Roßteutscher 2013: S. 939–940; Thome 2014: S. 45).

Kritische Weiterentwicklung: Die These vom grundlegenden Wertewandel in der westlichen Welt wurde in der Folgezeit von Inglehart selbst und von vielen anderen weiterentwickelt und modifiziert, sie kann heute grundsätzlich als empirisch gut gesichert gelten. Gleichwohl ist sie innerhalb der Sozialwissenschaften auch auf teilweise erhebliche Skepsis und Kritik gestoßen, die sich einerseits auf die von Inglehart zugrunde gelegten theoretischen Annahmen wie beispielsweise die Sozialisationstheorie, die Maslowsche Bedürfnispyramide oder die Mängelhypothese und andererseits auch auf gewisse methodische Schwächen bei der Erhebung und Auswertung der empirischen Daten bezog (vgl. Roßteutscher 2013: S. 940).

Mit Blick auf die gesellschaftlichen Entwicklungen in Deutschland vor und nach der Vereinigung der beiden deutschen Staaten wurde der von Inglehart diagnostizierte Wertewandel gleichwohl zunächst grundsätzlich bestätigt. Nach neueren Umfragedaten verringerte sich der Anteil derjenigen, für die herkömmlich materialistische Werte besonders wichtig sind, in Westdeutschland von knapp unter 40 % im Jahr 1982 auf ca. 10 % im Jahr 2010, wohingegen sich der Anteil der Postmaterialisten im selben Zeitraum von 14 auf fast 30 % verdoppelte. Auch in Ostdeutschland, wo vergleichbare Daten erst ab 1990 erhoben wurden und wo zunächst noch ein deutliches Übergewicht materialistischer Wertorientierungen zu beobachten war, kehrte sich das Verhältnis von Materialisten zu Postmaterialisten seit Beginn des neuen Jahrtausends zugunsten der letzteren um, auch hier wurde der Postmaterialismus zum dominierenden Wertmuster (vgl. Roßteutscher 2013: S. 942).

Nicht zuletzt im Bezug auf Deutschland hat sich die Inglehartsche Differenzierung in materialistische und postmaterialistische Wertorientierungen allerdings schon bald als wenig geeignet erwiesen, um den hier stattfindenden Wandel präzise zu beschreiben, insbesondere weil die relativ große Gruppe der Mischtypen dabei nicht hinreichend berücksichtigt werden konnte. Der deutsche Soziologe Helmut Klages hat daher ein differenzierteres Modell von ‚Werttypen' in die Diskussion eingeführt, das sich weniger an der eindeutigen Präferenz bestimmter politischer Zielorientierungen als an ihrer gelingenden Synthese orientiert. Zwar geht auch Klages davon aus, dass zwischen „Pflicht- und Akzeptanzwerten" wie Disziplin, Pflichterfüllung, Ordnung oder Leistung auf der einen und „Selbstentfaltungswerten" wie Partizipation, Autonomie, Genuss oder Kreativität auf der anderen Seite ein grundlegender Unterschied bestehe, aufgrund einer gegenüber dem Inglehart-Index deutlich differenzierteren Frage- und Auswertungsmethode kommt er allerdings zu dem Ergebnis, dass sich anhand der von ihm erhobenen Daten die Werteorientierungen in Deutschland in fünf verschiedene Werttypen einteilen lässt. Dabei stehen die die herkömmlichen Pflicht- und Akzeptanzwerte besonders hochhaltenden ‚Konventionalisten' auf der einen Seite der Skala, auf der anderen stehen mit ‚Hedonisten' und ‚Idealisten' diejenigen, die herkömmliche Pflicht- und Akzeptanzwerte gleichermaßen ablehnen, sich aber entweder stark am eigenen Wohlbefinden und dem Lebensgenuss (Hedonisten) oder aber mehr an politischer Teilhabe und sozialem Engagement (Idealisten) orientieren. In der Mitte stehen nach Klages die so genannten ‚aktiven Realisten', denen eine „Wertsynthese" gelinge, die also in der Lage seien, herkömmliche Pflicht- und Akzeptanzwerte und neuere Selbstentfaltungswerte sinnvoll miteinander zu verbinden (vgl. Thome 2014: S. 55). Während diese Gruppe von Klages als „hochgradig modernisierungstüchtige Menschen" (ebd.) charakterisiert werden, sei die fünfte Gruppe, die ‚perspektivlos Resignierten', gerade im Gegenteil dazu nicht in der Lage, überhaupt stabile Wertorientierungen zu entwickeln (vgl. ebd.: S. 55–56). Was die Verteilung der beschriebenen Werttypen innerhalb der deutschen Gesamtbevölkerung angeht, so liegen hierzu lediglich Daten für die Zeit zwischen 1987 und 1999 vor, die insbesondere im Generationenvergleich einen leichten Rückgang bei Konventionalisten und Resignierten und einen leichten Anstieg in der Gruppe der aktiven Realisten erkennen lassen (vgl. ebd.: S. 56). Trotz seiner kritischen Haltung gegenüber Inglehart glaubt allerdings auch Klages aus seinen Daten einen nachhaltigen „Wertwandlungsschub" ablesen zu können (zitiert nach Dietz/Neumeier 2012: S. 299).

Umkehr des Wertewandels? Insbesondere von politisch konservativer Seite ist schon früh die Frage gestellt worden, inwieweit es sich bei dem von der empirischen Sozialwissenschaft diagnostizierten Wertewandel tatsächlich um ein nachhaltiges und unidirektionales Phänomen handele oder ob sich nicht auch Umkehrungen, insbesondere in späteren Jahren, feststellen lassen. So hat beispielsweise die konservative deutsche Demoskopin Elisabeth Noelle-Neumann, die den von Inglehart und anderen festgestellten Wandel schon 1978 als bedauerlichen Verfall bürgerlicher zugunsten proletarischer Wertorientierungen beklagte (vgl. Thome 2014: S. 51–52), seit 1990 eine Rückkehr zu traditionellen Erziehungszielen wie Höflichkeit und gutes Benehmen, Sparsamkeit oder Ordnung festgestellt, der sich spätestens nach der Jahrtausendwende stabilisiert habe (vgl. Noelle-Neumann/Petersen 2001; Thome 2014: S. 52–53). Auf der Basis aktuellerer und über längere Zeiträume erhobener Umfragedaten etwa aus der Shell-Jugendstudie scheint sich bei jüngeren Alterskohorten in Deutschland derzeit in der Tat eine Umkehr des Wertewandels abzuzeichnen. So weise, wie es in einer 2016 erschienenen Studie heißt, die jüngste bislang erhobene Generation der nach 1976 Geborenen „eine größere Affinität zum Materialismus auf als die Vorkriegsgeneration", so dass derzeit geradezu von einer „Silent Counter-Revolution" die Rede sein könne (Klein 2016: S. 274).

Wertewandel in den Geschichtswissenschaften: Solcher ganz aktuellen Entwicklungen ungeachtet gehört die These vom grundlegenden Wandel von Wertorientierungen, der sich in westlichen Gesellschaften seit den 1970er Jahren abgespielt und sich auch in Veränderungen auf der Ebene von Lebens- und Politikstilen niedergeschlagen habe, heute zum Standard in sozialwissenschaftlichen Darstellungen von Politik und Alltagsleben in Deutschland, und auch einschlägige Arbeiten zur Zeitgeschichte kommen schon seit langem nicht mehr ohne Hinweise auf diese Entwicklungen aus. So verweist beispielsweise Hans-Ulrich Wehler im fünften Band seiner *Deutschen Gesellschaftsgeschichte* darauf, dass die bundesrepublikanische Gesellschaft an einem Wertewandel teilgenommen habe, „der seit den 1970er Jahren als ein neuartiges Phänomen in der westlichen Welt vordrang" und der dazu geführt habe, dass der „aus dem 19. und frühen 20. Jahrhundert überkommene Wertehimmel" und die damit einhergehenden „Sekundärtugenden wie Fleiß, Disziplin und Ordnung, aber auch Bildung, fachliches Geschick und Berufsehre" (Wehler 2008: S. 291) seine Überzeugungskraft teilweise einbüßten und – insbesondere im Umkreis der 68er-Bewegung – von postmaterialistischen, modernisierungsskeptischen und aufklärungskritischen Werten, Normen und Zielvorstellungen abgelöst worden seien. Dies sieht Wehler in einem engen Zusammenhang mit dem Aufkommen neuer sozialer „Alternativbewegungen" wie Umwelt- oder Friedensbewegung sowie mit dem Aufstieg der „ökologisch-pazifistischen Protestpartei der Grünen" in den 1980er Jahren (ebd.: S. 293).

Auch in der neueren Gesamtdarstellung der *Geschichte Deutschlands im 20. Jahrhundert* von Ulrich Herbert (vgl. Herbert 2014) spielt die Theorie des Wertewandels eine (wenn auch eher bescheidene) Rolle als zeitgenössisches Erklärungsmuster für die erheblichen sozialstrukturellen und mentalen Veränderungen, die sich in der Bundesrepublik Deutschland seit den 1970er Jahren beobachten ließen und die Herbert als Wandel von der industriellen zur postindustriellen Gesellschaft beschreibt. Hier habe die Theorie vom Wertewandel gerade in ihrer Adaption auf die Verhältnisse in Deutschland die ja schon von den Zeitgenossen beobachteten Umbrüche, „die Prozesse der Liberalisierung und Pluralisierung", die „Verschiebungen in der Sexualmoral, in den Vorstellungen von Familie und Erziehung" ebenso wie die Auflösung traditioneller, z. B. kirchlich-religiöser oder gewerkschaftlicher Sozialmilieus gut erklären können (ebd.: S. 911). Allerdings sei die Theorie des Wertewandels, anders als die seit den 1980er Jahren aufkommenden und weitaus radikaleren Theorien der ‚Postmoderne', letztlich den „Prinzipien von Fortschritt, Wachstum und Zukunftsvertrauen" treu geblieben (ebd.).

Die von Wehler, Herbert und vielen anderen praktizierte Anknüpfung zeitgeschichtlicher Forschung an Theorien, Methoden und Ergebnisse der (empirischen) Sozialwissenschaften im Allgemeinen und der Wertewandelforschung im Besonderen ist innerhalb der Debatte über die disziplinären Grenzen und Zuständigkeiten der Zeitgeschichte nicht unumstritten. So haben die beiden Zeithistoriker Rüdiger Graf und Kim Christian Priemel in einem 2011 erschienenen Aufsatz in den *Vierteljahrsheften für Zeitgeschichte* dafür plädiert, mit Übernahmen sozialwissenschaftlicher Forschungsansätze und -ergebnisse in die Zeitgeschichte sehr zurückhaltend umzugehen, da sonst die Gefahr bestehe, dass der spezifisch zeitgeschichtliche Blick auf die Phänomene hinter sozialwissenschaftlicher Begrifflichkeit verloren gehe (vgl. Graf/Priemel 2011). Exemplarisch veranschaulicht wird dies u. a. an der sozialwissenschaftlichen Wertewandelforschung, deren Ergebnisse in vielen zeitgeschichtlichen Publikationen unkritisch übernommen würden, die sich aber aufgrund ihrer methodischen Einseitigkeiten dafür nur sehr bedingt eigne, stelle sie doch „weder

3.4 Kulturthema ‚Werte': Axiologische Deutungsmuster

ein hilfreiches begriffliches Instrumentarium noch verlässliche Rohdaten für die Zeitgeschichte bereit" (ebd.: S. 488). Ein zeitgeschichtlicher Zugang zum Thema Werte und Wertewandel, so Graf und Priemel weiter, habe sich dem Thema eher qualitativ als quantitativ zu nähern und zudem den „Konstruktionsgehalt" der Theorie vom Wertewandel und „ihre Wirkung als Medium gesellschaftlicher Selbstbeschreibung" herauszuarbeiten (ebd.).

Nicht zuletzt als Reaktion auf solch grundsätzliche theoretische wie methodologische Bedenken hat sich in den letzten Jahren eine eigene historische Wertewandelforschung herausgebildet, für die die sozialwissenschaftlichen Hypothesen, Begriffe und Forschungsmethoden zwar eine wichtige Anregung sind, die aber über die kritische Auseinandersetzung damit zu einer eigenständigen Perspektive gekommen ist. In kritischer Abgrenzung gegenüber den methodischen und inhaltlichen Begrenzungen einer empirischen Surveyforschung, deren Perspektive ja hinter die Anfänge der Demoskopie per se nicht zurückreicht und die zudem auch nur einen quantitativ-statistischen Blick auf ihren Gegenstand haben kann, bemüht sich die historische Wertewandelforschung um Anschlussfähigkeit an aktuelle geschichts- und kulturwissenschaftliche Positionen und Forschungsansätze wie etwa die Mentalitätsgeschichte, die Diskursgeschichte oder die Bürgerlichkeitsforschung und beschreibt historischen Wertewandel zum einen im Zusammenspiel von Wertvorstellungen, sozialen Praktiken und institutionellen Rahmenbedingungen und zum anderen als diskursive Prozesse der Aushandlung und Verschiebung des jeweils Sagbaren:

> Ein Wertewandel bestimmt sich durch die Differenz zwischen dem zu zwei Zeitpunkten Sagbaren bzw. Sanktionierten. Werte werden in diesen Projekten auf der Ebene der gesellschaftlichen Diskurse – und eben nicht auf der Basis sozialstatistisch gemessener Umfragewerte – analysiert, die von Akteuren bzw. Gruppen geführt werden, die sich nach sozialen Distinktionsmerkmalen, wie Klasse oder Schicht, ihrer Herkunft aus ländlich oder städtisch geprägten Regionen, Geschlecht und Generation differenzieren lassen. Zu untersuchen ist in diesem Zusammenhang, inwiefern diese sozialgruppenspezifischen Zusammenhänge die diskursiv verhandelten Wertsetzungen und die soziale Praxis beeinflussten (Dietz/Neumeier 2012: S. 302; vgl. auch Rödder 2014: S. 30–35).

Die hier zumindest leise anklingenden Bezüge einer historischen Werte- und Wertewandelforschung zu den Fragen der diskursiven Aushandlung von Wertorientierungen, zur Verschiebung der Grenzen des Sagbaren und deren Auswirkungen auf die soziale Praxis lassen zumindest erahnen, in welcher Weise sich das Thema ‚Werte' auch jenseits der empirisch-sozialwissenschaftlichen Sozialstatistiken und der damit einhergehenden Simplifizierungen aus einer breiteren, den Traditionen geisteswissenschaftlich-hermeneutischer Zugriffe und Fragestellungen gegenüber offenen Sicht erschließen lässt, die auch für den Blick der Kulturstudien im Kontext von Deutsch als Fremd- und Zweitsprache hochgradig anschlussfähig sein dürften.

Auch wenn sich an dieser Stelle noch weitere wissenschaftliche Bezüge zum Thema ‚Werte' herstellen ließen, etwa zur Frage nach der Entstehung von Wertbindungen, wie sie der Soziologe Hans Joas in breiter Auseinandersetzung mit den sozialphilosophischen Traditionen des 19. und 20. Jahrhunderts gestellt und beantwortet hat (vgl. Joas 1999), oder zu bildungs- und erziehungswissenschaftlichen Fragen der Werteerziehung, wie sie für eine Schule in der postmodernen Migrationsgesellschaft drängender geworden sind als jemals zuvor (vgl. u. a. Standop 2005; Mokrosch/Regenbogen 2009; Steinherr 2017) – diese Auseinandersetzung soll gleichwohl an dieser Stelle abgebrochen und stattdessen gefragt werden: Was hat das alles mit dem Fach Deutsch als Fremd- und Zweitsprache zu tun? Inwiefern ist das Thema ‚Werte' für unser Fach relevant? Und vor allem: von welcher spezifischen Perspektive aus gehen die Kulturstudien im Kontext von Deutsch als Fremd- und Zweitsprache an dieses Thema heran?

3.4.3 Werte als Deutungsmuster: Die Perspektive der Kulturstudien

‚Werte' und ‚Kultur': Gerade im Kontext eines kulturbezogenen, kultursensiblen oder kulturreflexiven Zugangs zum Lernen und Lehren des Deutschen als Fremd- und Zweitsprache, wie er sich ja spätestens mit der Durchsetzung des Paradigmas der Interkulturalität in Theorie und Praxis unseres Faches durchgesetzt hat, darf man ein besonderes Interesse am Thema ‚Werte' eigentlich erwarten. Nicht zuletzt die kulturtheoretischen Referenztexte, auf die man sich im Kontext der Interkulturalität, der interkulturellen Kommunikation oder einer interkulturellen Fremdsprachendidaktik ja gerne bezieht, sehen Werte oder werthafte Vorstellungen ja geradezu als Kern dessen an, was ‚Kulturen' im Sinne eines nationenorientierten Kulturverständnisses ausmacht. So gelten Werte beispielsweise bei dem niederländischen Sozialanthropologen Geert Hofstede geradezu als stabiler Kernbereich einer (nationalen) Kultur, um den sich die schneller veränderbaren Rituale, Helden und Symbole wie die Schalen einer Zwiebel herumlegen (vgl. Hofstede 2001: S. 10–11; Hofstede/Hofstede 2011: S. 8–10). „Systems of values", so Hofstede, „are a core element of culture" (Hofstede 2001: S. 10). Und auch im Rahmen des Kulturstandard-Konzepts bei Alexander Thomas ist wie selbstverständlich davon die Rede, dass ‚Kulturen' sich durch ihre je spezifische Art des Wahrnehmens, Denkens, Handelns und eben auch Wertens auszeichnen und von anderen unterscheiden (vgl. z. B. Thomas 2005: S. 25).

Angesichts dieser recht prominenten Stellung, die Werte, Wertungen und Wertorientierungen im Kontext des Interkulturalitätsparadigmas einnehmen, vermag es doch ein wenig zu verwundern, dass das Thema in Curricula und Lehrwerken, aber auch in theoretischen Überlegungen im Kontext des Deutschen als Fremdsprache bislang keine große Rolle gespielt hat. Gerade in den klassisch ‚interkulturellen' Lehrwerken wie *Sprachbrücke* oder *Typisch Deutsch* kommt es so gut wie gar nicht vor, sieht man von einigen Materialien und Übungen zur historischen und kulturräumlichen Relativität von Schönheitsidealen im zweiten Band von *Sprachbrücke* (vgl. Mebus et al. 1989: S. 26–28) oder von der angeblich typisch deutschen Wertschätzung für staatliche Ordnung und staatlich garantierte soziale

Sicherheit in *Typisch Deutsch* ab (vgl. Behal-Thomsen et al. 1993: S. 80–86), die aber beide den Aspekt des Wertens gar nicht explizit hervorheben. Gerade aktuellere Lehrwerke, die sich am *Gemeinsamen europäischen Referenzrahmen* und den dort vorgegebenen Handlungskompetenzen für alltägliche Situationen orientieren, scheinen schwierigere Themen mit höherem Konfliktpotenzial ohnehin eher zugunsten banaler Alltagsthemen zu meiden und zeigen schon aus diesem Grund wenig Interesse an der Problematik unterschiedlicher und daher potenziell konflikträchtiger Wertorientierung; Ausnahmen wie beispielsweise die ausführliche Behandlung des Themas 'Soziales Engagement' im C1-Band des Lehrwerks *Mittelpunkt neu* (vgl. Sander/Köhl-Kuhn 2013: S. 92–103) bestätigen auch hier die Regel.

'Wertevermittlung' **im Kontext von Deutsch als Zweitsprache:** Etwas anders stellt sich die Situation zumindest auf den ersten Blick dar, wenn man die auslandsorientierte Perspektive von Deutsch als Fremdsprache zugunsten der migrations- und integrationsorientierten Perspektive des Deutschen als Zweitsprache erweitert. Gerade im Kontext der migrations- und integrationspolitischen Debatten der letzten Jahre spielt das Thema 'Werte' bzw. 'Wertevermittlung' ja eine sehr wichtige Rolle insofern, als gerade hierin die Spezifik der 'deutschen Leitkultur' gesehen wird und als gerade die Vermittlung der in Deutschland resp. Österreich 'geltenden' Werte als zentrale Aufgabe der sprachlichen und kulturellen Integration von Zuwanderern gesehen wird. So heißt es beispielsweise schon in der Integrationskursverordnung des (deutschen) Bundesinnenministeriums aus dem Jahr 2004, die vom Bundesamt für Migration und Flüchtlinge zu organisierenden Integrationskurse dienten u. a. „der erfolgreichen Vermittlung [...] von Alltagswissen sowie von Kenntnissen der Rechtsordnung, der Kultur und der Geschichte Deutschlands, insbesondere auch der *Werte* des demokratischen Staatswesens der Bundesrepublik Deutschland und der Prinzipien der Rechtsstaatlichkeit, Gleichberechtigung, Toleranz und Religionsfreiheit" (Bundesministerium der Justiz 2004: S. 1 (§ 3 Abs. 1); Hervorhebung CA). Auch die seit Herbst 2016 geltende Ausdehnung des Umfangs der Orientierungskurse des BAMF von 60 auf 100 h wurde ja nicht zuletzt mit der Notwendigkeit begründet, vor allem die seit 2015 aus islamischen Ländern zugewanderten Flüchtlinge mit den in Deutschland üblichen Regeln und Werten einer pluralistischen und demokratischen Gesellschaft vertraut zu machen. Allerdings findet sich weder in dem 2017 in überarbeiteter und erweiterter Fassung erschienenen Curriculum noch in den einschlägigen und vom BAMF zugelassenen Lehrwerken für den auf 100 h erweiterten Orientierungskurs eine grundlegende Auseinandersetzung mit einzelnen Wertorientierungen oder mit Fragen der Wertevermittlung im Kontext des Deutschen als Zweitsprache. Weder in thematischer noch in didaktisch-methodischer Perspektive sind hier wesentliche Änderungen etwa gegenüber den älteren, auf 60 h angelegten Fassungen des Curriculums oder der Lehrwerke erkennbar. Direkte Unterrichtseinheiten zu einzelnen und als besonders wichtig geltenden Wertorientierungen gibt es zwar vereinzelt, etwa zu Toleranz (vgl. z. B. Butler u. a. 2017: S. 118–121) oder auch zur Gleichberechtigung von Mann und

Frau (vgl. ebd.: S. 96–103), ansonsten findet die Wertevermittlung aber eher als Querschnittaufgabe auf verschiedene Themen und Kapitel verteilt im Hintergrund statt. Insgesamt lassen sich sowohl im Curriculum als auch und insbesondere in den Lehrwerken ein deutlich stärker paternalistischer als partizipativer Umgang mit dem Thema beobachten, bei dem die unhinterfragte und unhinterfragbare ‚Geltung' bestimmter Wertorientierungen ‚in Deutschland' als gegeben gesetzt wird, die die als traditionalistisch und insbesondere von islamischen Normen und Lebenseinstellungen geprägt imaginierten Kursteilnehmenden nur zu übernehmen haben, die aber nicht selbst Gegenstand diskursiver und auch potenziell kontroverser Deutung und Auseinandersetzung sind (vgl. dazu auch Fornoff 2018: S. 81–137; Altmayer 2021.

Werte als Gegenstand theoretisch-normativer Reflexion im Fach: Nicht nur in der konkreten Praxis des Lernens und Lehrens des Deutschen als Fremd- und Zweitsprache, sondern auch in der theoretischen und wissenschaftlichen Reflexion dieser Praxis spielt das Thema ‚Werte' eine bislang deutlich untergeordnete Rolle, sieht man von einigen Publikationen in den 1990er Jahren zum ‚Kulturthema Toleranz' im Rahmen der ‚interkulturellen Germanistik' ab, die sich für das Lernen und Lehren des Deutschen als Fremdsprache aber allenfalls am Rande interessierten (vgl. u. a. Wierlacher 1994; Wierlacher 1996; Otto 1998). Einschlägige Forschungsarbeiten, die beispielsweise die ‚Realität' der Wertevermittlung im Kontext von Integrations- oder Orientierungskursen und deren Ergebnisse empirisch beschreiben und analysieren würden, fehlen bislang ebenso wie grundlegende Auseinandersetzungen mit der Frage, welche Rolle fundamentale Wertkonzepte wie Gleichberechtigung, Menschenwürde oder Toleranz im Deutsch als Fremdsprache-Unterricht in einer sich weiter globalisierenden und zudem immer mehr von autoritären Regimes beherrschten Welt noch spielen. Diese Diagnose ist umso erstaunlicher, als sich gerade die Praxis des Deutschen als Fremdsprache weltweit permanent mit normativen Herausforderungen konfrontiert sieht, auf die Lehrende Antworten finden müssen, zu denen der wissenschaftliche Diskurs im Fach aber bisher kaum etwas beizutragen hat (vgl. dazu und zum Folgenden Altmayer 2018). Genannt seien exemplarisch und ohne Anspruch auf Vollständigkeit einige besonders drängende Fragen, die sich in diesem Zusammenhang stellen: Wie verhält sich das Fach Deutsch als Fremdsprache beispielsweise zu seiner eigenen kolonialen Tradition und wie geht es damit um, dass das Lernen und Lehren des Deutschen in vielen Teilen der Welt, namentlich im westlichen Afrika, de facto zur Stabilisierung der bestehenden politischen, ökonomischen und kulturellen Macht- und Abhängigkeitsverhältnisse beiträgt? Welche Rolle spielen an Menschenrechtstraditionen orientierte Wertkonzepte wie Menschenwürde, Meinungs- und Religionsfreiheit oder das Recht auf freie Entfaltung der Persönlichkeit in Ländern, in denen eine steigende Nachfrage nach Deutschunterricht beobachtet werden kann, in denen Menschenrechte aber missachtet oder gar mit Füßen getreten werden? Und wie gehen wir an das Thema Nationalsozialismus in Ländern heran, in denen Hitler beispielsweise bis heute als großer Held gefeiert

3.4 Kulturthema ‚Werte': Axiologische Deutungsmuster

wird und in denen man sein Buch *Mein Kampf* quasi an jeder Straßenecke kaufen kann?

Genug Fragen also, die plausibel machen, dass das Thema ‚Werte' zu den zentralen und wichtigen Themen gehört, mit denen sich das Fach Deutsch als Fremd- und Zweitsprache im Allgemeinen und die Kulturstudien im Besonderen auseinandersetzen müssen.

Perspektive der Kulturstudien: Um die Perspektive zu verdeutlichen, von der aus die Kulturstudien an das Thema herangehen, möchte ich zunächst noch einmal kurz auf das Beispiel mit dem Kaffeekauf vom Anfang dieses Kapitels zurückkommen, das ja nur veranschaulichen sollte, dass Wertorientierungen in unseren alltäglichen Handlungsvollzügen ständig präsent sind. Der Schweizer Philosoph Andreas Urs Sommer hat kürzlich in seinem klugen Buch *Werte. Warum man sie braucht, obwohl es sie nicht gibt* argumentiert, dass aus der bloßen Tatsache, dass wir solche alltäglichen Bewertungen vornehmen, keineswegs folgt, dass allein deswegen schon ‚Werte' als abstrakte Wesenheiten auch existieren. Damit grenzt er sich sehr deutlich gegen die Tradition der deutschen Wertphilosophie ab, die ja von einer ‚objektiven' Existenz und Geltung von Werten ausgegangen war. Aber Werte seien keine objektiv und ‚an sich' existierenden Wesenheiten, sondern bloße Eigenschaften von Dingen oder Zuständen, die wir diesen zuschreiben, indem wir sie bewerten:

> „Es braucht keine Werte, um bewerten zu können. Vielmehr besteht das Bewerten, wenn es explizit wird, gerade darin, Wert, Wer*te* zuzuschreiben. Dabei handelt es sich um akzidentelle Zuschreibungen: Wer bewertet, schreibt einer Sache, einer Gegebenheit einen bestimmten Wert, also eine Eigenschaft zu. Wenn ich bewerte, nehme ich kein ominöses Wesen der Werte in Anspruch, ebenso wenig eine Wirklichkeit oder ein Sein dieser Werte unabhängig von der Gegebenheit, die ich bewerte" (Sommer 2016: S. 15–16).

Die hier angesprochene philosophische Frage, ob es sich bei Werten um objektive Wesenheiten oder um bloß akzidentelle Zuschreibungen handelt, muss uns im Kontext der Kulturstudien eigentlich nicht weiter beschäftigen. Allerdings weist Sommer im weiteren Verlauf seiner Auseinandersetzung mit den traditionellen Wertontologen auch darauf hin, dass unsere alltäglichen Bewertungen ja gerade nicht rein subjektiv-individuelle und voraussetzungs- und kontextlose Vorgänge sind, sondern in einer menschlichen und von Menschen gemachten Wirklichkeit vor sich gehen, die „immer schon eine bewertete Wirklichkeit" sei, „eine von unseren Bedürfnissen und Interessen ‚in Ordnung' gebrachte Wirklichkeit" (ebd.: S. 23), die sich von den Wirklichkeiten anderer, nicht-menschlicher Lebewesen vor allem dadurch unterscheide, dass der Mensch ihr nicht ausgeliefert sei, sondern sich reflexiv und kritisch zu ihr verhalten und damit das Bewerten auch suspendieren könne (vgl. ebd.).

Hier wird zumindest ein fundamentaler Unterschied zwischen einer philosophisch-reflektierenden und einer kulturwissenschaftlichen Perspektive auf das Thema ‚Werte' deutlich: Während es nämlich der philosophischen Reflexion um die kritisch-reflexive Überschreitung der sozusagen ‚immer schon' werthaft vorgedeuteten Wirklichkeit geht, interessiert sich der kulturwissenschaftliche Zugang gerade für diese werthaft vorgedeutete Wirklichkeit und dafür, wie sie zustande kommt und welche werthaften Vordeutungen in diese sozial-diskursive Herstellung von ‚Wirklichkeit' eingehen. Noch ein wenig klarer wird diese Perspektive, wenn man sie auf der anderen Seite auch von einem sozialwissenschaftlichen Zugang zum Thema ‚Werte' abgrenzt. Während nämlich die Sozialwissenschaften Werte als Vorstellungen von dem begreifen, was Individuen und ganze Gruppen für ‚wertvoll' oder ‚wünschenswert' halten und sich insbesondere für die Frage interessieren, wie solche Vorstellungen zustande kommen und wie sie sich verändern, gelten ‚Werte' innerhalb der Kulturwissenschaften bzw. der Kulturstudien als diskursiv vermittelte Wissensordnungen, die uns mit wertenden Vordeutungen und Orientierungen versorgen, deren ‚Geltung' wir implizit und selbstverständlich voraussetzen und mit deren Hilfe wir eben jene immer schon als werthaft gedeutete und erlebte Wirklichkeit herstellen, von der bei Sommer die Rede war. Für die Kulturstudien ist also nicht primär relevant, wer welche Werte vertritt und wie sich dies verändert, für die Kulturstudien ist die Frage wichtig, welche konkreten Wertvorstellungen in bestimmten (deutschsprachigen) Diskursen verwendet werden, auf welche Traditionen diese zurückgehen und welche Bedeutung ihnen in aktuellen Diskursen zugeschrieben wird. Anders gesagt: Werte im Sinne der Kulturstudien sind kulturelle Deutungsmuster. Dabei interessieren sich die Kulturstudien nicht so sehr für die abstrakte Ebene von ‚Werten' allgemein, sondern, ähnlich wie schon bei den zuvor behandelten Kulturthemen, für die konkrete Ebene einzelner werthafter (‚axiologischer') Deutungsmuster und deren Präsenz und deren Verwendung in aktuellen deutschsprachigen Diskursen.

Um sich dieser Ebene, die in den folgenden Beispielen noch genauer beschrieben werden soll, weiter anzunähern, wollen wir zunächst eine Typologie von axiologischen Deutungsmustern entwerfen, die sich an der innerhalb der Wertewandelforschung einflussreichen Differenzierung von Werttypen (materialistische vs. postmaterialistische Werte nach Inglehart oder Pflicht- und Akzeptanzwerte vs. Selbstverwirklichungswerte nach Klages; vgl. Thome 2014) orientiert und die werthafte Deutungsmuster nach ihrer Funktion und ihrer Reichweite differenziert. Demnach lassen sich die folgenden Typen werthafter Deutungsmuster unterscheiden:

1. **Fundamentale Grundwerte:** Hier handelt es sich um diejenigen Wertmuster, wie sie beispielsweise der Allgemeinen Erklärung der Menschenrechte oder auch dem Grundrechtekatalog des Grundgesetzes zugrunde liegen und die sehr basale, den Menschen als Menschen ausmachende und würdigende Werte umfassen: ‚Menschenwürde', ‚Freiheit', ‚Gerechtigkeit', ‚Gleichheit', ‚Toleranz' u. a.
2. **Werte des guten Lebens:** Hier geht es um solche Werte bzw. Wertmuster, die als relevant für ein gelingendes Leben gelten, wobei in diesem Fall vor allem das einzelne Individuum und dessen Lebensvollzüge im Vordergrund stehen. Beispiele sind ‚Glück', ‚Gesundheit', ‚Wohlstand', ‚Erfolg' u. a.

3.4 Kulturthema ‚Werte': Axiologische Deutungsmuster

3. **Werte der sozialen Verantwortung:** Hier sind solche Werte gemeint, die das Individuum in seinem sozialen Zusammenhang sehen, dabei aber vor allem die Perspektive des eigenverantwortlichen Individuums betonen, also etwa ‚Solidarität', ‚Gemeinsinn', ‚Nachhaltigkeit', ‚Respekt' u. a.
4. **Werte der normativen Einbindung in eine Gemeinschaft (Pflichtwerte):** Wie bei den unter (3) genannten Wertmustern geht es auch hier um den sozialen Zusammenhalt, wobei allerdings bei diesen Werten der Vorrang beim Sozialen liegt, dem das Individuum sich fraglos unterzuordnen hat. Beispiele sind ‚Pflicht', ‚Disziplin', ‚Ordnung', ‚Ehre', ‚Leistung' u. a.

Im Folgenden soll exemplarisch eines der hier unter (1) genannten axiologischen Muster, ausgehend von aktuellen Diskursbeispielen, in seiner Präsenz und Relevanz für deutschsprachige Diskurse, aber auch in seiner Offenheit und Vielschichtigkeit dargestellt werden. Dass es sich dabei nicht um eine erschöpfende Auseinandersetzung, sondern lediglich um eine kleine Auswahl handelt, die lediglich exemplarischen Charakter haben kann, liegt in der Natur der Sache.

3.4.4 Beispiel: ‚Menschenwürde'

3.4.4.1 Zum Einstieg: Eine Karikatur

Am 06. April 2011 war in allen deutschsprachigen Medien eine aktuelle Meldung zu lesen, wonach am Tag zuvor vor der Küste der italienischen Mittelmeerinsel Lampedusa ein Flüchtlingsboot mit 200 Menschen an Bord gesunken und von den Insassen lediglich 48 gerettet werden konnten (vgl. z. B. Die Zeit 2011). Als Kommentar zu dieser Meldung, der aber ebenso als Kommentar zu seit Jahren immer wieder ähnlich lautenden Meldungen über gesunkene Flüchtlingsboote gelesen werden kann und muss, ist wenige Tage später in verschiedenen deutschsprachigen Zeitungen (und auf der Website „Toonpool") die in Abb. 3.13 zu sehende Karikatur von Martin Erl veröffentlicht worden (vgl. Erl 2011):

Es handelt sich in vielerlei Hinsicht um ein typisches und gelungenes Beispiel der Textsorte ‚Karikatur', zu deren Wesen ja gehört, dass sie mit relativ einfachen bildlichen und sprachlichen Mitteln eine politische Problematik zuspitzt und so meist kritisch Stellung nimmt zu (tages-)aktuellen Ereignissen und

Abb. 3.13 Karikatur „Menschenwürde" von Martin Erl

Entwicklungen. Erl spricht mit seiner Karikatur in den seit Jahren andauernden Diskurs über Flüchtlinge, Flüchtlingsboote auf dem Mittelmeer, Schlepperbanden und mögliche und notwendige Hilfsmaßnahmen durch staatliche und nicht-staatliche Instanzen hinein und nimmt kritisch dazu Stellung.

Bezugnahme auf Artikel 1 des Grundgesetzes: Schauen wir uns die Karikatur also etwas genauer an. Was zunächst die Bildebene angeht, so nimmt die Darstellung einer weiten und offenen Wasseroberfläche den größten Teil des Bildes ein. Am rechten Rand wird die Wasserfläche durch zwei kleinere Landzipfel begrenzt, die – auch dies entspricht den Gepflogenheiten der Textsorte – durch Schilder als ‚EU' bzw. ‚Lampedusa', also die italienische Insel im südlichen Mittelmeer, direkt benannt werden und so für die Rezipienten identifizierbar sind und für die Herstellung und Zuschreibung von Bedeutung genutzt werden können. Insbesondere durch die explizite Nennung von ‚Lampedusa' wird der aktuelle politische Kontext, d. h. der Diskurs über Flüchtlinge auf dem Mittelmeer, als diskursiver Bedeutungsrahmen abgesteckt, durch das (etwas im Hintergrund befindliche) Schild mit dem Schriftzug „EU" wird darüber hinaus auch der Diskurs über die Europäische Union im Allgemeinen und den Umgang mit der Flüchtlingsproblematik durch europäische Instanzen im Besonderen als Kontext explizit hergestellt.

Das Zentrum des Bildes nimmt ein großformatiges Blatt Papier ein, das im Begriff ist, im Meer zu versinken und auf dem als zentrales sprachliches Element in Großbuchstaben einzelne Wörter geschrieben stehen, von denen sich nur „Die Würde", und „Menschen" vollständig und darüber hinaus weitere Wortfragmente wie „…antastbar", „…chten", „…tzen" oder „…ung" identifizieren lassen. Die Karikatur appelliert damit an das Diskurswissen ihrer Rezipienten, indem sie sie auffordert, den auf dem untergehenden Blatt Papier nur fragmentarisch erkennbaren Text auf der Basis als allgemein bekannt angenommenen Wissens implizit zu ergänzen. Dabei besteht in der Frage, um welchen Text es sich hier handelt, kein Deutungsspielraum, der etwa unterschiedliche Lesarten zulassen würde. Demnach ist auf dem Blatt zu lesen: „Die Würde des Menschen ist unantastbar. Sie zu achten und zu schützen ist Verpflichtung aller staatlichen Gewalt." Dies ist der Wortlaut von Artikel 1 Absatz 1 des Grundgesetzes der Bundesrepublik Deutschland, der nach einhelliger Auffassung die oberste Norm und den höchsten Wert definiert, an dem sich staatliches Handeln in Deutschland zu orientieren hat. Indem die vorliegende Karikatur diesen in Artikel 1 des Grundgesetzes formulierten obersten Wertmaßstab bildlich ‚untergehen' lässt, damit aber zugleich auch die vielfach in den Medien verbreiteten Bilder im Meer ertrunkener Menschen evoziert, lässt sich als Kernaussage des Textes eine scharfe Kritik an den staatlichen Instanzen in Deutschland als dem unmittelbaren Geltungsbereich des Grundgesetzes, aber auch in ganz Europa rekonstruieren, die es zulassen, dass Menschen auf der Flucht vor Armut, Krieg oder Verfolgung im Meer ertrinken, und die damit den allgemein anerkannten höchsten Wert unserer Rechtsordnung, nämlich die Würde des Menschen, missachten.

3.4 Kulturthema ‚Werte': Axiologische Deutungsmuster

Es kann nun nicht die Aufgabe der Kulturstudien sein zu entscheiden oder auch nur zu diskutieren, inwieweit diese Kritik berechtigt ist oder nicht, ob also die Flüchtlingspolitik bzw. der staatliche Umgang mit Geflüchteten auf dem Mittelmeer oder anderswo als Verstoß gegen die Menschenwürde aufgefasst werden kann oder nicht. Was uns an diesem Beispiel interessiert, ist der quasi selbstverständliche und implizite Rückgriff der Karikatur auf den Wert der ‚Menschenwürde', wie er im Grundgesetz seine allgemein rechtsverbindliche, aber offenbar auch kulturell höchst einflussreiche und konsensstiftende Ausformung gefunden hat. Die Karikatur spricht, wie gesehen, in einen öffentlichen Diskurs hinein und vertraut darauf, dass die Diskursteilnehmenden aufgrund ihres Diskurswissens nicht nur in der Lage sind, das entsprechende Wissen, wonach hier auf die Würdenorm des Grundgesetzes angespielt wird, für die Herstellung von Sinn zu ergänzen, sondern dass sie darüber hinaus den in der Würdenorm mit transportierten Geltungsanspruch des obersten Werts der ‚Menschenwürde' auch teilen und akzeptieren. Gerade der zugleich explizite und implizite Verweis auf das Grundgesetz als der verfassungsmäßigen Basis des staatlichen Handelns wie des sozialen Zusammenhalts in der Bundesrepublik Deutschland im Allgemeinen und auf den in noch höherem Maß konsensstiftenden Artikel 1 im Besonderen deutet ja darauf hin, dass wir es hier in der Tat mit einem der wichtigsten und zugleich in seiner Geltung am wenigsten umstrittenen und umkämpften axiologischen Deutungsmuster zu tun haben, die sich in deutschsprachigen Diskursen überhaupt ausmachen lassen.

Inhaltliche Konkretisierung: Schaut man allerdings etwas genauer hin, stellen sich auch einige Fragen: Was genau meint unsere Karikatur eigentlich damit, dass der aktuelle Umgang staatlicher Instanzen mit der anhaltenden Problematik der im Meer ertrinkenden Flüchtlinge eine Missachtung der Menschenwürde sei? Bleibt der Rückgriff auf den Wert der Menschenwürde hier nicht doch etwas zu allgemein, abstrakt und unspezifisch? Und meint er mehr als beispielsweise ein ebenso allgemeiner Begriff wie ‚Humanität'? Ist es nicht auch ein wenig wohlfeil, hier den Begriff der Menschenwürde zu bemühen, von dem man annehmen kann, dass niemand ihn ernsthaft wird in Zweifel ziehen, nicht zuletzt wegen seiner so prominenten Stellung im Grundgesetz? Haben wir es hier also überhaupt mit einem Deutungsmuster zu tun, von dem wir ja annehmen, dass damit auch bestimmte Inhalte transportiert werden, oder handelt es sich nicht eher um eine Leerformel, die mit jedem beliebigen Inhalt gefüllt werden kann, die aber zu einer werthaften Orientierung im Alltagsleben, in der Politik oder in öffentlichen Debatten nichts beiträgt, die aus demselben Grund dann aber auch kein wirklich sinnvoller und ertragreicher Gegenstand kulturwissenschaftlicher Analysen sein kann?

Dass dem nicht so ist, dass auch schon in unserer Karikatur mit ‚Menschenwürde' durchaus bestimmte Inhalte verbunden sind und andere dagegen ausgeschlossen werden, dass ‚Menschenwürde' demnach also durchaus als Deutungsmuster gelten kann, soll hier nur vorläufig anhand einiger kleiner Überlegungen gezeigt werden. So nimmt unsere Karikatur beispielsweise an, dass Menschenwürde etwas ist, das grundsätzlich jedem Menschen unabhängig von seiner Herkunft, seiner Hautfarbe, seiner Nationalität, seines Geschlechts, seiner sexuellen Orientierungen usw. zukommt, dass sie beispielsweise nicht nur den Menschen zukommt, die unter den Geltungsbereich des Grundgesetzes fallen und beispielsweise die deutsche Staatsbürgerschaft besitzen. Zum zweiten wird angenommen, dass Menschenwürde auch nicht davon abhängt, ob ein Mensch bestimmten Anforderungen genügt, ob er beispielsweise über eine entwickelte Persönlichkeit verfügt, ob er in der Lage ist, seine emotionalen oder körperlichen Impulse zu kontrollieren, oder ob er seiner ihm von Gott oder von der Natur gewissermaßen vorgegebenen Bestimmung entspricht oder nicht. Und schließlich wird auch angenommen, dass mit der Menschenwürde auch bestimmte Ansprüche verbunden sind, wie Menschen behandelt werden dürfen oder müssen und wie nicht, dass beispielsweise mit der Menschenwürde ein Recht auf Leben und körperliche Unversehrtheit einhergeht, das etwa ein Ertrinkenlassen von Menschen durch politisch und ideologisch motivierte Untätigkeit ausschließt.

Wir sehen also: Schon die vergleichsweise unspezifische Art und Weise, in der unsere Karikatur auf den Wert der ‚Menschenwürde' verweist, greift auf bestimmte inhaltliche Vordeutungen und Deutungstraditionen dieses Werts zurück und schließt damit, wenn auch in sehr implizit bleibender Form, andere Deutungstraditionen und Deutungsstränge aus. Trotz der ja durchaus vorhandenen Gefahr, dass die Berufung auf den Wert der Menschenwürde aufgrund ihrer besonderen Stellung im Grundgesetz auch zur rhetorischen Pose oder zur inhaltslosen Leerformel werden kann, haben wir es doch ohne jeden Zweifel mit dem zu tun, was wir im Rahmen der Kulturstudien ein ‚Deutungsmuster' nennen: ein zentrales Element eines diskursiv verwendeten und ausgehandelten Wissens, das uns mit Vordeutungen für verschiedene diskursive Situationen versieht, das daher in Diskursen immer wieder verwendet und stabilisiert wird, das aber gleichwohl auch Gegenstand fortgesetzter, potenziell konfliktärer und unabschließbarer diskursiver Deutung ist.

3.4.4.2 Deutungsmuster ‚Menschenwürde': Traditionen und Diskursstränge

Wissenschaftliches Interesse an ‚Menschenwürde': Wie wir in unserer Analyse der Karikatur gesehen haben, geschieht die Verwendung des Deutungsmusters ‚Menschenwürde' in ‚Texten' der medialen Kommunikation nicht völlig zufällig und ad hoc, sondern greift in vielfältiger Weise auf vorhandene Bedeutungskomponenten zurück, die in der Diskurstradition dieses Musters zu finden sind. Dabei geht diese vor allem philosophische und juristische Diskurstradition einerseits bis in die griechische Antike zurück, kristallisiert sich aber andererseits und vor allem an der Diskussion über die Rolle der Menschenwürde im Grundgesetz von 1949. In der einschlägigen Fachliteratur ist die Entstehung und Entwicklung des Menschenwürdebegriffs in der europäischen Philosophie- und Rechtsgeschichte gut aufgearbeitet, und gerade in den letzten Jahren stößt das Thema

3.4 Kulturthema ,Werte': Axiologische Deutungsmuster

offenbar auf großes Interesse, wie sich an der Vielzahl an Publikationen allein in deutscher Sprache ablesen lässt, die nicht nur in Fachzeitschriften, sondern vor allem auch in großen Publikumsverlagen erschienen sind (vgl. Schaber 2012; Tiedemann 2014; Sandkühler 2015; Baldus 2016; Pfordten 2016; Sedmak 2017; Pollmann 2022 u. a.). Die Gründe für das seit etwa den 1980er Jahren deutlich gestiegene wissenschaftliche Interesse am Thema lassen sich sicherlich zum großen Teil darauf zurückführen, dass während dieser Zeit neue Fragen aufgetaucht sind, die das Handeln politischer und gesellschaftlicher Akteure vor völlig neue Herausforderungen stellen: Intensivmedizin, Humangenetik, terroristische Bedrohungen, um nur einige Beispiele zu nennen, bei deren Diskussion auf den Wert der Menschenwürde zurückgegriffen wurde und wird. Dabei sind es vorrangig Disziplinen wie Philosophie, Theologie oder Rechtswissenschaft, die sich des Themas annehmen und die vor allem die Frage diskutieren, wie sich der moralische und rechtliche Geltungsanspruch, der mit dem Begriff der Menschenwürde und seiner exponierten Stellung im deutschen Grundgesetz einhergeht, argumentativ begründen lässt und ob dies ohne Rückgriff auf eine höhere Instanz überhaupt möglich ist. So wichtig diese Frage nach der normativen Geltung der Würde auch immer sein mag, so wenig ist sie es doch, was die Kulturstudien an diesem Thema interessiert, die ja, wie gesehen, nicht nach der Legitimität oder Angemessenheit bestimmter Wertorientierungen fragen, sondern lediglich danach, wie ein bestimmter Wert in Diskursen verwendet und auf welche Vordeutungen dabei zurückgegriffen wird. Versuchen wir also zunächst, auf der Basis der auch zu dieser Frage reichhaltig vorhandenen Fachliteratur die wichtigsten Varianten herauszuarbeiten, die sich in der langen Diskussion über das Thema ,Menschenwürde' ausmachen lassen.

Wenn wir uns zunächst auf die im engeren Sinn philosophische Tradition des Begriffs konzentrieren, so lassen sich hier bereits recht unterschiedliche Auffassungen differenzieren, für die in der Fachliteratur verschiedene Systematisierungen vorgeschlagen werden. So ist nach Pfordten (2016: S. 9–10) zwischen einer „kleinen", einer „großen" und einer „mittleren" sowie einer „ökonomischen" Menschenwürde zu unterscheiden, und nach Schaber (2012: S. 19–20) ist die „kontingente", an bestimmte Eigenschaften des Menschen gebundene und damit erwerb- und verlierbare Menschenwürde von der „inhärenten", dem Menschen an sich zukommenden und unverlierbaren Würde zu differenzieren. Für unsere Zwecke sinnvoller ist aber die auf Paul Tiedemann zurückgehende Unterscheidung zwischen einer ,heteronomischen' und einer ,autonomischen' Auffassung von Menschenwürde, weil hier nicht nur eine gut nachvollziehbare Abgrenzung zwischen einem spezifisch aufklärerisch-modernen und einem vormodernen Würdekonzept vorgenommen wird, sondern weil diese sich, wie noch zu zeigen sein wird, in ähnlicher Weise auch in der juristischen Deutung des Begriffs wiederfinden lässt.

,Heteronomische' Auffassung: Die ,heteronomische' Tradition der Menschenwürde geht danach auf die griechische Philosophenschule der Stoa und auf den von dieser Schule stark beeinflussten römischen Politiker und Philosophen

Marcus Tullius Cicero zurück. Hier wird der zunächst lediglich den (gehobenen) sozialen Rang oder das mit einem öffentlichen Amt verbundene Ansehen eines Menschen bezeichnende Begriff der ‚Würde' (lat. ‚dignitas') erstmals an bestimmte Eigenschaften des Menschen im Allgemeinen, nämlich seine Vernunftbegabung, geknüpft, die allerdings nicht als einfach vorhanden, sondern als moralische Verpflichtung des Menschen angesehen wird, sich durch entsprechendes Verhalten der eigenen Vernunftbegabung überhaupt als ‚würdig' zu erweisen. Würde hat man demnach nicht schon immer, weil man Mensch ist, man muss sie sich erwerben. In der christlichen Tradition, etwa bei dem mittelalterlichen Scholastiker Thomas von Aquin, wird dieser Gedanke aufgegriffen und weiter entwickelt, jetzt ist es aber nicht die Vernunftbegabung, die das spezifisch Humane ausmacht, sondern die Gottesebenbildlichkeit, die dem Menschen ebenfalls als moralische Verpflichtung, die Gebote Gottes zu achten und sich so des eigenen Menschseins würdig zu erweisen, auf den Weg gegeben wurde. Menschenwürde in dieser heteronomischen Deutungstradition muss also durch angemessenes Verhalten und einen gottgefälligen Lebenswandel erworben werden und kann auch wieder verloren gehen. Von einer ‚heteronomischen' Auffassung der Menschenwürde sprechen wir in diesen Fällen deswegen, weil hier die Würde eines Menschen an eine nicht aus ihm selbst kommende, sondern ihm von außen vorgegebene, nicht auto-, sondern heteronome Verpflichtung gebunden wird.

Auch die in der deutschen Denkgeschichte vor allem mit dem Namen Samuel Pufendorf verbundene naturrechtliche Herleitung und Begründung der Menschenwürde gehört noch in diese heteronomische Tradition insofern, als diese hier zwar an ein dem Menschen von Natur aus zukommendes Recht, eben das ‚Naturrecht', und nicht mehr an das göttliche Gebot gebunden wird, aber immer noch als Verpflichtung gegenüber einer dem menschlichen Individuum äußeren Instanz, in diesem Fall die *socialitas,* die menschliche Gemeinschaft, gedacht wird (vgl. Tiedemann 2014: S. 58; Pfordten 2016: S. 29–32).

Der Grundgedanke der heteronomischen Auffassung von Menschenwürde besteht also, wie gesehen, darin, dass diese dem Menschen zwar aufgrund bestimmter Aspekte seines Menschseins zukommt, also seiner Vernunftbegabung (Stoa, Cicero) seiner Gottesebenbildlichkeit (christliche Tradition) oder eines ihm von Natur zukommenden Rechts, dass er sich seine Würde aber erst erarbeiten bzw. verdienen muss, indem er sich seines Menschseins würdig erweist, etwa indem er seine Vernunft gegenüber seinen niederen Neigungen und Trieben zur Geltung bringt, indem er die göttlichen, naturgegebenen oder sozialen Gebote beachtet. Tut er dies nicht, kann der Mensch nach der heteronomischen Auffassung seiner Würde auch verlustig gehen.

‚Autonomische' Auffassung: Die dazu völlig gegensätzliche autonomische Auffassung von Menschenwürde geht – nach gewissen Vorarbeiten bei Augustinus – zunächst auf die Renaissance (Pico della Mirandola) und dann vor allem auf die Aufklärung (Kant) zurück und leitet die Menschenwürde nicht, wie die heteronomische Tradition, davon ab, dass der Mensch einen angemessenen oder richtigen Gebrauch von seiner Vernunft macht, sondern davon, dass er überhaupt

3.4 Kulturthema ‚Werte': Axiologische Deutungsmuster

Vernunft besitzt und die Freiheit hat, sich so oder anders zu entscheiden. Als vernunftbegabtes Wesen, so Kant, ist der Mensch überhaupt erst die Quelle aller Moral und hat daher seinen Zweck oder Wert in sich selbst (vgl. Tiedemann 2014: S. 58–66) und ist daher auch einzig und allein seiner eigenen vernunftgesteuerten Selbstgesetzgebung (‚Autonomie') verpflichtet; und genau darin, in der Selbstbestimmung, liegt die Würde des Menschen:

> „Die Menschenwürde wird nicht mehr als von äußerer Legitimation abhängig gedacht, also vom Weltgesetz, von göttlicher Schöpfung oder der Gottesebenbildlichkeit, sondern als Autonomie bzw. Selbstbestimmung, d.h. genauer als Selbstgesetzgebung bzw. noch genauer als Fähigkeit zur Selbstgesetzgebung. Sie wird damit nicht nur als eine innere, notwendige und unveränderliche Eigenschaft […] aufgefasst, sondern findet ihre Quelle der Normativität auch im Inneren des einzelnen menschlichen Individuums" (Pfordten 2016: S. 35).

In diesem von Kant erstmals formulierten ‚autonomischen' Sinn spielt der Begriff der ‚Menschenwürde' zwar in der weiteren Entwicklung des philosophischen Denkens des 19. und auch des 20. Jahrhunderts zunächst nur eine untergeordnete Rolle (vgl. ebd.: S. 36), wurde aber nach dem Zweiten Weltkrieg unter dem verheerenden Eindruck der nationalsozialistischen Verbrechen insbesondere in den Diskussionen um die internationale und nationale Kodifizierung von Grund- und Menschenrechten umso wichtiger.

‚Ökonomische' Auffassung: Zunächst weitgehend unabhängig von den heteronomischen und autonomischen Deutungstraditionen und auch in einem gewissen Spannungsverhältnis zu diesen hat sich schon seit Ende des 18. Jahrhunderts eine dritte Bedeutungskomponente von ‚Menschenwürde' etabliert, die von der Pfordten als „ökonomische Würde" bzw. genauer als „ökonomische Würdebedingung" bezeichnet (ebd.: S. 10), weil in dieser Deutungstradition nicht primär danach gefragt wird, was ‚Würde' ist bzw. wo sie sich herleitet, sondern vor allem danach, welche konkreten materiellen und geistigen Lebensbedingungen gegeben sein müssen, damit dem Menschen ein Leben in Würde überhaupt möglich ist. Als wichtige historische Quelle für diese Würdeauffassung wird in der Literatur häufig ein Distichon von Friedrich Schiller aus dem Jahr 1797 mit dem Titel „Würde des Menschen" genannt:

> „Nichts mehr davon, ich bitt euch. Zu essen gebt ihm, zu wohnen, Habt ihr die Blöße bedeckt, giebt sich die Würde von selbst" (Schiller 1992: S. 278).

Der hier schon sehr deutlich anklingende Gedanke, dass von Würde des Menschen erst dann sinnvoll gesprochen werden könne, wenn bestimmte, hier insbesondere materielle Grundbedürfnisse wie ausreichend Nahrung, Kleidung und ein Dach über dem Kopf erfüllt sind, hat seine politische Sprengkraft dann vor allem im 19. und 20. Jahrhundert innerhalb der Arbeiterbewegung entfaltet und ist zu einem der „Topoi der sozialistischen Tradition" (Baldus 2017: S. 234) geworden. So greifen wichtige Vertreter der Arbeiterbewegung wie Ferdinand Lassalle oder August Bebel den Gedanken auf, wonach die Sicherstellung eines menschenwürdigen

Daseins gerade für die arbeitende und weniger bemittelte Klasse der Bevölkerung zu den vornehmsten Aufgaben des Staates gehöre (Pfordten 2016: S. 39–40; Baldus 2017: S. 234). Interessanterweise fand dieser Gedanke schon bald seinen Weg aus der sozialistischen Tradition einerseits in konservative und liberale Richtungen, etwa bei Friedrich List, Otto von Bismarck oder Friedrich Naumann, und andererseits auch in sozialprotestantische und damit christliche Kontexte (vgl. Baldus 2017: S. 234–236). Von hier aus geht die Formel von der Sicherstellung menschenwürdiger Lebensbedingungen als Aufgabe des Staates auch in die Verfassung der Weimarer Republik von 1919 und nach 1945 auch in einige deutsche Landesverfassungen ein (vgl. Tiedemann 2014: S. 13), allerdings nicht im Sinne eines Grundrechts, sondern als normativer Maßstab, an dem sich das Wirtschaftsleben zu orientieren hatte: „Die Ordnung des Wirtschaftslebens muß den Grundsätzen der Gerechtigkeit mit dem Ziele der Gewährleistung eines menschenwürdigen Daseins für alle entsprechen" (Weimarer Reichsverfassung 1919, Art. 151).

Juristischer Diskurs zu Menschenwürde: Im Gegensatz zur philosophischen Beschäftigung mit dem Begriff der menschlichen Würde kann der hier bereits anklingende juristische Diskurs zum Thema auf keine sehr lange Geschichte zurückblicken, begann dieser doch im Wesentlichen erst mit dem Ende des Zweiten Weltkriegs. Den Anfang machen hier auf internationaler Ebene die Gründungscharta der Vereinten Nationen von 1945 und die im Dezember 1948 von der Generalversammlung der UN verabschiedete *Allgemeine Erklärung der Menschenrechte,* in denen der Hinweis auf die allgemeine und unverletzbare Menschenwürde jeweils, wenn auch erst nach längeren Diskussionen, eine herausgehobene Stellung einnimmt (vgl. Tiedemann 2014: S. 13–22). In Deutschland fanden, parallel dazu, im verfassunggebenden Parlamentarischen Rat ebenfalls zum Teil durchaus kontroverse Diskussionen über eine konkretere Ausgestaltung der Würdenorm im neu zu schaffenden Grundgesetz statt, letztlich einigte man sich aber doch darauf, es bei der eher unkonkreten und offenen Formulierung zu belassen, wie sie dann für Artikel 1 Absatz 1 gefunden und wie sie oben ja schon zitiert wurde. Es gilt heute in der einschlägigen Forschung als ausgemacht, dass der Parlamentarische Rat mit diesem bewusst offen gehaltenen Formelkompromiss, der auf jegliche Bezugnahme auf die kontroverse philosophische Tradition des Würdebegriffs verzichtet, vor dem Hintergrund der nationalsozialistischen Verbrechen vor allem „die Abkehr von totalitären Herrschaftsformen" signalisieren und sich „für ein individualistisches Staatskonzept mit dem prinzipiellen Vorrang des Einzelnen vor dem Staat" aussprechen wollte (Baldus 2017: S. 28).

Der noch 1949 bestehende Konsens, wonach es sich bei der Würdenorm vor allem um eine Absage an totalitäre Herrschaftsformen handele, die keiner konkreteren Auslegung bedürfe, wurde in der juristischen Diskussion und in der höchstrichterlichen Rechtsprechung der 1950er und 1960er Jahre allerdings schnell zugunsten einer deutlich konservativeren Deutung zurückgedrängt, die sich an dem ‚heteronomischen' Würde-Konzept der christlich-naturrechtlichen

3.4 Kulturthema ‚Werte': Axiologische Deutungsmuster

Tradition orientierte. So wurde von führenden Staatsrechtlern der Zeit die Auffassung vertreten, die Würdenorm des Grundgesetzes schütze gerade nicht das ‚entfesselte', von allen religiösen und sozialen Bindungen befreite Individuum der liberalen Tradition, sie beziehe sich vielmehr auf den Menschen als potenziell entfaltete ‚Persönlichkeit' und die dieser Persönlichkeit inhärente Bindung an Gott, die soziale Gemeinschaft und den Staat (vgl. Tiedemann 2014: S. 39–40; Baldus 2017: S. 78–82). Die Würde des Menschen, so der seinerzeit führende Staatsrechtler Günter Dürig in einem Aufsatz aus dem Jahr 1952, sei nicht als „magna charta des Individualismus" zu verstehen, vielmehr sei die Würde eng an „Persönlichkeit" und diese wiederum eng an soziale Gemeinschaft und Gemeinwohl gebunden:

> „Mitgedacht muß immer die Erkenntnis werden, daß es unlösbar zu dem, was das Wesen des Menschen als Persönlichkeit ausmacht, was seine Würde ausmacht, worin sein sittlicher Eigenwert besteht, gehört, in innerlich begründeter Bindung zur Gemeinschaft zu stehen. Würde haben heißt Persönlichkeit sein. Aber Persönlichkeitsein und in Ganzheitsverbindung stehen, Persönlichkeitsein und Verantwortlichsein, Persönlichkeitsein und dem Gemeinwohl dienen, sind ein und dasselbe" (Dürig 1952: S. 261).

Die hier exemplarisch herausgearbeitete heteronomische Auffassung von Menschenwürde hat jahrzehntelang die juristische Deutung von Artikel 1 Absatz 1 des Grundgesetzes und die höchstrichterliche Rechtsprechung insbesondere des Bundesverfassungsgerichts dominiert. Auch wenn heute alternative und insbesondere liberalere Auffassungen wichtig geworden sind, spielt sie in bestimmten Diskussionen und höchstrichterlichen Entscheidungen bis heute eine nicht unwichtige Rolle und wird auch gerne in kontroversen politischen Fragen immer wieder herangezogen, etwa im Zusammenhang bioethischer Fragen der Reproduktionsmedizin, oder auch in der Diskussion über ein Verbot der Prostitution (s. u.).

Seit den 1960er Jahren geriet aber die konservative ‚heteronomische' und stark vom christlichen Welt- und Menschenbild geprägte Deutung zunehmend in die Defensive und wurde von liberaleren ‚autonomischen' Positionen verdrängt, die die Menschenwürde nicht mehr an bestimmte herkömmliche Normvorstellungen binden. Menschenwürde gründet nach dieser Auffassung, wie oben schon gesehen, auf dem Eigenwert der Person und auf der menschlichen Befähigung zur Selbstbestimmung, die gerade nicht durch eine Bindung an normative Prinzipien eingeschränkt werden könne. Konsequenterweise kommt Würde nach diesem Verständnis dann auch denen zu, die sich gerade nicht normgerecht verhalten, also beispielsweise auch verurteilten Kriminellen oder Terroristen, und sie kann auch nicht gegen den expliziten Willen der Betroffenen in Anspruch genommen werden, etwa im Falle von Zwangsernährung oder freiwilliger Prostitution. Als wichtiger Ausdruck der autonomischen Auffassung von Menschenwürde gilt, nicht zuletzt im Hinblick auf die Rechtsprechung, die so genannte ‚Objektformel', die auf den Kantischen kategorischen Imperativ und die darin zum Ausdruck kommende Forderung zurückgeht, der Mensch dürfe nie nur als ‚Mittel' bzw. als ‚Objekt', sondern müsse immer zugleich auch als ‚Zweck' behandelt werden. Menschenwürde nach diesem Verständnis gebietet also die unbedingte Achtung vor der menschlichen Selbstbestimmung und verbietet jede Form der Instrumentalisierung von Menschen für Zwecke, denen sie nicht selbst zustimmen können, weil damit ihr Rechtsstatus verletzt würde (vgl. Schaber 2012: S. 32–33). Allerdings wurde die Objektformel immer wieder auch im Sinne der heteronomischen Tradition der Menschenwürde verstanden und hat zu Urteilen geführt, wonach der Mensch sich auch nicht selbst als ‚Objekt' behandeln dürfe, etwa durch die Arbeit in Peepshows oder beim so genannten ‚Zwergenweitwurf' (vgl. Tiedemann 2014: S. 41, 44–45).

Die juristische Diskussion zur genauen Bedeutung der Würdenorm und ihrer Anwendung in der Rechtsprechung ist seit den 1970er Jahren sehr komplex und vielfältig geworden und hat eine kaum mehr zu überschauende Vielfalt an differierenden und konkurrierenden Deutungsansätzen hervorgebracht (vgl. Baldus 2017: S. 104–147). Dies wird in der einschlägigen Forschung meist mit dem Hinweis begründet, dass auch die Vielfalt der gesellschaftlichen Lebensbereiche, Problemstellungen und Herausforderungen, in denen Fragen der Menschenwürde berührt sind, deutlich zugenommen hat. Baldus nennt als Beispiele etwa die sich auf die Würdenorm stützende Kapitalismuskritik, den Informationshunger des Planungsstaates, schon vor, aber erst recht mit der einsetzenden Digitalisierung, Reproduktionsmedizin, Genmanipulation und Intensivmedizin, aber auch Tierschutz sowie den spezifischen Umgang mit weiblicher Nacktheit, wie er etwa in den in den 1980er Jahren aufkommenden ‚Peepshows' praktiziert wurde (vgl. ebd.: S. 115–120); hinzu kommen später noch die von der neueren Biomedizin, von der Gefahr terroristischer Anschläge und von dem in der Rechtspraxis gelegentlich auftretenden Dilemma der Rettungsfolter ausgehenden Herausforderungen (vgl. ebd.: S. 185–218). Allerdings scheint sich insbesondere in der Rechtsprechung des Bundesverfassungsgerichts in den letzten Jahren insofern wieder ein gewisser Konsens abzuzeichnen, als sich in einschlägigen Urteilen des Gerichts die autonomische, auf die menschliche Selbstbestimmung abhebende Auffassung von Menschenwürde wieder stärker durchzusetzen scheint (vgl. ebd.: S. 219–236).

Fazit: Brechen wir den zugegebenermaßen sehr gedrängten und zuspitzenden Überblick über die verschiedenen Deutungen des Begriffs bzw. der Norm der Menschenwürde hier ab. Es sollte deutlich geworden sein, dass es zwar einerseits eine gewisse Vielfalt unterschiedlicher Deutungen und Auffassungen dessen gibt, was mit der Formel von der ‚Würde des Menschen' und deren ‚Unantastbarkeit' jeweils gemeint ist und welche mehr oder weniger konkreten lebenspraktischen und rechtlichen Konsequenzen sich daraus jeweils ergeben, dass sich diese Vielfalt aber doch andererseits nicht in die völlige Beliebigkeit auflöst, sondern sich in einige Hauptlinien einer Deutung von Menschenwürde kristallisieren lässt. Der Einfachheit halber seien die drei wichtigsten Linien dieser Deutungstraditionen hier noch einmal genannt, wobei das vormoderne Konzept, wonach ‚Würde' den sozialen Rang oder Status eines Menschen markiert, unberücksichtigt bleiben kann:

1. die ‚heteronomische' Menschenwürde: unter dieser Bezeichnung lassen sich einige durchaus differente Deutungslinien wie die christliche oder die naturrechtliche zusammenfassen, die aber darin übereinstimmen, dass sie die Würde eines Menschen von bestimmten Bedingungen in dessen Lebensführung abhängig machen und als erwerb- und verlierbar ansehen;
2. die ‚autonomische' Menschenwürde: nach dieser Auffassung, die in der Philosophiegeschichte am radikalsten von Immanuel Kant vertreten worden ist, kommt Menschenwürde jedem Menschen als einem vernunftbegabten Wesen zu, das zu Selbstbestimmung fähig ist; Menschenwürde hängt in dieser Tradition nicht von einem bestimmten Lebenswandel ab, sondern ergibt sich allein aus dem Menschsein;
3. die ‚ökonomische' Menschenwürde: sie bezieht sich weniger auf den Begriff der ‚Würde' selbst als darauf, dass ein ‚menschenwürdiges Dasein' die Existenz bestimmter insbesondere materieller Lebensbedingungen wie ausreichend Nahrung, Kleidung, Schutz vor Kälte und widrigen Witterungsbedingungen, aber auch die Möglichkeit zur Teilhabe am sozialen und kulturellen Leben voraussetzt. Mit ‚Menschenwürde' verbindet sich hier vor allem die Forderung an den Staat, für entsprechende Lebensbedingungen seiner Bürger Sorge zu tragen.

Blicken wir von hier aus noch einmal kurz zurück auf unsere Karikatur, dann lassen sich die Traditionen und Bedeutungskomponenten, von denen her das Muster ‚Menschenwürde' hier seine (kritische) Kraft entfaltet, jetzt noch einmal etwas deutlicher identifizieren. Durch den zugleich expliziten und impliziten Verweis auf Artikel 1 des Grundgesetzes wird zunächst deutlich, dass die kritische politische Aussage der Karikatur nicht durch die Berufung auf eine möglicherweise kontingente, zumindest aber immer subjektiv bleibende moralische Norm zustande kommt, sondern mit der Würdenorm des Grundgesetzes ein Konzept in Anspruch genommen wird, dem das schlechthin höchstmögliche Maß an normativer Verbindlichkeit zukommt. Zugleich aber wird damit ein über die rein juristisch-formal einklagbare Seite hinausgehender moralischer Geltungsanspruch verbunden, an dem das Handeln politischer und administrativer Akteure gemessen wird. Menschenwürde wird dabei im autonomischen Sinn als ein dem Menschen als solchem zukommendes Spezifikum gedacht, das nicht an bestimmte Vorbedingungen geknüpft ist: sie kommt dem Menschen unabhängig von seiner national-ethnischen Herkunft oder Zugehörigkeit zu, auch unabhängig davon, ob er bestimmten normativen Ansprüchen moralischer, rechtlicher oder religiöser Provenienz entspricht oder nicht. Und schließlich wird der Begriff der Menschenwürde hier auch gedacht als Verpflichtung insbesondere staatlicher Instanzen, die sich daraus ableitenden menschlichen Grundrechte auf Leben und körperliche

Unversehrtheit (vgl. Artikel 2 Absatz 2 Grundgesetz) in politischem Entscheiden und administrativem Handeln zu beachten.

3.4.4.3 Weitere Diskursbeispiele

Die Karikatur von Martin Erl, die wir uns hier etwas genauer angeschaut haben, ist natürlich nur ein mehr oder weniger beliebiges Beispiel, an dem sich aber, wie gesehen, zum einen belegen lässt, dass dem Muster ‚Menschenwürde' in aktuellen politisch-medialen Diskursen eine wichtige Funktion als ein als weitgehend konsensfähig gedachtes kritisch-normatives Prinzip zukommt, an dem sich insbesondere politisches Handeln messen lassen muss. Es hat zum zweiten aber auch gezeigt, dass dies nur funktioniert, weil dabei dem entsprechenden werthaften Muster mehr oder weniger implizit spezifische Bedeutungskomponenten zugeschrieben werden, die wiederum auf bestimmte Vordeutungen und bestimmte Traditionsbestände in der Deutung des Begriffs der Menschenwürde zurückgehen. Dabei werden diese Traditionsbestände im Fall unserer Karikatur zwar in kritischer Absicht aufgegriffen, geraten aber selbst nicht, was ja prinzipiell auch denkbar wäre, in den kritisch-reflexiven Blick. Anders formuliert: Das Muster ‚Menschenwürde' wird hier selbst lediglich affirmativ in Anspruch genommen, um ein bestimmtes politisches Problem als moralischen Skandal anzuprangern.

Dass es in aktuellen deutschsprachigen Diskursen auch andere Arten des Aufgreifens, aber zumindest gelegentlich auch des kritisch-reflexiven Umgangs mit dem Muster ‚Menschenwürde' gibt, soll hier abschließend noch an einigen weiteren Beispielen belegt werden.

„Würdesäule"
In der ersten Hälfte des Jahres 2018 konnten an Plakatwänden, Litfaßsäulen und anderen Orten der Öffentlichkeit in deutschen Städten Plakate einer Werbekampagne der Organisation Brot für die Welt beobachtet werden, in denen diese als Entwicklungshilfswerk der evangelischen Kirchen in Deutschland bekannte Organisation in neuer Form auf ihre Arbeit aufmerksam machte und um Spenden warb. Eines der Plakatmotive der Kampagne, das besonders häufig zu sehen war, war das in Abb. 3.14 zu sehende (vgl. Brot für die Welt 2018):
Verbindung von autonomischer und ökonomischer Deutungstradition:
Als Blickfang dienen bei diesem Plakatmotiv zum einen der Neologismus „Würdesäule", der mit dem in deutscher Sprache verbreiteten Wort ‚Wirbelsäule' spielt und dieses kreativ abwandelt, und zum anderen das Bild einer aus Büchern geformten menschlichen Wirbelsäule, das mit der Verwendung von Büchern bereits auf den weiter im Text hergestellten Zusammenhang zwischen ‚Würde' und ‚Bildung' verweist. Dass dabei das Bildsymbol ‚Buch' einen eher herkömmlichen Begriff von ‚Bildung' transportiert, ist sicherlich nicht von der Hand zu weisen, soll uns aber hier nicht weiter beschäftigen. Das Bild der aufrecht stehenden Wirbelsäule aus Büchern symbolisiert ein menschliches Dasein im ‚aufrechten Gang', steht also für ein unabhängiges Leben des menschlichen Individuums im Bewusstsein für den eigenen Wert und die eigene aktive Rolle

3.4 Kulturthema ‚Werte': Axiologische Deutungsmuster 287

Abb. 3.14 Plakatmotiv der Kampagne „Würde für den Menschen" (Brot für die Welt)

im Leben und in der Gesellschaft, das durch Bildung ermöglicht wird: „Bildung ermöglicht Menschen, sich selbst zu helfen und aufrecht durchs Leben zu gehen", heißt es im Text. Wenn aber dieses Leben im ‚aufrechten Gang' mit Hilfe des Wortes ‚Würdesäule' mit dem Begriff der ‚Würde' in Verbindung gebracht wird, so wird hier das Muster ‚Menschenwürde' also offensichtlich im Sinne der ‚autonomischen' Tradition verstanden, von der oben ausführlicher die Rede war: Mit der „Würde für den Menschen", die als Motto auf allen Motiven der Plakatkampagne verwendet wird, ist demnach vor allem ein selbstbestimmtes Leben gemeint, in Würde leben Menschen demnach vor allem, wenn sie nicht von anderen abhängig sind. Allerdings wird das ‚Autonomische' dieser Bedeutungstradition hier insofern gegenüber Kant und der philosophischen Diskussion etwas banalisiert, als ‚Selbstbestimmung' hier sehr konkret auf die alltäglichen Lebensbezüge von Menschen referiert; aber das sei nur am Rande vermerkt.

Die sehr viel wichtigere Bedeutungsvariante, auf die unser Plakatmotiv (wie im Übrigen auch die übrigen Motive der Kampagne) sich bezieht, ist die Auffassung von der ‚ökonomischen Würde', d. h. die Auffassung, dass Menschenwürde an bestimmte äußere bzw. materielle Lebensbedingungen gebunden ist: Nahrung, Kleidung, Wohnung u. a. Dieser Gedanke wird in der Kampagne von Brot für die Welt allerdings in aufschlussreicher Weise abgewandelt: Nicht dem Menschen die materiellen Lebensbedingungen von außen bereitzustellen, sondern ihm die Möglichkeit zu geben, sich diese selbst zu schaffen, also Unabhängigkeit und Selbstbestimmung in diesem Sinn, ermöglicht ein Leben in Würde. „Wer sich selbst versorgen kann", so heißt es auf einem anderen Plakatmotiv, „führt ein Leben in Würde".

Wir haben hier also ein Beispiel für einen Rückgriff auf Traditionsbestände des Deutungsmusters ‚Menschenwürde', die zugleich aber auch produktiv abgewandelt, weiterentwickelt und aktualisiert werden. Würde, so könnte man von hier aus gegen das oben zitierte Epigramm von Schiller einwenden, ergibt sich keineswegs von selbst, wenn man einen Menschen in paternalistisch-wohlfahrtsstaatlicher Manier mit dem Nötigsten versorgt, Würde setzt vielmehr die Möglichkeit voraus, dass Menschen sich selbst versorgen können und nicht in Abhängigkeit von anderen leben. Hier verbinden sich also die autonomische und die ökonomische Tradition des Würdebegriffs zu einem Gedanken, der in der internationalen wirtschaftlichen Zusammenarbeit (‚Entwicklungshilfe') schon lange diskutiert wird: Hilfe zur Selbsthilfe als Hilfe zu einem selbstbestimmten und in diesem Sinn menschenwürdigen Leben.

Menschenwürde – auch für einen verurteilten Kindsmörder?
Am 04.08.2011 erschien in der deutschen Tageszeitung *Handelsblatt* bzw. auf deren Online-Repräsentanz ein Artikel mit der Überschrift „Schmerzensgeld für Kindsmörder. Gäfgen-Anwalt: ‚Signal für die Menschenwürde'" (Handelsblatt 2011). In diesem Artikel wird von einem Urteil des Landgerichts Frankfurt a. M. berichtet, das dem bereits seit Jahren wegen räuberischer Erpressung und Mordes zu lebenslanger Haft verurteilten Markus Gäfgen eine Entschädigung (und explizit kein Schmerzensgeld, wie die Überschrift zunächst behauptet) in Höhe von 3000 € zugesprochen hatte, weil durch die ihm bei seiner Vernehmung angedrohte Schmerzzufügung Gäfgens „Menschenwürde […] durch die Ermittler verletzt" worden sei.

Das Urteil von August 2011 steht in einer langen Reihe von Gerichtsurteilen zu diesem Fall, der mit der Entführung und Ermordung des 11jährigen Jakob von Metzler durch den damaligen Jura-Studenten Markus Gäfgen im Jahr 2002 seinen Anfang genommen hat und der aufgrund der besonderen Umstände der polizeilichen Vernehmung des Täters erhebliche öffentliche Aufmerksamkeit gefunden hat. Gäfgen war bereits von der Polizei als Täter identifiziert, der entführte Junge aber noch nicht gefunden worden. Um den Entführer zur Preisgabe des Verstecks zu zwingen, wurde ihm auf Beschluss des stellvertretenden Frankfurter Polizeipräsidenten Folter angedroht. Dies führte zwar zur Preisgabe des Verstecks, allerdings konnte der entführte Junge nur noch tot geborgen werden, weil der Entführer ihn bereits direkt nach der Entführung ermordet hatte. Gäfgen wurde zu lebenslanger Haft verurteilt, aber auch der stellvertretende Frankfurter Polizeipräsident und ein Mitarbeiter der Polizei wurden wegen ihrer illegalen Verhörmethoden verurteilt, was wiederum Gäfgen dazu veranlasste, Schadenersatz und Schmerzensgeld wegen der Folterandrohung einzuklagen, was mit dem im Handelsblatt (wie übrigens auch in fast allen anderen Medien) kommentierten Urteil des Landgerichts Frankfurt zumindest teilweise auch erfolgreich war.

Interessant für unsere Zwecke ist zunächst die Urteilsbegründung des Gerichts, die mehrfach explizit auf die Unantastbarkeit der Menschenwürde abhebt. Im

3.4 Kulturthema ‚Werte': Axiologische Deutungsmuster 289

„Leitsatz" zu Beginn, der die Hintergründe der Entscheidung des Landgerichts erläutert, heißt es:

> „Die Androhung von Schmerzzufügung während einer polizeilichen Vernehmung zur Erreichung der Preisgabe von Informationen stellt einen schweren Eingriff in die Menschenwürde des Betroffenen nach Art. 1 Abs. 1 GG dar und verletzt das Verbot der unmenschlichen Behandlung nach Art. 3 EMRK" (Landgericht Frankfurt 2011).

Autonomische Deutungstradition: Der direkte Bezug auf Artikel 1 Absatz 1 des Grundgesetzes wird hier ergänzt durch die Berufung auf die Europäische Menschenrechtskonvention von 1950, die in Artikel 3 zwar Folter und unmenschliche Behandlung verbietet, dies aber nicht, wie das Grundgesetz, an die Würde als oberster Norm bindet.

Die ausführliche Urteilsbegründung des Gerichts führt dann weiter aus, dass das Verhalten der Polizei „als ein Verstoß gegen die grundrechtlich garantierte, unantastbare Menschenwürde" (ebd.: S. 12) zu qualifizieren sei, aus der sich ein Anspruch auf Entschädigung ableiten lasse, denn mit der angedrohten Schmerzzufügung „wurde planvoll, vorsätzlich und in Kenntnis der Rechtswidrigkeit dieses Tuns und der Gefahr der Unverwertbarkeit der Aussage in die Menschenwürde, die das höchste Verfassungsgut darstellt und die nicht unter einem Gesetzesvorbehalt steht und die keiner Abwägung zugänglich ist, eingegriffen" (ebd.: S. 13). Für die spezifische Deutung, die dem Konzept der Menschenwürde hier zukommt, ist nun aber insbesondere der Hinweis wichtig, wonach es bei der rechtlichen Beurteilung nicht relevant sei, dass es sich bei demjenigen, der diese Verletzung seiner Menschenwürde erlitten habe, um einen rechtskräftig verurteilten Straftäter handelte:

> „Bei dieser Beurteilung ist es gänzlich unerheblich und darf schlechthin nicht berücksichtigt werden, dass der Kläger zuvor eine Straftat begangen hat. Das Recht auf Achtung seiner Würde kann auch einem Straftäter nicht abgesprochen werden, mag er sich auch in noch so schwerer und unerträglicher Weise gegen die Werteordnung der Verfassung vergangen haben [...]. Menschenwürde kommt jedem Wesen der Gattung ‚Mensch' zu und kann keinem Menschen aberkannt werden. Das ist ein wesentliches Element des Rechtsstaats, das es zu beachten gilt, mag es angesichts des von dem Kläger begangenen Verbrechens auch schwer fallen" (ebd.).

Wir haben es hier also sehr deutlich mit der ‚autonomischen' Tradition der Deutung des Menschenwürde-Begriffs im juristischen Kontext zu tun. Menschenwürde, so wird hier deutlich, ist dem Menschen als Menschen eigen, muss nicht erworben oder durch einen entsprechend moralisch oder rechtlich einwandfreien Lebenswandel verdient werden und kann auch nicht verloren gehen. Sie kommt jedem Menschen zu und muss insbesondere von staatlicher Seite unbedingt und ausnahmslos geachtet werden, unabhängig davon, ob es sich bei ihm, wie in unserem Fall, um einen verurteilten Kindesmörder handelt.

Mit der Nebenbemerkung des Gerichts am Ende des oben zitierten Abschnitts („mag es [...] auch schwer fallen") kommt ein gewisser Gegensatz zwischen zentralen Prinzipien der Rechtsstaatlichkeit, die nach Auffassung des Gerichts mit der autonomischen Deutung der Menschenwürde ja angesprochen sind, und dem subjektiven und intuitiven Rechtsempfinden zum Ausdruck. Dieser Gegensatz wird in der öffentlich-medialen Auseinandersetzung um das Urteil deutlicher artikuliert, als dies im Urteil selbst naturgemäß möglich ist, bleibt aber letztlich doch im Rahmen. So bewertet die *Bild*-Zeitung das Frankfurter Urteil zwar als „Schandurteil", bezieht sich dabei aber nicht explizit auf das Thema ‚Menschenwürde'. Ähnlich gemäßigt bleibt auch die Reaktion in anderen Medien, die das Urteil zwar mit einem gewissen Kopfschütteln, aber letztendlich doch zustimmend kommentieren. Vieles also spricht dafür, dass über die autonomische Deutungstradition von Menschenwürde in öffentlichen Diskursen weitgehend Konsens besteht, dass das damit einhergehende unbedingte Verbot von Folter oder unmenschlicher Behandlung auch gegenüber Menschen, die aufgrund ihres Lebenswandels oder bestimmter Straftaten zumindest keinen großen Respekt verdienen, weithin akzeptiert wird.

Prostitution – mit Menschenwürde vereinbar?
In der politischen Talkshow *Günther Jauch,* die zwischen 2011 und 2015 sonntags abends ab 21:45 Uhr in der ARD ausgestrahlt wurde, fand am 16. Dezember 2012 eine Diskussionsrunde zum Thema Prostitution statt, die sich zumindest teil- und zeitweise auch auf den unmittelbar davor, d. h. zwischen 20:15 und 21:45 Uhr in der ARD in der Krimireihe *Tatort* ausgestrahlten Spielfilm *Das goldene Band* sowie auf dessen eine Woche zuvor ausgestrahlten ersten Teil *Wegwerfmädchen* bezieht. Im Rahmen dieser Diskussion wird immer wieder auf die Frage eingegangen, ob man Prostitution, genauer die Inanspruchnahme der ‚Dienstleistung' Prostitution, von staatlicher Seite unter Strafe stellen solle. Insbesondere die bundesweit bekannte Journalistin und Feministin Alice Schwarzer vertritt in der Sendung vehement diese Position und beruft sich dabei auf die Menschenwürde: Prostitution, so Schwarzer, verstoße gegen die Menschenwürde. „Durch Prostitution verlieren Frauen ihre Menschenwürde", so wird Schwarzer von der *Bild*-Zeitung zitiert, „daher müsse aufgeklärt werden, was Prostitution überhaupt bedeute"; dem widerspricht die zuvor als „Ex-Prostituierte und Bordell-Besitzerin" eingeführte Talkrunden-Teilnehmerin Felicitas Schirow: „Das ist ein Gedankenfehler, dass Prostituierte ihre Menschenwürde verlieren. Die Frauen, die freiwillig anschaffen gehen, sind sehr stolz!" (Schopf 2012)

Das an dieser Stelle vorgebrachte Argument, wonach die freiwillig der Prostitution nachgehenden Frauen „sehr stolz" seien, verfängt in der Diskussion nicht, was möglicherweise auch daran liegt, dass es den von Schwarzer ins Spiel gebrachten Begriff der Menschenwürde nicht etwa, wie sicher geboten gewesen wäre, im Sinn von Artikel 1 des Grundgesetzes als oberste Verfassungsnorm und leitenden moralischen Wert auffasst, sondern eher im vormodernen Sinn als Gefühl für die eigene soziale Stellung der Betroffenen, das hier als ‚stolz' bezeichnet wird und das durch die Tätigkeit in einem gesellschaftlich eher gering geschätzten Metier nicht verloren gehe. Es ist aber offensichtlich, dass die

3.4 Kulturthema ‚Werte': Axiologische Deutungsmuster

Aussage, wonach Frauen durch Prostitution ihre Würde verlieren, völlig anders gemeint ist und sich auch auf andere Bedeutungstraditionen der ‚Menschenwürde' bezieht, nämlich insbesondere auf die auf Kant und die (ältere) verfassungsrechtliche Auslegung der Menschenwürde zurückgehende ‚Objektformel', wonach es mit der Menschenwürde unvereinbar sei, Menschen nur als ‚Mittel' oder als ‚Objekt' und nicht immer zugleich auch als ‚Zweck' bzw. als ‚Subjekt' zu behandeln. Wie oben schon angesprochen, zeichnet sich die Objektformel allerdings insofern durch eine gewisse Ambivalenz, ja Widersprüchlichkeit aus, als sie sowohl von der autonomischen als auch von der heteronomischen Auffassung der Menschenwürde in Anspruch genommen wird und in der heteronomischen Variante auch explizit gegen den erklärten Willen und damit die Selbstbestimmung der Betroffenen eingesetzt werden kann; und mit einem solchen Rückgriff auf das heteronomische Verständnis von Menschenwürde im Sinne der Objektformel haben wir es bei der Bewertung der (freiwilligen!) Prostitution zu tun.

Heteronomische vs. autonomische Deutungstraditionen in Bezug auf Prostitution: Dies kommt ja schon in der undifferenzierten Stellungnahme von Alice Schwarzer während unserer Talkrunde zum Ausdruck, die jegliche Form der Prostitution als Verstoß gegen die Menschenwürde qualifiziert, und es wird ca. ein Jahr später, im Herbst 2013, in einem in der feministischen Wochenzeitschrift *Emma* verbreiteten Appell zum Verbot der Prostitution nach schwedischem Vorbild wieder aufgegriffen, und zwar explizit unter Einbeziehung derjenigen, die nicht unter Zwang, sondern freiwillig dem Geschäft der Prostitution nachgehen. „Das System Prostitution", so heißt es in dem Appell an Bundeskanzlerin und Bundestag, „brutalisiert das Begehren und verletzt die Menschenwürde von Männern und Frauen – auch die der sogenannt ‚freiwilligen' Prostituierten" (Emma 2013). Hier also gilt die Menschenwürde als ein Wert, der nicht mit der menschlichen Selbstbestimmung gleichzusetzen ist, sondern an bestimmte, allerdings nicht näher qualifizierte normative Vorstellungen des menschlichen Lebens gebunden ist. Dagegen regte sich in vielen Kommentaren auch energischer Widerspruch, weil hier den betroffenen Frauen grundsätzlich Unmündigkeit unterstellt werde. So hieß es beispielsweise in der *taz* unter direkter Berufung auf die autonomische Tradition der Menschenwürde:

> „Geltender Rechtsprechung zufolge schützt die Unantastbarkeit der Menschenwürde das Individuum auch davor, dass andere definieren, was unter seiner Menschenwürde zu verstehen ist. Anders ausgedrückt: Wer Huren, Stricher und Freier grundsätzlich vor sich selber schützen will, geht von der Unmündigkeit der Einzelnen aus. Dagegen sollten sich auch diejenigen wehren, die sich für das Thema Prostitution wenig interessieren" (Gaus 2013).

Die Soziologin und Journalistin Hella Dietz bringt in einem Kommentar zum Thema für den mittlerweile eingestellten Blog *10 vor 8* der *Frankfurter Allgemeinen Zeitung* vom 27.11.2013 die unterschiedlichen Auffassungen von Menschenwürde, die in der Diskussion zum Ausdruck kommen, direkt zur Sprache:

„Damit verweist die Debatte auf zwei unterschiedliche Arten, Menschenwürde zu definieren: Dem liberalen Verständnis zufolge markiert Menschenwürde einen Bereich der Unverfügbarkeit für staatliche Gewalt. Der Einzelne soll vor allzu weit gehenden Übergriffen des Staates geschützt werden, innerhalb dieses Rahmens aber selbstbestimmt agieren dürfen. Dem christlichen Verständnis zufolge bezeichnet Menschenwürde darüber hinaus auch eine aus der Gottebenbildlichkeit folgende Unverfügbarkeit der Würde für den Einzelnen. Er oder sie muss folglich vor sittlicher Selbsterniedrigung geschützt werden. Nun berufen sich die Emmas nicht auf die Gottebenbildlichkeit, um den Schutz vor Selbsterniedrigung zu begründen. Doch wie genau ist ihre Position zu rechtfertigen? In welchen Fällen dürfen wir Frauen vor Selbsterniedrigung schützen? Und welche Handlungen fallen unter Selbsterniedrigung? Darüber wird erstaunlich wenig geschrieben" (Hella Dietz 2013).

Leicht könnten die genannten und ansatzweise analysierten Beispiele für die Verwendung des Deutungsmusters ‚Menschenwürde' in aktuellen deutschsprachigen Diskursen durch zahlreiche weitere Belege ergänzt werden. Es dürfte aber auch so hinreichend deutlich geworden sein, dass die Berufung auf die Menschenwürde in vielen und teilweise auch recht heterogenen diskursiven Kontexten eine wichtige Rolle spielt und dass dabei vor allem die prominente Stellung des Musters in Artikel 1 des Grundgesetzes zu einer weitgehend konsensuellen Akzeptanz der Geltung des damit verbundenen Wertmaßstabs insbesondere für politisches Handeln führt. Deutlich geworden ist darüber hinaus aber auch, dass dieser Grundkonsens bei der Frage der grundlegenden Geltung der Würdenorm, die ja in vergleichbarer Weise bei anderen Mustern kaum zu beobachten ist, gleichwohl mit recht unterschiedlichen inhaltlichen Konkretisierungen der Bedeutung von ‚Menschenwürde' einhergeht, bei denen alle herangezogenen Diskursbeispiele auf bestimmte paradigmatische Auffassungen zurückgreifen, wie sie in den verschiedenen Traditionen dieses Begriffs vorhanden sind. Dabei werden diese paradigmatischen Vorstellungen meist affirmativ behandelt, d. h. für bestimmte argumentative oder diskursive Zwecke aufgegriffen und weiter tradiert und stabilisiert, sie werden im Fall der Menschenwürde, anders als bei anderen Mustern, aber kaum einmal kritisch in Frage gestellt oder weiterentwickelt. Dies bleibt im Fall der Menschenwürde den insbesondere philosophischen und juristischen Fachdiskursen überlassen.

3.4.5 Fazit

Wir haben in diesem Kapitel gesehen, dass Werte nicht nur in der Philosophie oder in den Sozialwissenschaften ein Thema sind, sondern dass sie auch in den Kulturstudien im Fach Deutsch als Fremd- und Zweitsprache eine wichtige Rolle spielen. Dabei interessiert die Kulturstudien bei diesem Thema nicht so sehr die Frage, welche Werte überhaupt ‚gelten' und worin ihre Geltungsgründe bestehen, und auch nicht die Frage, wie sich die Akzeptanz bestimmter Wertvorstellungen im Lauf der Zeit geändert hat oder sich auch innerhalb verschiedener gesellschaftlicher Gruppen differenzieren lässt; für die Kulturstudien sind Werte demnach keine primär philosophisch-ethischen oder sozialen Gegebenheiten, sondern eben ‚kulturelle', was im Anschluss an das Verständnis von ‚Kultur', das oben in Kap. 2 entfaltet worden ist, heißt, dass wir es bei Werten mit diskursiven Wissensordnungen oder ‚Deutungsmustern' zu tun haben, die wir in unterschiedlichen Diskurszusammenhängen verwenden und mit deren Hilfe wir im Diskurs Bedeutung herstellen und aushandeln. Im Fall der Werte geht es dabei um ‚axiologische' Deutungsmuster, d. h. solche, mit deren Hilfe wir in der Lage sind, Situationen, Handlungen usw. zu bewerten, diesen also eine bewertende Bedeutung zuzuschreiben. Wie bei den in den vorangehenden Kapiteln dargestellten kategorialen, topologischen und chronologischen Deutungsmustern gehen wir auch im Fall der axiologischen Muster davon aus, dass diese jeweils auf ein gewisses Repertoire an Vordeutungen aufbauen, dass ihre Verwendung in Alltags- und Mediendiskursen demnach nicht völlig kontingent und arbiträr ist, sondern eben jeweils auf diese verschiedenen, in vielen Fällen auch konträren oder gar widersprüchlichen Vordeutungen aufruhen, diese gegebenenfalls auch kritisch reflektieren und weiter entwickeln oder auch völlig neue Deutungen ins Spiel bringen. Dies wurde hier am Beispiel ‚Menschenwürde' exemplarisch veranschaulicht.

Die oben kurz umrissene Typologie axiologischer Deutungsmuster hat schon gezeigt, dass das Thema ‚Werte' im Kontext der Kulturstudien nicht weniger komplex und vielfältig ist als die zuvor behandelten Kulturthemen ‚Zugehörigkeit', ‚Raum' und ‚Zeit' und dass außer dem Muster ‚Menschenwürde' hier auch andere oder weitere und nicht weniger wichtige werthafte Deutungsmuster in einer ebenso ausführlichen Darstellung hätten gewürdigt werden können. So wäre es beispielsweise sehr lohnend, der Verwendung eher traditioneller Pflichtwerte wie ‚Disziplin' oder ‚Ordnung' in neueren Diskursen etwa zu Erziehungsidealen nachzugehen oder auch die Rolle hedonistischer Werte der Selbstverwirklichung in Lebensberatungsdiskursen zu untersuchen, um nur zwei weitere Beispiele zu nennen. Dies kann aus Platzgründen hier nicht geleistet werden und muss einer eigenen Publikation überlassen bleiben. Es sollte aber auch so hinreichend sichtbar geworden sein, welches Potenzial das Kulturthema ‚Werte' im Kontext der Kulturstudien hat – für die weitere kulturwissenschaftlich-diskursanalytische Forschung ebenso wie für das kulturbezogene Lernen.

Literatur

Alexopoulou, Maria (2018): Rassismus als Kontinuitätslinie in der Geschichte der Bundesrepublik Deutschland. In: Aus Politik und Zeitgeschichte 68 (38–39), 18–24.

Althaus, Hans-Joachim/Mog, Paul (1992a): Aspekte deutscher Raumerfahrung. In: Paul Mog/Hans-Joachim Althaus (Hg.): Die Deutschen in ihrer Welt. Tübinger Modell einer integrativen Landeskunde. Berlin/München, 43–64.

Althaus, Hans-Joachim/Mog, Paul (1992b): Aspekte deutscher Zeiterfahrung. In: Paul Mog/Hans-Joachim Althaus (Hg.): Die Deutschen in ihrer Welt. Tübinger Modell einer integrativen Landeskunde. Berlin/München, 65–87.

Altmayer, Claus (2004): Kultur als Hypertext. Zu Theorie und Praxis der Kulturwissenschaft im Fach Deutsch als Fremdsprache. München.

Altmayer, Claus (2017): Landeskunde im Globalisierungskontext: Wozu noch Kultur im DaF-Unterricht? In: Peter Haase/Michaela Höller (Hg.): Kulturelles Lernen im DaF-/DaZ-Unterricht: Paradigmenwechsel in der Landeskunde. Göttingen, 3–22.

Altmayer, Claus (2018): Wissenschaft und Praxis. Zur Rolle normativer Grundsatzfragen im wissenschaftlichen Selbstverständnis des Faches Deutsch als Fremd- und Zweitsprache. In: Inci Dirim/Anke Wegener (Hg.): Normative Grundlagen und reflexive Verortungen im Feld DaF/DaZ. Leverkusen, 67–86.

Altmayer, Claus (2020): ‚Erinnerungsorte' im Kontext von Deutsch als Fremd- und Zweitsprache – aus der Sicht einer kulturwissenschaftlich transformierten ‚Landeskunde'. In: Frank Thomas Grub/Maris Saagpakk (Hg.): Brückenschläge Nord. Landeskunde an der Schnittstelle von Schule und Universität. Frankfurt a. M. u. a., 9–35.

Altmayer, Claus (2021): Rezension zu Roger Fornoff: Migration, Demokratie, Werte. Göttingen 2018. In: Deutsch als Fremdsprache 58/2, 124–128.

Anderson, Benedict (1998): Die Erfindung der Nation. Zur Karriere eines folgenreichen Konzepts. Erweiterte Ausgabe. Berlin.

Antweiler, Christoph (2015): Die soziale Konstruktion kultureller Grenzen und das Management von Vielfalt. Fredrik Barths „Ethnic Groups and Boundaries". In: Julia Reuter/Paul Mecheril (Hg.): Schlüsselwerke der Migrationsforschung. Pionierstudien und Referenztheorien. Wiesbaden, 245–262.

Arndt, Susan/Ofuatey-Alazard, Nadja (2011): Wie Rassismus aus Wörtern spricht. (K)Erben des Kolonialismus im Wissensarchiv deutscher Sprache. Ein kritisches Nachschlagewerk. Münster.

Assmann, Aleida (1999): Zeit und Tradition. Kulturelle Strategien der Dauer. Köln.

Assmann, Aleida (2006): Erinnerungsräume. Formen und Wandlungen des kulturellen Gedächtnisses. München.

Assmann, Jan (1988): Kollektives Gedächtnis und kulturelle Identität. In: Jan Assmann/Tonio Hölscher (Hg.): Kultur und Gedächtnis. Frankfurt a. M., 9–19.

Assmann, Jan (^{2}1999): Das kulturelle Gedächtnis. Schrift, Erinnerung und politische Identität in frühen Hochkulturen. München.

Aubin, Gustav (1927): Die wirtschaftliche Einheit Mitteldeutschlands. In: Landeshauptmann der Provinz Sachsen (Hg.): Mitteldeutschland auf dem Wege zur Einheit. Denkschrift über die Wirkung der innerstaatlichen Schranken […]. Merseburg. Zweiter Teil, 1–15.

Badstübner-Kizik, Camilla/Hille, Almut (Hg.) (2015): Kulturelles Gedächtnis und Erinnerungsorte im hochschuldidaktischen Kontext. Perspektiven für das Fach Deutsch als Fremdsprache. Frankfurt a. M. u. a.

Badstübner-Kizik, Camilla/Hille, Almut (Hg.) (2016): Erinnerung im Dialog. Deutsch-polnische Erinnerungsorte in der Kulturdidaktik Deutsch als Fremdsprache. Poznań.

Bahrenberg, Gerhard (1995): Der Bruch der modernen Geographie mit der Tradition. In: Ute Wardenga/Ingrid Hönsch (Hg.): Kontinuität und Diskontinuität der deutschen Geographie in Umbruchphasen. Studien zur Geschichte der Geographie. Münster, 151–159.

Baldus, Manfred (2016): Kämpfe um die Menschenwürde. Die Debatten seit 1949. Berlin.

Barth, Fredrik (1998): Introduction. In: Fredrik Barth (Hg.): Ethnic groups and boundaries. The social organization of culture difference. Reissued. Long Grove, 9–37.

Baumert, Susan (2014): Bürgerliche Familienfeste im Wandel. Spielarten privater Festkultur in Weimar und Jena um 1800. Frankfurt a. M. u. a.

Bausinger, Hermann (2005): Typisch deutsch. Wie deutsch sind die Deutschen? München.

Behal-Thomsen, Heinke/Lundquist-Mog, Angelika/Mog, Paul (1993): Typisch Deutsch? Arbeitsbuch zu Aspekten deutscher Mentalität. Berlin.

Berger, Stefan/Seiffert, Joana (2014): Erinnerungsorte – ein Erfolgskonzept auf dem Prüfstand. In: Stefan Berger/Joana Seiffert (Hg.): Erinnerungsorte: Chancen, Grenzen und Perspektiven eines Erfolgskonzeptes in den Kulturwissenschaften. Essen, 11–36.

Bergholz, Thomas (2000): Sonntag. In: Gerhrad Krause/Gerhard Müller (Hg.): Theologische Realenzyklopädie. Band 31: Seelenwanderung – Sprache/Sprachwissenschaft/Sprachphilosophie. Berlin, 449–472.
Berndt, Christian/Pütz, Robert (Hg.) (2007): Kulturelle Geographien. Zur Beschäftigung mit Raum und Ort nach dem Cultural Turn. Bielefeld.
Blaschke, Karlheinz (2001): Kirche, Kultur und Bildung als Faktoren mitteldeutscher Einheit. In: Jürgen John (Hg.): „Mitteldeutschland". Begriff – Geschichte – Konstrukt. Rudolstadt, 217–228.
Blühdorn, Hardarik (1995): Autoaufkleber: Die Mimik auf der Blechkarosse. In: Zeitschrift für Semiotik 17/1–2, 89–103.
Blume, Ernst (1929): Der Begriff ‚Mitteldeutschland'. In: Geographische Zeitschrift 35, Heft 4/5, 193–197.
Boer, Pim den/Duchhardt, Heinz/Kreis, Georg et al. (Hg.) (2012): Europäische Erinnerungsorte. 3 Bände. München.
Böhlk, Olaf (2021): Hundert Jahre ‚Mitteldeutschland'-Propaganda. Über einen Leipziger Geografie-Fake und seine fragwürdige Karriere. In: Kreuzer 03/21, 32–33.
Borchmeyer, Dieter (2017): Was ist deutsch? Die Suche einer Nation nach sich selbst. Berlin.
Borscheid, Peter (2004): Das Tempo-Virus. Eine Kulturgeschichte der Beschleunigung. Frankfurt a. M.
Brincken, Anna-Dorothee von den (2000): Historische Chronologie des Abendlandes. Kalenderreformen und Jahrtausendrechnungen. Eine Einführung. Stuttgart.
Brix, Emil/Bruckmüller, Ernst/Stekl, Hannes (Hg.) (2004): Memoria Austriae. Wien.
Broszinsky-Schwabe, Edith (2017): Interkulturelle Kommunikation. Missverständnisse und Verständigung. Wiesbaden.
Brot für die Welt (2018): Würde für den Menschen. Online: https://www.brot-fuer-die-welt.de/spenden/wuerde/; 10.08.2022.
Brubaker, Rogers (1994): Staats-Bürger. Deutschland und Frankreich im historischen Vergleich. Hamburg.
Brubaker, Rogers (2007): Ethnizität ohne Gruppen. Hamburg.
Bruhn, Matthias/Kukula, Ralf (2019): Fritzi – eine Wendewundergeschichte. Animationsfilm. Feldafing/Leipzig.
Buchholt, Helmut (2001): Sozial-, Wirtschafts- und Kulturgeographie und Landeskunde. In: Gerhard Helbig/Lutz Götze/Gert Henrici et al. (Hg.): Deutsch als Fremdsprache. Ein internationales Handbuch. 2. Halbband. Berlin, 1278–1285.
Budde, Gunilla (2009): Blütezeit des Bürgertums: Bürgerlichkeit im 19. Jahrhundert. Darmstadt.
Bundesamt für Migration und Flüchtlinge (BAMF) (2013): Curriculum für einen bundesweiten Orientierungskurs. Fassung 60 UE. Nürnberg.
Bundesministerium der Justiz (2004): Verordnung über die Durchführung von Integrationskursen für Ausländer und Spätaussiedler (Integrationskursverordnung – IntV) vom 13.12.2004. Online: https://www.gesetze-im-internet.de/intv/IntV.pdf; 08.08.2022.
Bundesverfassungsgericht (2009): Urteil des Ersten Senats vom 1. Dezember 2009 (online: http://www.bverfg.de/e/rs20091201_1bvr285707.html, 04.07.2022).
Bundeszentrale für politische Bildung (Hg.) (2017): Grundgesetz für die Bundesrepublik Deutschland. Bonn.
Butler, Ellen/Kotas, Ondřej/Sturm, Martin et al. (2017): 100 Stunden Deutschland. Orientierungskurs. Politik, Geschichte, Kultur. Stuttgart.
Butler, Judith (1991): Das Unbehagen der Geschlechter. Frankfurt a. M.
Campenhausen, Axel (Hg.) (2010): Tag der Arbeitsruhe und der seelischen Erhebung. Dokumentation zum Urteil des Bundesverfassungsgerichts zum Schutz der Sonntagsruhe. Frankfurt a. M. u. a.
Castro Varela, María do Mar/Mecheril, Paul (Hg.) (2016): Die Dämonisierung der Anderen. Rassismuskritik der Gegenwart. Bielefeld.

Castro Varela, Maria do Mar/Dhawan, Niktia (³2020): Postkoloniale Theorie. Eine kritische Einführung. Bielefeld.
Cerri, Chiara/Dausend, Henriette (2015): ‚Raum' – Mehrperspektivischer Zugang zu einem vermeintlich eindimensionalen Begriff. In: Chiara Cerri/Sabine Jentges (Hg.) (2015): Raumwahrnehmung, interkulturelles Lernen und Fremdsprachenunterricht. Baltmannsweiler, 33–51.
Connell, Raewyn (2013): Gender. Wiesbaden.
Conze, Werner/Sommer, Antje (2004): Rasse. In: Otto Brunner/Werner Conze/Reinhart Koselleck (Hg.): Geschichtliche Grundbegriffe. Historisches Lexikon zur politisch-sozialen Sprache in Deutschland. Band 5: Pro – Soz. Studienausgabe. Stuttgart, 135–178.
Damm, Mastthias/Thompson, Mark R. (2009): Wende oder friedliche Revolution? Ungleiche Deutungen einer historischen Zäsur. In: Totalitarismus und Demokratie 6/1, 21–36.
Dann, Otto (³1996): Nation und Nationalismus in Deutschland: 1770–1990. München.
Degenhardt, Franz Josef (2017): Lesebuch. Zusammengestellt von Walter Gödden. Bielefeld.
Demandt, Alexander (2007): Über die Deutschen. Eine kleine Kulturgeschichte. Berlin.
Demandt, Alexander (2015): Zeit. Eine Kulturgeschichte. Berlin.
Deutscher Bundestag (2020a): Plenarprotokoll 19/163. Stenografischer Bericht 163. Sitzung. Berlin, 28. Mai 2020. Online: https://dipbt.bundestag.de/dip21/btp/19/19163.pdf; 10.12.2020.
Deutscher Bundestag (2020b): Gesetzentwurf der Abgeordneten Dr. Gottfried Curio, Jochen Haug, Karsten Hilse, Martin Hohmann, Fabian Jacobi, Dr. Birgit Malsack-Winkemann, Wolfgang Wiehle und der Fraktion der AfD. Entwurf eines Dritten Gesetzes zur Änderung des Staatsangehörigkeitsgesetzes (Drittes Staatsangehörigkeitsänderungsgesetz). Drucksache 19/86 vom 20.11.2017. Online: http://dipbt.bundestag.de/dip21/btd/19/000/1900086.pdf; 10.12.2020.
Deutscher Bundestag (2020c): Antrag der Abgebordneten Filiz Polat, Luise Amtsberg, Canan Bayram […] und der Fraktion BÜNDNIS 90/DIE GRÜNEN: 20 Jahre modernes Staatsangehörigkeitsrecht. Das Fundament einer pluralen Gesellschaft erhalten und reformieren. Drucksache 19/19552 vom 27.05.2020. Online: https://dserver.bundestag.de/btd/19/195/1919552.pdf; 10.12.2020.
Deutscher Kulturrat (2018): Berliner Erklärung der Vielen. Deutscher Kulturrat gehört zu den Erstunterzeichnern. Online: https://www.kulturrat.de/presse/pressemitteilung/berliner-erklaerung-der-vielen/?print=pdf; 04.07.2022.
Die Vielen (2019): Sächsische Erklärung der Vielen. Online: https://dievielen.de/erklaerungen/saechsische-erklaerung; 05.07.2022.
Die Zeit (2011): Schiffbruch vor Lampedusa. Behörden fürchten viele Tote. In: Die Zeit online vom 06. April 2011. Online: https://www.zeit.de/gesellschaft/zeitgeschehen/2011-04/fluechtlinge-lampedusa-boot?; 09.08.2022.
Dietrich, Anette (2007): Weiße Weiblichkeiten. Konstruktionen von ‚Rasse' und Geschlecht im deutschen Kolonialismus. Bielefeld.
Dietz, Bernhard/Neumaier, Christopher (2012): Vom Nutzen der Sozialwissenschaften für die Zeitgeschichte. Werte und Wertewandel als Gegenstand historischer Forschung. In: Vierteljahrshefte für Zeitgeschichte 60/2, 293–304.
Dietz, Hella (2013): Prostitution: Die große Debatte über Menschenwürde und das kleine Projekt einer Gesetzesänderung. In: Frankfurter Allgemeine Zeitung online vom 27.11.2013. Online: http://blogs.faz.net/10vor8/2013/11/27/prostitution-die-grosse-debatte-ueber-menschenwuerde-und-das-kleine-projekt-einer-gesetzesaenderung-94; 09.08.2022.
Dirim, İnci (2020): Der *Natiolekt* als hegemoniales Instrument der Verweigerung von Zugehörigkeit. In: Claus Altmayer/Carlotta von Maltzan/Rebecca Zabel (Hg.): Zugehörigkeiten. Ansätze und Perspektiven in Germanistik und Deutsch als Fremd- und Zweitsprache. Tübingen, 37–53.
Dirim, İnci (2021): Sprache und Integration. In: Claus Altmayer, Claus/Katrin Biebighäuser/Stefanie Haberzettl et al. (Hg.): Handbuch Deutsch als Fremd- und Zweitsprache. Kontexte – Themen – Methoden. Berlin, 88–101.

Dirim, İnci/Binder, Nicole/Pokitsch, Doris (2016): Postkoloniale Didaktik. In: Anke Wegner (Hg.): Allgemeine Didaktik: Praxis, Positionen, Perspektiven. Opladen, 129–154.
Dirim, İnci/Mecheril, Paul (2018): Heterogenität, Sprache(n) und Bildung. Eine differenz- und diskriminierungstheoretische Einführung. Bad Heilbrunn.
Dobstadt, Michael (2015): *friedliche Revolution – Wende – Friedliche Revolution*: Erinnerungsworte der DDR als Gegenstände einer kulturwissenschaftlichen Landeskunde in DaF/DaZ. In: Michael Dobstadt/Christian Fandrych/Renate Riedner (Hg.): Linguistik und Kulturwissenschaft. Zu ihrem Verhältnis aus der Perspektive des Faches Deutsch als Fremd- und Zweitsprache und anderer Disziplinen. Frankfurt a. M. u. a.: 151–173.
Döring, Jörg (2010): Spatial Turn. In: Stephan Günzel (Hg.): Raum. Ein interdisziplinäres Handbuch. Stuttgart/Weimar, 90–99.
Döring, Jörg/Thielmann, Tristan (2008): Einleitung: Was lesen wir im Raume? Der Spatial Turn und das geheime Wissen der Geographen. In: Jörg Döring/Tristan Thielmann (Hg.): Spatial turn. Das Raumparadigma in den Kultur- und Sozialwissenschaften. Bielefeld, 7–45.
Downs, Roger M./Stea, David (1977): Maps in minds. Reflections on cognitive mapping. New York.
Dünne, Jörg/Doetsch, Hermann/Lüdeke, Roger (Hg.) (2004): Von Pilgerwegen, Schriftspuren und Blickpunkten. Raumpraktiken in medienhistorischer Perspektive. Würzburg.
Dünne, Jörg/Günzel, Stephan (Hg.) (2006): Raumtheorie. Grundlagentexte aus Philosophie und Kulturwissenschaften. Frankfurt a. M.
Dürig, Günter (1952): Die Menschenauffassung des Grundgesetzes. In: Juristische Rundschau 1952/7, 259–263.
Egermann, Markus (2015): Kommunale Akteure zwischen Wettbewerb und Kooperation. Zum kollektiven Handeln kommunaler Akteure im Rahmen regionaler Kooperationen am Beispiel der Metropolregion Mitteldeutschland. Berlin.
Egermann, Markus/Opitz, Jan (2021): Nichts ist beständiger als der Wandel: Verlauf, Hintergründe und Perspektiven des Institutionalisierungsprozesses der „Metropolregion Mitteldeutschland" von 1993 bis 2020. In: Martin T.W. Rosenfeld/Andreas Stefansky (Hg.): „Metropolregion Mitteldeutschland" aus raumwissenschaftlicher Sicht. Hannover, 52–75.
Elias, Norbert (1988): Über die Zeit. Arbeiten zur Wissenssoziologie II. Frankfurt a. M.
Elias, Norbert (1989): Studien über die Deutschen: Machtkämpfe und Habitusentwicklung im 19. und 20. Jahrhundert. Frankfurt a. M.
El-Tayeb, Fatima (2001): Schwarze Deutsche. Der Diskurs um „Rasse" und nationale Identität 1890–1933. Frankfurt a. M./New York.
El-Tayeb, Fatima (2016): Undeutsch. Die Konstruktion des Anderen in der postmigrantischen Gesellschaft. Bielefeld.
Emma (2013): Appell gegen Prostitution. Online: https://www.emma.de/unterzeichnen-der-appell-gegen-prostitution-311923; 09.08.2022.
Erl, Martin (2011): Menschenwürde (Karikatur). Online: https://de.toonpool.com/cartoons/Menschenwürde_123163; 09.08.2022.
Erll, Astrid (^{3}2017): Kollektives Gedächtnis und Erinnerungskulturen. Eine Einführung. Stuttgart.
Evangelische Kirche in Deutschland (EKD) (1999): Rückblick Sonntagskampagne 1999. Archivmaterialien. Online: http://62.91.41.93/sonntagsruhe/aktuell/archiv_sonntagskampagne1999.html; 04.07.2022.
Evans-Pritchard, Edward E. (1940): The Nuer. A Description of the Modes of Livelihood and Political Institutions of a Nilotic People. Oxford.
Fornoff, Roger (2016): Landeskunde und kulturwissenschaftliche Gedächtnisforschung. Erinnerungsorte des Nationalsozialismus im Unterricht Deutsch als Fremdsprache. Baltmannsweiler.
Fornoff, Roger (2018): Migration, Demokratie, Werte. Politisch-kulturelle Bildung im Kontext von Deutsch als Zweitsprache. Göttingen.
Fornoff, Roger/Koreik, Uwe (2020): Ist der kulturwissenschaftliche und kulturdidaktische Bezug auf die Nation überholt? DACH-Landeskunde, Globalisierung und Erinnerungsorte. Eine

Intervention. In: Naomi Shafer/Annegret Middeke/Sara Hägi-Mead et al. (Hg.): Weitergedacht. Das DACH-Prinzip in der Praxis. Göttingen, 37–67.
François, Etienne/Schulze, Hagen (Hg.) (2001): Deutsche Erinnerungsorte. 3 Bände. München.
Fredrickson, George M. (2011): Rassismus. Ein historischer Abriss. Stuttgart.
Frevert, Ute (1995): „Mann und Weib, und Weib und Mann". Geschlechter-Differenzen in der Moderne. München.
Funk, Albert (2010): Kleine Geschichte des Föderalismus. Vom Fürstenbund zur Bundesrepublik. Paderborn.
Funk, Hermann/Kuhn, Christine/Demme, Silke et al. (2006): studio d A2. Deutsch als Fremdsprache. Kurs- und Übungsbuch. Berlin.
Funk, Wolfgang (2018): Gender Studies. Paderborn.
Gaus, Bettina (2013): Unantastbare Menschenwürde. Die große Koalition will Prostitution in die Schmuddelecke zurückdrängen. Damit geht sie von der Unmündigkeit der Einzelnen aus. In: tageszeitung online vom 06.11.2013. Online: http://www.taz.de/!5055611; 09.08.2022.
Gebhardt, Jürgen (1989): Die Werte. Zum Ursprung eines Schlüsselbegriffs der politisch-sozialen Sprache der Gegenwart in der deutschen Philosophie des späten 19. Jahrhunderts. In: Rupert Hofmann/Jörg Jantzen/Henning Ottmann (Hg.): Anodos. Festschrift für Helmut Kuhn. Weinheim, 35–54.
Geiss, Imanuel (1988): Geschichte des Rassismus. Frankfurt a. M.
Gelfert, Hans-Dieter (2005): Was ist deutsch? Wie die Deutschen wurden, was sie sind. München.
Gellner, Ernest (1995): Nationalismus und Moderne. Hamburg.
Gensicke, Thomas/Neumaier, Christopher (^{3}2014): Wert/Wertewandel. In: Günter Endruweit/Gisela Trommsdorff/Nicole Burzan (Hg.): Wörterbuch der Soziologie. Konstanz/München, 610–616.
Geschnitzer, Fritz/Koselleck, Reinhart/Schönemann, Bernd et al. (2004): Volk, Nation, Nationalismus, Masse. In: Otto Brunner/Werner Conze/Reinhart Koselleck (Hg.): Geschichtliche Grundbegriffe. Historisches Lexikon zur politisch-sozialen Sprache in Deutschland. Band 7: Verw – Z. Studienausgabe. Stuttgart, 141–431.
Geulen, Christian (2007): Geschichte des Rassismus. München.
Glasze, Georg (2013): Politische Räume. Die diskursive Konstitution eines „geokulturellen Raums" – die Frankophonie. Bielefeld.
Glasze, Georg (2015): Identitäten und Räume als politisch: die Perspektive der Diskurs- und Hegemonietheorie. In: Europa regional 21.2013/1–2, 23–35.
Glasze, Georg/Mattissek, Annika (2009): Handbuch Diskurs und Raum. Theorien und Methoden für die Humangeographie sowie die sozial- und kulturwissenschaftliche Raumforschung. Bielefeld.
Gloy, Karen (2008): Philosophiegeschichte der Zeit. Paderborn/München.
Göke, Konrad (2019): 30 Jahre Mauerfall. Was uns eint, was uns trennt. 30 Deutsche sprechen Klartext. In: Bild, 11.11.2019. Online: https://www.bild.de/politik/inland/politik/30-jahre-mauerfall-was-uns-eint-was-uns-trennt-65087510.bild.html; 05.07.2022.
Gosewinkel, Dieter (2001): Einbürgern und Ausschließen. Die Nationalisierung der Staatsangehörigkeit vom Deutschen Bund bis zur Bundesrepublik Deutschland. Göttingen.
Gosewinkel, Dieter (2016): Schutz und Freiheit? Staatsbürgerschaft in Europa im 20. und 21. Jahrhundert. Berlin.
Götze, Lutz (2004): Zeitkulturen. Gedanken über die Zeit in den Kulturen. Frankfurt a.M. u.a.
Götze, Lutz/Hess-Lüttich, Ernest W.B. (1999): Grammatik der deutschen Sprache. Sprachsystem und Sprachgebrauch. Gütersloh/München.
Graf, Rüdiger/Priemel, Kim Christian (2011): Zeitgeschichte in der Welt der Sozialwissenschaften. Legitimität und Originalität einer Disziplin. In: Vierteljahrshefte für Zeitgeschichte 59/4, 479–508.
Gregory, Derek (1994): Geographical imaginations. Cambridge.

Gregory, Derek (1995): Imaginative geographies. In: Progress in Human Geography 19/4, 447–485.
Growe, Anna (2018): Metropolregion. In: Akademie für Raumforschung und Landesplanung (Hg.): Handwörterbuch der Stadt- und Raumentwicklung. Hannover, 1507–1515.
Grube, Andreas (2003): Der Sonntag und die kirchlichen Feiertage zwischen Gefährdung und Bewährung. Aspekte der feiertagsrechtlichen Entwicklung im 19. und 20. Jahrhundert. Frankfurt a. M. u. a.
Günther, Hans F. K. (^{4}1923): Rassenkunde des deutschen Volkes. München.
Günther, Hans F. K. (1936): Kleine Rassenkunde des deutschen Volkes. München.
Günzel, Stephan (Hg.) (2007): Topologie. Zur Raumbeschreibung in den Kultur- und Medienwissenschaften. Bielefeld.
Günzel, Stephan (Hg.) (2010): Raum. Ein interdisziplinäres Handbuch. Stuttgart/Weimar.
Günzel, Stephan (Hg.) (2013): Texte zur Theorie des Raums. Stuttgart.
Günzel, Stephan (^{3}2020): Raum. Eine kulturwissenschaftliche Einführung. Stuttgart.
Haas, Helene (2009): Das interkulturelle Paradigma. Passau.
Häberle, Peter (^{2}2006): Der Sonntag als Verfassungsprinzip. Berlin.
Hall, Edward T. (1990): The Hidden Dimension. New York.
Hall, Edward T./Hall Reed, Mildred (1990): Understanding Cultural Differences. Germans, French and Americans. Yarmouth.
Handelsblatt (2011): Schmerzensgeld für Kindsmörder. Gäfgen-Anwalt: „Signal für die Menschenwürde". In: Handelsblatt online vom 04.08.2011. Online: https://www.handelsblatt.com/arts_und_style/aus-aller-welt/schmerzensgeld-fuer-kindsmoerder-gaefgen-anwalt-signal-fuer-die-menschenwuerde/4464114.html; 09.08.2022.
Hansen, Georg (2009): Die Ethnisierung des deutschen Staatsbürgerrechts und seine Tauglichkeit in der EU. In: Georg Hansen: Homogenitätsillusion und Normalitätskonstrukt. Aufsätze. Münster/New York/München/Berlin, 112–130.
Harr, Anne-Katharina/Liedke-Göbel, Martina/Riehl, Claudia Maria (2018): Deutsch als Zweitsprache. Migration – Spracherwerb – Unterricht. Stuttgart.
Hartmann, Greta/Leistner, Alexander (2019): Umkämpftes Erbe. Zur Aktualität von „1989" als Widerstandserzählung. In: Aus Politik und Zeitgeschichte 35–37, 18–24.
Heine, Heinrich (1981): Lutetia. Berichte über Politik, Kunst und Volksleben. In: Heinrich Heine: Sämtliche Schriften in zwölf Bänden. Hg. von Klaus Briegleb. Band 9: Schriften 1831–1855. Hg. von Karl-Heinz Stahl. Frankfurt a. M./Berlin/Wien, 217–548.
Heinemann, Isabel (2012): Wertewandel. Docupedia-Zeitgeschichte. Begriffe, Methoden und Debatten der zeithistorischen Forschung. Online: http://docupedia.de/zg/Wertewandel?oldid=84709; 10.08.2022.
Hentges, Gudrun (Hg.) (2014): Sprache – Macht – Rassismus. Berlin.
Herbert, Ulrich (2014): Geschichte Deutschlands im 20. Jahrhundert. München.
Herder, Johann Gottfried (1991): Werke in zehn Bänden. Martin Bollacher/Jürgen Brummack/Christoph Bultmann et al. (Hg.). Band 7: Briefe zur Beförderung der Humanität. Hans-Dietrich Irmscher (Hg.). Frankfurt a. M.
Hettling, Manfred/Hoffmann, Stefan-Ludwig (1997): Der bürgerliche Wertehimmel. Zum Problem bürgerlicher Lebensführung im 19. Jahrhundert. In: Geschichte und Gesellschaft 23/3, 333–359.
Heuner, Ulf (Hg.) (^{3}2008): Klassische Texte zum Raum. Berlin.
Hobsbawm, Eric/Ranger, Terence (Hg.) (2012): The Invention of tradition. Cambridge.
Hofstede, Geert (^{2}2001): Culture's consequences. Comparing values, behaviors, institutions and organizations across nations. Thousand Oaks.
Hofstede, Geert/Hofstede, Gert Jan (2011): Lokales Denken, globales Handeln. München.
Hügli, Anton/Schlotter, Sven/Schaber, Peter et al (2004): Wert. In: Joachim Ritter/Karlfried Gründer/Gottfried Gabriel (Hg.): Historisches Wörterbuch der Philosophie. Band 12: W-Z. Basel, 556–583.

Hund, Wulf D. (2017): Wie die Deutschen weiß wurden. Kleine (Heimat)Geschichte des Rassismus. Stuttgart.
Inglehart, Ronald (1977): The Silent Revolution. Changing Values and Political Styles among Western Publics. Princeton.
Jansen, Christian/Borggräfe, Henning (2007): Nation – Nationalität – Nationalismus. Frankfurt a. M. et al.
Jarausch, Konrad H. (2009): Der Umbruch 1989/90. In: Martin Sabrow (Hg.): Erinnerungsorte der DDR. München, 526–535.
Joas, Hans (1999): Die Entstehung der Werte. Frankfurt a. M.
John, Jürgen (Hg.) (2001): „Mitteldeutschland". Begriff – Geschichte – Konstrukt. Rudolstadt.
John, Jürgen (2001a): Gestalt und Wandel der „Mitteldeutschland"-Bilder. In: Jürgen John (Hg.): „Mitteldeutschland". Begriff – Geschichte – Konstrukt. Rudolstadt, 17–68.
John, Jürgen (2001b): „Unitarischer Bundesstaat", „Reichsreform" und „Reichs-Neugliederung" in der Weimarer Republik. In: Jürgen John (Hg.): „Mitteldeutschland". Begriff – Geschichte – Konstrukt. Rudolstadt, 297–375.
Kalarickal, Jasmin (2019): „Ich war nie das Volk". Tupoka Ogette wurde in Leipzig geboren. Ab ihrem achten Lebensjahr lebte sie in Westberlin. Ein Gespräch über Revolution, Rassismus und lautes Singen. In: taz, 07.11.2019. Online: https://taz.de/30-Jahre-Friedliche-Revolution/!5639332; 25.06.2020.
Kilimann, Angela/Kontas, Ondřej/Skrodzki, Johanna (2009): 45 Stunden Deutschland. Orientierungskurs. Politik – Geschichte – Kultur. Stuttgart.
Klein, Markus (2016): The Silent Counter-Revolution. Der Wandel gesellschaftlicher Wertorientierungen in Westdeutschland zwischen 1982–2012. In: Sigrid Roßteutscher/Thorsten Faas/Ulrich Rosar (Hg.): Bürgerinnen und Bürger im Wandel der Zeit. 25 Jahre Wahl- und Einstellungsforschung in Deutschland. Wiesbaden, 251–277.
Kleis, Constanze (2019): Sonntag! Alles über den Tag, der aus der Reihe tanzt. München.
Klimke, Daniela/Lautmann, Rüdiger/Stäheli, Urs et al (Hg.) (^{6}2020): Lexikon der Soziologie. Wiesbaden.
Klotz, Peter (2019): Werten. Zur Praxis mentaler, pragmatischer und sprachlicher Orientierung. Berlin.
Kocka, Jürgen (1987): Bürger und Bürgerlichkeit im 19. Jahrhundert. Göttingen.
Koller, Christian (2009): Rassismus. Paderborn.
Köster, Werner (2002): Die Rede über den „Raum". Zur semantischen Karriere eines deutschen Konzepts. Heidelberg.
Kowalczuk, Ilko-Sascha (2009): Endspiel. Die Revolution von 1989 in der DDR. München.
Kreis, Georg (2010): Schweizer Erinnerungsorte. Aus dem Speicher der Swissness. Zürich.
Kunig, Philip (2017): Der Schutz des Sonntags im verfassungsrechtlichen Wandel. Vortrag gehalten vor der Juristischen Gesellschaft zu Berlin am 25. Januar 1989. Reprint 2017. Berlin/Boston.
Kunze, Rolf-Ulrich (2005): Nation und Nationalismus. Darmstadt.
Lameli, Alfred (2019): Areale Variation im Deutschen „horizontal": Die Einteilung der arealen Varietäten des Deutschen. In: Joachim Herrgen/Jürgen Erich Schmidt (Hg.): Sprache und Raum. Ein internationales Handbuch der Sprachvariation. Band 4: Deutsch. Berlin/Boston, 185–205.
Landeshauptmann der Provinz Sachsen (Hg.) (1927): Mitteldeutschland auf dem Wege zur Einheit. Denkschrift über die Wirkung der innerstaatlichen Schranken [...]. Merseburg.
Landgericht Frankfurt a. M. (2011): Urteil vom 04.08.2011, AZ 2–04 O 521/05. Online: https://openjur.de/u/168419.ppdf; 09.08.2022.
Lau, Thomas (2011): Teutschland. Eine Spurensuche im 16. Jahrhundert. Stuttgart.
Leiprecht, Rudolf (2016): Rassismus. In: Paul Mecheril (Hg.): Handbuch Migrationspädagogik. Weinheim/Basel, 226–242.
Lemberg, Hans (1985): Zur Entstehung des Osteuropabegriffs im 19. Jahrhundert. Vom „Norden" zum „Osten" Europas. In: Jahrbücher für Geschichte Osteuropas 33, 48–91.

Lenz, Hans (2005): Universalgeschichte der Zeit. Wiesbaden.
Levine, Robert ([10]2004): Eine Landkarte der Zeit. Wie Kulturen mit Zeit umgehen. München u. a.
Lindner, Bernd (2014): Begriffsgeschichte der Friedlichen Revolution. Eine Spurensuche. In: Aus Politik und Zeitgeschichte 24–26, 33–39.
Lippuner, Roland/Lossau, Julia (2004): In der Raumfalle. Eine Kritik des spatial turn in den Sozialwissenschaften. In: Georg Mein/Markus Rieger-Ladich (Hg.): Soziale Räume und kulturelle Praktiken: Über den strategischen Gebrauch von Medien. Bielefeld, 47–64.
Lossau, Julia (2007): „Mind the gap": Bemerkungen zur gegenwärtigen Raumkonjunktur aus kulturgeographischer Sicht. In: Stephan Günzel (Hg.): Topologie. Zur Raumbeschreibung in den Kultur- und Medienwissenschaften. Bielefeld, 53–68.
Lossau, Julia (2012): Postkoloniale Geographie. Grenzziehungen, Verortungen, Verflechtungen. In: Julia Reuter/Alexandra Karentzos (Hg.): Schlüsselwerke der Postcolonial Studies. Wiesbaden, 355–364.
Löw, Martina (2001): Raumsoziologie. Frankfurt a. M.
Maier, Jörg/Monheim, Kristel (2003): Geographische Landeskunde. In: Alois Wierlacher/Andrea Bogner (Hg.): Handbuch interkulturelle Germanistik. Stuttgart/Weimar, 513–519.
Maletzke, Gerhard (1996): Interkulturelle Kommunikation. Zur Interaktion zwischen Menschen verschiedener Kulturen. Opladen.
Maresch, Rudolf/Werber, Niels (Hg.) (2002): Raum – Wissen – Macht. Frankfurt a. M.
Marquardt, Nadine/Schreiber, Verena (Hg.) (2012): Ortsregister. Ein Glossar zu Räumen der Gegenwart. Bielefeld.
Marschke, Britta/Brinkmann, Heinz U. (Hg.) (2015): „Ich habe nichts gegen Ausländer, aber …". Alltagsrassismus in Deutschland. Berlin/Münster.
Maurer, Michael (1996): Die Biographie des Bürgers. Lebensformen und Denkweisen in der formativen Phase des deutschen Bürgertums (1680–1815). Göttingen.
Maurer, Michael (2006): Der Sonntag in der frühen Neuzeit. In: Archiv für Kulturgeschichte 88, 75–100.
Mebus, Gudula/Pauldrach, Andreas/Rall, Marlene et al. (1989): Sprachbrücke 2. Deutsch als Fremdsprache. Stuttgart.
Meinecke, Friedrich ([7]1928): Weltbürgertum und Nationalstaat. Studien zur Genesis des deutschen Nationalstaates. München/Berlin.
Metropolregion Mitteldeutschland (Hg.) (2019): W.I.R. – Wandel – Innovation – Region. Strukturentwicklung in der Innovationsregion Mitteldeutschland. Online: https://www.mitteldeutschland.com/wp-content/uploads/2020/10/2019-05-02-zeitung-master010web-1.pdf; 29.06.2021.
Miles, Robert/Brown, Malcolm ([2]2003): Racism. London.
Mitteldeutscher Rundfunk (Hg.) (2000): Geschichte Mitteldeutschlands. Das Begleitbuch zur Fernsehserie. Halle an der Saale.
Mitteldeutscher Rundfunk (2021): Wetter für drei. Die Wetterschau für Mitteldeutschland vom 05. April 2021. Online: https://www.ardmediathek.de/video/wetter-fuer-3/wetter-fuer-3-die-wetterschau-fuer-mitteldeutschland/mdr-fernsehen/Y3JpZDovL21kci5kZS9iZWl0cmFnL2Ntcy9kZDlmYTIzMy04MWQzLTRlZTMtYjNhYS1mY2JlMzEzNmJlOTQ/; 07.04.2021.
Mokrosch, Reinhold/Regenbogen, Arnim (2011): Werte-Erziehung und Schule. Ein Handbuch für Unterrichtende. Göttingen.
Morgenstern, Andreas (2018): „Mitteldeutschland": ein Kampfausdruck? Der Begriffswandel in der DDR-Tageszeitung Neue Zeit, in: Deutschland Archiv, 25.5.2018. Online: www.bpb.de/269713; 12.07.2021.
Mosse, George L. (1978): Toward the Final Solution. A History of European Racism. New York.
Mosse, George L. (1996): Die Geschichte des Rassismus in Europa. Frankfurt a. M.
Mühlmann, Wilhelm E. (1964): Rassen, Ethnien, Kulturen. Moderne Ethnologie. Neuwied/Berlin.
Münch, Ingo von (2007): Die deutsche Staatsangehörigkeit. Vergangenheit, Gegenwart, Zukunft. Berlin.

Nduka-Agwu, Adibeli/Hornscheidt, Antje Lann (Hg.) (2010): Rassismus auf gut Deutsch. Ein kritisches Nachschlagewerk zu rassistischen Sprachhandlungen. Frankfurt a. M.

Neubert, Ehrhart (2008): Unsere Revolution. Die Geschichte der Jahre 1989/90. München/Zürich.

Nietzsche, Friedrich (1994): Werke in drei Bänden. Zweiter Band. Darmstadt.

Noelle-Neumann, Elisabeth/Petersen, Thomas (2001): Zeitenwende. Der Wertewandel 30 Jahre später. In: Aus Politik und Zeitgeschichte B 29, 15–22.

Otto, Wolf Dieter (1998): Toleranzforschung und Toleranzdidaktik. In: Jahrbuch Deutsch als Fremdsprache 24, 435–450.

Pfordten, Dietmar von der (2016): Menschenwürde. München.

Piaget, Jean (1974): Die Bildung des Zeitbegriffs beim Kinde. Frankfurt a. M.

Piaget, Jean/Inhelder, Bärbel (^{2}1993): Die Entwicklung des räumlichen Denkens beim Kinde. Stuttgart.

Pollmann, Arnd (2022): Menschenrechte und Menschenwürde. Zur philosophischen Bedeutung eines revolutionären Projekts. Berlin.

Rau, Susanne (^{2}2017): Räume. Konzepte, Wahrnehmungen, Nutzungen. Frankfurt a. M.

Reinhard, Rudolf (1936): Mitteldeutschland. In: Geographische Zeitschrift 42, Heft 9/10, 321–359.

Richter, Michael (2007). Die Wende. Plädoyer für eine umgangssprachliche Benutzung des Begriffs. In: Deutschland-Archiv 40/6, 861–868.

Riehl, Wilhelm Heinrich (1854): Die Naturgeschichte des Volkes als Grundlage einer deutschen Social-Poltik. Erster Band: Land und Leute. Stuttgart/Tübingen.

Riehl, Wilhelm Heinrich (^{5}1861): Land und Leute. Stuttgart.

Rinderspacher, Jürgen P./Herrmann-Stojanov, Irmgard (2000): „Ohne Sonntag gibt es nur noch Werktage". Die soziale und kulturelle Bedeutung des Wochenendes. Bonn.

Rink, Dieter (2017): Die Montagsdemonstrationen als Protestparadigma. Ihre Entwicklung von 1991 bis 2016 untersucht am Beispiel der Leipziger Protestzyklen. In: Leviathan 45 (Sonderband 33), 282–305.

Robbe, Tilmann (2009): Historische Forschung und Geschichtsvermittlung. Erinnerungsorte in der deutschsprachigen Geschichtswissenschaft. Göttingen.

Robert-Havemann-Gesellschaft (2019): Nicht mit uns. Gegen den Missbrauch der Friedlichen Revolution 1989 im Wahlkampf. Online: https://www.havemann-gesellschaft.de/fileadmin/robert-havemann-gesellschaft/aktuelles/2019/Offene_Erklaerung_AFD/Offene_Erklaerung__Nicht_mit_uns__aktualisierte_Fassung_vom_9._September_2019_.pdf; 05.07.2022.

Roche, Jörg/Röhling, Jürgen (Hg.) (2014): Erinnerungsorte und Erinnerungskulturen. Konzepte und Perspektiven für die Sprach- und Kulturvermittlung. Baltmannsweiler.

Rödder, Andreas (2009): Deutschland einig Vaterland. Die Geschichte der Wiedervereinigung. München.

Rödder, Andreas (2011): Geschichte der deutschen Wiedervereinigung. München.

Rödder, Andreas (2014): Wertewandel in historischer Perspektive. Ein Forschungskonzept. In: Bernhard Dietz/Christopher Neumaier/Andreas Rödder (Hg.): Gab es den Wertewandel? Neue Forschungen zum gesellschaftlich-kulturellen Wandel seit den 1960er Jahren. München, 17–39.

Rosa, Hartmut (2005): Beschleunigung. Die Veränderung der Zeitstrukturen in der Moderne. Frankfurt a. M.

Rosa, Hartmut (2013): Beschleunigung und Entfremdung. Entwurf einer Kritischen Theorie spätmoderner Zeitlichkeit. Berlin.

Roßteutscher, Sigrid (^{3}2013): Werte und Wertewandel. In: Steffen Mau/Nadine Schöneck (Hg.): Handwörterbuch zur Gesellschaft Deutschlands, Bd. 2. Wiesbaden, 936–948.

Roth, Gerhard (2003): Ich – Körper – Raum. Die Konstruktion der Erlebniswelt durch das Gehirn. In: Thomas Krämer-Badoni/Klaus Kuhm (Hg.): Die Gesellschaft und ihr Raum. Raum als Gegenstand der Soziologie. Opladen, 35–52.

Rüpke, Jörg (2006): Zeit und Fest. Eine Kulturgeschichte des Kalenders. München.

Rutz, Werner (2001): Mitteldeutschland in den Konzepten zur Neugliederung der Bundesrepublik nach 1990. In: Jürgen John (Hg.): „Mitteldeutschland". Begriff – Geschichte – Konstrukt. Rudolstadt, 449–465.
Sabrow, Martin (Hg.) (2009a): Erinnerungsorte der DDR. München.
Sabrow, Martin (2009b): Die DDR erinnern. In: Martin Sabrow (Hg.): Erinnerungsorte der DDR. München, 11–27.
Sabrow, Martin (2011): „Wende" oder „Revolution"? Zur Debatte um den Umbruch 1989/90. In: Wolfgang Küttler/Matthias Middell (Hg.): Nation und Revolution. Beiträge eines Wissenschaftlichen Kolloquiums der Leibniz-Sozietät der Wissenschaften zu Berlin aus Anlass des 100. Geburtstags von Ernst Engelberg und Walter Markov. Leipzig, 45–56.
Sabrow, Martin (2019): „1989" als Erzählung. In: Aus Politik und Zeitgeschichte 35–37, 25–33.
Said, Edward W. (1979): Orientalism. New York.
Sander, Ilse/Köhl-Kuhn, Renate (2013): Mittelpunkt neu C1. Stuttgart.
Sandkühler, Hans-Jörg (^{2}2015): Menschenwürde und Menschenrechte. Über die Verletzbarkeit und den Schutz der Menschen. Freiburg i.Br.
Schaber, Peter (2012): Menschenwürde. Stuttgart.
Schäfer, Michael (2009): Geschichte des Bürgertums. Köln/Weimar/Wien.
Schenk, Frithjof Benjamin (2002): Mental Maps. Die Konstruktion von geographischen Räumen in Europa seit der Aufklärung. In: Geschichte und Gesellschaft 28/3, 493–514.
Schenk, Frithjof Benjamin (2013): Mental Maps: Die kognitive Kartierung des Kontinents als Forschungsgegenstand der europäischen Geschichte. In: Europäische Geschichte Online. Mainz. Online: http://www.ieg-ego.eu/schenkf-2013-de; 11.02.2021.
Schiepek, Hubert (^{2}2009): Der Sonntag und kirchlich gebotene Feiertage nach kirchlichem und weltlichem Recht. Eine rechtshistorische Untersuchung. Frankfurt a. M. u. a.
Schiller, Friedrich (1992): Nationalausgabe. Erster Band: Gedichte in der Reihenfolge ihres Erscheinens 1776–1799. Hg. von Julius Petersen/Friedrich Beißner. Weimar.
Schivelbusch, Wolfgang (2000): Geschichte der Eisenbahnreise. Zur Industrialisierung von Raum und Zeit im 19. Jahrhundert. Frankfurt a. M.
Schlögel, Karl (2003): Im Raume lesen wir die Zeit. Über Zivilisationsgeschichte und Geopolitik. München.
Schlüter, Otto (1927): Mitteldeutschland als geographischer Raum. In: Landeshauptmann der Provinz Sachsen (Hg.): Mitteldeutschland auf dem Wege zur Einheit. Denkschrift über die Wirkung der innerstaatlichen Schranken [...]. Merseburg. Zweiter Teil, 17–33.
Schlüter, Otto (1929): Der Begriff „Mitteldeutschland". In: Otto Schlüter/Ernst Blume (Hg.): Beiträge zur Landeskunde Mitteldeutschlands. Festschrift dem 23. Geographentage in Magdeburg dargeboten vom Ortsausschuß. Braunschweig/Berlin/Hamburg, 7–13.
Schmitt, Carl (^{3}2011): Die Tyrannei der Werte. Berlin.
Schönfelder, Günther (2001): Mitteldeutschland aus geographischer Sicht – Versuch einer Deutung. In: Jürgen John (Hg.): „Mitteldeutschland". Begriff – Geschichte – Konstrukt. Rudolstadt, 161–179.
Schönian, Valerie (2019): Geld zum Gruße. In: Die Zeit, 13.11.2019, 18. Online: https://www.zeit.de/2019/47/ostdeutschland-mauerfall-ddr-wut-buerger-westdeutschland; 04.07.2022.
Schopf, Andreas (2012): Talk über Rotlicht-Milieu. Schwarzer und Künast zicken sich bei Jauch an. In: Bild online vom 17.12.2012. Online: https://www.bild.de/politik/inland/guenther-jauch/prostitutions-talk-bei-jauch-schwarzer-nennt-deutschland-eldorado-der-zuhaelter-27695726.bild.html; 09.08.2022.
Schröder, Birte (2019): Zugehörigkeit und Rassismus. Orientierungen von Jugendlichen im Spiegel geographiedidaktischer Überlegungen. Bielefeld.
Schroer, Markus (2006): Räume, Orte, Grenzen. Auf dem Weg zu einer Soziologie des Raums. Frankfurt a. M.
Schroer, Markus (^{3}2012): Soziologie. In: Stephan Günzel (Hg.): Raumwissenschaften. Frankfurt a. M., 354–369.
Schroll-Machl, Sylvia (^{4}2013): Die Deutschen – wir Deutsche. Fremdwahrnehmung und Selbstsicht im Berufsleben. Göttingen.

Schultz, Hans-Dietrich (2004): Der „Stein des Anstoßes" (Riehl): „Mitteldeutschland". Antworten der „klassischen" Geographie. In: Berichte zur deutschen Landeskunde 78/3, 371–399.

Schultz, Hans-Dietrich (2005): Zwischen fordernder Natur und freiem Willen: das Politische an der klassischen deutschen Geographie. In: Erdkunde 59/1, 1–21.

Schultz, Hans-Dietrich (2010): Kulturklimatologie und Geopolitik. In: Stephan Günzel (Hg.): Raum. Ein interdisziplinäres Handbuch. Stuttgart/Weimar, 44–59.

Schulze, Gerhard (^{2}2005): Die Erlebnisgesellschaft. Kultursoziologie der Gegenwart. Frankfurt a. M. u. a.

Sedmak, Clemens (Hg.) (2017): Menschenwürde. Vom Selbstwert des Menschen. Darmstadt.

Siebenhaar, Beat (2019): Ostmitteldeutsch: Thüringisch und Obersächsisch. In: Joachim Herrgen/Jürgen E. Schmidt (Hg.): Sprache und Raum. Ein internationales Handbuch der Sprachvariation. Band 4: Deutsch. Berlin/Boston, 407–435.

Sieroka, Norman (2018): Philosophie der Zeit. Grundlagen und Perspektiven. München.

Simon, Michael (2001): Der Begriff ‚Mitteldeutschland' aus volkskundlicher Sicht. In: Jürgen John (Hg.): „Mitteldeutschland". Begriff – Geschichte – Konstrukt. Rudolstadt, 207–215.

Sommer, Andreas Urs (2016): Werte. Warum man sie braucht, obwohl es sie nicht gibt. Stuttgart.

Sow, Noah (2009): Deutschland Schwarz Weiss. Der alltägliche Rassismus. München.

Standop, Jutta (2005): Werte-Erziehung. Einführung in die wichtigsten Konzepte der Werteerziehung. Weinheim.

Stanzel, Franz K. (1997): Europäer. Ein imagologischer Essay. Heidelberg.

Stanzel, Franz K. (1999): „Deutschland. Aber wo liegt es?" In: Franz K. Stanzel (Hg.): Europäischer Völkerspiegel. Imagologisch-ethnographische Studien zu den Völkertafeln des frühen 18. Jahrhunderts. Heidelberg, 195–209.

Steinherr, Eva (2017): Werte im Unterricht. Empathie, Gerechtigkeit und Toleranz leben. Stuttgart.

Thomas, Alexander (2005): Kultur und Kulturstandards. In: Alexander Thomas/Eva-Ulrike Kinast/Sylvia Schroll-Machl (Hg.) (2005): Handbuch interkulturelle Kommunikation und Kooperation. Bd. 1. Grundlagen und Praxisfelder. Göttingen, 19–31.

Thome, Helmut (2005): Wertewandel in Europa aus der Sicht der empirischen Sozialforschung. In: Hans Joas/Klaus Wiegandt (Hg.): Die kulturellen Werte Europas. Frankfurt a. M., 386–443.

Thome, Helmut (2014): Wandel gesellschaftlicher Wertvorstellungen aus der Sicht der empirischen Sozialforschung. In: Bernhard Dietz/Christopher Neumaier/Andreas Rödder (Hg.): Gab es den Wertewandel? Neue Forschungen zum gesellschaftlich-kulturellen Wandel seit den 1960er Jahren. München, 41–67.

Tiedemann, Paul (^{2}2014): Was ist Menschenwürde? Eine Einführung. Darmstadt.

Trevor-Roper, Hugh (2012): The Invention of Tradition, The Highland Tradition of Scotland. In: Eric Hobsbawm/Terence Ranger (Hg.): The Invention of tradition. Cambridge, 15–41.

Vogtherr, Thomas (^{2}2006): Zeitrechnung. Von den Sumerern bis zur Swatch. München.

Wagner, Kirsten (2010): Kognitiver Raum: Orientierung – Mental Maps – Datenverwaltung. In: Stephan Günzel (Hg.): Raum. Ein interdisziplinäres Handbuch. Stuttgart/Weimar, 234–249.

Walgenbach, Katharina (2005): Weißsein und Deutschsein – historische Interdependenzen. In: Maureen Maisha Eggers/Grada Kilomba/Peggy Piesche et al. (Hg.): Mythen, Masken und Subjekte. Kritische Weißseinsforschung in Deutschland. Münster, 377–393.

Wehler, Hans-Ulrich (^{2}1989): Deutsche Gesellschaftsgeschichte. Band 1: Vom Feudalismus des Alten Reichs bis zur Defensiven Modernisierung der Reformära 1700 – 1815. München.

Wehler, Hans-Ulrich (2001): Nationalismus. Geschichte, Formen, Folgen. München.

Wehler, Hans-Ulrich (2008): Deutsche Gesellschaftsgeschichte. Band 5: Bundesrepublik und DDR 1949–1990. München.

Weimarer Reichsverfassung (1919): Verfassung des Deutschen Reichs (1919). Online: https://de.wikisource.org/wiki/Verfassung_des_Deutschen_Reichs_(1919); 09.08.2022.

Wendorff, Rudolf (^{3}1985): Zeit und Kultur. Geschichte des Zeitbewußtseins in Europa. Opladen.

Werlen, Iwar (2002): Sprachliche Relativität. Eine problemorientierte Einführung. Tübingen/Basel.

Westle, Bettina (1999): Kollektive Identität im vereinten Deutschland: Nation und Demokratie in der Wahrnehmung der Deutschen. Opladen.

Wierlacher, Alois (1994): Was ist Toleranz? Zur Rehabilitation eines umstrittenen Begriffs. In: Jahrbuch Deutsch als Fremdsprache 20, 115–137.

Wierlacher, Alois (Hg.) (1996): Kulturthema Toleranz. Zur Grundlegung einer interdisziplinären und interkulturellen Toleranzforschung. München.

Wiesinger, Peter (1983): Die Einteilung der deutschen Dialekte. In: Werner Besch/Ulrich Knoop/Wolfgang Putschke et al. (Hg.): Dialektologie. Ein Handbuch zur deutschen und allgemeinen Dialektforschung. 2. Halbband. Berlin/New York, 807–900.

Wigard, Franz (Hg.) (1848/49): Stenographischer Bericht über die Verhandlungen der Deutschen Constituirenden Nationalversammlung zu Frankfurt am Main. Band 1–9. Frankfurt a. M.

Wimmer, Andreas (^{2}2000): Ethnizität. In: Bernhard Streck (Hg.): Wörterbuch der Ethnologie. Wuppertal, 53–55.

Xing (2005): Was ist Mitteldeutschland? Diskussion im Rahmen des Xing-Forums „Wachstumsregion Mitteldeutschland". Online: https://www.xing.com/communities/posts/was-ist-mitteldeutschland-1002266448; 02.07.2021.

Zabel, Rebecca (2020): *Wir* als linguistisch-kulturwissenschaftlicher Gegenstand im Kontext des Faches Deutsch als Fremd- und Zweitsprache. In: Claus Altmayer/Carlotta von Maltzan/Rebecca Zabel (Hg.): Zugehörigkeiten. Ansätze und Perspektiven in Germanistik und Deutsch als Fremd- und Zweitsprache. Tübingen, 55–80.

Zerubavel, Eviatar (1989): The Seven Day Circle. The History and Meaning of the Week. New York.

4 Kulturbezogenes Lernen im Kontext des Deutschen als Fremd- und Zweitsprache

Das vorangehende dritte Kapitel beschäftigte sich mit den inhaltlichen und thematischen Aspekten dessen, was wir vor allem im zweiten Kapitel als ‚Kultur' definiert haben. Dabei war die Frage nach dem lernenden Zugang zu Kultur in diesem Sinn insofern immer auch mitgedacht, als diese Frage ja für das praxisorientierte Fach Deutsch als Fremd- und Zweitsprache immer von grundlegender Relevanz ist und wir daher unsere Theorien und Begriffe immer schon im Hinblick auf das Lernen (und Lehren) des Deutschen als Fremd- oder Zweitsprache denken und entwickeln; allerdings wurde dieser Bezug von Kultur auf das Lernen und Lehren bislang nicht explizit hergestellt und auch nicht systematisch entfaltet, und genau darum soll es in diesem Kapitel nun gehen.

Greifen wir zunächst aber noch ein wenig weiter zurück, nämlich auf das erste Kapitel dieser Einführung, in dem ja begründet wurde, weshalb wir im Fach Deutsch als Fremd- und Zweitsprache einen wissenschaftlichen Teilbereich ‚Kulturstudien' benötigen. Die Antwort, die wir dort zumindest vorläufig auf diese Frage gegeben haben, lautete: weil das Lernen einer Sprache und deren praktische Anwendung in sprachlich-kommunikativen Alltagssituationen notwendigerweise mit Bedeutungen verbunden ist, die sich nicht eins zu eins aus der Sprache selbst herleiten lassen, sondern sich aus den jeweiligen sozialen Kontexten, aus dem in diesen Kontexten als ‚normal' und ‚selbstverständlich' Vorausgesetzten, aus unserem ‚Wissen' über diese Kontexte usw. ergeben, kurz: aus dem, was wir dann im zweiten Kapitel als ‚Kultur' genauer definiert haben. Die Kultur in diesem Sinn stellt die bedeutungsvollen Rahmen bereit, innerhalb derer wir sprachlich interagieren. Das Erlernen einer Sprache ist demnach nicht ohne diese kulturelle Rahmung denkbar und möglich.

Allerdings haben unsere Überlegungen zum Begriff und zu den konkreten Inhalten von ‚Kultur' auch gezeigt, dass wir es nicht mit einer einfachen Eins-zu-eins-Übersetzung zwischen Sprache und Kultur zu tun haben. Anders als etwa die ‚Klassiker' der sprachlichen Relativitätstheorie wie Wilhelm von Humboldt, Benjamin Whorf oder Leo Weisgerber gehen wir heute nicht mehr davon aus, dass jede Sprache ihre eigene und spezifische ‚Weltansicht' enthält und dass sich demnach mit dem Wechsel von einer Sprache in die andere auch die Bedeutungen und kulturellen Rahmungen, innerhalb derer wir die Sprache verwenden, komplett ändern. Sehr häufig machen wir die Erfahrung, dass Wörter und diskursive Wissensordnungen bzw. Deutungsmuster zwischen unterschiedlichen Sprachen ausgetauscht werden können, ohne dass sich an ihren Bedeutungen etwas ändert. Für die Kategorisierungen von Personen können wir, so scheint es zumindest, im Deutschen von ‚Männern' oder ‚Frauen', im Englischen von ‚men' oder ‚women' und im Französischen von ‚hommes' oder ‚femmes' sprechen, ohne dass sich an der damit transportierten Bedeutung des dahinter liegenden Deutungsmusters und an der damit vorgenommenen Zuschreibung von Zugehörigkeiten etwas Wesentliches ändert. Aber wissen wir das wirklich immer so genau, z. B. auch dann, wenn es um in einem europäisch-westlichen Kontext weniger vertraute Sprachen wie Arabisch, Pashtu oder Xhosa geht? Aber selbst wenn wir beim Englischen und Französischen bleiben: Ändert es nicht möglicherweise doch etwas an den diskursiven Wissensordnungen und den damit implizierten Bedeutungen, wenn die Wörter ‚men' bzw. ‚hommes' sich eben nicht nur auf ‚Männer', also einen (bislang privilegierten) Teil der Menschheit, sondern synonym auch auf die Menschheit insgesamt beziehen lassen, wohingegen z. B. im Deutschen zwischen ‚Männern' und ‚Menschen' differenziert wird? Auch wenn sich die Auffassung von einer je sprachspezifischen Weltansicht und der prinzipiellen Unübersetzbarkeit von einer Sprache in die andere in dieser Radikalität nicht aufrechterhalten lässt, wäre es doch andererseits auch naiv, die Unterschiede zwischen Sprachen nur auf deren äußere Form zu reduzieren und auf der Bedeutungsebene eine völlige Homogenität anzunehmen.

Hinzu kommt, dass thematische Diskurse und die dort implizit verwendeten und ausgehandelten Bedeutungen, wie wir sie in den Einzelanalysen in Kapitel 3 herausgearbeitet haben, auch heute noch in Alltag und Medien meist einzelsprachlich organisiert sind, weswegen wir bei aller zweifellos bestehenden und in Zukunft sicher weiter zunehmenden Verflechtung von thematischen Diskursen über einzelne Sprachen hinweg auch mit der Existenz jeweils sprachen- und diskursspezifischer Bedeutungen (Deutungsmuster) rechnen sollten. Das aber heißt: Auch wenn wir innerhalb der Kulturstudien einen prinzipiell offenen und flexiblen Begriff von ‚Kultur' zugrundelegen, der sich nicht auf ein ‚Land', eine ‚Nation', eine ‚Ethnie' bezieht, sondern auf Sprache und Diskurse, und der die in deutschsprachigen Diskursen verwendeten Deutungsmuster meint, sollten wir damit rechnen, dass diese Muster und die auf ihrer Grundlage im Diskurs hergestellten und ausgehandelten Bedeutungen nicht beliebig auf andere diskursive (und sprachliche) Kontexte übertragbar sind. Mit anderen Worten: Die kompetente Teilhabe an den fraglichen Diskursen setzt einen lernenden Zugang zu diesen Bedeutungen voraus. Das Erlernen einer Sprache ist daher immer auch und zugleich ein Lernen, bei dem es um vorgegebene Bedeutungen und damit um ‚Kultur' geht, ein Lernen also, das auf ‚Kultur' bezogen ist, oder eben um ‚kulturbezogenes Lernen'.

Zum Begriff des ‚kulturbezogenen Lernens': Um diesen Aspekt des Sprachenlernens soll es also in diesem Kapitel gehen. Dass dabei eher unspezifisch von

‚kulturbezogenem' und nicht etwa von ‚landeskundlichem' oder ‚interkulturellem Lernen' die Rede ist, hat vor allem mit dem Interesse der Kulturstudien zu tun, in diesem Bereich des Lehrens und Lernens von Sprachen neue Perspektiven einzubringen und dabei die mit den genannten alternativen Begriffen einhergehenden Vorannahmen möglichst zu vermeiden, also etwa die Erwartung, dass eine Sprache sich immer auf ein ‚Land' und die in diesem ‚Land' jeweils geltenden ‚Verhältnisse' bezieht, oder die grundlegende Dichotomie von ‚eigener' und ‚fremder Kultur'. Mit dem bislang eher unverbraucht und neutral anmutenden Begriff des ‚kulturbezogenen Lernens' soll lediglich die lernende oder auch nur als solche intendierte Auseinandersetzung von Lernenden des Deutschen als Fremd- oder Zweitsprache mit Bedeutungen, Bedeutungszuschreibungen und Bedeutungsaushandlungen bezeichnet werden, die ihnen in der Interaktion mit deutschsprachigen Diskursen begegnen. Der Begriff ist also auch nicht völlig neutral und voraussetzungslos, legt er doch das bedeutungsorientierte Verständnis von ‚Kultur' zugrunde, das im 2. Kapitel ausführlich entfaltet und begründet wurde. Er ist aber darüber hinaus und insbesondere im Hinblick auf die Prozesse, die Zielsetzungen und die Ergebnisse des Lernens zunächst offen und impliziert auf der begrifflichen Ebene keine weitergehenden normativen Setzungen oder Erwartungen.

Gleichwohl bedarf der bislang ja nur sehr vorläufig definierte Begriff im Hinblick auf die praktischen und wissenschaftlichen Ziele der Kulturstudien der genaueren konzeptionellen Füllung und Konkretisierung. Zu diesem Zweck wird sich das folgende Kapitel dem Begriff des ‚kulturbezogenen Lernens' zunächst von einer Auseinandersetzung mit aktuellen Lerntheorien her nähern und dabei die engen Bezüge sichtbar machen, die zwischen unserem Verständnis von ‚kulturbezogenem Lernen' und einem modernen ganzheitlichen Verständnis von Lernen generell bestehen. Eine gerade dadurch aber um so wichtiger werdende Abgrenzung und Spezifizierung von ‚kulturbezogenem Lernen' wird dann durch die Reflexion der übergeordneten Zielkompetenz ermöglicht, auf die hin sich ‚kulturbezogenes Lernen' als ein wesentlicher Bestandteil der lernenden Aneignung des Deutschen als Fremd- oder Zweitsprache orientiert: Diskursfähigkeit. Abschließend sollen an einigen wenigen Beispielen auch Überlegungen zur Praxis des kulturbezogenen Lehrens und Lernens angestellt werden. Um sehr konkrete und detaillierte Vorschläge etwa zur Gestaltung von thematischen Unterrichtseinheiten kann es dabei an dieser Stelle allerdings nicht gehen, diese müssen anderen Gelegenheiten vorbehalten bleiben (vgl. z. B. Altmayer 2016).

4.1 Kulturbezogenes Lernen im Kontext aktueller lern- und bildungstheoretischer Ansätze

Wie bereits mehrfach angesprochen, hat sich der Fachdiskurs zum Thema ‚kulturbezogenes Lernen' bislang meist auf dessen Inhalte, die übergeordneten Lehr- und Lernziele und die Vermittlungsformen konzentriert. Dagegen spielte die Frage, was in der Auseinandersetzung mit den fraglichen ‚landeskundlichen' oder ‚kulturellen' Inhalten tatsächlich gelernt wird und wie sich diese Lernprozesse als spezifische Lernprozesse beschreiben und konzeptionalisieren lassen, bislang so gut wie keine Rolle. Ob nun konkret von ‚landeskundlichem', ‚inter-' oder ‚transkulturellem' oder schlicht von ‚kulturellem Lernen' die Rede ist – durchweg gilt das jeweilige spezifizierende Adjektiv als problematisch und erklärungsbedürftig, nicht jedoch das in allen genannten Begriffen gleichermaßen verwendete Bestimmungswort: ‚Lernen'.

‚**Interkulturelles Lernen' und ‚Fremdverstehen':** Ein kurzer Blick in die Diskussion über den nach wie vor sehr präsenten Begriff des ‚interkulturellen Lernens' kann diesen Befund untermauern. In der Regel nämlich wird ‚interkulturelles Lernen' nicht von den lernenden Subjekten und den bei ihnen gegebenenfalls ablaufenden und beobachtbaren Lernprozessen her definiert, sondern von vornherein im Rahmen des dichotomischen Modells von ‚eigener' und ‚fremder Kultur' und der damit einhergehenden normativen Setzungen und Zielorientierungen gesehen (vgl. z. B. Krumm 1995: S. 158). Ein so verstandener ‚interkultureller' Fremdsprachenunterricht fördere das „Aushalten von Verschiedenheit", die „Bereitschaft zur Infragestellung eigener Normen" oder die „Sensibilisierung für andere Sprach- und Verhaltensformen" (ebd.). Wie genau man sich ein ‚interkulturelles Lernen' vorzustellen hat, das zu solchen abstrakten Zielen führt und welches Verständnis von ‚Lernen' dem zugrundeliegt, bleibt dabei allerdings meist völlig offen.

Auch in den Überlegungen zum ‚Fremdverstehen', wie sie vor allem der Englisch-Didaktiker Lothar Bredella in zahlreichen Publikationen vorgelegt hat, spielen Prozesse des Lernens im engeren Sinn eine allenfalls untergeordnete Rolle. Auch hier werden die lernenden Subjekte auf ihre Rolle als Träger ihrer jeweiligen national-ethnischen ‚Kultur' und auf die Gegenüberstellung von ‚Eigen-' und ‚Fremdkultur' festgelegt. Auf dieser Grundlage werden die bei den Lernenden anzuregenden Prozesse des ‚interkulturellen Lernens' bzw. ‚Fremdverstehens' dann wiederum vor allem von den dabei zu erreichenden und als normative Setzungen nicht weiter hinterfragten übergeordneten Zielsetzungen her verstanden. Das „Verstehen des Anderen" auf der Basis je eigener kultureller Prägungen und Vorannahmen, so Bredella, sei die zentrale Aufgabe eines interkulturellen Fremdsprachenunterrichts und erfordere komplexe, weit über die bloß kognitive Dimension des Wissens um kulturelle Spezifika hinausgehende Kompetenzen wie Empathiefähigkeit, die Fähigkeit zu Perspektivenübernahme und Perspektivenkoordination oder die Fähigkeit, eigene kulturelle Prägungen zu reflektieren und in Frage zu stellen. Theoretisch konzeptionalisiert hat Bredella diesen normativ aufgeladenen Begriff des Fremdverstehens als hermeneutische Vermittlung zwischen ‚Innen-' und ‚Außenperspektive': Auf der Basis ihrer hermeneutisch unhintergehbaren eigenkulturellen Außenperspektive seien Lernende in die Lage zu versetzen, die ihnen in der fremden Sprache entgegentretende fremdkulturelle Innenperspektive einzunehmen, diese im Dialog mit ihrer jeweiligen Außenperspektive als sinnvoll wahrzunehmen und zu akzeptieren und dadurch zugleich die eigene Perspektive kritisch zu reflektieren. „Fremdverstehen bedeutet demnach eine andere Perspektive einnehmen und eine Distanz zum Eigenen zu gewinnen" (Bredella et al. 2000: XIII).

Zwar haben diese theoretisch-konzeptionellen Überlegungen zu ‚interkulturellem Lernen' und ‚Fremdverstehen' eine Reihe von empirisch basierten Studien angeregt, die sich um eine Konkretisierung und Differenzierung bemühen (vgl. z. B. Bechtel 2003; Brunzel 2002). Diese bewegen sich aber innerhalb des durch das Interkulturalitätsparadigma vordefinierten und gesetzten kultur- und lerntheoretischen Rahmens und es gelingt ihnen nicht, ‚interkulturelles Lernen' oder ‚Fremdverstehen' jenseits normativer Setzungen vor allem *als Lernen* freizulegen und sichtbar zu machen. An dieser Stelle spätestens kommt ein konzeptionelles Defizit zum Vorschein, das sich durch den gesamten fremdsprachenwissenschaftlichen Diskurs zu ‚Landeskunde', ‚interkulturellem Lernen' und ‚Fremdverstehen' hindurchzieht: das Fehlen einer lerntheoretischen Basis bzw. überhaupt einer lerntheoretischen Reflexion. Es erscheint daher als ein lohnendes Unternehmen, abweichend von dieser Tradition den Begriff des ‚kulturbezogenen Lernens' gerade nicht mehr von seiner im Adjektiv ‚kulturbezogen' benannten Spezifik her, sondern zuallererst vom Lernen her zu explizieren.

Behavioristische und kognitivistische Lerntheorien: Was also heißt ‚Lernen'? Folgt man den einschlägigen Ausführungen der Psychologie bzw. Pädagogischen Psychologie zu dieser Frage, wird man meist zunächst auf die Lerntheorien des Behaviorismus und des Kognitivismus verwiesen, die ‚Lernen' entweder als einen durch Konditionierung zu beeinflussenden Reiz-Reaktions-Mechanismus und dadurch bedingte Verhaltensänderung oder als Verarbeitung und Speicherung von Informationen im kognitiven System auffassen. Beide sehr traditionsreichen Lerntheorien dominieren zwar nach wie vor die einschlägigen Überblicksdarstellungen (für deutschsprachige Darstellungen vgl. z. B. Edelmann/ Wittmann 2019), sind in den letzten Jahren aber teilweise auch heftig kritisiert worden, weil sie das Lernen aus einer passivischen Außensicht beschreiben und auf biologische oder kognitive Vorgänge reduzieren, bei denen die lernenden Subjekte und deren lernende Zugänge zur Welt gar nicht in den Blick geraten. Hinzu kommt, dass es sich bei behavioristischen und kognitivistischen Auffassungen vom Lernen genau besehen nicht um Lern-, sondern eher um Lehrtheorien handelt, weil sie sich vor allem für die Möglichkeiten einer Beeinflussung des Lernens von außen, also etwa durch Lehrende oder durch institutionelle Lehr-Lern-Settings, interessieren, nicht aber für das Lernen selbst. Durch die Reduktion des Lernens auf biologische und kognitive Prozesse aber geht gerade die spezifisch menschliche Dimension der Sinnzuschreibung, die mit Lernen aus der Sicht der lernenden Subjekte notwendigerweise einhergeht, verloren (vgl. Faulstich 2013: S. 35–61). Für unseren Begriff des ‚kulturbezogenen Lernens', der ja gerade diese Dimension einer Herstellung und Aushandlung von Sinn in der lernenden Auseinandersetzung mit Diskursen so deutlich in den Vordergrund stellt, sind die Anschlussmöglichkeiten an diese traditionellen psychologischen Lerntheorien daher äußerst begrenzt.

Neurophysiologische Lerntheorien: Das gleiche gilt für das gerade in den letzten Jahren insbesondere in populärwissenschaftlichen Darstellungen propagierte neurobiologische bzw. neurophysiologische Verständnis von Lernen. Dieses geht davon aus, dass Lernen vor allem im Gehirn stattfindet und dass

Aktivitäten des Gehirns sich als Aktivität von Synapsen, d. h. von mehr oder weniger stark ausgeprägten Verbindungen zwischen Nervenzellen (Neuronen) beschreiben lassen. Lernen besteht dann in einer „Modifikation synaptischer Übertragungsstärke" (Spitzer 2002: S. 146), d. h. es handelt sich um einen Prozess, in dessen Verlauf sich die vorhandenen musterhaft angelegten Neuronenverbindungen im Gehirn verändern und neue neuronale Repräsentationen entstehen (vgl. ebd.: S. 79–98; Faulstich 2013: S. 59).

Aus der Perspektive der naturwissenschaftlich orientierten Neurowissenschaften stellt diese Erklärung zweifellos gegenüber älteren Theorien einen erheblichen Fortschritt dar, aus dem sich auch zahlreiche theoretische und (forschungs-) praktische Konsequenzen ableiten lassen. Als Verständnis für ein Lernen aus der Perspektive der lernenden Subjekte unter Einbeziehung der je subjektiven und zugleich auch sozial-diskursiven Sinndimension von ‚kulturbezogenem Lernen' greift es aber deutlich zu kurz, weil es den Prozess des Lernens auf Prozesse im Gehirn reduziert und das lernende Subjekt in seiner sozialen und sinnhaften Situiertheit weitgehend ignoriert (vgl. Faulstich 2013: S. 60–61).

Konstruktivistische Lerntheorie: Eine in vielerlei Hinsicht interessante und in den Fremdsprachenwissenschaften auch viel beachtete Alternative zu den behavioristischen, kognitivistischen und neurobiologischen Einseitigkeiten bietet die konstruktivistische Lerntheorie an, die zwar an die kognitionspsychologischen Konzepte anknüpft, diese aber auf der Basis fundamentaler erkenntnis- und wissenschaftstheoretischer Überlegungen weiterentwickelt und radikalisiert. Wenn man der Einfachheit halber die teilweise recht heterogenen Spielarten der verschiedenen ‚Konstruktivismen' einmal außen vor lässt, besteht die konstruktivistische Lerntheorie im Kern in der Überzeugung, dass Wissen grundsätzlich nicht von einem Individuum zum anderen ‚vermittelt' oder ‚übertragen', sondern von lernenden Individuen nur jeweils selbst aktiv aufgebaut und entwickelt werden kann. Lernen ist demnach ein vom Lernenden aufgrund der eigenen Voraussetzungen und Interessen selbst gesteuerter und aktiver Prozess des Aufbaus und der Veränderung von Wissen, der von außen, also etwa durch Lehrende, allenfalls marginal beeinflusst werden kann, der auf die individuell vorhandenen Wissensstrukturen aufbaut und zu individuell unterschiedlichen Lernergebnissen führt:

> „Lernen ist nur über die aktive Beteiligung des Lernenden möglich. Dazu gehört, daß der Lernende zum Lernen motiviert ist und daß er an dem, was er tut und wie er es tut, Interesse hat oder entwickelt. Bei jedem Lernen übernimmt der Lernende Steuerungs- und Kontrollprozesse. Wenn auch das Ausmaß eigener Steuerung und Kontrolle je nach Lernsituation variiert, so ist doch kein Lernen ohne jegliche Selbststeuerung denkbar. Lernen ist in jedem Fall konstruktiv. Ohne den individuellen Erfahrungs- und Wissenshintergrund und eigene Interpretationen finden im Prinzip keine kognitiven Prozesse statt" (Reinmann-Rothmeier/Mandl 1995; zitiert nach Faulstich 2013: S. 55–56).

Im Gegensatz zu allen bislang üblichen Auffassungen wird das Lernen hier erstmals deutlich und explizit nicht vom Lehren her gedacht und nicht mehr als passivischer Vorgang verstanden, bei dem die Lernenden dem Einfluss und

4.1 Kulturbezogenes Lernen im Kontext aktueller …

Gestaltungswillen von Lehrenden, Bildungsplanern und Curriculumentwicklern ausgesetzt sind, sondern als ein aktives Handeln der lernenden Subjekte, die ihren Lernprozess autonom und selbstverantwortlich gestalten. Dies stellt gegenüber den Einseitigkeiten anderer Modelle einen erheblichen Fortschritt dar, hinter den auch die Lernauffassung der Kulturstudien nicht mehr zurückfallen kann und sollte. Gleichwohl aber stößt auch die konstruktivistische Lerntheorie, insbesondere in ihrer radikal-konstruktivistischen Variante, insofern schnell an Grenzen, als sie das Lernen nach wie vor sehr deutlich als individuell-kognitiven Vorgang denkt, die Rolle von Sprache, Kommunikation und sozialer Interaktion weitgehend ausblendet und zudem die gerade für unseren Begriff des ‚kulturbezogenen Lernens' so zentrale Sinn-Dimension weitgehend unberücksichtigt lässt (vgl. Faulstich 2013: S. 56).

Subjektorientierte und ganzheitliche Ansätze: Jenseits der herkömmlichen lernpsychologischen Zuständigkeiten sind in den 1990er Jahren eine Reihe interessanter und innovativer Konzepte und Theorien vom Lernen entstanden, die die kognitivistischen und individualistischen Einseitigkeiten konstruktivistischer Lerntheorien überwinden und insbesondere das Lernen Erwachsener als einen in soziale Handlungsbezüge eingebetteten Transformationsprozess bestehender lebensweltlicher Selbst- und Weltverhältnisse lernender Subjekte begreifen. Zu nennen sind hier etwa die phänomenologische Lerntheorie nach Käthe Meyer-Drawe (vgl. Meyer-Drawe 2008), das erwachsenenpädagogische Konzept des ‚transformative learning' nach Jack Mezirow (vgl. u. a. Mezirow 1997), die kritisch-pragmatistische Lerntheorie nach Peter Faulstich (vgl. Faulstich 2013) sowie insbesondere die subjektwissenschaftliche Lerntheorie nach Klaus Holzkamp (vgl. Holzkamp 1993), um nur einige der insbesondere im deutschsprachigen Diskurs stark rezipierten Ansätze zu nennen. Gemeinsam ist ihnen bei allen Differenzen im Detail (vgl. dazu Faulstich 2014) eine grundsätzlich umfassende, ganzheitliche, an die Verfügbarkeit von Sinndimensionen anknüpfende, zugleich aber auch in soziale Handlungsbezüge eingebettete Auffassung von Lernen, die etwa bei Göhlich/Zirfas in der folgenden Arbeitsdefinition ihren Niederschlag findet:

> „Lernen bezeichnet die Veränderungen von Selbst- und Weltverhältnissen sowie von Verhältnissen zu anderen, die nicht aufgrund von angeborenen Dispositionen, sondern aufgrund von zumindest basal reflektierten Erfahrungen erfolgen und die als dementsprechend begründbare Veränderungen von Handlungs- und Verhaltensmöglichkeiten, von Deutungs- und Interpretationsmustern und von Geschmacks- und Wertstrukturen vom Lernenden in seiner leiblichen Gesamtheit erlebbar sind; kurz gesagt: Lernen ist die erfahrungsreflexive, auf den Lernenden sich auswirkende Gewinnung von spezifischem Wissen und Können" (Göhlich/Zirfas 2007: S. 17; i.O. kursiv).

Die Gemeinsamkeit der genannten Theorien besteht demnach darin,

- dass sie Lernen konsequent vom lernenden Subjekt her denken,
- dass sie Lernen als ganzheitlichen Vorgang sehen und nicht mehr auf Verhaltensänderung oder rein kognitive Prozesse reduzieren,

- dass das Lernen hier neben einer kognitiven immer auch eine Handlungs- und eine Gefühls- bzw. Einstellungsebene hat,
- dass sie das Lernen von den je subjektiv verfügbaren Sinnbezügen der Lernenden her verstehen,
- dass sie diese Sinnbezüge aber zugleich eng mit den Möglichkeiten des lernenden Subjekts zum Handeln in sozialen Zusammenhängen verbinden,
- dass sie Lernprozesse grundsätzlich an Erfahrung binden und
- dass sie Lernprozesse von der Erfahrung der Diskrepanz und der nachhaltigen Irritation vorhandener Sinnbezüge bei den lernenden Subjekten abhängig machen.

Ein derart weit gefasstes Verständnis von Lernen stellt nun aber auch eine in lern- und bildungstheoretischen Diskursen der letzten Jahre und Jahrzehnte üblich gewordene Differenzierung in Frage, wonach ‚Lernen' lediglich den Wissenszuwachs innerhalb eines bestehenden Orientierungsrahmens bezeichnet, nicht jedoch die Veränderung oder Transformation dieses Orientierungsrahmens selbst. Für Letzteres wiederum soll, etwa im Rahmen der „strukturalen Bildungstheorie" nach Marotzki, der umfassendere Begriff der ‚Bildung' reserviert bleiben (vgl. dazu Rosenberg 2011: S. 17), der als „Transformation von Selbst- und Weltverhältnissen" gefasst wird (vgl. ebd.). Anders formuliert: Mit dem oben zitierten weiten Verständnis von Lernen gewinnt dieser Begriff in der aktuellen Lerntheorie eine Dimension zurück, die ihm im Rahmen der herkömmlichen Ansätze abhandengekommen war und die auch für unsere Frage nach einer theoretischen Verortung des Begriffs des ‚kulturbezogenen Lernens' interessante Perspektiven eröffnet: die Dimension der Bildung. Wir wollen es allerdings bei diesen Andeutungen belassen und darauf nicht weiter eingehen, insbesondere weil wir uns mit dem Begriff der ‚Bildung' auf ein ebenso schwieriges wie umkämpftes Gelände begeben und Gefahr laufen würden, darüber unseren eigentlichen Gegenstand aus dem Auge zu verlieren.

Vorläufige Definition von ‚kulturbezogenem Lernen': Halten wir also vorläufig fest: Wenn wir kulturbezogenes Lernen zunächst und vor allem als Lernen begreifen und dieses wiederum im Licht aktueller ganzheitlicher Lerntheorien beschreiben, dann hat in gewisser Hinsicht zunächst einmal jedes Lernen mit der Sinndimension menschlicher Subjekte und mit der auf Irritation und Erfahrung beruhenden Infragestellung und Veränderung bestehender Sinnorientierung zu tun. Damit wird zum einen deutlich, dass das, was wir hier als ‚kulturbezogenes Lernen' im Kontext von Deutsch als Fremd- und Zweitsprache beschreiben wollen, nichts Besonderes ist, sondern sich in die Gesamtheit von ‚Welt- und Selbstverhältnissen', d. h. der den lernenden Subjekten insgesamt verfügbaren sinngebenden Orientierungsrahmen einfügt und darauf notwendigerweise immer bezogen ist.

Damit wird zum anderen auch deutlich, dass wir unseren Begriff des ‚kulturbezogenen Lernens' noch weiter spezifizieren und vom Lernen im Allgemeinen, wie wir es gerade herausgearbeitet haben, noch genauer abgrenzen müssen. Es handelt sich bei ‚kulturbezogenem Lernen' demnach um ein Lernen im oben beschriebenen Sinn einer auf Erfahrung beruhenden Veränderung von Selbst- und Weltverhältnissen der lernenden Subjekte, das sich durch den spezifischen Kontext, die Anlässe und die Gegenstände des Lernens auszeichnet und gegenüber anderen Kontexten, Anlässen und Gegenständen von Lernen abgrenzen lässt. Es ist demnach ein Lernen, das

- im Kontext des Lehrens und Lernens der Fremd- bzw. Zweitsprache Deutsch stattfindet,
- durch die lernende Auseinandersetzung mit der deutschen Sprache und deutschsprachigen Diskursen veranlasst wird;
- die in deutschsprachigen Diskursen implizierten, transportierten und verhandelten Bedeutungen zum Gegenstand hat.

Wir gehen also davon aus, dass es im Kontext des Lernens und Lehrens der Fremd- oder Zweitsprache Deutsch zu impliziten und explizit intendierten Begegnungen und Auseinandersetzungen der lernenden Subjekte mit Bedeutungen kommt, die ihrerseits auf diese Bedeutungen bezogene Lernprozesse veranlassen können, die wir ja als ‚Kultur' identifiziert haben. Unter Rückgriff auf das oben herausgearbeitete Grundverständnis von Lernen aber können wir nunmehr die folgende vorläufige Arbeitsdefinition von ‚kulturbezogenem Lernen' im Kontext von Deutsch als Fremd- und Zweitsprache formulieren:

> Kulturbezogenes Lernen im Kontext des Lehrens und Lernens des Deutschen als Fremd- bzw. Zweitsprache ist ein Prozess der Reflexion, Infragestellung und/oder Veränderung der den lernenden Subjekten verfügbaren Welt- und Selbstverhältnisse, der durch die Begegnung und Auseinandersetzung mit den in deutschsprachigen Diskursen implizit verwendeten, transportierten, reflektierten und verhandelten Bedeutungen (‚Deutungsmuster') veranlasst wird und der in der bewusstmachenden Reflexion, der Irritation und Infragestellung sowie der vorübergehenden oder nachhaltigen Veränderung vorhandener Deutungsressourcen bei den lernenden Subjekten führen kann.

Damit sind wir bei dem Versuch, den Begriff des ‚kulturbezogenen Lernens' für die praktischen Zwecke einer Förderung solcher Lernprozesse etwa durch die sinnvolle Bearbeitung von Lernmaterialien oder die Gestaltung von Lernsettings für konkrete Unterrichtsszenarien genauer zu bestimmen, schon ein großes Stück vorangekommen. Allerdings bleibt der Begriff bislang noch zu unbestimmt, zu unspezifisch und zu wenig auf die konkreten Praxiskontexte, vor allem aber auch auf die übergeordneten Zielsetzungen des Lehrens und Lernens von Deutsch als Fremd- und Zweitsprache bezogen. Was genau sollen Lernende im Zusammenhang mit den Bedeutungen, die ihnen in der Sprache begegnen, eigentlich lernen, welche Kenntnisse oder Fähigkeiten sollten sie entwickeln und in welcher Verbindung stehen diese zu den im engeren Sinn sprachlichen Handlungsfähigkeiten? Anders formuliert: An welchen übergeordneten Zielsetzungen orientiert sich kulturbezogenes Lernen?

4.2 Zielorientierungen kulturbezogenen Lernens

4.2.1 Kultur vs. Kompetenzorientierung: Die Quadratur des Kreises?

Mit der Frage nach einer sinnvollen übergeordneten Zielorientierung für kulturbezogenes Lernen bewegen wir uns in einem bildungspolitisch und wissenschaftlich umkämpften Feld, auf dem sich mehrere kaum miteinander zu vereinbarende fachliche Perspektiven kreuzen. Adelheid Hu hat dafür schon vor einiger Zeit die Formel von den „widerstreitende[n] Diskurse[n]" in die Diskussion eingebracht, die darauf hinweist, dass wir es auf diesem Feld mit (mindestens) zwei konträren Sichtweisen zu tun haben (Hu 2008a: S. 286). Auf der einen Seite stehe die Perspektive der „interkulturellen Fremdsprachendidaktik" (ebd.), die den Fremdsprachenunterricht als „kulturell vielschichtige[n] Begegnungs- und Diskursraum" konzipiere, „der den Lernenden die Konstruktion kultureller Bedeutung und sprachliches Lernen in einem mehrsprachigen Kontext ermöglicht" (ebd.: S. 287). Dieser Diskurs sei durch ein vergleichsweise hohes Maß an theoretischer Orientierung, eine deutliche Betonung der Subjektivität der Lernenden in ihrer ganzen Heterogenität sowie das Bemühen um unterrichtspraktische Umsetzungen geprägt, wohingegen das Interesse an Fragen der konkreten Ausgestaltung und der Überprüfbarkeit von Lehr- und Lernzielen eine deutlich geringere Rolle spiele (vgl. ebd.: S. 288–289). Dem stehe auf der anderen Seite der bildungspolitische „Diskurs der Standard- und Kompetenzorientierung" entgegen (ebd.: S. 289), der genau diese Fragen in den Mittelpunkt rücke: Ausgehend vor allem von den großen internationalen Bildungsvergleichsstudien wie PISA, TIMSS oder IGLU gehe es hier um einen grundlegenden Perspektivwechsel innerhalb der Bildungsinstitutionen, der darauf hinauslaufe, dass „die inhaltsorientierten Lehrpläne […] durch eine Orientierung am ‚Output', also den überprüfbaren Kompetenzen von SchülerInnen auf unterschiedlichen Niveaustufen abgelöst werden" (ebd.: S. 290). Zentrale Begriffe, die diesen Diskurs prägen, seien beispielsweise ‚Kompetenz', ‚Standardisierung', ‚Effizienz', ‚Verwertbarkeit' oder ‚Leistungsfähigkeit' (vgl. ebd.: S. 290–291), die zu den Kernbegriffen einer ‚interkulturellen Fremdsprachendidaktik' wie ‚kulturelle Komplexität', ‚Vielfalt', ‚Hybridität' oder ‚Bedeutung' in einem fundamentalen und nur schwer auflösbaren Gegensatz stehen.

Gemeinsamer europäischer Referenzrahmen: Wie stark der Diskurs der Standardisierung und Kompetenzorientierung sich innerhalb der Fremdsprachendidaktiken mittlerweile bereits etabliert hat, ist nicht nur am Einfluss der so genannten ‚Bildungsstandards' für die Schulfremdsprachen innerhalb der deutschen Bildungspolitik ablesbar, sondern vor allem an der Rolle, die der *Gemeinsame Europäische Referenzrahmen für Sprachen* (GER) als das heute einflussreichste sprachenpolitische Dokument der Welt in diesem Zusammenhang einnimmt. Denn auch wenn der bildungs- und sprachenpolitische Anspruch des Referenzrahmens sicherlich weit darüber hinaus geht, sind es doch vor allem die skalierten Kann-Beschreibungen der verschiedenen sprachlichen Handlungskompetenzen gewesen, die innerhalb der Fremdsprachendidaktiken breit rezipiert wurden, weil sie sprachliche Kompetenzen erstmals vergleichbar und damit auch verlässlich überprüfbar machten.

Der Referenzrahmen ist in den Fremdsprachendidaktiken teilweise euphorisch begrüßt, teilweise aber auch sehr kritisch kommentiert worden. Dabei ging es neben gewissen sprachenpolitischen Einseitigkeiten und einem nicht zu Ende gedachten Mehrsprachigkeitskonzept, (vgl. dazu u. a. Bausch 2003: S. 33; Krumm 2003: S. 121; Fandrych 2008: S. 16) vor allem darum, dass der Referenzrahmen in den Kann-Beschreibungen Sprache und sprachlich-kommunikative Kompetenzen in stark verkürzter und verfälschender Weise als „kontextfreies formales System" (Fandrych 2008: S. 30) beschreibt und den soziokulturellen Bezugsrahmen, innerhalb dessen sprachliches Handeln stattfindet, weitgehend ausblendet. Soziokulturelle Aspekte werden auf theoretischer Ebene zwar diskutiert, finden sich in den Kann-Beschreibungen allerdings ebenso wenig wieder wie beispielsweise komplexere Fähigkeiten zur diskursiven Aushandlung von Bedeutung (vgl. Bredella 2003: S. 47; vgl. zu diesem Abschnitt auch Altmayer 2014: S. 27). Hinzu kommt aber vor allem, dass mit dem Referenzrahmen die Gefahr einhergeht, dass herkömmliche Inhalte sowie nicht oder nur schwer messbare Kompetenzen (vgl. Frederking 2008) – und damit haben wir es beim kulturbezogenen Lernen ja zweifellos zu tun (vgl. Hu 2008b) – perspektivisch aus den Curricula und den Lehrwerken für den Fremdsprachenunterricht verschwinden (vgl. ebd.; Krumm 2003: S. 124); ein auch schon oberflächlicher Blick in neuere Lehrwerke für Deutsch als Fremdsprache zeigt schnell, dass diese Befürchtungen keineswegs unbegründet waren (vgl. dazu Altmayer 2017: S. 16–18). Zwar haben die Verantwortlichen für den Referenzrahmen mittlerweile auf einige der vorgebrachten Einwände reagiert, indem sie in dem 2018 erschienenen Begleitband beispielsweise eine zusätzliche Skala „Auf einem plurikulturellen Repertoire aufbauen" eingeführt haben (vgl. Council of Europe 2020: S. 146–148), die das bisher völlige Fehlen kulturbezogener Aspekte des Fremdsprachenlernens zumindest ansatzweise kompensieren soll; ob dies tatsächlich eine wesentliche Neuerung bringt, wird derzeit im Fach kontrovers diskutiert (vgl. Studer 2020); darauf wird zurückzukommen sein.

Die hier nur sehr grob skizzierte Debatte über die Rolle von Kompetenzen, Skalierung und Messbarkeit auf der einen, Komplexität, Diskursivität und Heterogenität auf der anderen Seite macht die Suche nach der Formulierung einer übergeordneten Zielorientierung für das kulturbezogene Lernen im Kontext von Deutsch als Fremd- und Zweitsprache zu einer schwierigen Aufgabe, die zumindest in Ansätzen der berühmten Quadratur des Kreises nahekommt. Eine solche Zielorientierung sollte nämlich erstens der ganzen Komplexität und Vieldeutigkeit des Gegenstands ‚Kultur' gerecht werden, wie wir sie im dritten Kapitel dieser Einführung herausgearbeitet haben; zweitens sollte sie aber auch möglichst konkret und pragmatisch sein, d. h. sie sollte im Hinblick auf die Entwicklung von Curricula, Lernmaterialien oder Unterrichtsszenarien für kulturbezogenes Lernen praktisch anwendbar sein, was beispielsweise die Skalierbarkeit im Hinblick auf sinnvolle Lernprogressionen ebenso beinhaltet wie etwa auch eine Überprüfbarkeit mit Hilfe geeigneter Evaluationsverfahren; zum dritten sollte es sich um ein komplexes Lehr- und Lernziel handeln, das kognitive Elemente von abrufbarem Wissen mit situativen Handlungsfähigkeiten, Einstellungen sowie Reflexions- und Kritikfähigkeit verknüpft; und viertens schließlich sollte eine solche Zielorientierung auch das auf ‚Kultur' bezogene Lernen wieder stärker an Sprache und Kommunikation rückbinden, als dies vielfach bisher der Fall gewesen ist. Bezieht man den Fachdiskurs der letzten Jahre an dieser Stelle ein, stößt man relativ schnell auf einen Begriff, der zumindest dem Anspruch nach hier möglicherweise als Beschreibung einer solchen Lernzielorientierung in Frage kommt: ‚interkulturelle Kompetenz'.

4.2.2 ‚Interkulturelle Kompetenz'

Von allen vergleichbaren Begriffen, die übergeordnete Zielorientierungen für kulturbezogenes Lernen bezeichnen, ist die Rede von ‚interkultureller Kompetenz' zweifellos am weitesten verbreitet. Sie spielt in zahlreichen Praxis- und Forschungskontexten eine Rolle, bei denen es im weitesten Sinn um Interaktionen von Menschen aus verschiedenen Ländern geht, das reicht vom Bildungswesen über die Internationalisierung der Hochschulen, die internationalen Wirtschaftsbeziehungen bis hin zu Personalentwicklung oder sozialer Arbeit und von der Pädagogik über die Hochschulforschung, die Wirtschaftswissenschaften bis zur Psychologie. Hier hat sich in den letzten Jahrzehnten ein internationaler Markt für interkulturelle Bildungsangebote herausgebildet, womit zudem eine Fülle an mehr oder weniger wissenschaftlicher Literatur zum Thema korrespondiert. Auch wenn gerade angesichts der Popularität des Themas vieles, was dazu veröffentlicht wird, mit Vorsicht zu genießen sein wird, kann doch auch nicht bezweifelt werden, dass wir es bei ‚interkultureller Kompetenz' mit einem Konstrukt zu tun haben, das im Hinblick auf seine theoretische Modellierung und seine empirische Verankerung und damit im Hinblick auf seine Praxistauglichkeit allen alternativen Konstrukten weit überlegen zu sein scheint. Tatsächlich liegen aus den unterschiedlichen Praxiskontexten mittlerweile zahlreiche Arbeiten dazu vor, wie sich ‚interkulturelle Kompetenz' genauer beschreiben und im Hinblick auf die Gestaltung von Curricula, Lernmaterialien oder Testverfahren operationalisieren lässt (vgl. beispielsweise Byram 1997; Bolten 2007; Auernheimer 2002; Baumer 2002; Rathje 2006; Hu 2008a, 2008b; Byram/Hu 2009; Straub/Weidemann/Weidemann 2007; Deardorff 2009; Weidemann/Straub/Nothnagel 2010; Reimann 2017).

‚**Interkulturelle Kompetenz' in den Fremdsprachendidaktiken:** Im engeren fachlichen Umfeld der Fremdsprachendidaktiken ist der Begriff der ‚interkulturellen Kompetenz' im Zuge der ‚kommunikativen Wende' und deren Weiterentwicklung zu einem ‚interkulturellen' Ansatz des Lehrens und Lernens von Sprachen relevant geworden. Dabei spielen bestimmte Vorannahmen über

4.2 Zielorientierungen kulturbezogenen Lernens

Sprachen und ihre Funktion im sozialen Miteinander eine wichtige Rolle, wie wir sie auch schon im Kontext des Interkulturalitätsparadigmas im zweiten Kapitel diskutiert haben. Zum einen nimmt man an, dass sich Sprachen grundsätzlich bestimmten Ländern zuordnen lassen und dass das Erlernen einer Sprache daher die Lernenden dazu qualifizieren sollte, mit den Menschen der Länder, in denen diese Sprache gesprochen wird, in Interaktion zu treten. Dem liegt zum zweiten ein grundsätzlich ‚kommunikatives', d. h. an Alltagssituationen wie Begrüßungen, Einkaufen oder Geschäftsessen orientiertes Verständnis von Sprache als sozialem Handeln zugrunde, für dessen erfolgreiche Bewältigung man über bestimmte sprachliche Mittel, aber auch über die Kenntnis bestimmter Interaktionsregeln und Erwartungen verfügen sollte, die über das sprachliche Repertoire im engeren Sinn hinausgehen. Und zum dritten schließlich geht man davon aus, dass solche Regeln nicht universal gelten, sondern ‚kulturspezifisch' sind, d. h. sich von Land zu Land bzw. von ‚Kultur' zu ‚Kultur' unterscheiden können. Wer also mittels einer ‚fremden' Sprache erfolgreich interagieren möchte, benötigt dafür über die im engeren Sinne sprachlichen Mittel hinaus auch weitergehende Fähigkeiten und Fertigkeiten, um sich angemessen in der ‚fremdkulturellen' Umgebung der ‚fremden' Sprache bewegen zu können – und eben diese Fähigkeiten und Fertigkeiten sollten mit ‚interkultureller Kompetenz' auf den Begriff gebracht werden.

Im Hinblick auf eine genauere Beschreibung und Anwendbarkeit des Begriffs war in den Fremdsprachenwissenschaften seit den 1990er Jahren das Modell von Michael Byram sehr einflussreich, das von den spezifischen Anforderungen ausgeht, die sich einem mit Angehörigen der ‚Zielsprachenkultur' interagierenden ‚intercultural speaker' stellen und die Byram, um den Bezug zu Sprache und Kommunikation im Begriff explizit kenntlich zu machen, als „intercultural communicative competence" zusammenfasst. Diese setzt sich zunächst aus drei Bestandteilen zusammen: ‚attitudes' (bzw. ‚savoir être'), d. h. Einstellungen zu sich selbst und zum anderen, ‚knowledge' (‚savoir'), d. h. Wissen über sich selbst und die andere Person sowie über die ‚eigene' und die ‚fremde Kultur', und ‚skills' (‚savoir comprendre', ‚savoir faire', ‚savoir apprendre'), d. h. die Fähigkeit, Informationen zu deuten und aufeinander zu beziehen, aber auch die Fähigkeit zu lernen, Neues zu entdecken und miteinander zu interagieren (vgl. Byram 1997: S. 31–38). Über die drei Grundkomponenten des Wissens, der Einstellungen und der praktischen Handlungsfähigkeiten hinaus zeichnet sich ‚interkulturelle kommunikative Handlungsfähigkeit' nach Byram aber mit der „critical cultural awareness" („savoir s'engager", ebd.: S. 34) noch durch eine zusätzliche und übergeordnete Komponente von politischer Bildung aus, die vor allem in der Fähigkeit besteht, sich zu bestimmten Aspekten der ‚fremden' wie der ‚eigenen Kultur' auch kritisch zu positionieren (vgl. Byram 2009: S. 323).

Die Bedeutung des Byram-Modells besteht vor allem darin, dass es damit erstmals möglich war, interkulturelle Kompetenz als einen komplexen Zusammenhang unterschiedlicher, aber eng untereinander interagierender Teilkompetenzen zu beschreiben und so auch für praktische Zwecke des Lehrens und Lernens von Fremdsprachen handhabbarer zu machen. Was das Modell nicht leistet, ist zum einen eine Differenzierung unterschiedlicher Niveaustufen interkultureller Kompetenz, wie sie der GER für andere sprachliche Handlungskompetenzen ja vorgelegt hat, und zum anderen eine Operationalisierung interkultureller Kompetenz im Hinblick auf standardisierte Evaluations- oder Testverfahren. Zwar formuliert Byram selbst zahlreiche Möglichkeiten, wie die von ihm beschriebenen Teilbereiche interkultureller Kompetenz evaluiert werden können (vgl. Byram 1997: S. 88–103), dabei handelt es sich aber durchweg um Formen eines „educational assessment" (ebd.: S. 88), das den Anforderungen von Bildungsinstitutionen angemessen sei, Lernprozesse eher anregen und fördern als überprüfen wolle und das daher auch keine standardisierten psychometrischen Testverfahren anwende (vgl. ebd.: S. 87–88).

Skalierung von ‚interkultureller Kompetenz': Beide Aspekte, die Frage der Skalierung interkultureller Kompetenz wie die Frage ihrer Testbarkeit, haben in der fremdsprachendidaktischen Diskussion zu diesem Thema in den letzten Jahren eine wichtige Rolle gespielt. So hat etwa Arnd Witte in mehreren Anläufen ein vor allem für die Anregung von interkulturellen Lernprozessen und weniger für deren Überprüfung vorgesehenes Progressionsmodell interkultureller Kompetenz entwickelt, das zunächst 7 und später 9 Stufen differenziert, die allerdings rein theoretisch hergeleitet werden und nicht auf empirischer Evidenz basieren (vgl. Witte 2006; Witte 2009). Im Rahmen der DESI-Studie (Deutsch-Englisch-Schülerleistungen International) wurde versucht, die interkulturelle Kompetenz von Schülerinnen und Schülern mit Hilfe psychometrischer Verfahren zu skalieren und zu messen; dabei wurde ein auf Erfahrungen in interkulturellen Trainings zurückgehendes und stark vereinfachendes Stufenmodell verwendet, das interkulturelle Kompetenz auf sechs von ethnozentrischen zu ethnorelativen Perspektiven reichenden Stufen verortet und das es erlauben sollte, die von den Schülerinnen und Schülern getätigten Äußerungen zu bestimmten ‚critical incidents' den einzelnen Stufen zuzuordnen (vgl. Hesse/Göbel 2007; Hesse/Göbel/Jude 2008; Hesse 2009). Die von der Kultusministerkonferenz der deutschen Bundesländer 2014 vorgelegten Bildungsstandards für die Abiturprüfung in den Fremdsprachen verstehen „interkulturelle kommunikative Kompetenz" als Bestandteil einer übergeordneten „Diskursfähigkeit" in der jeweiligen Sprache, womit eine „Verstehens- und Mitteilungsfähigkeit" gemeint sei, „die inhaltlich zielführend, sprachlich sensibel und differenziert, adressatengerecht und pragmatisch angemessen ist". Diskursfähigkeit in diesem Sinn „umfasst wichtige interkulturelle Kompetenzen, die im Unterricht zusammen mit den sprachlichen Kompetenzen, im Rahmen einer Auseinandersetzung mit Themen, Texten und Medien integriert erworben werden" (Ständige Konferenz der Kultusminister der Länder der Bundesrepublik Deutschland 2014: S. 11). Interkulturelle kommunikative Kompetenz sei auf „Verstehen und Handeln in Kontexten [gerichtet], in denen die Fremdsprache verwendet wird" (ebd.: S. 19), und umfasse zahlreiche Einzelaspekte, etwa dass Schülerinnen und Schüler

- „ihre Wahrnehmungen und (Vor-)Urteile erkennen, hinterfragen, relativieren und ggf. revidieren" können,
- „Werte, Haltungen und Einstellungen ihrer zielsprachigen Kommunikationspartner erkennen und unter Berücksichtigung des fremdkulturellen Hintergrundes einordnen" können oder
- „in für sie interkulturell herausfordernden Situationen reflektiert agieren" können, „indem sie sprachlich und kulturell Fremdes auf den jeweiligen Hintergrund beziehen und sich konstruktiv-kritisch damit auseinandersetzen" (ebd.).

Eine vertikale Differenzierung verschiedener Niveaustufen solcher Teilaspekte interkultureller kommunikativer Kompetenz wird in den Bildungsstandards nicht vorgenommen, da die genannten Standards für die gymnasiale Oberstufe generell und für alle Schülerinnen und Schüler gleichermaßen gelten (vgl. ebd.).

In dem 2018 in englischer und französischer und 2020 auch in deutscher Sprache publizierten Begleitband zum GER werden hingegen erstmals skalierte Kann-Beschreibungen der zuvor nur pauschal beschriebenen kulturbezogenen Kompetenzen vorgelegt. Unter der übergeordneten Bezeichnung „Auf einem plurikulturellen Repertoire aufbauen" werden hier insgesamt 23 Kann-Beschreibungen zu kulturbezogenen Kompetenzen aufgelistet und jeweils einem der bekannten Kompetenzniveaus von A1 bis C2 zugeordnet. Das reicht dann beispielsweise vom Wissen um „verschiedene Arten des Zählens, der Längenmaße und Zeitangaben" (A1) über die Fähigkeiten, „grundlegende kulturelle Konventionen" (z. B. Begrüßungsrituale) zu erkennen und anzuwenden (A2) oder die Fähigkeit, „Merkmale der eigenen Kultur" den „Angehörigen einer anderen Kultur" zu erklären oder umgekehrt (B1) bis hin zu der Fähigkeit, „die eigenen Handlungen und Ausdrucksweisen dem Kontext gerecht beginnen und kontrollieren" zu können und dabei „ein Bewusstsein für kulturelle Unterschiede" zu zeigen und sich auch so anzupassen, dass „Missverständnisse und kulturelle Irritationen" vermieden werden (C2) (Council of Europe 2020: S. 146–147).

Darüber hinaus liegen mittlerweile in den Fremdsprachenwissenschaften auch einige umfangreichere Forschungsarbeiten vor, die das Konstrukt der ‚interkulturellen Kompetenz' mit Hilfe empirischer Daten validieren und weiterentwickeln (vgl. z. B. Eberhardt 2013, 2019; Brunsmeier 2016; Stahlberg 2016). Dabei offenbaren sich allerdings nicht zuletzt auch erhebliche Schwierigkeiten, etwa im Hinblick auf eine zuverlässige Zuordnung bestimmter sprachlicher Handlungen zum Konstrukt interkultureller Kompetenz generell und zu bestimmten angenommenen Niveaustufen dieser Kompetenz im Besonderen (vgl. z. B. Eberhardt 2019).

Simplifizierung und Homogenisierung: Der hier nur sehr grob zusammengefasste Stand der Forschung über eine mögliche Konkretisierung, Präzisierung und Differenzierung von ‚interkultureller Kompetenz' lässt erkennen, dass die Diskussion zwar tatsächlich schon recht weit in Richtung einer besseren Anwendbarkeit des Konstrukts ‚interkulturelle Kompetenz' fortgeschritten ist, dass zahlreiche Fragen aber nach wie vor unbeantwortet sind. So ist in allen erwähnten Publikationen erkennbar, dass die Fortschritte bei der Beschreibung von ‚interkultureller Kompetenz' im Hinblick auf Curriculumplanung, Lehrwerkgestaltung und Testbarkeit mit einem hohen Maß an Simplifizierung und Komplexitätsreduktion sowie mit einem Rückfall in herkömmliche Vorstellungen von homogenen ‚Nationalkulturen' erkauft werden. Das gilt beispielsweise schon für das Modell von Byram, der die exklusive Orientierung an Nationen und nationalen Identitäten gegenüber alternativen Identitätsentwürfen für eine im Rahmen der Fremdsprachendidaktiken unverzichtbare Simplifizierung hält (Byram 2009: S. 330). Auch der im Rahmen der DESI-Studie vorgenommene Versuch, interkulturelle Kompetenzen anhand des von Bennett in den frühen 1990er Jahren entwickelten DMIS-Modells ‚interkultureller Sensibilität' („Developmental Model of Intercultural Sensitivity") und mittels psychometrischer Verfahren messbar zu machen, geht von wenig differenzierten Vorstellungen von ‚kulturellen Unterschieden' aus, die sich offenbar an geschlossen und homogen gedachten Nationalkulturen orientieren (vgl. Göbel/Hesse 2004: S. 822–823).

Auch im neuen Begleitband zum GER, in dem, wie oben erwähnt, skalierte Kann-Beschreibungen ‚plurikultureller Kompetenzen' formuliert werden, ist in sehr traditioneller Weise von der „eigenen" und der „anderen Kultur" oder von deren „Angehörigen" die Rede (Council of Europe 2020: S. 146–147). Allerdings wird hier (wie auch in den meisten anderen Fällen) der Bezug zur Nation nicht explizit hergestellt, so dass, wie Studer meint, in der Tat auch andere, etwa subnationale ‚Kollektive' als Bezugsgröße denkbar bleiben (vgl. Studer 2020: S. 11). Das Problem, das sich hier stellt, erweist sich bei genauerem Hinsehen allerdings schnell als sehr viel grundsätzlicher, als es der Verweis auf subnationale ‚Kollektive', also etwa soziale Schichten, Berufsgruppen, Geschlechter oder Generationen, unterstellt. Dies betrifft zum einen den grundlegenden Status dessen, was menschliche Gruppen oder ‚Kollektive' sind und was sie ausmacht. Hier wird übersehen, dass es sich bei solchen ‚Kollektiven' ebenso wie bei Nationen keineswegs um ‚reale' Gegebenheiten handelt, die im Rahmen sprachlicher Interaktionen zu den vermeintlich ‚objektiven' äußeren Rahmenbedingungen gehören; Menschen gehören nicht einfach per se und ‚objektiv' bestimmten ‚Kollektiven' an und werden auch nicht durch die angeblich in diesen ‚Kollektiven' geltenden Normen und Standards geprägt und determiniert, ob es sich dabei nun um Nationen, soziale Schichten oder regionale Bezüge handelt. Vielmehr unterliegt die Zugehörigkeit von Menschen zu ‚Kollektiven' grundsätzlich vielfältigen Prozessen der Zuschreibung und Aushandlung, ist also selbst (implizit oder explizit) Gegenstand der sprachlichen Interaktion und dieser keineswegs im Sinne einer äußeren Rahmenbedingung vorgeordnet. Auch welche Konventionen ‚welche Verhaltens- oder Handlungsmuster und welche Werte in einem ‚Kollektiv' gelten, ist nicht objektiv und für alle Zeiten vorgegeben, sondern ist Gegenstand vielfältiger diskursiver Deutungs- und Aushandlungsprozesse. All dies aber wird vom GER ebenso wie von anderen Publikationen zum Thema ‚interkulturelle Kompetenz' ebenso ignoriert wie die herausragende Rolle der Sprache bei solchen Deutungs- und Aushandlungsprozessen; der Verweis auf subnationale ‚Kollektive' hilft hier also nicht weiter.

Abgrenzung gegenüber ‚sozialer Kompetenz': Ein zweiter und gerade im Hinblick auf die Relevanz ‚interkultureller Kompetenzen' für die Fremdsprachendidaktiken noch wichtigerer Punkt kommt hinzu. Tatsächlich nämlich kommt ja in dem Hinweis auf die mögliche Differenziertheit des Kulturverständnisses innerhalb des GER ein berechtigtes Unbehagen in Bezug auf das einseitig auf Nationen bezogene und in diesem Sinn homogenisierende Verständnis von ‚Kultur' zum Ausdruck. Der bloße Hinweis, dass ‚Kulturen' keineswegs stabile, sondern dynamische Größen, dass ‚Kulturen' in sich vielfältig, offen und heterogen seien, wie man ihn in der einschlägigen Fachliteratur sehr häufig findet, hilft hier allerdings nicht weiter, wenn dann, wie ebenfalls sehr häufig praktiziert, in der konkreten Anwendung von dieser Vielfalt, Offenheit und Heterogenität keine Rede mehr ist. Es mag daher auf den ersten Blick nur konsequent erscheinen, wenn ‚interkulturelle Kompetenz' in aktuellen Publikationen gelegentlich als Fähigkeit definiert wird, mit Verschiedenheiten aller Art und keineswegs nur mit Verschiedenheiten zwischen Menschen verschiedener Nationen oder Gesellschaften produktiv umzugehen:

> "To summarize many existing definitions, intercultural competencies in essence are about improving human interactions across difference, whether within a society (differences due to age, gender, religion, socio-economic status, political affiliation, ethnicity, and so on) or across borders" (Deardorff 2020: S. 5; im Original teilweise kursiv).

So nachvollziehbar diese Ausweitung des Begriffs der ‚interkulturellen Kompetenz' auch sein mag, so wirft sie doch Fragen auf: Wenn ‚interkulturelle Kompetenz' die Fähigkeit meint, mit Menschen generell und ungeachtet ihrer unterschiedlichen Zugehörigkeiten zu bestimmten Gruppen und den sich daraus ergebenden Differenzen erfolgreich zu interagieren, was macht dann noch die Spezifik ‚interkultureller Kompetenz' aus und was unterscheidet sie noch von allgemeiner Interaktions- oder Sozialkompetenz? Und weiter: Welche Rolle spielt die Sprache noch in einem in dieser Weise weit gefassten Verständnis von ‚interkultureller Kompetenz'? Kann es aber die Aufgabe des Fremdsprachenunterrichts sein, ‚interkulturelle Kompetenz' zu vermitteln, wenn diese gar nicht mehr an die (unterstellten) Differenzen zwischen Menschen unterschiedlicher ‚Sprachgemeinschaften' gebunden ist? Basiert nicht die Vorstellung, dass das Lehren und Lernen fremder Sprachen auch ‚interkulturelle Kompetenz' vermitteln muss, ganz wesentlich auf der Vorstellung, dass Sprachen mit Nationen und nationalen ‚Kulturen' eine untrennbare Einheit bilden, wie wir eingangs des Kapitels gesagt haben? Führt also eine Verabschiedung des Bezugs ‚interkultureller Kompetenz' auf Nationen und nationale ‚Kulturen' dieses Konstrukt im Kontext der Fremdsprachenwissenschaften nicht selbst *ad absurdum*?

Die aktuelle Diskussion zu ‚interkultureller Kompetenz' innerhalb der Fremdsprachendidaktiken befindet sich in einem kaum auflösbaren Dilemma: Zum einen will sie der vielfach geäußerten Kritik an einem herkömmlichen Verständnis von ‚Kultur' als homogener Nationalkultur durch eine differenzierte Auffassung gerecht werden, zum anderen aber kann sie die Vorstellung von ‚Kulturen' als irgendwie beschreibbaren und verbindlichen Orientierungen von (nationalen) Sprachgemeinschaften nicht aufgeben, ohne damit das Konstrukt der ‚interkulturellen Kompetenz' und dessen Relevanz für das Fremdsprachenlernen zur Disposition zu stellen. Dies wäre vielleicht noch hinnehmbar, wenn das Festhalten an unterkomplexen Auffassungen von nationalen ‚Kulturen' mit der Möglichkeit einer anwendbaren Skalierung und validen Testbarkeit ‚interkultureller Kompetenz' einherginge und fremdsprachliche Curricula, Lehrwerke und Prüfungsbeauftragte mit praktikablen und zuverlässigen Konzepten versorgen würde. Aber auch hier bleiben erhebliche Zweifel, wie beispielsweise die kritische Diskussion der neuen Skalen des Begleitbandes zum Referenzrahmen oder einer generellen ‚Testbarkeit' interkultureller Kompetenz gezeigt hat (vgl. Studer 2020: S. 22–23; Vogt 2016).

‚Interkulturelle Kompetenz' kein sinnvolles Konstrukt: Die kritische Auseinandersetzung mit dem aktuellen fremdsprachenwissenschaftlichen Diskurs zu ‚interkultureller Kompetenz' hat offenbart, dass das Grundproblem dieses Konstrukts vor allem in den sprachideologischen Vorannahmen zu suchen ist, die ihm innerhalb des Fachdiskurses zugrunde liegen und von denen ja eingangs dieses Kapitels schon die Rede war: die Annahme nämlich, dass sprachliche Interaktion innerhalb kommunikativer Alltagssituationen stattfindet, die von äußeren, der Sprache ebenso wie den Interaktanten unverfügbaren und in diesem Sinn ‚objektiv' gegebenen Rahmenbedingungen geprägt werden, zu denen die Identitäten und Zugehörigkeiten der interagierenden Subjekte zu ‚Nationen', ‚Kulturen' oder anderen ‚Kollektiven' ebenso gehören wie etwa auch die jeweiligen raumzeitlichen situativen Kontexte oder angeblich ‚kulturelle' oder ‚kulturspezifische' Konventionen, Regeln oder Wertorientierungen. Die Rolle der Sprache und der sprachlichen Interaktion wird dabei auf den Austausch von Informationen innerhalb dieses vorgegebenen Rahmens reduziert. Eine Sprache zu erlernen bedeutet dann zu lernen, sich innerhalb dieses Rahmens möglichst ‚erfolgreich', d. h. unter Vermeidung von Reibungsverlusten und Missverständnissen zu bewegen, und dazu benötigt man dann neben den für bestimmte Situationen erforderlichen sprachlichen Mitteln eben auch ‚interkulturelle Kompetenz'.

Ein kulturwissenschaftlicher Zugang zu Sprache und Spracherwerb, wie er im Rahmen der Kulturstudien im Fach Deutsch als Fremd- und Zweitsprache vertreten wird und wie er in dieser Einführung bereits auf begrifflich-theoretischer und inhaltlicher Ebene entfaltet worden ist, hat nicht zuletzt zum Ziel, das gerade skizzierte sprachideologische Konstrukt in Frage zu stellen und ein sehr viel weiteres Verständnis von Sprache und Kultur zu etablieren, das die äußeren Rahmenbedingungen von Sprache und sprachlichem Handeln nicht als quasi natürlich vorhandene und unverfügbare Gegebenheiten, sondern als Ergebnis sprachlich-diskursiver Deutungs- und Aushandlungsprozesse auffasst und sie damit wieder in die grundsätzliche Verfügbarkeit (sprachlich) handelnder Subjekte zurückholt. Und genau dies ist intendiert, wenn im Rahmen einer kulturwissenschaftlich orientierten

4.2 Zielorientierungen kulturbezogenen Lernens

Fremdsprachendidaktik als übergeordnete Zielorientierung des auf Sprache ebenso wie auf Kultur bezogenen Lernens nicht mehr von ‚interkultureller Kompetenz', sondern von ‚Diskursfähigkeit' die Rede ist.

4.2.3 ‚Diskursfähigkeit'

Diskursfähigkeit als eine übergeordnete Kompetenz, die sprachliche und kulturelle Aspekte sehr eng miteinander verbindet, wird zwar seit einiger Zeit im Hinblick auf fremd- oder zweitsprachliche Lernprozesse als übergeordnete Zielorientierung diskutiert (vgl. Hallet 2008; Legutke 2010; Plikat 2017; Zabel 2021: S. 350–351), eine konkretere Ausdifferenzierung der verschiedenen Dimensionen (kognitiv, konativ, affektiv-attitudinal, reflexiv-kritisch) in horizontaler oder gar unterschiedlicher Niveaus in vertikaler Richtung liegt dazu aber bislang nicht vor und kann auch hier nur ansatzweise geleistet werden, da dies umfangreichere empirische Untersuchungen voraussetzen würde und letztlich auch offen ist, inwieweit sich unterschiedliche Niveaus, vergleichbar etwa mit den Niveaustufen des GER, überhaupt hinreichend genau beschreiben und voneinander abgrenzen lassen.

In dem Begriff ‚Diskursfähigkeit' bündeln und überschneiden sich zahlreiche aktuelle sprach- und fremdsprachenwissenschaftliche Forschungs- und Theorieansätze, denen zunächst vor allem eines gemein ist: das Unbehagen in Bezug auf die Sicht auf Sprache, Spracherwerb und die Sprachlernenden, wie sie in den Mainstream-Diskursen der Linguistik, der Zweitspracherwerbsforschung oder der ‚interkulturellen' Fremdsprachendidaktik seit langem vorherrschen. Bei aller zweifellos bestehenden Heterogenität der hier vertretenen Positionen lässt sich in Bezug auf den Begriff der ‚Diskursfähigkeit' und die damit angesprochene übergeordnete Zielorientierung des Fremd- und Zweitsprachenunterrichts aber auch eine gemeinsame Grundüberzeugung ausmachen, wonach das Erlernen einer Sprache die Lernenden nämlich zu einer selbstständigen Teilhabe an Diskursen in der betreffenden Sprache befähigen und ermächtigen solle. Diskursfähigkeit impliziert also zunächst einmal ein gegenüber herkömmlichen Vorstellungen weitaus stärker politisch-emanzipatorisches Verständnis von fremd- und zweitsprachlichem Lernen, als dies bisher der Fall war, wie gerade ein Vergleich mit herkömmlichen Zielorientierungen sichtbar macht.

4.2.3.1 Sprachverwendung als soziale Teilhabe
Lange Zeit war innerhalb der Fremdsprachendidaktiken die Vorstellung weit verbreitet, dass das Lernen des Deutschen als Fremd- oder Zweitsprache (wie natürlich auch anderer Sprachen) sich am Ideal des muttersprachlichen Sprechers, des ‚native speaker', zu orientieren hätte. Dabei drängt sich allerdings nicht nur die Frage auf, inwieweit das vorgegebene Ziel überhaupt realistisch und erreichbar ist; vielmehr erweist sich die Vorstellung von einem ‚native speaker', der darüber entscheiden kann und soll, welche sprachlichen Formen ‚richtig' sind und welche nicht, insofern als illusionär, als sie die Vielfalt und Heterogenität möglicher

Ausdrucksweisen innerhalb von Sprachen unterschlägt und die Erwartung weckt, jeder ‚muttersprachliche' Sprecher einer Sprache sei qua Geburt ein Experte für die jeweilige Sprache. Hinzu kommt aber vor allem, dass wir es bei Kategorien wie ‚native speaker', ‚Deutsch-Muttersprachler' oder eben auch ‚Non-native speaker' bzw. ‚DaF-' oder ‚DaZ-Lernende' mit problematischen Zuschreibungen von Subjektpositionen und (Nicht-)Zugehörigkeiten zu tun haben, die Teil sehr traditionsreicher und wirkmächtiger Sprachideologien sind und über die auch der Zugang zu bestimmten Berufen oder gesellschaftlichen Machtpositionen geregelt wird; dafür hat sich in den letzten Jahren der kritische Begriff des ‚native speakerism' im Fachdiskurs insbesondere zum Englischen als Fremd- bzw. Zweitsprache (ESL) etabliert, der diese Verstrickung des ‚native speaker'-Ideals in gesellschaftlich-sprachideologische Machtdiskurse benennt (vgl. dazu u. a. Davies 2003; Holliday 2006; Derivry-Plard 2016; Knappik/Dirim 2013).

‚**Intercultural speaker':** Anstelle des ‚native speaker', der den Lernenden grundsätzlich die Rolle des subalternen Sprachbenutzers zuordnet, wird daher im Rahmen des ‚interkulturellen' Verständnisses von Fremdsprachenlernen der ‚intercultural speaker' zum normsetzenden Ideal. Die Interaktion von L2-Sprechern einer Sprache mit denjenigen, für die die entsprechende Sprache den Status einer Erstsprache hat, sei, so hieß es jetzt, grundsätzlich verschieden von der Interaktion zwischen L1-Sprechern und erfordere daher auch spezifische Fähigkeiten, die im Rahmen des Fremdsprachenunterrichts zu vermitteln seien. Wenn man L2-Sprecher in der Interaktion mit L1-Sprechern nicht als defizitäre ‚native speaker', sondern eben als ‚intercultural speaker' ansehe, befänden sie sich auch nicht in einer gegenüber L1-Sprechern subalternen Position, sondern nähmen lediglich eine ihrer eigenen Identität jeweils angepasste Rolle innerhalb der Interaktion ein:

> "The advantage of an FLT [Foreign Language Teaching, CA] approach emphasizing analysis of the interaction is that it allows learners to see their role not as imitators of native speakers but as social actors engaging with other social actors in a particular kind of communication and interaction which is different from that between native speakers. In this inter-national [sic!] interaction, both interlocutors have a significant but different role, and the foreign speaker who knows something both of the foreign culture and of their own, is in a position of power at least equal to that of the native speaker" (Byram 1997: S. 21).

Der ‚intercultural speaker', der diese Rolle des Vermittlers bewusst und kompetent einnehmen wolle, müsse daher über das Wissen, die Einstellungen und die ‚skills' verfügen, von denen oben im Zusammenhang mit ‚interkultureller Kompetenz' bereits die Rede war.

Das Ideal des ‚intercultural speaker' hat gegenüber früheren Positionen den unbestreitbaren Vorteil, dass Lernende hier nicht mehr am unterreichbaren Ideal des ‚native speaker' gemessen werden, sondern gerade im Gegenteil ihre spezifische Identität als ‚non-native speaker' zur Geltung bringen können. Allerdings geht diese Aufwertung des ‚non-native' gegenüber dem ‚native speaker' nicht mit einer grundsätzlichen Infragestellung derartiger Kategorien der Subjektpositionierung und der darin enthaltenen Implikationen einher, im Gegenteil: die Interaktion, von der aus Byram sein Konzept des ‚intercultural speaker' entwickelt, wird weiterhin als Interaktion zwischen ‚native' und ‚non-native' bzw. ‚foreign speaker' einer Sprache beschrieben, denen zudem jeweils spezifische ‚Identitäten' zugewiesen werden. Der sprachideologische Zusammenhang zwischen einer Sprache, einem ‚Land' und einer national oder ethnisch definierten Gruppe, die dieses ‚Land' ‚immer schon' bewohnt und der die betreffende Sprache gewissermaßen ‚gehört', bleibt unreflektiert und daher auch in seiner vermeintlich selbstverständlichen Geltung unangetastet. Die Lernenden einer Sprache bleiben auch als ‚non-native' oder ‚intercultural speaker' ‚fremde Sprecher' und damit außen vor, die betreffende Sprache ist und bleibt für sie eine ‚Fremd-' oder ‚Zweitsprache', die grundsätzlich nicht zur ‚eigenen' Sprache werden kann und in Bezug auf die sie daher auch über den subalternen Status des ‚non-native speakers' nicht hinauskommen (vgl. dazu auch Dobstadt 2018).

Demgegenüber markiert der Begriff ‚Diskursfähigkeit' ein deutlich stärker gleichberechtigtes und partizipatives Verständnis der Rolle derjenigen, die sich eine Fremd- oder Zweitsprache lernend aneignen oder angeeignet haben. Sie gelten jetzt nicht mehr als ‚non-native' oder ‚foreign speaker' und damit als Sprachverwender zweiter Klasse; vielmehr geht es jetzt darum, Menschen mit dem Zugang zu einer Sprache den autonomen und gleichberechtigten Zugang zu den in dieser Sprache stattfindenden Diskursen, also den interaktiven Prozessen der Herstellung und Aushandlung von Bedeutungen zu ermöglichen. Die Lernenden einer Fremd- oder Zweitsprache müssen demnach mit der Fähigkeit ausgestattet werden, Diskurse in der zu lernenden Sprache „zu identifizieren, sie zu initiieren oder aktiv weiterzuentwickeln und nicht zuletzt auch kritisch zu reflektieren" (Hallet 2008: S. 88).

4.2.3.2 Theoretisch-begriffliche Hintergründe

Dieses gegenüber bisherigen Konzepten doch deutlich stärker politisch-emanzipatorische Verständnis von den Zielen und Aufgaben des Sprachunterrichts geht auf verschiedene Fachdebatten der letzten Jahre zurück, von denen hier zumindest drei besonders wichtige kurz angesprochen seien:

Kommunikative Kompetenz: Da ist zum einen die kurze, aber einflussreiche kritische Reflexion des Begriffs ‚kommunikative Kompetenz', die in den Jahren 2005–2010 vor allem in den deutschsprachigen Fremdsprachendidaktiken stattgefunden hat (vgl. Schmenk 2005, 2007; Legutke 2008, 2010). Dabei ging es nicht zuletzt um die ursprünglich deutlich soziokulturellen und emanzipatorischen Bezüge dieses Begriffs, der seinerzeit gleichzeitig und unabhängig voneinander von dem Soziolinguisten Dell Hymes und dem Philosophen Jürgen Habermas eingeführt worden ist, und um dessen spätere Banalisierung im Rahmen der ‚kommunikativen Wende'. In verschiedenen Beiträgen wurde dabei eine Rückbesinnung auf eben diese politisch-emanzipatorische Tradition gefordert, die zumindest teilweise, sei es implizit oder explizit, auch mit Diskursfähigkeit in Verbindung gebracht wurde (vgl. Bredella

2008: S. 45–55; Hallet 2008:87–93; Schmenk 2007: S. 137–138). Für eine Neukonzeption kommunikativer Kompetenz als eines übergreifenden Lernziels im Fremdsprachenunterricht, so heißt es bei Schmenk, sei gerade „die Einsicht in die Möglichkeiten *und* Grenzen des (kommunikativ) Mach- und Sagbaren" und damit eine deutlich kritisch-emanzipatorische Perspektive von besonderer Wichtigkeit:

> „Kommunikation, einzelne Kommunikanten, kommunikative Akte, diskursiv geschaffene und sozial konstruierte Wirklichkeiten, die mediale Vermitteltheit von Kommunikation sowie ihre soziale und kulturelle Verortetheit einschätzen zu können – das alles sind wichtige Bestandteile dessen, was man heute unter kommunikativer Kompetenz verstehen kann" (Schmenk 2007: S. 138).

‚Sprachaneignung': Eine zweite wichtige Quelle der Debatte über Diskursfähigkeit sind aktuelle Theorien und Forschungsperspektiven zum Lehren und Lernen von Sprachen, die von dem oben bereits erwähnten Unbehagen gegenüber dem linguistischen und fremdsprachendidaktischen Mainstream-Diskurs und den dort meist vertretenen Auffassungen von Sprache und Sprachlernen ausgehen, die die soziale und soziokulturelle Bedeutung von Sprache daher auch weitaus radikaler thematisieren, als dies bisher der Fall war, und die das Erlernen einer Sprache im Sinne von ‚Sprachaneignung' viel stärker von den lernenden Subjekten in ihren jeweiligen sozialen Bezügen her denken. Das reicht etwa von soziokulturellen Ansätzen der Zweitspracherwerbsforschung im Anschluss an Vygotskij über anthropologische Konzepte der Sprachsozialisation bis hin zu poststrukturalistischen und dialogischen Auffassungen von Sprache und Spracherwerb im Anschluss an Foucault, Bakhtin oder Bourdieu (vgl. die zusammenfassende Darstellung bei Daase 2018: S. 79–145). Eine genauere Auseinandersetzung mit den erwähnten Ansätzen im Hinblick auf eine mögliche Anschlussfähigkeit an die Kulturstudien wäre sicherlich ein lohnendes Unterfangen, kann aber im Rahmen dieser Einführung nicht geleistet werden.

‚Languaging' und ‚Translanguaging': Als dritte Quelle der aktuellen Debatte über Diskursfähigkeit sind neuere Ansätze zu nennen, die seit einiger Zeit in der internationalen und meist englischsprachigen Forschung zum Thema Mehrsprachigkeit und mehrsprachige Erziehung (‚bilingual education') diskutiert werden. Diese gehen zunächst davon aus, dass Mehrsprachigkeit nicht, wie die herkömmliche Sprachideologie lange angenommen hat, die Ausnahme, sondern die Regel ist. Dies zeigt zum einen schon ein Blick auf andere, insbesondere außereuropäische Länder und Kontinente, wo sich das europäische Modell der (vermeintlichen) Einheit von Territorium, Nation und Sprache nicht durchsetzen konnte und wo das Verfügen über mehrere Sprachen für die Menschen zur selbstverständlichen Normalität gehört. Aber auch da, wo sich die Ideologie der nationalstaatlichen Einsprachigkeit weitgehend durchgesetzt hat, benutzen die allermeisten Menschen in ihrem Alltag tatsächlich nicht nur eine, sondern mehrere Sprachen, sei es, dass sie, beispielsweise in Deutschland, auch zahlreiche englische Wörter verwenden oder sei es, dass sie in unterschiedlichen Kontexten auf unterschiedliche regionale oder soziale Register des Deutschen zurückgreifen. Das aber heißt: Menschen sind generell mehrsprachig. Damit ist zugleich auch ein ganz neuer Blick auf Mehrsprachigkeit und auf Sprache im Allgemeinen verbunden: Während Sprache im Rahmen herkömmlicher Auffassungen und Ideologien als abstraktes System von Wörtern und Regeln und als ‚Eigentum' oder ‚kulturelles Erbe' einer oder mehrerer Nationen und der diesen qua Staatsangehörigkeit zugehörigen Menschen verstanden wird, nehmen die neueren Ansätze vor allem die die Sprache(n) in unterschiedlichen Praxiskontexten verwendenden Subjekte in den Blick und verstehen Sprache(n) als den Subjekten zur Herstellung und Aushandlung von Bedeutung zur Verfügung stehendes symbolisches Kapital. Konsequenterweise ist daher auch nicht mehr von ‚Sprache(n)' bzw. ‚language(s)' im Sinn klar identifizierbarer abstrakter Einheiten die Rede, sondern von ‚languaging' als „practice of using language to make meaning" (Madsen/Nørreby 2019: S. 93) sowie von ‚translanguaging' als „the deployment of a speaker's full linguistic repertoire without regard for watchful adherence to the socially and politically defined boundaries of named (and usually national and state) languages" (Otheguy/Garcia/Reid 2019: S. 626). Menschen verfügen demnach über ein sprachliches Repertoire, in das Elemente unterschiedlicher Sprachpraktiken, unterschiedlicher sprachlicher Register und Varietäten und unterschiedlicher Einzelsprachen auf unterschiedlichen Niveaus eingehen, die sich innerhalb eines je individuellen sprachlichen Repertoires nicht, wie die Bilingualismusforschung lange angenommen hat, klar voneinander trennen und abgrenzen lassen. Im deutschsprachigen Fachdiskurs und auch im Fach Deutsch als Fremd- und Zweitsprache werden diese Ansätze bislang eher zurückhaltend diskutiert. Vor allem im Rahmen der neueren Mehrsprachigkeitsforschung wird die subjektorientierte Perspektive auf sprachliche Repertoires und individuelle Sprachbiographien zwar mittlerweile rezipiert (vgl. Busch 2017: S. 12–79; Riehl 2014: S. 112), im Fach Deutsch als Fremd- und Zweitsprache ist dies aber bisher kaum angekommen. Inwiefern sich aus dieser neuen subjektorientierten Auffassung von Sprache und Mehrsprachigkeit auch interessante neue Perspektiven auf Diskursfähigkeit und kulturbezogenes Lernen ergeben, wird noch zu erläutern sein.

4.2.3.3 Sprache und Diskurs

Von den hier erwähnten neuen theoretischen Perspektiven auf Sprache, Sprachaneignung und Mehrsprachigkeit ergeben sich einige Hinweise darauf, was nun konkret mit ‚Diskursfähigkeit' im Sinne einer übergeordneten Zielorientierung für den Deutsch als Fremd- und Zweitsprachenunterricht im Allgemeinen und für das kulturbezogene Lernen im Besonderen gemeint ist. Dabei geht es zunächst einmal um die Frage, in welcher Weise Sprache im Rahmen der Kulturstudien thematisiert werden soll, wenn, wie mehrfach erwähnt, kulturbezogenes Lernen als unverzichtbarer Bestandteil der lernenden Aneignung einer Sprache gelten soll (vgl. zum Folgenden Altmayer 2020: S. 27–29). Auch wenn hier sicher nicht der Ort ist, um grundlegende sprachphilosophische Fragen zu klären, können wir doch mit Bezug auf die oben erwähnten neuen Theorieansätze festhalten, dass Sprache nicht, wie in der Mainstream-Linguistik und der kognitivistisch orientierten Zweitspracherwerbsforschung meist angenommen, in einem System von Wörtern und Regeln besteht, sondern zunächst und vor allem eine soziale Angelegenheit ist: das soziale Leben von Menschen wird mit und über Sprache koordiniert, es besteht im Wesentlichen in der Kommunikation mittels Sprache. Das heißt aber wiederum nicht, dass Sprache nur dazu dient, sich in alltäglichen Situationen zurechtzufinden oder im Alltag mit Menschen aus ‚anderen Kulturen' möglichst effektiv, reibungslos und erfolgreich zu kommunizieren. Sprache dient vor allem dazu, den Dingen und der Welt um uns herum Bedeutungen zuzuweisen, diese Bedeutungen mit anderen zu teilen, sie in der (sprachlichen) Auseinandersetzung mit anderen auszuhandeln und durchzusetzen usw. Dabei kommen derartige Bedeutungen aber nicht spontan und immer wieder neu zustande, vielmehr greifen wir dabei auf bereits zuvor hergestellte und ausgehandelte Bedeutungen zurück, wie sie uns in zahlreichen zuvor getätigten sprachlichen Handlungen bereits begegnet sind, die wir zusammenfassend als ‚Diskurse' bezeichnet haben. Jede auch noch so kleine und scheinbar unbedeutende sprachliche Äußerung steht demnach in vielfältiger Weise in einem diskursiven Zusammenhang. „Wer eine sprachliche Äußerung tut", so heißt es bei Wolfgang Hallet, „initiiert einen Diskurs, greift in einen Diskurs ein, hält ihn aufrecht oder entwickelt ihn weiter. Etwas anderes ist nicht vorstellbar" (Hallet 2008: S. 87).

Was das genau heißt, soll an einem kleinen Beispiel erläutert werden. Im A2-Band des Lehrwerks *Netzwerk neu* findet man im Kapitel 7, wo es u. a. um die Sprachhandlung ‚Wegbeschreibung' geht, unter der Überschrift „So findest du zu mir" den Text einer SMS von „Jana" an „Meike" mit folgendem Wortlaut:

> „Hi Meike, ich habe am Dienstag einen Termin in München. Ich komme schon am Montagmittag an. Bist du da? Können wir uns treffen? Ich kann im Hotel schlafen oder ich übernachte bei dir. Was dir lieber ist… 😊 Hoffentlich klappt's! Bis bald!" (Dengler/Rusch/Schmitz et al. 2020: S. 10)

Dieser kleine Text soll uns hier zunächst nicht als Lehrwerktext mit einer didaktischen Intention interessieren, sondern als das, was er im Rahmen des Lehrwerks ja auch sein will, nämlich als eine sehr alltägliche und authentische sprachliche Interaktion zwischen zwei Menschen, als eine Form der (medialen) Sprachverwendung also, wie sie im Alltag sicher der meisten Menschen heute sehr häufig in ähnlicher Form vorkommt. In unserem Fall handelt es sich um den Beginn eines Austauschs zwischen den beiden Beteiligten ‚Jana' und ‚Meike', der im weiteren Verlauf dann auch die erwähnte sprachliche Handlung der Wegbeschreibung enthält. Versetzen wir uns zunächst in die Perspektive von Jana, also derjenigen, die die fragliche SMS geschrieben hat. Sie hat ein bestimmtes Anliegen, sie will einen ohnehin vorgesehenen Aufenthalt in München nutzen, um ihre Freundin Meike, die dort lebt, zu treffen und evtl. auch in ihrer Wohnung zu übernachten. So weit, so banal. Der sprachlich mehr oder weniger explizit formulierten Absicht liegen nun aber einige implizite Annahmen zugrunde, von denen Jana offenbar annimmt, dass es sich dabei um Selbstverständlichkeiten handelt, die sie nicht explizit erwähnen muss, weil sie und Meike sie miteinander teilen. Diese Annahmen betreffen zum einen die beiden beteiligten Personen

4.2 Zielorientierungen kulturbezogenen Lernens

und ihre Beziehung zueinander. So nimmt Jana beispielsweise an, dass Meike weiß, wer sie, also Jana, ist, sie hat ein bestimmtes Bild von sich selbst und von ihrer Beziehung zu Meike und nimmt weiterhin an, dass auch diese Annahmen von beiden Interagierenden geteilt werden, dass also beide gleichermaßen sich wechselseitig als ‚Freundinnen', ‚befreundet' oder vielleicht auch als Schwestern oder was auch immer wahrnehmen; für uns Außenstehende bleibt die genaue Art der Beziehung im Dunkeln, eben weil sie für die Beteiligten klar ist und deswegen implizit bleiben kann und muss. An dieser Stelle schon stellt der Text also Bedeutungen her, indem er auf in Diskursen zirkulierende Vordeutungen zurückgreift, zum einen vorangegangene Diskurse zwischen den beiden Beteiligten, zum anderen aber auch übergreifende gesellschaftliche Diskurse, in denen bestimmte Formen von sozialen Beziehungen wie beispielsweise ‚Freundschaft', ‚Freundin' oder ‚Schwester' ausgehandelt und festgelegt worden sind.

Gehen wir noch einen Schritt weiter: Nicht nur wer die beiden Beteiligten sind und welche Art von Beziehung sie zueinander haben, wird hier unter Rückgriff auf vorgängige Diskurse und Bedeutungen implizit geklärt, sondern ebenso auch die weitergehende raum-zeitliche Situation, innerhalb derer der SMS-Austausch stattfindet. So wird beispielsweise mit ‚München' auf eine bestimmte Stadt verwiesen und dabei ein bestimmtes Wissen über diese Stadt sowie darüber vorausgesetzt, dass ‚Meike' in dieser Stadt lebt und ‚Jana' woanders, und dass dieses ‚Woanders' in einer nennenswerten Entfernung von München liegt, die bei einem ‚Termin' in München eine Übernachtung dort erforderlich macht. Zudem bezieht sich ‚Jana' mit ‚Dienstag' bzw. ‚Montag' auf bestimmte zeitliche Kategorien, von denen sie auch annimmt, dass sie beiden Beteiligten gleichermaßen so geläufig sind, dass eine Koordination gemeinsamer Handlungen, eben das von Jana intendierte Treffen am Montag, möglich sind.

Halten wir also vorläufig fest: auch die einfachste, alltäglichste und scheinbar banalste Form der Sprachverwendung oder des sprachlichen Handelns beruht natürlich auf mehr oder weniger elaborierten sprachlichen Fähigkeiten, macht aber auch in hohem Maß Gebrauch von implizit und als gemeinsam und unproblematisch vorausgesetztem Wissen, genauer von Bedeutungen, die auf zahlreiche vorgängige Diskurse verweisen. In jeder noch so kleinen Äußerung also durchkreuzen sich Diskurse und die in ihnen sedimentierten Bedeutungen in vielfältiger Weise. Das aber heißt: Sprache und sprachliches Handeln setzt die Fähigkeit voraus, Bezüge zu den in (vorgängigen) Diskursen sedimentierten Bedeutungen herzustellen und diese auf die aktuelle sprachlich-kommunikative Handlung produktiv oder rezeptiv anzuwenden. All dies lernen wir in der Regel im Lauf eines langen und mehr oder weniger erfolgreichen Prozesses, den wir ‚Sozialisation' oder auch ‚Bildung' nennen können. Und wir lernen es in den meisten Fällen zunächst in Bezug auf Diskurse und durch die Teilhabe an Diskursen in unserer Mutter- oder Erstsprache. Was aber heißt das, wenn es um das Lernen von Fremd- oder Zweitsprachen geht?

Hier nun können wir auf die oben erwähnten Konzepte aus der Mehrsprachigkeitsforschung zurückgreifen, wonach wir als Menschen generell über ein sprachliches Repertoire verfügen, das sich aus den jeweils vorhandenen sprachlichen Teilkompetenzen zusammensetzt, ohne dass diese sich nach den darin eingehenden Sprachen, Dialekten, Varietäten, Registern oder Niveaustufen so genau differenzieren lassen, wie man bisher meist angenommen hat. Im Hinblick auf den uns hier interessierenden Zusammenhang von Sprache, Bedeutung und Diskurs folgt daraus aber, dass es keine klar voneinander zu trennenden Diskursfähigkeiten in der einen oder der anderen Sprache gibt, sondern eben nur eine Diskursfähigkeit, in die die diskursiven Kompetenzen und Erfahrungen eines Menschen insgesamt eingehen und die man auch das ‚diskursive Repertoire' eines Menschen nennen könnte. Wenn wir hier also von der Entwicklung von Diskursfähigkeit in der Fremd- oder Zweitsprache Deutsch sprechen, dann heißt das nicht, dass eine solche Diskursfähigkeit völlig neu erlernt werden muss und dass die Diskursfähigkeit im Deutschen dann einfach neben die bereits vorhandene Diskursfähigkeit in der Erstsprache oder in weiteren bereits gelernten Sprachen tritt; es heißt vielmehr, dass Menschen nur über ein sprachliches und ein diskursives Repertoire verfügen. Die Entwicklung von Diskursfähigkeit im Deutschen macht Lernende nicht von null auf ‚diskursfähig', sondern erweitert lediglich deren bereits vorhandene Fähigkeit, an Diskursen zu partizipieren und sich aktiv in diese Diskurse einzubringen, um Diskurse oder Diskursstränge, die in deutscher Sprache geführt werden. Der DaF- und/oder DaZ-Unterricht zielt also, anders formuliert, darauf ab, die diskursiven Repertoires der Lernenden in einer bestimmten Weise zu erweitern.

4.2.3.4 Dimensionen von Diskursfähigkeit

Mit ‚Diskursfähigkeit' beziehen wir uns also auf die Fähigkeit von Menschen, aufgrund des ihnen verfügbaren sprachlichen und diskursiven Repertoires produktiv und rezeptiv an Diskursen teilzunehmen und sich an den innerhalb der fraglichen Diskurse stattfindenden Prozessen der Herstellung und Aushandlung von Bedeutungen zu beteiligen. Mit ‚Diskursen' sind dabei zunächst einmal je spezifische kommunikative Handlungszusammenhänge gemeint, die durch bestimmte thematische Schwerpunkte und/oder bestimmte soziale Kontexte genauer definiert sind und in denen bestimmte Regeln und bestimmte vorgedeutete Wissensordnungen (Bedeutungen) meist implizit gelten und anerkannt werden. So lassen sich beispielsweise auf thematischer Ebene der (öffentliche) Migrationsdiskurs, der Gesundheitsdiskurs oder der Fußballdiskurs differenzieren, auf sozialer Ebene kann man etwa die Interaktion in einer Familie, einer Chatgruppe, einem Tennisclub oder einer Kirchengemeinde als spezifische Diskurse auffassen, in denen jeweils spezifische Bedeutungen und Regeln eine Rolle spielen und in denen sich ‚Diskursfähigkeit' daher auch jeweils unterschiedlich darstellt.

Die genannten Beispiele machen die thematische, soziale und nicht zuletzt auch sprachliche Bandbreite deutlich, mit der wir es beim Thema ‚Diskursfähigkeit' zu tun haben. Gleichwohl wollen wir versuchen, der Komplexität dadurch Herr zu werden, dass wir verschiedene Dimensionen auseinanderhalten, die in die Diskursfähigkeit eingehen und sie ausmachen. Dabei wird auch immer wieder zu fragen sein, welche dieser Dimensionen für das Fach Deutsch als Fremd- und Zweitsprache und die Kulturstudien überhaupt relevant sind, weil sie für die Erweiterung der bereits vorhandenen Diskursfähigkeit im Hinblick auf die Fähigkeit, an Diskursen in deutscher Sprache zu partizipieren, eine wichtige Rolle spielen.

Grundsätzlich lassen sich auf der horizontalen Ebene (mindestens) eine affektiv-attitudinale, eine soziale, eine sprachliche, eine mediale, eine kognitiv-wissensbezogene, eine kulturelle und eine kritisch-reflexive Dimension von Diskursfähigkeit unterscheiden, die im Folgenden jeweils in der gebotenen Kürze erläutert werden sollen:

1. **Affektiv-attitudinale Dimension:** Dass das Erlernen, aber ebenso auch das Verwenden von Fremd- oder Zweitsprachen mit affektiven Faktoren und Einstellungen verbunden ist, wird in den Fremdsprachenwissenschaften schon länger diskutiert. Dazu gehören beispielsweise grundlegende Einstellungen zu der zu lernenden Sprache und zum eigenen Lernprozess, dazu gehört aber natürlich auch die Stärke und die Nachhaltigkeit der Motivation, die betreffende Sprache zu lernen, und dazu gehören nicht zuletzt auch affektive Aspekte wie Angst oder – im Gegenteil – Mut und Selbstbewusstsein. Dazu ist im Fach Deutsch als Fremd- und Zweitsprache viel gesagt worden, das sich auf das Thema ‚Diskursfähigkeit' übertragen lässt, worauf aber ansonsten hier nicht näher eingegangen werden soll (vgl. dazu z. B. Riemer 2016).
2. **Soziale Dimension (Sozialkompetenz):** Die Fähigkeit, an fremd- oder zweitsprachlichen Diskursen zu partizipieren, eigene Bedeutungen einzubringen und ggf. durchzusetzen, setzt wie jede Form der sozialen Interaktion ein gewisses Maß an sozialer Kompetenz voraus. Viele übergreifende Teilkompetenzen, die bislang im Kontext der Fremdsprachenwissenschaften unter dem Stichwort ‚interkulturelle Kompetenz' diskutiert werden, lassen sich hier einsortieren: die Fähigkeit der Perspektivenübernahme und der Perspektivenkoordination, die grundsätzliche Offenheit und Toleranz gegenüber anderen Sichtweisen, das Aushalten von Differenzen und Zweideutigkeiten (Ambiguitätstoleranz), Respekt und Wertschätzung gegenüber anderen, aber auch Interesse und Neugier. Insgesamt bewegen wir uns hier, wie schon bei der affektiv-attitudinalen Dimension, im Bereich der individuellen Persönlichkeit von Lernenden, auf die der Fremd- oder Zweitsprachenunterricht allenfalls begrenzten Einfluss hat und für die er vielleicht auch nicht unbedingt zuständig ist.
3. **Sprachliche Dimension (sprachliches Repertoire):** Dass die Fähigkeit, sich an Diskursen in der Fremd- oder Zweitsprache Deutsch zu beteiligen, die Verfügbarkeit sprachlicher Mittel voraussetzt, ist ebenso trivial wie selbstverständlich. Hier sind wir natürlich im Kern dessen, was der Unterricht in Deutsch als Fremd- und Zweitsprache zu leisten hat und was sich konkret im Hinblick auf unterschiedliche Sprachniveaus, aber auch auf unterschiedliche fachlich und/ oder sozial differenzierte Diskurse auch unterschiedlich darstellt. Hier ist also die gesamte Bandbreite dessen angesprochen, was Sprachunterricht ausmacht

und was von den einfachsten sprachlichen Elementen (Lauten, Phonemen, Morphemen) bis zu komplexen Sprachhandlungsmustern reicht. Auch darauf kann und muss an dieser Stelle nicht ausführlicher eingegangen werden.

4. **Mediale Dimension (Medienkompetenz):** Diskurse realisieren sich grundsätzlich in medialer Form, d. h. etwa als Äußerung in einem Gespräch, als Rede oder Vortrag, als Zeitungsartikel oder Fernsehsendung, als Brief oder E-Mail, als Tweet, SMS oder WhatsApp-Nachricht. Die mediale Erscheinungsform ist den darin transportierten oder hergestellten Bedeutungen nicht äußerlich, sondern ein Teil davon, d. h. Bedeutung kommt immer auch über die mediale Form zustande, in der sie sich jeweils manifestiert. Aber Diskurse stellen sich gleichzeitig immer auch als Mit- und Gegeneinander zahlreicher Einzelstimmen dar, die thematisch aufeinander bezogen sind, die sich in den medialen und symbolischen Formen, von denen sie Gebrauch machen, aber auch deutlich voneinander unterscheiden können. Diskursfähigkeit setzt daher eine „intertextuelle (und intermediale) Kompetenz" als die Fähigkeit voraus, „die Arten und Weisen des Zusammenspiels von Texten und Äußerungen in einem Diskurs zu erkennen und eigene Äußerungen in reflektierter Weise darauf zu beziehen oder darin zu platzieren" (Hallet 2008: S. 89–90) und dabei auch die multimodale Erscheinungsform sowie die grundsätzliche Unabgeschlossenheit medialer Diskurse mit einzubeziehen (vgl. ebd.: S. 90). An dieser Stelle wäre darüber hinaus möglicherweise auch das Konzept einer ‚symbolischen Kompetenz' anschlussfähig, das insbesondere Claire Kramsch in den letzten Jahren entwickelt hat und das nicht zuletzt die Rolle symbolischer und medialer Formen bei der diskursiven Herstellung und Aushandlung von Bedeutung hervorhebt („Form as Meaning", vgl. Kramsch 2006: S. 251). Im Fach Deutsch als Fremd- und Zweitsprache ist der Begriff der ‚symbolischen Kompetenz' insbesondere im Zusammenhang mit der Rolle literarischer Texte und anderer ästhetischer Medien im Fremdsprachenunterricht relevant geworden, er weist allerdings auch weit über diesen Kontext hinaus (vgl. Riedner 2015).

5. **Wissensdimension (diskursives Wissensrepertoire):** Wie wir bereits im zweiten Kapitel gesehen haben, hängt der Diskursbegriff, so wie er im Rahmen der Kulturstudien Verwendung findet, in hohem Maß mit verschiedenen Wissensformen und Wissensordnungen zusammen. Diskurse im Sinn einer sozialen Interaktion, bei der als gemeinsam und handlungswirksam geltende Bedeutungen hergestellt und ausgetauscht werden, machen in äußerst vielfältiger Weise und auf sehr unterschiedlichen Ebenen von (als gültig vorausgesetztem) Wissen Gebrauch, greifen es auf, entwickeln es weiter oder stellen es in Frage. Das gilt zum einen natürlich in besonderer Weise für Fachdiskurse, die durch das darin transportierte und vorausgesetzte Wissen geradezu definiert und konstituiert sind, es gilt aber ebenso für Alltagsdiskurse, die in hohem Maß auf Alltagswissen aufbauen und dieses voraussetzen. Mit dem Begriff ‚Diskursfähigkeit' beziehen wir uns also immer auch auf das Wissen, das in Diskurse eingeht und das wir in Bezug auf die an Diskursen beteiligten Subjekte als deren ‚diskursives Wissensrepertoire' bezeichnen können. Mit dem Erlernen

weiterer Sprachen erweitern wir nicht nur unser sprachliches, sondern meist auch dieses diskursive Repertoire und unsere Teilhabemöglichkeiten, indem wir lernen, auch an Diskursen in der neuen Sprache zu partizipieren. Dabei gibt es allerdings keine strenge und absolute Trennlinie zwischen Diskursen in der einen und der anderen Sprache, vielmehr gibt es in aller Regel zahlreiche Überschneidungen und Übereinstimmungen, so dass sich in vielen Fällen die bereits entwickelte erstsprachliche Diskursfähigkeit auf die Diskurse in der zusätzlich zu lernenden Sprache leicht übertragen lassen. So gelten z. B. im französischsprachigen wie im deutschsprachigen Fußballdiskurs zahlreiche Wissensordnungen oder Bedeutungen, die durch die international festgelegten Spielregeln vordefiniert sind und für die es in den jeweiligen Sprachen zwar unterschiedliche Bezeichnungen gibt (‚hors-jeu' vs. ‚abseits' oder ‚penalty' vs. ‚Strafstoß' bzw. ‚Elfmeter'), die sich aber jeweils auf die genau identischen Sachverhalte oder Spielsituationen beziehen. Eine ‚fremdsprachliche' Diskursfähigkeit, die sich etwa auf die Fähigkeit bezieht, einzelne Spielszenen zu kommentieren, würde hier also nur eine Erweiterung des sprachlichen Repertoires um die betreffenden Ausdrücke in der jeweils anderen Sprache voraussetzen, nicht aber eine Erweiterung des diskursiven Repertoires im Sinne eines diskursspezifischen Wissens. Allerdings besteht der Fußballdiskurs ja nicht nur aus der Beschreibung, Kommentierung oder Bewertung von Spielszenen, sondern geht weit darüber hinaus und bezieht beispielsweise unser Wissen über einzelne Spieler, über frühere Spiele, über die beteiligten Mannschaften und deren aktuelle oder frühere Rolle im jeweiligen Wettbewerb, über den betreffenden Wettbewerb selbst („Im Pokal gelten eigene Gesetze") oder anderes mit ein. Da der Fußballdiskurs wie überhaupt der Sport in hohem Maß nationalstaatlich organisiert ist und zudem gerade im internationalen Maßstab für die nationale Identitätsbildung und den nationalen Zusammenhalt eine wichtige Rolle spielt, bestehen bei diesen weitergehenden Bedeutungen, die im Fußballdiskurs hergestellt und ausgehandelt werden, erhebliche Unterschiede zwischen dem französischsprachigen und dem deutschsprachigen Diskurs. Die Entwicklung von Diskursfähigkeit in der einen oder anderen Richtung setzt hier also eine Erweiterung nicht nur der jeweiligen sprachlichen, sondern in hohem Maß auch der diskursiven Wissensrepertoires voraus.

Mit der Dimension des diskursspezifischen Wissens sind wir, was die Förderung von Diskursfähigkeit im Rahmen des Deutsch als Fremd- oder Zweitsprachenunterrichts angeht, bei dem angelangt, was traditionell als ‚Landeskunde' bezeichnet wurde: bei der im Hinblick auf Diskursfähigkeit erforderlichen Vermittlung von Wissen auf einer kognitiven Ebene. Dabei geht es natürlich vor allem um das in (deutschsprachige) Diskurse eingehende Wissen, das auf bestimmte institutionelle, administrative oder rechtliche Regelungen zurückzuführen ist, die in der Regel nationalstaatlich organisiert sind. Andere Beispiele sind fachspezifische Diskurse wie etwa der Rechtsdiskurs, der in hohem Maß von Wissen Gebrauch macht, das durch meist nationalstaatliche Institutionen zustande kommt und das sich daher nicht ohne Weiteres von einem deutschsprachigen in einen polnischsprachigen Rechtsdiskurs übertragen lässt. Allerdings besteht auch hier kein automatischer Zusammenhang zwischen einem thematischen Diskurs einerseits und der Sprache, in der dieser geführt wird, andererseits. Denn zum einen weisen der deutsch- und der polnischsprachige Rechtsdiskurs beispielsweise auch zahlreiche Übereinstimmungen im Hinblick auf das darin eingehende Wissen auf, andererseits besteht ja auch keine 1:1-Relation zwischen Sprachen und Nationen, so dass Diskurse in derselben Sprache auch von sehr unterschiedlichen nationalen, regionalen oder sozialen Traditionen oder nationalstaatlichen Regelungen Gebrauch machen können. So macht etwa der deutschsprachige Fußballdiskurs aufgrund seiner nationalstaatlichen Organisation in Deutschland von anderen Wissenselementen Gebrauch als in Österreich oder in der Schweiz, und auch beispielsweise der englischsprachige Diskurs über sozialstaatliche Regelungen funktioniert in den USA anders als etwa in Indien oder in Südafrika.

6. **Kulturelle Dimension (kulturelles Repertoire):** Auch wenn es zweifellos zahlreiche Überschneidungen zwischen der Dimension der diskursiven Wissensrepertoires und der Dimension der kulturellen Repertoires gibt, sind beide Dimensionen doch vor allem dadurch zu unterscheiden, dass es bei den kulturellen Repertoires nicht um diskursspezifisches, sondern um diskursübergreifendes Wissen auf einer sehr grundlegenden und allgemeinen Ebene geht. Mit der kulturellen Dimension sind die übergreifenden Vordeutungen auf einer meist im Impliziten bleibenden Ebene angesprochen, die wir in dieser Einführung als ‚Deutungsmuster' bezeichnet haben und die auf der inhaltlichen Ebene der bevorzugte Gegenstand der Forschung in den Kulturstudien sind. Solche vorgedeuteten Muster, die meist eine länger zurückreichende Tradition haben, gehen in unterschiedlicher Weise in Diskurse ein und haben die Funktion, die Rahmenbedingungen, innerhalb derer Diskurse ja immer stattfinden, aber auch die inhaltlichen Fragen, die in Diskursen verhandelt werden, mit grundlegenden Vordeutungen zu versehen, die im Diskurs selbst dann meist nicht weiter thematisiert oder in Frage gestellt werden. Dabei handelt es sich, wie im vorangehenden Kapitel ausführlich erläutert, um Wissensordnungen oder Muster, die uns im Hinblick auf die Zugehörigkeiten und sozialen Positionierungen von Personen, im Hinblick auf zeitliche und räumliche Orientierungen und im Hinblick auf Wertorientierungen mit Vordeutungen versehen, die innerhalb der Diskurse selbst zunächst als selbstverständlich gültig gelten, die aber gleichwohl jederzeit selbst zum Gegenstand kritischer Reflexion und kontroverser Auseinandersetzung werden können.
Die Entwicklung einer auf deutschsprachige Diskurse bezogenen Diskursfähigkeit hat demnach immer auch eine kulturelle Dimension, die darin besteht, dass Lernende zum einen immer schon diskursfähig sind und ein kulturelles Repertoire verfügen, dass aber zum anderen die Erweiterung der bereits vorhandenen Diskursfähigkeit um die Fähigkeit einer Partizipation an Diskursen in deutscher Sprache auch eine Erweiterung des vorhandenen kulturellen Repertoires erforderlich macht. Das ist keineswegs so zu verstehen, als gäbe

4.2 Zielorientierungen kulturbezogenen Lernens

es im Hinblick auf kulturelle Repertoires eine grundsätzliche Trennung zwischen Diskursen in verschiedenen Sprachen; was oben zu dem in Diskurse eingehenden Wissen gesagt worden ist, gilt grundsätzlich auch hier: Zahlreiche kulturelle Vordeutungen, die in Diskursen verwendet werden, unterscheiden sich nicht danach, ob dieser Diskurs nun in der Sprache A oder in der Sprache B oder in mehreren Sprachen gleichzeitig geführt wird. Um ein alltägliches Beispiel zu nennen: In unserem oben herangezogenen Lehrwerk-Beispiel, der kurzen Alltags-Interaktion zwischen zwei Frauen, dürften weder die darin eingehenden zeitlichen Muster (‚Montag', ‚Dienstag') noch die implizit verwendeten kategorialen Muster bzw. Subjektpositionierungen (‚Frauen', ‚Freundinnen' o.ä.) für Sprecher anderer, insbesondere europäischer Sprachen ein Problem darstellen. So gesehen besteht zwischen dem sprachlichen und dem kulturellen Repertoire einzelner Individuen also grundsätzlich keine 1:1-Relation, die uns erlauben würde anzunehmen, dass L1-Sprecher der Sprache X grundsätzlich über die in den Diskursen in dieser Sprache verwendeten Vordeutungen problemlos verfügen, wohingegen dies bei L1-Sprechern anderer Sprachen ebenso grundsätzlich nicht der Fall sei. Vielmehr hängt die Relation zwischen sprachlichem und kulturellem Repertoire von den Erfahrungen, Interessen und sozialen Beziehungen der jeweiligen Individuen ab und lässt daher auch keine allgemeingültigen Aussagen zu.

Gleichwohl gehen wir davon aus, dass die mit dem Erlernen der Fremd- oder Zweitsprache Deutsch intendierte Erweiterung der Diskursfähigkeit nicht nur eine Erweiterung der sprachlichen und der wissensbezogenen, sondern auch der kulturellen Repertoires der Lernenden erforderlich macht und in diesem Sinne also eng mit kulturbezogenem Lernen einhergeht.

7. **Kritisch-reflexive Dimension:** In der bisherigen Diskussion um ‚Diskursfähigkeit' als übergeordnete Zielorientierung des Fremd- und Zweitsprachenunterrichts werden der Begriff und das mit ihm einhergehende Verständnis von kulturbezogenem Lernen häufig mit einem kritisch-reflexiven oder emanzipatorischen Anspruch in Verbindung gebracht oder gar mit der Fähigkeit und Bereitschaft zu kritischer Reflexion gleichgesetzt (vgl. Hallet 2008: S. 88; Schmenk 2007: S. 137–138; Schweiger/Hägi/Döll 2015: S. 3–5; Plikat 2017: S. 38). Derartige Engführungen von Diskursfähigkeit auf die Herausbildung kritisch-reflexiver ‚Bewusstheit', so wichtig diese zweifellos ist, sind insofern problematisch, als sie die vielfältigen anderen Dimensionen, die zu einem weiten und integrativen Verständnis von Diskursfähigkeit auch gehören, unterschlagen; damit aber bleibt das Potenzial, das der Begriff für ein neues, die erwähnten Aspekte von Sprache, Wissen und Kultur zusammenführendes Verständnis des Lehrens und Lernens von Sprache hat, ungenutzt. Abgesehen von derartigen Einseitigkeiten und theoriestrategischen Nachteilen ist es andererseits aber auch völlig unbestreitbar, dass der angesprochenen kritisch-reflexiven Dimension für ein solches integratives Verständnis von Diskursfähigkeit eine außerordentlich wichtige Bedeutung zukommt, insbesondere im Hinblick auf die soeben angesprochenen kulturellen Aspekte. Denn gerade auf dieser Ebene

werden Rahmen gesetzt, innerhalb derer die diskursiven Aushandlungen von Einzelbedeutungen stattfinden und die diese immer auch prägen. Dies betrifft beispielsweise, wie oben bereits kurz ausgeführt, den raum-zeitlichen situativen Kontext, innerhalb dessen solche diskursiven Aushandlungsprozesse stattfinden, es betrifft die Positionierung von Subjekten anhand von Kategorien der (Nicht-)Zugehörigkeit und die damit einhergehende Machtverteilung, und es betrifft die in Diskurse eingehenden Wertorientierungen. Diese bleiben in den konkreten sprachlich-symbolischen Handlungen, die einen Diskurs ausmachen, also in den einzelnen Äußerungen, Texten, Bildern usw., in der Regel zunächst implizit, gleichwohl gehen von ihnen Geltungsansprüche auf verschiedenen Ebenen aus, die zwar in der alltäglichen Interaktion meist als unproblematisch akzeptiert werden und auf diese Weise ‚Normalität' setzen und herstellen, die aber eben auch als problematisch oder unbegründet zurückgewiesen werden können oder für die zumindest eine explizite Begründung eingefordert werden kann.

Zur Erläuterung und Konkretisierung dieser komplexen, aber für unser Thema besonders wichtigen Zusammenhänge wollen wir wieder auf ein Beispiel aus einem Lehrwerk zurückgreifen, diesmal aus einem Lehrwerk für die Orientierungskurse des Bundesamts für Migration und Flüchtlinge. Im Lehrwerk *Zur Orientierung. Basiswissen Deutschland* findet man im Modul 3 *Mensch und Gesellschaft* auf einer Seite sieben Bilder und sieben kleine Texte zum Thema „Partnerschaft, Ehe, Familie: Wie ist das in Deutschland?". Die Aufgabe der Lernenden besteht darin, die Texte zu lesen und ihnen das dazu passende Bild zuzuordnen (vgl. Gaidosch/Müller 2020: S. 58). Dabei werden viele verschiedene Lebensformen wie die ‚normale' Zwei-Kinder-Familie mit Hund, die Großfamilie, die alleinerziehende Mutter, der Single-Haushalt oder auch die gleichgeschlechtliche Lebenspartnerschaft bzw. Ehe berücksichtigt. Damit wird ein bestimmter Deutungsrahmen für das Thema vorgegeben, der zwar auf der einen Seite die traditionellen Vorstellungen von ‚Familie' explizit aufgreift und dadurch in Frage stellt, dass dem klassischen Familienmodell eben auch zahlreiche andere Lebensformen an die Seite gestellt werden; damit geht aber auf der anderen Seite ein neuer Normalitätsanspruch einher, der besagt: In Deutschland ist es normal, dass es viele unterschiedliche Formen von familiärem oder partnerschaftlichem Zusammenleben gibt, die auch selbstverständlich akzeptiert werden. Über den Anspruch hinaus, damit eine ‚wahre' Aussage getätigt zu haben, wird hier zudem eine normative bzw. wertorientierende Geltung in Anspruch genommen, für die – eher implizit – Wertmuster wie ‚Vielfalt' oder ‚Toleranz' herangezogen werden.

Die genannten Geltungsansprüche bleiben im Rahmen des Materials auf einer impliziten Ebene des (vermeintlich) Selbstverständlichen und definieren bestimmte Normalitätserwartungen, können aber gleichwohl jederzeit auf eine explizite Ebene gehoben und in Frage gestellt werden. So könnte man beispielsweise fragen, ob homosexuelle Partnerschaften oder die ‚Ehe für alle' in Deutschland tatsächlich als so ‚normal' und ‚selbstverständlich' akzeptiert werden, wie

4.2 Zielorientierungen kulturbezogenen Lernens

das Lehrwerk unterstellt, und ob es nicht auch in deutschsprachigen Diskursen dazu auch ganz andere Positionen gibt. Ebenso könnte man – auf der Basis einer eher traditionsorientierten Einstellung – bestreiten, dass homosexuelle Partnerschaften mit herkömmlichen Formen von Ehe und Familie gleichgesetzt werden können, und beispielsweise auch die besondere Bedeutung der herkömmlichen Ehe von ‚Mann' und ‚Frau' betonen. Solche unterschiedlichen Sichtweisen auf der Basis unterschiedlicher Deutungsrahmen und das Aushandeln, Bestreiten und Begründen von divergierenden Geltungsansprüchen sind nicht nur beim Thema ‚Familie', sondern generell Bestandteil jedes Diskurses. Wer kompetent an Diskursen partizipieren möchte, muss daher auch in der Lage sein, eine reflexiv-kritische Einstellung zu den innerhalb des betreffenden Diskurses erhobenen Geltungsansprüchen einzunehmen und auch eigene, ggf. abweichende Bedeutungen und Geltungsansprüche einzubringen. Anders gesagt: Die reflexiv-kritische Einstellung, die Fähigkeit, implizit oder explizit erhobene Geltungsansprüche zu identifizieren, zu bestreiten oder ggf. zu begründen, ist ein wesentlicher und unverzichtbarer Bestandteil von Diskursfähigkeit.

Genauere Bestimmung von ‚Diskursfähigkeit': Fassen wir vorläufig zusammen: Der Begriff ‚Diskursfähigkeit' bezeichnet also unsere Fähigkeit, an den sprachlich-interaktiven Prozessen der Herstellung und Aushandlung von Bedeutung in unterschiedlichen Diskursen rezeptiv und produktiv teilzunehmen und uns auf der Basis des uns jeweils verfügbaren sprachlichen, diskursiven und kulturellen Repertoires in diese Diskurse einzubringen. Er bezeichnet aber darüber hinaus auch und insbesondere die Fähigkeit, die in Diskursen implizit oder explizit erhobenen Geltungsansprüche zu erkennen, zu reflektieren und zu ihnen, sei es affirmativ oder kritisch, begründet Stellung zu nehmen. In diesem Sinn also beinhaltet Diskursfähigkeit einen recht breiten Fächer unterschiedlicher Teilkompetenzen, in denen sich die verschiedenen Dimensionen des Begriffs konkretisieren. Um diskursfähig zu sein, müssen demnach Lernende des Deutschen als Fremd- und Zweitsprache über bestimmte Einstellungen und bestimmte Sozialkompetenzen verfügen und sie müssen insbesondere über die jeweiligen diskursspezifischen sprachlichen Mittel und sprachlichen Handlungsfähigkeiten verfügen; darüber hinaus aber müssen sie im Hinblick auf die erwähnten weiteren Dimensionen von Diskursfähigkeit weitere Fähigkeiten mitbringen. Sie sollten demnach

- mit unterschiedlichen analogen und digitalen medialen Manifestationen von diskursiven Äußerungen umgehen und diese aufeinander beziehen können;
- die Rolle medialer Erscheinungsformen von diskursiven Äußerungen bei der Herstellung und Aushandlung von Bedeutung durchschauen können;
- in der Lage sein, mediale Erscheinungsformen von diskursiven Äußerungen für die Setzung eigener Bedeutungen im Diskurs zu nutzen;
- über das in einen Diskurs eingehende diskursspezifische (Fach-)Wissen verfügen oder es aus einschlägigen und zuverlässigen Quellen erarbeiten und rekonstruieren können;

- über das in einen Diskurs eingehende diskursübergreifende institutionelle Wissen verfügen oder es aus einschlägigen und zuverlässigen Quellen erarbeiten und rekonstruieren können;
- das in einen Diskurs eingehende diskursübergreifende institutionelle Wissen auf diskursive Manifestationen (Äußerungen im Diskurs) anwenden und zur Herstellung von Bedeutung nutzen können;
- in der Lage sein, diskursübergreifendes institutionelles Wissen für eigene diskursive Äußerungen und eigene Bedeutungssetzungen zu nutzen;
- die in einen Diskurs eingehenden grundlegenden kulturellen Vordeutungen (Deutungsmuster) identifizieren und rekonstruieren können;
- die in einen Diskurs eingehenden grundlegenden kulturellen Vordeutungen (Deutungsmuster) auf eigene Vordeutungen und damit einhergehende Erwartungen beziehen können;
- eigene kulturelle Vordeutungen (Deutungsmuster) auf Manifestationen deutschsprachiger Diskurse beziehen und zur Herstellung und Aushandlung von Bedeutung nutzen können;
- mögliche Differenzen und Abweichungen zwischen den im Diskurs verwendeten und eigenen kulturellen Vordeutungen wahrnehmen können;
- die in einen Diskurs bzw. dessen Manifestationen eingehenden kulturellen Vordeutungen (Deutungsmuster) kritisch reflektieren und dazu begründet Stellung nehmen können;
- in der Lage sein, eigene kulturelle Vordeutungen (Deutungsmuster) für eigene diskursive Äußerungen und die Setzung von Bedeutung im Diskurs zu nutzen.

Der Begriff der ‚Diskursfähigkeit' als Bezeichnung für die übergeordnete Zielorientierung des Lehrens und Lernens von Fremd- oder Zweitsprachen hat gegenüber herkömmlichen Begriffen wie ‚kommunikative Kompetenz', sprachliche Handlungsfähigkeit oder ‚interkulturelle Kompetenz' verschiedene Vorteile. Zum einen vermeidet er heute als problematisch geltende sprachideologische Vorannahmen wie etwa die aus dem Arsenal des Nationalismus stammende Vorstellung von der Einheit von Sprache, ‚Land' bzw. Nation und ‚Kultur' oder die Auffassung von Sprache als System von Wörtern und Regeln ohne sozialen Bezug; dem stellt die Rede von ‚Diskursfähigkeit' einen von vornherein in die soziokulturellen Bezüge von Menschen eingebetteten Begriff von Sprache entgegen, wonach Sprache zur Herstellung und Aushandlung von Bedeutung im Diskurs dient. Zum zweiten und damit eng zusammenhängend hat die Rede von ‚Diskursfähigkeit' den Vorteil, dass damit die im engeren Sinne sprachbezogenen Teilkompetenzen viel enger mit den die Sprache übergreifenden medien-, wissens- und kulturbezogenen Teilkompetenzen verbunden werden. Sprachliche Handlungsfähigkeit steht dann nicht mehr neben kulturbezogenen Fähigkeiten, wie sie etwa mit ‚interkultureller Kompetenz' angesprochen sind; vielmehr bilden sprach-, wissens- und kulturbezogene Aspekte nur einzelne Teildimensionen der einen übergeordneten Kompetenz: Diskursfähigkeit.

4.3 Kulturbezogenes Lernen in der Praxis

Wir haben in den bisherigen Ausführungen dieses Kapitels das Thema ‚kulturbezogenes Lernen' aus einer eher grundsätzlichen und konzeptionellen Perspektive diskutiert. Allerdings hat sich die Forschung in letzter Zeit auch intensiver mit der Praxis des kulturbezogenen Lernens beschäftigt und zu einer weiteren Konkretisierung dieses Konzepts maßgeblich beigetragen; davon wird im 5. Kapitel noch ausführlicher die Rede sein. Darüber hinaus aber liegen mittlerweile auch einige Publikationen vor, die sich um eine Umsetzung der Überlegungen zum kulturbezogenen Lernen in verschiedenen Praxiskontexten des Lehrens und Lernens des Deutschen als Fremd- oder Zweitsprache bemühen: genannt seien hier vor allem das 2016 im Klett-Verlag herausgekommene Lernmaterial *Mitreden. Diskursive Landeskunde für Deutsch als Fremd- und Zweitsprache* (vgl. Altmayer 2016), die 2021 fertiggestellte Handreichung *Landeskunde anders gedacht. Mitreden im StudentXChange*, die im Kontext des deutschchinesischen Schüler*innenaustauschs zustande gekommen ist (vgl. Wolbergs et al. o. J.), oder an das 2022 in einer ersten Version fertiggestellte Modul *Diskursive Landeskunde/Kulturstudien Deutsch als Fremdsprache* im Rahmen des DAAD-Projekts *Dhoch3*, das neben eher übergreifenden und konzeptionellen Aspekten eben auch konkrete Beispiele für die Unterrichtspraxis anbietet. Die folgenden Ausführungen wollen an diese und andere Ansätze einer praxisbezogenen Umsetzung eines diskursiven Verständnisses von kulturbezogenem Lernen anknüpfen und vor allem zeigen, dass und wie solche Lernprozesse in verschiedenen Lehr-Lern-Kontexten angeregt werden können.

4.3.1 Wertevermittlung in Orientierungskursen

Mit dem von der damaligen Bundesregierung im Jahr 2004 verabschiedeten Zuwanderungsgesetz ging auch eine Neugestaltung des bundesweiten Sprachkursangebots für Zugewanderte einher, das von Anfang an als eine der wichtigsten Maßnahmen zu deren ‚Integration' in die deutsche Gesellschaft verstanden worden ist. Es wurde ein bundesweit einheitliches Konzept für Integrationskurse entwickelt, die die Teilnehmenden auf das Sprachniveau B1 bringen sollen, die darüber hinaus aber auch der „erfolgreichen Vermittlung [...] von Alltagswissen sowie von Kenntnissen der Rechtsordnung, der Kultur und der Geschichte Deutschlands, insbesondere auch der Werte des demokratischen Staatswesens der Bundesrepublik Deutschland und der Prinzipien der Rechtsstaatlichkeit, Gleichberechtigung, Toleranz und Religionsfreiheit" dienen sollen (Bundesministerium der Justiz 2004: S. 1). Die zuletzt genannten Aspekte sind insbesondere Gegenstand der die Integrationskurse abschließenden Orientierungskurse, die von politischer und administrativer Seite als ein „Angebot an alle Zugewanderten" verstanden werden, „sich auf ein näheres Kennenlernen des deutschen Staates und der deutschen Gesellschaft einzulassen und in einen positiven Dialog einzutreten, der den Weg für das längerfristige Ziel der Integration in Deutschland ebnet" (BAMF 2017: S. 7). Im Umfang von zunächst 30, später 45 und 60 und aktuell 100 Unterrichtseinheiten soll dieses Kursangebot den Zugewanderten durch „Kenntnisse grundlegender Werte der Gesellschaft sowie Kenntnisse der Rechtsordnung, Geschichte und Kultur wie auch der politischen Institutionen in Deutschland" das Zurechtfinden erleichtern und „Identifikationsmöglichkeiten" schaffen (ebd.).

‚**Kulturspezifik' von Werten:** Die Orientierungskurse werden im Fach Deutsch als Fremd- und Zweitsprache schon seit einiger Zeit als interessantes Handlungs- und Forschungsfeld wahrgenommen, und die im Hinblick auf eine erfolgreiche Integration als besonders wichtig geltende Frage der Wertevermittlung bildet hier einen Schwerpunkt (vgl. Hartkopf 2010: S. 110–115; Fornoff 2018; Oelbauer 2020; Lindinger 2022). Hier stellen sich auf einer grundsätzlichen Ebene zunächst verschiedene Fragen, die in der Literatur teilweise kontrovers diskutiert werden. Dabei geht es zum einen darum, ob wir es bei Werten wie Meinungsfreiheit, Gleichberechtigung oder Rechtsstaatlichkeit mit universalen Prinzipien zu tun haben, die unabhängig von regionalen, religiösen oder ‚kulturellen' Besonderheiten uneingeschränkte Geltung beanspruchen können, oder ob es sich um ‚westliche' und damit lediglich regional- und kulturspezifische Traditionen handelt, denen in anderen Teilen der Welt andere Wertesysteme entgegen stehen und die daher auch keine universale, sondern lediglich eine relative Geltung für sich behaupten können (vgl. Hartkopf 2010: S. 111–114; Fornoff 2018: S. 19–24). Für die Frage der Wertevermittlung ist diese Diskussion insofern relevant, als insbesondere die relativistische Auffassung von einer „prinzipielle[n] Differenz von kulturellen Wertorientierungen" (Fornoff 2018: S. 21) ausgeht und deswegen die Notwendigkeit betont, die aus anderen ‚Kulturkreisen' Zugewanderten mit den ‚deutschen Werten' vertraut zu machen, wohingegen die universalistische Auffassung dies weder für sinnvoll noch für notwendig hält und stattdessen dafür plädiert, Zugewanderten lediglich die rechtlich und administrativ verbindlichen Normen und Regeln nahezubringen, die für ihr Alltagsleben relevant sind. Allerdings geht diese Debatte zumindest in weiten Teilen immer noch von der Existenz unterschiedlicher und in sich weitgehend homogen gedachter Nationalkulturen aus und berücksichtigt die innere Heterogenität und den diskursiven Charakter kultureller und politischer Orientierungen zu wenig. Deswegen ist für das Thema ‚Wertevermittlung' nicht die Frage entscheidend, ob Werte und Wertorientierungen prinzipiell universalistisch oder kulturspezifisch und relativ gedacht werden; stattdessen gehen die Kulturstudien, wie in Abschn. 3.4 ausführlich dargestellt, von einem grundlegend diskursiven Charakter von Wertorientierungen aus. Das heißt: Der Geltungsanspruch von Werten als normativen Orientierungsgrößen für gesellschaftliches Handeln besteht nicht einfach so und ist für alle ‚Mitglieder' einer ‚Gesellschaft' verbindlich, sondern unterliegt vielfachen und grundsätzlich kontroversen und konfliktanfälligen diskursiven Deutungsprozessen.

‚**Normatives Lernen**': Damit sind wir bei einer zweiten Diskussion zum Thema Wertevermittlung angelangt, die für die konkrete Praxis in den Orientierungskursen noch weitaus relevanter ist, weil sie nämlich die Frage betrifft, an welchem Ziel sich ein auf Werte bezogener Unterricht orientieren sollte. In seinem Buch *Migration, Demokratie, Werte* aus dem Jahr 2018 sieht Roger Fornoff hier einen grundlegenden Unterschied zwischen einem kulturbezogenen Lernen im Kontext des Deutschen als Fremdsprache auf der einen und des Deutschen als Zweitsprache auf der anderen Seite. Während ersteres nur darauf abziele, die Lernenden mit Kenntnissen zu versorgen, die sie „in inter- und transkulturellen Kommunikations- und Austauschprozessen" nutzen können, die aber ansonsten unverbindlich bleiben, richte sich das kulturbezogene Lernen im DaZ-Kontext „auf ein viel weiter gehendes Ziel: nämlich auf die Integration der Lernenden in die deutsche Gesellschaft und damit auf einen Vorgang, der zwar auch wissensbasiert ist und Deutungskompetenz verlangt, zugleich aber mit der Anerkennung von Werten und der Übernahme von Pflichten" einhergehe (ebd.: S. 128–129). Es könne daher in einem werteorientierenden Unterricht nicht nur um die „Ausbildung von diskursiven Fähigkeiten" gehen, vielmehr seien „auch normative Lernprozesse zu initiieren", bei denen die jeweils vermittelten Wertorientierungen „in gewissen Grenzen zustimmungspflichtig sind und von den Lernenden eben nicht einfach zurückgewiesen werden können" (ebd.: S. 129). Ein wertevermittelnder Unterricht in diesem Sinn eines ‚normativen Lernens' hat demnach nicht nur zum Ziel, die Lernenden mit den (angeblich) in Deutschland konsensuellen Wertorientierungen vertraut zu machen, sondern sie zu einer auch affektiv basierten Übernahme und Verinnerlichung dieser Werte zu bewegen, er greift damit tief in die Persönlichkeitsstruktur der Lernenden ein und kommt, wie auch Fornoff selbst weiß, einer „personalen Umformatierung" gleich (ebd.: S. 130).

Hier stellen sich nun gleich eine ganze Reihe von Fragen. Geht eine solche Aufgabe nicht weit über das hinaus, was ein Orientierungskurs, zumal im eng begrenzten Umfang von 100 Unterrichtseinheiten, überhaupt leisten kann? Ist mit dem Ansinnen, Kursteilnehmer zur Übernahme bestimmter Werthaltungen zwingen zu wollen, nicht ein hohes Maß an „Krisen- und Konflikthaftigkeit" (ebd.) verbunden, das in der Praxis, wie wir aus entsprechenden Berichten wissen, ja auch tatsächlich immer wieder zu Konflikten führt (vgl. Tissot et al. 2019: S. 93–96)? Welche Auffassung von ‚Lernen' ist mit einem ‚normativen Lernen' verbunden, das bestimmte vorgeschriebene Lernergebnisse erzwingen will, dabei aber wichtige Grundprinzipien jeden Lernens, von denen weiter oben in diesem Kapitel ja schon die Rede war, außer Acht lässt? Vor allem aber bleibt hier völlig offen, worauf sich die angebliche ‚Verpflichtung' zur Übernahme und Verinnerlichung von Werten durch Zugewanderte stützt. Welches Gesetz oder welche Verordnung liegt dem zugrunde? Gerät eine Wertevermittlung, die Grundwerte einer demokratischen Gesellschaft den Zugewanderten im Sinne eines ‚normativen Lernens' aufzwingen will, hier nicht vielmehr mit sich selbst in einen unauflösbaren

Widerspruch? Ein ‚normatives Lernen' im Sinn von Fornoff ist genau besehen nämlich ein schwerwiegender Eingriff in die Persönlichkeit von Zugewanderten, der einer Umerziehung gleichkommt und sich mit Grundprinzipien von Demokratie, Pluralismus und Selbstbestimmung nicht vereinbaren lässt.

An die Stelle eines solchen ‚normativen Lernens' tritt im Rahmen der Kulturstudien ein Verständnis von kulturbezogenem Lernen, das auch einem lernenden Zugang zu Werten und Werthaltungen zugrunde zu legen ist, wie er im Kontext der Integrations- und Orientierungskurse ja angestrebt wird. Mit ‚Werten' beziehen wir uns dabei nicht auf feststehende und ‚objektiv' vorhandene ‚Tatsachen', sondern auf werthafte (‚axiologische') ‚Deutungsmuster', die in deutschsprachigen Diskursen verwendet werden, die bestimmte diskursiv gesetzte und ausgehandelte Bedeutungen transportieren. Das Ziel einer ‚Wertevermittlung' kann daher auch nicht darin bestehen, bestimmte ‚Werte' auf einer kognitiven Ebene zu kennen und zu wissen, dass diese ‚in Deutschland' gelten, und es kann erst recht nicht darin bestehen, dass Lernende auf der affektiven Ebene diese Werthaltungen selbst verinnerlichen und zum Teil ihrer Persönlichkeit machen; das Ziel kann nur sein, die Lernenden in die Lage zu versetzen, an Diskursen zu partizipieren, in denen werthafte Deutungsmuster verwendet und/oder ausgehandelt werden. Wie jedes kulturbezogene Lernen im Kontext von Deutsch als Fremd- und Zweitsprache orientiert sich auch ein auf Werte bezogenes Lernen also am übergeordneten Lernziel einer Förderung von Diskursfähigkeit.

Beispiel ‚Menschenwürde': Um dies im Hinblick auf die Praxis der Orientierungskurse, aber auch anderer Praxiskontexte ein wenig zu konkretisieren, soll es im Folgenden nicht generell um ‚Werte' oder ‚Wertevermittlung' gehen; letztere nämlich kann ja immer nur an bestimmten und konkreten Wertmustern und Werte-Diskursen festgemacht werden. Daher soll hier exemplarisch ein einzelnes werthaftes Deutungsmuster herausgegriffen werden, von dem in Abschn. 3.4 bereits ausführlich die Rede war: Menschenwürde.

Wie wir gesehen haben, ist mit ‚Menschenwürde' der oberste Grundwert angesprochen, der in Artikel 1 des Grundgesetzes festgeschrieben ist und von dem sich alle weiteren Grundrechte und Grundwerte herleiten, die Gegenstand der Orientierungskurse sein sollen. Insbesondere, so das Curriculum von 2017, sollen die „Bedeutung der Verfassungsprinzipien, Grundrechte und Werte für ein konstruktives gesellschaftliches Miteinander" hervorgehoben, die Kurse „auf eine wertebasierte politische Bildung und Förderung von gesellschaftlicher Teilhabe" ausgerichtet sowie „Grundrechte und demokratische Prinzipien als Maßstab und Rahmen für die eigenständige Bewertung und individuelle Verortung der Teilnehmenden" erkennbar gemacht werden (BAMF 2017: S. 8). Die Kursteilnehmer sollen „die Bedeutung der Verfassungsprinzipien und Grundrechte für ein freies, selbstbestimmtes Leben und ein konstruktives Miteinander in der Gesellschaft erkennen" und „die wichtigsten Grundrechte in ihrem Wesensgehalt beschreiben und als Maßstab für die Überprüfung von Handlungsmöglichkeiten anlegen" können (ebd.: S. 25). Als konkrete Inhalte wird dabei neben anderen Grundwerten wie „Freiheit der Person", „körperliche Unversehrtheit" oder „Gleichberechtigung von Mann und Frau" auch explizit die „Menschenwürde" genannt (ebd.: S. 29).

4.3 Kulturbezogenes Lernen in der Praxis

Es ist hier nicht der Ort, das Curriculum für die Orientierungskurse im Hinblick auf die darin formulierten Grundprinzipien eines werteorientierten Lernens und der demokratischen politischen Bildung zu würdigen; auch die konzeptionellen Inkonsistenzen und Widersprüche etwa zwischen den im Curriculum formulierten Prinzipien, der didaktischen Aufbereitung der Themen in den zugelassenen Lehrwerken, dem in völlig einseitiger Weise auf rein kognitive Wissensabfrage ausgerichteten Abschlusstest und der häufig allein auf die Vorbereitung auf den Wissenstest gestalteten konkreten Unterrichtspraxis sollen hier nur angedeutet, aber nicht weiter ausgeführt werden. Stattdessen sollen nur einige Überlegungen zu einer möglichen Unterrichtseinheit zum Thema ‚Menschenwürde' angestellt werden, die sich an dem übergeordneten Ziel ausrichtet, die Lernenden zu einer aktiven Teilnahme an politischen und alltäglichen Diskursen zum Thema ‚Menschenwürde' und ‚Grundwerte in der Demokratie' zu befähigen. Es wird sich allerdings schnell zeigen, so viel sei vorweg gesagt, dass eine ‚Wertevermittlung', die ihren eigenen Anspruch ernst nimmt und die die lernende Auseinandersetzung mit grundlegenden Werten wie Menschenwürde als kulturbezogenes Lernen und als Beitrag zur Förderung von Diskursfähigkeit begreift, sich innerhalb der vom Curriculum gesetzten zeitlichen und inhaltlichen Rahmen kaum realisieren lässt.

Wenn wir die obigen Ausführungen zu den verschiedenen Dimensionen von Diskursfähigkeit zugrunde legen, uns dabei aber für die hier im Fokus stehende Unterrichtseinheit lediglich auf die kognitive, die kulturelle und die kritischreflexive Dimension und die dazu gehörigen konkreteren Lernzielformulierungen beschränken, können wir zur übergeordneten Zielsetzung einer Unterrichtseinheit zum Thema ‚Menschenwürde' Folgendes festhalten. Die Lernenden sollten nach Abschluss der Unterrichtseinheit

- wissen, dass es sich bei ‚Menschenwürde' um den obersten Grundwert im Grundgesetz handelt, der im Artikel 1 festgeschrieben ist und von dem sich alle anderen Grundwerte des Grundgesetzes herleiten;
- wissen, dass die Unantastbarkeit der Menschenwürde vor allem staatliche Instanzen bindet und deren Handeln gegenüber allen Menschen begrenzt;
- einige wichtige Anwendungsfelder von Menschenwürde im politischen und gesellschaftlichen Diskurs kennen und identifizieren können;
- unterschiedliche Deutungstraditionen von ‚Menschenwürde' kennen, sie auf spezifischere politische und gesellschaftliche Fragen beziehen und sich zu diesen Fragen auch positionieren können;
- eigene Sichtweisen zum Thema in den Diskurs einbringen und in kritischer Abwägung gegenüber anderen etablierten Sichtweisen begründen können;
- eigene und fremde Sichtweisen zum Thema Menschenwürde kritisch reflektieren und auf aktuelle politische und gesellschaftliche Fragen anwenden können.

Wenn wir den Fokus, ausgehend von den genannten Zielsetzungen, stärker auf den *Prozess* einer lernenden Auseinandersetzung mit dem Thema ‚Menschenwürde' selbst richten und dabei die oben formulierten übergeordneten Prinzipien des kulturbezogenen Lernens zugrunde legen, können wir festhalten: Eine lernende Auseinandersetzung mit dem Thema ‚Menschenwürde' im Rahmen der Orientierungskurse muss an die den Lernenden verfügbaren Wissens- und Deutungsressourcen (kulturellen und diskursiven Repertoires) anknüpfen können, sie muss die Lernenden darüber hinaus aber auch veranlassen, die ihnen verfügbaren Repertoires zu reflektieren und gegebenenfalls in Frage zu stellen, um damit überhaupt erst die Notwendigkeit einer lernenden Veränderung und Weiterentwicklung vorhandener Deutungsressourcen und des Aufbaus von neuem Wissen erfahrbar zu machen.

Eine gewisse Schwierigkeit besteht dabei darin, dass wir es bei ‚Menschenwürde' (wie übrigens bei den meisten Grundwerten) mit einem eher abstrakten Thema zu tun haben, das für die Lernenden nicht unmittelbar alltags- und handlungsrelevant ist, dessen Bedeutung vielmehr eher in der Herausbildung und Unterstützung einer grundlegend demokratischen Werthaltung und Reflexionsfähigkeit besteht. Eine lernende Auseinandersetzung mit dem Thema, die über eine an der Oberfläche bleibende Beschäftigung mit unverstandenen und unverarbeiteten abstrakten Konzepten hinausgeht und kulturbezogenes Lernen in dem Sinn ermöglicht, wie wir es oben lerntheoretisch hergeleitet haben, wird daher nur dann zustande kommen, wenn die Lernenden vom Thema persönlich angesprochen und berührt werden. Dafür könnte sich die Verwendung des in Abschn. 3.4 erwähnten historischen Kriminalfalls einer Kindesentführung als sinnvoll erweisen, der medial mehrfach und in unterschiedlicher Weise aufgearbeitet worden ist und bis heute immer wieder zu teilweise kontroversen Diskussionen führt. Als Einstieg eignet sich hier vielleicht am ehesten der Spielfilm *Der Fall Jakob von Metzler* von Stephan Wagner aus dem Jahr 2012 (vgl. Wagner 2012). Der Film schildert das Geschehen vor allem aus der Perspektive des stellvertretenden Polizeipräsidenten Daschner (gespielt von Robert Atzorn) und geht dabei insbesondere auch auf das Problem der Rettungsfolter ein, mit der das Thema Menschenwürde in einem engen Zusammenhang steht. Auch das zweiteilige Filmprojekt von Ferdinand von Schirach mit dem Titel *Feinde,* das im Januar 2021 im Fernsehprogramm der ARD ausgestrahlt wurde und kontroverse Diskussionen auslöste (vgl. Willbrandt 2021), könnte sich in Gänze oder in Ausschnitten und mit geeigneter sprachlicher Bearbeitung als Einstieg in das Thema eignen. Dabei sollte sich die Diskussion zunächst auf die Frage der Zulässigkeit der Rettungsfolter in bestimmten Notsituationen konzentrieren, wobei von den Lernenden das Thema ‚Menschenwürde' natürlich auch schon selbst ins Spiel gebracht werden kann. In einem zweiten Schritt könnte dann die Frage der Entschädigung ins Zentrum gerückt werden, die der ‚Täter' seinerzeit aufgrund der ihm angedrohten Folter eingeklagt und die das zuständige Oberlandesgericht, wie wir oben gesehen haben, ihm auch zugesprochen hatte. Hier soll, etwa im Anschluss an eine offene Diskussion unter den Teilnehmenden über die Berechtigung einer solchen Forderung, insbesondere der Passus der Urteilsbegründung herangezogen werden, in dem explizit auf die Unantastbarkeit der Menschenwürde auch bei verurteilten Straftätern die Rede ist. Darüber hinaus können und sollen aber auch öffentlich zugängliche Kommentare zu diesem Urteil, wie sie von verschiedenen Medien oder in sozialen Netzwerken formuliert worden sind, hier mit einbezogen werden, weil sie in ihrer Bewertung teilweise deutlich vom Tenor des Urteils abweichen und so erfahrbar machen können, dass wir es hier keineswegs mit einem gesellschaftlichen Konsens, sondern mit durchaus kontroversen Positionen im Hinblick auf die diskursive Deutung von Menschenwürde zu tun haben, in denen die Lernenden sich auch selbst positionieren können sollten.

Schon diese eher vorläufige Skizze einer möglichen didaktisch-medialen Aufbereitung des Themas ‚Menschenwürde' für das kulturbezogene Lernen im Rahmen der Orientierungskurse macht deutlich, dass eine solche Bearbeitung hohe sprachliche Anforderungen an die Teilnehmenden stellt, die sich durch eine entsprechende Bearbeitung der verwendeten Medien und durch eine geeignete Gestaltung der Aufgaben zwar reduzieren lassen, die aber gleichwohl eine Herausforderung für die Materialauswahl und -didaktisierung darstellen. Vor allem aber dürften schon die Überlegungen zu einem sinnvollen Einstieg in das Thema, die eine mögliche Weiterführung der Auseinandersetzung durch die Einbeziehung weiterer Diskursbeispiele und abweichender Deutungstraditionen von ‚Menschenwürde' noch gar nicht thematisiert haben, deutlich gemacht haben, dass schon eine sinnvolle Bearbeitung dieses einen Themas sich innerhalb der administrativ gesetzten engen zeitlichen Grenzen nicht sinnvoll realisieren lässt. Ein kulturbezogenes Lernen, das seine eigenen Ansprüche ernst nimmt und die Lernenden ernsthaft zu einer lernenden Auseinandersetzung mit einem wichtigen Thema wie ‚Menschenwürde' oder anderen Wertorientierungen anregen will, ist innerhalb des vorgegebenen zeitlichen und curricularen Rahmens nicht umsetzbar.

4.3.2 Das Thema ‚Sonntag' in der diskursiven Landeskunde

Im Gegensatz zu den im Hinblick auf Lernziele, Inhalte und zeitlichen Rahmen vergleichsweise stark regulierten Orientierungskursen haben wir es bei herkömmlichen ‚Landeskunde'-Kursen, wie sie insbesondere im Deutsch- oder Germanistik-Studium an Hochschulen außerhalb des amtlich deutschsprachigen Raums angeboten werden, mit einem eher offenen Format zu tun. Zwar orientieren sich viele Kursangebote dieser Art erfahrungsgemäß an herkömmlichen Vorstellungen einer Vermittlung von abprüfbarem Wissen über die Geschichte, die Geografie, das politische System oder die Wirtschaft des ‚Zielsprachenlands' auf einer faktisch-kognitiven Ebene, viele Lehrende und Curriculumplaner sind aber auch an offeneren, kreativeren Lehr- und Lernformen und an aktuellen und kontroversen Themen interessiert. Hier bieten sich also vielfältige Möglichkeiten für die Realisierung eines von herkömmlicher ‚Landeskunde' deutlich abweichenden kulturbezogenen Lernens, das Lernende in der Auseinandersetzung mit deutschsprachigen Diskursen und den in diese eingehenden Deutungsmustern zum einen persönlich stärker anspricht und einbezieht und sich zum zweiten am Ziel einer Förderung der Fähigkeit der Lernenden orientiert, sich an deutschsprachigen Diskursen aktiv und selbstbewusst zu beteiligen. Das oben skizzierte

Konzept für eine lernende Auseinandersetzung mit dem axiologischen Deutungsmuster ‚Menschenwürde' lässt sich daher natürlich auch leicht in einem solchen ‚Landeskunde'-Kurs realisieren. Dennoch soll das Potenzial des kulturbezogenen Lernens für einen solchen Praxiskontext hier an einem Thema veranschaulicht werden, das im Vergleich zu ‚Menschenwürde' deutlich stärkere Bezüge zum Alltag und zur eigenen Lebenserfahrung aufweist, an dem sich aber gleichwohl auch aktuelle gesellschaftliche und politische Kontroversen entzünden: das zeitorientierende Deutungsmuster ‚Sonntag'.

Wie wir oben in Abschn. 3.2.4 gesehen haben, handelt es sich beim Sonntag aus kulturwissenschaftlicher Sicht um ein Deutungsmuster, das eine lang zurückreichende und bis heute andauernde Deutungstradition aufweist und mit dem sich unterschiedliche, ja teilweise miteinander in Konflikt stehende Bedeutungen und Handlungsorientierungen verbinden. Diese unterschiedlichen Bedeutungen sind auch in aktuellen deutschsprachigen Diskursen präsent, werden verwendet und vorausgesetzt, aber eben auch immer wieder ausgehandelt und kontrovers diskutiert. Es handelt sich also um ein Thema, an dem sich Diskursfähigkeit auf verschiedenen Ebenen und in verschiedenen Dimensionen entwickeln lässt. Hinzu kommt, dass das Thema ‚Sonntag' für viele DaF-Lernende zum eigenen Alltag und damit zum eigenen Erfahrungshintergrund gehört; auch da, wo nicht dem Sonntag, sondern anderen Wochentagen wie beispielsweise dem Freitag in der islamischen Tradition eine herausgehobene Rolle in der zeitlichen Orientierung zukommt, kann mit einem grundsätzlich verstehenden Zugang auch zu Traditionen des Sonntags gerechnet werden. Gerade die Alltagsnähe des Themas erlaubt es zudem, kulturbezogenes Lernen bereits auf einem vergleichsweise basalen sprachlichen Niveau anzusiedeln und in höherem Maß auch mit sprachlichem Lernen zu verzahnen.

Herkömmlich landeskundliche Ansätze: Als Einstieg bieten sich beispielsweise bei Lernenden auf dem Niveau A1 Übungsformen an, wie sie etwa das Lehrwerk *DaF leicht* enthält, wo das Thema ‚Sonntag' mit der Verwendung von Modalverben verbunden wird. Hier werden verschiedene Handlungsmöglichkeiten am Sonntag auf der Bildebene präsentiert und mit dazu passenden sprachlichen Mitteln versehen, mit denen die Lernenden selbst zum Ausdruck bringen können, wie sie jeweils den Sonntag gestalten: „spazieren gehen", „Kaffee trinken", „lange schlafen", aber auch Handlungen wie „einkaufen" oder „Flaschen wegwerfen", die durch entsprechende Illustrationen als ‚am Sonntag verboten' kenntlich gemacht werden (Jentges et al. 2014: S. 52–53). Im Lehrerhandbuch findet sich dazu die folgende Zusatzinformation:

> „In Deutschland gibt es eine gesetzlich verordnete ‚Sonntagsruhe'. Diese geht auf religiöse Gründe zurück. Die meisten Geschäfte bleiben geschlossen und nur ein kleiner Teil der Bevölkerung arbeitet sonntags. Sonntags sind daher heute für die meisten Freizeit-Tage, an denen man mit der Familie oder Freunden etwas unternimmt, essen geht, in die Kirche geht, Kaffee trinkt, Ausflüge macht oder spazieren geht" (Jentges/Sokolowski/Schwarz 2015: S. 42).

Das Lehrwerk greift hier auf die mit moderneren Elementen („einen Krimi im Fernsehen sehen") angereicherte bürgerliche Deutungstradition des Sonntags zurück, die den Sonntag auf der einen Seite als arbeitsfreien Ruhetag und damit als Tag der Möglichkeiten begreift, mit dem aber andererseits auch gewisse Einschränkungen von Handlungsmöglichkeiten verbunden sind. Die Lernenden sollen also einerseits in die Lage versetzt werden, mit der Verwendung von Modalverben ihre Handlungsoptionen am Sonntag und damit ihre eigene Deutung des Sonntags zum Ausdruck zu bringen, andererseits werden sie aber auch von Anfang an mit einer als ‚offiziell' („gesetzlich verordnet") präsentierten Deutung konfrontiert, die ihre eigenen Deutungs- und Handlungsoptionen dadurch wieder stark einschränkt und entwertet, dass bestimmte Handlungen aufgrund von administrativen Bestimmungen und Verboten als am Sonntag nicht möglich dargestellt werden. Dabei bleiben die Bestimmungen selbst jeder kritischen Nachfrage durch die Lernenden entzogen und stehen damit außerhalb der diskursiven Verfügbarkeit.

‚Diskursiver Ansatz': Eine von Anfang an am Ziel der Diskursfähigkeit orientierte Didaktisierung des Themas für A1-Lernende legt dagegen den Fokus weitaus stärker auf die Deutungs- und Handlungsoptionen der Lernenden selbst, ohne diese sofort mit angeblich gesetzlichen Regelungen und Verboten zu konfrontieren. Als möglicher Einstieg in das Thema würde sich daher vielleicht auch die Beschäftigung mit den digitalen Grußkarten zum Sonntag anbieten, von denen in Abschn. 3.2.4 die Rede war. Lernenden könnte eine Auswahl solcher Grußkarten vorgelegt werden mit der Aufgabe, ein Motiv auszuwählen, das sie einem Freund/einer Freundin schicken würden bzw. ein eigenes Motiv mit einem entsprechenden verbalen Sonntagsgruß zu gestalten. Dem könnte sich ein Gruppengespräch über eigene Aktivitäten und Gewohnheiten am Sonntag oder an freien Tagen generell anschließen, bei dem es vor allem darum gehen sollte, die Lernenden dazu anzuregen, ihre eigenen Deutungsressourcen zum Thema zu aktivieren und untereinander auszutauschen. Erst in einem weiteren Schritt sollten auch abweichende Perspektiven, etwa in Form von Klagen über das, was am Sonntag alles nicht geht oder über die sonntägliche Langeweile, mit eingebracht werden, um die den Lernenden verfügbaren Deutungen zumindest ansatzweise zu irritieren und in Frage zu stellen.

Auf einem etwas höheren Niveau kann sich hier die Diskussion um die Flexibilisierung der Arbeits- und Ladenöffnungszeiten am Sonntag anschließen, wofür sich als Einstieg das Foto mit dem Autoaufkleber der EKD gut eignet, von dem ebenfalls in Abschn. 3.2.4 ausführlicher die Rede war. Wie auch bei den digitalen Grußkarten würde sich hier zudem die Einbeziehung der medialen Dimension der Textsorte ‚Autoaufkleber' anbieten. Im Anschluss an eine offene Gruppendiskussion zu möglichen Deutungen des auf dem Aufkleber zu lesenden Satzes „Ohne Sonntag gibt's nur noch Werktage", der sprachlich keine allzu großen Herausforderungen stellen dürfte, könnten die Plakate der EKD-Kampagne mit einbezogen werden, auf denen unterschiedliche Aspekte der traditionell bürgerlichen Deutungstradition des Musters ‚Sonntag' aufgegriffen und variiert werden, deren Bedeutung sich allerdings erst im Licht des größeren diskursiven Zusammenhangs für Lernende vollständig erschließen lässt. Dieser diskursive Zusammenhang kann dann mit Hilfe weiterer geeigneter Diskursfragmente unter Einschluss etwa auch sprachlich herausfordernderer Texte wie Kommentaren aus Zeitungen, Fernsehberichten oder Urteilsbegründungen erschlossen werden. Ziel einer an dieser Stelle eher für sprachlich etwas Fortgeschrittenere geeigneten Unterrichtseinheit sollte dabei sein, die Lernenden so weit mit dem aktuellen Diskurs, den darin eingehenden Bestandteilen eines institutionellen Wissens und den unterschiedlichen Deutungsaspekten des Musters ‚Sonntag' vertraut zu machen, dass sie unterschiedliche Diskurspositionen identifizieren und differenzieren, dazu begründet Stellung nehmen sowie eigene Diskurspositionen formulieren und argumentativ stützen können.

Selbstverständlich können solche allgemeinen Hinweise auf eine mögliche Bearbeitung des Themas im landeskundlichen Unterricht eine formelle Didaktisierung oder gar die Gestaltung von Lernmaterialien nicht ersetzen; das kann und will die vorliegende Einführung auch nicht leisten. Es sollten lediglich einige allgemeine grundlegende Aspekte genannt werden, auf die es bei der Gestaltung eines ‚landeskundlichen' Unterrichts, der sich an den oben erwähnten Grundprinzipien von kulturbezogenem Lernen und am Lernziel Diskursfähigkeit orientiert, zu achten gilt.

4.4 Fazit und Ausblick

Wenn wir nach unserem kleinen Ausflug in die Praxis noch einmal auf die grundsätzlichen Überlegungen dieses Kapitels zum ‚kulturbezogenen Lernen' und zur Diskursfähigkeit als übergeordnetem Lernziel zurückblicken, dann können wir abschließend festhalten: kulturbezogenes Lernen im Kontext des Lehrens und Lernens des Deutschen als Fremd- und Zweitsprache orientiert sich an dem Ziel, die Fähigkeit der Lernenden zur autonomen und gleichberechtigten Teilhabe an deutschsprachigen Diskursen insbesondere in Bezug auf die kulturelle sowie die kritisch-reflexive Dimension von Diskursfähigkeit zu verbessern; kulturbezogenes Lernen soll Lernende dazu anregen, das ihnen verfügbare kulturelle Repertoire auf deutschsprachige Diskurse anzuwenden, es auf eine kritisch-reflexive Ebene zu heben und ggf. zu erweitern. Die oben formulierte vorläufige Definition von ‚kulturbezogenem Lernen' wäre demnach zu vervollständigen wie folgt:

> Kulturbezogenes Lernen im Kontext des Lehrens und Lernens des Deutschen als Fremd- bzw. Zweitsprache ist ein Prozess der Reflexion, Infragestellung und/oder Erweiterung der den lernenden Subjekten verfügbaren kulturellen Repertoires, der durch die Begegnung und Auseinandersetzung mit den in deutschsprachigen Diskursen implizit verwendeten, transportierten, reflektierten und verhandelten Bedeutungen (‚Deutungsmuster') veranlasst wird und der zu bewusstmachender Reflexion, Irritation und Infragestellung sowie zur vorübergehenden oder nachhaltigen Veränderung vorhandener kultureller Repertoires (Deutungsressourcen) bei den Lernenden führen kann.

4.4 Fazit und Ausblick

Aus dieser Definition in Verbindung mit unseren obigen Ausführungen über das Lernen im Allgemeinen und über die Rolle des kulturbezogenen Lernens im Hinblick auf die Erweiterung von Diskursfähigkeit ergeben sich einige zusätzliche Konsequenzen, die für die praxisbezogenen didaktisch-methodischen Fragen nach einer sinnvollen und angemessenen Förderung des kulturbezogenen Lernens von zentraler Bedeutung sind:

- Kulturbezogenes Lernen ist ein subjektiver Prozess, der auf die den Lernenden verfügbaren kulturellen Repertoires aufbaut und an diese anschlussfähig sein muss. Ohne eine Anknüpfung an das, was die Lernenden selbst an Deutungsressourcen mitbringen, wird kulturbezogenes Lernen nicht zustande kommen.
- Kulturbezogenes Lernen beruht wie jedes Lernen auf Erfahrung, die zumindest teil- und ansatzweise als Erfahrung auch reflektiert sein muss; dabei handelt es sich in unserem Fall in aller Regel um Erfahrungen im sprachlich-kommunikativen Kontext, d. h. um Erfahrungen, die sich im Kontext des Lernens und/oder der Verwendung der Zweit- oder Fremdsprache Deutsch und der Teilnahme an deutschsprachigen Diskursen ergeben können.
- Kulturbezogenes Lernen beruht wie jedes Lernen darüber hinaus auf der spezifischen Erfahrung der Diskrepanz vorhandener Deutungsressourcen in Bezug auf die notwendige und subjektiv wünschenswerte Einordnung der neuen Erfahrung; anders formuliert: Erst wenn ich die Erfahrung mache, dass die mir verfügbaren Deutungsressourcen nicht passen, nicht ausreichend sind oder keine als subjektiv befriedigend erlebte Antworten auf eine bestimmte Situation bereit stellen, ergibt sich für mich ein hinreichender Anlass, die mir verfügbaren Deutungsressourcen und mein bisheriges kulturelles Repertoire in Frage zu stellen und ggf. zu verändern oder weiter zu entwickeln, d. h. zu lernen.
- Als hochgradig individueller Prozess, der auf die den Lernenden verfügbare Deutungsressourcen aufbaut und sich mit diesen zu neuen Deutungsressourcen verknüpft, führt kulturbezogenes Lernen nicht zu vorhersehbaren und für alle Lernenden gleichermaßen gültigen und verbindlichen Lernergebnissen.
- Kulturbezogenes Lernen ist kein rein kognitiver Prozess des Aufbaus neuen Wissens, sondern verbindet die kognitive mit einer affektiv-attitudinalen und einer Handlungsebene. Es kann durch Einstellungen, aber auch und insbesondere durch bestehende oder nicht bestehende Handlungsoptionen ausgelöst werden und in neuen Einstellungen und Handlungsoptionen der Lernenden resultieren.
- Wie jedes Lernen kann auch kulturbezogenes Lernen durch Lehrende oder durch didaktische Lehr-Lernsettings nur angeregt und unterstützt werden, es kann ansonsten nur von den Lernenden selbst realisiert werden.

Der Begriff des ‚kulturbezogenen Lernens' unterscheidet sich darüber hinaus insofern auch grundlegend von Begriffen wie ‚interkulturelles Lernen' oder ‚Fremdverstehen', als er die damit bezeichneten Lernprozesse nicht von vornherein im

Licht eines dichotomischen Modells von ‚fremder' und ‚eigener Kultur' sieht und daher auch die Lerngegenstände nicht vorab in einem nationalkulturellen Rahmen deutet. Konkret heißt das, dass Lerngegenstände wie beispielsweise ‚Familie' oder ‚Essen' nicht als ‚Familie in Deutschland' oder ‚französisches Essen' perspektiviert und damit in ihrer Bedeutungsvielfalt eingeschränkt werden, sondern vor allem als (mögliche oder tatsächlich vorhandene) Deutungsressourcen der Lernenden gelten, die die Herstellung und Aushandlung von (subjektivem) Sinn ermöglichen. Die Lernenden lernen demzufolge also auch nicht, dass es ein ‚deutsches' und ein ‚französisches' bzw. ‚brasilianisches' oder ‚chinesisches' Verständnis von ‚Familie' gibt, sie lernen vor allem, sich mit ihrem je eigenen Verständnis von ‚Familie' auseinanderzusetzen und dessen (mögliche) Begrenztheit zu reflektieren und aufzubrechen.

Literatur

Altmayer, Claus (2014): Zur Rolle der Literatur im Rahmen der Kulturstudien Deutsch als Fremdsprache. In: Claus Altmayer/Michael Dobstadt/Renate Riedner et al. (Hg.): Literatur in Deutsch als Fremdsprache und internationaler Germanistik. Konzepte – Themen – Forschungsperspektiven. Tübingen, 25–37.

Altmayer, Claus (Hg.) (2016): Mitreden. Diskursive Landeskunde für Deutsch als Fremd- und Zweitsprache. Stuttgart.

Altmayer, Claus (2017): Landeskunde im Globalisierungskontext: Wozu noch Kultur im DaF-Unterricht? In: Peter Haase/Michaela Höller (Hg.): Kulturelles Lernen im DaF-/DaZ-Unterricht: Paradigmenwechsel in der Landeskunde. Göttingen, 3–22.

Altmayer, Claus (2020): ‚Erinnerungsorte' im Kontext von Deutsch als Fremd- und Zweitsprache – aus der Sicht einer kulturwissenschaftlich transformierten ‚Landeskunde'. In: Frank Thomas Grub/Maris Saagpakk (Hg.): Brückenschläge Nord. Landeskunde an der Schnittstelle von Schule und Universität. Frankfurt a. M. u. a., 9–35.

Auernheimer, Georg (Hg.) (2002): Interkulturelle Kompetenz und pädagogische Professionalität. Opladen.

Baumer, Thomas (Hg.) (2002): Handbuch interkulturelle Kompetenz. Zürich.

Bausch, Karl-Richard (2003): Der Gemeinsame europäische Referenzrahmen für Sprachen. Zustimmung, aber…! In: Karl-Richard Bausch/Herbert Christ/Frank G. Königs et al. (Hg.): Der Gemeinsame europäische Referenzrahmen für Sprachen in der Diskussion. Arbeitspapiere der 22. Frühjahrskonferenz zur Erforschung des Fremdsprachenunterrichts. Tübingen, 29–35.

Bechtel, Mark (2003): Interkulturelles Lernen beim Sprachenlernen im Tandem. Eine diskursanalytische Untersuchung. Tübingen.

Bolten, Jürgen (2007): Interkulturelle Kompetenz. Erfurt.

Bredella, Lothar (2003): Lesen und Interpretieren im ‚Gemeinsamen europäischen Referenzrahmen für Sprachen': Die Missachtung allgemeiner Erziehungsziele. In: Karl-Richard Bausch/Herbert Christ/Frank G. Königs et al. (Hg.): Der Gemeinsame europäische Referenzrahmen für Sprachen in der Diskussion. Arbeitspapiere der 22. Frühjahrskonferenz zur Erforschung des Fremdsprachenunterrichts. Tübingen, 45–56.

Bredella, Lothar (2008): Hans-Eberhard Piephos Konzept der kommunikativen Kompetenz: Eine Herausforderung für die Fremdsprachendidaktik. In: Michael K. Legutke (Hg.): Kommunikative Kompetenz als fremdsprachendidaktische Vision. Tübingen, 43–63.

Bredella, Lothar/Meißner, Franz-Joseph/Nünning, Ansgar et al. (2000): Grundzüge einer Theorie und Didaktik des Fremdverstehens beim Lehren und Lernen fremder Sprachen. In: Lothar Bredella/

Franz-Josep Meißner/Ansgar Nünning et al. (Hg.): Wie ist Fremdverstehen lehr- und lernbar? Vorträge aus dem Graduiertenkolleg „Didaktik des Fremdverstehens". Tübingen, IX–LII.

Brunsmeier, Sonja (2016): Interkulturelle Kommunikative Kompetenz im Englischunterricht der Grundschule. Grundlagen, Erfahrungen, Perspektiven. Tübingen.

Brunzel, Peggy (2002): Kulturbezogenes Lernen und Interkulturalität. Zur Entwicklung kultureller Konnotationen im Französischunterricht der Sekundarstufe I. Tübingen.

Bundesamt für Migration und Flüchtlinge (BAMF) (2017): Curriculum für einen bundesweiten Orientierungskurs. Überarbeitete Neuauflage für 100 UE. Nürnberg.

Bundesministerium der Justiz (2004): Verordnung über die Durchführung von Integrationskursen für Ausländer und Spätaussiedler (Integrationskursverordnung – IntVO). Berlin. Online: https://www.gesetze-im-internet.de/intv/IntV.pdf; 08.04.2022.

Busch, Brigitta ([2]2017). Mehrsprachigkeit. Wien.

Byram, Michael (1997): Teaching and Assessing Intercultural Communicative Competence. Clevedon.

Byram, Michael (2009): Intercultural Competence in Foreign Languages. The Intercultural Speaker and the Pedagogy of Foreign Language Education. In: Darla K. Deardorff (Hg.): The SAGE Handbook of Intercultural Competence. Los Angeles, 321–332.

Byram, Michael/Hu, Adelheid (Hg.) (2009): Interkulturelle Kompetenz und fremdsprachliches Lernen. Modelle, Empirie, Evaluation. Intercultural competence and foreign language learning: models, empiricism, assessment. Tübingen.

Council of Europe (2020): Gemeinsamer europäischer Referenzrahmen für Sprachen: lehren, lernen, beurteilen. Begleitband. Stuttgart.

Daase, Andrea (2018): Zweitsprachsozialisation in den Beruf: narrative Rekonstruktionen erwachsener Migrant*innen mit dem Ziel einer qualifizierten Arbeitsaufnahme. Münster/Ney York.

Davies, Alan (2003): The Native Speaker. Myth and Reality. Clevedon.

Deardorff, Darla K. (Hg.) (2009): The SAGE Handbook of Intercultural Competence. Los Angeles.

Deardorff, Darla K. (2020): Manual for developing intercultural competencies. Story circles. Paris u.a.

Dengler, Stefanie/Rusch, Paul/Schmitz, Helen et al. (2020): Netzwerk neu. A2-Kursbuch mit Audios und Videos. Stuttgart.

Derivry-Plard, Martine (2016): Symbolic power and the native/non-native dichotomy: Towards a new professional legitimacy. In: Applied Linguistics Review 7/4, 431–448.

Dobstadt, Michael (2018): Plädoyer für ein neues Verständnis des Begriffs „Fremd" in *Deutsch als Fremdsprache*. Inwiefern ist die deutsche Sprache (k)eine fremde Sprache? In: İnci Dirim/Anke Wegner (Hg.): Normative Grundlagen und reflexive Verortungen im Feld DaF_DaZ*. Opladen/Berlin/Toronto, 111–125.

Eberhardt, Jan-Oliver (2013): Interkulturelle Kompetenzen im Fremdsprachenunterricht. Auf dem Weg zu einem Kompetenzmodell für die Bildungsstandards. Trier.

Eberhardt, Jan-Oliver (2019): Überprüfung interkultureller Kompetenzen im Fremdsprachenunterricht – ein aussichtsloses Unterfangen? Empirisch fundierte Beurteilungsraster zur Auswertung interkultureller Reflexionen. In: Elisabeth Peyer/Thomas Studer/Ingo Thonhauser (Hg.): IDT 2017, Band 1: Hauptvorträge. Berlin, 149–162.

Edelmann, Walter/Wittmann, Simone ([8]2019): Lernpsychologie. Mit Online-Material. Weinheim/Basel.

Fandrych, Christian (2008): Sprachliche Kompetenz im ‚Referenzrahmen'. In: Christian Fandrych/Ingo Thonhauser (Hg.): Fertigkeiten – separiert oder integriert? Zur Neubewertung der Fertigkeiten und Kompetenzen im Fremdsprachenunterricht. Wien, 13–33.

Faulstich, Peter (2013): Menschliches Lernen. Eine kritisch-pragmatistische Lerntheorie. Bielefeld.

Faulstich, Peter (Hg.) (2014): Lerndebatten. Phänomenologische, pragmatistische und kritische Lerntheorien in der Diskussion. Bielefeld.

Fornoff, Roger (2018): Migration, Demokratie, Werte. Politisch-kulturelle Bildung im Kontext von Deutsch als Zweitsprache. Göttingen.

Frederking, Volker (Hg.) (2008): Schwer messbare Kompetenzen. Herausforderungen für die empirische Fachdidaktik. Baltmannsweiler.

Gaidosch, Ulrike/Müller, Christine (^{8}2020): Zur Orientierung. Basiswissen Deutschland. Kursbuch mit Audio-CD. Ismaning.

Göbel, Kerstin/Hesse, Hermann-Günter (2004): Vermittlung interkultureller Kompetenz im Englischunterricht – eine curriculare Perspektive. In: Zeitschrift für Pädagogik 50/6, 818–834.

Göhlich, Michael/Zirfas, Jörg (2007): Lernen. Ein pädagogischer Grundbegriff. Stuttgart.

Hallet, Wolfgang (2008): Diskursfähigkeit heute. Der Diskursbegriff in Piephos Theorie der kommunikativen Kompetenz und seine zeitgemäße Weiterentwicklung für die Fremdsprachendidaktik. In: Michael K. Legutke (Hg.): Kommunikative Kompetenz als fremdsprachendidaktische Vision. Tübingen, 76–96.

Hartkopf, Dorothea (2010): Der Orientierungskurs als neues Handlungsfeld des Faches Deutsch als Zweitsprache. Münster.

Hesse, Hermann-Günter (2009): Zur Messung interkultureller Kompetenz aus psychologischer Sicht. In: Michael Byram/Adelheid Hu (Hg.): Interkulturelle Kompetenz und fremdsprachliches Lernen. Modelle, Empirie, Evaluation. Intercultural competence and foreign language learning: models, empiricism, assessment. Tübingen, 161–172.

Hesse, Hermann-Günter/Göbel, Kerstin (2007): Interkulturelle Kompetenz. In: Eckhard Klieme/ Bärbel Beck (Hg.): Sprachliche Kompetenzen. Konzepte und Messung. DESI-Studie (Deutsch-Englisch-Schülerleistungen-International). Weinheim/Basel, 256–272.

Hesse, Hermann-Günter/Göbel, Kerstin/Jude, Nina (2008): Interkulturelle Kompetenz. In: DESI-Konsortium (Hg.): Unterricht und Kompetenzerwerb in Deutsch und Englisch. Ergebnisse der DESI-Studie. Weinheim/Basel, 180–190.

Holliday, Adrian. (2006): Native-speakerism. In: ELT Journal 60/4, 385–387.

Holzkamp, Klaus (1993): Lernen. Subjektwissenschaftliche Grundlegung. Studienausgabe. Frankfurt a. M./New York.

Hu, Adelheid (2008a): Interkulturelle Kompetenz. Ein Leitziel sprachlichen Lehrens und Lernens im Spannungsfeld von kulturwissenschaftlicher Didaktik, pädagogischer Psychologie und Testtheorie. In: Renate A. Schulz/Erwin Tschirner (Hg.): Communicating across borders: developing intercultural competence in German as a foreign language. München, 284–309.

Hu, Adelheid (2008b): Interkulturelle Kompetenz. Ansätze zur Dimensionierung und Evaluation einer Schlüsselkompetenz fremdsprachlichen Lernens. In: Volker Frederking (Hg.): Schwer messbare Kompetenzen. Herausforderungen für die empirische Fachdidaktik. Baltmannsweiler, 11–35.

Jentges, Sabine/Körner, Elke/Lundquist-Mog, Angelika et al. (2014): DaF leicht A1.1. Kurs- und Übungsbuch mit DVD-ROM. Stuttgart.

Jentges, Sabine/Sokolowski, Kathrin/Schwarz, Eveline (2015): DaF leicht A1.1. Lehrerhandbuch. Stuttgart.

Knappik, Magdalena/Dirim, İnci (2013): „Native Speakerism" in der Lehrerbildung. In: Journal für LehrerInnenbildung 13/3, 20–23.

Kramsch, Claire (2006): From Communicative Competence to Symbolic Competence. In: The Modern Language Journal 90, 249–252.

Krumm, Hans-Jürgen (^{3}1995): Interkulturelles Lernen und interkulturelle Kommunikation. In: Karl-Richard Bausch/Herbert Christ/Hans-Jürgen Krumm (Hg.): Handbuch Fremdsprachenunterricht. Tübingen/Stuttgart, 156–161.

Krumm, Hans-Jürgen (2003): Der Gemeinsame europäische Referenzrahmen – ein Kuckucksei für den Fremdsprachenunterricht? In: Karl-Richard Bausch/Herbert Christ/Frank G. Königs et al. (Hg.): Der Gemeinsame europäische Referenzrahmen für Sprachen in der Diskussion. Arbeitspapiere der 22. Frühjahrskonferenz zur Erforschung des Fremdsprachenunterrichts. Tübingen, 120–126.

Legutke, Michael K. (2008): Kommunikative Kompetenz: Von der Übungstypologie für kommunikativen Englischunterricht zur Szenariendidaktik. In: Michael K. Legutke (Hg.): Kommunikative Kompetenz als fremdsprachendidaktische Vision. Tübingen, 15–42.

Legutke, Michael K. (2010): Kommunikative Kompetenz und Diskursfähigkeit. In: Wolfgang Hallet/Frank G. Königs (Hg.): Handbuch Fremdsprachendidaktik. Seelze-Velber, 70–75.

Lindinger, Isabel (2022): Politische Bildung für Zugewanderte im Orientierungskurs. Perspektiven von Migrant*innen zum Thema Verfassungsorgane in der Demokratie. Eine gesprächs- und videointeraktionsanalytische Untersuchung. Bielefeld.

Madsen, Lian Malai/Nørreby, Thomas Rørbeck (2019): Languaging and Languagized Learning. In: Richard Beach/David Bloome (Hg.): Languaging relations for transforming the literacy and language arts classroom. New York, 93–111.

Meyer-Drawe, Käte (2008): Diskurse des Lernens. München.

Mezirow, Jack (1997): Transformative Erwachsenenbildung. Baltmannsweiler.

Oelbauer, Daniel (2020): Demokratiebildung und Wertevermittlung. Der Orientierungskurs des Bundesamts für Migration und Flüchtlinge (BAMF) aus Sicht der Teilnehmenden. Eine Analyse anhand leitfadengestützter Interviews. Berlin.

Otheguy, Ricardo/García, Ofelia/Reid, Wallis (2019): A translanguaging view of the linguistic system of bilinguals. In: Applied Linguistics Review 10/4, 625–651.

Plikat, Jochen (2017): Fremdsprachliche Diskursbewusstheit als Zielkonstrukt des Fremdsprachenunterrichts. Eine kritische Auseinandersetzung mit der Interkulturellen Kompetenz. Frankfurt a.M.

Rathje, Stepahnie (2006): Interkulturelle Kompetenz. Zustand und Zukunft eines umstrittenen Konzepts. In: Zeitschrift für interkulturellen Fremdsprachenunterricht 11/3, 1–21.

Reimann, Daniel (2017): Interkulturelle Kompetenz. Tübingen.

Reinmann-Rothmeier, Gabi/Mandl, Heinz (1995): Lernen als Erwachsener. In: Grundlagen der Weiterbildung 6/4, 193–196.

Riedner, Renate (2015): Das Konzept der *symbolic competence* (Claire Kramsch) im Schnittpunkt von Linguistik, Kulturwissenschaft und Fremdsprachendidaktik. In: Michael Dobstadt/Christian Fandrych/Renate Riedner (Hg.): Linguistik und Kulturwissenschaft. Zu ihrem Verhältnis aus der Perspektive des Faches Deutsch als Fremd- und Zweitsprache und anderer Disziplinen. Frankfurt a. M. u. a., 129–150.

Riehl, Claudia Maria (2014): Mehrsprachigkeit. Eine Einführung. Darmstadt.

Riemer, Claudia (^{6}2016): Affektive Faktoren. In: Burwitz-Melzer, Eva/Mehlhorn, Grit/Riemer, Claudia et al. (Hg.): Handbuch Fremdsprachenunterricht. Tübingen u. a., 266–271.

Rosenberg, Florian von (2011): Bildung und Habitustransformation. Empirische Rekonstruktionen und bildungstheoretische Reflexionen. Bielefeld.

Schmenk, Barbara (2005): Mode, Mythos, Möglichkeiten oder Ein Versuch, die Patina des Lernziels ‚kommunikative Kompetenz' abzukratzen. In: Zeitschrift für Fremdsprachenforschung 16/1, 57–87.

Schmenk, Barbara (2007): Kommunikation ist alles. Oder? In: Deutsch als Fremdsprache 44/3, 131–139.

Schweiger, Hannes/Hägi, Sara/Döll, Marion (2015): Landeskundliche und (kultur-)reflexive Konzepte. Impulse für die Praxis. In: Fremdsprache Deutsch 52, 3–10.

Spitzer, Manfred (2002): Lernen. Gehirnforschung und die Schule des Lebens. Heidelberg/Berlin.

Stahlberg, Nadine (2016): Rekonstruktionen interkultureller Kompetenz. Ein Beitrag zur Theoriebildung. Frankfurt a. M. u. a.

Ständige Konferenz der Kultusminister der Länder in der Bundesrepublik Deutschland (2014): Bildungsstandards für die fortgeführte Fremdsprache (Englisch/Französisch) für die Allgemeine Hochschulreife. Beschluss der Kultusministerkonferenz vom 18.10.2012. Bonn/Berlin. Online: https://www.kmk.org/fileadmin/veroeffentlichungen_beschluesse/2012/2012_10_18-Bildungsstandards-Fortgef-FS-Abi.pdf; 07.07.2022.

Straub, Jürgen/Weidemann, Arne/Weidemann, Doris (Hg.) (2007): Handbuch interkulturelle Kommunikation und Kompetenz. Grundbegriffe, Theorien, Anwendungsfelder. Stuttgart.
Studer, Thomas (2020): Jetzt skaliert! Plurikulturelle und mehrsprachige Kompetenzen im erweiterten Referenzrahmen. In: Deutsch als Fremdsprache 57/1, 5–26.
Tissot, Anna/Croisier, Johannes/Pietrantuono, Giuseppe et al. (Hg.) (2019): Zwischenbericht I zum Forschungsprojekt „Evaluation der Integrationskurse (EvIk)". Erste Analysen und Erkenntnisse. Nürnberg.
Vogt, Karin (2016): Die Beurteilung interkultureller Kompetenz im Fremdsprachenunterricht oder: Testing the Untestable? In: Zeitschrift für Fremdsprachenforschung 27/1, 77–98.
Wagner, Stephan (2012): Der Fall Jakob von Metzler. Spielfilm. Hamburg. Online: https://www.youtube.com/watch?v=QjZ--mSybJ8; 19.04.2022.
Weidemann, Arne/Straub, Jürgen/Nothnagel, Steffi (Hg.) (2010): Wie lehrt man interkulturelle Kompetenz? Theorien, Methoden und Praxis in der Hochschulausbildung. Ein Handbuch. Bielefeld.
Willbrandt, Nils (2021): Feinde. Fernsehfilm in zwei Teilen. Berlin. Online: https://www.daserste.de/unterhaltung/film/ferdinand-von-schirach-feinde/index.html; 19.04.2022.
Witte, Arnd (2006): Überlegungen zu einer (inter)kulturellen Progression im Fremdsprachenunterricht. In: Fremdsprachen Lehren und Lernen 35/1, 28–43.
Witte, Arnd (2009): Reflexionen zu einer (inter)kulturellen Progression bei der Entwicklung interkultureller Kompetenz im Fremdsprachenlernprozess. In: Michael Byram/Adelheid Hu (Hg.): Interkulturelle Kompetenz und fremdsprachliches Lernen. Modelle, Empirie, Evaluation. Intercultural competence and foreign language learning: models, empiricism, assessment. Tübingen, 49–66.
Wolbergs, Julia (o. J.): Landeskunde anders gedacht. Mitreden […] im Student XChange. Eine Materialsammlung für den deutsch-chinesischen Schulaustausch. Leipzig. Online: https://www.goethe.de/resources/files/pdf234/handreichung_deutsch.pdf, 08.07.2022.
Zabel, Rebecca (2021): Sprache und Kultur. In: Altmayer, Claus/Katrin Biebighäuser/Stefanie Haberzettl et al. (Hg.): Handbuch Deutsch als Fremd- und Zweitsprache. Kontexte – Themen – Methoden. Berlin, 340–357.

Forschungsperspektiven der Kulturstudien   5

Das Fach Deutsch als Fremd- und Zweitsprache, als dessen Teilbereich sich die Kulturstudien begreifen, hat sich immer als deutlich praxisorientiertes Fach verstanden. Es verdankt seine Entstehung in den 1960er und 1970er Jahren ja auch nicht, wie viele andere wissenschaftliche Fächer, der Logik der Ausdifferenzierung und Spezialisierung von Großdisziplinen, sondern bestimmten Entwicklungen in Politik, Gesellschaft und Bildungslandschaft und dem damit einhergehenden erhöhten Bedarf an Konzepten, Lehrmaterialien und qualifizierten Lehrkräften für das Unterrichten von Deutsch als Fremd- und Zweitsprache. In den letzten Jahren hat sich das Fach aber zumindest ein Stück weit von seinen Anfängen emanzipiert und als eigenständige Wissenschaft etabliert, für deren wissenschaftliches Selbstverständnis der Bezug zur Praxis zwar nach wie vor konstitutiv ist, die aber die Praxis des Lehrens und Lernens jetzt vor allem als ihren spezifischen Forschungsgegenstand begreift (vgl. AltmayerBiebighäuser/Haberzettl et al. 2021a)

Wissenschaftlichkeit und Praxisbezug der Kulturstudien: Dabei bestehen in Bezug auf die reale Umsetzung dieses Wissenschaftsanspruchs innerhalb des Fachs allerdings auch deutliche Unterschiede. Während etwa die Linguistik und Angewandte Linguistik bereits auf eine lange Tradition im engeren Sinn wissenschaftlicher Beschäftigung mit Sprache und Spracherwerb zurückblicken können (vgl. z. B. Breindl 2021) und sich auch im Bereich der Didaktik/Methodik mittlerweile ein empirisch-wissenschaftliches gegenüber dem herkömmlich normativ-theoretischen Fachverständnis weitgehend durchgesetzt hat (vgl. Schramm 2021), hinken die Kulturstudien dieser Entwicklung immer noch ein wenig hinterher. Zwar fehlt in keinem der älteren oder neueren Strukturkonzepte der Hinweis auf die wichtige Rolle der ‚Kultur' für das Fach, umgesetzt wurde und wird dies aber meist in Form einer ‚landeskundlichen' Fachkomponente, deren Wissenschaftlichkeit man allenfalls als prekär bezeichnen kann. Denn weder verfügt die herkömmliche ‚Landeskunde' über einen eigenen Forschungsgegenstand noch über spezifische Forschungsmethoden, vielmehr wurde und wird sie meist als reines Anwendungsfach praktiziert, dessen Aufgabe darin besteht, aktuelle und irgendwie relevant scheinende Inhalte und Theoriekonzepte aus anderen, bevorzugt sozial- und geschichtswissenschaftlichen Kontexten für den DaF- oder DaZ-Unterricht aufzubereiten und fruchtbar zu machen.

Der grundsätzliche Bezug zur Praxis des Lernens und Lehrens der Fremd- bzw. Zweitsprache Deutsch ist auch den Kulturstudien eigen, wie sie sich in den letzten Jahren aus der kritischen Auseinandersetzung mit der herkömmlichen ‚Landeskunde' entwickelt haben und wie sie auch Gegenstand dieser Einführung sind; anders als Letztere verstehen sich die Kulturstudien aber gleichwohl vor allem als Wissenschaft. Im ersten Kapitel war bereits ausführlicher die Rede davon, worauf sich dieser Wissenschaftsanspruch vor allem stützt und wie er sich zum Praxisbezug verhält: Demnach leitet sich die Wissenschaftlichkeit der Kulturstudien nicht davon ab, dass sie über einen spezifischen und wohl definierten Gegenstand verfügen, sondern von ihrem spezifischen erkenntnisleitenden Interesse an der Förderung und Verbesserung des kulturbezogenen Lernens und Lehrens im Kontext von Deutsch als Fremd- und Zweitsprache. Die Kulturstudien erforschen also nicht etwa zuerst die ‚Kultur' und wenden das so gewonnene Wissen dann auf die Praxis an, sondern umgekehrt: das praxisbezogene erkenntnisleitende Interesse am kulturbezogenen Lernen konstituiert die Gegenstände, Theorieansätze und Forschungsmethoden der Kulturstudien. In diesem Sinn sind die Kulturstudien ein unverzichtbarer Teilbereich der Wissenschaft Deutsch als Fremd- und Zweitsprache (vgl. dazu Altmayer 2004: S. 13–35; Fornoff 2021: S. 321–322).

Forschungsaufgaben der Kulturstudien: Es waren vor allem zwei Bereiche, die seinerzeit als vordringliche Forschungsaufgaben für die Kulturstudien identifiziert worden sind: zum einen die Analyse von ‚Deutungsmustern' als kulturellen Ressourcen, für die zunächst textanalytisch-hermeneutische Zugänge präferiert wurden (vgl. Altmayer 2004: S. 169–265), für die sich aber mittlerweile die Anknüpfung an diskursanalytische Verfahren als weitaus sinnvoller herausgestellt hat (vgl. Altmayer 2006: S. 191–194; Altmayer 2007; Altmayer/Kasper/Wolbergs 2021b); und zum zweiten die empirische Forschung zu kulturbezogenen Lernprozessen im Kontext von Deutsch als Fremd- oder Zweitsprache, bei der die Anknüpfung an vor allem qualitativ-empirische Verfahren der Datenerhebung und Datenauswertung als zielführend gilt. Hinzu kommt als dritter Aufgabenbereich die Analyse und Entwicklung von Lehr- und Lernmaterialien, die sich erst in jüngerer Zeit als eigener Teilbereich für eine stärker praxisbezogene kulturwissenschaftliche Forschung herausgestellt hat.

Es soll in den folgenden Abschnitten dieses Kapitels darum gehen, im Hinblick auf die genannten drei Aufgabenfelder für die Forschung in den Kulturstudien kurz den Stand der Dinge zu rekapitulieren, vorhandene Forschungsergebnisse zu würdigen und methodologische Fragen zu diskutieren. Vor allem aber soll es darum gehen, die Perspektiven sichtbar zu machen, die sich in diesem Forschungsbereich des Fachs Deutsch als Fremd- und Zweitsprache derzeit bieten.

5.1 Diskurs- und deutungsmusteranalytische Forschung

Deutungsmuster in deutschsprachigen Diskursen als Forschungsgegenstand: Eines der ungelösten Probleme der herkömmlichen ‚Landeskunde' im Fach Deutsch als Fremd- und Zweitsprache bestand immer darin, dass sie sich zum einen einer Vielzahl an Themen und Inhalten gegenüber sah, die alle zum Gegenstand landeskundlichen Lehrens und Lernens gemacht werden konnten und sollten, dass sie aber für keinen dieser Gegenstände selbst die fachlich-disziplinäre Zuständigkeit in Anspruch nehmen konnte. Ob es nun um die Geschichte Deutschlands, um geographische Gegebenheiten des DACH-Raums oder um die Lebensbedingungen in ländlichen Regionen ging: Immer handelte es sich um Themen und Fragestellungen, die von anderen und in aller Regel weitaus besser in der akademischen Welt etablierten Disziplinen behandelt und erforscht wurden: von den Geschichtswissenschaften, der Geographie, der Soziologie usw. (vgl. Fornoff 2021: S. 321).

Mit dem in dieser Einführung ausführlich beschriebenen Paradigmenwechsel von der ‚Landeskunde' zu den Kulturstudien und der Herausbildung eines spezifisch kulturwissenschaftlichen Profils hat sich diese Situation deutlich verändert. Der Anschluss an den ‚cultural turn' in den Geistes- und Sozialwissenschaften und die damit einhergehende Fokussierung von Prozessen der Herstellung und Aushandlung von Bedeutungen, die Etablierung eines wissens- und bedeutungsorientierten Verständnisses von Kultur und die Anbindung an die Diskurstheorie und Diskursforschung haben dazu geführt, dass die Kulturstudien mit den in deutschsprachigen Diskursen implizierten und verhandelten Wissensordnungen (‚Deutungsmustern') nunmehr erstmals einen eigenen und spezifischen Forschungsgegenstand für sich reklamieren können. Anders formuliert: Im Gegensatz zur herkömmlichen ‚Landeskunde' beschäftigen sich die Kulturstudien nicht mehr nur mit der Frage, wie man bestimmte Themen und Inhalte, die von anderen Disziplinen erforscht und bereit gestellt werden, für Lehr- und Lernprozesse sinnvoll aufbereiten kann; sie verfügen vielmehr selbst über Themen und Inhalte, die auch bevorzugter Gegenstand der innerhalb der Kulturstudien betriebenen kulturwissenschaftlichen Forschung sind: eben die in deutschsprachigen Diskursen verwendeten und ausgehandelten Deutungsmuster.

Im dritten Kapitel dieser Einführung war schon ausführlich die Rede davon, wie sich dieser auf den ersten Blick diffuse Gegenstand im Hinblick auf konkrete Forschungsaufgaben präzisieren und systematisieren lässt. Ob die dort und auch schon zuvor an anderen Stellen (vgl. z. B. Altmayer 2013: S. 21–26) vorgeschlagene Systematik von Kulturthemen der Weisheit letzter Schluss ist und ob sich nicht weitere wichtige Kulturthemen identifizieren lassen, die bislang unberücksichtigt geblieben sind, kann natürlich keinesfalls ausgeschlossen werden, soll hier aber vorerst nicht weiter diskutiert werden. Stattdessen wollen wir kurz rekapitulieren, was in diesem Bereich der Forschung innerhalb der Kulturstudien bislang geschehen ist, in welcher Weise sich der Forschungsgegenstand und die

Forschungsfragen weiter konkretisiert haben, welche insbesondere methodischen Paradigmen sich bisher herausgebildet haben und welche besonders drängenden offenen Fragen sich stellen.

Die kulturwissenschaftliche Diskurs- und Deutungsmusteranalyse, wie sie hier als spezifische Forschungsaufgabe der Kulturstudien skizziert worden ist, befindet sich derzeit noch in den Anfängen. Nachdem die ersten Ansätze einer solchen Forschungsrichtung noch eher textanalytisch und hermeneutisch orientiert waren (vgl. Altmayer 2004: S. 266–455), hat sich erst mit der Anbindung an die Diskursforschung, mit der Systematisierung des Felds und der funktionalen und kulturthematischen Differenzierung von Deutungsmustern und mit der Fokussierung auf bestimmte Deutungsmuster und deren Präsenz in Diskursen ein klareres Profil mit einer spezifischeren Fragerichtung herausgebildet, die auch bereits einige konkrete Ergebnisse hervorgebracht hat.

Deutungsmuster ‚Europa': An erster Stelle ist hier die Dissertation von Isabelle Maringer aus dem Jahr 2012 zu nennen, die sich mit dem topologischen Deutungsmuster ‚Europa' beschäftigt, wie es im medialen Diskurs um den EU-Beitritt der Türkei (2002–2004) verwendet und verhandelt worden ist (vgl. Maringer 2012). Das besondere Verdienst der Arbeit besteht zum einen darin, dass sie anhand eines hochgradig ausdifferenzierten Analyseverfahrens, das sich deutlich an die wissenssoziologische Diskursanalyse anlehnt, überhaupt erstmals konkrete Schritte und Analyseebenen für eine spezifisch kulturwissenschaftliche Erforschung von Deutungsmustern in Diskursen vorlegt und dieses auch in ihrem eigenen Versuch einer systematischen Erfassung und Beschreibung eines Deutungsmusters forschungspraktisch umsetzt. Zum zweiten besteht die Bedeutung der Arbeit darin, dass sie mit der Differenzierung in ‚Bedeutungsvarianten' und ‚Bedeutungskomponenten' zu einer weiteren Klärung und Differenzierung des Deutungsmuster-Begriffs und damit auch zur Theoriebildung in den Kulturstudien einen wesentlichen Beitrag leistet. Allerdings ist auch unübersehbar, dass der von Maringer betriebene theoretische und insbesondere analytische Aufwand in einem etwas unbefriedigenden Verhältnis zu den letztlich doch vergleichsweise bescheidenen und erwartbaren Ergebnissen steht. Hinzu kommt, dass Maringer zwar nicht zu Unrecht von einer theoretischen und methodologischen Affinität zwischen einer wissenssoziologischen Diskursanalyse auf der einen und den Forschungsinteressen der Kulturstudien auf der anderen Seite ausgeht, dass sie die Spezifik der Kulturstudien in Relation zur Wissenssoziologie bzw. zur Soziologie generell dabei aber etwas aus dem Auge verliert. So wichtig die Anknüpfung der Kulturstudien an Theorien und methodische Paradigmen benachbarter Disziplinen zweifellos ist, so klar sollte andererseits aber auch immer sein, dass es sich bei den Kulturstudien um einen eigenständigen Wissenschaftsbereich innerhalb des Faches Deutsch als Fremd- und Zweitsprache handelt, dessen Erkenntnisinteressen durch eben diese fachliche Verortung definiert sind und mit den Erkenntnisinteressen der Soziologie oder anderer benachbarter Fächer eben nicht eins zu eins übereinstimmen. Damit einher geht die Frage, inwieweit eine Übernahme methodischer Paradigmen wie beispielsweise der wissenssoziologischen Diskursanalyse in die Kulturstudien möglich und sinnvoll ist oder ob es nicht vielmehr je eigener, aus den Forschungsinteressen der Kulturstudien abgeleiteter Methoden und damit auch eines eigenen methodischen Paradigmas für eine spezifisch kulturwissenschaftliche Diskurs- und Deutungsmusteranalyse bedarf.

Vom Diskurs zum Deutungsmuster oder umgekehrt?: Auch die beiden deutlich weniger umfangreichen Beiträge von Marie Azer und Julia Feike (vgl. Azer/Feike 2016) zum Diskurs über den Bau einer Moschee in Leipzig im Jahr 2013 und von Björn Kasper zum Deutungsmuster ‚Freiheit' anhand eines Musikvideos (vgl. Kasper 2018) stellen wichtige Beiträge zur kulturwissenschaftlichen Diskurs- und Deutungsmusteranalyse dar, machen aber zugleich auch einige Defizite und Unklarheiten insbesondere in Bezug auf das konkrete Vorgehen bei solchen Forschungsarbeiten sichtbar. So besteht beispielsweise bisher eine gewisse Unklarheit in Bezug auf die genaue Frage- und Analyserichtung und den dabei bestehenden Primat von Diskursen auf der einen und Deutungsmustern auf der anderen Seite. Einige der Arbeiten wie etwa Altmayer (2007) oder Azer/Feike (2016) sehen den zu analysierenden thematischen Diskurs, also etwa die Kampagne *Du bist Deutschland* oder die Debatte über den Leipziger Moscheebau, im Vordergrund, wohingegen andere einschlägige Publikationen eher ein spezifisches Deutungsmuster wie ‚Europa' oder ‚Freiheit' als priorität einstufen. Die unterschiedliche und bislang nicht ausreichend diskutierte und reflektierte Prioritätensetzung hat hier zu zwei grundsätzlich differenten und tatsächlich auch nur schwer miteinander vereinbarenden Richtungen bei der Formulierung von Forschungsfragen geführt. Im einen Fall geht die Problemstellung von einem gegebenen thematischen Diskurs aus und fragt danach, welche Deutungsmuster sich in diesem Diskurs identifizieren lassen und welche Bedeutungen und Funktionen ihnen dabei zugeschrieben werden, im zweiten Fall wird umgekehrt ein bestimmtes Deutungsmuster als gegeben vorausgesetzt und danach gefragt, wie dieses Deutungsmuster in Diskursen oder diskursiven Kontexten verwendet wird und welche Bedeutungen ihm dabei zugeschrieben werden.

Für eine Priorisierung des Diskurses gegenüber dem Deutungsmuster spricht, dass damit – zumindest auf den ersten Blick – eine größere Offenheit und ein geringeres Maß an inhaltlichen Setzungen verbunden sind. Wer in Diskursen nach Deutungsmustern sucht, setzt Letztere nicht bereits als gegeben voraus, sondern lässt die Frage, ob es sich bei ‚X' oder ‚Y' tatsächlich um ein Deutungsmuster handelt oder nicht, so lange offen, bis eine formelle Analyse des fraglichen Diskurses dies bestätigt hat. Schaut man genauer hin, stellt sich allerdings schnell heraus, dass wir es hier nicht mit einem stichhaltigen Argument zu tun haben. Denn tatsächlich wird in der angesprochenen Frageperspektive zwar nicht die Ebene der Deutungsmuster, wohl aber die Ebene der thematischen Diskurse als gegeben vorausgesetzt, auch hier also haben wir es mit bestimmten unhinterfragten Setzungen zu tun. Grundsätzlich kann eine Wissenschaft, die sich mit möglichst präzisen und konkreten Problemstellungen beschäftigt, niemals völlig voraussetzungslos agieren, sondern muss immer bestimmte Setzungen vornehmen. In unserem Fall aber führt die Setzung eines thematischen Diskurses und die Perspektivierung eines offenen und vielfältigen Angebots an Deutungsmustern dazu, dass wir über eine so verfahrende Diskursanalyse zwar viel über den betreffenden Diskurs und die darin aufzufindenden Diskurspositionen und Wissensordnungen erfahren, die dabei verwendeten Deutungsmuster – und damit der eigentliche Gegenstand kulturwissenschaftlicher Forschung – aber hinter anderen Aspekten des jeweiligen Diskurses zu verschwinden drohen. Darüber hinaus kann die offene Suche nach Deutungsmustern in einem Diskurs aufgrund der Komplexität von Diskursen auch in einer unüberschaubaren Zahl an möglichen Kandidaten für Deutungsmuster resultieren, aus denen sich aber für die eigentlichen Ziele der Kulturstudien keinerlei sinnvolle Rückschlüsse ableiten lassen.

Eine weiterführende kulturwissenschaftliche Diskurs- und Deutungsmusteranalyse wird demnach eher von einem bestimmten Vorverständnis dessen ausgehen müssen, was ein Deutungsmuster ist, und kann dabei, etwa auf der Basis der oben erläuterten Systematik von kategorialen, chronologischen, topologischen und axiologischen Deutungsmustern, jeweils nach einem bestimmten Muster und dessen Verwendung und inhaltlicher Füllung in einem bestimmten Diskurs fragen. Das heißt nicht, dass nur die aus dieser Systematik ableitbaren Muster zum Gegenstand kulturwissenschaftlicher Forschung werden können, allerdings müsste in diesem wie in jedem anderen Fall der Status eines bestimmten Musters vorab erläutert und begründet werden. Sinnvolle Forschungsfragen innerhalb dieses Feldes lauten dann also nicht „Welche Muster werden im Diskurs ABC verwendet?", sondern: „Wie wird das Muster X im Diskurs ABC (bzw. in verschiedenen Diskursen) verwendet, verhandelt und gedeutet?"

Notwendigkeit einer Einbeziehung der Deutungsgeschichte: Der kurze Überblick über die spärlich vorhandene Forschung zu einer kulturwissenschaftlichen Diskurs- und Deutungsmusteranalyse hat ein zweites Problem offenbart, das eine erneute Reflexion des spezifisch kulturwissenschaftlichen Zugangs der Kulturstudien zu ihrem Gegenstand erforderlich macht. Mit dem Begriff des ‚Deutungsmusters' geht, wie unsere kleine Begriffsexplikation im zweiten Kapitel und die exemplarischen Analysen des dritten Kapitels gezeigt haben, die Annahme einher, dass sich in solchen Mustern über längere Zeiträume hinweg diskursive Wissensordnungen abgelagert und stabilisiert haben, auf die wir in kommunikativen Alltagshandlungen ebenso wie in medialen Auseinandersetzungen zur Herstellung und Aushandlung von Bedeutungen zurückgreifen können und müssen. Deutungsmuster entstehen also nicht ad hoc und immer wieder neu in aktuellen Diskursen, sondern weisen eine gewisse Stabilität über längere Zeiträume und über verschiedene thematische Diskurse hinweg auf. Das Deutungsmuster ‚Europa' mag sich zwar in besonders sichtbarer Weise im politischen Diskurs über die Frage artikulieren, ob einzelne Länder wie die Türkei oder die Ukraine nun zu ‚Europa' gehören oder nicht, es entsteht aber nicht erst in diesem Diskurs, vielmehr greift der Diskurs auf ein bereits vorgedeutet vorliegendes Muster zurück, greift bestimmte Elemente (‚Bedeutungsvarianten') davon auf und stabilisiert sie, während möglicherweise andere Aspekte vernachlässigt oder explizit zurückgewiesen werden.

5.1 Diskurs- und deutungsmusteranalytische Forschung

In den bisherigen Ansätzen der Diskursanalyse, seien es nun stärker linguistisch oder stärker sozialwissenschaftlich orientierte Ansätze, findet diese Perspektive aber nicht ausreichend Berücksichtigung. Vielmehr entsteht häufig der Eindruck, als würden die den Diskurs bestimmenden Wissensordnungen inklusive der daraus resultierenden Subjekt- und Machtpositionen mehr oder weniger ad hoc im jeweiligen Diskurs entstehen. Wenn es beispielsweise bei Keller heißt, Diskurse seien als „Anstrengungen" zu verstehen, „symbolische Ordnungen auf Zeit zu stabilisieren und dadurch einen verbindlichen Sinnzusammenhang, eine Wissensordnung in sozialen Kollektiven zu institutionalisieren" (Keller 2011: S. 12, s. Abschn. 2.4.3), so ist damit zwar eine wichtige Einsicht in die Funktionsweise von Diskursen im Hinblick auf die Setzung von (sozialen) Bedeutungen und Wissensordnungen gewonnen, auch hier aber entsteht der Eindruck, als geschehe diese Setzung in jedem Einzeldiskurs immer wieder neu. Tatsächlich aber sind bestimmte einzelne Diskurse bei dieser Anstrengung ja vor allem deshalb so erfolgreich, weil sie dabei auf bereits durch ältere und nicht selten weit in die Vergangenheit zurückreichende Vorgänger-Diskurse unterstützt werden, die diese Arbeit der Setzung, Festigung und Institutionalisierung von Wissensordnungen bereits geleistet haben. Ohne den Rekurs auf die bereits in früheren Diskursen vorgenommenen Setzungen sind Diskurse also nicht angemessen zu verstehen und zu rekonstruieren.

Die Analyse der Verwendung, Stabilisierung oder auch kritischen Reflexion und Weiterentwicklung eines bestimmten Deutungsmusters in einem bestimmten Diskurs muss daher die Deutungsgeschichte des betreffenden Musters zwingend einbeziehen. In den bisher vorliegenden Konzepten einer kulturwissenschaftlichen Diskurs- und Deutungsmusteranalyse wurde das in der Regel, wenn überhaupt, dadurch gelöst, dass ein aktueller Diskurs bzw. die darin identifizierbaren Deutungsmuster „kontextualisiert, d. h. in sozialer, kultureller und historischer Hinsicht genauer verortet werden" (Altmayer 2007: S. 582), allerdings nur in dem Maß, wie die Verbindung zum jeweiligen (historischen) Kontext im Diskurs bzw. in dessen konkreter Materialisierung als Korpus selbst hergestellt wird (vgl. ebd.). So nachvollziehbar das Argument auch sein mag, dass damit einer ausufernden interpretatorischen Kreativität und der Gefahr der Beliebigkeit Einhalt geboten werden soll (vgl. ebd.), so wenig zielführend ist diese Zurückhaltung aber, wenn es darum gehen soll, die Macht historisch gewachsener Wissensordnungen und ihre Präsenz in aktuellen Diskursen sichtbar zu machen. Diese nämlich entfalten ihre Macht meist eher unterhalb der Schwelle des Expliziten und der direkten Bezugnahme und bleiben daher in der Regel eher implizit; es dürfte aber unter diesen Bedingungen kaum möglich sein, in einem konkreten Textkorpus einen bestimmten (historischen) Kontext zweifelsfrei zu identifizieren, wenn dieser Kontext im Material lediglich implizit präsent ist und als selbstverständlich und allgemein bekannt gesetzt wird.

Ein Beispiel soll dies veranschaulichen. Wenn wir beispielsweise den aktuellen Diskurs über die Veränderung herkömmlicher geschlechtsspezifischer Rollenklischees auf die Frage hin untersuchen, wie in diesem Diskurs die kategorialen Muster ‚Mann' und ‚Frau' verhandelt werden, und dafür beispielsweise ein Korpus von Werbeanzeigen und Werbeclips zusammenstellen, wird sich eine solche Analyse nicht nur auf die Analyse des aktuellen Korpus stützen können, sondern die diesem Diskurs externe historische Ebene des bereits und ‚immer schon' Vorgedeuteten einbeziehen müssen, etwa durch das Heranziehen auch älterer Diskursausschnitte oder einfach des bereits vorliegenden Forschungsstands zum Thema, auch wenn dieser Bezug im aktuellen Material sicher nicht direkt und explizit hergestellt wird. Nur dann kann ja beispielsweise sichtbar gemacht werden, ob und inwieweit im aktuellen Diskurs traditionelle Wissensordnungen weiter tradiert und stabilisiert oder eben kritisch reflektiert, weiterentwickelt und durch neue ersetzt werden.

Die exemplarischen Analysen einzelner Deutungsmuster im dritten Kapitel dieser Einführung haben dieser Ebene der bereits vorhandenen Vordeutungen bestimmter Muster durch die ausführliche Einbeziehung der Deutungsgeschichte Rechnung zu tragen versucht und sich dabei für die Rekonstruktion dieser Deutungsgeschichte auf die vorhandene interdisziplinäre Forschung gestützt. Dieses Verfahren hat den Vorteil, dass damit zum einen die eigenen Analysen entlastet, damit aber zugleich auch in höherem Maß an die vorhandene Forschung anschlussfähig werden und dass nicht zuletzt auf diese Weise auch eine klarere und konkretere Forschungsperspektive entsteht. Die Analyse aktueller Diskurse (bzw. auch nur einzelner Diskursfragmente) kann so sehr viel genauer der Frage nachgehen, inwieweit die in der Deutungsgeschichte sichtbar gemachten Bedeutungsvarianten eines Musters im betreffenden aktuellen Diskurs weiter tradiert und stabilisiert bzw. inwieweit sie kritisch reflektiert und weiterentwickelt oder auch einfach ignoriert werden. Wie dem auch sei, eine kulturwissenschaftliche Diskurs- und Deutungsmusteranalyse, die auf die Einbeziehung der historischen Dimension des ‚immer schon' Vorgedeuteten verzichtet, wird letztlich zum Verständnis der in Diskursen ablaufenden Prozesse der Herstellung, Aushandlung und kritischen Reflexion und Diskussion von Bedeutung nicht viel beitragen können.

Forschungspraktische Aspekte: Ein dritter und eher forschungspraktisch motivierter Aspekt kommt hinzu. Die Analyse von Diskursen, in welchem disziplinären Kontext auch immer, ist eine außerordentlich mühsame und aufwändige Angelegenheit. Vor allem die bereits erwähnte Arbeit von Maringer über das Deutungsmuster ‚Europa' im medialen Diskurs über den EU-Beitritt der Türkei bestätigt dies eindrucksvoll (vgl. Maringer 2012). Die hier zuletzt geforderte Einbeziehung der historischen Ebene von Diskurs- und Deutungsmusteranalysen trägt nicht unbedingt zu einer Vereinfachung bei. Es ist daher dringend erforderlich, zumindest neben dem den Ansprüchen einer formell vollständigen Diskurs- und Deutungsmusteranalyse genügenden und erfahrungsgemäß sehr zeit- und arbeitsaufwändigen Verfahren auch kleinere Formate kulturwissenschaftlicher Deutungsmusteranalysen zu entwickeln, die sich auch sehr viel näher an konkreten Einzelmaterialien abarbeiten und die Präsenz und Verwendung bestimmter Deutungsmuster in bestimmten Texten konkreter herausarbeiten können. Die exemplarischen Analysen in Kapitel 3 dieser Einführung können für einen in dieser Weise vereinfachten Zugang der Kulturstudien zu ihrem Gegenstand als Anschauungsmaterial dienen (vgl. dazu auch Altmayer/Kasper/Wolbergs 2021b).

5.2 Empirische Forschung zum kulturbezogenen Lernen

Normativ-theoretischer vs. empirischer Zugang: Während sich die diskurs- und deutungsmusteranalytische Forschung im Kontext der Kulturstudien mit den Gegenständen des kulturbezogenen Lernens befasst, geht es bei der empirischen Forschung um diese spezifische Form des Lernens selbst, für das sich unterschiedliche Bezeichnungen wie ‚Landeskunde', ‚landeskundliches', ‚interkulturelles' oder eben ‚kulturbezogenes Lernen' eingebürgert haben. Lange Zeit war die Fachdiskussion über diese Art des Lernens in den Fremdsprachenwissenschaften von bestimmten theoretischen und normativen Prämissen geprägt. So ging man beispielsweise davon aus, dass Lernende des Deutschen als Fremdsprache irgendwo auf der Welt nicht nur die Regeln der deutschen Grammatik kennen und beherrschen, sondern auch Wissen über die ‚Länder' haben sollten, in denen Deutsch gesprochen wird. Im Zuge der so genannten kommunikativen Wende der 1970er Jahre wurde dann gefordert, dass Lernende vor allem kommunikative Alltagssituationen sprachlich bewältigen können und dafür auch eher alltagsbezogenes ‚landeskundliches' Wissen erwerben sollten, bevor schließlich im Kontext des interkulturellen Paradigmas gefordert wurde, Lernende mit Strategien und Kompetenzen auszustatten, die sie in die Lage versetzen, sich in der ‚fremden Kultur' zurechtzufinden und in ‚interkulturellen Begegnungssituationen' angemessen zu handeln. Hintergrund all dieser Überlegungen und der sich in ihnen verdichtenden Zielorientierungen des auf das jeweilige ‚Land' bzw. die ‚Kultur' bezogenen Lernens waren durchweg übergeordnete theoretische Grundüberzeugungen davon, was der Fremdsprachenunterricht leisten und an welchen Zielen er sich orientieren sollte, es waren nicht im engeren Sinn wissenschaftliche Erkenntnisse darüber, wie diese Art des Lernens tatsächlich funktioniert, welche Prozesse dabei ablaufen oder welche Faktoren es fördern oder behindern. Dies hat einen recht einfachen Grund: Es gab solche wissenschaftlichen Erkenntnisse nicht, weil dieser Bereich der Fremdsprachenwissenschaften die empirische Erforschung von Lernprozessen oder Unterrichtsinteraktionen nicht als seine Aufgabe angesehen hat. Während wir also beispielsweise darüber, wie Deutschlernende mit bestimmten Ausgangssprachen bestimmte Aspekte der deutschen Grammatik oder Phonetik erlernen und welche Probleme dabei auftreten können, durch die Ergebnisse der empirischen Zweit- oder Fremdspracherwerbsforschung mittlerweile recht gut informiert sind, wissen wir über das ‚landeskundliche', ‚interkulturelle' oder kulturbezogene Lernen im Kontext von Deutsch als Fremd- und Zweitsprache immer noch sehr wenig, weil es im Fach lange Zeit keine nennenswerte empirische Forschung dazu gegeben hat.

Erst seit ca. zehn Jahren hat sich dies zumindest ansatzweise geändert, so dass sich die empirische Forschung zum kulturbezogenen Lernen mittlerweile zu einem eigenen wichtigen Forschungsparadigma innerhalb der Kulturstudien entwickelt hat (vgl. dazu und zum Folgenden auch Fornoff 2021: S. 335–336; Koreik/Fornoff 2020: S. 566–593). Hauptkennzeichen dieser Forschung ist, dass sie in unterschiedlichen Kontexten empirische Daten von Deutschlernenden, Unterrichtsinteraktionen oder konkreten Lernprozessen erhebt, aus denen sich Aussagen zu bestimmten Aspekten des kulturbezogenen Lernens und zu den dieses beeinflussenden Faktoren gewinnen lassen. Während es also bei der zuvor diskutierten diskurs- und deutungsmusteranalytischen Forschung um die Inhalte und Gegenstände des Lernens geht, stehen in der hier fokussierten empirischen Forschung die Lernprozesse selbst im Vordergrund.

Deutschlandbild- und Stereotypenforschung: Nach einer weit verbreiteten Auffassung besteht ein erfolgreiches ‚landeskundliches' oder ‚interkulturelles Lernen' darin, dass stereotypische Vorstellungen oder ‚Bilder' vom Zielsprachenland sich verändern, diversifizieren oder gar ‚abgebaut' werden. Folgt man dieser Auffassung, gewinnen Fragen danach, welche ‚Bilder' vom Zielsprachenland (in der Regel Deutschland) Lernende des Deutschen als Fremdsprache mitbringen, wie stereotypisch oder vorurteilsbeladen diese sind und inwieweit sie sich durch den Aufenthalt in Deutschland oder durch unterrichtliche oder außerunterrichtliche Lernprozesse verändern, tatsächlich eine besondere wissenschaftliche Relevanz. Hier liegen seit den Anfängen des Fachs in den 1970er Jahren auch zahlreiche Studien vor, die sich meist auf die Deutschlandbilder von Deutschlernenden, Austauschschüler/innen und -studierenden oder in Deutschland lebenden Personen in bzw. aus bestimmten Ländern oder Regionen konzentrieren: Spanien und Portugal (vgl. Iberische Lektorenarbeitsgruppe 1999; Spaniel 2002, 2004), Polen (vgl. Żurek 1997; Ellis 2011), Russland (vgl. Ertelt-Vieth 2005; Grupp 2014), Japan (vgl. Grünewald 2005; Sato-Prinz 2011, 2017a, b), Mexiko (vgl. Witte 2014), USA (vgl. Deckers 2010; Wernicke 2013, 2014) oder Ägypten (vgl. Mahmoud 2018), um nur einige wenige neuere Arbeiten zu erwähnen. Dabei sind die Ergebnisse durchweg wenig überraschend: Zum einen lassen sich mehr oder weniger überall traditionsreiche stereotypische Eigenschaften und Verhaltensmuster ausmachen, die die Befragten mit ‚Deutschland' und ‚den Deutschen' verbinden: Bier, Wurst, Fußball, Pünktlichkeit, Nationalsozialismus usw. Zum zweiten konnte bislang nicht eindeutig geklärt werden, ob der Deutschunterricht oder Aufenthalte im ‚Zielsprachenland' tatsächlich zu einer nachhaltigen Infragestellung oder gar Veränderung dieser stereotypen Vorstellungen führen, im Gegenteil: nicht selten sehen die Befragten sich auch in ihren Erwartungen bestätigt.

Das eigentliche Problem der bisherigen Stereotypen- oder Deutschlandbild-Forschung sind allerdings weniger die vorhersagbaren Ergebnisse als vielmehr die dabei praktizierten Forschungs- und Befragungsmethoden und die diesen zugrunde liegenden Konstrukte und Vorannahmen. Diese nämlich bringen das Phänomen, das sie zu untersuchen vorgeben, durch die spezifische Art der Befragung und der Datenerhebung selbst erst hervor, es werden also lediglich

Artefakte produziert, deren wissenschaftlicher Wert und deren Aussagekraft außerordentlich begrenzt bleiben. Sichtbar wird dies vor allem bei den Studien, die (wie beispielsweise Grünewald 2005 oder Sato-Prinz (2017a) zu Deutschland- und Deutschlandbildern in Japan) mit einem quantitativ-experimentellen Forschungsdesign arbeiten, bei dem die Proband*innen anhand von vorgegebenen Listen mit möglichen Eigenschaften ‚der Deutschen' aufgefordert werden, Assoziationen zu ‚Deutschland' und ‚den Deutschen' zu äußern. Das pauschalisierende Denken in nationalkulturellen Kategorien wird hier also durch die Versuchsanordnung selbst hervorgebracht und als ‚normal' gesetzt. Allerdings kann auch ein eher qualitativ-exploratives Forschungsdesign, das mit einem offenen Interviewleitfaden operiert und beispielsweise auch von den Probanden angefertigte konkrete Bilder als Datenmaterial einbezieht (z. B. Grupp 2014), diesem grundlegenden Dilemma nicht entgehen, denn auch hier muss die Interviewsituation den Gegenstand thematisch eingrenzen und auf die Bilder von ‚Deutschland' und ‚den Deutschen' festlegen. Wenn beispielsweise Grupp in ihrer Studie über die Deutschlandbilder von Kaliningrader Studierenden die Interviewsituation damit eröffnet, dass sie ihre Probanden Assoziationen zu den einzelnen Buchstaben des Wortes ‚deutsch' äußern lässt, ist damit das Thema gesetzt und werden die nachfolgenden offeneren Fragen von vornherein in einen nationalkulturellen Deutungsrahmen gestellt (vgl. Grupp 2014: S. 178–186). Ein wirklich offener Zugang, der beispielsweise den Proband*innen auch ermöglichen oder gar nahelegen würde, die Sinnhaftigkeit solcher nationalkultureller Setzungen grundsätzlich zurückzuweisen oder in Frage zu stellen und die eigenen Deutungen außerhalb dieses Rahmens vorzunehmen, ist damit von vornherein ausgeschlossen oder wird zumindest sehr erschwert.

Insgesamt spricht daher vieles dafür, dass die empirische Forschung zu Bildern, Vorstellungen oder Stereotypen von ‚Deutschland' und ‚den Deutschen' ein problematisches Paradigma darstellt, das auf zweifelhaften Vorannahmen wie etwa der vermeintlich objektiven Gegebenheit von Nationen, Nationalkulturen und national definierten Gruppen beruht und diese Vorannahmen in weitgehend unreflektierter Weise reproduziert. Wirklich innovative Resultate, die auch die Theoriebildung zu kulturbezogenem Lernen im Kontext von Deutsch als Fremd- und Zweitsprache voranbringen könnten, sind von diesem Forschungsparadigma daher wohl nicht zu erwarten.

Kulturbezogenes Lernen in virtuellen Welten: Deutlich höheres Potenzial im Hinblick auf eine empirisch gestützte Theoriebildung zum kulturbezogenen Lernen haben hingegen solche Studien, die sich meist im Rahmen eines qualitativ-empirischen Forschungsdesigns mit konkreten Lehr-Lernsettings und mit bestimmten und begrenzten Gegenständen beschäftigen, an denen sich das Lernen jeweils vollzieht. So geht Katrin Biebighäuser in ihrer Arbeit zum *Fremdsprachenlernen in virtuellen Welten* (Biebighäuser 2014) der Frage nach, welches Potenzial digital-virtuelle Welten für das landeskundliche bzw. interkulturelle Lernen haben und wie es sich sinnvoll und gewinnbringend nutzen lässt. Dabei untersucht sie mit Hilfe vor allem videographischer Daten die Interaktion von Teilnehmenden eines Begegnungsprojekts, bei dem Studierende einer deutschen und einer polnischen Hochschule sich in der virtuellen Welt Second Life gemeinsam mit dem ‚Erinnerungsort Mauer' beschäftigen. Das spezifische Lehr-Lern-Setting besteht hier darin, dass die Interaktion der Proband*innen sich innerhalb einer virtuellen Simulation der Mauer und des Lebens im geteilten Berlin bzw. Deutschland abspielt, von deren Gestaltung man allerdings – von einigen wenigen Screenshots abgesehen – keinen wirklichen Eindruck gewinnt. Die Auswertung der so gewonnenen Daten orientiert sich dann auf drei große Themenbereiche: auf die Zusammenarbeit innerhalb der einzelnen Gruppen (vgl. ebd.: S. 183–317), auf den Einfluss bestimmter Kontextfaktoren der virtuellen Umgebung auf diese Zusammenarbeit (vgl. ebd.: S. 319–388) und schließlich auf das Potenzial der virtuellen Umgebung für interkulturelles bzw. historisches Lernen (vgl. ebd.: S. 389–418).

Auch wenn man letzteres nur als Erwerb von ‚landeskundlichem' oder historischem Wissen, etwa über die Lebensumstände in der DDR bzw. im geteilten Deutschland, versteht, fallen die Resultate der Studie von Biebighäuser doch sehr bescheiden aus. Nur in wenigen der von ihr ausgewerteten Interaktionen kommt es überhaupt zu einem substanzielleren Austausch über die landeskundlichen Themen, und in noch weniger Fällen sind die Studierenden in der Lage, die virtuellen Erfahrungen auf ihr Vorwissen zu beziehen und ihnen so Sinn zuzuschreiben; meist bleibt dies dann auch an der Oberfläche. Eine vertiefte Auseinandersetzung mit dem Thema findet hingegen kaum statt.

Ähnlich wie Biebighäuser fragt auch Christine Becker in ihrer Arbeit zum Thema *Kulturbezogenes Lernen in asynchroner computervermittelter Kommunikation* (Becker 2018) nach dem Potenzial digitaler Medien für das ‚kulturbezogene' bzw. ‚landeskundliche Lernen', und ähnlich wie bei Biebighäuser überwiegt das Interesse am digitalen Format und dessen didaktischen Möglichkeiten und Grenzen das am kulturbezogenen Lernen recht deutlich. Konkret geht es um die Frage, welche landeskundlichen Lernprozesse sich in den digitalen Kommunikationsformen der Studierenden eines ‚Landeskunde'-Kurses zum Thema ‚Deutsche Gründungsmythen' an der Universität Stockholm feststellen lassen. Als Datenbasis dienen dabei zum einen die schriftlichen Beiträge der an der Studie beteiligten Studierenden, die im Rahmen der asynchronen Bearbeitung der themenbezogenen Aufgabenstellungen im Kurs zustande kamen, und zum anderen retrospektive Interviews mit einigen der beteiligten Studierenden (vgl. ebd.: S. 121–122). Die Daten wurden anhand eines deduktiv und induktiv erstellten Kategoriensystems nach dem Verfahren der qualitativen Inhaltsanalyse ausgewertet. Dabei fällt auf, dass die herangezogenen Kategorien sich vor allem auf formale Aspekte fokussieren, indem sie beispielsweise die verschiedenen Modi der Aufgabenbearbeitung durch die Studierenden hervorheben, wohingegen inhaltliche Aspekte der Auseinandersetzung mit den vorgegebenen Themen im Sinne des kulturbezogenen Lernens eher im Hintergrund bleiben (vgl. ebd.: S. 133–134). Fragen der formalen Gestaltung der Forumsbeiträge und der Interaktion zwischen den Teilnehmenden spielen denn auch in der Auswertung eine wichtige Rolle (vgl. ebd.: S. 139–196, Kap. 5), und auch da, wo sich ein ganzes

5.2 Empirische Forschung zum kulturbezogenen Lernen

Kapitel explizit der Frage widmet, inwieweit sich in den Daten kulturbezogenes Lernen beobachten lässt, stehen letztlich vor allem formale und didaktische Fragen danach im Vordergrund, welche Aufgabenstellungen welche Arbeits- und Interaktionsformen der Studierenden begünstigen oder behindern; die inhaltlichen und thematischen Aspekte des kulturbezogenen Lernens selbst bleiben dagegen eher im Hintergrund und wirken fast ein wenig beliebig (vgl. ebd.: S. 197–290).

‚**Deutungslernen'** zu ‚**Erinnerungsorten'**: Wie Biebighäuser und Becker geht es auch im empirischen Teil der 2016 veröffentlichten Habilitationsschrift von Roger Fornoff zum Thema *Landeskunde und kulturwissenschaftliche Gedächtnisforschung. Erinnerungsorte des Nationalsozialismus im Unterricht Deutsch als Fremdsprache* um kulturbezogenes Lernen zu einem historischen Thema, in diesem Fall um das historische Problemthema schlechthin, den Nationalsozialismus. Aber anders als die zuvor angesprochenen Autorinnen stellt Fornoff sein Thema und dessen Relevanz für das Fach Deutsch als Fremd- und Zweitsprache in einen theoretischen Rahmen, der vor allem die aktuellen geschichts- und kulturwissenschaftlichen Ansätze des ‚kollektiven' bzw. ‚kulturellen Gedächtnisses' und der ‚Erinnerungsorte' in ihrer Bedeutung für das Fach und insbesondere für dessen ‚landeskundliche' bzw. kulturwissenschaftliche Lehr- und Forschungsinteressen aufarbeitet; darauf wurde an anderer Stelle in dieser Einführung ja bereits hingewiesen (s. Abschn. 3.2.2, kritisch dazu vgl. auch Altmayer 2020: S. 26–27). Und anders als Biebighäuser und Becker wurden die Daten der empirischen Studie bei Fornoff nicht in einem digitalen Lehr-Lernsetting, sondern in einem herkömmlich analogen Unterrichtskontext mit serbischen Studierenden der Germanistik erhoben. Konkret geht es um die Daten aus schriftlichen Prüfungsaufgaben und mündlichen Interviews von sechs serbischen Studierenden, die im Rahmen von Lehrveranstaltungen des Forschenden selbst zum Thema Nationalsozialismus erhoben worden sind. Dabei sollen die Datenerhebungen zu zwei unterschiedlichen Zeitpunkten jeweils vor und nach der unterrichtlichen Intervention sicherstellen, dass sich tatsächlich Lernprozesse im Sinn einer Veränderung der jeweils verfügbaren Deutungsressourcen identifizieren lassen. Die Datenauswertung erfolgt in Form von drei exemplarischen Einzelfallanalysen, die sehr vielschichtige Zugänge zum Thema, aber auch unterschiedliche Formen der Offenheit für andere Sichtweisen und damit auch unterschiedliche Ausprägungen von Lernbereitschaft erkennen lassen.

Fornoff legt in seiner Studie das lerntheoretische Konzept des ‚Deutungslernens' (nach Schüßler 2000 bzw. Altmayer 2008) und das Modell der ‚personalen Kulturkonstrukte' (nach Pietzuch 2009) zugrunde, wonach kulturbezogene Lernprozesse an die bei den lernenden Individuen bereits vorhandenen Deutungsressourcen anknüpfen und sich als Veränderung oder Umstrukturierung dieser Deutungsressourcen beschreiben lassen (vgl. Fornoff 2016: S. 264–272). Dieses Modell ermöglicht zunächst einen sehr offenen und unvoreingenommenen Zugang, der die Interviewpartner und deren je individuelle Perspektiven und je spezifischen Lernprozesse ernst nimmt. Im zweiten Schritt verbindet er dieses Modell mit einem herkömmlich dichotomischen Konzept des ‚interkulturellen'

Lernens, das die lernenden Subjekte dann doch wieder an ihre vermeintlich vorgängige nationalkulturelle Orientierung bindet. Mit seiner Gegenüberstellung von ‚eigenkulturellen' (d. h. serbischen) vs. ‚fremdkulturellen' (d. h. deutschen) Diskursen und Deutungsmustern (vgl. u. a. ebd.: 279) stellt Fornoff sein Thema demnach von vornherein in den Rahmen des herkömmlich nationalkulturellen Diskurses und nimmt damit eine theoretisch und politisch motivierte Setzung vor, die seine empirischen Ergebnisse in hochproblematischer Weise vorwegnimmt und kontaminiert. Ob und inwieweit kulturbezogene Lernprozesse in Südosteuropa oder wo auch immer innerhalb nationalkulturell vorgegebener Deutungsrahmen stattfinden oder nicht, ist eine empirische Frage und kann nicht, wie Fornoff das explizit tut (vgl. ebd.: S. 279–280), theoretisch verordnet und gesetzt werden. Durch die theoretisch vorgegebene Einordnung der lernenden Subjekte in einen ihnen von außen unterstellten nationalkulturellen Orientierungsrahmen und durch die ebenfalls vom Forschenden gesetzte Dichotomisierung von ‚eigener' vs. ‚fremder' Nationalkultur aber werden die Lernenden und ihre Deutungsperspektiven durch das vorgegebene Forschungsdesign in methodologisch unzulässiger Weise eingegrenzt und auf bestimmte, nämlich nationalkulturelle Perspektiven festgelegt. Mit wirklich ergebnisoffener empirischer Forschung hat das wenig zu tun.

Kulturbezogenes Lernen in der Unterrichtsinteraktion: Während die bisher diskutierten Arbeiten zum kulturbezogenen Lernen jeweils spezifische Teilaspekte des Themas wie die Gestaltung von digitalen Lehr-Lernumgebungen oder die Rolle nationaler Erinnerung hervorheben, stehen in den Arbeiten von Rebecca Zabel (2016) und Sara Agiba (2017) die Interaktionen zwischen Lehrenden und Lernenden sowie die damit verbundenen Lernprozesse selbst sehr viel deutlicher im Zentrum des Interesses.

Die Studie *Typen des Widerstands im Kontext Deutsch als Zweitsprache. Kulturelle Orientierung von Teilnehmenden an Integrationskursen* von Rebecca Zabel beschäftigt sich als eine der ersten empirischen Studien überhaupt mit den Orientierungskursen des BAMF, von denen oben in Kapitel 4 ausführlicher die Rede war. Sie greift den im Namen der Kurse genannten Aspekt der ‚Orientierung' auf und fragt danach, inwieweit diese „zur Orientierung von Zugewanderten beitragen" (Zabel 2016: S. 15). Dies impliziert zum einen die Frage, welche inhaltlichen Setzungen und Vereindeutigungen in den curricularen Vorgaben und in den Lernmaterialien der Orientierungskurse vorgenommen und wie diese im Unterricht (re)konstruiert werden, und zum zweiten, inwieweit diese Setzungen an die bei den Teilnehmenden vorhandenen Wissensmuster anschlussfähig sind bzw. auf Widerstand stoßen. Als empirische Daten werden videographierte und transkribierte Unterrichtsinteraktionen aus verschiedenen Orientierungskursen herangezogen, in denen jeweils das curricular vorgegebene Thema ‚religiöse Vielfalt' verhandelt wurde. Die anhand eines sequenziellen Verfahrens vorgenommene Datenauswertung zeigt nicht nur, dass die von Curriculum, Lehrwerken und Lehrkräften vorgenommenen inhaltlichen Setzungen eine vereindeutigende Tendenz haben und zudem in sich häufig inkonsistent und widersprüchlich sind, sondern dass sie bei den Teilnehmenden auch vielfach auf Widerstand stoßen, der sich in Gegenpositionen und kontroversen Diskussionen artikuliert und dabei nicht etwa von vermeintlich ‚fremdkulturellen' Wissensmustern Gebrauch macht, sondern sich auf Positionen und Wissensmuster beruft, wie sie in deutschsprachigen Diskursen zum Thema gang und gäbe sind. In den beobachteten Orientierungskursen, so Zabel abschließend, leisten die Teilnehmenden „Widerstand gegen von staatlicher Seite gesetzte Wissensordnungen und nutzen dabei die ‚Brüchigkeit' dieser Wissensordnungen" (ebd.: S. 428).

Während Zabel sich erstmals explizit mit einem im DaZ-Kontext angesiedelten Lehr-Lern-Setting befasst, kehren wir mit der Studie *Lernen durch Irritation. Ein Beitrag zur Untersuchung kulturbezogener Lernprozesse bei ägyptischen DaF-Lernenden* von Sara Agiba wieder in den DaF-Kontext außerhalb des deutschsprachigen Raums, in diesem Fall in Ägypten, zurück. Agiba legt ihrer Arbeit ein Konzept des (kulturbezogenen) Lernens zugrunde, wonach Lernen durch Erfahrungen der Irritation des bereits vorhandenen Wissens ausgelöst und ermöglicht wird. Sie untersucht, wie sich solche Irritations- oder Diskrepanzerfahrungen bei DaF-Lernenden einerseits mit Hilfe geeigneten Materials auslösen und wie sie sich für die Initiierung und Förderung kulturbezogenen Lernens nutzen lassen. Ihre Daten sind videographierte Unterrichtsinteraktionen ägyptischer Deutschlernender mit einem akademischen Hintergrund, die sich mit ‚irritierenden' Lernmaterialien zum Thema ‚Männer und Frauen' auseinandersetzen, sowie leitfadengestützte Interviews mit einigen der beteiligten Lernenden. Dabei wurden die Materialien von der Forscherin so ausgewählt und didaktisiert, dass sie die vorhandenen Bilder von ‚Männlichkeit' und ‚Weiblichkeit' potenziell in Frage stellen und zur ‚Irritation' bestehender Muster beitragen. Die Ergebnisse der nach der dokumentarischen Methode erfolgenden sequenziellen Analyse der Daten werden in einer „Typologie des Umgangs mit Irritation" (Agiba 2017: S. 227) zusammengeführt, die von maximaler Geschlossenheit gegenüber irritierenden Momenten bis zu maximaler Offenheit reicht und die anhand der empirischen Daten ausführlich erläutert und begründet wird. Der wichtigste Beitrag der Studie im Hinblick auf ein besseres Verständnis kulturbezogener Lernprozesse besteht vor allem in dem im Schlusskapitel vorgestellten Schema, das verschiedene Teilprozesse kulturbezogenen Lernens differenziert und erlauben soll, die in der vorherigen Typologie unterschiedenen Arten des Umgangs mit Irritationsmomenten genauer zu erfassen und zu beschreiben, ohne sie an einem normativen Idealzustand zu messen (vgl. ebd.: S. 237).

Desiderata empirischer Forschung in den Kulturstudien: Für eine angemessene Würdigung der vorliegenden Arbeiten zur empirischen Erforschung des kulturbezogenen Lernens im Kontext von Deutsch als Fremd- und Zweitsprache ist zunächst einmal am wichtigsten darauf hinzuweisen, dass es diese Arbeiten überhaupt gibt und dass damit das kulturbezogene Lernen erstmals zu einem Gegenstand seriöser empirischer Forschung geworden ist. Die Kulturstudien haben damit zumindest begonnen, das bisherige Defizit an Empirie und Wissenschaftlichkeit aufzuarbeiten und den Abstand zu anderen Wissenschaftsbereichen im Fach aufzuholen. Erste Anfänge also sind gemacht, aber auch nicht mehr. Weder in qualitativer noch in quantitativer Hinsicht ist das bisher Erreichte zufriedenstellend, und weder im Hinblick auf eine hinreichend empirisch basierte Theoriebildung noch im Hinblick auf die Herausbildung eines methodischen Paradigmas sind wir bisher weit vorangekommen.

Ein deutliches Defizit der bisherigen Arbeiten besteht zunächst einmal in einer etwas einseitigen Perspektive auf Lehr-/Lernsituationen in akademischen Kontexten. Bei den für die Untersuchungen ausgewählten Proband/innen handelt es sich in fast allen Fällen um Studierende, die an Hochschulen Deutsch oder Germanistik studieren; einzig die Studie von Zabel (2016) thematisiert mit den Orientierungskursen des BAMF einen außerakademischen Lehr- und Lernkontext. Hier stellt ein höheres Maß an Diversifizierung und beispielsweise auch die Einbeziehung des schulischen Deutschlernens in verschiedenen Ländern sowie des schulischen DaZ-Lernens innerhalb des amtlich deutschsprachigen Raums ein dringendes Desiderat dar. Auch die Frage, ob und ggf. wie kulturbezogenes Lernen in ungesteuerten Erwerbssituationen zustande kommt, ist bislang nicht thematisiert worden.

Einige der vorliegenden Arbeiten richten das Interesse ihrer Forschung stärker auf bestimmte Rahmenbedingungen, unter denen sich kulturbezogenes Lernen vollzieht (oder auch nicht), und verlieren dabei die Lernprozesse selbst immer wieder aus dem Blick. Selbstverständlich sind Fragen nach dem spezifischen Potenzial bestimmter Lehr-Lernsettings, bestimmter Formen der didaktisch-methodischen Intervention oder bestimmter Mediengattungen (literarische Texte, Bilder, Filme usw.) für das kulturbezogene Lernen sinnvoll und notwendig, allerdings wird in Studien zu diesen und ähnlichen Problemstellungen häufig ein nicht weiter reflektiertes und problematisches Konstrukt von kulturbezogenem als ‚interkulturellem Lernen' vorausgesetzt, das durch die empirischen Daten dann aber auch nicht weiter spezifiziert oder differenziert wird. Wünschenswert wären daher mehr empirische Arbeiten, die sich weniger auf die Rahmenbedingungen und mehr auf das Lernen selbst konzentrieren und dabei von einem offeneren und weitaus stärker an den Lernenden orientierten Vorverständnis von kulturbezogenem Lernen ausgehen.

Ein klares methodisches Paradigma hat sich in den vorliegenden Arbeiten bislang nicht herausgebildet, was angesichts der noch zu geringen Anzahl einschlägiger Studien auch nicht zu erwarten war. Auch sind Diskussionen zu forschungsmethodologischen Fragen in diesem Bereich bislang eher die Ausnahme (vgl. Fornoff 2021: S. 334–336). Sieht man von einigen der oben erwähnten Arbeiten zu ‚Deutschlandbildern' (z. B. Grünewald 2005; Sato-Prinz 2017a) ab, so spielen quantitativ-statistische Verfahren der Datenerhebung und -auswertung bislang eine deutlich geringere Rolle als qualitativ-rekonstruktive Methoden. Dies liegt insofern auch in der Natur der Sache, als es in den Kulturstudien ja generell nicht um die Sichtbarmachung ‚objektiver' Strukturen und

Gesetzmäßigkeiten geht, sondern um die Rekonstruktion subjektiver Perspektiven, Deutungen und Lernprozesse, die sich mit Hilfe eines stärker am Einzelfall als am statistischen Querschnitt orientierten qualitativen Forschungsdesigns eher bewerkstelligen lässt als mit Hilfe eines quantitativen und statistischen Zugangs.

Die bislang praktizierten Verfahren der Datenerhebung sind vielfältig und reichen von der Audio- und Videographie von Unterrichtsinteraktionen über die Einbeziehung von in Lehr-Lernsettings entstandenen schriftlichen Dokumenten von Lernenden bis zu den eher schon klassischen Verfahren leitfadengestützter Interviews. In den meisten Studien wird zudem unter Verweis auf die gerade in der qualitativen Forschung sinnvolle Datentriangulation eine Mischung verschiedener Datenerhebungsverfahren praktiziert. Auch bei der Datenauswertung hat sich mit der qualitativen Inhaltsanalyse und der dabei vorgesehenen Erarbeitung und Anwendung eines Kategoriensystems ein in der qualitativ-empirischen Sozialforschung gut etabliertes Verfahren bei der Erforschung kulturbezogener Lernprozesse als sinnvoll und praktikabel erwiesen; allerdings bleibt hier zu bedenken, inwieweit sich mit Hilfe der eher statischen Inhaltsanalyse tatsächlich Prozesse des Deutens und Lernens abbilden lassen. Daher könnten sich in Zukunft sequenzielle Verfahren, etwa im Anschluss an die dokumentarische Methode, wie sie beispielsweise von Agiba oder Zabel bereits praktiziert wurden, als weitaus sinnvoller herausstellen.

Alles in allem aber ist die empirische Forschung im Kontext der Kulturstudien auf einem guten Weg und es bleibt zu hoffen, dass dieser Weg in den nächsten Jahren durch zahlreiche weitere Studien noch etwas breiter ausgebaut wird.

5.3 Forschung zu Lernmedien für kulturbezogenes Lernen

Traditionen der Lernmedienforschung: Anders als die bisher diskutierte diskursanalytische oder empirische Forschung innerhalb der Kulturstudien kann die Erforschung ‚landeskundlicher' Lehr- und Lernmaterialien im Fach Deutsch als Fremd- und Zweitsprache auf eine längere Geschichte zurückblicken. Schon im *Mannheimer Gutachten* von Ende der 1970er Jahre zu den zu dieser Zeit verbreiteten Lehrwerken für Deutsch als Fremdsprache spielten ‚landeskundliche' Aspekte eine durchaus prominente Rolle, auch wenn zu dieser Zeit noch ein deutlich wissens- und informationsorientiertes Verständnis und zudem ein deutlicher Fokus auf kulturgeographische Kenntnisse vorherrschte (vgl. Engel et al. 1977: S. 17–18). Mit dem *Mannheimer Gutachten* war die Forschungsrichtung der Lehrwerkanalyse im Fach Deutsch als Fremd- und Zweitsprache etabliert, bei der von Anfang an auch Fragen nach der Darstellung und Behandlung landeskundlicher bzw. kultureller Aspekte des Deutschlernens eine wichtige Rolle spielten.

Eine erste größere Studie dazu war die Arbeit von Ammer aus dem Jahr 1988, die das in den Lehrwerken für Deutsch als Fremdsprache seit 1955 vermittelte Deutschlandbild untersucht hat und die sowohl im Hinblick auf die Fragestellung als auch auf das dabei angewandte analytische Instrumentarium für längere Zeit stilbildend gewirkt hat (vgl. Ammer 1988). Vor allem Ammers Typologie der Präsentationsweisen landeskundlicher Inhalte in Lehrwerken und die Differenzierung zwischen „typisierend-imitatorischen", „normativ-dokumentarischen", „affirmativ-exklamatorischen", „problemorientierten" und „kritisch-emanzipatorischen" Darstellungsformen (Ammer 1988: S. 97–111) hat in der Folgezeit weitere Analysen zum Deutschlandbild insbesondere in regionalen Lehrwerken angeregt (vgl. z. B. Fink 2003).

Historische Themen in Lehrwerken: Seit den 1990er Jahren hat sich die landeskundlich orientierte Lehrwerkforschung immer wieder mit der Darstellung historischer Themen in Lehrwerken beschäftigt und dabei zunächst vor allem danach gefragt, wie das Thema ‚Nationalsozialismus' behandelt wird und ob und inwieweit die Lehrwerke den besonders schwierigen und sensiblen Ansprüchen, die gerade an dieses Thema zu stellen sind, gerecht werden (vgl. hierzu vor allem die einschlägigen Beiträge in Warmbold/Koeppel/Simon-Pelanda 1994); darüber hinaus ging es hier allerdings auch generell um die Frage, welche Rolle historische Themen im Fach Deutsch als Fremdsprache spielen (sollten), in welcher Weise dabei die Ergebnisse geschichtswissenschaftlicher und geschichtsdidaktischer Forschung Berücksichtigung finden und wie sich dies konkret in regionalen und überregionalen Lehrwerken darstellt. So geht beispielsweise die Arbeit von Christian Thimme der Frage nach, in welchem Umfang und in welcher Form historische Themen in einschlägigen Lehrwerken für Deutsch und Französisch als Fremdsprache behandelt werden und in welcher Weise dabei geschichtswissenschaftliche und geschichtsdidaktische Aspekte berücksichtigt werden (vgl. Thimme 1996). Das Ergebnis ist erwartungsgemäß ernüchternd: Weder in Deutsch- noch in Französisch-Lehrwerken spielen die fachwissenschaftlichen und fachdidaktischen Debatten der Bezugswissenschaft Geschichte eine spürbare Rolle, wobei gerade im Bereich Deutsch als Fremdsprache positive Ausnahmen wie *Deutsch aktiv* und *Deutsch konkret* die Regel bestätigen.

Auch die Arbeit von Minna Maijala aus dem Jahr 2004 untersucht die Darstellung deutscher Geschichte in Lehrwerken für Deutsch als Fremdsprache, bezieht dabei aber ausschließlich regionale Lehrwerke aus fünf europäischen Ländern ein. Anhand eines Kriterienkatalogs, der mediale, thematische und didaktische Aspekte berücksichtigt, kommt Maijala zu dem Ergebnis, dass sowohl im Hinblick auf die medialen Darstellungsformen geschichtlicher Themen als auch im Hinblick auf die thematischen Schwerpunkte deutliche Unterschiede zwischen den Lehrwerken verschiedener Länder auszumachen seien. Die anfänglich formulierte Annahme, wonach die Darstellung deutscher Geschichte in Lehrwerken jeweils nationalspezifischen Interessen folge, habe sich in der Untersuchung bestätigt (vgl. Maijala 2004: S. 344–347).

Die vorliegenden Arbeiten zur Behandlung historischer Themen in Lehrwerken gehen durchweg von normativen Kriterien aus, die meist von einem herkömmlich wissensorientierten Verständnis von ‚Landeskunde' abgeleitet werden. Die Frage, inwiefern historisches Wissen oder ein Verständnis für historische Themen für welche Lernenden des Deutschen als Fremd- oder Zweitsprache in welchen Lehr- und Lernkontexten und auf welchem sprachlichen Niveau überhaupt relevant sind und ob das herkömmlich kognitiv-faktische oder interkulturelle Verständnis von ‚Landeskunde' noch angemessen ist, wird hingegen kaum gestellt. Daher sind die bisherigen Ergebnisse dieser Forschungsrichtung für die Kulturstudien heute auch kaum noch von Interesse.

Umsetzung ‚landeskundlicher' Konzepte in Lehrwerken: Neuere Arbeiten zur Repräsentanz kultureller Aspekte in Lehrwerken gehen in ihren Analysen daher auch nicht mehr von Kriterien aus, die von außen an die Lehrwerke und die durch diese anzustoßenden Lernprozesse herangetragen werden, sondern bleiben innerhalb des Fachdiskurses und fragen danach, ob und wie die unterschiedlichen ‚landeskundlichen' oder kulturbezogenen Konzepte des Fachs Deutsch als Fremd- und Zweitsprache in Lehrwerke eingehen. Neben zahlreichen kleineren Beiträgen ist dieses Forschungsinteresse vor allem an der 2020 erschienenen Arbeit *Landeskunde im Kontext. Die Umsetzung von theoretischen Landeskundeansätzen in DaF-Lehrwerken* erkennbar (vgl. Ciepelewska-Kaczmarek/Jentges/Tammenga-Helmantel 2020). Anhand einer ausführlicheren Auseinandersetzung mit den verschiedenen Konzepten zu Landeskunde und kulturbezogenem Lernen, die auch neuere Ansätze wie das ‚kulturreflexive Lernen' oder die ‚diskursive Landeskunde' einbezieht, werden hier jeweils drei aktuelle Lehrwerke im Hinblick auf landeskundliche Aspekte analysiert, die im schulischen Deutsch als Fremdsprache-Unterricht in den Niederlanden und in Polen eingesetzt werden. Dabei zeigt sich, dass in niederländischen Lehrwerken aufgrund des Fehlens curricularer Vorgaben eine thematische Progression weitgehend fehlt und die angesprochenen Einzelaspekte häufig nicht miteinander zusammenhängen (vgl. ebd.: S. 106–107), wohingegen die Lernenden in den untersuchten polnischen Lehrwerken nach Einschätzung der Autorinnen „mit der kulturellen und sprachlichen Vielfalt des deutschsprachigen Raums vertraut gemacht werden" (ebd.: S. 135). Allerdings bleibt bei allem Bemühen um eine Herleitung der für die Analyse herangezogenen Kriterien auch hier die Frage offen, worauf sich der in den Kriterien und in den Analysen implizierte normative Anspruch stützt. Zwischen der rein deskriptiv verfahrenden Darstellung der verschiedenen Ansätze der ‚Landeskunde' auf der einen Seite (vgl. ebd.: S. 36–71) und der Formulierung der Analysekriterien klafft nämlich insofern eine argumentative Lücke, als in die verwendeten Kriterien nur einige der zuvor erwähnten Konzepte eingehen, andere jedoch ignoriert werden, ohne dass dies reflektiert oder begründet würde.

‚Thematische Diskursanalyse' als neues Paradigma für die Lernmedienforschung: Die Grundproblematik fast aller bisher vorliegenden Forschungsarbeiten zur Darstellung und Behandlung landeskundlicher oder kultureller Themen und Aspekte in Lehrwerken für Deutsch als Fremd- und Zweitsprache ist damit bereits angesprochen: Sie folgen in der Regel dem ‚klassischen' Modell einer kriteriengeleiteten Lehrwerkanalyse, das sich im Fach Deutsch als Fremd- und Zweitsprache seit dem *Mannheimer Gutachten* etabliert, das aber auch immer wieder Anlass zu kritischem Nachfragen gegeben hat (vgl. z. B. Kast/Neuner

1994: S. 100–110; Brill 2005: S. 42–45; Krumm 2010: S. 1218–1219). Gerade im Hinblick auf kulturelle und landeskundliche Themen ist es bislang nicht gelungen, objektive, dem aktuellen Stand der Forschung und den unterschiedlichen Lerninteressen und Lernkontexten gleichermaßen gerecht werdende und innerhalb des Fachdiskurses konsensfähige Kriterien für die Analyse und Kritik von Lehrwerken zu entwickeln.

Als Alternative für eine kriterienbasierte Lehrwerkanalyse hat sich innerhalb der Kulturstudien eine diskursanalytische Verfahrensweise herausgebildet, die an die in der Schulbuchforschung entstandene ‚thematische Diskursanalyse' anschließt (vgl. Höhne/Kunz/Radtke 2005; Höhne 2004). Lehrwerke wie Schulbücher werden hier nicht mehr primär von pädagogischen und didaktischen Perspektiven her gedeutet, sondern als Äußerungen im gesellschaftlichen Diskurs aufgefasst, in denen diskursive Wissensordnungen reproduziert und stabilisiert werden. In der Dissertation von Anja Ucharim wird dieser Analyseansatz erstmals auf Lehrwerke für Deutsch als Zweitsprache für Erwachsene übertragen (vgl. Ucharim 2011); anhand eines detaillierten Analyseverfahrens und am Beispiel der Arbeitswelt zeigt Ucharim, dass und in welcher Weise in Lehrwerken eine bestimmte Deutung von ‚Wirklichkeit' als relevant gesetzt und vorgegeben wird, der die Lernenden sich anzuschließen und anzupassen haben. Dieser innerhalb des Fachs innovative Forschungsansatz verspricht gerade für eine kulturwissenschaftliche Lehrwerkanalyse interessante Perspektiven, hat aber bislang kaum Nachfolgeprojekte angeregt (vgl. dazu aber jetzt Wolbergs 2022).

Desiderata der kulturbezogenen Lernmedienforschung: Wie die Lehrwerkforschung im Fach Deutsch als Fremd- und Zweitsprache insgesamt ist auch die Forschung zu kulturellen und ‚landeskundlichen' Aspekten von Lehrwerken bislang sehr deutlich einem rein werkanalytischen Zugang verhaftet, wohingegen die immer wieder angemahnten rezeptionsanalytischen und empirischen Zugänge bis heute weitgehend fehlen (vgl. dazu u. a. Krumm 2010: S. 1219–1220; Rösler/Schart 2016: S. 490–492). So wichtig es ja auch sein mag zu wissen, welche landeskundlichen Themen in welchem Lehrwerk wie dargestellt, welche Fehler dabei vorkommen und welche Themen vielleicht völlig übersehen werden, welches ‚Deutschlandbild' in Lehrwerken wem vermittelt wird und wie ‚realistisch' oder stereotypisch dieses ist: Gerade im Hinblick auf die Weiterentwicklung aktueller Konzepte von kulturbezogenem Lernen benötigen wir dringend mehr wissenschaftlich fundiertes Wissen darüber, was Lernende des Deutschen als Fremd- oder Zweitsprache mit den ihnen in Lehrwerken vorgelegten Deutungen machen, wie sie den darin vorkommenden Medien, Bildern, Texten usw. ihrerseits Bedeutungen zuschreiben und auf welche Deutungsressourcen sie dabei zugreifen, ob und ggf. welche kulturbezogenen Lernprozesse sich dabei feststellen lassen usw. Diese und ähnliche Fragen führen über die herkömmliche werkanalytische Sicht hinaus und verbinden diese mit empirischen Forschungsansätzen, die gerade im Hinblick auf die Weiterentwicklung der Kulturstudien insgesamt bis heute ein dringendes Desiderat sind.

5.4 Ausblick

Blickt man von heute aus auf die ersten Anfänge der eingangs dieses Kapitels erwähnten Transformation der herkömmlichen ‚Landeskunde' zu einer eigenständigen kulturwissenschaftlichen Teildisziplin innerhalb von Deutsch als Fremd- und Zweitsprache und auf das seitdem Erreichte zurück, sind durchaus beträchtliche Fortschritte zu konstatieren: ein nicht-essentialistisches Verständnis von ‚Kultur' als Deutungsressource hat sich im Fachdiskurs mittlerweile weitgehend durchgesetzt, die Kulturstudien haben an aktuelle sprach-, sozial- und kulturwissenschaftliche Theorietraditionen wie den ‚cultural turn' oder die Diskursforschung Anschluss gefunden, und auch in Bezug auf die konkreten Lernprozesse gehen die mittlerweile vorliegenden Konzepte und Ideen weit über die herkömmlichen und simplifizierenden Modelle von ‚landeskundlichem' oder ‚interkulturellem Lernen' hinaus.

Etwas anders stellt sich die Situation allerdings dar, wenn man über die Ebene der reinen Theoriebildung hinaus die bislang vorliegenden Resultate der konkreteren kulturwissenschaftlichen Forschung einbezieht, von denen in diesem Kapitel ausführlicher die Rede war. In allen drei hier genannten Aufgabenfeldern für die Forschung in den Kulturstudien lassen sich zwar durchaus gewisse Bemühungen und auch teilweise außerordentlich interessante und weiterführende Resultate ausmachen, gerade das bereits Vorliegende lässt aber offene Fragen und bestehende Desiderate umso klarer hervortreten. Weder im Bereich der kulturwissenschaftlichen Diskurs- und Deutungsmusteranalyse noch bei der empirischen Forschung zu kulturbezogenem Lernen oder bei der Analyse und Entwicklung von Lernmedien für kulturbezogenes Lernen hat die Forschung bisher einen Stand erreicht, der sich mit vergleichbaren Forschungsfeldern im Fach Deutsch als Fremd- und Zweitsprache, etwa in der Linguistik oder der Spracherwerbsforschung, auf Augenhöhe befinden würde und von dem eine stärker forschungsgenerierte Weiterentwicklung der Theoriebildung zu erwarten ist. Hier bleibt zweifellos noch viel zu tun.

Die Kulturstudien im Fach Deutsch als Fremd- und Zweitsprache sehen sich derzeit auch jenseits der angesprochenen Forschungsaufgaben gewissen Herausforderungen auf fachpolitischer und organisatorischer Ebene gegenüber, und es wird im Hinblick auf ihren Bestand und ihre Weiterentwicklung als sichtbares Forschungsfeld innerhalb des Faches darauf ankommen, in welcher Weise es gelingt, diese Herausforderungen anzunehmen und Antworten darauf zu finden. Zum einen sind derzeit an verschiedenen Universitäten in Deutschland Entwicklungen im Gang, die die Anfang des 21. Jahrhunderts geschaffenen strukturellen Voraussetzungen für eine bessere Anbindung der Kulturstudien innerhalb des Fachs zurückzudrehen drohen. Dem gilt es in stärkerem Maß, als das bislang offenbar der Fall ist, entgegen zu wirken und immer wieder auf die hohe Relevanz kulturwissenschaftlicher Forschung im Fach Deutsch als Fremd- und Zweitsprache hinzuweisen. Zum zweiten und damit in engem Zusammenhang wird es künftig darauf ankommen, dass die Kulturstudien ihre traditionelle Orientierung an Lehr- und Lernkontexten des Deutschen als Fremdsprache zugunsten einer konzeptionellen und forschungspraktischen Einbeziehung von Lehr- und Lernkontexten des Deutschen als Zweitsprache im Bereich der Erwachsenenbildung ebenso wie im schulischen Bereich sinnvoll ergänzen, ohne das bisher Erreichte damit grundsätzlich zur Disposition zu stellen; hier sind entsprechende Ansätze bereits vorhanden (vgl. z. B. die Beiträge in Wolbergs/Zabel/Altmayer 2022), die es künftig zu festigen und weiter zu entwickeln gilt. Und zum dritten und vielleicht vor allem wird eine Stärkung der Kulturstudien künftig nur möglich sein, wenn es gelingt, die extreme Zersplitterung dieses ohnehin vergleichsweise kleinen Forschungsfelds zugunsten einer viel stärkeren Integration vermeintlich inkompatibler Ansätze zu überwinden. Mit der herkömmlich wissensorientierten Landeskunde, dem ‚interkulturellen' bzw. ‚transkulturellen' Lernen, den ‚Erinnerungsorten' und den ‚linguistic landscapes', mit Überlegungen zur Rolle literarischer Texte und ästhetischer Medien für das Lernen des Deutschen als Fremd- und Zweitsprache oder mit den von der Migrationspädagogik inspirierten Ansätzen einer machtkritischen Diskursanalyse liegen neben dem in dieser Einführung präferierten Deutungsmusteransatz zahlreiche Konzepte und Forschungsansätze vor, die sich alle mehr oder weniger als Beiträge zu Fragen der Kulturstudien im weiteren Sinn begreifen, die theoretisch und forschungspraktisch aber nicht unbedingt untereinander kompatibel sind und die wechselseitig auch nur höchst selten – und sei es kritisch – aufeinander Bezug nehmen. Wissenschaft aber lebt vom Austausch und vom kritischen Dialog. Es wäre daher sehr zu wünschen, dass die Kulturstudien sich künftig weitaus stärker als bisher als Ort des kritischen Dialogs begreifen und realisieren und dass die genannten, aber auch hier nicht erwähnte Ansätze stärker miteinander ins Gespräch kommen. In diesem Sinn wäre auch zu wünschen, dass diejenigen, die sich für die Fragen und Problemstellungen von Landeskunde, Kultur und kulturbezogenem Lernen innerhalb des Fachs Deutsch als Fremd- und Zweitsprache interessieren, aber beispielsweise mit den in dieser Einführung in die Kulturstudien verhandelten Überlegungen, Konzepten und Ergebnissen nicht einverstanden sind, dies als Anregung zum kritischen Dialog begreifen. Nur so wird es gelingen, die Kulturstudien, ganz gleich in welchem Sinn, innerhalb des Fachs Deutsch als Fremd- und Zweitsprache auf Dauer zu etablieren und sie zu einem innerhalb wie außerhalb des Fachs sichtbaren Wissenschaftsbereich weiterzuentwickeln.

Literatur

Agiba, Sara (2017): Lernen durch Irritation: ein Beitrag zur Untersuchung kulturbezogener Lernprozesse bei ägyptischen DaF-Lernenden. München.

Altmayer, Claus (2004): Kultur als Hypertext. Zu Theorie und Praxis der Kulturwissenschaft im Fach Deutsch als Fremdsprache. München.

Altmayer, Claus (2006): Landeskunde als Kulturwissenschaft. Ein Forschungsprogramm. In: Jahrbuch Deutsch als Fremdsprache 32, 181–199.

Altmayer, Claus (2007): Kulturwissenschaftliche Diskursanalyse im Kontext des Faches Deutsch als Fremdsprache – Ziele und Verfahren. In: Angelika Redder (Hg.): Diskurse und Texte. Festschrift für Konrad Ehlich zum 65. Geburtstag. Tübingen, 575–584.

Altmayer, Claus (2008): Von der ‚interkulturellen Kompetenz' zum ‚kulturbezogenen Deutungslernen'. Plädoyer für eine kritische Transformation des ‚interkulturellen Ansatzes' in der Landeskunde. In: Renate Schulz/Erwin Tschirner (Hg.): Communicating across Borders. Developing Intercultural Competence in German as a Foreign Language. München, 28–41.

Altmayer, Claus (2013): Von der Landeskunde zur Kulturwissenschaft. Herausforderungen und Perspektiven. In: Frank Thomas Grub (Hg.): Landeskunde Nord. Frankfurt a.M. u.a., 10–29.

Altmayer, Claus (2020): ‚Erinnerungsorte' im Kontext von Deutsch als Fremd- und Zweitsprache – aus der Sicht einer kulturwissenschaftlich transformierten ‚Landeskunde'. In: Frank Thomas Grub/Maris Saagpakk (Hg.): Brückenschläge Nord. Landeskunde an der Schnittstelle von Schule und Universität. Frankfurt a.M. u.a., 9–35.

Altmayer, Claus/Biebighäuser, Katrin/Haberzettl, Stefanie et al. (2021a): Das Fach Deutsch als Fremd- und Zweitsprache als wissenschaftliche Disziplin. In: Claus Altmayer/Katrin Biebighäuser/Stefanie Haberzettl et al. (Hg.): Handbuch Deutsch als Fremd- und Zweitsprache. Kontexte – Themen – Methoden. Berlin, 3–22.

Altmayer, Claus/Kasper, Björn/Wolbergs, Julia (2021b): Kulturwissenschaftliche Diskurs- und Deutungsmusteranalyse – revisited. Zur Frage der Forschungsmethoden im Kontext der Kulturstudien im Fach Deutsch als Fremd- und Zweitsprache. In: Olivia Díaz/Erwin Tschirner/Katrin Wisniewski (Hg.): Mexikanisch-deutsche Perspektiven auf Deutsch als Fremdsprache. Beiträge zum zehnjährigen Bestehen des binationalen Masterstudiengangs Leipzig-Guadalajara. Tübingen, 33–59.

Ammer, Reinhard (1988): Das Deutschlandbild in den Lehrwerken für Deutsch als Fremdsprache. Die Gestaltung des landeskundlichen Inhalts in den Deutschlehrwerken der Bundesrepublik Deutschland von 1955–1985 mit vergleichenden Betrachtungen zum Landesbild in den Lehrwerken der DDR. München.

Azer, Mara/Feike, Julia (2016): Diskursanalyse im Web 2.0. Deutungsmuster im Online-Diskurs um den Bau einer Moschee in Leipzig-Gohlis. In: Informationen Deutsch als Fremdsprache, 43/4, 417–431.

Becker, Christine (2018): Kulturbezogenes Lernen in asynchroner computervermittelter Kommunikation. Tübingen.

Biebighäuser, Katrin (2014): Fremdsprachenlernen in virtuellen Welten. Eine empirische Untersuchung eines Begegnungsprojekts zum interkulturellen Lernen. Tübingen.

Breindl, Eva (2021): Forschungsansätze der Linguistik des Deutschen als Fremd- und Zweitsprache. In: Claus Altmayer/Katrin Biebighäuser/Stefanie Haberzettl et al. (Hg.): Handbuch Deutsch als Fremd- und Zweitsprache. Kontexte – Themen – Methoden. Berlin, 105–123.

Brill, Lili Marleen (2005): Lehrwerke/Lehrwerkgenerationen und die Methodendiskussion im Fach Deutsch als Fremdsprache. Aachen.

Ciepielewska-Kaczmarek, Luiza/Jentges, Sabine/Tammenga-Helmantel, Marjon (2020): Landeskunde im Kontext. Die Umsetzung von theoretischen Landeskundeansätzen in DaF-Lehrwerken. Göttingen.

Deckers, Marc (2010): Im Kulturkontakt gebildete Stereotype als Teil eines kulturellen Lernprozesses – untersucht in den Weblogs von in Deutschland lebenden Amerikanern. In: Informationen Deutsch als Fremdsprache 37/6, 521–545.

Ellis, Justyna (2011): Deutschlandbilder polnischer und britischer Deutschlandbesucher und -bewohner. Eine vergleichende Analyse. Frankfurt a.M. u.a.

Engel, Ulrich/Halm, Wolfgang/Krumm, Hans-Jürgen et al. (1977): Mannheimer Gutachten zu ausgewählten Lehrwerken Deutsch als Fremdsprache. Erstellt im Auftrag des Auswärtigen Amtes der Bundesrepublik Deutschland. Heidelberg.

Ertelt-Vieth, Astrid (2005): Interkulturelle Kommunikation und kultureller Wandel. Eine empirische Studie zum russisch-deutschen Schüleraustausch. Tübingen.

Fink, Matthias C. (2003): Das Deutschlandbild in dänischen Lehrwerken für den Deutschunterricht in der Folkeskole. In: Informationen Deutsch als Fremdsprache 30/5, 476–488.

Fornoff, Roger (2016): Landeskunde und kulturwissenschaftliche Gedächtnisforschung: Erinnerungsorte des Nationalsozialismus im Unterricht Deutsch als Fremdsprache. Baltmannsweiler.

Fornoff, Roger (2021): Forschungsansätze der Kulturstudien im Fach Deutsch als Fremd- und Zweitsprache. In: Claus Altmayer/Katrin Biebighäuser/Stefanie Haberzettl et al. (Hg.): Handbuch Deutsch als Fremd- und Zweitsprache. Kontexte – Themen – Methoden. Berlin, 321–339.

Grünewald, Matthias (2005): Bilder im Kopf. Eine Longitudinalstudie über die Deutschland- und Deutschenbilder japanischer Deutschlernender. München.

Grupp, Katja (2014): Bild Lücke Deutschland. Kaliningrader Studierende sprechen über Deutschland. Stuttgart.

Höhne, Thomas (^{2}2004): Die Thematische Diskursanalyse – dargestellt am Beispiel von Schulbüchern. In: Reiner Keller/Andreas Hirseland/Werner Schneider et al. (Hg.): Handbuch Sozialwissenschaftliche Diskursanalyse. Band 2: Forschungspraxis. Wiesbaden, 389–419.

Höhne, Thomas/Kunz, Thomas/Radtke, Frank-Olaf (2005): Bilder von Fremden. Was unsere Kinder aus Schulbüchern über Migranten lernen sollen. Frankfurt a.M.

Iberische Lektorenarbeitsgruppe der DAAD-Lektorinnen und -Lektoren (1999): Eine Erhebung zum Deutschlandbild der Germanistikstudentinnen und -studenten auf der iberischen Halbinsel. In: Informationen Deutsch als Fremdsprache 26/4, 355–377.

Kasper, Björn (2018): Freiheit von Marius Müller-Westernhagen. Das Wertmuster Freiheit im deutschsprachigen Raum. In: Zeitschrift für Interkulturellen Fremdsprachenunterricht, 23/2, 129–151.

Kast, Bernd/Neuner, Gerhard (Hg.): Zur Analyse, Begutachtung und Entwicklung von Lehrwerken für den fremdsprachlichen Deutschunterricht. Berlin.

Keller, Reiner (^{3}2011): Wissenssoziologische Diskursanalyse. Grundlegung eines Forschungsprogramms. Wiesbaden.

Koreik, Uwe/Fornoff, Roger (2020): Landeskunde/Kulturstudien und kulturelles Lernen im Fach DaF/DaZ. Eine Bestandsaufnahme und kritische Positionierung. In: Zeitschrift für interkulturellen Fremdsprachenunterricht 25/1, 563–647.

Krumm, Hans-Jürgen (2010): Lehrwerke im Deutsch als Fremd- und Deutsch als Zweitsprache-Unterricht. In: Hans-Jürgen Krumm/Christian Fandrych/Britta Hufeisen et al. (Hg.): Deutsch als Fremd- und Zweitsprache. Ein internationales Handbuch. 2. Halbband. Berlin/New York, 1215–1227.

Mahmoud, Karim (2018): Deutschlandstereotype im Deutschunterricht: Entstehung und Veränderung am Beispiel des Deutschunterrichts in Ägypten. Baden-Baden.

Maijala, Minna (2004): Deutschland von außen gesehen. Geschichtliche Inhalte in Deutschlehrbüchern ausgewählter europäischer Länder. Frankfurt a.M. u.a.

Maringer, Isabelle (2012): Das kulturelle Deutungsmuster Europa im deutschen Mediendiskurs zum EU-Beitritt der Türkei. Ein Beitrag zu den Kulturstudien Deutsch als Fremdsprache. Leipzig.

Pietzuch, Jan P. (2009): Kulturelles Lernen als Modifikation personaler Kulturkonstrukte. Eine Projektheuristik. In: Kristina Peuschel/Jan P. Pietzuch (Hg.): Kaleidoskop der jungen DaF-/DaZ-Forschung. Dokumentation zur zweiten Nachwuchstagung des Fachverbandes Deutsch als Fremdsprache. Göttingen, 107–131.

Rösler, Dietmar/Schart, Michael (2016): Die Perspektivenvielfalt der Lehrwerkanalyse – und ihr weißer Fleck. Einführung in zwei Themenhefte. In: Informationen Deutsch als Fremdsprache 43/5, 483–493.

Sato-Prinz, Manuela (2011): Zum Einfluss von Studienaustauscherfahrung auf das Deutschlandbild japanischer Studierender – Ergebnisse einer Querschnittstudie. In: Zeitschrift für interkulturellen Fremdsprachenunterricht 16/2, 185–203.

Sato-Prinz, Manuela (2017a): Deutschlandbilder und Studienaustausch. Zur Veränderung von Nationenbildern im Rahmen von Studienaustauschaufenthalten am Beispiel japanischer Austauschstudierender in Deutschland. München.

Sato-Prinz, Manuela (2017b): „Früher hatte ich so ein ganz positives Bild. Dann hat es jetzt so negative Punkte." Wie Studienaustauschaufenthalte in Deutschland die Deutschlandbilder japanischer Studierender verändern können und was uns dies über Nationenbilder sagt. In: Informationen Deutsch als Fremdsprache 44/4, 474–504.

Schramm, Karen (2021): Forschungsansätze zur Didaktik/Methodik des Deutschen als Fremd- und Zweitsprache. In: Claus Altmayer/Katrin Biebighäuser/Stefanie Haberzettl et al. (Hg.): Handbuch Deutsch als Fremd- und Zweitsprache. Kontexte – Themen – Methoden. Berlin, 215–232.

Schüßler, Ingeborg (2000): Deutungslernen. Erwachsenenbildung im Modus der Deutung. Eine explorative Studie zum Deutungslernen in der Erwachsenenbildung. Baltmannsweiler.

Spaniel, Dorothea (2002): Methoden zur Erfassung von Deutschland-Images. Ein Beitrag zur Stereotypenforschung. In: Informationen Deutsch als Fremdsprache 29/4, 356–368.

Spaniel, Dorothea (2004): Deutschland-Images als Einflussfaktor beim Erlernen der deutschen Sprache. In: Deutsch als Fremdsprache 41/3, 166–172.

Thimme, Christian (1996): Geschichte in Lehrwerken Deutsch als Fremdsprache und Französisch als Fremdsprache für Erwachsene. Ein deutsch-französischer Lehrbuchvergleich. Baltmannsweiler.

Ucharim, Anja (2011): „In meiner Heimat war ich Jurist [...] und jetzt fahre ich Taxi". Die diskursive Konstruktion der Arbeitswelt und die berufliche Positionierung von Migrantinnen und Migranten in Lehrwerken für Integrationskurse. Leipzig.

Warmbold, Joachim/Koeppel, E.-Anette/Simon-Pelanda, Hans (Hg.) (1994): Zum Thema Nationalsozialismus im DaF-Lehrwerk und -Unterricht. München.

Wernicke, Anne (2013): Wahrnehmungen und Erfahrungen US-amerikanischer Austauschschüler. München.

Wernicke, Anne (2014): Deutschlandbilder und -erfahrungen US-amerikanischer Austauschschüler. Informationen Deutsch als Fremdsprache 41/1, 32–54.

Witte, Annika (2014): Das Deutschlandbild mexikanischer Studierender. Eine empirische Untersuchung. Münster.

Wolbergs, Julia (2022): „Paul weiß es genau!" Fiktive Lehrbuchcharaktere und ihre Rolle in der Beschreibung des Nationalsozialismus in Orientierungskurslehrwerken. In: Julia Wolbergs/Rebecca Zabel/Claus Altmayer (Hg.): Kulturstudien und Deutsch als Zweitsprache. Tübingen [i.Vb.].

Wolbergs, Julia/Zabel, Rebecca/Altmayer, Claus (Hg.) (2022): Kulturstudien und Deutsch als Zweitsprache. Tübingen [i.Vb.].

Zabel, Rebecca (2016): Typen des Widerstandes im Kontext Deutsch als Zweitsprache. Kulturelle Orientierung von Teilnehmenden an Integrationskursen. Tübingen.

Żurek, Jolanta (1997): Polnische Stereotypenbilder über Deutschland und Deutsche. In: Informationen Deutsch als Fremdsprache 24/5, 625–639.

Abbildungsnachweise

Abb. 3.1	https://www.berlin.de/lb/intmig/_assets/themen/einbuergerung/kampagnen/2014/plakat-kampagne_issac.pdf
Abb. 3.2	© Barbara Henniger; www.politische-bildung-brandenburg.de/ausstellungen/brandenburg-willkommen/karikaturen-zu-flucht-und-integration
Abb. 3.3	C. Altmayer
Abb. 3.4a–c	http://62.91.41.93/sonntagsruhe/archiv/plakate_und_videos_1999.html
Abb. 3.5a	https://www.pinterest.de/pin/833447474770996778/
Abb. 3.5b	https://www.pinterest.de/pin/779052435521437793
Abb. 3.5c	https://funpot.net/?230950
Abb. 3.6	https://www.piper.de/buecher/sonntag-isbn-978-3-492-99353-1-ebook
Abb. 3.7	https://www.bild.de/politik/inland/politik/30-jahre-mauerfall-was-uns-eint-was-uns-trennt-65087510.bild.html
Abb. 3.8–3.11	„Wetter für drei" (MDR) vom 05.04.2021 (Screenshots)
Abb. 3.12	https://www.landkreisleipzig.de/f-Download-d-file.html?id=14097
Abb. 3.13	https://de.toonpool.com/toonagent/showimage?imageid=123163
Abb. 3.14	https://www.brot-fuer-die-welt.de

© Springer-Verlag GmbH Deutschland, ein Teil von Springer Nature 2023
C. Altmayer, *Kulturstudien*, https://doi.org/10.1007/978-3-476-05546-0

The manufacturer's authorised representative in the EU is Springer Nature Customer Service Centre GmbH, Europaplatz 3, 69115 Heidelberg, Germany. If you have any concerns regarding our products, please contact ProductSafety@springernature.com

Printed and bound by CPI Group (UK) Ltd, Croydon, CR0 4YY

25/03/2026

02078186-0014